HARDPRESS.NET
HOME OF HARD-TO-FIND BOOKS

Raccolta Di Cataloghi Ed Inventarii Inediti Di Quadri, Statue, Disegni, Bronzi, Dorerie, Smalti, Medaglie, Avorii, Ecc., Dal Secolo Xv Al Secolo Xix.

by Marchese Giuseppe Campori

Address:
HardPress
8345 NW 66TH ST #2561
MIAMI FL 33166-2626
USA
Email: info@hardpress.net

RACCOLTA

DI

CATALOGHI ED INVENTARII INEDITI

DI QUADRI,

STATUE, DISEGNI, BRONZI, DORERIE, SMALTI,

MEDAGLIE, AVORII, ECC.

DAL SECOLO XV AL SECOLO XIX

PER CURA

DI

GIUSEPPE CAMPORI

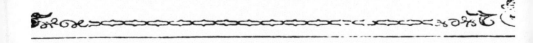

MODENA

TIPOGRAFIA DI CARLO VINCENZI

—

1870.

125. L. 3

RACCOLTA

DI

CATALOGHI ED INVENTARII INEDITI

DI COSE D'ARTE

RACCOLTA

DI

CATALOGHI ED INVENTARII INEDITI

DI QUADRI,

STATUE, DISEGNI, BRONZI, DORERIE, SMALTI,

MEDAGLIE, AVORII, ECC.

DAL SECOLO XV AL SECOLO XIX

PER CURA

DI

GIUSEPPE CAMPORI

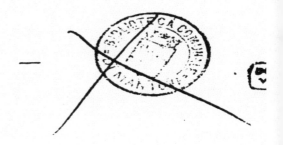

MODENA

TIPOGRAFIA DI CARLO VINCENZI

—

1870.

EDIZIONE DI 205 ESEMPLARI
N.° 124.

PREFAZIONE

Nella odierna universale tendenza dei popoli alle industrie, ai commerci, a quelle discipline tutte che sono reputate atte a promuovere il benessere materiale e morale così dell'individuo, come della società; le arti del disegno per le ragioni del bello non meno che per quelle dell'utile hanno onore e culto quanto forse non ebbero nei passati tempi. Le rivoluzioni, le guerre, le mutate condizioni della proprietà, le agevolate comunicazioni hanno reso mobili e trafficabili in tutto il mondo anche quelle produzioni dell'arte che in addietro non si sarebbero potute rimuovere dai luoghi loro. Quindi il moltiplicarsi in ogni parte d'Europa delle gallerie e dei musei pubblici e privati, alcuni di tal qualità da procacciare nominanza e decoro a città poco note e non visitate da viaggiatori, prima che i tesori artistici in esse raccolti le avessero fatto segno alla considerazione degli studiosi e dei curiosi. Nè questa tendenza fa mostra di rallentarsi nonchè di cessare. Finchè vi saranno collezioni alienabili; finchè la pace suscitando l'industria e moltiplicando la ricchezza, provocherà l'impiego del superfluo nell'acquisto di cose d'arte; finchè la civiltà verrà diffondendo con crescente splendore la luce sua benefica e avvivatrice: i prodotti artistici saranno avidamente ricercati e tenuti in onore. Perchè il culto del bello è simbolo non meno che effetto di civiltà, e l'averlo in dispregio è proprio solamente di genti barbare e selvaggie.

Ma le generazioni moderne hanno portato nelle materie dell'arte un'idea che i loro progenitori non ebbero, o ebbero imperfetta: l'idea dell'utile pubblico. Quando nei secoli trascorsi i principi e i privati raccoglievano statue, dipinti, anticaglie, ve li eccitava il sentimento del lusso e del fasto, soventi volte ancora il nobilissimo intendimento di favorire gli artefici, non mai o per eccezione soltanto, il pensiero di avvantaggiare il gusto e di promuovere gli avanzamenti dell' arte; imperocchè questi tesori rimanessero gelosamente custoditi, o dispersi negli abitati appartamenti e mostrati solo per favore ai forestieri di preferenza che ai nostrali. Ma nei moderni tempi si volle che l' arte più che a soddisfazione di un capriccio, a ostentazione di pompa, a decorazione di stanze, servir dovesse alla educazione e all' insegnamento, perchè nella contemplazione dei capolavori dell'ingegno umano l' animo anche volgare si educa, s' ingentilisce, si eleva a nobiltà di pensieri. E gli artisti ebbero più largo e libero il campo agli studi e gli eruditi poterono al confronto di tante e sì svariate produzioni emendare e raddrizzare i falsi giudizii delle antiche storie, e il gusto universale dalla moltiplicità e dalla bontà dei modelli si appurò, si volgarizzò. Chi non conosce i mirabili risultati che si originarono dalla formazione dei nuovi musei dell' Inghilterra, della Francia, della Germania? Per essi non solamente si migliorarono le pratiche dell' arte e si crearono ottimi artisti in tutti i rami della medesima; ma le industrie ornamentive altresì giovandosi di quegli esempi, salirono a tanta eccellenza di gusto e di eleganza da vincere alla prova quelle - di altre nazioni inette o neghittose, procacciando alle proprie gloria, preminenza e ricchezza.

La grande importanza attribuita nei nostri tempi alle opere d'arte d'ogni maniera, a quelle ancora che in passato venivano a torto spregiate e neglette; i grandi valori che vi s'impiegano grazie alla richiesta e alla concorrenza da ogni parte per acquistarle; l'incremento continuo delle collezioni pubbliche e la non meno continua formazione e rinnovazione delle private, hanno fatto sentire la necessità dello studio della storia e delle nuove indagini per appurarla e dichiararla ov'essa appariva oscura, difettiva, errata. Uno straordinario impulso si destava in tutti i paesi a ricercare le antiche notizie dell'arte e degli artisti, e preziosi documenti in grandissima copia venivano estratti dagli Archivi per fornire le prove dell'autenticità delle opere passate in vendita e di quelle allogate nelle pinacoteche e nei musei. La letteratura e la storia dell'arte si sono arricchite in questa parte di secolo di una intera biblioteca di volumi, di giornali, di opuscoli, in tanto numero da superare d'assai quanto si scrisse e si pubblicò in somigliante argomento nei tre precedenti secoli. Mercè la diffusione delle cognizioni storiche gli amatori si erudirono e assai meno facilmente colsero all' amo teso da trafficatori falsarii. In essi l' amore non è più cieco; ma sbendatosi, vede, discerne e giudica rettamente. Chi paragoni le raccolte formate in Inghilterra e in Germania nel secolo scorso con quelle del nostro, può di leggeri convincersi che, salvo alcune eccezioni, i raccoglitori moderni la vincono sugli antichi per l' intelligenza e per il sano criterio.

A questo evidente progresso della coltura artistica si accompagnò la più accurata e razionale compilazione dei cataloghi. Nei secoli XV e XVI, nei primordii delle raccolte di cose d' arte e d' antichità, venivano queste segnate negl' inventarii commisti alle masserizie della casa. Solamente nel secolo XVII s' incominciò a registrarle separatamente e l' Italia fu prima a dar l' esempio di compilare e di pubblicare per le stampe cataloghi artistici co' nomi degli autori. Questo costume si estese rapidamente agli altri paesi e divenne universale; ma all' infuori di pochissime, non possono quelle compilazioni lodarsi di esattezza, di critica e di dottrina. Le attribuzioni degli autori sono date senza alcun aiuto di documenti e molte volte basate su tradizioni fallaci, su giudizii sovente incerti e contradditorii d'intendenti veri o supposti, e perfino su le dichiarazioni di negozianti da cui si erano acquistati i lavori. Questo sistema non è però in tutto bandito, anzi in Italia conserva tuttora settatori ferventi, come ne fa fede la maggior parte dei nostri cataloghi. Nè ancora si vuole intendere che codesta maniera d'indicazione non s'indirizza alla moltitudine ignara, alla quale provvedono più che sufficentemente i cartelli apposti alle cornici; ma si debbe rivolgere agli amatori, agli studiosi, agli eruditi lontani i quali vogliono apprendere meglio che un'arida serie di nomi, le ragioni su le quali si fondano le asserzioni del compilatore. Un catalogo, come lo si vuole oggidì, è un lavoro a cui debbono partecipare l'occhio e la pratica dell'artista, non meno che la mente e la penna dell'erudito; è un estratto e un complemento della storia; una raccolta di monografie. Noi vogliamo sapere le vicissitudini dell'opera indicata ed esposta; che cosa rappresenti; chi la fece; quando e dove la fece; se l'autenticità ne sia controversa e da chi; donde sia venuta; per quante mani passò; se fu citata o descritta da altri; se restaurata, copiata, incisa o in altra maniera riprodotta. Chè se non è possibil cosa raccogliere con esattezza tutte queste notizie per tutte le opere di colore e di rilievo che compongono un Museo, per le minute particolarmente; non s' ha a intralasciare per quelle in cui è possibile. Al resto provvederanno i documenti che di continuo si estraggono dagli archivi e si pubblicano per le stampe: materiali preziosi che un compilatore di cataloghi non può senza nota di biasimo, ignorare e trascurare.

E questa nostra intrapresa vogliamo sperare non sarà giudicata inutile allo scopo soprindicato. La quale mentre dà contezza di pinacoteche e di musei in buona parte ignoti o appena noti del nome, fornisce ancora una copiosissima serie d' opere d' arte e principalmente di pitture coi nomi de' loro autori, alcuni de' quali affatto sconosciuti. Una grande e viva lezione offrono questi documenti su le variazioni del gusto e sul valore che si debbe attribuire alla lode e alla estimazione dei contemporanei, alle quali manca di sovente la confermazione dei posteri. Quegli antichi maestri del Trecento e del Quattrocento di cui oggi i primarii musei dell' Europa si disputano le opere preservate dai danni del tempo e dall' ignoranza degli uomini, erano in passato generalmente neglette, mentre ai moderni concedevasi un' ammirazione molte volte immeritata.

Così non passerà senza meraviglia il vedere nel Catalogo de' quadri della Galleria Ranuzzi di Bologna composto da due pittori nell' anno 1698, assegnarsi a una testa dipinta dal Francia il valore di lire bolognesi 7. 10 corrispondenti a 8 nostrali e a un S. Sebastiano in tavola del medesimo con cornice dorata simili lire 60 (ital. lir. 63. 60), mentre a due soprusci con frutti e animali di un Raimondo Manzini pittore allora vivente, di cui oggi più non si parla, se ne attribuivano 500 (518) e 3000 (5180) a un S. Girolamo di Agostino Carracci. Chi oserebbe oggidì confermare il giudizio di quell' oscuro pittore Becchetti che ad un ovato in rame di Carlo Cignani nella galleria Boschi pur di Bologna, assegnava il valore di simili lire 10,000 (11,600)? Ed era appunto l' influenza caraccesca che aveva finito di togliere ogni riverenza agli antichi, i quali debbono all' inviolato asilo delle chiese e dei chiostri la fortunata conservazione delle opere loro infino ai nostri giorni. Appena ottennero grazia il Perugino, il Mantegna, il Francia, il Bellini e pochi altri, come quelli che videro i primi anni del cinquecento, non già per riguardo a' loro meriti o per istima che se ne facesse; ma più tosto per rispetto alla grande virtù dei loro discepoli o imitatori o continuatori, Raffaello, Correggio, Tiziano, Leonardo e somiglianti.

Non passerà inosservato dall' erudito lettore il pregio di quei cataloghi che registrano i nomi degli autori viventi, le opere dei quali per questa maniera acquistano una patente di autenticità che sfida la critica più severa ed esigente. E di tali si contano in buon dato in questa Raccolta, e l' importanza loro si accresce considerando come molte di esse furono taciute o ignorate dagli scrittori delle vite degli artisti medesimi, e come quelle che ancora sussistono saranno forse dubitativamente assegnate ad essi o erroneamente ad altri. E noi vogliamo sperare di non meritare riprensione se non abbiamo potuto estendere le nostre indagini e i nostri studi in tal misura da soggiugnere a quelle migliaia di opere d' arte menzionate in questo volume, l' indicazione del luogo in cui ognuna di esse si trovi attualmente o la dichiarazione della loro perdita. Imperocchè codesto commentario che in verità avrebbe aggiunto pregio e importanza ai documenti e risparmiato una notevole fatica a chi vorrà consultarli, richiedeva non solamente un lungo e penoso esame dei cataloghi di tutte le pubbliche e private collezioni d' Europa, non poche delle quali in ispecie delle private non hanno cataloghi; ma sì ancora viaggi e consigli di persone perite, da impiegarvi le cure di più anni per conseguire un risultato che non avrebbe mai potuto riconoscersi se non insufficiente e imperfetto. Medesimamente ci confidiamo che non dia occasione ad appunti l'introduzione di alcune note di quadri fatte da mercanti per iscopo di vendita; nella considerazione che sebbene non sia da prestarsi fede soverchia alle loro asserzioni dettate più da spirito d'interesse che da sentimento di verità, valgono nondimeno a farci conoscere su le tracce dei prezzi richiesti, il gusto dominante e il valore delle produzioni dell'arte in que' tempi, traendone argomento a utili confronti co' nostri.

E del gusto, del lusso, della ricchezza delle Corti italiane ne' trascorsi secoli ci somministrano una splendida dimostrazione gl'inventarii delle Guardarobe degli Estensi e de' Farnesi con quella lunga serie di gioielli lavorati, di smalti, di nielli, di bronzi, di avorii, di medaglie e di altre preziosità d'ogni maniera. La storia di quelle arti minori è oggi studiata con altrettanto amore quanto fu scarso quello che loro portarono i passati scrittori. E il saggio che ne presentiamo

è limitato a sole quelle opere che mostrano
congiunte al valore della materia il pregio del-
l'artifizio; chè dove avessimo voluto riportare
nella loro integrità quegl' inventarii principeschi
saremmo stati infiniti. I quali tesori, dal variare
dei costumi e de' gusti, dalle necessità delle
guerre, dalle estinzioni delle famiglie, dalle rivoluzioni interne e dalle esteriori invasioni vennero
quasi totalmente mutati di forme, venduti, di-
strutti. Cosicchè queste ricordanze non dovrebbero giudicarsi inopportune, come quelle che più
evidentemente delle pagine della storia ci porgono viva innanzi agli occhi l' imagine della
sontuosità delle antiche Corti e ci conservano la
memoria delle creazioni ignote e perdute di eccellenti artefici, che non ebbero neppure il vanto
di accompagnare il proprio nome a quelle opere,
che formerebbero oggi il decoro de' Musei e si
richiamerebbero l' universale ammirazione.

Nè una dissimile sorte fu risparmiata a quelle
tante pitture e sculture che si vedono segnate
in questi cataloghi, le quali, salvo una parte dei
quadri Farnesiani collocati oggi nel Museo di
Napoli e non molti altri, andarono miseramente
perdute o trasportate fuori d' Italia. È doloroso
il pensare come i nostri avi si siano lasciati

spogliare di una così cospicua porzione del patrimonio artistico della loro patria; ma è ancora più doloroso il vedere continuarsi in misura sempre crescente il vergognoso mercato in questi tempi nei quali il sentimento dell'onore e dell'amore della patria universalmente diffuso, dovrebbe suscitare in chi può la volontà di provvedere al riparo prima che la rovina sia fatta completa e irreparabile. E siccome l'Italia vende e non compra, e le accademie non danno speranza neppur remotissima di formare artisti che rendano meno grave la deplorabile jattura; così non passeranno troppi anni che niente più ci rimarrà delle opere insigni dell'arte se non quelle custodite in pubblici stabilimenti o nelle chiese, non immuni pur esse da sottrazioni e da nascondimenti. Nel secolo passato, non ostante le molte vendite, non vi era quasi città poco più che mediocre nell'alta e nella media Italia la quale non si vantasse di una o più gallerie private, patrimonio nobilissimo e inalienabile di doviziose famiglie; non v'era quasi chiesa che non si ornasse di qualche quadro pregevole; non v'era residenza di principe per quanto di piccola signoria che non possedesse un museo da recare invidia a più d'una capitale di un regno stra-

niero. Ma dalla fine del secolo ad oggi l' Italia
si è spossessata forse di maggior numero di cose
d' arte che nei precedenti secoli. L' invasione
francese e le mutazioni che ne seguirono, l' abo-
lizione dei maggioraschi, la cresciuta agevolezza
delle communicazioni e dei trasporti, la mancanza di una legge che moderi l' esportazione,
hanno cospirato a questo impoverimento e dato
impulso a un traffico attivissimo mantenuto da
una caterva di mercanti e di mediatori sparsi
su tutta la superficie del nostro suolo. I quali
non contentandosi di disertare le città, si gettano
alle borgate e ai villaggi siccome bracchi al fiuto
della preda, che raramente sfugge al lenocinio
delle loro seduzioni e all' importunità della loro
insistenza. Quanta ricchezza di cose d' arti dovea
possedere l' Italia, se dopo le dispersioni, le vendite, i rapimenti, le distruzioni, tanta pure le ne
rimane da offrire pastura a un nuvolo di voraci
locuste!

Non dobbiamo ommettere per ultima avver-
tenza come indirizzandosi questa Raccolta quasi
esclusivamente agli studiosi della storia, agl' in-
dagatori delle antiche memorie, ai conservatori
delle gallerie e de' musei, ai compilatori di cataloghi, agli amatori e dilettanti intelligenti, non

credemmo opportuno d' ingrossarne la mole con note biografiche e dichiarative le quali sono altrettanto facili da comporsi quanto di poca o nessuna utilità per gli eruditi. Dove ci si offriva occasione di produrre notizie non esibite da alcun altro scrittore, ce ne siamo prevalsi sobriamente; ma ci siamo rigorosamente astenuti dall' estravagare, dal copiare, dall' estrarre da libri a stampa. Codesto lavoro, come ognuno potrà convincersene solo a percorrere l' indice dei documenti, non è completo: esso è il principio, il saggio, l' esempio di un' opera di più ampie proporzioni, nella quale si comprendano tutti quanti i cataloghi e gl' inventarii che giacciono tuttavia inediti e nascosti. Chi saprà intraprendere e condurre a fine un somigliante lavoro con quel corredo di diligenza e di dottrina che a noi mancò nel compilare questa Raccolta, si renderà benemerito delle Collezioni artistiche dell' Europa riboccanti di spoglie italiane, e presterà un segnalato servizio alla storia di tutte le arti.

N.° I. A. 1493.

ESTRATTO DELL' INVENTARIO DI GUARDAROBA ESTENSE

(Arch.° Palatino di Modena)

Riporto per primo documento quella parte dell' Inventario della Guardaroba Estense, che contiene la nota dei quadri, dove appaiono i nomi del *Mantegna*, di *Gio. Bellino*, e si accenna a un pittore modenese anonimo, forse il *Bianchi Frari*, il più riputato che fosse allora in questa città. Nulla sapevasi delle pitture quivi indicate. Forse nel quadro della Madonna col Figlio del *Mantegna* si deve riconoscere quello stesso fatto per Eleonora d'Aragona duchessa di Ferrara intorno al 1485, del quale diede il primo annunzio il sig. Baschet nella *Gazette des Beaux Arts* (T. XX p. 482). E quest' opinione rimane avvalorata dalla circostanza che il documento mantovano riferito dal Baschet accenna a un quadro di una Madonna attorniata da alcune figure, le quali potrebbero essere appunto quei serafini rammemorati nell'Inventario.

Uno quadro de legno depincto cum le marie di mano di Andrea *Mantenga*.
Uno quadro de legno depincto cum nostra dona et il figliolo cum serafini de mano del sopradicto *Mantenga*.
Un altro quadro retracto del sop.° di mano di uno modenese.
Uno quadro de legno depincto cum una nostra dona cornizado colorì cum frixi, et architravo a l'anticha.
Una Madona in tela a la fiamenga suxo uno quadro de legno cornisato, et dorato.

Una anchona simile ala sopradicta tene la Ill.ᵃ M.ᵃ Anna nel suo oratorio.

Uno quadro de legno cum uno Christo depincto de mano del *Bellino.*

Uno quadro de legno cum uno Christo depincto in Candia.

Uno quadro depincto de uno sancto Francesco de legno il quale ha la p.ᵃ Ill.ᵃ M.ᵃ Anna nel suo oratorio.

Una testa de marmoro da dona facta ala francese in una capseta.

Uno quadreto depincto cum uno sudario.

Una anchoneta cum uno Christo et le marie coperta de vetro cornisata et dorata.

Uno quadro de tela dipincta cum una nostra dona.

Una tela suxo un telaro depincta S. Sebastiano.

Una anchoneta che se asserra cum uno presepio da un lato, et un Christo nel sepolchro da l'altro lato.

Una anchoneta che se asserra a modo de libro coperto de veluto morello cum broche et azulli de arzento dorati: da un lato il presepio et da l'altro un Christo nel sepolchro.

Un quadreto cum una nostra dona depincta cum Angeli et altre figure cum le cornise dorate intorno.

Una anchoneta depincta cum un Christo et altre figure depincta in carta in un quadreto de legno cornisato et dorato.

Un quadreto depincto cum uno christo et un Angelo cum uno vedro intorne cornisato et dorato.

Uno quadreto depincto cum uno christo, e le marie cornisato intorno et dorato.

Un quadreto cum una faza de Christo de mezo relevo cornisato et dorato.

Uno quadreto depincto cum uno st.º hieronymo cornisato et dorato.

Uno quadreto depincto cum tuta la passione cornisato et dorato.

Uno quadreto depincto cum uno Christo et st.º Francesco et altre figure cornisato et dorato.

- Uno quadreto depincto cum la passione cornisato et dorato.

Una anchona che se asserra cum due porte de osso et avolio intarsigliata dorata cum figure assai de mezo relevo.

Uno Tabernaculo cum una cazalone a la todescha lavorata de marchesita che vae atorno secundo che se menano cornisato et dorato.

Uno quadro cum uno beato bonaventura depincto suxo.

Una tela depincta suxo una assa cum uno Christo e nostra dona cum una coltrinella rossa.

Una tela depincta suxo uno quadro una nostra dona.

Una anchoneta depincta cum un st.° Augustino et st.ª monacha dorato intorno.

Uno tabernaculo cum uno Christo de relevo et altri santi de relevo dorato.

Una tela depincta cum uno Christo, e nostra dona in uno telaro de tela.

Uno quadreto depincto cornisato intorno cum paste cum un Christo.

Una tela depincta suxo una asse cum uno christo et Marie.

Una tela depincta suxo un' asse cum uno Christo et Zudei.

Una tela depincta suxo una asse cum li Apostoli et Christo a tavola.

Una anchona de mezo relevo che se asserra in due parte cum uno Christo et una nostra dona et st.° Johanne.

N.° II. A. 1494.

ESTRATTO DELL' INVENTARIO DI GUARDAROBA ESTENSE

(Archivio suddetto)

Codesto estratto di un lungo inventario di preziosità d' ogni maniera giova a porgere un' idea del lusso

4

de' tempi nonchè delle varie forme di esso e delle produzioni di oreficeria, smalti, nielli ecc., le quali arti in allora percorrevano la fase del loro massimo splendore, checchè ne affermi in contrario Benvenuto Cellini. Tenendo conto solamente di ciò che vi è di singolare e di nuovo e che può importare agli studiosi e agl'intendenti di tali materie, si troverà abbastanza utile questa pubblicazione alla miglior conoscenza delle arti minori a cui oggidì si guarda e si attende con tanta cura.

CAPITOLO DE ZOGLIELI

Uno Zoglielo doro facto ala todescha smaltato cum una meza figura de homo che tira uno archo, il quale è ligato in uno zafiro tristo, una granatina, tre perle mal facte et due piccole tonde, pesa in tutto unze una, carati diece.

Uno Zoglielo doro facto ala todescha smaltato cum una aquilla ne la quale è ligato uno zafiro a cantoni forato, cum dui rubini tristi, due perle scozese et perlete due picole fine orientale, pesa onze una et meza, carati quatordese.

Uno Zoglielo facto alla todescha nel quale è ligato una matista overo granatina a cantoni, uno zafiro picolo et tristo, tre perle picole scozese facto cum una figura che ha una semitara in mano, pexa in tutto tri quarti.

Uno Zoglielo doro smaltato facto alla todescha nel quale è ligato uno zafiro picolo triste, una granatina picola, tre perle scozese picole facte cum una figura che tene le mani suso li galoni, pexa octavi quatro.

Uno Zoglielo doro smaltato facto alla todescha nel quale è ligato uno smeraldo overo una turchina marza, tre perlete mal facte, nel quale è una figura che tene le mani suso li galoni, pexa in tuto octavi tri carati diexe.

Uno Zoglielo doro smaltato facto ala todescha nel quale è ligato una granata overo matista a cantoni, tre perlete et un zafireto cum una figura de sopra che ha una maza in mano, pesa in tuto tri octavi et carati cinque.

Uno Zoglielo doro facto ala todescha smaltato cum una figura in guisa de bufone, nel quale è ligato una granatina et tre perlete triste, pesa in tuto octavi dui carati disesepte.

Uno Zoglielo doro facto a la todescha cum una aquilla picola smaltata nel quale è ligato una granatina, tre perlete picole scozese, pexa in tuto octavi dui carati nove.

Uno Zoglielo doro facto a la todescha cum una meza dona et mezo pesce smaltato che sona uno corno, nel quale non gli è zoglia alcuna ben chel gie sia la posta, pexa in tuto tre onze ed octavi dui.

Uno Zoglielo doro cum pendenti facto a la todescha cum uno ocello grifone che ha una simia in piedi, parte del quale grifone è smaltato et ne lo corpo de epso è de materperle il quale ponsa sopra un tronchone che sparze altri tronchoni cum fogliami de dreto a dicto Grifone, et è senza zoglie benche li sia le poste, pesa in tuto onze tre, octavi sei, et carati desedoto.

Uno Zoglielo doro facto a la todescha cum pendenti cum una foglia in la quale è una serena de smalto che sona una arpa, et nel quale è ligata una granata et uno zafireto tavola et tre perle scozese, pesa in tutto onze una, et carati dodese.

Uno Zoglielo facto alla todescha doro cum pendente a modo del soprascripto cum una serena smaltata che tene uno spechio in mane, nel quale è ligata una granata et uno zafireto lungeto tre perle de sorte malfate, pexa in tuto onze una et carati diexe.

Uno Zoglielo doro tuto smaltato cum due serene da li canti cum uno rubino de bona persona codolo et concavo cum uno diamante de bona persona de sopra, pexa in tuto onze una octavi septe et mezo, el quale ha dal roverso una fontana cum due puttini de smalto.

Uno monte grande di argento smaltato cum più castelle arbori figure et altre cose reportate suso in cima del quale jace una aquila cum due teste, cum una corona per cadauna testa, et ne le quali sono certe zoglie triste zoe granate et meze perle, il corpo di la quale è di cristallo et lo resto di arzento smaltato et dorato, ha al collo una collana de arzento cum alcune zoglie triste zoe granate et meze perle, et suso epso monte è una grota soto la quale è una fontana in cima di la quale è uno putino, et apresso di epsa è uno alicoruio di relievo di arzento dorato, intorno del quale è una muraglia di arzento dorata cum più torresini, et intorno dicta muraglia di soto gie sono meza nachara di perle et rosete di smalto tra l'una nachara et l'altra et gie manchano alcune perle, il quale monte jace suso sei occelli griffoni di relevo dorati, al quale lavoro manchano alcune cosse di arzento, et per lo simile sono ropte alcune altre cosse.

Uno Colarò doro facto a rose de filò de compassi overo pezi quarantasei, nele quali gie sono diamanti undese de varie fazone et persona et perle dodese tonde di assai bona persona, de le quale rose gie ne sono due appresso l'una a l'altra senza alcuna cossa tra mezzo, pesano in tuto onze octo et cinque octavi (1).

CAPITOLO DE BOCALI DE ARZENTO A LA CATELANA

In prima bocbali diece de arzento a la Cathelana cum li manichi dorati le soaze et oradelli, che pesano ut infra ecc.

CAPITOLO DE CANDELERI DE ARZENTO ET DI OTONE

Dui Candeliereti di Arzento biancho cum una armesina atacata suso il pede, che ha una Aquilla picola intagliata cum dui spontoncini in cima da ficar le candele, pesano tuti dui inseme onze vintitre..

(1) Zoglie descripte nel inventario de la III.ª M. A. *Così leggesi in margine.*

Dui Candelereti picoli di arzento dorati cum incasseti di sopra intorno lo rodello di smalto cum li spontoncini da ficar le candele, pesano tuti dui insieme onze diese et dui octavi.

CAPITULO DE VASI DE ARZENTO ET DE CRISTALLO
GUARNITI D' ARZENTO

Uno Vaso de arzento facto a fette parte dorato et parte no, cum li manichi a li lati a forma di serpe, chiamato una brocha da aqua aschizato in alcuni lochi et pare li manchi la cadenella del suo coperchio, pesa in tuto marche desenove onze due.

Vasi due grandi de arzento tuti dorati facti in forma de bronzo, cum li manichi da li lati a forma di serpe cum li suoi coperchi, in cima de li quali gli è uno alicorno biancho cum cathenelle, che tengono atachati decti coperchi, pexano tuti dui insieme, marche quaranta una et onze septe et meza, videlicet uno marche vinte, et onze sei, l' altro marche vintiuna et onze una et meza.

Vaseto uno a lanticha cum li manichi doro nel quale è uno rosaro de oro in cima, il quale rosaro ha in cima uno balasso a guisa de cuore giazoso cum una perla de sopra a forma de pero, pesa in tuto omnibus computatis onze ....

Vaso uno de cristallo piccolo guarnito de arzento dorato smaltato cum certi lavori reportati suso de smalti cum li pedi, bocha, coperchio et manicho, il quale ha ad una parte del collo larma de la comunitade de Bologna, il manicho del quale è in forma de doe serpe, pesa in tuto onze octantatre.

Vaso uno grande de cristallo guarnito de arzento dorato et smaltato cum certi lavoreri reportati suso decti smalti cum pede, bocha et coperchio cum manicho atachato a due serpe smaltato de azuro il quale fiascho ha da una parte del corpo dal canto de sotto, una aquila de arzento biancho de relevo che giaze suso uno tronchone, il pede del quale giaze suso sei lioncini de arzento de relevo dorati, et alcuni pezi de cristallo descolatj, pesa in tuto omnibus computatis onze tresento trentaotto.

Capitolo de Goboliti di Arzento

Goboleto uno de arzento tuto dorato dentro et de fuora lavorato liso cum certe cornise cum lo coperchio, in cima al quale coperto li è uno castelleto cum tri lioncelli cum una bandiera, et ponsa suso tri piedi facti a simie, uno de li quali pedi è despicato cum tre armesine nel pede smaltato de rosso, pesa onze trentasepte.

Goboletti dui de arzento smaltati dentro et de fuori cum figurine, animale, montagnole et verdure che ha suso el pede tre torreselle cum tri homini salvatichi cum le mazze in mano et ha uno fiorone in cima del coperchio al quale fiorone è atachato alcuni botoncini bianchi che sonano, pesano tuti dui insieme onze cinquanta sei videlicet l'uno onze vintiocto.

Goboletto uno de arzento tuto dorato dentro et de fuori col suo coperchio quasi simile al soprascripto ma alquanto più piccolo, possa suso tre figurine, et in cima del cuperchio gli è uno fiorone et dentro dal coperchio gli è uno fiore smaltato, pexa onze vintinove.

Goboletto uno de arzento cum pede et cuperchio, tuto smaltato dentro et de fuori dorato facto cum vide intorno et grapi de uva de smalto et le foglie dorate et incima del cuperchio una corona dorata et dal cuperchio gli è dispicata la vide che li va intorno, pesa onze sexantauna et meza.

Goboletto uno de arzento dorato facto a forma de uno bichiero, et facto a fette intorte col suo cuperchio, pesa onze desenove.

Goboletto uno de arzento overo copa a la todescha col suo cuperchio dorato dentro et de fuori, facto lo cuperchio de intorno a modo de corona cum uno fiore in cima, il corpo del quale goboletto è facto a fette, et il pede facto cum tondi rilevati, pesa onze vintinove, et in lo coperchio dentro è uno buso nel quale mancba una arma.

Goboletto uno de arzento simile al soprascripto cum uno tondo dentro nel cuperchio smaltato cum letere pesa onze vintesepte.

Goboletto uno de cristallo cum pede et cuperchio guarnito de arzento dorato et smaltato cum una corona intorno de arzento dorato, descolato de sieme li pezi de cristallo, pesa in tutto onze septanta.

Goboletto uno de arzento smaltato tuto dentro et de fuori cum figure, animali, montagnole, verdure cum botoncini bianchi de smalto biancho et azuro, intorno al fondo de la copa cum il suo cuperchio, pesa onze quatòrdese et tri quarti.

Goboletto uno de arzento simile al soprascripto smaltato, pesa onze undese.

CAPITOLO DE FIASCHI DI ARZENTO

Fiaschi dui grandi de arzento tuti dorati facti a fete de relevo cum lo pede et cuperchio cum smalti, cum le arme ducale nel corpo da cadauno lato cum una girlandà, gie sono tondi diece cum la aquila hiancha intagliata forniti de corezze de seda rossa, le quali coreze sono fornite de arzento, pesano tutti dui insieme cum dicte coreze, onze dosento octantanove videlicet uno onze centocinquanta, l' altro onze centotrentanove.

Fiascho uno de arzento lavorato de smalto a la paresina cum smalti caduti, cum uno spiritello in cima cum diversi lavori cum la sua vagina, pesa in tuto dicto fiasco senza la vagina, marche septantadoe, et onze doe al peso di Ferrara.

Fiascho uno de arzento simile al soprascripto che è il suo compagno, pesa marche septanta una et onze una.

Fiaschi dui de arzento parte dorati et parte no cum li soi manichi cum larma ducale nel corpo de dicti fiaschi cum

li so cuperchi, in cima de li quali coperchi li è uno fiore
de smalto per cadauno, pesano tuti dui insieme marche
vinticinque et onze cinque videlicet uno marche dodese
et onze cinque, l'altro marche tredese.

Fiascheto uno di arzento basso cum le arme dorate del duca
Borso cum certe cornise dorate cum uno fiascho di vetro
dentro cum la coperta et chiavesina, pesa in tuto cum
il vedro onze vintesepte et quarti tri.

Fiascheto uno di arzento dorato cum il pede cum l'arma
del Re di Ragona da li capi di smalto, pesa onze due
quarti tri.

Capitolo de Nave de Arzento et di Cristallo

Nave una de arzento tuta dorata cum lo suo pede, nuda cum
dui dolphini sive serene, spicati de arzento dorati, pesano
in tuto onze centoseptantadoe, et li sono dui scudeti
cum le arme ducale de smalto a le dicte serene.

Nave una de cristallo grande guarnita de arzento smaltata
dentro et de fuori cum fogliami et parte de li smalti
guasti, la quale nave è senza fornimento alcuno posta
suso quatro rode de arzento smaltato, et sopra dicta nave
suso l'oretello et suso la proua li sono botoni dodese de
arzento dorato parte de dicto oredello et botoni despicati
da la nave, pesa in tuto omnibus computatis onze cento-
septantaquatro

Naveta una, il corpo de la quale è de matreperle l'arbore
in dui pezi smaltato cum una vela in mezo cum la gabia
smaltata et una bandirola in dicta gabia de arzento dorata, cum le arme de la casa in dicta bandirola con altri
soi fornimenti, parte smaltati et parte no, la quale nave
zase suso quatro rode de argento smaltato a le quale
rode è atacata una perla per cadauna, et ha certi cordoncini rossi in luoco di sartie ali quali cordoncini sono
attacate nove perle e a le garide de la popa de dicta
nave li sono quatro rubineti in panizole le quali quatro

panizole sono da potere mettere et cavare, et a proua
de dicta nave sono dui altri rubineti in doe panizole
cum uno pezo de cadenella cum una anchoreta dorata,
pesa in tuto omnibus comput. onze vintiocto.

Nave una facta a guisa de cocha, il corpo de la quale cum
lo arbore et gabia sono de diaspese, overo di mistura
simile de diaspese ropta alquanto in proua posta suso
una aqua de arzento smaltata, intorno de la quale aqua
sono homini, castelle et altre cose de arzento dorate et
epsa nave ha la vella cum li soi fornimenti, et certi homini cum uno stendardo in cima la gabia, tuti de arzento dorati, pesa in tuto omnibus comput. onze dosento
quarantaquatro.

CAPITOLO DE BACILI BASTONI BICHIERI BUSSOLE BOTACI ET BRONZI DI CRISTALLO ET DI ARZENTO

Bacile uno de arzento grande a la venetiana lavorato de relevo a sonde parte dorate et párte no, dal canto de
dentro et de fuora tuto bianch'o cum uno San Zorzo in ....
uno tondo de niello nel mezzo, pesa onze sexanta.

Bacili dui de arzento a la reale, da dare aqua ale mane, uno de
li quali ha il pipio, tuti dorati cum uno rosone in mezo
cum l' arme Aragonese de smalto, pexa uno onze sexan-
taquatro, l' altro septanta.

Bastone uno da capitano guarnito de arzento, parte dorato
et parte no cum una maza da capo cum lo cimero del
Duca de Milano, et uno hercule cum lydra cum tri putini
in mezo cum certi tronchi et tre arme del Duca di Milano
cum tri groppi et certe cornise in mezo, pesa in tuto
onze vintiocto et uno quarto.

Bussole due de arzento tute smaltate facte a fete cum uno
fiorone de sopra dorato cum lo suo pede forato et smaltato, pesano tute due insieme onze sedese et meza.

Bussola una de arzento lavorata cum colombine in cima, et
nel mezo de dicta busola et per picollo de dicta bussola

li è uno fiore, in cima del quale gli è una aquila biancha
de relevo parte dorata et parte biancha, pesa onze tredese.

Bussolo uno da calamita de arzento smaltato intorno cum tri
arme de la divisa de la Casa da Este et del comune di
Ferrara cum soaze dorate cum il coperchio col cimero
cum una arma et cum una aquila smaltata in cima de
dicto coperchio et dicto bussolo è tuto dorato, et è in
mezzo uno tondo de arzento cum certi cerchieti da operare per la calamita, pexa in tuto onze sedese et meza.

Barileto uno de arzento smaltato dentro et de fuora cum
certe rose de cristallo nel dicto, cum uno tondo cum
l' arma de la Comunità de Bologna, pesa onze quarantatre.

Bronzino uno facto in forma de bichiero cum manego cuperto
et pipio doro smaltato cum figure cum uno fiorone in cima
del dicto cupercbio azoielato cum sei balaseti picoli forati et tri smeraldini codolo agiazati et tristi, et undese
perlete, pesa onze ventidue et meza.

Bandirole tredese de arzento dorate cum le arme dentro
smaltate, pesano in tuto onze una octavi cinque.

Bussole due de arzento dorate facte a modo de fraschiti cum
il pede cum la divisa de la casa, de smalto nel corpo da
ogni lato, pexa onze ventedue octavi tri.

Uno coperchio da bussolo de arzento da unguenti cum una
aquila intagliata de sopra, pesa onze due et octavi tri.

Uno bronzo di arzento parte dorato et parte bianco col coperchio et pipio facto a volte cave, cum una arma di
sopra dal coperchio di smalto che è uno leone in campo
azuro, pesa onze trentatre.

Uno bussolo di arzento azuro de smalto cum cornise di sotto
et di sopra dorate il fondo et il coperchio di diaspese,
il quale ponsa suso tre balotine, pesa in tuto onze septe
et meza.

Una Bacheta coperta doro che dete Papa Paulo al Duca Borso
quando lo fece duca cum uno diamante in puncta da ogni
capo et in lo gropo de mezo quatro rubini tavola et
quatro perle tonde, cum dui fileti di perle pichole da

cadauno capo che sono in cadauno perle desedoto, pesa in tuto omnibus computatis onze diece et tri quarti.

CAPITOLO DE CONFECTERE ET COPE DI ARZENTO

Confetere due grande de arzento tute dorate dentro et de fuori col suo pede che possa suso pomi cum due busole in cima, et a la cana del pede li sono spiritelli tuti bianchi che tengono le arme et divise de lo Ill.º S. nostro, a dui de li quali li mancano le arme de smalto cum le arme ducale ma guaste alquanto dentro dal cuperchio, et per lo simile è la cupa de le confetere, pesano tute due insieme marche quarantanove et onze doe, videlicet una marche vintiquatro et onze septe et meza, l'altra ventiquatro et onze doe et meza.

Confetera una picola cum meza la copa de cristallo et cussì il pomo et il resto fornito de arzento dorato et smaltato, et in mezo de dicta confetera è larma de la communitade de Bologna, pesa onze quarantatre et meza.

Confeterola una più picola de la soprascripta cum meza la copa de calcidonio et il pede et pomo de cristallo in mezzo et il resto è fornito de arzento dorato et smaltato et è fessa la copa del dicto calcedonio et è schiantato da uno lato il smalto, pesa in tuto onze trenta nove et meza.

Una copa de arzento col suo coperchio dorato cum uno manegeto a cantoni, il corpo dil quale è di calcidonio, et in suso il coperchio larma di quelli da Carara (1), pesa onze quarantacinque et meza in tuto.

Un' altra copa di arzento dorata, il corpo di la quale è calcidonio col suo coperchio facto a sunde cum uno fiorone di smalto azuro in cima cum larma di la Casa, di smalto in mezo al coperchio, dal lato di dentro ogni cossa dorata, pesa in tuto onze cinquantaocto.

(1) I Carraresi Signori di Padova.

Capitolo di Agnusdei di Oro et di Arzento

Agnusdei uno de arzento dorato che ha il diavolo sotto li pedi cum la croce in mano facto a forma de angelo la quale figura et preda è fatta de smalto bianco, pexa octavi dui.

Agnusdei uno picolo tondo de arzento dorato in uno vedro da ogni lato dove è uno sudario da uno lato et nostra Donna da laltro cum uno cordone verde, pesa in tuto octavi uno, et carati octo.

Agnusdei uno tondo dorato de arzento che se apre in due parte dentro dal quale gli è una pietà del nostro Signore cum una nostra Donna cum suo Figliolo in braze tuti due de relevo et de fori gli è da uno lato uno Christo in croce cum nostra Donna et Sancto Zoanne, da laltro lato nostra Donna de parto depinti cum cristalino et vedri de sopra, pexa in tuto onze una octavi cinque carati octo.

Agnusdei uno doro che tra nel lungo cum una Nuntiata de relevo depinta cum uno vedro de sopra per cuperto cum sei perle picole d'intorno, da l'altro lato uno sancto Christophoro cum il nostro S.re inspalla intagliato, pesa in tuto octavi tri et carati octo.

Agnusdei uno doro tondo cum il retortolo intorno de fuora via cum un altro cerchio de smalto, nel quale gli è una nostra Donna cum il nostro S.re in brazo de relevo, cum uno breve di sopra che dice salve regina, facte le figure et breve de materperle, da laltro lato è lixo, pexa tri quarti.

Agnusdei uno doro tondo cum uno retortolo intorno doro nel quale è uno sancto vechio barbuto che tiene un libro in mane et uno angelo denanti facte dicte figure de materperle, da laltro lato è lixo, pexa tri quarti.

Agnusdei uno de arzento lavorato dintorno via a la paresina dorato cum una nostra donna cum il fiolo in brace cum dui Angeli da li lati et uno Christo da laltro, pexa onze una et meza.

Agnusdei uno de arzento dorato cum uno M. et S. da uno lato et da laltro uno B. cum uno S. in mezo smaltato de azuro, pexa onza una et quarti uno.

Agnusdei uno doro smaltato facto a modo de uno fiascheto da uno lato sancta Chiara et da l' altro sancto Agustino, pexa octavi uno carati diexe.

Agnusdei dui in forma de cori de arzento cum una Nostra Donna cum il Figliolo in brace da uno lato, et da laltro la pietà per cadauno, smaltati cum alcuni botoncini et perlete intorno, pesano tuti onze meza carati octo.

Agnusdei uno più picolo de materperle cum una nostra Donna cum il fiolo in brace guarnito de arzento dorato cum uno retortolo intorno et da laltro lato uno sancto de smalto azuro, pexa octavi tri et mezo.

Agnusdei uno de arzento dorato cum una croce cum una pietà, Nostra Donna, S. Zoanne et Sancta Maria Magdalena de avolio de mezo relevo, cum uno vetro de sopra guarnito de arzento intorno via dorato cum uno poco de cadenella et dal lato dedredo uno spechieto, pesa onze una et octavi tri et mezo.

Uno Agnusdio picoleto cum uno Sancto Sebastiano da uno lato, et da laltro una cozza guarnita d' oro.

Dui Agnusdei picholi di corniola intagliati, uno una Nostra Donna, et l' altro una fonte cum due figure guarniti d'oro.

Uno Agnusdei doro picholo smaltato cum lo Agnusdei da uno lato smaltato di rosso ed da laltro di azuro, cum una Nostra Donna cum il Fiolo in brazo cum due perlete et due botoncelle, pesa octavi tri.

CAPITOLO DI ANCHONETE CROCETE ET FIGURE DE SANTI
DE ARZENTO DE ORO ET DE PIU ALTRE SORTE

Anchoneta una de arzento dorata che se apre in due parte da uno lato cum uno Christo in croce, et la Nostra Donna et S.º Zoanne, et uno vescovo vestito de roso, da laltro lato Sancto Francesco et Sancto Antonio et di sopra la

annunziata, lavorata dentro tuta de smalto et dal lato de
fuori tuta schieta, pesa onze trenta, et alquanto sono
schiantati li smalti di una figura.

Anchoneta una de arzento dorata ornata de rubini et perle
tristissime, cioè rubini octo codoli, in octo panizole de
arzento dorate tristi dolorosi et octo perle tristissime
ligate in forcadelle, in la quale anchoneta gli è una annuntiata de relevo smaltata cum uno vedro de sopra, dal
altro lato una croseta in mezo traforata, et il campo ca-
mosato de fogliami cum uno retortolo intorno parte
smaltato de azuro, pexa in tuto onze octo quarti tri.

Anchoneta una de arzento dorata, che se apre in due parti,
dentro de la quale è una Nostra Donna cum il nostro
S.re in braze, et una S.a Catherina da laltro lato et de
fuori una pietà del nostro S.re et un' altra S.a da laltro
lato lavorata de smalto cum uno poco de cadenella de
sopra, pesa onze doe octavi sei carati diece.

Anchoneta una de arzento picola dorata cum una Nostra Donna
dentro facta de materperle, pesa octavi cinque, carati
dodese.

Anchoneta una picola de arzento dorata quadra che se apre
in due parte dentro da la quale è Sancta Catherina, cum
uno pezo de rota da uno lato et in cima tri toresini, et
suso le portelle dal canto de fuora e tagliato uno sancto
Piedro et uno sancto Paulo, pesa in tuto onze una octavi
tri, carati diece.

Anchoneta una doro ne la quale da un lato gli e una pietà
cum angeli septe depinti, cum uno vetro di sopra et cum
perle sedese picole intorno ligate a due a due cum un
lavoro de fogliami intorno de relevo, da laltro lato voto
dentro, da mettere qualche reliquia, cum una portella
che la serra cum uno homo armato intagliato che tiene
in mane una arma inhastata et sotto li pedi uno serpente,
pesa in tuto onze una, octavi quatro, et carati desedotto.

Anchoneta una de arzento dorato cum una pietade de smalto
azuro cum uno troncho intorno via et uno Christo in

cima cum l'arma de la casa, et desotto è lettere che dice
Eleonora Duc. Ferr. cum uno manego de dredo, pexa
in tuto onze vinte nove et meza.

Anchoneta una de argento dorato cum una Nostra Donna vestita de biancho smaltato quale è schiantato, cum una
corona de perle in testa, et il suo fiolo in braze, la quale
Nostra Donna giaze suso uno scalino che gie è perle tre
tonde, et balassi quatro tristi cum uno archivolto de sopra, cum uno poco de cadenella da atachare, la quale ha
el manego dedredo da tuore et da mettere, pesa in tuto
onze desedotto et quarti uno.

Anchoneta una de arzento dorata et smaltata tuta cum la
passione de nostro S.re da uno lato, da l'altro la Nati-
vitade del Nostro S.re cum quatro rosete de rubineti da
rocha tristi per cadauno lato, cum una Nostra Donna de
sotto, intagliata cum una preda a modo Camaino et da
l'altro lato uno Christo, cum il pede in forma de pe de
calice, pexa in tuto onze desesepte et quarti uno.

Anchoneta una d'oro che se apre in due parte cum la pietade da uno lato, et da l'altro Nostra Donna cum il figliolo in braze, sancta Catherina, et dal lato de fora dui
altri sancti per cadauna parte, ogni cosa de smalto, pesa
onze septe et quarti uno.

Anchoneta una de arzento che se apre in due parte, cum uno sancto Zorzo da uno lato et da l'altro Nostra Donna cum il figliolo in braze, cum dui angeli, de smalto, dorata, et dal lato
de fora cinque boze per lato, pexa onze tre, octavi cinque.

Anchoneta una d'oro picola picola cum una Nostra Donna
de smalto, vestita de rosso, cum uno Christo in braze
et da l'altro la croce, pexa octavi uno et mezo.

Anchoneta una d'oro smaltata picola picola cum due figure
da ogni lato vestite di rosso et uno filo smaltato de
biancho intorno, pexa octavi uno et carati cinque.

Anchoneta una picola d'oro a la franzese cum saucto Sebastiano, et una Sancta che tene uno campanile de smalto,
lavorata dal lato roverso a la paresina pesa octavi V.

Anchonete due picole cum dui centani doro intorno via,
una cum uno Sancto Jacomo suso, da l'altro lato uno
vedro, cum due figurete frunte, et suso l'altra una Anuntiata cum uno vedro rosso da l'altro lato.

Anchoneta una picola picola doro cum San Zoanne de relevo
dentro cum una grada denanti, pexa octavi uno.

Uno San Zorzo a cavallo de materperle in uno scudeto de
arzento dorato cum uno fogliame smaltato de verde cum
diece perlete intorno, pexa onze una octavi septe.

Uno quadreto de arzento dorato intorno via cum uno sancto
Francesco di smalto et dal lato roverso tuto biancho,
pexa onze doe et meza scarse.

Figura una di S.ª Catherina tuto de relievo cum lo mantello
di smalto verde cum una spada da una mano et da l'altra la rota cum la corona in testa, pesa otavi quatro et
carati otto.

Una figureta doro facta per S.º Zorzo cum una perleta picola
de capo del dardo cum una serpeta soto li pedi et uno
scudo in mano cum una croce dentro, pesa carati vin-
tiuno.

Una Croseta doro cum uno crucifixo da uno lato de relevo,
cum lo drapo che ha ligato dintorno di smalto biancho
et cussì il breve et la diadema ch'l'ha sopra la testa
cum perle xij picole, zoe tre per cantone, cum una Nostra Donna da uno lato, et S.º Zoanne da l'altro, et da
l'altro lado gli è uno vodo dove intrava una croce che
che al presente non gli è, pesa in tuto onze una octavi tri.

Croseta una doro cum cinque topaci da uno lato et da l'altro lado una croseta di granata, et quatro perle pichole
a li cantoni cum li botoncini negri che giocano, pesa
ottavo uno carati quatro.

Una Croseta doro cum cinque granate tavola, cum quatro
perlete pichole, tri botoncini negri di smalto pendenti,
smaltato da l'altro lado a rose, pesa octavo uno et carati
cinque.

Una croce de arzento dorata suso uno monte smaltato di

verde il quale ponsa suso quatro leoncini cum uno Christo in croce, et Nostra Donna, et S.º Zoanne da li ladi,
la croceta dove è Christo in Croce siè doro et in decta
croce doro gliè quatro prede triste et due amatesti uno
da ogni lato, et due granate una di sopra et l'altra di
sotto dal lato de decti quatro tondi cum letre smaltate
cum uno Agnusdei in mezo smaltado pesa in tuto onze
dodese et mezza.

Una croseta doro ne la quale sono legati quatro rubineti in
tavola picoli de tristo colore, cum uno diamantino in
mezo tavola cum septe perlete dintorno non tonde, anie-
lata dal roverso, pesa in tuto dui octavi et carati cinque.

Una anchona de avolio cum uno pede grande cum uno Christo dentro in croce cum due portelle che si apre, et di
sotto una Nostra Donna cum Christo in brace.

Uno Christo in croce di avolio bello et lavorato sutilmente.

Una Passione de intaglio di legname minuto in una Cassetina
pichola.

Un Christo di legno intagliato cum lo suo pede in una ca-
septina quadra.

Una anchoneta da altare de veluto cremisino cum uno friso
intorno intorno facta a tronchi cum certe rose di recamo
doro et di seta, in mezo di la quale li è Christo in croce
cum una Nostra Donna et S.º Zoane da li lati et due
scuriate (?) da li lati, ogni cossa di ricamo de arg.º,
doro et di seta, longa braza cinque et larga braza due et
mezo fodrata di tela rossa.

Una figura di Nostra Donna doro smaltata vestita di azuro cum
lo suo fiolo in brazo che zase suso uno scalino in mezo
due columne cum uno volto doro smaltato dentro via et
nel scalino gie sono balasso uno tristo tavola, dui zaffri
tavola uno mazoreto de l'altro et quatro perle cum una
cadenella pur doro di sopra da attachare cum una corona di perle in capo, pesa in tuto onze vintidue octavi
septe.

Una targetina doro cum uno S. Christoforo cum Christo in

spalla de smalto et da l'altro lato uno agnusdei cum
altre figurete, pesa octavo uno.

Una Crosetiua pichola pichola doro smaltata cum una Nostra
Donna vestita de rosso cum il suo fiolo in brazo cum
quatro perletine pichole pichole, pesa carati quindese.

Una Croseta de arzento dorata facta in tronchi cum uno
Christo in croce da uno lato, et da l'altro Nostra Donna
cum il figliolo in brazo de relevo, pesa onza meza.

Un'altra Croseta di arzento dorato facta in troncho cum uno
Christo in croce da uno lato, et da l'altro Nostra Donna
cum il suo figliolo in brazo cum diese rubiniti dal poio,
pesa cinque octavi et carati cinque.

Un'altra Croseta de arzento dorato cum uno Christo in croce
da uno lato et da l'altro Nostra Donna cum tri corali,
pesa onze meza.

Un S. Zorzo a piede, de diamante l'armatura, et la persona
de dreto doro, cum la serpa smaltata di verde sotto li
pedi, cum il scudo facto a crose cum quatro diamantini
et quatro rubineti, pesa in tuto octavi quatro.

Una Croseta doro smaltata di negro dal roverso cum una
pietate ne la quale è quatro perle pichole in forma de
pero, uno diamante a modo di core et rubineti venti in
quatro ziglii, pesa in tuto octavi tri carati dodese.

Uno quadreto di una preda beretina cum uno Sancto Zorzo
a cavallo di mezo relevo guarnita de octone incassata
in legno.

Due anchone cum uno Christo in croce de pasta da odore
in dui quadri di legno dorati.

Un'altra anchona in uno quadro di legno dorato cum Nostra
Donna facta di pasta da odore.

Un altro quadro di legno dorato cum uno Christo dentro di
pastume in suso uno monte.

Una pase di vetro azoglielata di vetri.

Un'altra anchoneta di vetro che si apre in due parte cum
Christo et la Nostra Donna.

Dui tondi di ramo dorati camusati cum sancti suso.

Uno quadreto di legno dorato lavorato di pasticine di odore cum una Nostra Donna suso.

Una Nostra Donna di preda cum il suo fiolo in braza che ha una corona in testa cum uno pede che si cava fora.

Un quadro di legno dorato cum una Nostra Donna vestita di morello cum il suo figliolo vestito di rosso in braze.

Dui quadri di vetro che gie sono dui S. Zoanni cum le cornise dorate.

Una Nostra Donna di metallo dorato in uno quadro tarsiato la cornise.

Una anconeta che si apre in due parte di vetro incassata in legname dove è da uno lato la Annuntiata, et da l'altro li tri Magi, el quale vetro è ropto da uno lato.

Uno quadreto a guisa di una pace dorata dove è uno Christo et una Nostra Donna et di sopra una aquila dipincta.

Uno quadreto di legno depincto cum uno Christo in croce adorato da S.º Hieronimo cum la cornise dorata.

Uno quadro di metallo dorato camusato incassato in uno quadreto di legno facto a mò di capsa schieto.

Una anchona di vedro con due portelle che si apre, dove è Nostra Donna in mezzo et S.º Christoforo et S.º Antonio da Padua incasciata in legno cum le cornise dorate ropto il vedro.

Una anchoneta che si apre in due parte di metallo dorato camusato per uno lato et per l'altro di legno dorato dove è Christo in croce.

Una anchoneta incasciata in legno cum le cornise dorate dove è S.º Hieronimo et S. Paulo.

Uno quadro di metallo dorato camusato dove è suso la Natività del Nostro Signore Yhesu Christo incasciato in legno lavorato di zesso dorato.

Uno quadro di legno cum le cornise dorate anticho, dove è depincto suso una Anuntiata di pastume.

Uno Christo di terra di tuto relevo da mezo in suso depincto.

Uno quadro dove è il Sudario di legno di mezo relevo cum le cornise dorate.

Uno tondo di vedro verde dove è uno S.º Francesco che
receve le stigmate di mezo relevo.

Dui tondi de piumbo grandi cum uno tagliero da carne, suso
lo quale ge è la incoronatione di Nostra Donna in uno,
et in l' altro uno Centauro che roba la moglie de Hercule.

Uno quadro grande dipinto cum una donna in mezzo, che se
apre a mò di una anchona.

Una anchoneta di legno che se apre in due parte dorata,
dove è una Nostra Donna in mezo et S.º Christoforo da
uno lato, et S.º Antonio da l' altro.

Alcune devotione di sudarij et altri in suso veli.

CAPITULO DE SALINI

Dui salini di cristallo cum il coperchio, et cum il pede guarniti de arzento dorati et smaltati cum una sin.ia che
sona un corno in cima de li coperchj, et sotto li pedi
octo leoncini per cadauno, pesano in tuto onze quindese
cum la sua vagina.

Uno salino de cristallo cum il pede guarnito di arzento dorato et smaltato in suso lo orodello de dicto salino a
stelle et ragij, discolato lo argento dal cristallo; pesa in
tuto onze cinque et octavi cinque.

Salino uno de arzento dorato facto cum fogliami a fette e in
mezo di lo salino gli è una serpa che lo sustene, et dicta
serpe pousa suso un pede cum sei tondi smaltati cum
diverse arme cum lo coperto che ha uno ocello in cima,
pesa in tuto onze nove et quarti tri.

COCHIARE DI ARZENTO ET DE DIVERSE ALTRE SORTE

Due Cuchiare di materperle designate dal roverso di intaglio
a fogliame et figure una cum il manico et l' altra senza
guarnite di arzento.

CAPITULO DI OCCELLI ET ANIMALI INTEGRI ET NON INTEGRI
D'ORO DI ARZENTO ET DI ALTRA SORTE

Uno Animale di arzento dorato cum ale de serpente, coda di
   pesce et testa di lupo cerviero che zase suso un pocho
   di vida, facto a guisa di cimiero, pesa onze cinque et
   octavi tri.

Una lingua di serpe cum pede di arzento dorato cum un'
   altra lingua pichola atacata al dicto pede di arzento cum
   una armesina cum una testa di-bove, pesa in tuto onze
   due octavi due et carati xv.

Una ungia doro da cavare li denti cum uno brillo tavola da
   uno lato, da l' altro lato uno rubino codulo in forma di
   core voto et tristo cum meza perla trista zalla et rota
   di sopra, pesa in tuto tri octavi et sei carati.

Una ungia doro facta in forma di una A ala paresina cum
   uno rubineto picholo da uno lato, et da l' altro uno diamante picholo tavola cum una perleta in forma di pero
   di sopra, pesa octavi uno et carati nove.

Figura una di Basilisco doro in forma di gallo cum la crista
   et barba di smalto rosso et la coda di smalto verde, et
   nel pecto dal lato mancho uno nodo tanto quanto è uno
   quattrino cum uno pezolo di catenella ligata al dicto
   Basilisco, pesa in tuto onze quatro ottavi dui carati xvi.

Una figura di columbina de oro smaltado de biancho cum
   uno buso nel fiancho stancho che passa da l' altro lato,
   pesa in tuto octavi quatro et carati septe.

Uno cuore doro smaltato di biancho cum uno diamante picholo tristo triangulo facto a facete da uno lato, et da
   l' altro lato tagliato a fogliame cum rose et smalti nigri
   cum botoncini septe doro intorno, pesa in tuto octavo
   uno et carati cinque.

Un altro cuore smaltato di biancho cum una granata in mezo
   da uno lato, da l' altro lato uno hiesus intagliato senza
   smalto cum tri botoncini di smalto che giocano pesa in
   tuto octavo uno et carati septe.

Un' aquila doro smaltata da due teste che ha nel pecto uno
diamante di bona persona che tra a modo di scudo et
uno rubino di simile fazone cum due perle quasi piate
di soto ali piedi de dicta aquila il quale smalto è schian-
tido un pocho da uno lato, pesa in tuto octavi cinque.

Uno gambilo doro smaltato di beretino cum uno rubino di
assai bona persona codolo ne la schina di dicto gambilo
et uno diamante triangulare tavola di assai bona persona,
di sotto ali pedi è una perla tonda di pocha persona
al collo cum uno pocho di cadenella et li smalti schian-
tidi in alcuni lochi, pesa in tuto onza una carati undese.

Uno ragno doro smaltato cum granetine negre cum tri diamanti in puncta di assai bona persona cum una perla
tonda scocese di soto, pesa in tuto octavi tri carati desedoto.

Uno T doro smaltato cum certi fioriti cum cinque diamanti in
puncta di pocha persona et uno rubineto in puncta de
simile fazone cum due perle di assai bona persona piate
di soto che dindola, pesa in tuto octavi cinque et mezo.

Cinque lengue di serpa.

Cortoliere cinque cum cortelli cinquantatri in tuto cum ma-
nechi de avolio forniti cum vere de arzento traforate et
dorate cum una lista per mezo il manicho da ogni lato,
ali quali manichi per la più parte li manchano dicte liste,
et fra dicti cortelli ge ne è uno scavezato, li quali cortelli sono ruginenti, et anche gli sono dui manichi senza vere.

Specchij de Oro et de Arzento cum Zoglie et senza Zoglie et Pectini

Uno spechio di arzento dorato et smaltato cum l'arma Ducale di sopra et uno tondo intorno via di tronchi involto
cum octo rosete azure et verde et octo altre rosete

dorate schiete intorno a la luce, et dal roverso una Nostra Donna pur di smalto cum il suo figliolo in brazo, et dui anzoli uno da ogni lato, pesa in tuto cum la luce onze quaranta una et octavi cinque.

Un altro spechio doro azoglielato dintorno cum una girlanda di rosete di smalto biancho rosso et verde intorno a la luce et un'altra di perle et rubini, et un altro dintorno via dal spechio di perle cum una cadena facta a stranio modo da apichare, in lo quale gie sono dal lato di la luce rubineti octo di varie fazone et perle octo pur di varie fazone in la girlanda, et perle trenta in la girlanda che va intorno, et dui altri rubini et uno diamante di sopra, et da l'altro lato giè la nativià di Christo di smalto cum due girlande di rubini, perle et rosete de più et diverse fazone, in la quale ge sono rubini sedese et perle desesepte et di sopra ge è dui diamantini tavola et uno rubino codolo, pesa in tuto onze quarantanove et meza.

Continuazione di Bussole di Arzento et Oro

Due Bussolette pichole doro facte a modo pero cum il pede et cuperchio lavorato de niello cum due cadenellete apichate, pesano tute due ottavi sei et carati quatordese.

Continuatione de Zoglie et de Lavori de Oro

Due prede di Camaino una cum una testa de relevo in guisa di buffone et l'altra cum uno intaglio che è mezo becho et mezo pesse, pesano in tuto disedoto carati.

Una Testa di uno bambozo intagliata di relevo in una turchese ligata in oro schieto cum una perleta in forma di pero di sotto, pesa in tutto octavo uno carati octo.

Uno balasso a mò core ligato in uno filetino doro intorno, nel quale è intagliata una testa di uno vecchio in cavo cum una perla di assai bona persona a pero di sotto, pesa in tuto octavo uno carati undese.

Uno Camaino intagliato cum una testa in capelli ligato in una panizola di arzento dorato cum uno P di smalto rosso dal roverso, pesa octavo uno carati quindese.

Uno Camaino cum quatro figure suso intagliate ligato in uno cintanello di arzento dorato et dal roverso una testa di Vespasiano depincta cum uno vedro di sopra.

Un altro Camaino cum uno S.º Cristoforo cum Christo in spalla ligato in uno cintanello doro cum uno sudario depincto da l' altro roverso.

Una agatha cum una figura di nudo intagliata in cavo cum uno cintanello doro diutorno, la quale agatha è di tre colori.

Un altro anelleto facto in fileto doro smaltato cum una preda intagliata cum due mane in fede, pesa octavo uno.

Quattro anelleti fileti cum uno Iesus per cadauno, tri di smalto et uno di rubino, pesano tutti octavi tri et carati dodese.

Dui anelli doro uno cum l'arma del Re di Ragona intagliata et l'altro una testa del Re concava, pesano tutti dui onza meza et carati undese.

Un altro anelleto cum una preda de agatha meza biancha et meza alionà cum una testa intagliata de cavo, pesa octavo uno carati undese.

Un anelleto in fileto cum una preda di colore di zaffro intagliata in cavo cum una testa di uno vecchio in capelli, pesa carati desedoto.

Un altro anelleto doro smaltato cum una preda de diaspese cum una testa di uno zovane intagliata in cavo, pesa quarto uno.

Quattro anelleti fileti doro cum prede de più colori cum lettere suso che è di quelle che fa Franco de *Anichino* (1), pesano tuti inseme quarto uno et mezo.

Un altro anelleto doro cum uno Camaino intagliato una testa de vecchio di relievo cum li capelli et barba negra, et il volto et collo biancho, pesa octavo uno carati quatro.

(1) Celebre intagliatore di gemme e cammei, nativo di Bagnacavallo.

Un altro anelleto doro in fileto cum una preda negra cum una testa di Bambozo de mezo relevo, pesa carati sedese.

Uno anelleto fileto doro cum una preda biancha schieta, pesa uno octavo et carati octo.

Un anelleto doro cum una cornioleta intagliata cum una spiga cum una girlanda, pesa octavo uno carati quatro.

Un altro anelleto fileto doro cum una corniola codola intagliata una moscha, pesa carati sedese.

Un altro anelleto fileto doro, cum una preda beretina et nigra cum due teste intagliate, la quale preda tocha la carne di sotto, pesa carati tredese.

Un altro anelleto doro cum una preda di colore di zafiro intagliata la testa di uno bambozo di relevo, pesa octavo uno carati tredese.

Un altro anelleto doro fileto smaltato di negro cum una preda intagliata uno bò de relevo, pesa uno octavo carati quattro.

Un altro anelleto fileto doro cum una agatha intagliata un cavallo che corre cum uno signo biancho a traverso, pesa sedese carati.

Un altro anelleto doro smaltato cum uno jacinto intagliato una testa di bambozo di relevo pesa uno octavo.

Un altro anelleto doro cum una preda de diaspese cum uno intaglio di papagallo, pesa carati quindese.

Uno anello di ottone dorato cum vedro rosso quadro grande ligato dentro cum la mitra et chiave et quatro Evangelista dintorno tagliati.

Uno schachiero picholo di arzento dorato cum due moietine di arzento dorato, pesa onza una octavi dui et carati undese.

Uno sigillo di arzento picholo cum l'arma del Re di Ragona et quella del Duca, pesa onza meza carati cinque.

Uno sechiello da aqua sancta de arzento smaltato cum lavorieri reportati suso et dorati facto a forma di brenta cum dui dalfini, et uno tondo per manicho dorato nel quale

tondo li è l'arma ragonese da uno lato et da l'altro l'arma
de la casa tuto biancho dentro, cum una cornise in
mezo tutta dorata cum parte de li smalti guasti et col
suo asperges de arzento smaltato cum tre vere dorate,
pesa in tutto omnibus computatis onze trentatre.

Lampada una de arzento parte dorata et parte biancha cum
cornise dorate cum certi lavori et voltj intagliati cum
cornise dorate cum cinque cadenelle bianche cum quattro pomi dorati a mezo cum uno manteuille facti a ziglio
che ha uno pomo dorato cum uno guinzaglio de capo
de dicto pomo, pesa onze quarantanove.

Torribile uno de arzento da incenso tutto biancho lavorato
de strafuri cum certi incassi de niello cum le sue cade-
nélle, pesa in tulo onze quarantatre et meza.

Una naveta da incenso de arzento cum uno pede et cornise
dorate dintorno cum una Anunciata suso cum uno cu-
chiaro de arzento, pesa ogni cosa inseme onze tredese
et meza.

Uno palio da altare di cendale alexandrino depincto cum la
incoronatione di Nostra Donna, cum l'arma vechia de la
Casa da uno lato et da l'altro uno vaso cum due ampo-
lete da uno lato.

Uno tondo de arzento da piviale da uno lato dorato, da l'altro no, cum uno Dio Padre da uno lato cum teste de
cherubini intorno di mezo relevo smaltato cum panizole
et forcadelle dintorno d'arzento in le quali sono sei
perle, tri zafiri et granate cum altri lavori dintorno cum
il quale è uno stecho da asserare dicto tondo, pesa in
tutto onze quatordese et septe ottavi.

CAPITULO DE MEDAGLIE ET INTAGLIJ ET DI TESTE
RETRACTE DAL NATURALE

Medaglie doro de più sorte, poste suso desenove tavolete in
le quali tavolete gie ue sono desesepte che sono medaglie
vintiquatro per cadauna, et due che non sono compite

de impire che sono fra grande et pichole quattrocento trentasepte.

Medaglie de arzento pichole triamillia tresento octantacinque, computo cinque che sono donate ala Ex.ª del Nostro Signore a questi die, zoe quattro per Mons. di Adria, et l'altra per ms. Pandolfo da Pesaro.

Una medaglia del Duca Borso la testa de argento stampata posta in uno quadro di ottone cum smalti quattro cum rose per suso cum quattro arme de li paraduri a li cantoni posta in una capsetina di legno che ha sopra la coperta il paraduro.

Una medaglia del Duca Hercule di arzento sutile stampata la quale è posta in uno quadro di ottone dorato, nel quale quadro gie sono certe rosete smaltate contrafacte cum dui anzoli et uno breve despichato et similmente parte di quelle rosete, posta in una capsetina depinta de verde.

Una medaia di ottone dorato in uno scatolino tondo di legno, che è la figura del Duca Francesco.

Una medaglia di corno stampata in cavo de la testa del Duca Borso quand' era zovene fornita de ottone dorato.

Una medaglia pichola tonda cum la testa del Duca Francesco in cavo in ottone dorato.

Una testa de damisella di arzento cum li capelli pendenti stampata fornita di ottone dorato.

Un' altra medaglia di corno rosso cum la figura del Duca Borso in cavo incassata in ottone dorato cum una litera intorno dal cerchiello a niello.

Una medaglia pichola del co. Lorenzo facta in osso in forma de Camaino ligata in arzento basso dorato, posta in uno bussoleto di lacta.

Uno gambareto di calcedonio senza fornimento alcuno.

Un' altra medaglia del Duca Borso messa in uno quadro di ottone cum certi incasseti di arzento smaltato cum rosete posta in una capseta quadra di arzento, et sopra cum cinque arme de li paraduri.

Una medaglia zoè una testa in alabastro in capelli et barba, dal lato de dreto uno scudo de relevo.

Una medaglia del Duca Borso de calcidonio de relevo cum le divise del Duca Borso del alicornio dal lato de dreto cum uno cerchiello de argento dorato.

Quattro medaglie di corno rosso stampate cave fornite in ottone dorato de le quali gie ne sono due che hano lettere intorno al cerchiello aniellato et due senza, una il Duca Borso, l'altra il Co. Lorenzo, l'altra il Marchese Nicolò, et l'altra una Damisella.

Medaglie nonanta octo di piombo parte et parte di otone tra grande et pichole.

Uno diaspese picolo cum uno cane intagliato nudo suso, pesa carati due.

Quattro quadri depinti cum face dal naturale dove è donne et huomini.

Uno Quadro che si apre in due parte cum le cornise dorate, in sul quale è il Duca di Milano et M. Biancha.

Due teste del Re di Ragona retracte suso dui quadri.

Due teste retracte dal naturale cum le cornise dorate, dove è la faza del S.re Leonello.

Un altro quadro dove è ritracta M.ª Isota cum la cornise dorata.

Un altro quadro dove è ritracta una Damisella senza nome.

Una capsa quadra in forma di libro, dove è Iulio Cesare in uno quadreto di legno cum le cornise dorate.

Un altro quadro grande dove è suso la figura del Sig.re Domenego da Cesena.

Una testa de puto di tuto relevo di preda depinta.

Una figureta integra tutta di zesso tutta biancha.

Una figureta anticha di zesso di tutto relevo cum testa ropta.

Dui quadri di zesso di relevo dipinti cum due teste di due Imperatori incassati in legno, li quali sono sfessi.

Uno quadro di preda cocta di relevo depincto incassato in uno quadro di legno guasto.

Uno quadro di terra cocta di mezzo relevo depincto cum tre figure di donne vechie ropte incassate in legno.

Quattro quadriti di legno dorati lavorati di pastnme di odore
che ge è la testa del Duca Borso suso.

Una spada cum il manicho elzo vagina et pomo guarnita de
arzento tutto dorato cum divise del S.r Duca cum fiori,
la quale vagina è in tri pezzi, et il pomo di epsa spada
ha uno tondo da ogni lato, dove son incapsate le arme
ducale a niello, la lama di la quale è ruginente cum
l'arma de la casa da Este suso dicta lama.

Uno stocho cum l'elzo di arzento dorato cum lo pomo coperto
de arzento dorato cum uno M in mezo da cadauno lato,
et sopra de lo elzo li è uno pezo di arzento facto in forma
di luna dentro dal quale è uno homo salvatico et dui
cani, la vagina sua ha intorno involtegliato uno pezo de
corezza dorata cum letere et ha una cintura di brocato
cum mazo fibia et quattro passetti grandi di arzento dorato, de capo la dicta vagina li è uno pontale longo di
arzento dorato facto a scaglio cum una testa di serpa de
capo al fondo, il quale stocho è alquanto ropto di sopra,
et mancagli uno pezo di fogliame.

Una spada fornita doro cum la coreza di raso negro cum
mazzo fibia et sprange vintidue et passeti octo picholi
cum tri mazzeti attacati ad una testa de lione, in lo pomo
de dicta spada li è da uno lato la maseneta, da l'altro
uno arbore di smalto, cum il fodro coperto di veluto negro cum uno pontale de oro smaltato, et cussì tuti li
altri lavorieri smaltati.

Uno pomo da spada de cristallo schieto pesa in tuto onze
tre octavi septe.

Una spada cum la vagina di legno cuperta di arzento dorata
lavorata di straforo a fogliami sopra veluto cremesino
cum lo manego elzo et pomo guarnito di arzento dorato
a fogliami ruginente in alcuni lochi.

Uno stocho dorato cum l'elzo manego et pomo guarnito di
arzento dorato et smaltato lavorato ala paresina cum il

fodro et cintura di veluto negro guarnita di arzento
smaltato et lavorata a la paresina.

Una gathescha cum il manicho di brochato doro et pomo
dorato cum cordoni verdi suso il manego cum la vagina
di curame negro et una cintura di seda rasa negra guarnita di ottone dorato.

Capitulo di Tondi di Arzento et Pomi etiam di Arzento
et altri lavori di simil sorte

Uno ovarolo di arzento dorato in triangulo cum li piedi de
leoncino pesa onze quattro et octavi tri.

Refrescatoio uno di cristallo guernito di arzento dorato, che
giace suso sei leopardi, et dicti sei leopardi hano denanti per cadauno l'arma de la casa da Este, et di Man-
tua, parte de li quali Leopardi sono spicati dal dicto
refrescatorio, pesa in tutto omnibus computatis onze tre-
sentoquarantaquattro.

Uno orologio da sabione di arzento dorato cum l'arma ducale
di sotto et di sopra di smalto cum sei bachete cum huomini salvatichi cum le mazze in mano da capo di cadauna di epse bachete, pesa in tuto col sabione che li è
dentro onze desenove et uno quarto.

Una rodella da horologio di arzento dorato la quale è in una
capsa da ochiali, pesa senza la capsa octavi septe.

Un pomo di arzento dorato lavorato de filo a la paresina cum
uno breve da lettere a niello de intorno via cum l'arma
del Re di Ragona nel pede di sotto, pesa onze octo et meza.

Cinque tondi di arzento dorato lavorati de filo a la paresina
cum uno smalto in mezo picholo per cadauno.

Capitulo de alcuni Fornimenti di Arzento da Opere medicinali
li quali sono in una capseta de nogara

Dui raspaduri da lingua de arzento, pesano tutti dui inseme
onza una et octavi tri.

CAPITULO DE TAVOLE ET TAVOLIERI DI ARZENTO
ET DI DIVERSA ALTRA SORTA GUARNITI DI ARZENTO
ET GIOCHI DI SCHACHI.

Una Tavoleta de diaspese bisquadra guarnita di arzento intorno pesa onze tre octavi V.

Uno Tavoliero picolo de diaspese et matre perle.

Uno Giocho di Schachi cum due croce di materperle reposti in uno scatolino cum nna gianda.

Una tavola di porfido.

Uno Giocho di Schachi reposto in una capsetina depinta.

Uno Schachiero d' avorio lavorato biancho, negro, verde cum li soi schachi in una capsa che pare uno libro.

Tri Giochi da tavola di avolio.

Uno Giocho de Schachi di vedro.

Uno Schachiero di legno cum le capsete da li capi cum li schachi dentro grandi.

Uno Schachiero di avolio grande a mo uno tribunaleto lavorato cum più figure dintorno intarsiato di osso negro et verde de più colori cum li soi schachi, dentro el quale dal lato roverso uno tavolino et cussi le tavole sue.

Un altro Tavoliero simile al soprascripto cum li soi schachi senza tavole.

Un altro Tavoliero di avolio lavorato minutamente di tarsia dintorno cum li soi scachi et tavola in una capsa di legno cuperta di curame negro.

Dui Tavolieri che si snoda in quatro parte ropti posti in due capse di curame.

Uno Tavoliero grande di legno vechio ropto.

Un altro Tavoliero di osso lavorato vechio ropto.

CAPITULO DI CAPSE FORCIERI SCRIGNI ET ALTRI LAVORI DI LEGNAME
ET SIMILMENTE ARMARI DI LEGNO.

Una Capseta cum carte da zugare de più rasone vechie et male conditionate.

3

Una Capsa dipinta cum pene di struzo bianche et tincte de
più colori et assai di tarmate et guaste.

Una capsetina cum stampe de charte dentro.

Uno scrigno quadro lavorato intorno d'intaglio et di sopra
zallo tarsiato intorno cum uno schachiero di calcedonio
in mezo cum una chiavadura thodesca cum uno coperchio
negro sopra.

Uno Aromaro di sopra cum maschere caviare et altre cosse
et imbrati da maschare et diademi da Santi.

Capitolo de Targe.

Una Targa tonda a la morescha coperta de seta de più colori
in una vagina di curame.

Quattro Targe depincte de più sorte.

Capitolo di più lavori d' Avolio et di Osso de diverse sorte.

Uno Cofanino picholo di avolio lavorato con più figure suso
cum la sua chiavesina.

Tri calamari de osso tarsiati: dui grandi et uno picholo.

Una Capseta de avolio lavorata a figure et coperta a modo
di cofaneto.

Uno horologio di avolio in una capsa indorata ropto et guasto.

Ossi da quagliaduro disforniti lavorati vintiquattro.

Lavori di diverse sorta di preda.

Uno piatello di terra lavorato et depincto de quelli se fano
a Pesaro.

Dui altri piatelliti simili et lavorati a dicto modo.

Tace septe di simile lavoro di terra.

N.º III. A. 1516.

ESTRATTO DELL'INVENTARIO DELLE GIOIE E DI ALTRE ROBE
DELLA DUCHESSA DI FERRARA LUCREZIA BORGIA

(Archivio suddetto)

Incredibile a dirsi la quantità delle gioie e degli
arredi che Lucrezia portossi con se da Roma, ai quali
n' aggiunse in buon dato stando in Ferrara, tenendo
impiegati a tale scopo alcuni orefici che lavoravano con-
tinuamente per essa. Una parte delle sue gioie fu data
in pegno o convertita in moneta per sovvenire il marito
nelle strettezze e nelle calamità delle guerre, che posero
a repentaglio l'esistenza del ducato di Ferrara.

Una medaglia di oro battuto cum uno San Francesco cum le
    stigmate senza smalto (1).
Una medaglia di oro cum san Francesco smaltato di berretino
    cum lettere di smalto bianco in campo di smalto rosso
    et uno ritorto di oro intorno, pesa oncia meza carati
    septe (2).
Una medaglia di oro cum una madonna smaltata di bianco et
    uno ritorto intorno smaltato di negro, pesa octavi septe
    et carati septe.
Una medaglia di oro cum una fiama smaltata di rosso cum uno
    friso intorno fatto a palme (3).
Una medaglia di oro cum Daniello in mezzo a leoni smaltata
    di verde et rosso, pesa oncie tre carati tredici.

(1) Fu disfatta nel 1517.
(2) Donata ad Antonio Guidoni per l'andata sua in Spagna a dì 20
ottobre 1518.
(3) Mandata a donare al Commendatore di Cabaguilles in Spagna a
dì 2 giugno 1517.

Una medaglia di oro schietto cum uno leone di oro et letre
intorno, pesa oncie una carati undici.

Una medaglia cum la imolatione de Isach, al presente è in la
berreta del sig. Don Hercule.

Una medaglia di oro cum un S. Roco smaltato, al presente ha
el sig. Don Hercule in la beretta (1).

Una medaglia cum una figura di S. Ludovico smaltata de azurro
machiata di oro cum un leone da pede et lettere, al presente ha el Sig. Don Hipolito (2).

Una catenella di oro battuto fece M.º *Io. Ant.º da Fuligno* per
il Signor Don Hercole, et Don Alex.º, al presente uno fillo
ni è attacato al Iesus di diamante et uno pezzo è da per se.

Una croce di legno di Aloè portata di Ierusaleme guarnita
d'oro dai capi cum una Madona al pede, pesa oncie meza
carati septe.

Una ancona grande di argento adornata di petre molte cum
le aperture sue intagliate di figure in fogliami et cum
l'arma della S.ª in cima et è cosi da tenire in capo al letto.

Uno officiolo scripto a penna cum li septe psalmi et altre
oratione novamente fatto coperto di veludo negro cum
li azulli d'arzento cum l'arma de PP. Iulio.

Uno officiolo della Madonna in lettere francese novamente
coperto di veludo negro.

Uno officiolo della Madonna cum più altri officj in charta
bona scripto a penna et miniato senza azulli, coperto de
raso cremesino.

Uno ventaglio picciolo novamente fatto per M.º *Alfonso* Orevexe
cioè tutto il corpo fatto doro battuto a fiori stampiti cum
uno quadretto da ogni canto nel mezo lavorato di filo
con pasta de compositione et il manico pur d'oro batuto circondato da pene de struzo negro, pesa tutto ditto
oro oncie tre ottavi quattro.

------

(1) Fu donata a Nicolò Tassone che sta cum li Signorini.
(2) Donata ad Antonio Guidoni u. s.

N.° IV. A. 1525.

ESTRATTO DAL LIBRO DEGLI INVENTARII
DI M.ʳ ARCIVESCOVO DI MILANO

(Archivio suddetto)

L' arcivescovo di Milano possessore di questi quadri era il giovine Cardinale Ippolito d' Este. Vedonsi qui memorate tre opere di *Lodovico Mazzolino*, una di *Giacomo Palma*, e una di un *Bustianello* che è forse *Sebastiano del Piombo*. Evvi pure memoria di un *Bernardino da Venezia* eccellente intagliatore in legno di cui molto si valsero gli Estensi specialmente in cornici di quadri; e così pure di *Iacopo Panicciato* pittore ferrarese poco conosciuto cui erasi dato a restaurare un quadro del *Mazzolino*. In fine i lavori di terra a cui si accenna furono da me altra volta citati come un saggio ed un esempio della manifattura estense della maiolica.

QUADRI DEPINTI RENONTIATI ALO R.° Ms. TOMASO DE MOSTO
PER MI IACOMO FILIPO FIORINI.

Uno quadro del misterio de Christo quando Piero peschava et Christo li aparse con lj apostoli cum lo adornamento de nogara.

Uno quadreto picholo dorato con le colonine con uno davite de cristalo.

Uno quadro intaiado con lo suo cimo dorato a mordente con la istoria deli nocentj fatto a olio de figurine pichole.

Un altro quadro de ligname intaiado et dorato a mordente con la circhontione de Christo de figure a oljo de figure picole de mane de M.° bigo *Mazolino*.

Una testa de sancto Gioane evangelista con le sue cornise de
ligname dorate e negra e la figura fatta a olio.

Uno quadro con megia figura de San Ioane batista facta a
olio de mane de *bastianello* con le cornise dorate.

Uno quadro de christalo con Christo quando portò la croce
con lo adornamento de cornise de nogara con certe marche dorate.

Un ase da quadro bozada de mane de bigo *mazolino* con lo
misterio s.º de piedro peschatore.

Doe tele grande con doe figure de done retrate dal naturale
fatte a olio de mane de Iacomo *Palma* da venetia con le
cornice dorate e lavorate alarabescha con le sue coltrine
de cendale carmesino.

Uno quadro intaiado cum li frisamj et cornise e cimo de mane
de M.º *bernardino* Intaiadore con li campi deli frisj can-
pidi de azuro oltramaro et la madona che vano in dito
quadro, ave in mane M.º Iacomo *panizato* depintore a
chontiare el quale sono di mane de bigo *maciolino*.

Una caseta da portele da uno quadro dorate dentro le portele.

Uno quadreto picholo in tuna chasetina cum le portelete
dorate et lo quadreto fatto d' oro fino tirado cum perle
. . . . . per dentro et per Immagine uno Sancto Ioane
batista de cristalo.

Uno orlogio da sole d' avolio.

Una chaseta de legno pina de piateli e vasi e scudelinj et de
diverse sorte pure deli lavori de chastelo.

Dui Instrumentj de chlavichordj uno depinto et uno gregio.

Una orna biancha come cedri con . . . . dentro del predame
sopra scrito.

Dui vasi grandi de simile prede.

Uno adornamento intaiado grande da quadro de rio.

N.° V. A. 1561.

ESTRATTO DA UN INVENTARIO
DELLA GUARDAROBA DUCALE ESTENSE

(Archivio suddetto)

DIVERSI RETRATTI ET ALTRE PITTURE ET IMPRONTI.

Una testa di Christo depinta in una Anchoneta.

Quattro telle, una cioè Dante, una il Boccaccio, il Petrarcha et Virgilio.

Un retratto di M.° Nicolò Lunigo.

Un ritratto della marchesana di Mantoa.

Cinque retratti di putinj.

Due ritrattj picciolj di Massimiano et Carolo Imperatori.

Tri diversi retrattj.

Sei telle a più foggie depinte incornisate.

Diversi dissegni in telle et in carte.

Testa del Duca Hercole primo di gesso in una cassettina.

Testa del Card. Hippolito primo di gesso in una casseta.

Testa di Madama Leonora d'Aragona di gesso in una casseta.

Un Cenaculo di avolio cornisato et adorato.

Uno Christo in Croce sopra uno quadro adorato.

Uno Christo in pietade adorato.

Assomptione della Madonna in uno quadro adorato.

Una pietade con le cornise adorate.

Un S.° Girolamo in tella grande con le cornise adorate.

Una Madonna de rilievo in un quadro tutto adorato.

Uno Faetonte di rilievo in un quadro tutto adorato.

Li Maghi in uno quadretto con le cornise adorate.

Quadri di Santi et altri ritratti di più sorte et a diverse foggie n.° 69.

Uno Ritratto del Signor Duca Hercole secondo.

Uno Ritratto del Cardinale Hippolito primo.

Uno Ritratto del Duca Alfonso primo.

Uno Ritratto del Duca Alfonso secondo grande con le cornise adorate.

Dui impronti di dui Brachi dal naturale di gesso.

Telle di diverse Pitture n.° 11.

FIGURE DI SANTI ET ALTRE COSE DE MARMORO ET OSSE.

Cinque figure di Santi di legno adoratj.

Tredici quadretti di Santi di più sorte.

Due Peduzzi di marmore fino.

Una Madonna di marmore in una casseta.

Una Anchoneta d' arcipresso con figure intagliate dentro.

Un Christo di rilevo in una casseta con più figure.

Una Pieta di rilevo in la sua anchoneta d' asse.

Una Anchoneta d' avorio con più figure bella.

Una Madonina in un quadro.

Un S. Francesco di rilevo in un quadro adornato d' oro.

Uno Crucifisso d' osso biancho con più figure fatto con molta arte.

Figurine di marmore di più sorte n.° CI.

Dui mortaletj di marmore fino.

N.° VI. A. 1583.

ESTRATTO DELL' INVENTARIO DELLE SUPPELLETTILI ESISTENTI NEL PALAZZO DELL' ISOLA

(L. C.)

I dipinti segnati qui appresso ornavano le stanze del palazzo dell' Isola eretto da D. Alfonso figlio naturale del duca di Ferrara Alfonso I in un' isola formata dal Po dove è oggi situato il borgo di Ponte Lagoscuro, e abbellito con ogni maggior cura, in onta alla natura del sito inameno. D. Alfonso morì nel 1587 lasciando eredi Cesare e Alessandro suoi figli.

QUADRI ET RETRATTI DE PIU SORTE INCORNISATI.

Uno quadro incornisato sopra il camino della saletta prima quale vi è dipinto l' età del ferro.

Uno quadro dell' arca di Noè sopra il camino nella camera del falconiere.

Uno quadreto d' imagine pia apresso il letto in detta camera.

Uno quadreto simile nella camera della Torre.

Uno quadro di uno mapamondo in detta camera.

Uno quadro della età dell' argento nella camera di S. E.

Uno quadro di una prospettiva sopra il camino del antica-mera di S. E.

Un quadro de imagine pia apresso il letto del Ill.° S. D. Cesare.

Uno quadro sopra il camino dell' età dell' oro in detta camera.

Ondici quadreti dipinti sopra varii paesi nella rotonda.

Quattro quadreti dipinti sopra la Istoria della sacra scrittura nella prima camera delle Ill.me Sig.re

Uno quadro de imagine pia appresso il letto ih detta camera.

Setti quadreti nella prima camera di esse Sig.re ove sono dipinte varie istorie.

Uno quadro di una imagine pia apresso il letto di detta camera.

Quattro telle incornisate nella terza camera di essa Sig.ra Ill.ma quale vi sono depinte le quattro stagioni.

Un quadreto de imagine pia appresso il letto di detta camera.

Nove quadreti di varie figure sopra li cornisotti nella camera stessa.

Quattro quadreti sopra li cornisotti della castelina quali sono li misterij de Olimpia.

Dui altri quadretti che acompagna detta istoria sopra a detti
 cornisotti di detta Castellina.

Uno quadro de santo Francesco de Paola incornisato con uno
 cendal verde sopra in detta Castellina.

N.º VII. A. 1583.

ESTRATTO DELL' INVENTARIO DELLA GUARDAROBA
DEL CARDINALE LUIGI D' ESTE

(Luogo citato)

Il Card. Luigi d' Este amava molto i piaceri e poco
le arti; e non è fare le meraviglie perciò se non si trovava in possesso di un maggior numero di dipinti e di
cose d' arte, mentre anche le poche che si veggono notate nell' Inventario gli erano nella più gran parte per-
venute per eredità dal Cardinale Ippolito anzichè per
acquisto ch' ei ne avesse fatto. Spenditore prodigo e
dissennato egli si trovò alla fine in balia degli usurai,
così da dover dare in pegno le cose sue più care e
più preziose per accattare denaro, e qui ancora vedesi
un elenco di argenti dati in mano agli ebrei, che senza
quel pegno non si sarebbero assicurati di prestargli cento
scudi. Notabile è la memoria di quella spinetta con le
armi e le imprese della famosa Madama d' Etampes,
forse destinatale in regalo dal Cardinale Ippolito, anzichè
da essa al Cardinale; perchè quella donna soleva ricevere ed anche chiedere regali quanto più poteva; ma
nel farne procedeva con molta parsimonia.

Uno quadretto di tabì d'oro con la Natività del Signore in una cassa di noce.

Un altro simile con la Madonna a sedere con il Signore in braccio.

Una pietà di rilevo legata in ebano.

Un Crocifisso d'ambra in una cassa nera foderata di velluto rosso cremisi.

Un vaso d'alabastro con il suo coperchio grande con maschere intorno alla bocca con li manichi fatti a serpe.

Un quadro grande in tavola scorniciato depinto con la Madonna et Nostro Signore in 5 figure.

Un quadro con la cornice indorata depintovi S. Gio. Battista in tavole il quale è strappato.

Una Spinetta con la intastatura d'avolio et d'ebano coperta di velluto nero foderata di raso nero tutta piena d'imprese d'argento cioè lune, archi, turchassi con un arme nel mezzo al coperchio quadra con croce e smalto turchino con una corona dorata sopra, dicono essere di Madama de Tampes con la sua cassa di corame nero.

Una Croce d'argento indorata con un Cristo d'argento e parte dorato con un vasetto iu fondo con dui aquile con dui festoni con il piede fatto a cornice con una morte sopra con foglie e erbe d'argento con li quattro Evangelisti dai capi della Croce.

Dui Candelieri di argento con tre leoni e aquile d'argento tutti dorati.

Una Pietà d'argento anzi una pace lavorata e dorata.

Una Scatola d'argento con il coperchio per hostie lavorata e dorata.

Un Calice d'argento con piedi a triangolo con teste d'argento e mascherette tutte dorate con sua patena d'argento tutto dorato.

Dui Boccalini d'argento lavorati di rilevo tutti dorati.

Un Bauletto d'argento dorato lavorato parte di rilievo.

Un Calice e patena d'argento non finito con teste d'angeli sul piede con l'arma.

Dui Boccalini d'argento dorati da messa alli quali manca li manichi et coperchi con un piede rotto.

Una Bauletta d'argento dorato da messa con l'arme di S. S. Ill.ma con l'impresa della bo. me. del Card.le de Ferrara intorno all'arme.

Un asperges d'argento dorato con un angello d'un capo con un vaso sopra la testa e il rimauente lavorato:

Un altro asperges d'argento simile lavorato pure con un bottone in mezzo fatto a mezza colonne.

Un altro asperges simile con un bottone in capo fatto a coste.

Un Calice d'argento tutto dorato lavorato il bottone e il piede con mascharine di basso rilievo con un soprafondo dentro una borsa di taffettà, con la sua patena d'argento simile.

Una Croce di cristallo con il piede d'argento dorato lavorato di basso rilievo con profeti d'argento smaltati di nero, con bottoni d'argento dorati dentro nel suo stuccio di corame nero.

Un Mappamondo d'argento sopra a dui figure di rilevo d'argento, le quali posano sopra a quattro venti chè li fanno piedi con una colombina in cima dentro nel suo stuccio coperto di corame.

Una Coppa d'argento dorato fatta a diamante con il suo coperchio con un serpe in cima che serve per anello dentro nel suo stuccio.

Un Fiaschetto di noce d'india guarnito d'argento collo e piede e catena d'argento.

Un Bichiero di corno . . . . . guarnito d'argento dorato con il piede d'argento dorato fatto a vita con un cerchio nel mezo d'argento lavorato.

Una Saliera ovata di lapis lazaro guarnita d'argento dorato con smalti di più sorti dentro un stuccio di veluto cremisi con passamano d'oro.

Dui Vasetti d'argento dorato lisci con l'arme del Sig. Cardinale nella pancia con il collo fatto a grana lavorati.

Una Cazzola d'argento con il manicho fatto a colonna quadro dorato da i capi con l'arme di S. S. Ill.ma

Una Saliera d'argento che si parte in due l'una in l'altra.

Una Panatiera d'argento figurata in pece (?) su una tavola non finita.

Un Pendente d'oro fatto in forma d'una viola da sonare con trombe e cornette d'oro con dodici rubini, sette smeraldi e quattro diamanti, con una perla da piedi nel suo stuccio di corame rosso.

Quattro cuchiari d'argento dorati con li manichi lavorati di rilievo.

Quattro Coperchi d'argento da caraffe lavorati a intaglio.

Dui Albi d'argento per libri con l'arme del Sig. Cardinale nel mezzo dorata.

Una Cortelliera con due cortelli e una forchetta con li manichi d'argento dorati smaltati di turchino con la guaina di velluto bruno cremisi con il puntale e il collo d'argento dorato.

Una Cortelliera con dodici cortelli lavorati di basso rilievo con la lama dorata dentro la sua cassa di corame nero.

Un Cortello del petimondo (sic) con il manicho di canna d'India.

Una Medaglia d'argento dorata con il ritratto del Re Henrico con la Fama dal roverso.

Una medaglia di lapis lazzaro con il ritratto del Re Francesco.

Un Orologio tondo d'ottone indorato nel quale si mostra l'ore e le feste con una spada fatta in foggia di sole con smalto rosso nel mezzo, con un lavoro intorno pur smaltato di rosso e verde con tre piedi tondi.

Un Orologio quadro d'ottone indorato che mostra l'ore, e i pianeti con la sua cassa coperta di velluto verde con passamano d'oro.

Un Orologio piccolo da contrapesi con una Fortuna in cima alla campana con la mostra smaltata di turchino corniciato di noce con i suoi contrapesi d'ottone.

Un Orologio da sole d'ottone dorato dentro una scatola di noce fatta al torno.

Una Montagna di varie sorte di miniere con un piede d'argento dorata con un Salomone et altre figurine sopra con un tempio piccolo d'argento dorato con rosette di smalto di varij colori fatti a frutti e fiori dentro in una cassa di legno depinta.

Un quadro depinto in tavola dentro l'Innocenti con cornice dorata con grottesche.

Un quadro d'una Madonna in tavola con il putto in braccio e S. Giuseppe appresso, corniciato di legno indorato e turchino.

Un quadro depinto in tavola della Circoncisione corniciato di noce con una cortina d'ormesino cremesi.

Un quadro in tela depinto con un Cristo in croce con i ladroni corniciato di noce con una cortina di taffettà verde.

Un quadro piccolo in tavola con una pietà corniciato di legno indorato con una cortina di taffettà verde.

Un quadro di una Madonna con il putto in braccio corniciata di legno fatto a intaglio con la sua cortina di taffettà verde vecchio.

Un quadretto d'una Madonna con il bambino con dui altri Santi appresso con il guarnimento d'oro tirato in una cassetta guarnita similmente con alcune perle.

Un altro simile con la ressurretione di N. Signore picciolissimo guarnito d'oro tirato in una cassetta guarnita similmente.

Un quadro col ritratto di Pio quinto depinto in tela scorniciato con la sua cortina di taffettà paonazzo.

Un quadro in tela depinto con paesaggi con cornice di legno parte dorata.

Un quadro depinto in carta scuro e chiaro vecchissimo.

Quattro quadri di carte pergamine di cose marittime corniciati di noce colorate le carte e dorate in qualche luogo in due casse di legno dentro.

Una carta pergamina con il disegno del Delfinato francese.

Una carta simile depinta di colori, e miniata d'oro avvolta sopra un legno dentro una borsa di corame.

Un quadro depinto in tela con il ritratto del Signor Martio
Colonna scorniciato.

Un quadro depinto dentro una Venere nuda con Cupido corniciato di legno depinto di colore di noce.

Un quadro di gesso con il ritratto d'Aristotile corniciato
di noce.

Un quadro in tela depinta di paesi marittimi scorniciato.

Un quadro in carta di paesi marittimi corniciato di legno.

Un quadro in tela con il ritratto della Testa del Cardinale di
Ferrara il quale non è finito.

ARGENTI IN MANO DI ISAC E SALUSTIO EBREI.

Tazze sei parte dorate, et lavorate di rilevo, 4 con l'arma e
due senza.

Tazze tre, una con l'Impresa, una del Visconte, et una Na-
poletana fra le quali due hanno spiccato il piede.

Bacile uno con l'arma parte dorata, et una scietta (1) rotta.

Panattiera una alla francese tutta dorata.

Coppe due lavorate con suo coperchio dorato.

Coppe due simili, una con il coperchio et l'altra senza.

Tazze quattro alla francese con l'arma una dorata.

Aghiere una alla francese parte dorata, con l'arma.

Aghiere una simile tutta dorata con il coperchio et l'arma
di Mons. d'Omala.

Panattiera alla francesa con tre salarini.

Panattiera una di rilevo rotta con l'arma.

Boccale uno d'argento Portoghese tutto lavorato et dorato
con un legno nel piede.

Tazza una tutta dorata con l'istoria d'Abram.

Quadro uno d'argento parte dorato con colonne, et fregi
lavorati, che serve per Reliquiario.

---

(1) *Assiette,* piatto.

N.º VIII. A. 1587.

ESTRATTO DELL' INVENTARIO DELLA GUARDAROBA
DEL PRINCIPE RANUCCIO FARNESE

(Archivio di Parma)

Ranuccio figlio di Alessandro Farnese succedette al padre nel dominio di Parma l'anno 1592 e morì nel 1622. Utili indicazioni di opere di famosi pittori si troveranno in codesto Inventario.

Un Camejo di Calcidonio con un Ganimede con un' aquila legato in una medaglia d' oro. Pesa scudi otto, quarto uno d' oro.

Un giojello d' oro smaltato con una rosa nel meggio di diamante, quali diamanti sono sedici; che pesa così scudi dieci d' oro e quarti tre: la qual val tutta scudi cento quaranta, estimata da M. Andrea *Casalino*.

Una medaglia con un camejo lavorata alla spagnola, d' oro: pesa scudi tre e mezzo d' oro.

Un tosono d' oro, pesa scudi quattro d' oro manco sei grani.

Un Cavaliero di Calcidonio infilzato nell' oro con una medaglia d' oro in fondo che ha dentro il ritratto di Nostro Signore in agata di rilevo, e vi è un anello con cinque rubinetti, la qual pesa così tutta tra oro e pietre onze quattro e mezzo.

Una medaglia d' oro con l' effigie di Papa Gregorio, et dall' altra parte un tempio, pesa scudi quindici e mezzo d' oro.

Un vetro nero con sopra il ritratto di Carlo V il quale è di cartella d' oro di ducato.

Un' Eletropia a ovata nella quale vi è intagliata una battaglia delle Amazoni et dall' altro lato lettere greche.

Sei rosette d'oro smaltate con un'aquila da due teste con
una corona regia di sopra; nel corpo dell'aquila vi è
cinque diamanti, nella corona ve ne sono sei quali non
si sono pesati per essere in uno berretto di velluto rizzo.

Un giojello d'oro smaltato fatto in foggia di un carro di
Fortuna in cima, e 4 cavalli che lo tirano con una testa di pesce sotto li piedi di detta figura, et due ruote
dalli lati pieni di diamantini; nel meggio di d.º giojello
vi è un diamante assai grandetto, e nelle due ruote, e
nella vela della Fortuna e sopra la schiena de' cavalli, et
abbasso vi sono in tutto 33 diamanti piccoli: et è attaccato in una berretta di velluto rizzo insieme con d.ti ca-
stoni.

Un giojello d'oro, serve per medaglia, nel quale vi è nel
meggio un Camejo con una testa di Aless.º Magno, intorno al d.º Camejo vi sono dui smeraldi del Perrù, dui bal-
lassi, dui zaffiri et dui diamanti.

Una ziffera d'oro con una colomba in cima con dentro 60
diamantini piccioli, serve per mettere arioni.

Dodici rosette d'oro lavorate alla spagnola con un'aquila nel
mezzo tutta d'oro senza smalto; però le d.e rosette sono
smaltate di più colori, nelle quali vi è un diamante grandetto nel mezzo e 4 diamantini in una corona sopra
l'aquila.

Un giojello d'oro lavorato alla spagnola tutto smaltato di varj
colori con un Dio d'amore sopra una corona con diamanti dieci et rubini 6, quali sono nelle catenelle che
sostengono d.º giojello et 3 perle che pendono grosse.

Una medaglia d'oro fatta in foggia d'arione lavorata a cartella smaltata di bianco, fatta con piume d'aironi d'oro
smaltati nelle quali in una di mezzo vi sono diamanti
quindici, et in altre tre piume ci sono 6 rubini et cinque
diamanti; nella med.ª medaglia una rosetta con diamanti
tredici et quattro diamanti sulle cartelle.

Un sigillo d'oro con l'arma di Mad.ma Serña, pesa un quarto,
manco 9 grani.

Un bacile et un boccale d'argento parte dorato, lavorato di rabesco di rilevo con l'arma farnese nel meggio, pesano onze ottantatre.

Un bacile et un boccale d'argento parte dorato, lavorato con fogliami di rilevo con l'arma farnese nel meggio che pesa onze cento dieci.

Un altro bacile et il boccale d'argento lavorato tutto a fogliamo di rilevi et animali marittimi con l'arme farnesa nel meggio, pesa onze cento quarantatre.

Un altro bacile et il boccale d'argento lavorato di fogliami con animali maritimi con un'arma nel meggio con un leone et una palma, pesa onze cento trenta.

Un bacile da lavare la testa con brocca d'argento, sotto il fondo del quale v'è un S. Giov. Battista con lettere che dicono *Valentana*, pesano onze novanta sette.

Dui fiaschi d'argento con sue catenelle et turachi con l'arme della glo: me: di Madama Serma, pesano onze cento undici.

Un rinfrescatorio d'argento lavorato fatto in foggia di coppa alla tedesca con l'arme farnese nel meggio, pesa onze cinquantasette.

Quattro coppe d'argento parte lavorate et parte fogli con l'arme farnese nel meggio, pesano onze cento quattro.

Due tazze d'argento da bere con il piede alto, lavorate a guzzetti con pesci maritimi, pesano onze ventisei denari dodici.

Dui salini d'argento tutti dorati, fatti a vasi lavorati con mascarone et frutti et gusetti, pesano onze diciannove denari venti.

Dui cucchiari et due forcine d'argento tutte dorate et lavorate, il manico in foggia di termine, pesano onze 9 denari dodici.

Un bacile da lavar la testa con la brocca d'argento, con una mascara alla brocca, et l'arme farnese nel meggio del bacile, pesano onze novantadue.

Due sotto coppe d'argento con il piede basso, una lavorata a ponta di diamante et l'altra lavorata a onde da acqua et piccata con l'arme nel meggio incognita inquartata, pesano onze quarantadue.

Una tazza d'argento parte dorata, lavorata con onde d'acqua et cappe maritime, pesa onze quattordici denari dodici.

Una tazza con il coperchio d'argento dorato con il piede alto, incima al coperchio due serpi che fanno un anello, pesa onze trenta.

Una coppa d'argento tutta dorata alla tedesca, lavorata di fogliami e di conchiglie di rilevo con figure e delfini, et sopra il coperchio una figura in cima, pesa onze quaranta nove.

Un'altra coppa alla todesca d'argento tutta dorata lavorata parte a fogliami a guzzetta et a conchiglie e mascare di rilevo, pesa onze dicianove.

Un orologio da polvere con cinque colonnette et dui coperti d'argento massizzo.

Un boccale d'argento lavorato a gussetta con il manico lavorato a fogliamo con una mascara, pesa onze quaranta due denari dodici con l'arme della glo: me: del Sermo Sig.r Duca.

Un bacile d'argento lavorato con fogliami con l'arme con sopra tre gigli et un cane, pesa onze sessanta due.

Un bacile d'argento parte dorato, lavorato di fogliami et onde con l'arma della fe: me: del Sermo Sig.r Duca et l'arma Orsina, pesa onze cento trenta quattro denari quattro.

Una saliera d'argento tutta dorata con il piede con 2 delfini et una figura in foggia d'homo e pesce con una conchiglia, che serve per mettervi il sale, la qual pesa onze quaranta quattro.

Una saliera d'argento tutta dorata fatta a conca all'antica con 4 piedi col suo coperchio, la quale è lavorata a gussette, pesa onze sedici denari diciotto.

Due saliere fatte a piedi di stalli, pesa onze dicianove denari dodici.

Una saliera d'argento fatta a conca, pesa onze venti danari dodici. '

Due altre saliere più picciole simili, pesano onze quattordici denari dodici.

QUADRI DIVERSI DI PITTURA

Un quadro sopra un'assa con sopra una pittura di una Nuntiata della Madonna con l'ornamento d'ebano.

Un quadretto con sopra una incoronatione della Madonna di mineatura con il suo ornamento d'ebano in meggio raso et cremesino tutto ricamato d'oro a fogliami con un fiocco in cima di seta et oro da taccare.

Un altro quadretto più picciolo cou sopra una incoronatione della Madonna in meggio a uno veluto cremesino ricamato d'oro et perle picciole da onze a fogliame con otto agnusdei d'argento con suo ornamento d'ebano con un vasetto et un fiocco pieni di perle et granate.

Un quadretto d'ebano incornisato nel quale vi è un Christo morto et la Madona in piede la quale è di cartella di argento stampato parte dorata con la picaglia in cima d'argento a fogia di cherubino.

Un altro quadretto picciolo con le cornise d'ebano nel quale vi è un vedro nero con sopra una Madona dal oretto d'oro di ducato in cartella stampato in cima un bottone et anello d'argento per picalia.

Un quadretto a oleo sopra un'assa con dui cavali et altre figure.

Un ritratto grande a oleo in tella con la discritione della vita humana.

Un ritratto della Madona in habito di Cingana di mano del *Correggio*, incornisato di noce et cortina di cendale verde.

Un ritratto di Papa Paolo Farnese quando era Cardinale di mano di *Raffaello* d'Urbino, con il suo ornamento et cortina di cendale cremesino.

Un ritratto del Sig.r Gio: Batta Castaldi di mano del *Parmigianino* con suo ornamento et cendale cremesino.

Un ritratto del C.te Galeazzo Sanvitale di mano del *Parmegianino* con suo ornamento et cortina di cendale cremesino.

Un ritratto del D.re Berniero di mano del *Parmegianino* con suo ornamento et cortina di cendale verde.

Un ritratto di Lucretia romana con il suo ornamento et cortina di cendale di mano del *Parmegianino*.

Un ritratto di un prete di mano del *Parmegianino* con suo ornamento et cortina di cendale verde.

Un quadretto a oleo con 5 teste di Angeli di mano di M. *Gio: Fiamingo* (1) cavato da una tavola del *Parmegianino* con suo ornamento et cortina di cendale verde.

Un ritratto di *frate Sebastiano dal Piombo* di sua mano con il suo ornamento et cortina di cendale.

Dui quadretti sopra l'asse sopra il quale è dipinto un Naufraggio et un paese, et l'altro un paese fatto a oleo di mano del *Civetta* (2) con suoi ornamenti et cortine di cendale.

Un quadro di mano del *Bassano* di varj animali con suo ornamento et cortina di cendale verde.

Un quadro con sopra un paese e in mezzo un pastore che dorme con 8 nimphe intorno con il suo ornamento et cortina di cendale verde.

Un quadretto picciolo con sopra un paese di mano di M. *Gio: Fiamingo* con suo ornamento et cortina di cendale verde.

Un quadro a oleo con sopra diverse figure fra quale è una figura inginocchiata con 2 chiave in mano et una con l'arma dell'Ill.ma Comunità di Parma con il suo ornamento et cortina di cendale verde.

Un quadretto che si serra in due parti, sopra il quale vi è una testa di Nostro Sig.re Gesù Cristo con dui angeli.

Un quadretto picciolo con una Madonna con Nostro Signore in bratio, a oleo, con l'ornamento dorato con la sua cortina di cendale cremesino.

(1) *Giovanni Soens.*
(2) *Enrico Bles* detto il *Civetta.*

Un quadro con un toro.

Un ritratto del Serͫo Sig.ᵣ Duca Alessandro quando era giovanetto, con l'ornamento.

Un quadro grande con sopra l'historia delle Sabine di mano
del *Mirolla* (1).

Quattro quadri di pittura fatti a paesi et figure, fra quali ve
n'è uno con la torre di Babilonia.

Un quadro con una figura distesa.

Un quadretto d'hebano con il ritratto del Card.ˡᵉ Borromeo
di cera.

Un quadretto a olio sopra un'assa con una Madonna e S. Giuseppe con N. S. et S. Gio: Battista et due angioli con l'ornamento d'hebano con una foglia d'argento in cima et
un anello.

Un ritratto a olio della fe: me: della Serͫa Sig.ᵣₐ Principessa
madre di S. A.

Un quadretto d'assa che si apre da due bande dorato, sopra
il quale sono dipinti i misterj di N. S. et della Madonna,
da una parte i quattro Evangelista et dall'altra quattro
figure.

Un quadro a olio con sopra una Pietà.

Un ritratto in piedi di M.ᵣ Andrea da Modena.

Due quadri con sopra dipinto il cane detto Ruggero et Mar-
tellino.

PORCELLANE, PIETRE ANTICHE ET AGATE.

Un Cavagliero di ambra gialdo con 11 paternostri tra grossi
e piccioli con un fiocco di seta verde et oro.

Dodici ovati piccioli tra diaspri et agata.

Una coppa alla tedesca la quale è di ambra gialda, nella quale
vi sono li quattro Evangelisti di compositione con 4 mascare, sopra il coperchio del quale vi è una figura di
compositione, et dentro il coperchio vi è N. S. che fa ora-

(1) *Girolamo Miruoli* bolognese.

tione nell'orto: et in fondo di d.ª coppa vi è il Sacrificio de Isach, con la sua custodia di corame rossa adorata con li suoi chiaponi d'argento.

Un vaso di agata delle montagne di Parma ovato, il quale fece il *Tortorino* (1).

Un boccale di pietra mischia con il collo et il piede, i quali sono in 4 pezzi; li fece il *Tortorino*.

Un bicchiere con il piede alto legato con argento dorato di diaspro delle montagne di Parma; fece il *Tortorino*.

Un fiaschetto picciolo di agata orientale guarnito d'oro smaltato di nero con le catenelle et sua custodia di corame nero.

Un vasetto di pietra mischia fatto in foggia di tazza con dui manichi.

Un vasetto di diaspro delle montagne di Parma fatto all'anticha con due foglie d'oro, servono per manico, con altro poco oro intorno al collo et al piede.

Una piastra di legno con sopra un Christo con due figure di ottone di rilevo di sotto una crocetta con 4 granate del legno della Croce di N. S., dall'altro lato una piastra di ottone con sopra una Madonna et Nostro Signore con due angeli con la sua custodia di corame dorata fodrata di velluto verde.

Una bacila d'agata delle montagne di Parma di assai grandezza ovata; fece il *Tortorino*.

Una scodella picciola di porcellana con la sua custodia di corame nero.

Un vasetto con dentro onze 6 di balsamo.

Una scodella di porcellana grande per servigio del Sig.r Co: Renato.

———— ❦ ————

(1) *Francesco Tortorino* milanese, intagliatore di gemme e di pietre dure.

N.º IX. A. 161...

NOTA DI ALCUNI DISEGNI POSSEDUTI DAL PRINCIPE ALFONSO D' ESTE.

(Archivio Palatino)

Alfonso figlio di Cesare Duca di Modena e successore di lui, poscia frate cappuccino, vissuto dal 1591 al 1644, dilettossi di raccogliere disegni di ottimi autori; un piccolo saggio dei quali ne porge la seguente nota. Nel suo testamento fatto ai 24 luglio 1629 nel punto di vestire l' abito di frate, dispose egli di detti disegni e delle sue stampe a favore del Principe Obizzo suo figlio che fu poi Vescovo di Modena, così leggendovisi: « le carte a stampa et li dissegni tutti che ha in due casse ».

NOTTA DE LI DISEGNI DEL SERM.º SIG. PRINCIPE ALFONSO.

La Visitazione di S. Elisabetta del *Parmigiano* in cornice d' ebano bellissima.

Duoi paesi di penna di *Tiziano* bellissimi.

Il Profeta che risuscita il figliuolo della Vedova, di *Tiziano* di lapis rosso.

Mosè nel deserto di *Raffaello da Reggio*.

Il Tondino di *Pirino* nominato da Giorgio Vasari (1).

La Fama di penna d' And.ª *Mantegna*.

La Circoncisione d' Annibale *Carracci* di penna e aquarella (2).

(1) Forse intendesi un disegno di quel tondo con figure finte per Vittorie che tengono il regno del Papa con le chiavi, dipinto da *Perino del Vaga* nel mezzo della sala dell' appartamento Borgia in Vaticano, di cui parla il Vasari (*Vite de' Pittori*, ediz. Le *Monnier* X. 141).

(2) Questo disegno si trova anche segnato nell' Inventario della D. Galleria compilato nel 1751.

Il Figliuol prodigo d' Annibale *Carracci.*

La natività di N. S. del *Parmegiano* di lapis nero.

Una Donna che fa sagrificio, di aquarello di *Giulio Romano* (1).

La Disputa grande di penna et aquarella, di *Raffaello* d' Urbino.

La Conversione di S. Paolo del *Biscaino* da Genova.

Due figure di penna in un paese d' Annibale *Carracci.*

La Madonna con un Vescovo e S. Marta del *Cavedone* e creduta di Lodovico *Carracci* (2).

<hr>

N.° X. A. 1624.

INVENTARIO DELLE PITTURE
DEL CARDINALE ALESSANDRO D' ESTE.

(Archivio Palatino)

Alessandro figlio di D. Alfonso d' Este e di Violante Signa nacque in Ferrara l' anno 1569, fu creato Cardinale nel 1599 e morì in Tivoli il 13 marzo 1624. Alla corona di lode che i contemporanei gli tributarono secondo il costume, una mancò forse più meritata da lui delle altre, cioè l' amore alle arti ch' egli dimostrò ancora coll' esercizio del disegno. Nessuno scrittore infatti, all' infuori del Malvasia che ne toccò per incidenza nella Vita del *Calvart*, fece menzione di questa insigne rac-

(1) Forse lo stesso esistente nella raccolta di disegni di questa R. Galleria che nel Catalogo è posto sotto il N.° 14 ed assegnato al *Parmigianino.*

(2) Nel Libro delle *Pitture e Sculture di Modena* del Pagani *(Modena 1770 p. 183)* questo disegno è descritto nel modo seguente « La Vergine in Trono con Puttino che benedice un santo Vescovo, e S. Margherita ambi genuflessi in uno scaglione, all' acquarello in carta colorata lumato, mezzo foglio per l' impiedi ». Ivi è detto del *Cavedone.*

colta di pitture e di disegni che comprende parecchi de' migliori nomi de' pittori allora viventi e non pochi ancora di quelli dei tempi passati. G. B. Spaccini artista e autore di una farraginosa e minuta Cronaca di Modena nella prima metà del secento, notò che il Cardinale *designava eccelentemente di penna et huveva gran disegni comperati.* E più innanzi all' 8 aprile 1609 racconta che il Cardinale gli mostrò certe teste a penna del *Passerotto* da lui copiate, *quale erano imitate benissimo.* Donde egli ricavasse tutte quelle pitture, se fossero state eseguite di commissione sua, o in altro modo acquistate, non fu dato sapere. Trovammo solamente fra le sue carte due minute di lettere al Podestà di Carpi e ad Alessandro Biccari in cui li ringrazia dei disegni mandatigli.

Il Cardinale Alessandro d' Este nel suo ultimo testamento a rogito di Adriano Salvi Notajo romano, chiamò erede delle sue sostanze la Principessa Giulia sua nipote, e mancando essa, come mancò, senza figli, le sostituiva l' altro nipote Luigi, serbandone l' usufrutto al Duca Cesare, il quale alla sua volta ne faceva rinuncia alla principessa suddetta. Dopo la morte del Cardinale i mobili furono in parte venduti a Roma, in parte trasportati a Modena e comperati dal Duca. Quanto ai quadri stimati del valore di 3000 scudi, si sarebbero essi di buon grado venduti, se si fosse presentato l' acquirente. Dopo molta aspettazione di compratori che non comparvero, venne nel 1625 l' ordine di mandare i quadri a Modena, meno alcuni pochi che rimasero in Roma. La spesa del trasporto passò i 700 scudi. Le stampe furono vendute in Roma.

Nel suo testamento il Cardinale aveva disposto di parecchi quadri per legato a diversi personaggi. Al Cardinale Borghese un quadro d' Armida. Al Principe Cardinale di Savoia un quadro di Martia (Marsia?) fatto da Guido *Reni*. Al Cardinale Bentivoglio un S. Girolamo. Al Cardinale Barberino *quel Dottore donatomi dal Scarruffo*. Al Duca di Modena il quadro donatogli dal Cardinale Gozzadino in fedecommesso (una testa di S. Francesco di Guido *Reni*). Alla S.ª Infanta (Isabella di Savoia) il Cristo fatto dal *Borgognino*. Alla Principessa di Venosa sorella di lui, la Natività fatta da un pittore che serviva il Duca di Baviera. A D. Leonora d' Este suora in Carpi, una Madonna dello *Spada*. Al Principe Luigi la sua libreria da passare dopo la morte di lui al Principe Borso e poscia ai Teatini di Modena. Al medesimo lasciò la sua Armeria e il ritratto della Principessa Giulia. A suor Camilla Pio la Madonna che stava presso il suo letto. A Giacomo Soranzo una Madonna di mano dei *Dossi*. Al P. Giovanni suo confessore la copia di una Madonna di mano del *Mancini*.

Il Cardinale ebbe più anni al suo ordinario servizio un pittore italiano e un disegnatore tedesco. Annibale *Mancini* fu il primo, di qual luogo originato non so, ricordato dallo Zani, dal Cav. Marini che gli consacra un epigramma nella sua *Galleria* in lode di un disegno di lui figurante un Ercole incoronato da Pallade, e nella moderna edizione delle opere di Franco Sacchetti (*Firenze, Le Monnier* 1857) nella quale si riporta fra i documenti una lettera di un Matteo Sacchetti del 21 novembre 1616 al *Mancini* dimorante allora in Modena dove si ragiona di ritratti fatti e da farsi da lui. Così il nome del disegnatore tedesco Emanuele *Sbaigher* (verosimilmente *Sbeiger*) che è forse l' Emanuele tedesco pittore vivente nel 1600 menzionato dallo Zani (VIII: 85), non è da altri, ch' io mi ricordi, nominato. A lui accenna il cronista Spaccini dove scrive che il Cardinale *haveva un Tedesco che sempre vi disignava nella camera la più bizzara cosa del mondo, faceva stupir Roma poichè non credo si sia mai ritrovato chi habbia fatto mustazzi più stravaganti o bizzari di lui.* E il Cardinale lo ebbe molto caro e gli lasciò prova del suo affetto nel testamento dove pose queste parole: *Lasso ad Emanuele tutti quei quadri che sono nell' andito fra la camera ove habita al presente el Sr Ambasciatore et la Galleria. — Al Sr Annibale Mancini et ad Emanuele tutti quei quadri d' inventione del Todeschino dipinti da esso Mancino da dividersi fra di loro ad arbitrio dei SS.^{ri} esecutori. Pregando anco S. A. accettare al suo servitio il suddetto Emanuele in gratia mia et haverne protettione.*

Non so quanto valesse la raccomandazione del Cardinale appresso il Duca, poichè l' anno seguente il Residente in Roma gli faceva sapere che il *Todeschino* detto il *Brutto* désiderava conoscere le intenzioni di S. A. rispetto a lui, poichè il Card. Borghese lo invitava al suo servizio. È probabile che il Duca, vecchio, malato e poco curante d' arti, e d' altra parte soddisfatto a sufficenza del possesso dei disegni di codesto *Todeschino* che gli furono trasmessi insieme coi quadri, lasciasse al Borghesi il merito di favorirlo e di mantenerlo.

LIBRO DELL' EREDITÀ DELL' ILL.ᵐᵒ S.ʳ CARDINAL D' ESTE PER
L' ECC.ᵐᵃ S.ʳᵃ PRINCIPESSA GIULIA DI CUI SI FA MENTIONE NELL' IN-
STRUMENTO PASSATO FRA S. ALT.ᵃ E LA DETTA S.ʳᵃ PRINCIPESSA,
ROGITO DI M. GIR.º DELLA TORRE CANCELLIER DUCALE.

AL NOME DI DIO M. DC. XXIV.
INVENTARIO DELLA MOBIGLIA DI ROMA DELL' ILL.ᵐᵒ ET R.ᵐᵒ
S.ʳ CARD.ˡ D' ESTE.

Due Teste d' una donna, et buomo con cornicette dorate.
Una Resurretione con cornice nera filetti d' oro.
Una Testa con S. Giorgio copiata dal *Rosso* senza cornice.
Un Christo che porta la Croce al Montecalvario di mano del
  Scarsellino (1).
Tre Teste in un quadro che ridono con cornice di noce di
  mano del *Procaccino* di Milano.
Una Testa di S. Girolamo di mano del *Guerzino* da Cento,
  cornice nera.
Un Mosè di mano del suddetto con cornice nera.
La Madonna con S.ᵃ Elisabetta e S. Giovanino in un quadro
  con cornice dorata.
Una Venere, con Cupido con cornice nera intagliata.
Un' Assontione della Madona, con cornice d' ebano in rame
  col taffettà verde et un anello con bottone d' argento
  di mano del *Carracci*. (Il suddetto consegnato alla S.ᵃ
  Principessa).
Mezza figura di S. Giovanni di mano del *Spada* senza cornice.
Un David con la testa di Gollia senza cornice copia del
  Spada (2).
Un Paese con la lapidatione di S. Stefano di mano del *Dossi*
  senza cornice. (Il sud.º consegnato alla S.ᵃ Princi-
  pessa).

(1) Un quadro dello stesso argomento fu poi nel Museo Coccapani.
(2) Un quadro di consimile argomento era nella Galleria Estense donde
passò a quella di Dresda.

Un Paese della medema grandezza senza cornice con diverse figurine.

Una Fortuna in tavola di mano del *Dossi* con cornice dorata.

Martirio di S. Pietro copiato da Guido *Reni* in rame con cornice dorata intagliata.

S.ᵃ Maria Madalena in tavola con cornice dorata di mano di *Raffaello*. (Il sud.° consegnato alla S.ᵃ Principessa).

Un S. Girolamo in tavola con cornice nera tutta d'oro di mano di *Luca* d'Olanda.

Un Christo con la croce in spalla con cornice di noce di *Lelio* da Novellara.

Due Teste d'Anzeli con cornice nera profillata d'oro, di mano del *Spada*.

Una testa di S. Girolamo senza cornice.

Una S.ᵗᵃ Barbara in tavola del *Parmegiano* con cornice nera profilata d'oro.

Un Christo nell'orto, in tavola con cornice di noce copia del *Correggio*.

Una Madonna in tavola di mano del *Spada* con cornice nera tocca d'oro.

La Natività di N. S.ʳᵉ in tavola senza cornice copia del *Correggio*.

Un Paese con la Mad.ⁿᵃ, N. S.ʳᵉ et S. Giovannino et altre figurine in tela, con cornice nera tocca d'oro.

Una testa in tela d'un buffone con cornice nera tocca d'oro.

Una Venere che si lava, con diversi Amorini con cornice di noce.

Un Cupido che fabrica un arco in tela con cornice di noce.

Una Leda con un Giove in un quadrettino con cornice nera intagliata tocca d'oro.

Un Cristo alla colonna in pietra paragone con cornice di pero.

Un Cristo con la croce in spalla in tela, cornice dorata, viene dal *Francia*. (Il sudetto é stato consegnato alla S.ᵃ Principessa come a suo debito).

Un Sposalitio di S. Catterina in tavola con cornice nera intagliata tocca d' oro, di *Benvenuto* (1).

La Natività di N. S., in tavola con cornice d' oro del medesimo.

Nostro S.re et S. Giovannino con cornice d' oro in tela.

Un Paesetto con S. Girolamo, in tavola cornice di noce, di mano di *Titiano*. (Il suddetto consegnato alla S.ª Principessa).

Un Paese simile con S. Girolamo, cornice dorata in tela.

Una Madonnina col puttino in braccio in tavola con cornice d: oro, taffettà rosso e merletti d' oro.

Un Paesetto con Abram et Isac cornice nera in tela.

La Madonna con S. Giovanni in tela con cornice nera tempestata d' oro. (Consegnato alla S.ª Principessa).

Un Trionfo marittimo con cornice nera.

Un Paese in tavola con S. Giovanni Evangelista cornice nera di mano del *Civetta*.

Un altro Paese con due figure cornice nera.

Un Cristo nell' orto in tela con cornice di noce.

Un Cristo che lava i piedi a S. Pietro in rame con cornice d'ebano del *Scarsellino*. (Consegnato alla S.ª Principessa).

Un S. Girolamo in tavola, cornice di pero, di *Titiano*.

Una testa d' una femina di mano di *Raffaellino* da Reggio, con cornice di noce profilata d' oro.

Un Ritratto del Bragadino Alchimista.

Ritratto del *Spada* Pittore senza cornice.

Due disegni di mano di *Raffaello* d' Urbino con cornice di noce col giuditio di Paris. Venuti di Roma e sono in Guardarobba di S. A. S.

Un Dissegno di chiaro e scuro, con un Ercole e due femine di mano del *Carraccio*.

Un Paesetto con due anzeli e diverse figure con cornice di noce.

Un altro Paese quasi simile con diverse figurine con cornice come sopra.

Un altro simile con uno che pesca et altre figure.

(1) Questo dipinto del *Garofolo* è nella Galleria di Dresda.

Un altro più piccolino con la madonna, et altre figure con cornice nera tocca d' oro.

Un altro più picciolo con cornice nera e S. Giovanni nel Deserto.

Un altro Paesetto con la Madonna che va in Egitto di mano del *Brugolo* con cornice di noce profilata d' oro.

Un Dissegno in carta del *Malosso* con cornice nera e vetro d' innanzi.

Una testa d' una vecchia piccola in tavola cornice nera.

Una testa d' una femina senza cornice in tela di mano del *Barozio*.

Un Paesetto picciolo con la Madonna e Magi in tela con cornice nera tocca d' oro.

Un Quadretto di chiaro e scuro sopra il corame di Federico *Zuccaro*, cornice nera.

Una Madonna col bambino, et Angelo in tavola con cornice dorata di *Leonardo* da Vinci.

Un quadretto in tela con l' historia di Lot senza cornice.

Un quadretto in tavola del Presepio di mano di Alberto *Duro* con cornice nera tocca d' oro.

Un altro dell' Adoratione de Magi simile del *medesimo*.

Un S. Francesco in letto di mano del *Cappucino* in rame, cornice nera.

Una testa d' un Vecchio in carta con cornice nera.

Dodici Imperatori piccioli in rame con cornice d' ebano.

Un disegno di chiaro e scuro di mano del *Schedoni*, cornice nera in carta.

Un dissegno dell' Assuntione della Madonna di Federico *Zuccaro* cou cornice di noce.

Un dissegno dell' incoronatione della Madonna di mano di *Lelio* da Novellara, cornice nera.

Un Paese di *Titiano* su la carta con cornice nera.

Un dissegno d' una Testa in carta coppiata dal *Passaroto* di mano del S. Card. d' Este, cornice nera. (Consegnato alla S.ª Principessa).

Una Testa di Cleopatra in carta del *medesimo* con cornice come sopra.

Una Testa di mano del *Parmegiano* senza cornice.

Un quadretto piccolo di Venere e Marte, in tavola di mano del *Scarsellino*.

Un quadretto picciolo di N. S. con due Discepoli senza cornice.

Un quadretto con la croce di N. S. e tre Angeli senza cornice.

Un quadretto della Madonna, S. Giovanni e S. Giuseppe senza cornice.

Un Paesetto piccolo in tavola con cornice nera profilata d'oro.

Una Leda in pioggia d'oro con cornisetta nera.

Quattro Paesetti in rame con cornice d'ebano. (Consegnato alla S.ª Principessa).

Un quadretto picciolo in rame con N. S. che va in Emaus con cornice nera.

Tre quadretti di ritratti fiamenghi con cornici due nere et una di noce.

Una scatola tonda, con Venere et un uomo, di noce.

Una Medusa in tela con cornice di noce.

Un quadro chiaro e scuro di Ignacio in carta.

Un quadretto senza cornice della presa di Christo.

Un Paesetto picciolo della Madonna che va in Egitto con cornice nera, tocca d'oro in tavola.

Due teste con cornice tocca d'oro.

Un' altra testa con cornice di noce.

Un Bacchetto sopra una botte con cornice d'ebano.

Un quadretto picciolo con due anatre et un paparo.

Un quadretto con una testa di villano senza cornice.

Un disegno a mano d'un trionfo marittimo.

Una testa del *Cordova*, con cornice di noce.

Una testa picciola di S. Pietro in tavola con cornicetta nera.

Un ritratto d'una gatta con cornice di noce.

Un ritratto d'un Pappagallo con cornice nera tocca d'oro.

Un disegno in carta di Giorgio *Vasaro* con cornice di noce.

Un ritratto d'un putto in tavola di Casa Gonzaga con cornice nera tocca d'oro. (Consegnato alla S.ª Principessa).

Un ritratto della Contessa di Cantalmaggio con cornice d'oro. (Consegnato alla S.ª Principessa a suo debito).

5

Un ritratto in tavola d' una di Casa d' Este con cornice nera.

Il Re di Francia e la Regina di Francia senza cornice. (Consegnato alla S ª Principessa).

Il Re di Spagna e la Regina di Spagna senza cornice. (Consegnato alla S.ª Principessa).

L' Infante Margherita di Mantova. (Consegnato alla suddetta).

Un disegno in carta d' Alberto *Duro* con cornice di legno finta pietra.

Un quadretto tondo con la testa di Pio V con vetro innanzi.

Due ritratti in scatole tonde.

Tre Paesetti piccioli due di legno et uno di rame senza cornice.

Due quadretti piccioli di ritratti con cornice nera.

Un quadretto della Resuretione di N. S. disegno in penna con cornice e guarnitione d' ebano et vetro innanzi.

Un quadrettino piccolino con cornice d' ebano e vetro innanzi.

Doi quadrettini piccioli, un disegno in carta, l' altro d' una pecora con cornicetta dorata.

Un quadrettino di paese et un S. Francesco da Paula, cornice nera.

Un quadretto tondo di disegno in carta, con un quadretto piccolino di miniatura.

Un disegno a penna del *Carracci*, con cornice di legno finto a pietra.

Un quadretto di chiaro e scuro del *Carracci*, di N. S. con la Cananea.

Un disegno di battaglia con cornice nera.

Tre quadretti di disegni di Federico *Zuccaro* in rosso.

Un Ecce Homo con la cornice di pero.

Una fortuna di mare, bislongo con un vecchio in barchetta in tavola con cornice di noce.

Un quadretto in tela con due anadre, cornice dorata. (Consegnato alla S.ª Principessa).

Doi quadretti bislonghi con battaglie in stampa con cornice nera.

Un ritratto d' un Nano, in tela senza cornice. (Consegnato alla suddetta).

Tre carte in stampa con cornice di legno.

Due altre più picciole simili.

Un S. Francesco in rame, cornice dorata.

Un quadretto in tavola dell'adoratione de' Magi, cornice dorata.

Un quadro grande sopra l'asse con cornice d'oro d'un deposito di N. S. con la Madonna con altra Maria, due angeletti, di mano del *Francia*, sopra la porta del studio.

Doi quadri grandi con cornice d'oro, di dui Tedeschi un che vuol bere in un fiasco, l'altro tiene un bicchiere di vino in mano, di Bartolomeo *Manfredi* (1).

Una testa di S. Pietro con cornice di noce e filetti d'oro di mano del *Spada*. (Consegnato alla S.ª Principessa).

Il Ritratto del Navarra con cornice d'oro di mano del *Rossi*. (Consegnato alla suddetta).

Una Samaritana con cornice nera e filetto d'oro di mano del *Spada*. (Consegnato alla suddetta).

Una Madonna con Cristo e S. Giovanni con cornice di noce di mano del *Giarola*.

Una Lucretia Romana con cornice d'oro di mano del *Spada*. (Consegnato alla S.ª Principessa).

Una Madonna sopra l'asse con cornice nera e filetto d'oro, antico, non si sa l'autore.

Armida e Tancredi con cornice d'oro di mano di Sisto *Badalocchio*. (Consegnato alla suddetta).

Quattro Evangelisti con cornice e filetti d'oro di mano del *Guercino* da Cento (Consegnato alla suddetta) (2).

Ritratto della Principessa Giulia con cornice d'oro con cremisino carmelino, trina d'oro et cordoni di seta et oro, anello d'argento a vite, di mano del *Peranda*. (Consegnato al S.r Principe Luigi).

---

(1) Questi due quadri sono molto verosimilmente i medesimi esistenti in questa Pinacoteca, i quali sono attribuiti a *Michelangelo* da Caravaggio.

(2) Probabilmente quelli stessi dipinti nel 1623 dal *Guercino* per Domenico Fabbri, passati poscia alla Galleria Estense, indi a Dresda dove ora si conservano.

Un S. Pietro mezza figura con cornice d' oro di mano del
Spada. (Consegnato alla S.ª Principessa).

Ritratto di Papa Paulo con cornice d' oro. (Restituito a S. A. S.
che l' havea prestato).

Una S. Maria Madalena con cornice d' oro d' incerto.

Cinquantasette Paesetti in quadretti in stampa con cornice nera.

Un quadro del Figliolo prodigo di mano del Spada.

Un quadretto della Madonna con S. Giuseppe con cornice
nera, viene dal Correggio.

Una Madonna con cornice nera, con tre cherubini et il bambino in braccio.

Un quadretto picciolo, deposito di N. S. al sepolcro con cornice nera.

Un Ritratto del Duca Alfonso II con cornice di noce. (Consegnato alla S.ª Principessa).

Un Ritratto del Cardinal Bentivoglio.

Un Ritratto d' una femina antica del Parmesano.

Un quadro sopra l' asse della Visione di S. Pietro di mano
del Feti.

Un ritratto d' un Cane chiamato il Duca.

Un Ritratto del Card. Acquaviva. (Consegnato alla suddetta).

Un quadro grande in cornice nera, d' Adam ed Eva.

Nove teste d' uomini literati cioè Giorgio Trapezuntio, Michel
Marulo, Card. Bessarion, Giovanni Lascari, Demetrio Cal-
condila, Emanuel Crisolora, Marco Mussuro, Theodoro
Gaza, Giovanni Argiropulo, di mano del Mancini.

Un Ritratto del S. D. Alfonso d' Este (Consegnato alla S.ª
Principessa).

Un Ritratto d' Apollo con Marsia del Guerzino da Cento. (Consegnato alla suddetta).

Un ritratto antico in quadretto, d' una testa.

Testa della Principessa di Sulmona, del Mancini.

Un' altra del Principe Francesco.

Un' altra d' una donna con un pettine in mano.

Ritratto del B. Luigi Gonzaga.

Ritratto di S. Ignatio. (Consegnato alla suddetta).

Un S. Sebastiano mezza figura del *Tiarino* da Bologna con cornice dorata.

Ritratto dell'Ariosto con cornice di noce.

Un capriccio del *Mancini* di giuoco a dadi.

Una testa d'un Imperatore di marmo piccolo.

Descritione del Territorio di Roma con l'effige de' Papi miniati del *Rosaccio*.

Un quadro di David di mano del *Peranda* intiero con cornice d'oro.

Una Giustitia intiera con le bilanze in mano, cornice d'oro del *Mancini*.

Una S.ª Elisabetta Regina di Portogallo cornice dorata. (Consegnato alla S.ª Principessa).

Un quadro sopra l'asse senza cornice.

Una Madonna con un Cristo che si vuole circoncidere, antica.

Una Testa d'un Cristo col fariseo della moneta con cornice d'oro, e taffettà rosso. (Consegnato alla suddetta).

Un quadro grande senza cornice antico dell'Istoria dell'Adultera.

Un Ritratto d'una femina antico, con cornice arabescata d'oro.

Un quadro senza cornice di Lazzaro che risuscita, maniera venetiana.

Un quadro grande con cornice nera di tre Magi del *Bassano*.

Sessantaquattro teste d'huomini illustri antichi e moderni. (Consegnato alla suddetta).

Tre teste una del Principe Ippolito, l'altra del Principe Furesto e l'altra del Principe Borso.

Un quadro sopra l'asse della Natività di S. Gio. Battista di mano di Giuliano *Bugiardini*, cornice d'oro.

Un quadro come sopra, sponsalitio di S. Giuseppe d'incerto con cornice arabescata d'oro.

Un quadro grande con cornice nera, Natività di N. S. del *Bassano*.

La Testa di S. Gio. Battista con Erodiade di mano del *Spada*, cornice d'oro. (Consegnato alla suddetta).

Un quadro senza cornice d' Abram che sacrifica Isac di mano del *Spada*.

S. Girolamo con un Angelo, cornice nera e filetti d' oro, di mano del *Spada*.

Mezza figura ritratto della Principessa di Solmona senza cornice di mano del *Padovanino*. (Consegnato alla suddetta).

Il Card. Luigi d' Este mezza figura. (Consegnato alla S.ª Principessa).

Un Ritratto del Marchese Rondinelli di mano del *Peranda* senza cornice, mezza figura (Consegnato alla suddetta).

Una S.ª Maria Madalena copia di *Titiano* con cornice nera.

Una notte di Domenico *Carnevale* con cornice nera arabescata d' oro.

Un quadro sopra l' asse d' una Madonna di mano del *Correggio* con cornice turchina arabescata d' oro.

Un S. Geminiano mezza figura di *Mancino*.

La Fortuna con la Penitenza con cornice d' oro copia di *Girolamo* da Carpi. (Consegnato alla suddetta).

Una Cingara che dà la ventura, del *Spada* con cornice d' oro. (Consegnato alla suddetta) (1).

Un S. Bartolomeo di mano di *Sisto* (2) con cornice d' oro. (Consegnato alla suddetta).

Alessandro VI mezza figura con cornice d' oro.

Pio quinto ut supra.

S. Girolamo di mano del *Rossi* con cornice d' oro.

Urbano VIII mezza figura, cornice nera, mano del *Mancino*.

Susanna, cornice d' oro, di mano del *Spada* (Consegnato alla S.ª Principessa).

Ioseph che fugge del *Spada*, cornice d' oro. (Consegnato alla suddetta) (3).

Rinaldo con Armida, che si vuol ammazzare, cornice d' oro del *Tiarino*. (Consegnato alla suddetta) (4).

---

(1) Si conserva oggi nella Galleria modenese.
(2) *Budalocchio*.
(3) Questo e l' antecedente quadro stettero nella Galleria Estense a tutto il secolo scorso.
(4) Passò dalla Galleria Estense in Francia donde non è tornato.

La Cena d' Emaus di Paulo *Veronese*, cornice d' oro (1).

Il Duca Alfonso I copia del *Titiano*, cornice turchina con oro.

S. Pietro liberato di carcere del *Spada*, cornice d' oro. (Consegnato alla suddetta).

Duca Hercole I e Duca Ercole II.

S. Paulo caduto da cavallo, cornice nera. (Consegnato alla suddetta)

Quattro quadri di Paesi, uno con S. Francesco, l' altro con S. Domenico, l' altro con S. Gio. Battista, l' altro con un santo vestito da vescovo.

Un quadro col Dio d' amore dormiente.

Un altro quadro con Venere e Cupido.

Un altro quadro con un giovanetto che suona la chitarra.

Tre quadretti di frutti.

Un quadrettino con Venere e Cupido con cornice nera e filetti d' oro.

Ritratto di Gregorio XIII.

Quadro di S. Francesco di Paula con cornice di noce.

Un ritratto di Monsù Giglione. (Consegnato alla S.ª Principessa).

Un quadro della Madonna con cornice.

Un quadretto di Venetia con donne in maschera.

Un Christo in rame con cornice d' ebano. (Consegnato alla suddetta).

Il Ritratto della Principessa D. Ippolita morta. (Consegnato alla suddetta).

Una Testa di S. Gio. Battista con cornice nera.

Due teste, una che suona il zufolo, e l' altra che tiene un bastone.

Un quadro di capriccio del *Mancino* di diverse bagattelle.

Duoi quadri di Paesi.

Un quadro di Musica su la tela.

Un quadro di Lucretia Romana con cornice tinta in negro. (Consegnato al Guardarobba di Tivoli come per suo confesso).

(1) Ora nella Galleria di Dresda.

Un quadro in tela d' un Christo ecce homo.

Un quadro di Giustiniano e la volpe.

Sette teste d' Imperatori. (Consegnato alla S.ª Principessa).

Otto teste di mostacci contraffatti.

Duoi ritratti del S.ʳ Duca Alfonso.

Quadro d' un gioco da Primiera.

Una testa d' un leone dipinta in tela.

Un quadro di S.ª Maria Madalena con cornice di noce.

Un quadro in telaro con S. Gio. Battista in deserto.

Un altro simile con S. Francesco, tutti dui alti più d' un brazzo l' uno.

Un quadro di Lucretia Romana dipinta su l' assa suttile ma schiappata in due parti con cornice di noce.

Un gravocimbalo con la tastatura ordinario con sua cassa e piedi dipinto di rosso e filetti gialli.

Un altro del già Ippolito secondo Card. di Ferrara con due tastature detto Cimbalo armonico con sua cassa e piedi, dipinto alla grottesca.

NOTA DEI QUADRI STATI LASCIATI DALLA FEL. M. DEL S.ʳ CARDINAL D' ESTE A EMANUEL SBAIGHER TODESCHINO.

Testa d' una S.ª Barbara copiata dal *Parmigiano*.

Quadretto con cornice lavorata di noce. Un presepio figure piccole.

Testa di S. Gio. Battista decollato con cornice.

Quadretto bislungo di diversi animali.

Due Quadretti in stampa di rame. Il Re di Francia e Regina.

Una testa d' un giovane con cornice, con un filetto d' oro.

Quadro d' un paese con cornice.

Disegno di mano del *Spada*, incorniciato.

Quadro d' un Cane, che combatte con un gatto.

Quadretto senza cornice con puttino che dorme sopra una testa di morto.

Quadretto d' una Madonna col putto in braccio con cornice nera.

Ritratto d' una femina.

Ritratto del padre Alberizi predicatore.

Quadro di una Testa di S. Gio. Battista sopra un piatto.

Quadretto d' Alberto *Duro* stampa in legno.

Carta, stampa in rame, consiglio di Francia.

ROBE CH' ERANO NELLA GALERIA DI S. S. Ill.ᵐᵃ

2 Libri di disegni di bichieri del *Todeschino.*

38 Disegni di manichi di bastone d' appoggiarsi.

Alcune cartine in stampa di rame piccole per farne un libro
in 4.º f.º in tutto fogli 156.

3 Libretti slegati di diverse grottesche da orefice del *Iamnizer*
(*Iamitzer*)

2 Cassette di legno con suoi tiratoi, una è piena di diversi
disegni a mano conforme l' inventario già fatto, nell' altra
sono disegni a penna fatti da S. S. Ill.ᵐᵃ dal *Passerotto*,
con altri disegni a mano di diversi.

66 Disegni d' acquarello capricci del *Todeschino.*

44 Disegni fatti di colore capricci del detto.

N. XI. A. 1632.

INVENTARIO DEI QUADRI NEL PALAZZO DEL DUCA DI SAVOJA IN TORINO

(Archivio Camerale di Torino)

Carlo Emanuele I duca di Savoja ornò il suo palazzo in Torino di pitture e di scolture e in una Galleria che lo univa al Castello che ora si dice Palazzo
Madama, fece dipingere i ritratti dei suoi antenati, i paesi

conquistati, e i santi protettori di essi paesi al *Pro-caccino*, al *Figino* e ad altri buoni pittori del tempo. Ebbe egli pure ai suoi servigi Isidoro *Bianchi* da Campione, Giovanni *Carracha* fiammingo, Luigi *Brandin*, Giacomo *Blanchard*, Pietro *Dumoustier*, il *Freminet*, ed altri francesi. Gio. Battista Spaccini autore della Cronaca modenese più innanzi citata, il quale era artista e guardagioie della Infante Isabella figlia del detto Duca e moglie del Principe Alfonso d' Este, discorre più di una volta della Galleria e del Palazzo dei Principi di Savoja. All' anno 1620 egli così scriveva: *Questa Altezza ha una bellissima et longa Galleria; chi sij da una banda non cognosce chi sia all' altra parte: il vôlto è tutto depinto da Federico Zucchero d' Urbino pittor famoso;* aggiugne ch' era piena d' armarii con circa 14, 000 mss. dei quali si crede ve n' abbia qualcuno di S. Tomaso d' Aquino, e ritorna a parlarne per due volte nell' anno istesso. Ma di questa Galleria, *la quale è una corsa di Barbaro di longhezza et certo una delle belle et grandi d' Italia* ragiona con assai maggiore autorità e dottrina lo stesso Federico *Zuccaro*, che l' aveva dipinta, nel suo Opuscolo *Il Passaggio per Italia* (*Bologna* 1608 p. 44).

Quanto al Palazzo ducale lo Spaccini sotto il dì 7 aprile 1621 ci offre la seguente notizia che io non credo sia stata da altri riferita. *S' è inteso*, scrive egli, *in Torino essersi abbrugiato un partamento del palazzo ducale detto il Paradiso, con cinque camere contigue alla Galeria, quale stanze in una v' era varii ritratti di Principi, nell' altra detta il Paradiso moltissimi quadri antichi e moderni di dotta mano, nell' altra certi cartoni di Michelangelo Buonarroti, nell' ultima varii quadri grandi.* Finquì il cronista che posteriormente

accertò che i cartoni di *Michelangelo* abbruciati erano
tre.

Morto Carlo Emanuele nel 1630, il successore di
lui Vittorio Amedeo I mostrossi pure fautore delle arti
e degli artefici e al breve tempo del suo regno si riferisce l' Inventario dei quadri che ornavano la sua reg-
gia che qui si produce da una copia che appositamente
per favorirci trasse dall' originale, il noto e distinto
scrittore di arte e storia militare Capitano Angelo An-
gelucci, il quale volle pure corredarlo delle erudite note
che si riportano a piè di pagina. I quadri qui menzionati corsero varia fortuna: alcuni tra essi rimangono
tuttora in Torino nella Pinacoteca Reale: la maggior
parte andò perduta per l' Italia, guasta o consunta dal
tempo, dalla noncuranza, dagli scrupoli, dagl' incendii;
manomessa e rubata nell' invasione francese degli ultimi
anni dello scorso secolo. Clemente Rovere nella sua
Descrizione del R. Palazzo di Torino (*Ivi* 1858 p. 56)
pose una nota dei quadri dei più celebri pittori conservati in detto Palazzo, compilata coll' aiuto di tre Inventarii del decimosettimo secolo: noi crediamo, non
ostante, di far cosa utile agli studiosi di queste materie,
dando in luce nella sua integrità ed originalità il primo
degl' Inventarii compendiati dal Rovere, salvo la parte
che comprende i marmi e le statue antiche, come quella
che è estranea allo scopo e agl' intendimenti della presente pubblicazione.

Inventario
di Quadri di pittura di S. Al.ª che si ritrovano in Castello fatto hoggi il primo di settembre 1631.

Nella camera grande della F. m. di S. A. S. (1)

Nel fregio sotto la soffitta N. 18 quadri grandi di paesaggi a olio, parte di Fiandra et parte di prospettive di giardini di mano di Vincenzo *Conti* et d'altri, di long.ª p di 4 liprandi et alt.ª 3 (2). — N. 20 pezzi di fregio di groteschi a guazzo, di alt.ª on. 15, et che circondano tutta la camera.

Un quadro di S. Pietro con la guardia e fantesca di Pilato, di maniera del *Caravaggio*, long.ª p.di 5, alt.ª 3.

Sopra il fornello un quadro di Fiandra della contesa di Apollo, Pan e giuditio di Martia, long.ª di p.di 4 ½, alt.ª 3 ½.

Un quadro di Cristo a tavola con li due discepoli di Emaus, mano del *Titiano*, long.ª p.di 5, alt.ª 3 (3).

Un quadro del Figliuolo prodigo, mano del *Guerzino* da Cento, long.ª p.di 4, alt.ª 3 ½, cornice dorata et intagliata (4).

Un quadro della Madonna del *Morazone*, con l'Angelo che li rappresenta il butiro, alt.ª p.di 3 ½, larg.ª 2 ½.

Un quadro della Madalena penitente, larg.ª p.di 1 ½, alt.ª 2, mano del *Correggio*.

Un quadro della Madonna con un putto, S. Gioseppe, mano francese e vagamente colorita, long.ª p.di 2, alt.ª 3 (5).

Altro della Madonna con Cristo in braccio, con le cornici di ebano ondeggiante con profilo d'argento venuto da Roma.

(1) Cioè Carlo Emmanuele I che morì a Savigliano il 26 luglio dell'anno antecedente.

(2) Piede Liprando = 0.ᵐ 513,766, perciò queste misure corrispondono rispettivamente a metri 2,055, ed a metri 1,541.

(3) Esiste nella Pinacoteca Reale.

(4) Il 10 marzo 1800 fu portato via dal Gen. Iourdan. Ora è nella Pinacoteca Reale.

(5) Forse di *Rubens*. Se è così, questo quadro fu *rubato* dal gen. francese Iourdan il 16 marzo 1800 (Rovere p. 81). Una S. Famiglia di *Rubens* è nella Pinacoteca Reale.

Protratto (1) di S. Carlo al naturale, long.ᵃ p.di 1, alt.ᵃ 1 ½.

Quadro di Cristo nell' horto con un angelo, di larg.ᵃ p.di 3, alt.ᵃ 4.

Quadro della Madonna di *Raffaele* d' Urbino, larg.ᵃ on. 10, alt.ᵃ 14.

Altro della Madonna del *Parmeggiano*, larg.ᵃ on. 8, alt.ᵃ 12.

Una Madonnina del *Correggio* con un frate camisotto, larg.ᵃ on. 7, alt.ᵃ 10.

Una testa d' un Cristo con cornici miniate, larg.ᵃ p.di 1, alt.ᵃ 1 ½.

Un tondo nel soffitto della finestra con una Madonna, Cristo et due Santi, diametro p.di 2.

Quadro di protrato di Mad.ᵐᵃ Ser.ᵐᵃ scapigliata.

Altro tondo simile nell' altro soffitto della finestra.

Altro nell' altra finestra alquanto più piccolo.

Quadretto piccolo di frutti, larg.ᵃ on. 8, alt.ᵃ 6.

Un' anconeta d' ebano guarnita d' argento con una Natività di Cristo, di miniatura, larg.ᵃ in tutto un palmo.

Un protratto del Duca Carlo, larg.ᵃ 1 p.ᵈᵉ, alt.ᵃ 1 ½.

Altro protratto di Mad.ᵐᵃ Beatrice, misura come sopra.

Altro del Duca E. Filiberto, più piccolo.

Una Madonna con Cristo e S. Gioseppe, larg. on. 12, al.ᵃ 15.

Un quadretto col protratto de' figliuoli del Ser.ᵐᵒ Prencipe Thomaso.

Quadro antico d' uno delli tre Magi, larg.ᵃ p.di 2, al.ᵃ 5.

Quadro di Fiandra con una gallera et altre barchette e combattimento tra christiani e turchi, long.ᵃ p.di 2, al.ᵃ 1 ½.

N. 4 quadretti di pietra interciati con uccelli; d' un palmo l' uno, sopra il fornello (cammino) (2).

---

(1) Ritratto.
(2) Nel Controllo 1610-1611 al f.º 88 trovasi un mandato di Carlo Emanuele al Tesoriere in questa forma : « Per queste nostre vi ordiniamo et commandiamo che..... habbiate a pagare a *Marco* fiorentino ducatoni sessanta a fiorini tredici l' uno, sono per simil somma da noi dovutagli per il prezzo di quattro tavole, rimesse in mano del n.º Maggiord.º Tana ecc. Data in Torino li 17 di giugno 1610 ». Si può credere non senza fondamento che queste tavole siano le medesime segnate nell' inventario come lavori di pietra dura.

Quattro quadri di ferro sciscelati e dorati, larg.ª on. 8, al.ª 6.

Due piccoli quadretti di on. 3, di bona mano.

Due quadri di paesaggi di Fiandra, al.ª on. 8, larg.ª 12.

NEL GABINETTO TRA IL POGGIOLO E LA GALLERIA.

Un Cristo con discepoli in Emaus, maniera italiana, long.ª p.di 3, alt.ª 2.

Altro d' Herodiade con la testa di S. Gio. Battista, long.ª p.di 4, al.ª 2.

Un S. Gerolamo di Sinibaldo *Scorza*, di larg.ª p.di 2 ½, al.ª 2 (1).

Altro S. Gerolamo, larg.ª p.di 2, al.ª 2 ½.

N. nove quadri di ritratti di pittori famosi, con cornici negre, long.ª on. 8, al.ª 12 incirca.

Altri cinque quadri di filosofi, misura come sopra; di poco valore.

Altro quadretto con la testa d' un pesce.

Un quadro della presa di Carmagnola (2) long.ª p.di 4, al.ª 3.

Un altro sopra la carta dell' assedio di Cuneo (3).

(1) *Scorza* (Sinibaldo) di Giovanni, nacque a Voltaggio presso Genova l' anno 1589. Studiò l' arte con Battista *Parrasio*, quindi si acconciò con Giovanni Battista *Paggi*. Fu eccellentissimo nel contraffare, a penna, le stampe di Alberto *Duro*, ed acquistò fama come miniatore. Onorevolissime sono le espressioni usate da Carlo Emanuele nelle lettere patenti, date in Torino il 1.º di ottobre del 1619 (Arch. Camerale di Torino, *Patenti e concessioni* R.º di n.º 36 f. 257), con le quali lo nomina pittore di corte coll' annuo onorario di ducatoni 600 da fiorini 16 e mezzo l' uno. Scoppiata nel 1625 la guerra tra la Repubblica di Genova ed il Duca di Savoia, che vinse a Voltaggio, lo *Scorza* ritornò in Genova ove incontrò tante persecuzioni per l' invidia de' suoi colleghi, da essere obbligato partirsi di colà con la famiglia e ricovrarsi nello stato di Massa, ove fu benevolmente accolto da quel Principe. Passò quindi qualche tempo in Roma, donde ritornato in Genova attese ad intagliare in rame figurette e capricci, finchè preso da febbre maligna morì il 5 di aprile del 1631 nel 42.º anno dell' età sua.

(2) La presa di Carmagnola avvenne il 28 di settembre del 1588 sotto Carlo Emanuele I, che quindi fece occupare anche il marchesato di Saluzzo.

(3) Certo quello del 1557 postovi dal Brissac, che dopo inutili sforzi dovette partirsene scornato.

Un quadro di Fiandra di putti, cornice negra, long.ª p.di 1 ½, al.ª 1.

Quadro del protratto della Principessa di Mantova al naturale.

Altro del Duca di Modena Francesco (1), mezza figura al naturale.

Ritratto del Beato de' Padri Teatini, mezza figura al naturale.

La Roma del *Tempesta* stampata.

Quadro della figliuola che allatta il padre in prigione, alt.ª p.di 2, larg. 3.

NEL GABINETTO IVI ATTINENTE.

Quadretto di mano di Giulio *Maino* (2), d'una testa della Madonna grande, larg.ª p. 1, a.....

Disegno d'una prospettiva della città di Torino verso il Po, mano di Monsù *Roberto*.

Una carta di geografia del Lionesse.

Ritratto di una testa di un cerico monstruoso.

Due disegni a mano di chiar e scuro coperti di vedri.

Tre quadretti di paesaggi guasti e stracciati.

Tavola delle hore del giorno guasta, mano del *Messonero*.

Altro quadretto di S. Giuseppe, mano del pittor di Savigliano (3).

---

(1) Francesco I d' Este.

(2) Giulio *Mayno* d' Asti. Con lettere patenti di Carlo Emanuele I date da Torino li 10 giugno 1608 fu assegnato al *Maino* già pittore di corte lo stipendio annuo di scudi 450 da lire 3 l' uno. Seguitò sempre a' servigi di questo principe sino al 1638, nel quale anno la Reggente Cristina gli confermò l' assegnamento annuo di L. 800 di argento fattogli da Vittorio Amedeo I il 10 aprile del 1633. Questo stesso Duca il 7 d' aprile detto anno gli fa pagare L. 200 « per la spesa che deve far nel tramutar soa casa d' Asti qui » cioè in Torino.

(3) *Molineri* Gio. Antonio da Savigliano studiò la pittura sotto Gio. Angelo *Dolce* suo concittadino, e quindi per perfezionarsi in quest'arte si recò in Roma ove approfittando degli insegnamenti dei *Caracci* giunse ad imitarli tanto bene che si meritò il nome di *Caraccino*. Ritornato in patria fece molti dipinti in Savigliano ed in altre città del Piemonte, e si distinse non solo nella pittura ma anche nell'architettura. Operò nella fine del XVI secolo.

Protratto d' un francese antico in campo verde di 3 in 4 on. cornice miniata.

Altro quadretto d' un Cherubin che dorme, cioè piange, di poca valuta.

Un quadretto con il santo chiodo.

Altro protratto della testa del re Francesco.

Due piccioli paesaggi di 2 on. l' uno.

Cinque ritratti di Principesse religiose, larg.ª et alt.ª p.di 2.

Protratto della figliuola del Prencipe Tomaso al naturale.

Altro della Principessa Maria di Mantova, mezza figura.

N. 3 quadretti di frutti, cornici negre lustre, larg.ª on. 12, al.ª 10.

Quadro del B. Amedeo, sua vita et miracoli, mano di Pellegrino *Broccardo* (1).

Altro simile della Beata Margherita, ambi sopra rame, cornici d' ebano, larg.ª on. 12, a. 6.

Cinque quadretti d' argento sciscelati della passione di Cristo, di 3 in 4 on.

Un S. Gio. Battista che dorme sopra l' agata, cornice ottangola intrecciata. di diaspro.

---

(1) *Brocardo* (Pellegrino) da Pigna fu ai servigi del Duca di Savoja, a quel che può apprendersi da documenti, sino dal 1622 nella doppia qualità di pittore e di ajutante di camera del principe Tommaso. Sono del 1628 (25 gennaio) le lettere patenti di Carlo Emanuele con le quali, perchè potesse *con più commodità essercitare la virtù sua quando..... gli sarà ordinato come* aveva *fatto in diverse occorrenze;* gli stabilisce uno stipendio ordinario di *ducatoni trenta effettivi da fiorini diciotto e mezzo l' uno* per *ogni mese,* incominciando da quel mese stesso. Nel 1632 proseguendo sempre il *Brocardo* a coprire le accennate cariche, fu nominato anche governatore del Castello e pertinenze di Rivoli con lo stipendio di lire 954 all' anno, e furono posti sotto la sua direzione il giardiniere Nicolò *Chiaffrè*, e Pietro Maria *de Marchi* prima e poi Giuseppe Bernardino *Orengo* i quali due ultimi dovevano *servir sotto desso Pellegrino, et imparare da lui l' arte della pittura.* Più tardi, 15 agosto 1643, Madama Reale, per ricompensare *la servitù sua che da anni vinti circa* prestava a quella corte, ordinava che nella carica di governatore di Rivoli alla di lui morte gli succedesse il suo primogenito Carlo Emanuele che ella aveva fatto tenere al sacro fonte a nome di S. A. R., e mancando questo vi subentrasse il secondogenito Giuseppe Amedeo. Finalmente con lettere patenti date in Rivoli il 29 luglio 1643 la Duchessa Cristina nominò il *Brocardo ajutante di camera di S. A. R.* (il Principe) e *suo.*

Un quadretto con un Volto santo ovato, sopra l' alabastro.

Disegno di chiar e scuro di S. Caterina in piedi in mezzo foglio di carta turchina.

Altro disegno di prigionieri sopra carta turchina.

Un viluppo sopra un bastone di pezzi di cristallo a oglio, cioè dipinti alla grandezza naturale.

Pittura sopra uno specchio.

Cinque quadri di ritratti di cavalli d' un piede in circa.

Un viluppo di disegni di fabriche guasti.

Alcune carte stampate et libri del Tempio di Gerusaleme.

Un viluppo con un manico ove deve esser un qualche gran disegno alto piedi cinque liprandi, et si è lasciato così involto.

Carta d' Amestradamo miniata alla Geografica di parte d' Alamagna sopra tela.

NELL' ANTICAMERA TONDA.

Due quadri d' imperatori, larg.ª p.di 2, a. 2 ½.

NELLA GALLERIA OSSIA CORRITORE DEL POGGIOLO.

Quadro grande di pollami, mano del *Paisur* (?), larg.ª p.di 7 ½, alt.ª 5.

Uno delli quadri delle provincie, mano del *Serrano* (1), larg.ª p.di 4 ½, a. 7.

Altro di provincia simile fatto a Milano.

Quadro di Giacobe et Saul, larg.ª p.di 3, alt.ª 4.

Altro d' huomo ignudo con un braccio legato ad un arbore, grand.ª simile.

Prospettiva dell' entrata del Parco con carozza di dame, larg.ª p.di 4 ½, al.ª 3 ½.

Due altri imperatori simili alli due passati.

Testa di Alessandro Magno, mano di *Giulio*.

(1) G. B. *Crespi* detto il *Cerano*.

6

NELLA CAMERA GRANDE DELLA F. M. DI S. A. S.ma
VERSO MEZZOGIORNO.

Nel fregio N. 18 quadri d'imperatori a cavallo, larg.ª p.di 2, al.ª 3.

S. Pietro con il gallo, del *Baioni* (1), larg.ª p.di 2 ¼, al.ª 3 ½.

La Samaritana, cornice dorata, del *Guercin* da Cento, larg.ª p.di 4, a. 3.

Quadro di choro di musici con donna organista, grandezza simile.

Quadro d'un angelo che annontia la natività di Cristo a pastori, del *Bassano*, grand.ª simile (2).

Quadro del lotto (Lot) del *Gentileschi* (3), cornice dorata, larg.ª p.di 4 ½, alt.ª 3 ½.

Quadro delle Nozze di Channa Galilea, maniera fiamenga, misura come sopra.

Quadro con alcuni che pigliano il tabacco, maniera fiamenga, long.ª p.di 5, alt.ª 3 ½.

S. Gio. Battista col carnefice, maniera todesca antica, larg.ª p.di 2 ¼, al.ª 3.

Altro della Madonna del Mondovi, al naturale, larg.ª p di 2, al.ª 3.

Fregio di Gladiatori di chiar e scuro antico, alt. p.di 1, larg. 3.

Quadro di musica di pastori, maniera fiamenga, al naturale moderna, long.ª p.di 3 ½, a. 2.

Paesaggio di Fiandra con molte figurine che danzano, long.ª p.di 2 ½, alt.ª 2.

Una carta del Piemonte.

Una Indit maniera fiamenga con la cornice dorata, larg.ª p.di 2, a.ª 3.

(1) Forse il Cav. Giovanni *Baglioni* romano.
(2) È nella R. Pinacoteca.
(3) *Lomi (de)* Orazio, nato in Pisa l'anno 1585, pittore di moltissimo merito ed assai stimato dal *Van Dyck* che pose il di lui ritratto fra i 100 degli uomini illustri condotti di sua mano. Nella *seconda spedizione* dei quadri presi nel Palazzo Reale (Turin, 30 germinal an VII) era anche questo del *Gentileschi*. È uno dei quadri ricuperati, ed ora è nella regia Pinacoteca di Torino, distinto col n.° 244.

NELL' ANTICAMERA NOVA IN TESTA DEL SALONE.

Nel fregio le nove Muse, mano d' *Antiveduto* (1), cornice dorata larg.ª p.di 2, alt.ª 2 ½.

Quadro d' un re che si lava i piedi, cornice dorata, misura
   come sopra.

Una Indit, della figlia di m. *Antonio*, simile alli altri.

Una donna con elmo in mano, cornice dorata simile.

Una Iudit del *Serrano* simile.

Quadro di Catone, venuto da Roma, simile (2).

Quadro di Davide con la testa di Golia, di bona mano, simile.

Altra Iudit di pittura goffa, simile.

Quadro d' uno scolare sedente al suo tavolino, con diverse
   cose, cornice dorata, long.ª p. 2 ½, alt.ª 2.

Quadro d' una battaglia di gente a piedi et a cavallo, maniera
   italiana, senza cornice, long.ª p.di 5, alt.ª 4.

Quadro d' una donna in atto contemplativo con libro aperto,
   maniera bona, long.ª p.di 2, alt.ª 2 ½.

Un mapamondi stampato.

Carta geografica del paese di Berna, Vaudo, contorni.

Quadro di S. Bartolomeo figure grandi, cornice grande intagliata
   e dorata, maniera come del *Serrano*, larg.ª p.di 3, alt.ª 4.

Quadro di Cristo incoronato dalli hebrei, di bona mano, larg.ª
   p.di 3, alt.ª 4.

Altro del Beato Amedeo al naturale.

Altro di Cristo legato da due hebrei e S. Pietro, di buona
   mano, larg.ª p.di 3, alt.ª 4.

Una anconetta antica tondeggiata con l' Ecce Homo et sue
   antine (3), larg.ª p. 1, a. 1 ½.

NEL SALONE.

N. 13 quadri grandi delle provincie di S. A. fatti a Milano.

(1) *Grammatica.*
(2) Forse quello dello *Spagnoletto* che andò perduto.
(3) Cioè un trittico.

NELLA CAMERETTA DELL' INVERNO DI S. A. S. F. M.

Li protratti delli Ser.mi Prencipi Tomaso, Filiberto, Duchessa
   di Mantova, S. A., Madama, Ser.me Infante, fu Duchessa
   di Modena in habito capuccino, tutti di misura al naturale.
Due protratti delle Infante Maria, Caterina, mezze figure al naturale.
Un paesotto sopra la porta piccola.

NEL CAMERINO SEGUENTE.

Un quadro d' adoratione de' Magi, maniera del *Bassano*, larg.ª
   p. 2, alt.ª 1 ½.
Testa d' un putto che si morde un deto, larg.ª on. 6, alt.ª 8.
Ritratto di S. Vincenzo Ferreio, larg.ª on. 16, alt.ª 20.
Ritratto di una monaca, ordine di S. Francesco, cornici d' ebano,
   larg.ª p. 2, alt. 2 ½.
Due disegni sopra carta turchina, con carbone, in foglio.
Quadro d' un vecchio con una donna e due carpe, larg. p. 2
   alt.ª 2 ¼.
Quadro del Beato Lorenzo.
Testa del Salvatore, maniera buona antica, larg. on. 6, alt.ª 9.
Ritratto di dama in atto di scrivere, pittura flamenga antica,
   larg.ª simile.
Decollatione di S. Catterina, maniera mediocre, larg.ª p. 1 ½,
   alt.ª 2 ½.

NELLA GALLARIETTA ALLA TESTA CONGIUNTA AL CASTELLO.

Quadro di *Titiano*, rapto d' una donna sopra una galera, alt.ª
   on. 8, long. 32.
Un Cristo morto con la Madonna, cornice dorata, maniera
   del *Bonarotti*, larg. on. 9, alt.ª 12.
Croce di S. Mauritio misteriosa piena di sentenze sopra una
   losa (?) larg.ª on. 14 in quadro.
Madonna sopra il rame in Betlem, forma di paesaggio, cornice miniata di poco valore, d' un palmo.

Adoratione de' Magi con vetro sopra, pittura esquisita, long.ᵃ on. 5, alt.ᵃ 8.

Quadro della Madonna spirante, di chiar e scuro, mano di Camillo *Procaccini*, larg.ᵃ on. 9, alt.ᵃ 16.

Un fatto d'arme con molte figurine, cornice dorata, larg.ᵃ on. 12, alt.ᵃ 10.

Natività di Cristo sopra rame, cornice d'ebano profilata di stagno, larg. on. 5, alt. 8

Altro sopra rame vernisato di Cristo e S. Gio. Battista, d'un palmo, poco valore.

Ritratto d'una vecchia todesca, larg.ᵃ on. 5, alt.ᵃ 7.

Annontiata sopra pietra alabastro, ovato, cornice d'ebano, long.ᵃ on. 8, alt.ᵃ 6.

Fatto d'arme con angeli per aria, sopra rame, cornice d'ebano, long.ᵃ oncie 8, alt.ᵃ 5.

Regina Saba avanti Salomone, maniera fiamenga, cornice d'ebano, long.ᵃ on. 20, alt.ᵃ 18.

Madonnina con Cristo in braccio sopra pietra interciata in campo nero, cornice negra tinta, long.ᵃ on. 5, alt.ᵃ 10.

Ritratto di un Dottore alemanno d'anni 36, larg.ᵃ on. 5, alt.ᵃ 7.

S. Gerolamo sopra rame, long.ᵃ on. 6, alt.ᵃ 5.

Miniatura di Cristo apparso alla Madalena con fregio attorno, larg.ᵃ on. 6, alt.ᵃ 7.

Un Cristo putto et corcato, cornice vernisata.

Altro simile d'una Santa vestita di turchino, larg.ᵃ on. 5, alt.ᵃ 8.

Una battaglia sotto d'una città, mano d'un pittore del P. Card.ᵉ, cornice dorata, long.ᵃ on. 16, alt.ᵃ 12.

Annontiata con l'angelo vestito da diacono, sopra rame, cornice d'ebano, long.ᵃ on. 12, alt.ᵃ 8.

Cristo risorgente, sopra alabastro, poco valore, larg.ᵃ on. 6, alt.ᵃ 9.

Anime del Purgatorio, sopra pietra bianca e rossa, rotta, long.ᵃ on. 5, alt.ᵃ 6.

Veronica col volto santo, sopra alabastro ovato, cornice d'ebano, long.ᵃ on. 9, alt.ᵃ 11.

Cristo morto, sopra parangone, maniera del *Bassano*, larg.ª
    on. 7, alt.ª 8.

Madonna, Cristo, S. Gioanni e S. Giuseppe, miniatura in ovato
    longo un palmo con vetro, cornice d'ebano e piastrine
    d'argento.

Madonna con Cristo e S. Gioanni, sopra il rame in cassetta
    della china interciata con madreperle, larg.ª on. 8, alt.ª 10.

Altra Madonna con Cristo in braccio, con cornice d'ebano
    interciata con radici di noce, larg.ª on. 10, alt.ª 14.

Ovato di lapis lazarii con una battaglia sotto un ponte, cornice
    profilata d'oro, long.ª on. 7, alt.ª 5.

Tavoletta della china, larga on. 6, longa 9.

Battaglia, mano di *Brandino* (1), alt.ª on. 8, long.ª 16.

Quadretto d'un palmo con specchio d'una parte, sommer-
    sione di Faraone.

Cristo contemplante la croce, sopra alabastro, d'un palmo,
    poco valore.

Madonna con Cristo et una Santa vestita di verde et un mo-
    naco dietro, larg.ª on. 7, alt.ª 9.

Ritratto del Petrarca, cornice dorata, larg.ª on. 6, alt.ª 8.

Due quadri di paesaggi, di pietra lustra e commessa con cor-
    nici e coperchi di ebano, longhi on. 7, alt. on. 5.

Un S. Gerolamo d'un palmo, sopra alabastro.

Conversione di S. Paulo con figurine piccole, long.ª on. 20, alt.ª 15.

S. Sudario con la Madonna, S. Carlo et il B. Amedeo, long.ª
    on. 9, alt. 6.

Ritratto di madonna Laura, simile al Petrarca.

Cristo che fa il miracolo dei cinque pani e due pesci, sopra
    il rame, long.ª on. 6, alt.ª 8.

Annontiata simile al S.to Sudario.

Madonnina di Loreto, di un palmo, sopra alabastro.

Madonna del Mondovi, miniatura goffa sopra bergamina con
    versi del Goveano.

---

(1) Luigi *Brandin* francese di cui è memoria nelle *lettere* e nella
Galleria del Cav. **Marino**.

Cristo che porta la croce con quantità di figure di 4 on. l'una, long.ª p. 2, alto on. 15.

Una battaglia, mano del *Tempesta*, colorita, cornici oro e negro, long. on. 15, alt. on. 10.

Quadretto di S. Pietro tra le guardie di Pilato, larg. on. 5, long.ª on. 8

Fatto d'arme di cavalleria, maniera fiamenga, long.ª on. 12, alt.ª 7.

Quadretto del Beato Xaverio che catechizza un re, sopra rame d'un palmo.

Altro simile di S.to Ignatio.

Madonna di Loreto sopra ferro sciscelata e dorata, d'un palmo.

Madonna di ricamo, ossia tessuta di seda et oro, larga pal. 2, alt. p. 2 ¼.

Ecce Homo di piuma di pavone, largo pal. 2, alto 3.

Adamo et Eva con fregio intorno di ricamo seda et oro, pal. 2 largo, al. 2 ¼.

Battaglia del *Tempesta* sopra un ponte, cornici d'ebano, long. on. 20, alt. 14.

Un Volto santo, di poco valore.

Paesaggio di Fiandra sopra rame, passaggio d'hebrei oltre il fiume, long on. 10, al. 8.

Scaramuccia di cavalleria et infanteria, maniera fiamenga, long. on. 10, al. 6.

Orbo con ballo di figliuoli attorno, long.ª on. 8, alt. 5.

Cesto di fiori quadro di Fiandra di buona mano, cornici di costa di balena, long.ª on. 20, alt. 14.

Adoratione de' Magi, maniera fiamenga, cornice d'ebano, alt.ª on. 12, long.ª 15.

S. Sebastiano, cornici d'ebano, mano di Monsu *Robert*, long.ª on. 9, alt.ª 12.

Il Crucifisso vivo copiato da *Michel Angelo*, mano e misura suddetta.

Cristo che conduce S. Pietro per le onde del mare, sopra pietra negra, long.ª on 10, alt.ª 8.

Imagine della lancia che ferì Giesù Cristo, long. on. 5, al. on. 12.

Natività di nostro Signore, con cornici interciate di diaspri, long.ᵃ on. 18, alt.ᵃ 12.

Madonnina con Cristo in braccio, sopra rame e cornici nere, larg.ᵃ on. 5, alt.ᵃ 7.

Santo Sudario, cornici d' ebano et vedro sopra, long. on. 12, alt. 10.

S. Gerolamo, sopra rame acrostato, maniera del *Bassano*, long. on. 8, alt.ᵃ 9.

Annontiata di Firenze, long. on. 20, alt. 18.

Madonnina con Cristo in braccio, maniera di *Raffaele*, larg. on. 6, alt.ᵃ 8.

Madonnina con Cristo e S. Gio. Battista, sopra alabastro rotto, cornici d' ebano, long. on. 6, alt.ᵃ 8.

Cristo con S. Pietro nelle onde, sopra alabastro, cornici d' ebano, long. on. 7, alt. 6.

Li Innocenti pittura di vaga mano sopra rame, cornici dorate, long. on. 18, alt. 12.

Andromeda, long. on. 5, alt. 6.

Annontiata sopra l' alabastro, cornice nera di 7 on. in quadro.

Cena Domini, di miniatura, longa on. 9, alt. 5.

Adoratione de' Magi, di miniatura ovata cornice nera fondo di veluto, d' un palmo.

S. Gio. Battista a sedere, in alabastro d' un palmo in quadro, cornice negra con argento.

Madonnina con Cristo che dorme, d' un palmo.

Atteone in tondo con cornice dorata, paesaggio, diametro un piede.

Due Madonnine simili con ghirlanda di fiori attorno, long. on. 6, alt. 8.

Carta e stampa colorita del secol d' oro, cornici di costa di balena, long. on. 20, alt. 15.

Cristo con S. Pietro sopra il mare, in alabastro con cornice negra, larg. on. 5, alt. 7.

Caccia del *Tempesta* in ovato sopra pietra arboraria, cornici smaltate, long. on. 10, alt. 9.

Un Cristo ignudo a sedere alla presenza di 3 hebrei, pittura eccellente di mano di Gioanni *Malbodio*, long. on. 5, alt. 6.

Ritratto d' un medico al naturale con cornice arcata e dorata, long. on. 5, alt. 7.

Ovato di alabastro con piccolo Cristo e S. Pietro su le onde, larg. on. 12, alt. 9.

Altro quadretto copiato dal *Malbodio*.

Battaglia del *Tempesta* colorita, con cornici d'ebano quadrate, long. on. 18, alt. 12.

Due quadri di S. Michele et Orfeo, mano di Monsù *Robert*, long. ciascuno on. 18, alt. 12.

Decollatione di S. Gio. Battista in ottangolo, larg. on. 7, alt. 9.

Cristo e S. Pietro sopra le onde del mare, in pietra, con cornice rabescata d'oro, larg. on. 8, alt. 10.

Un mischio di Fiorenza con una città e molte figurine, long. on. 8, alt. 6, cornice dorata.

Cristo morto involto nel lenzuolo dalli angioli, cornice negra, poco valore, lung. on. 5, alt. 7.

Assonta della Madonna, sopra pietra arcata, cornice negra, larg. on. 6, alt. 8.

Martirio di S. Stefano, in alabastro, long. on. 10, alt. 8.

Testa di S. Gio. Battista a tavola del re Herodes, maniera fiamenga, cornici nere, long. on. 11, alt. 9.

Scaramuccia di cavalleria in campagna con cornice tonda dorata, diametro un piede.

Sanson tra molte figure morte, mano di Pellegrino *Brocardo*, long. on. 8, alt. 7.

Quadretto d'animali, maniera del *Bassano*. long. on. 10, alt. 8.

David con la testa di Golias, mano del *Carraccio* Bolognese.

Quadro rappresentante un gabinetto fornito di molti quadretti, fiori, medaglie et altre curiosità, opera fiamenga e diligente, cornice d'ebano, long. on. 20, alt. 18.

Cristo crucifisso, in pietra negra, maniera del *Bassano*, larg. on. 9, alt. 12.

Quadro di buona mano ove è una donna ferita e prigioniera, un vecchio che viene a medicarla et un angelo che tiene la torchia, cornici d'ebano, long. on. 12, alt. 9.

Fu S. A. S. (1) a cavallo di miniatura con l' assedio d' Asti,
long. on. 8, alt. 10.

Cristo condotto al calvario, cornice dorata, larg. on. 8, alt. 10.

Testa in forma di mascherata, cornice d' ebano ondeggiata.

Battaglia del *Tempesta*, vittoria di David contro Golias, sopra
diaspro, alt. on. 4, long. 6.

Paesaggio tondo di Fiandra, cornice dorata, diametro on. 6.

Madonna con Cristo in grembo, rose in mano, mediocre valore, larg. on. 7, alt. 8.

Paesaggio tondo con la torre di Nembrot, cornice dorata, et
diametro un piede.

Madonna che adora il fanciullo, larg. on. 8, alt. 9.

Altra con Cristo in braccio e libro aperto che dice: *ecce
Virgo concipiet* ecc., larg. on. 8, alt. 10.

Incendio di Troia, cornice oro e negro, larg. on. 9, alt. 6.

Cristo con S. Pietro sopra le onde, in pietra venata, cornici
d' ebano, long. on. 13, alt. 10.

Paesaggio ottangolo, cornice dorata, con donna armata, long.
on. 10, alt. 7.

Un Cristo in scorsio, ma di buona mano, larg. on. 6, alt. 8.

Disegno di una Cena Domini d' aquarela, mano di *Raffaele
d' Urbino*, alt. on. 5. long. 11.

Testa, stampata in carta, di Maria Medici.

Schizzo di una donna col figliuolo in braccio, del *Parmegiano*.

Altro di un Cristo morto tratteggiato di penna, del medesimo.

Tondo con una caccia di cervo, cornice dorata, diametro un
piede.

Copia di una Madonnina del *Correggio*, larg. on. 7, alt. 10.

Una battaglia di mano di un pittore del Ser.mo P. Card.le, cornice dorata, long. on. 15, alt. 12.

Una cingara che dà la ventura a un giovine (2), cornice dorata, larg. on. 10, alt. 12.

(1) C. Emmanuele I.
(2) Fa parte dei quadri — *rimessi d' ordine del generale Iourdan al
capo di segreteria La Boulinière, per mandare a Parigi, il 19 dicembre* 1802.

Quadretto di pietra interciata di paesaggio et prospettiva, cornice negra, long. on. 9, alt. 5.

Disegno d' una Madonna di Monsù *Freminet*.

Cristo dormiente in una barca, sopra pietra, long. on. 7, alt. 6.

S. Francesco che riposa in letto et l' angelo che tocca il violino, sopra alabastro, cornice negra, long. on. 7, alt. 9.

Adamo et Eva, mano di *Giuseppino* (1), larg. on. 9, alt. 12.

Quattro quadretti delli Evangelisti nel fondo del corritore, cornici negre, on. 4 in quadro.

Due testine di marmo sopra quadretti di velluto.

Battaglia di mano di *Brandino*, al. on. 8, al. (sic) 20. — (certo long on. 20).

Adamo et Eva, larg. on. 8, al. 10.

Una Nonciata et S. Francesco, di ricamo vecchi.

Paesaggio con alberi spesati alla fiaminga, long. on. 8, alt. 10.

La favola del corvo vestito con penne d' altri uccelli, di mano di Sinibaldo *Scorza*, long. on. 12, alt. 9.

Disegno di chiar e scuro di resuretione de' morti, larg. p. 2, alt. 20 (once ?).

Cristo che scaccia *ementes et vendentes* dal tempio, quadro molto curioso, maniera tedesca, long. p. 3, alt. p. 2.

Paesaggio di Fiandra sopra il rame, long. on. 12, alt. 9.

Due tondi di paesaggi, diametro on. 5.

Battaglia, mano del pittore del Ser.mo P. Card.le, cornice oro e negro, long. on. 30, alt. 24.

Incendio di un tempio ottangolo, long. on. 10, alt. 7.

Paesaggio sopra pietra di Fiorenza, longo on. 5, al. 4.

Paesaggio sopra rame con S. Gio. Eremita, long. on. 7, al. 6.

Banchetto del ricco Epulone, di poco valore, long. on. 22, alt. 19.

Paesaggiello ottangolo con S. Francesco che riceve le stigmate, long. on. 10, al. 7.

Madonnina antica, d' un palmo.

S. Gio. Battista putto, d' un palmo.

(1) Giuseppe *Cesari* detto il Cav. d' Arpino.

Battaglia di *Brandino* del duca Amedeo IV contro Turchi, long. on. 25, alt. 20.

Madonna antica, maniera venetiana, con Cristo in grembo, cornice dorata, larg. on. 10, al. 12.

Due quadri di smalto mischii, l' uno con Giona profeta, l'altro con S. Michele che scaccia Lucifero, cornici negre, larg. on. 5, alt. 6.

Quadro di Claudio uno delli Imperatori, larg. on. 24, alt. 30.

Quadro di mano di Sinibaldo *Scorza* ove è uno vestito di rosso a cavallo con animali, long. on. 20, a. 14.

Un quadretto di alabastro, cornice dorata, con Cristo, di poco valore.

Paesaggietto di penna con cornice dorata. Due altri simili al detto.

Basso rilevo di marmo con cornice di legno intagliata, alt. on. 5, larg. 12.

Altro della medesima grandezza.

Quadro stretto e longo d' una battaglia sopra un ponte, che si dice di *Tiziano*, al. on. 8, long. 36.

Due quadri di Fiandra con un piatto d' ostreghe, altro con piatto d' uve, al. on. 15, long. 20.

Disegnetto a mano di chiar e scuro d' un Cristo morto in grembo alla madre, con cornice.

Testa di Ecce Homo et quella di Maria Vergine, che si serrano l' uno con l' altro (1).

Quadretto di Europa sopra il toro, senza cornice, alt. on. 5, larg. 8.

Altro quadretto d' alabastro della Carità.

Testa di una santa con il collo mezzo tagliato, larg. on. 3, alt. ....

Assalto d' una città, di *Brandino*, alt. on. 8, long. 18.

Disegno di S. Gerolamo con cornice negra, creduto del *Bonarotta*.

Tre paesaggetti d' un palmo coloriti sopra la carta.

---

(1) Un dittico.

Disegnetto di lapis rosso, di *Giuseppino*.

Due quadretti di bronzo, basso rilevo di on. 4 l'uno.

Altro quadro del giuditio di Paris, stimato di *Titiano*, al. on. 8, long. 36.

Quattro quadri di frutti, long. on. 18, alt. 15.

Due battaglie di chiar e scuro, ad imitatione del *Tempesta*, long. on. 18, al. 15.

Cristo che porta la croce, mezza figura grande sopra un legno, alt. on. 25, long. 18.

Carta geografica del Braban (Brabante).

Testa di S. Antonio grande, del pittor d'Asti (*Maino*).

Quattro quadri di frutti et fiori di Fiandra, long. on. 15, al. 12.

Un disegno di *Freminet*, chiar e scuro sopra carta, ove è Cesare che piange sopra la testa del suo nemico.

Quadro di fiori con un parocheto verde, cornice negra grande, long. on. 15, al. 12.

Undeci quadretti paesaggetti sopra rame, d'un palmo.

Quattro quadretti ovati d'agata con piccole figure con cornici bianche e negre.

Due paesaggetti sopra rame senza cornici, d'un palmo.

Una Madonna fatta di penna, et altra piccola cartina di Adamo et Eva, cornice negra simile.

Un cesto d'uva, quadro di Fiandra, long. on. 20, alt. 18.

Altro di frutti di ricamo ben fatto con cornice negra, in tutto alt. on. 15, long. 20.

Ritratto del Ser.mo P. Card.le fatto di seda, e sue cornici negre, d'un palmo.

Quadretto d'un palmo ove è un'ampolla di garofani, fatto di ricamo.

Fatto d'arme, mano di *Brandino*, alt. on. 8, long. 18.

Piccolo ritratto di S. Carlo, miniatura, cornicette negre.

Una anconetta d'ebano con agate, diaspri e corniole leantine (1), lapislazuli, et dentro un Ecce Homo, il tutto larg. on. 8, alt. 10.

(1) *Leantine*, forse per *levantine*, come a dire corniole di maggior

Quadretto d' una Madonnina con un Cristo, della figlia del
Moncalvo (1).

Un piccolo quadretto di pietra interciato. Altro di paesaggio.

Altro dell' arca di Noè, manco d' un palmo ciascuno.

Un piatto d' uva, un tondo di pruni, una coppa di porcelana
con mori con altri fiori, alla fiaminga, tutto in un quadro,
long. on. 20, al. 15.

Un sacrificio, mano creduta di Titjano, alt. on. 8, long. 36.

Un S. Gerolamo con il motto *memorare novissima* etc., mano
todesca, antica, larg. on. 2, al. 15.

Un quadro di pietra fiorentina, cornici d' ebano con rabeschi,
long.ª d' un palmo.

Quadretto di miniatura con Cristo nel deserto, guarnito d' e-
bano, longo un palmo.

Ouaano (sic) d' agata con figurine, cornice bianca e negra
grotescana.

Quadro di pietra con cavallerie et un arco trionfale, cornici
d' ebano, larg.ª in quad.º on. 8.

Quadro di miniatura con la Madonna e Cristo in grembo con
Santi e Sante attorno e gloria d' angioli, cornici d' ebano
ondeggiate, larg. on. 8 in tutto, al. on. 10.

NELLA CAMERA BASSA VERSO IL GIARDINO

La Regina Saba di Paolo *Veronese* (2), long. piedi liprandi 4, alt. 6.

Il mercato del *Bassano*, long. p. di 9, alt. 6.

Rapto delle Sabine, del *Bassano*, long. p. di 9, alt. 6 ½.

pregio, perchè le Corniole orientali sono rare in commercio, e la più
bella di tutte è quella che si trova in Persia, che è di colore rossiccio
o sanguigno, e talvolta si avvicina alla granata.

(1) Una delle due pittrici figlie di Guglielmo *Caccia*, Novarese, detto
il *Moncalvo*, per la lunga dimora che fece in questa città.

(2) Questo è uno dei quadri tolti dal Palazzo reale per ordine del
generale Iourdan, 1º vendemmiaio anno IX, e portati nel palazzo dell' Accademia delle scienze, e quindi restituiti al loro posto. Ora questo quadro è nella regia Pinacoteca di Torino sotto il nº 157. Soltanto trovo che le
dimensioni della tela sono diverse da quelle notate in quest' inventario
cioè — su tela alt. m. 5, 44, larg. m. 5, 45.

Vulcano, del *Bassano*, long. p.di 8, alt. p. 5 ½.

Assalto di S. Quintino, del *Palma* (1), long. p. 10, alt. 8.

Il giudilio universale, maniera fiamenga, long. p. 8, alt. 6 ½.

Incendio d' Asti, mano di Giulio *Maino*, long. p. 10, alt. 7.

S. Mauritio a cavallo con decimatione de' suoi soldati, mano
  istessa, long. p. 5 in quadro.

Quadro con un dogo (2) d' Inghilterra, long. p. 3, alt. 2.

Due quadri delle provincie, simili a quelli del salone.

Un quadro di una donna ignuda grande al naturale che si
  pettina, long. p. 3 ½, alt. 4 ½, di Roma moderno.

NELLI DUE GABINETTI BASSI DELLA PONTESSELLA.

Un protratto d'un leone, al naturale. Altro quadro con due leoni.

Altro con un cane bianco e rosso. Altro con alcune teste di cavalli.

Altro con un uccello grande e gambe rosse. Una carta de'
  Paesi bassi.

Una civetta con molti uccelli, mano del *Paisur*. Un cane bar-
  betto dell' istesso con altri uccelli.

Quadro di S. Caterina tra due rote, larg. p. 1 ½, al. 2.

Quadro di S. M. Madalena penitente, misura istessa.

Ritratti di quattro cani et 4 peruchetti.

Ritratto di sette peruchetti diversi, mano del *Paisur*.

NELLA GRANDE GALLERIA (3).

Tutta la geonologia (*sic*) de' Principi di Savoia che comincia
  da Beroldo e finisce nel Preucipe Tomaso, in telari n. 31.

(1) Giacomo *Palma* iuniore da Venezia nato del 1541, m. nel 1628.
Questo quadro ora è situato nel Salone detto degli Svizzeri, e porta
scritto il nome del pittore, IACOBUS PALMA F. Fu ristaurato da Antonio
Vianelli nel 1841, ed allora vi si scoperse il nome del pittore.

(2) Cane da presa, dall' inglese *dog*, in olandese *dogge*, cane. Lat.
molossus canis.

(3) Nel 1606 furono pagati dal Tesoriere generale Valle al cav. Federico *Zuccari*, fiorini 7475 « per intiero pagamento della servitù fatta,
sì da lui che da suoi uomini, *tanto alla galleria*, ch' altr' opere, sino
per tutto aprile prossimo passato ».

N. 11 quadri di S.ti Thebei, il S. Mauritio, mano del *Figino* (1),
quattro, mano del *Parentani* (2), tre del *Vaca* (3), uno di
Cesare Agosti, uno di *Brandino*, long. p. 2, al. 3.

Il S. Girolamo di mosaico del *Zuccati*.

S. Pietro penitente, del *Figino*, larg. on. 18, alt. 25.

(1) *Figino* Ambrogio nacque in Milano nel 1548, e fu allievo di Paolo
Lomazzo. Riuscì eccellente nei ritratti, non meno che nelle storie, e si
avvicinò moltissimo alla maniera di Gaudenzio *Ferrari*. La Concezione
a S. Antonio, l' Assunta a S. Fedele ed il S. Matteo nella chiesa di S. Raffaello a Milano possono dare una idea delle sue felici imitazioni di
Leonardo, di *Raffaello*, di *Correggio* e di *Michelangelo*. Nella pinacoteca
di Milano è il Maestro di campo della famiglia Foppa, opera che non
teme il paragone delle più rinomate pitture di tal genere. Imitava felicemente il *Buonarroti* ne' suoi disegni, assai ricercati. Operava ancora
nel 1595.

(2) « *Parentani* (Antonio) operava in Torino circa il 1550, dove nella
Consolata dipinse un Paradiso con stile che si avvicina al Romano, ma
meno grandioso. Di questo pittore ignorasi la patria ed ogni altra bio-
grafica circostanza » (*Biografia degli Artisti*, Venezia 1840). Si appone
male però il biografo facendo operare il *Parentani* a Torino nel 1550,
ed erra istessamente il Bartoli su tale proposito. Le prime notizie che si
abbiano in Torino di questo pittore sono nei *Conti dei Tesorieri generali*
del 1598. — Nel 1604 Carlo Emanuele con lettere patenti del 15 ottobre,
essendo morto il pittore da Livorno, cioè Giacomo *Rosignuoli*, stabilisce al già suo pittore « Antonino *Parentani* un trattenimento di scuti
otto al mese, oltre il pagamento delli lavori che li occorrerà fare per
servitio suo ». Il *Parentani* ebbe un figlio di nome *Agostino* pittore egli
pure e *Gentilhuomo dell' Artiglieria*, carica datagli nel 1628 da Carlo
Emanuele che nelle lettere patenti, del 4 gennaio, date in Torino, lo dice
di questa città e ne loda « *l' affettione che egli dimostra al servitio nostro, imitando il suo padre nostro pittore da parecchi anni* ». Egli è
chiaro pertanto che Antonino *Parentani* era torinese e che nel 1628
ancora viveva ed operava per la corte ducale. Poteva egli dunque dipingere nella Consolata l' anno 1550, come asseriscono il Bartoli e la
Biografia degli Artisti?

(3) *Vacca* (Carlo), ignoro la sua patria, nel 1608 riceve dal Tesoriere
generale 500 ducatoni *a bon conto di quello deve havere per li quadri
pitture et altre cose ch' egli ha fatte per servitio* del Duca. Nell' anno seguente poi Carlo Emanuele con lettere patenti date in Torino il 7 di
gennaio ordina al Tesoriere generale che paghi per quartieri, cioè a
rate trimestrali, duc. 454, g. 30 all' anno a Carlo *Vacca*, incominciando
dal giorno 18 di marzo del 1607, nel quale morì Giovanni *Carraca*, al
di cui posto di pittore di corte egli è stato nominato (*Controllo*, an. 1608-
1610 f.° 101).

Cristo battezato da S Gio. Battista, di ricamo, larg. on. 10, al. 14.

Volto Santo, mano del Frate dell'Eramo.

Un' anconetta di piuma di pavone.

Alessandro Magno, mano del *Rosignuolo* (1) con il bucefalo, larg. p. 3, alt. 4.

N. S.ra che lava Cristo putto, larg. p. 2, al. 3.

Donna con un mazolo e chiodo in mano (*Giaele*), opera fiamenga, cornice dorata larg. on. 20, al. 30.

Hercole che sbrana il leone, del *Palma*, larg. p. 3, al. 4.

Angelica e Medoro, di poco valore, larg. on. 20, al. 30.

NELLA CAMERA SECONDA

Quadro di David e Golias, cornice con oro e negro, mano di Pellegrino *Broccardo*, larg. p. 4. al. 5.

Madonna con Cristo, S. Gio. Battista, S. Anna, larg. p. 2, al. 3.

Madonna che allatta Cristo, del *Lovino*, larg. on. 12, al. 15.

---

(1) *Rossignoli* (Giacomo) da Livorno Vercellese. Quando nascesse lo ignoro. La prima memoria che ne trovo nei registri dell'Archivio Camerale di Torino è del 31 agosto 1576 in un ordine del Duca di pagare scudi sei « a m.° Iacopo *Rosignolo* n.° pittore donutigli per spesa della indoratura de la popa di n.ª *Gallera* ». Nel 1581 è fra gli stipendiati delle chiostre a scudi 15 al mese. Nell'anno seguente il Duca dona al *Rossignoli* scudi 300 d'oro *in aggiuto di maritare una sua figliuola*. Da questa notizia si può dedurre che egli allora contasse circa 40 anni. Coll'andare del tempo fu questo pittore meglio retribuito, e tra gli stipendiati delle chiostre del 1586 è notato *Giacomo Rossignollo pittore a scutti diecenove e mezo il mese*. Nel 1588 (19 di gennaio) quietanzò il Duca per 400 scudi di tutto che egli era creditore tanto delli suoi *stipendj delli anni* 1585 86 *et* 87, *come di tutti i lavori, spese, pitture et altre oppere fatte per servitio di S. A., et particolarmente nei fausti del battesimo del Ser.° Prencipe.... sino all'ultimo di detto anno* 1587. Dal 1589 al 1590 per ordine ducale dipinse gli stemmi di Savoja sopra le porte delle città, terre e borghi degli Stati di Casa Savoja per un certo prezzo stabilito e presentato il conto di tali opere nel 1590 fu saldato di ogni suo avere con L. 310, 14. Proseguì il *Rossignoli* ne' servigi della corte sino al 1604, ed essendo creditore del Duca, questi ordinò la *continuatione degli stipendj nel suo vivente al solito et dopo lui ai suoi in estintione però del suo credito*. Le lettere patenti del Duca Carlo Emanuele sono del 24 settembre 1604, e poco dopo il *Rossignoli* morì, chè la lapida postagli dal di lui figliuolo Settimio medico di corte, nella chiesa di S. Tommaso, porta lo stesso anno.

Altra Madonna con Cristo e S. Gio. Battista, del medesimo, larg. on. 15, al....

Altra Madonna con Cristo, larga on. 20, al. 26, poco valore.

Anconetta della Natività della Madonna, arcata, larg. on. 8, al. 12.

Cristo alla colonna, larg. on. 8, alt. 12, sopra tabl.

Miracolo di S. Francesco del morto risuscitato, de *Antonino* di Savigliano, larg. p. 6, a. 4.

S. Martino a cavallo di *Freminet*, larg. p. 3, al. 4.

Achille, mano del *Rosignuolo*, larg p. 2 ½, al. 4.

Un S. Carlo Boromeo, maniera Milanese, larg. on. 20, alt. 26.

NELLA TERZA CAMERA

Galatea, copia di *Raffaele*, larg. p 4 ½, al. 3 ½.

S. Cecilia, larg. on. 30, al. 20. S. Gerolamo anticho, larg. on. 14, al. 20.

Annonziata, del conte Francesco *d'Adda*, larg. p. 4 ½, al. 3 ½.

Madonna col putto, di *Gaudenzio*, larg on. 14, al. 18.

Herodiade, del *Figino*, larg. on. 20, al 30.

Li due Catoni, di *Michel Angelo*.

Cartone della Madonna in grembo a S. Anna, di *Leonardo Da Vinci*.

Altro Cartone della natività di Cristo, di buona mano.

Altro della Circoncisione, di *Gaudenzio*.

S Agata, larg. on. 20, al. 24. Una Madonna con S. Giuseppe, larg. on. 14, al. 22

Putto, del *Moncalvo*, con testa di morte, larg. on. 8, al. 12.

Due cartonetti d'angioli a giacere di chiar e scuro.

S. Pietro, statura di gigante, mano di Giulio (*Maino*), larg. on. 28, al. 34.

Madonna con Cristo in grembo, larg. on. 12, al. 15.

Altra Madonna con Cristo, copia di *Gaudenzio*, larg. on. 10, al. 14.

Santa che piange, larg. on. 10, al. 14.

Madonna con Cristo e S. Gio. Battista, copia di *Gaudenzio*, larg. on. 12, al. 16.

Natività di Cristo, ovato, maniera del *Parmeggiano*, larg. on. 8, al. 12.

S. Giacinto, larg. on. 10, al. 12.

Cristo risuscitato e testa della Madonna, in pittura cambiante (1).

NELLA CAPELLA

Madonna con Cristo in braccio del *Cangiasso*, larg. on. 18, al. 24.

Herodiade, il carnefice con la testa di S. Gio. Battista, pittura alemanna bellissima, cornici di ebano con rabeschi d'oro et historiate lapis lazuli, on. 18 in quadro.

Madonna con Cristo e S. Giuseppe, maniera antica, larg. on. 12, al. 16.

Cristo morto sepolto da Giuseppe Nicodemo, di *Giuseppino*, cornice dorata, larg. on. 15, al. 22.

Adoratione de' Magi, di Sinibaldo *Scorza*, larg. p. 2, al. 1.

Anconetta tonda senza le ante, maniera alemana antica, cioè Cristo et una Madonna, larg. on. 10, al. 18.

Tre quadretti, di un piede, cioè due volti della Trinità, et testa di una Madonna.

Anconetta della Madonna colle sue antine, in tutto larg. p. 2, al. on. 15.

N. S^ra con la corona di spine in mano, maniera romana moderna, cornice dorata larg. on. 15, al. 18.

Quadretto . . . . . di ricamo, larg. on. 14, al. 18.

Madonna, S. Bartolomeo et altra Santa, di Gio. *Bellino*, long. on. 20, al. 16.

Due ritratti di S. Pietro et S. Paulo, antichi alla greca, larg. on. 12, al. 16.

Cristo che riconosce la moneta di Cesare, copia di *Titiano*, cornice dorata, larg. on. 15, alt. 18.

_____

(1) Di maiolica dipinta con colori a riverbero e certamente delle fabbriche di M.ª *Giorgio* da Gubbio o di Orazio *Fontana* o di altri da Urbino, se pure non era di quelle della fabbrica impiantata a Torino (1562-1564) dal *Fontana*, regnando Emanuele Filiberto.

S. Margherita, a guazo, larg. on. 12, al. 18.

Una Madonna con Cristo in grembo, S. Giuseppe et due angiolini, maniera come di *Pietro Perugino*, cornice dorata,
forma d'anconetta, larg. onc. 13, al. 20.

Nel Palazzo del Palco nel Proscenio della Comedia

Il Gigante di Luserna, long. p. di 10 in quad.° alt. 4. (?)

Un quadro de' frutti con due anatre et due agnelli, long. on.
**, al. 12.

Altro quadro con cedri et un parocheto, buono, misura istessa.

Un quadro di cardi, long. on. 18, al. 14.

Altro di frutti con un cesto et un melone in mezo, long. on.
22, al. 18.

Paesaggio d' un Inverno, long. on. 18, al. 16.

Altro quadro di frutti con un paggio che porta una torta,
grande come sopra.

Due paesaggetti di Fiandra a olio, long. on. 15, alt. 12.

Un quadro di Fiandra con un fatto d'arme sopra gallere, long.
on. 20, alt. 18.

Alcuni pesci con aglio e cipolle, long. on. 12, alt. 9.

Un paesaggetto di Fiandra oscuro, larg. on. 8, al. 10.

Un quadro di fiori, larg. on. 10, al. 14.

Quadro di frutti diversi con un'ampolla di fiori, larg. on. 20,
al. 18.

Mascherata di 3 personaggi in campo verde, long. on. 30, al. 26.

Altro quadro di mascherata simile.

Vulcano che getta la rete di ferro sopra Marte e Venere, long.
p. 4, al. 3.

Un cesto di carciofi con alcuni frutti, long. on. 24, al. 20.

Abozatura di quadro con un piatto di persichi e cinque co-
togni.

Un quadro con galline, polli, gatto et anadre, long. on. 30,
al. 24.

19 quadri di paesaggi di Fiandra, a guazo, long. p. 3 ½, al.
on. 26.

Nella Sala grande

26 quadri a olio, di Fiandra, paesaggi belli, long. p. 4, al.
  on. 32.
Un quadro con un abordo di gallere, long. p. 4 ½, al. 3.
Altri 3 paesaggi di Fiandra minori, long. on. 30, al. 26.
Un quadretto d'un porto con molte navi, long. on. 26, al. 16.

Nella Camera di mezzo

N. 16 quadri di paesaggio in marino (sic) di Fiandra, a guazzo,
  long. p. 3, al. 2.

Nella Camera ultima

Altri tre quadri simili sudetti.
Un quadro a olio con un soldato armato et una candela su la
  tavola, long. on. 30, al. 24.
Un zavatino con due cingane, di buona mano, long. on. 28,
  al. 24.
Quadro antico di buona mano, un monaco che suona al....,
  altro monaco et una donna, long. on. 34, al. 28.
Una Cleopatra, mano del *Caracca*, long. on. 20, alt. 24.
Cinque quadretti di frutti e fiori, larg. on. 9, al 12.
Un ovato con la cornice intagliata e ritratto di donna vestita
  di verde con bande gialle.
Una Venetiana con manto in testa.
Cosmografia generale dell' Hundio. Altra del Vischerio.
Descritione d'Italia, del Maggino (1).
Pianta a mano del Parco d'Araniues.
Pianta del Parco di S. A. S. (2).

(1) *Magini* Gio. Antonio, da Padova, nacque nel 1555. Professò ma-
tematiche nella Università di Bologna dal 1588 al 1617, anno in cui morì.
Fu astronomo, geografo ed ottico di qualche merito.
  (2) È da lamentarsene assai la perdita, perchè con essa si sarebbe
potuto mostrare la origine italiana dei *Giardini inglesi*.

Duè quadri di Fiandra di poco valore a guazzo.
Geografia dell'Asia, dell'Africa, dell'America, di Iansonio.

NEL GABINETTO CONGIONTO ALLA CAMERA DI S. A.

N. 6 quadri di fiori dentro vasi diversi e belle fatture, cornici
dorate et negro, long. on. 12, al. 18.
N. 7 quadri di frutti e fiori con cornici negre, di long.ª on.
10, al. 18 in circa.
Altro quadro di frutti con uccelli, senza cornici, larg. on. 12, al. 9.
Due quadri con vasi di fiori, larg. on. 10, al. 15.
Un cesto d'uva con vasetto di fiori con scodela di porselana
con mori entro, larg. on. 18, al. 12.
Una marmotta di miniatura con specchio sopra e cornici ne-
gre lustre, long. on. 12, al. 10.
Due tondini di paesaggi, d'un palmo di diametro.
Madonnina del *Parmeggiano*, con Cristo et un angelo sotto
una palma, long. on. 6, al. 8.
Due paesaggi di penna, cornici negre, long. on. 8, al. 5.
N. 12 quadrettini miniati sopra carta pecora d'animali et fiori,
cornicette, long. on. 3, alt. 5.
Quadro del rapto d'Europa con Nettuno et ninfe marine,
cornice dorata e negra, larg. on. 25, al. 20.
Un paesaggio con un gran feston di fiori et animali, con l'or-
dine di Savoia pendente in aria, cornice dorata, long.
on. 20, al. 25.
Due paesaggi longhi on. 15, alti 10 in circa.
Due altri di Fiandra con cornici negre, long. on. 18, alt. 13.
Due altri con cornici negre, long. on. 25, al. 20.
Una Cleopatra, maniera del *Lovino*, larg. on. 26, al 20.
Paesaggio di Fiandra, cornici oro e negro, long. on. 20, al. 16.
Venere, Vulcano e sei Amorini, copiato da *Raffaele*, larg. on.
5, al. 7.
Herodiade et banchetto di suo padre, sopra rame, mezza cor-
nice negra, long. on. 12, al. 9.
N. 3 paesaggetti di Fiandra, long. on. 6, al. 3.

Nella Camera di S. A.

N. 14 quadri di Amazone, long. on. 14, al. 20.

N. 3 ceste composte una di fiori, una di frutte, altra di radici d'arbori, grande come sopra.

Un giovine che sona di leuto, mano di Carlo *Vacca*, long. on. 3, al. 24 (?).

Quadro con due vasi di fiori et un cestello di frutti, cornici negre, long. ou. 15, al. 12.

Due giuocatori di carte, mano del *Vacca*, long. on. 24, al. 18.

Quadretto di Cerere antico assai buono, long. on. 10, al. 12.

Cleopatra, mano di Giulio *Maino*, long. on. 20, al. 26.

Ritratto di donna francese vestita di verde con libro in mano, larg. on. 20, al. 25

Lucrezia Romana, mano di Giulio *Maino*, long. on. 20, al. 25.

Cinque paesaggi di Fiandra stampati e coloriti, cornici di costa di balena, long. on. 20, al. 15.

Altro simile con mezza cornice.

Damisella francese che si fa conciar la testa, larg. p. 3, al. 3 ½.

Altri due quadri di damoeselle francesi, larg. on. 24, al. 28.

N. 10 quadri di teste di paladini, larg. ou 10, al. 15.

Un quadro con due quaiastri et artichiochi.

Nella capella et oratorio

La Annontiata del *Gentileschi*.

Un Cristo crucifisso, d'avolio.

Cinque historiete stampate et colorate di Fiandra con le cornici di costa di balena, long. on. 20, al. 15.

Quattro quadri con ghirlande di fiori, et dentro alli ovati S. Maria Madalena, S. Francesco et altra Madalena et S.ta Catterina di Siena, larg. on. 15, al. 20. cornice negra.

Altra historieta stampata et colorita come le sudette, con mezza cornice.

NELLI GABINETTI NEL CASTELLO DI TORINO
CHE SI TROVANO IN TESTA DELLA GALLERIA SOPRA IL GABINETTO SERRATO
ATTINENTE ALLA CAMERA GRANDE DI S A. S. F. M.

Un quadro d' Apollo che scortica Marsia, larg. p.di 3 ½, al.ª 4 ½.
Un quadro del giuditio di Paride, dove sono tre dee tutte
iguude, quadro lascivo.
Statuina di Pallade, di marmo bianco, al.ª d' un palmo e mezzo.
Statuina di Venere, di bronzo dorato, altezza un palmo.
Due piastre di rame intagliate di paesaggi.

N.º XII. A. 1632.

ESTRATTO DELL' INVENTARIO DEI BENI MOBILI
DI ROBERTO CANONICI

(da stampa)

Roberto Canonici ricco gentiluomo ferrarese fu in-
defesso incettatore di cose d' arte d' ogni maniera, pitture,
statue, bronzi, anticaglie, delle quali ei conservò memoria
in un Inventario da lui compilato ed allegato al *Testamento solenne e Codicilli* del medesimo stampati in Ferrara nel 1632. La grandissima rarità di questo libretto
che potrebbe dirsi irreperibile e che non comparisce
neppure nel Catalogo Cicognara, ci ha consigliato a ri-
produrne quella parte che si attiene all' arte, facendo
un' unica eccezione al nostro divisamento di pubblicare
soltanto materiali inediti. Nel Testamento che porta la
data del 1627 e nel Codicillo che segna quella del 1631
s' imponeva dal testatore agli eredi l' obbligo di conser-

vare tutte le cose descritte nell' Inventario sotto strettissimo vincolo di fidecommesso. Disgraziatamente il buon pensiero del Canonici venne frustrato da un incendio manifestatosi dopo la sua morte, l'anno 1638, nel palazzo che accoglieva il museo da lui con tanta cura formato; non altra memoria essendone rimasta che il documento di cui qui si offre l'estratto. I nomi dei più celebri pittori vi fanno mostra di se, ma nessuno oserebbe assicurare che tutti fossero legittimamente assegnati, all'infuori de' contemporanei sui quali non può cader dubbio.

INVENTARIO DI TUTTI LI BENI MOBILI SOPRA DE QUALI IO INTENDO, E VOGLIO INSTITUIRE, ET ORDINARE COME DI PRESENTE INSTITUISCO, ET ORDINO UNA PRIMA GENITURA, CHE PASSI D'EREDE IN EREDE IN INFINITO, SECONDO L'ORDINE DI QUESTO MIO TESTAMENTO, E INCORRENDO IL MIO EREDE NELLI MANCAMENTI ACCENNATI DA ME NEL MIO TESTAMENTO, HAURÀ DA DEPOSITARE QUELLA SOMMA DI DENARI, CHE QUI IN QUESTI MIEI INVENTARI SARÀ NOTATO.

Una Madona di Francesco *Francia* con la sua cornice dorata, ha il putino in braccio con una fascia di vello, ... e gioca con una noce, che pare fatta di canna, che tiene San Gioanni Bambino in mano, fatto solo dal mezo in su, et è vestito di pelle, con lettere in un Breve, che dicono *Agnus Dei*, e la Madona gli ha la mano stanca sopra la spalla; scudi cinquanta.

Il Re David di Gian *Bellino*, che siede sopra a una banca finta di marmoro con la cornice dorata, ha il turbante bianco in testa con la corona d'oro di sopra, e una Colana al collo; il vestimento che è longo con la sottana di sotto, è tutto ricamato di fuori, e di dentro foderato di zambellotto a onda, le maniche del giupone e le pianelle paiono di veluto cremesino; e le calze paiono di rassa cremesina, stà sonando un istrumento chiamato Psalterio con tutte le due mani; scudi ducento.

Una Madona di Francesco *Francia*, con il Putino in piedi, in atto di dare la benedizione, una binda . . . . . e sostentato da lei con tutte due le mani, ha la cornice dorata; scudi cinquanta.

Un Christo dal mezo sù di *Benvenuto* da Garofolo, incoronato di spine, con la croce in spalla, e la corda al collo, e gli capelli per spalla, e gl' è un poco di paese, ha la cornice dorata; scudi cinquanta.

San Francesco di Francesco *Francia*, inginochiato dàlla banda drita, stà con le braccia aperte, e riceve le stigmate da un Serafino in aria in forma di Crucifisso, ha un paese d' intorno, con un riuolo d' acqua avanti di lui, e di dietro alla lontana stà il suo compagno, con la mano stanca in terra, e la drita sopra della testa, ha la cornice dorata; scuti cinquanta.

Una Madona di Bartolomeo *Bagnacavallo*, che porge delle cerase al putino, che gli siede in bracio dalla banda stanca, apresso alla Madona gl' è Santa Barbara con la Torre, sotto alla mano della Madona gl' è un cardellino, ha la cornice di nogara; scudi cinquanta.

Un Christo di Ludovico *Mazzolino*, che sta in piedi in atto di dare la benedizione, apresso di lui pure in piedi gli sta San Stephano Protomartire vestito da Diacono con un paese d' intorno, ha una cornice di nogara, che un giorno e questa, et altre farò dorare; scudi cinquanta.

Una Madona di Gio. Battista *Benvenuti* detto l' *Ortolano*, che dà la reta al Putino dalla banda stanca, gli tiene la mano drita sopra della testa, e con la stanca lo sostenta, la quale stà sedendo, hà un poco di paese, con la cornice di nogara, scudi cinquanta.

Tre donne, e non si conosce questa maniera, sono dal mezo in su, che abbracciate insieme cantano con i libri in mano, appresso delle quali gli n' è un' altra, che siede in terra, con il libro in mano, ha la cornice tinta di negro; scudi cinquanta.

Judit di Francesco *Parmeggiano*, dal mezo in sù in un quadro
a otto facie, ha gli capelli per spalla, con la mano dritta
appoggiata a un spadone, e la stanca sopra alla testa
d'Oloferne, ha la cornice intagliata, e dorata; scudi cento.

Una Madona di Francesco *Francia*, che ha il putino in braccio,
e con la mano stanca lo sostenta, e con la drita gli tiene
i piedi, e lui ha tre cerese in mano, si volta a San Francesco, che abbraccia la croce dorata et intagliata; scudi
cinquanta.

Una Madona d'*Innocentio* da Imola, che siede, ha il putino
in braccio in atto di dare la beneditione a San Gioanni,
che li stà inginochiato avanti. La Madona ha la mano
stanca nella schiena del Putino, e l'altra sopra alla coscia drita, ha un paese d'intorno con figurine vestite di
bianco, ha la cornice dorata; scudi cinquanta.

Una Madonna del *Dosso*, che siede sopra una cariega, con il
putino in braccio, e lui gl'ha la mano dritta nella gola,
et ella similmente gl'ha la dritta nella schiena, con un
poco di paese, ha la cornice di nogara; scudi cinquanta.

Una Madona di Annibal *Carazza*, che ha la mano dritta sopra
a un libro, ha il putino in braccio, che è nudo, siede
sopra d'un cusino, e s'abbraccia con San Giovanni vestito di pelle con una butacina da banda, e la Madona
gl'ha la mano stanca, e San Gioseffo appresso di lei, che
stà mirando quei duoi Putini, gl'è un poco di paese, ha
la cornice nera, con un filetto d'oro; scudi cento.

Una Sibilla dal mezo in su del *Dosso*, ha un libro in mano
con queste lettere, *a Summo Cœlo egressio eius*, con cornice di nogara, con un poco d'oro; scudi cinquanta.

Una Madonna di Francesco *Francia*, che ha il Putino in braccio, e lo sostenta con la mano dritta sotto il fianco dritto,
e con la mano stanca gli tiene il piede dritto, e lui stà
in atto di sposare Santa Caterina Martire, che gli porge
la mano dritta, e la stanca la tiene sopra alla Rota, et ha
la corona in testa con li capelli per spalla, al presente è
senza cornice; scudi cento.

La testa di San Gio. Battista posta in una tazza, che ha il piede alto, nel quale gl' è scritto il nome del Pittore, (1) ha la cornice nera; scudi cinquanta. .

Una Donna dal mezo in sù di Gioan Antonio *Licinio* detto il *Pordonone*, fatta per significare la Prudenza, ha la mano dritta sopra a un specchio, e la stanca sopra il fianco con il balzo in testa, ha la cornice d' oro, e verde; scudi cinquanta.

Una Madonna d' *Innocentio* da Imola, che ha in braccio il Putino, che sposa Santa Caterina con San Girolamo, che si batte il petto con un sasso, ha la cornice dorata, se bene al presente stà senza cornice; scudi cinquanta.

Un Christo di *Tiziano* dal mezo in su coronato di spine con gli capelli sparti: ha la Croce in spalla, ha la cornice nera macchiata d' oro; scudi cinquanta.

Una Donna dal mezo in sù di Fra *Sebastiano dal Piombo* con un drapo bianco in testa, e delle perle intorno al collo, ha la cornice nera; scudi cinquanta.

Una Madona di Francesco *Mazzolla*, che ha il putino in braccia, con la mano dritta sposa Santa Caterina, con la stanca tiene un vello, poco discosto gl' è Santa Dorotea, che ha la mano dritta piena di rose, ha la cornice nera; scudi cinquanta.

Una Madona di Lorenzo *Costa* Ferrarese, ha il Putino in braccio dalla banda dritta, e di dietro gl' è San Gioseffo con un' altra Santa, ha la cornice dorata; scudi cinquanta.

Un Frate con due donne, et un buffone del *Dosso* Ferrarese, e tutti stanno mirando un coniglio bianco e rosso, che stà sopra una tavola, ha la cornice nera; scudi cinquanta.

Un Christo di *Benvenuto* da Garofalo Ferrarese, che ora nell' orto con gli Apostoli, che dormono, l'Angelo gl'offerisce il calice, ha la cornice nera con perfili d' oro; scudi cinquanta.

Una donna di Girolamo da *Codignolla*, che ha il balzo in testa, e sona di leuto, ha la cornice dorata; scudi trenta.

Una Madonna di Bartolomeo *Bagnacavallo*, con il putino in

(1) Forse dello stesso *Francia*.

braccio che con una mano dà la beneditione, e con l'altra tiene il mondo, e appresso di lui vi è San Gioseffo, e San Gio. Battista, ha la cornice nera; scudi trenta.

Un Christo nel Presepio di Vittore *Pisanello* con la Madona, San Gioseffo, il Bue, e l'Asino, tre Pastori, un Angelo in aria, ha la cornice nera; scudi trenta.

Una Madona di *Benvenuto* da Garofalo ferrarese, che siede, e San Gioseffo gl'è vicino, la qual tiene per la mano dritta il putino, che è nudo, e stà sedendo sopra la cuna, e bacia San Giovanni che ha un bastone in mano, e Santa Elisabeta stà in piedi, e tiene una mano alla cuna, al presente ha la cornice di nogara, ma se io vivo, questo, e degli altri l'havranno dorata; scudi cento.

Una testa d'un Vecchio con barba longa, di Andrea *Schiavone*, ha la cornice di nogara; scudi venticinque.

Un Christo dal mezo in sù di *Benvenuto* da Garofolo ferrarese con la mano dritta dà la beneditione, e con l'altra tiene la Croce, ha la cornice di nogara; scudi venticinque.

Claudia Quintia Vergine Vestale di *Benvenuto* da Garofolo ferrarese, che con la sua cinta tira una gran nave, sopra della quale stà la Dea Cibele incoronata con una chiave in mano, da una parte del Tevere, gli sono molte fabriche, e gente assai, che con atti amirativi stano guardando questo fatto. Viene incoronata da duoi, che sonando trombe vano saltando, quali vengono seguitati da una gran turba di Pontefici, Sacerdoti, Huomini, Donne. Più di lontano sono arbori, e case con alcuni, che fanno un sacrificio. Verso la Vergine li sono altri, che parlano insieme e da suoi piedi gl'è un bracheto disteso in terra, e un Barbino in piedi, ha la cornice d'oro, e negra; scudi trecento.

San Sebastiano dal mezo in sù d'Antonio da *Correggio*, ha li capelli per spalla, vestito d'habito antico militare, ha un poco di barbeta, tiene una frecia nella mano, una colana al collo, e nel dito un anello, dentro del quale gl'è fiuto una testa di cameo, ha la cornice dorata a mordento; scudi quatrocento.

Un Christo che siede di *Raffaelle* d' Urbino, e stà appoggiato con il braccio dritto, e tiene il piede dritto sopra un sasso, e la mano stanca sopra a un pozzo bellissimo, tutto lavorato con figurine di basso rilievo; all' incontro di lui gli stà la Samaritana con il piede drito sopra a un sasso, e con la mano drita tiene un bellissimo vaso lavorato di basso rilievo, il quale stà sù l' orlo del pozzo, a i piedi della Samaritana gl' è una secchia con una longa corda, ha la cornice dorata; scudi ducento.

Una Madona del *Dosso* ferrarese, che stà nelle nuvole, con la mano dritta sostenta il Putino, e con la stanca tiene un libro, ha duoi Angeli, uno per parte, d' abasso gl' è un paese, nel quale gl' è San Rocco in piedi, che con la mano stanca mostra la piaga che ha nella coscia, e con la drita tiene il bordone. San Sebastiano stà dall' altra parte pure in piedi con le mani giunte, ha nel braccio drito una frecia, e nella coscia stanca un' altra, ha la cornice negra con filetto d' oro; scudi cento.

Un Christo, e San Gioanni bambini, di Francesco *Parmigiano*, ambidue sono nudi e si bacciano stando a sedere su una barca in un bosco, N. S. ha la mano drita su il volto di San Gioanni, e lui ha parimenti l' istessa mano sopra il corpo di N. S. et la stanca su il colo: gl' è un Agnello, che va pascolando, et ha una mosca sopra della schiena, e in un arbore lì vicino li sono tortore, ha la cornice dorata; scudi ducento.

Un Christo che, sedendo in pizza di nave, di *Raffaello d' Ur-bino*, stà mirando gl' Apostoli, che pescano in un' altra nave, da una parte di quest' aqua, gl' è una bellissima Rocca, dall' altra gli sono due donne, una che dorme, e l' altra che la sveglia, con un putino appresso, un poco più discosto da queste donne, gli n' è un' altra in atto di lavarsi con un putino in braccio, appresso gli sono duoi Apostoli in piedi, ha la cornice dorata; scudi ducento.

Un Christo Bambino di *Benvenuto* da Garofolo ferrarese, in braccio a una donna vecchia, che siede, e l' offerisce per

esser circonciso al Beato Simeone, che col coltello in mano
stà sedendo; il Bambino mostra d' aver paura, un huomo,
che sta in piedi lo tiene per le mani, S. Gioanni ancor
lui impaurito, si buta a un vecchio per andargli in braccio, oltre alli qui nominati gli sono poi anco ondici figure,
trà le quali gl' è la Madona, e San Gioseffo, ha la cornice
dorata; scudi cento.

Venere, e Marte d' Ippolito *Scarsella* ferrarese, che nudi nel
letto dormono, Vulcano con la rete gli piglia, ha la cornice d' oro e nera; scudi cinquanta.

Tre Cacciatori di *Benvenuto* da Garofolo ferrarese, che con
spiedi in mano amazano un Porco Cingiaro, e sono aiu-
tati da tre grossi Levrieri di Bertagna, duoi sono bianchi,
et uno è rosso, e da duoi brachi rossi, nel qual tempo
gli sopragiunse un altro caciatore, con il spedo in mano,
che pare che gridi, sopra alla testa di costui, gl' è un
Asino, che entra in una stalla, di sopra gl' è una Maga
sustentata da i Diavoli, che toccando uno con una bacchetta lo fa diventare Uccello, il quale essendo prima su
a un Caval Leardo, accompagnato da tre altri pure a cavallo, uno de quali sona un corno, la Maga se li fa incontro a piedi, e lo invita alla sua stanza, dietro a questi
cavalli, si vede un gran palazzo, con molti animali d' a-
basso, poi gl' è un lago con tre anatre, ha la cornice
d' oro e nera; scudi ducento.

Un Christo nel Presepio del *Salviati* con il Bue e l' Asino, da
una parte gl' è la Madona e San Gioseffo con una turba
di Pastori, e tutti l' adorano, di sopra gl' è una quantità
d' Angeli, ha la cornice di nogara; scudi cinquanta.

Mosè di Battista *Franco*, detto il *Semolei*, che fa scaturire
l' aqua dal sasso per dar bere al popolo Ebreo, oltre alla
qual turba gli sono duoi cameli, e duoi bovi, ha la cornice dorata; scudi centocinquanta.

Un Christo Bambino di *Benvenuto* da Garofolo ferrarese, posto
a sedere sopra una tavola, per esser circonciso, coperta
di pano bianco, orlata di turchino con franza intorno;

Un Vecchio in piedi con la mano stanca gli tiene l'istessa mano, e la drita gli la tiene apuntata nella schiena; San Simeone pure in piedi gli mette le mani adosso per circonciderlo, e sopra della tavola gl'è una scudella. Oltre alle sopradette figure ne sono altre nove, tra le quali gli è la Madona, e San Gioseffo con una lampada attaccata, ha la cornice dorata; scudi cento.

Enoch d'Ippolito *Scarsella* ferrarese, che facendo sacrificio a Dio, è rapito in cielo presente la sua famiglia, serve per finestra; scudi cinquanta.

Noè, che uscito fuori dell'Arca, d'Ippolito *Scarsella* ferrarese, con tutta la sua famiglia fa sacrificio a Dio, che gl'assiste, serve per finestra; scudi cinquanta.

Il Diluvio d'Ippolito *Scarsella* ferrarese, dove tutto il genere humano si va annegando, con l'arca che va notando per l'aqua, serve per finestra, scudi cinquanta.

San Sebastiano dal mezo in su ma nudo, di Gio. Battista *Benvenuto*, detto l'Ortolano ferrarese, stà ligato a un arbore, con le mani di dietro, cinto con un drapo nelle parte d'abasso, è sbarbato, et ha i capelli per spalla, ha quattro frecie nella vita, et una sopra della testa confita nell'arbore, al presente è senza cornice; scudi venticinque.

Un Paese figurato per un Inverno del *Civeta* con un casamento, et una carozza tirata da un cavallo, e duoi bovi, ha la cornice dorata; scudi venticinque.

Un Paese figurato per una note del *Civeta*, ha la cornice dorata; scudi venticinque.

Santa Caterina Martire d'Annibal *Carazza*, che stando in piedi essendo in carcere incorona Faustina moglie di Massentio Imperatore, accompagnata da Porfirio capitano della guardia, in aria gli sono tre Angeli, ha la cornice dorata; scudi cinquanta.

Una testa coperta di un beretino rosso, con barba rasa, che è il vero ritratto d'*Antonello* da Messina fatto di sua propria mano, ha un poco di corniceta dorata, ma si potria mutare in meglio; scudi cento.

Una **Madona** di **Benedetto** *Coda* Ferrarese, ha il putino in
braccio dalla banda dritta che si tiene la mano drita sopra
all'istessa spalla, ha la cornice dorata; scudi venticinque.

La **Regina** di **Francia** di Gasparo *Venturino* Ferrarese, che accompagnata da molte dame, offerisce un suo figliolo a
San Francesco da Paola; scudi venticinque.

San Domenico di Gio. Battista *Benvenuto* detto l'*Ortolano* Ferrarese, dal mezo in sù con la spada, e l'asta in mano,
senza cornice; scudi venticinque.

Una **Madona** di Giacomo *Francia*, ha il putino, che gli siede
su la coscia drita, e con il piè stanco gli stà appoggiato
sù l'istesso ginochio, e lei gl'ha la mano drita nella
schiena, e lui va giocando con una corona, ha la cornice
dorata; scudi venticinque.

San **Rocco** dal mezo in sù di Gio. Battista *Benvenuto* detto
l'*Ortolano* Ferrarese, tiene il bordone nella mano drita;
è senza cornice; scudi venticinque.

Il **Ritrato** di Francesco mio figliolo in rame di Giacomo *Bambino* Ferrarese, ha la cornice dorata; scudi cinquanta.

Il mio **Ritratto** in tavola di Giacomo *Bambino* Ferrarese, ha
la cornice dorata; scudi cinquanta.

Orfeo amazzato da cinque donne, di Bastiano *Filippi*, con
cornice dipinta; scudi venticinque.

La **Madona** di *Damiano* (*sic*) dal mezo in sù, e nuda, ma coperta con i suoi capelli, ha la cornice di nogara; scudi
cinquanta.

Il **ritratto** del Duca Alfonso primo di Lorenzo *Costa* Ferrarese,
quando era bambino, ha la cornice nera; scudi venticinque.

Venere nuda di *Paolo Veronese* in braccio a Marte armato, Cupido, che è spaventato da un cagnolo, che li salta a dosso, Venere l'accarezza, ci sono anco due colombe, che
si baciano, ha la cornice dorata; scudi cento.

Un **Christo** di Annibal *Carazza*, che viene interrogato dal Fariseo, e gli mostra una medaglia, che ha in mano, ha la
cornice dorata; scudi cento cinquanta.

La Salmaze di Ludovico *Corazza*, che sta mirando un giove-
neto nudo, apresso di lui gl'è un cane, che dorme, tra
di loro corre un'aqua, e sono in una gran boscaglia, ha
la cornice dorata, scudi ducento.

La Madona che siede di Ludovico *Mazzolino* Ferrarese, ha il
Putino in bracio, che piglia dei pomi da San Gioseffo,
che stà in ginochioni, da una parte gl'è San Rocco, e
dall'altra San Sebastiano, di sopra gl'è il Dio Padre, ha
la cornice dorata, scudi cinquanta.

Il Dio padre di *Benvenuto* da Garofalo ferrarese, ha il mondo
in mano, di sotto gl'è la colomba, ha la cornice nera,
scudi venticinque.

La Madona in piedi di Gio. Battista *Benvenuti* detto l'*Ortolano* Ferrarese, ha il putino in braccio, e lo appresenta
al Beato Simeone, che siede, dall'altra parte gl'è San
Gioseffo in piedi, con un bastone in mano, gl'è un poco
di Paese, scudi cinquanta.

San Bernardino in piedi di *Benvenuto* da Garofalo Ferrarese
con tre minie (*sic*) d'abasso, scudi venticinque.

Un Christo Bambino di Gio. Battista *Benvenuto* detto l'*Orto-
lono* Ferrarese, che siede sopra una tavola, la Madona lo
stà mirando con le mani giunte in atto di adorarlo, scudi
venticinque.

La Madona di *Girolmino* da Carpi Ferrarese, ha il putino in
braccio, che gioca con San Giovanni, e San Gioseffo ride,
ha la cornice dorata, scudi cinquanta.

San Pietro d'Andrea *Schirone*, San Paolo, Santa Cecilia con
l'organo in mano, Sant'Agnese con l'agnello, tutti stano
in piedi, e San Tomaso d'Aquino inginocchiato con un
raggio nel petto, ha la cornice fatta di rame, scudi cento.

Moisè di *Bonifacio* da Verona, che havendo passato il mar
rosso con tutto il suo popolo Ebreo, si volta verso il Re
Faraone, che volendolo seguitare con un grand'essercito,
si somerge in quello, ha la cornice di rame, scudi ducento.

L'Adultera di Giacomo *Tintoreto*, che da gran turba di gente vien condota dinanzi a Christo, che stà sedendo in alto, vicino al quale gli sono alcuni vecchi in piedi, et uno vestito da turco, ha la cornice fatta di rame; scudi cento.

Una quantità di putini nudi di *Benvenuto* da Garofolo Ferrarese, che tirano d'arco a bersaglio, altri spicano i pomi, e ne danno a suoi compagni, altri cavano polizze d'un orna, altri giocano con una lepre, ha la cornice dorata, scudi cento.

Duoi Angeli in aria di Andrea *Schiavone*, che sustentano Christo in croce, ha la cornice di rame, scudi cinquanta.

La Madalena piangente di *Tiziano*, ha la cornice nera con fili d'oro, scudi cento.

Due Figure dal mezo in sù di *Giorgione* da Castelfranco, cioè un huomo con un gran capello in testa, et una donna paiono Pastori, che siano in viaggio, ha la cornice con fili d'oro, scudi cento.

La Madona di Giacomo *Palma* il Vecchio, che discopre il putino alli pastori, che sono venuti per adorarlo, e sono cinque, uno, che gli sta avanti inginochiato, ha duoi colombini appresso, un altro, che è in piedi ha un agnello in braccio, dietro del quale gl'è un cane con un cardellino sù a un sasso, dietro alla Madona gl'è san Gioseffo, che siede con un bastone in mano, gli sono poi molte figure sparte per il Quadro con una gloria d'Angeli, hora à la cornice nera, è di rame, ma sarà d'oro se io vivo, scudi quattrocento.

Venere, e Marte, che ragionano insieme di Andrea *Schiavone*, il quale caccia mano alla spada per essere sopragiunto da Vulcano, ha la cornice nera con fili d'oro, scudi cinquanta.

Sufonisba, di *Luca d'Olanda*, con il vaso del veleno in mano, ha una bella cornice inverniciata, e d'oro, scudi cinquanta.

Santa Giustina di *Paolo Veronese*, che stando in ginocchioni con gli occhi levati al Cielo, gli viene da un manigoldo moro cacciato un pugnale nel petto, da una parte gli sono duoi soldati con un Idolo, d'altra parte gli sono

duoi vestiti di longo, un giovine, et un vecchio, vicino a
lei stà corona regale, ha la cornice dorata, scudi trecento.
La Madona di *Tiziano*, che siede, e si volta verso Sant'Anna
in atto di spavento, alzandosi con una mano il velo, che
ha sopra alla testa, Sant'Anna è in piedi vicino alla Madona, et ha un bastone in mano, dall'altra parte gl'è San
Gioseffo, pur siede ancor lui, e si tiene una mano sopra
la testa, vicino a lui gl'è San Gioanni, e Christo Bambino, che giocano con l'Agnello, e sono tutti in un Paese
bellissimo, ha la cornice dorata, scudi quattrocento.
La Madona di *Tiziano*, che scopre il putino coperto d'un
drapo bianco, e lui alza la mano drita, e sopra gl'è una
capra di color leonato e bianco che alza la testa, per
arrivare alle foglie d'un arbore, poco discosto sta un
pastore inginocchiato con braccia, e gambe nude, in una
mano tiene un bastone, e nell'altra i piedi d'un agnello,
dietro da questo gl'è un altro pastore in piedi, con
una mano si cava il capello, e con l'altra tiene una
piva sordina, poco discosto da questo gl'è un villanello
con il capello in testa, nel quale gl'è una penna di pavone d'India, in spalla ha un bastone, e dalla parte
dinanzi pende un paro di polastre, et ha duoi cani a
mano, un bianco, e l'altro che tira al rosso, vicino alla
Madona gli stà un cane barbino, che dorme, apresso
gl'è un lanternino, e un bastone, gl'è poi San Gioseffo,
che stà sedendo in terra con la mano sotto la guancia,
in atto di dormire, e sopra di lui gl'è il bue, et l'a-
sino grandi quasi come dal naturale, si vegono poi anco
certe fabriche, e duoi fragmenti da colone, ha la cornice dorata, scudi cinquecento.
Giacob di Giacomo *Bassano*, che in Camera doue gl'è la tavola apparecchiata con l'ingistara del vino, e la candela
accesa compra da Esaù suo fratello, che ha una cortela
da banda, la sua prima genitura per una scodella piena
di lente, che li appresenta di man propria, ha la cornice
dorata, scudi cento.

Otto Putini di Giacomo *Tintoretto*, che in diversi modi giocano intorno a una Capra coperta di pano azuro, tre de
quali gli sono sopra, un altro è spaventato da un papagallo, che stà sopra un arbore, d'abasso gl'è una cesta
riversata, che era piena di frutti, ha la cornice dorata;
scudi cento.

La Madona che siede d'*Andrea del Sarto* vestita di biancho
e di turchin, ha il putino in braccio che si vuol lanciare
in un cariolo, che gli appresenta San Gioseffo, a piedi
del quale sono due pernici, et una galina di Faraone,
di sopra gl'è un paese con un castello, dall'altro capo
gl'è Sant'Anna, che siede con il braccio stanco appoggiato su a una tavola, con la mano che pende a basso,
poco discosto da lei gl'è un cagnol bianco, peloso che
stà sedendo in terra, ha la cornice fatta a fogliami con
il fondo azuro, e del resto tutta indorata, scudi cinquecento.

Un Christo morto di Andrea *Mantegna*, posto sopra a una sedia appresso a una fabrica rovinata, che è in un paese
dove sono alcuni animali, et uccelli, et duoi vecchi lo
stano mirando che sono sentati, e sono più nudi che
vestiti, ha la cornice d'oro, e negra; scudi cento cinquanta.

Un Christo morto di Andrea *Mantegna*, posto nel cadiletto in
mezo a una campagna, li vicino gl'è un vecchio, che
siede in terra appoggiato a un arbore, San Gioanni piange, e la Madona è tramortita in braccio a una donna,
gli sono anco monti, sassi, cimiteri, e grote, sopra le
quali vi sono duoi Pastori, uno che siede, e l'altro sona
un pifaro, duoi vecchi aprono un sepolcro, e il terzo
piglia un bacile, gli sono poi anco teste di morto, come
d'huomini, cani, gatti, et uccelli, con figure, che rissor-
gono, ha la cornice dorata, scudi trecento.

Un Christo morto, e nudo dal mezo in sù di Giacomo *Palma*
moderno cinto d'un drapo bianco, sustentato di dietro
da uno per le braccia, due donne lo piangono, una delle

quali gl'ha preso il braccio stanco, ha la cornice d'oro,
e negra, scudi cinquanta.

L'Inverno di Giacomo *Bassano*, dove gl'è un asino, che vogliono caricare di legna, gl'è un giovine, che le liga, e un vecchio con il cappello in testa vicino a un arbore, sopra del quale gl'è un contadino con una scala per tagliar legna, gl'è poi una casuppula di canna con la tavola apparechiata, sotto della quale gl'è un gatto, appresso gl'è un vecchio, che si scalda un piede, all'incontro una donna, che fila sedendo sopra a una scrana con un'altra in piedi, che gli parla, verso delle quali viene un cane correndo, che è bianco, e rosso, gli sono poi molte altre casete, e figurine di lontano, con monti carichi di neve, ha la cornice intagliata, e inverniciata, e d'oro; scudi ducento.

L'Autunno di Giacomo *Bassano*, dove gl'è una donna in piedi con duoi cesti d'uva in spalla, che sostenta un putino, che beve con una scodella, sopra a una linella appoggiata alla quale gl'è una donna pure con una scodella in mano, che voltata parla con uno, che stà nel mezo a due barille, appresso alle quali gl'è disteso una tovaglia in terra con un cesto sopra, attraversato da un bastone, una bocala, una botazza, et un pane, gl'è poi un puto in una tina, e li vicino gl'è un cane rosso, e bianco, gl'è poi ancora un vaso da vino con una donna, che con un bocale vuota del vino in un vasetto, sotto poi a certi arbori gl'è una Donna, et un Huomo in piedi, che raggionano insieme, si vegono poi casupule, paesi, figurine, cani et altre casete, ha la cornice intagliata, e inverniciata, e oro, scudi ducento.

L'Estate di Giacomo *Bassano*, dove gl'è un caro tirato da duoi bovi rossi, guidati da un ragazzo carico di cuoi di formento, con un huomo di dietro che li va accomodando, con il quale parla una donna, appresso alla quale gl'è un putino, e poco discosto un huomo in ginochioni, che maneggia un covo di formento, e di dietro gl'è un cane, e dinanzi gl'è un cesto pieno di robba, un lavezo di coure (sic) con la mescola sopra e una botazza da vino, et altre massaritie, avanti li bovi gli stà una donna iginocchiata che maneggia un cuovo di formento, e apresso gl'è un puto, che guarda delle pecore, e di sopra huomini, e donne che tagliano del grano, gli sono poi arbori, casete, diverse sorti d'animali con una lepre, che corre, ha la cornice intagliata, e inverniciata, e d'oro, scudi ducento.

La Primavera di Giacomo *Bassano*, con gli arbori, che cominciano a fiorire, carichi di uccelli, un giovane, che ha una lepre in spalla, e tre cani, che lo seguitano, poco discosto gl'è una mastella, con un cesto, e un puto, con una donna inginocchiata, che tiene una sechia da mongere, li appresso gl'è un capreto, e un cane bianco, e rosso che dorme, gl'è poi un huomo in piedi che si leva una mastella su la panza, cacciatori a cavalo, un'armento di pecore, un cane che corre, e una chiozza, che circondata da suoi pulcini, combate con un gallo, ha la cornice intagliata, e inverniciata, e d'oro, scudi ducento.

Sant'Apolonia di Guido *Reno* dal mezo in su che mira in alto, ha li capelli sparti, con la palma in mano, e d'abasso gl'è una tenaglia, con un dente, ha la cornice dorata, scudi cento.

San Gioseffo di Lorenzo *Loto*, che scuopre il putino, che dorme a Santa Caterina martire, ma la Madona che legge, gl'accenna con la mano, che si fermi, acciò non lo sveglia, al presente ha la cornice di Nogara, scudi centocinquanta.

Susana che siede, e volendo lavarsi si fa spogliare a due sue camariere, una stando in piedi li slacia una manica, l'altra stando inginochiata gli tira una calzeta turchina fregiata d'oro, havendoli prima cavato l'altra, e messa in una cestella, dove sono pani bianchi, di sopra gl'è una bella fabrica, e duoi vecchi, che la stano mirando, e di sotto gl'è una bella fontana, con un vaso, che riceve l'a-

qua, la pitura è di mano di Massimo *Verona*, al presente
ha la cornice di Nogara intagliata, scudi cento cinquanta.

Susana di Pauolo *Veronese*, che si lava una gamba, et ha un
pezzo di sapone in mano con un vaseto li vicino, e si
trova in un giardino, dove è una bella fontana, dietro
della quale gli sono duoi vecchi, che la stano mirando,
ha la cornice al presente di nogara intagliata, scudi ducento.

Mercurio di Francesco *Bassano*, che sonando la lira congrega
ogni sorte d'animali, et uccelli, la simia tiene il libro,
la cornice è di nogara; scudi cento.

Mercurio di Francesco *Bassano*, che guida una quantità d'animali di diverse specie, di lontano si vede nel mare Europa portata via dal Toro, ha la cornice di nogara, scudi
cento.

La Madona di *Benvenuto* da Garofolo Ferrarese, che siede con
il putino in braccio, che vole andare da San Gioseffo,
che gli stà sedendo appresso, dietro di lui gl'è una bella
fabrica, e dietro alla Madona gl'è la cuna, e sono alla
campagna, ha di presente la cornice di nogara, scudi cento.

Gli Pastori di Giacomo *Bassano*, che di note vano a visitare
Christo Bambino nel presepio, e gli portano duoi agnelli,
poco discosto gl'è il bue, e l'asino, e la Madona inginochiata, e San Gioseffo in piedi, questo quadro dagl'intendenti dell'arte è tenuto uno de più belli, che habbia
fatto il *Bassano*, ha la cornice di presente di rame, scudi
ducento.

Due donne di Giacomo *Tintoretto*, una delle quali ha un puto
in braccio, l'altra appresenta a Christo, che stà sedendo
un infermo impiagato in una gamba, nell'istesso tempo
sopragiungono li farisei con l'Adultera, alli quali si volta,
è senza cornice, scudi ducento.

Moisè di Giacomo *Tintoretto*, che battendo la verga fa scaturire l'aqua da i sassi, e il popolo Ebreo va bevendo, è
senza cornice scudi ducento.

San Paolo di Giacomo *Tintoretto*, che casca da cavallo accompagnato da molti altri pure a cavallo, che dalla paura spinti in fuga vano precipitando in diversi luoghi, è senza cornice, scudi ducento.

Apollo, e Diana di Maffio *Verona*, che stando in aria amazzano saetando i figlioli della Regina Niobe, i maschi sono in campagna a cavalo, e di già tre sono in terra morti, e un altro ferito in testa sopra a un cavallo sauro che fugge, delle femine quatro sono in terra morte, e queste sono piante da due altre, e la setima, che è bambina stà abbracciata alla madre, la quale vedendo così fiero spettacolo alza gli occhi al Cielo in atto di dolersi. Sopragiunge il Rè e mosso dall'istesso dolore, è per cacciarsi il pugnale nel petto, vicino a lui gl'è un paggio, che li tiene la veste, e un staffiero il cavallo, ha la cornice azuro, et oro, scudi trecento.

Una Madonna di *Tiziano* dal mezo in sù grande quasi dal naturale con il putino in braccio, che pare che si spaventi per San Gioseffo che se gli fa incontra con la testa scoperta, e un bastone in mano, al presente ha la cornice di nogara, scudi ducento.

Una Testa del Salvatore, che con la mano dritta stà in atto di dare la beneditione, scudi venticinque.

Una Donna di Giacomo *Palma* il Vecchio dal mezo in su con li capelli per spalla vestita d'un bell'abito, ha un cordoncino al collo con una crocetta, ha la cornice di nogara, scudi cinquanta.

Il Cardinal Hippolito fratello del Duca Alfonso primo sbarbato con la bereta in testa, ha la cornice nera, scudi venticinque.

Il Cardinal Hippolito fratello del Duca Ercole Secondo, non ha bereta in testa, ha la cornice nera, scudi venticinque.

Un Christo in angonia di *Paolo Veronese*, che ora nell'Orto, et è sustentato da un Angelo, che stà sedendo, dietro del quale gli sono gl'Apostoli che dormono, ha una bellissima cornice intagliata et indorata, scudi ducento.

La Sibilla di Giacomo *Palma* il Vecchio, che mostra la Madona con il putino in braccio a Ottaviano Imperatore, dietro del quale gli sono duoi soldati, ha la cornice di nogara con filetti d'oro, scudi ducento.

Un Christo di Francesco *Parmiggiano*, che stando in una barcheta, San Pietro gli stà con le mane giunte inginochiato avanti, dietro del quale gl'è Santo Andrea, che in atto di dolersi parla con Christo, in un'altra barcheta li vicina gli sono duoi altri Apostoli, che con gran fatica tirano sù una rete piena di pesce, gli n'è poi un altro, che con il remo tiene ferma la barca, sopra alla testa del quale gl'è un castello, al presente ha la cornice azura, e di rame; scudi quatrocento.

Noè di Giacomo *Bassano*, che comincia a fabricar l'Arca, uno che è vestito da turco, lavora un'asse con la piola, un altro con un beretino in testa ne sega un'altra posta sopra a un cavaletto, a i piedi del quale sono molti ordegni da marangone, e quantità di massaritie di casa, in oltre gl'è una donna, che conduce un asino carico di legna, et anco un caval leardo pure carico di legna, gli sono poi tre donne occupate in diversi essercitij con duoi huomini appresso, duoi bovi conducono un carro, d'abbaso gl'è un pavone d'India, duoi galli, un'atra, (*sic*) un cagnolo con molte diverse massaritie di casa, ha la cornice grande, e intagliata, e tinta di nero, ma compita d'oro, scudi trecento.

Gl'animali, et uccelli di Giacomo *Bassano*, che vano intrando nell'arca, una donna aliga un fagotto di panni, un'altra inginochiata guarda in un cesto, dove sono delli pulicini, e dell'ova, gli ne un'altra, che sedendo parla con un huomo, un'altra sedendo pure sù la porta dell'Arca, mete la mano su la schiena- a un porco, gli è un asino con due barille e li vicino un vecchio in piedi, gli sono poi anco duoi altri huomini con una simia, che fila, ha la cornice grande, et intagliata, e nera compita d'oro, scudi ducento

Il Genere humano di Giacomo *Bassano*, che si aniega per il

diluvio, da una parte gl'è l'arca, all'incontro gli sono di gran casamenti, e sopra li tetti gli sono assai huomini per salvarsi dall'aqua, da basso su la porta gli n'è anco assai buon numero, lì vicino li sono duoi puti, uno ha la bereta in testa, e l'altro è senza con due donne, una che sedendo piange, e l'altra in piedi, poco discosto gli sono duoi cani con un altro, che vien notando, vi si vede un'altra donna, che pare, che cavi un puto dall'aqua, uno a cauallo venne a salvarsi, e un vecchio s'attaca a un fagoto di drapi, e diverse massaritie di casa vanno a noto, ha la cornice grande, et intagliata, nera, compita d'oro, scudi ducento.

Noè di Giacomo *Bassano*, che uscito fuori dell'arca fa sacrificio a Dio, un huomo sopra una scala ficca un chiodo, un altro sega un legno, un altro con una vanga cava della terra, e una donna gli porta dei legni, si vegono poi diversi animali, e massaritie di casa, una donna, che cava panni bianchi d'una cassa, di sopra vi sono altre massaritie con una donna, che sedendo accende il fuoco sotto a una stagnada, e un'altra si leva di spalla duoi secchi d'aqua, si vede poi l'arca sopra il monte, ha la cornice grande, et intagliata, e nera, ma compita d'oro, scudi ducento.

La Madona, che ha il putino in braccio di *Polidoro da Caravaggio*, e volendolo dare a Santa Caterina, che gl'è inginocchiata avanti, lui mostra di fare resistenza, appresso alla quale gl'è un Angelo, che levà in alto un pano, dall'altra parte gl'è San Gioanni Bambino con un Angelo, San Gioseffo stà sedendo con la mano sotto la guancia, d'intorno è tutto paese con il nome del padrone, che fece fare detto quadro, ha la cornice dorata, scudi ducento.

Pilato d'Andrea *Schiavone*, che sedendo gli vien dato da lavare le mani da un giovane, che ha il bacile in una mano, e il bucale nell'altra, avanti di lui gli stà N. S. in piedi con le mani legate, e tenuto da un soldato, appresso

so del quale gli sono tre Farisei, ha la cornice dorata,
scudi ducento.

Il Giudicio di Salomone sopra a quei duoi putini un morto
et l'altro vivo, con molte figurine, che fano in tutto teste dicinove, era di chiaro, e scuro di Gioseppe *Salviati*,
ma è stato colorito da Giacomo *Bambino* Ferrarese, ha
la cornice d'oro, e nera scudi ducento.

Disegni

SEGUITANO I DISEGNI A MANO FUORI DEI LIBRI, ET ANCO QUELLI,
CHE SONO INCOLATI NEI LIBRI, INSTITUITI PURE DA ME IN QUESTO OR-
DINE DI PRIMA GENITURA, E PRIMA

Un Carro d'Annibal *Carazza* tirato da quattro bovi, con co-
perte, carico di gente, con quattro che sonano trombe.
Una Soldaria si a piedi come a cavallo di *Baldassar* da Sie-
na, (1) con altra giente.
Un Trionfo di *Giulio Romano* con alcuni giganti incatenati.
Una Battaglia del *Tempesta*.
Due Teste di Mastro *Piero* da Peruggia.
Un Vecchio, et un Giovane dal mezo in su, di Mastro *Piero* (2).
Gioseffo in piedi, che espone gli sogni a Faraone, che siede
con soldati intorno, del *Bagnacavallo*.
Uno che tira di balestra di *Lelio* da Nuvolara, con altre figu-
re, che sustentano un'arma.
Santo Antonio, e San Girolamo di Mastro *Pietro* da Peruggia,
con una figura d'abasso armata, che dorme appoggiata
a un scudo.
Una figura in terra di Peregrino *Tibaldi*.
Christo, che dà le chiavi a San Pietro presente gl'Apostoli,
di Domenico *Mosca*.
Una figura di *Lellio* da Nuvolara, con duoi libri aperti sopra

(1) *Peruzzi.*
(2) Pietro *Perugino.*

alli suoi ginochi, da una parte una figurina in aria, con una spada in mano, e poi vi sono altre sei figure nude.

Soldati armati a piedi, et a cavallo, che si accostano a una citade di Lorenzo *Sabadino.*

Christo batuto alla Colona di Oratio *Sumachino.*

Iona butato in mare, e una balena con la bocca aperta, che l'aspetta di *Lellio* da Nuvolara.

Due figure nude di *Giulio Romano*, una ha un corno, e l'altra un segheto in mano, hanno sopra alle spalle una figura armata, che viene incoronata da un Angelo.

La Madona con il Putino, et altre dieci figure del *Codignola.*

La Madona del *Bagnacavallo*, che siede con il Putino in braccio, a man drita San Pietro, a man stanca San Paolo, a i piedi Santa Caterina.

La Visitatione della Madona di don Giulio *Clouio.*

Un numero grande di putini, che giocano di *Giulio Romano.*

Una Madona in aria d'*Innocentino* da Imola con il Putino, et alcuni Angeli con quattro Santi.

Venere con molti amorini del *Primaticio*, alcuni giocano con una lepre, altri vanno sù degli arbori.

Un Paese del *Campagnola.*

Una figura inginochiata dalla banda dritta con braccia, e gambe nude, di Mastro *Piero* da Perugia.

Abram che vuole sacrificare Isach del *Bagnacavallo.*

Christo di Ludovico *Mazzolino*, che di dodici anni sedendo nel tempio, disputa con molti Ebrei.

Una Fabrica antica di *Baldassar* da Siena.

Christo morto di *Polidoro* con molte figure d'intorno.

San Filippo Apostolo d'*Innocentio* da Imola sù un caro tirato da duoi cavalli, e parla con l'Eunuco della Regina Candace di Etiopia con molte altre figure.

La Madona nelle nuvole di Tadeo *Zucaro*, una colomba di sopra, e il Dio padre di sotto, un Santo, et una santa per parte con duoi Angeli.

Uno portato da duoi, et un altro, che piange con duoi cavalli a mano di Tadeo *Zuccaro.*

Dei, e Dee in diverse forme, di *Pirino da Vago*.

Duoi huomini, due donne, un putino del *Fatore*.

Netuno, Palade, et altri Dei di *Giulio Romano*.

Moisè che fa scaturire l'aqua dal sasso del *Tintoreto*.

Duoi, che sedendo a una tavola col lume, dissegnano, di Bachio *Bandinelli*.

Una gran turba di popolo, che gridando mirano N. S. flagellato, di Tadeo *Zuccaro*.

Una Madona di *Girolmino* da Carpi che siede con Santa Elisabetta, e il Putino, che porge le mani a San Gio. Battista.

Il Ritrato di *Tiziano* fatto di sua mano.

Una figura di sotto in sù con un arco, et una frescia con un amorino appresso, del *Primaticio*.

N. S. nel Presepio, la Madona con San Gioseffo, il bue, e l'asino, e duoi pastori, di *Pirino del Vago*.

Una donna vestita in piedi, di Don Giulio *Clovio*.

Due donne, che stano sedendo, un'altra in piedi con il putto in braccio con duoi alla lontana di *Polidoro*.

Un buomo nudo, che suona una tromba, e ne tiene un'altra in mano, ha duoi putini appresso nudi, uno suona una tromba, e à in mano un cornucopia, del *Parmiggiano*.

Un Christo in Croce di *Marcello* (1).

Latini, et altre figure, che stano mirando una donna, che dorme di *Giulio Romano*.

Christo, che accompagnato da una gran turba, sana alcuni infermi di *Luca* da Genova (2).

Ercole, che squarcia il Leone di Andrea *Mantegna*.

La fama di Andrea *Mantegna*.

La Madona, che visita Santa Elisabetta, di Tadeo *Zuccaro*.

Abram del *Pordonone*, che vol sacrificare Isach.

La Madona con il putino in braccio del *Correggio*.

Una donna in piedi, che si mette la mano alla bocca, e con l'altra si tira su la veste, del *Parmiggiano*.

(1) Forse Marcello *Venusti*.
(2) *Cambiaso*.

Due donne vestite, che stano sedendo del *Parmiggiano*.

Giove, che in fuoco và a ritrovar Semel di *Perino dal Vago*.

Una Circoncisione da farsi di Christo nelle fascie in bracio
   alla Madona, presente assai gente, del *Tintoreto*.

Una conversione di San Paolo di Francesco *Salviati*.

Giove, Giunone nudi nel letto, con molti amorini intorno, e
   duoi che tengono un'arma di *Pirino del Vago*.

Netuno in mare con tridente in mano, sù un carro tirato da
   quattro cavalli marini, di *Giulio Romano*.

La Madalena che unge i piedi a N. S. che siede a tavola con
   molta gente di *Paolo Veronese*, scudi cinquanta.

Gli servi di Gioseffo Vicerè d'Egitto cercano la tazza d'argento nelli sacchi di formento di suo fratello, del *Rosso*,
   scudi cinquanta.

La Madona che viene anuntiata dall'Angelo, di sopra gli è
   il Dio Padre, con una quantità d'Angeli di *Raffaello* d'Urbino, scudi cinquanta.

La Madona, che stà sedendo con il putino appresso, che mostra di correre da San Gioanni, e Santa Elisabetta gl'è
   vicina di *Raffaele* d'Urbino, scudi venticinque.

Il trionfo degli Dei incornisato, dove si vedono che tutti uniti
   scacciano i vitij, che pure sono in figure humane, et in
   altre mostruose, di *Giulio Romano*, scudi cinquanta.

Un Uccello morto miniato in carta pecora d'Alberto *Duro*,
   scudi cento.

Un'ala d'uccello miniata in carta pecora d'Alberto *Duro*,
   scudi cento.

Cinque libri di dissegni a mano scudi venticinque per libro.

Un libro dove gli sono 38 carte d'anotomia designate da Iseppo *Bastarolo*, scudi venticinque.

Un libro di 43 carte d'Architetura di Giacomo *Barozzo* da
   Vignola, dessignato da Iseppo *Bastarolo*, scudi venticinque.

Un libro di 84 carte sopra delle quali gli sono incolati cento
   dissegni a mano di diversi valent'huomini, scudi cinquanta.

Un libro di cento, e tre carte, il quale è alligato in maru-
   chino turchino, lavorato tutto a oro, et anco tutto ado-

rato d'intorno con una fibia d'argento nel mezo, che
serve per chiavadura, pieni tutti gli fogli d'ogni parte di
dissegni a stampa vecchi, eccetti alcuni pochi del *Golzo*,
ma che però ha voluto contrafare il vecchio, li quali dissegni gli sono stati compartiti, et incolati di mia mano,
con una longa fatica di dieci anni, poichè in questo non
volsi mai, nè aiuto, nè conseglio di niuno, e però es-
sendomi riuscito benissimo, et essendo laudato da tutti
per cosa rara, e singulare, il mio herede si haurà da tenere gran conto, perchè oltre alla mia fatica, gl'ho di
spesa solo ne i disegni scudi seicento ottantacinque, perchè in quel tempo ch'io faceva questo libro, questi dissegni erano carissimi per la molta gente, che procurava
d'haverne, e niuna si diletaua, nè si curava di pittura
come si cominciò poi a fare nel principio del pontificato
di Paolo V che la pitura saltò a preci eccessivi, e li dissegni non erano nè anco guardati, il deposito di questo
libro sarà di scudi mille, se il mio Erede se ne privarà,
o mandarà a male, o se li sarà robato.

Seguitano altre robbe, le quali pure intendo, e voglio, che
siano comprese in questo mio ordine di prima genitura, e che
vadino di primo genito in primo genito in infinito, secondo l'ordine del mio testamento, e prima

Nove Quadreti di pitura di Giacomo *Bambini* pitor Ferrarese,
affissi nel solaro del Camerino più piccolo d'abasso, del
più grande scudi cinquanta, degli altri otto scudi venticinque per ciascheduno d'essi.
Uno scrigno bellissimo di Nogara con molti segreti, e casse-
tini parte sono di cipresso, fattura del mio giudicio per
il dissegno, che ho dato al Mastro, che mi stete in casa
un anno a farlo, scudi quattrocento.
Una cassa che viene dalla China di legno di dentro tinto rosso, e di fuori negro lavorata tutta, eccetto che la sponda
di dentro a Naui, Galere, Galioni, d'oro macinato, scudi 200.

Christo in Croce, di bronzo, scudi cinquanta.

Una Corazza di bronzo.

Una Lucerna di bronzo.

Tre teste di bronzo.

Un Vaso di serpentino con il suo coperto, e di sopra una figurina indorata, scudi venticinque.

Una Donna finta per la Carità, che ha duoi putini per mano, d'oro di basso rilievo in un scatolino.

Una Gabieta d'ebano, et avorio in un scatolino d'argento cosa rara, unica, e singulare, della quale ne potei havere dal gran duca di Toscana Francesco primo una croce di San Stefano con una commenda di scudi trecento, il deposito di questa sarà di scudi cinquecento, se il tempo, o qualche strano accidente la mandarà a male; ma se il mio erede, se ne privasse volontariamente, e per sua mera bestialità la mandasse a male, in quel caso havrà da depositare scudi duemilla.

Santa Caterina Martire, d'oro, di basso rilievo in un scatulino.

Una noce naturale con infinite teste, scudi ducento.

Una Grancella petrida.

Un dente di un Gigante petrido.

Il mio sigillo d'avorio.

Duoi Ritrati di Henrico secondo Re di Francia, d'oro di basso rilievo in un scatolino.

Due teste di morto quasi alla grossezza d'una noce, una è in sù a un quadro. e l'altra in un scatolino di rame tagliato di rabesco, smaltato negro.

Una testa di morto più piccola e più bianca passata da un cordone di seda beretina, scudi cento.

Duoi Evangeli dell' *In principio erat verbum*, scriti in lettera minutissima, e in tondo, sono in scatulino con mezza balla di christallo di sopra, che ha un cerchieto d'argento d'intorno, scudi cinquanta per ciascheduno d'essi.

Un Agnus Dei ovado con un allo (*sic*) dell'istesso di sopra, e una figurina per parte, gli sono dodici Apostoli a duoi a duoi miniati esquisitamente, e compartiti in sei campi, e d'abasso gl'è un San Girolamo d'avorio inginochiato nella spelonca, che si batte il petto con un sasso, appresso gli stà il leone, dall'altra parte la passione di N. S. cioè quando è stato posto in croce tra i ladroni con Longino a cavallo, et altri soldati, che giocano la veste, e diverse altre figurine, e con un altro a cavallo, tutte d'avorio, scudi cinquecento.

Un fongo petrido.

Un pezzetto di radice d'arbore.

Duoi vasi di terra sigillata, scudi venticinque per ciascheduno d'essi.

Ritrato dal mezo in sù del Marchese Ioachino con la bereta in testa con il penagio, e intagliato in legno di rilievo per mano di Alberto *Duro* con la sua arma di dentro, che sono cervi driti dal mezo in su con alcune foglie con lettere intorno, dove gl'è notato l'anno, che fu fatto, e posto in una scatola di rame, dove nel coperchio gl'è N. S. di basso rilievo, seguitato da una gran turba, il deposito di questo ritrato è di scudi ducento.

Un bue, et asino di legno, scudi cinquanta per ciascheduno d'essi.

Due bisse di serpentino una di un groppo, l'altra di due, bellissime, e singulari, per esser fatte con il scarpello, che con la lima non si potriano far meglio, quando fossero di materia che si potesse adoperare, scudi cento per ciascheduna.

Un vaso di serpentino scoperto largo di bocca con il suo piede lavorato di fuori, e di dentro schieto, hora pieno di sesini vecchi, i quali sempre gl'hanno da restare, scudi cinquanta.

Una tazzeta di porfido con il piede, scudi venticinque.

Una tazzeta di terra antica, ha duoi manichi.

Una tazzeta di terra antica fu trovata sopra la resta d'Antonino Imperatore aprendosi la sua sepoltura, et mi fu donata dal signor Cardinal Serra, è lustra, che pare inverniciata, e ha nel fondo alcuni bolli.

Una rana di rame.

Duoi scatolini d'avorio bislonghi fatti a torno.

Bona Duchessa di Milano in cameo, incastrato in cassa di christallo, e posta in un scatolino, scudi cinquanta.

Un bel pezzo di calcidonio fatto a modo di sigillo dove gl'è intagliata una bellissima figura in piedi, che fa un sacrificio appresso un altare, dove gl'è sopra una fiamma, scudi cinquanta.

Francesco Re di Francia, d'oro in scatolino.

Carlo V e Filippo suo figliuolo, d'oro in scatolino.

Una mano di honesta grandezza d'alabastro di scultura singolare, scudi cinquanta.

Un Cameo di due teste fatto per un Giano, legato in un bel cergio d'oro di filo, e smaltato, scudi cinquanta.

Un Vasetto di diaspro rosso a otto fazze, con il piede alto, e con il copergio, scudi cinquanta.

Caterina Sforza in Cameo ligato in oro, scudi cinquanta.

Un San Carlo d'oro in piedi in habito di Cardinale con raggi intorno dove sono incastrati diamanti, e con alcuni che ha nella sua figura fanno in tutto quarantadue, scudi ducento.

Una figura d'oro in piedi con il bastone in mano in habito militare con un bello adornamento d'intorno d'oro smaltato, scudi cinquanta.

Una Medaglia d'oro con la testa d'Otone Imperatore da molti gran Prencipi indarno cercata, e Dio sa, se altra al mondo, che questa, si ritrova, ha questa inscritione d'intorno *Imp. Otho Cæsar Aug. Tri. Pot.*, pesa scudi undeci, carati sette, ha per riversio una figura in habito di Sacerdote, vicino a un altare, che dà la mano in segno di pace a un capitano, seguitato da alcuni soldati con lettere intorno, che dicono: *Securitas P. R.* e d'abasso queste due lettere *S. C.* Scudi cinquecento di deposito.

Una Medaglia d'oro d'Alfonso Secondo, e Duca quinto di Ferrara di felice e gloriosa memoria, armato, con l'ordine di S. Michele al collo, con lettere d'intorno, che dicono, *Alfonsus secundus Fer. Mut. et Reg. Dux V*, dall'altra parte una figura in piedi vestita di longo, nella mano drita tiene una bilantia sospesa giustamente sopra a un scrigneto su il quale sono tre pesi, nella mano stanca tiene un cornucopia, di dietro gl'è una prora di Galera, le lettere d'intorno dicono *Providentia Opt. Prin.*, pesa scudi sette e mezzo, carati quattro, scudi cento.

Cinque Camei, tre teste d'huomini, e due di donne legati in anelli d'oro.

Sette corniole intagliate con diverse figurine e ligate in anelli d'oro.

Sei corniole intagliate con diverse teste, e ligate in annelli d'oro.

Un Diaspro intagliato di due teste ligato in un annel d'oro.

Un'Amatista intagliata con testa di donna e ligata in annel d'oro.

Questi venti annelli sono posti per ordine in una scatula di rame inargentata, che si apre come un libro, e foderata di veluto turchino, sono quattro file a cinque annelli per fila.

Cinque Camei, tre con teste d'huomini, e due di donna legati in annelli d'oro.

Otto corniole intagliate con diverse figure, e ligate in annelli d'oro.

Due Lapis Lazari intagliati con due teste, e ligati in annelli d'oro.

Un Calcidonio intagliato d'una figura, et alligato in annel d'oro.

Una corniola intagliata di due teste, e ligata in annel d'oro.

Due corniole intagliate di due diverse teste, e ligate in annelli d'oro.

Una corniola che sbiancheggia intagliata d'una testa, e ligata in annello d'oro.

Questi venti annelli sono posti per ordine in una scatola di rame inargentata, che si apre come è un libro e foderata di veluto turchino: sono quattro file, a cinque annelli per fila.

Sei camei, cinque d'huomo, et uno di donna ligati in annelli d'oro.

Tre Lapis intagliati di teste di huomini ligati in annelli d'oro.

Due Lapis Lazari intagliati di figure, e ligati in annelli d'oro.

Un Diaspro intagliato d'una figura, e ligato in annel d'oro.

Un' Agata intagliata con due teste, e ligata in annel d'oro.

Tre Corniole intagliate di figure, e ligate in annel d'oro.

Una Prasma intagliata di figura, e ligata in annel d'oro.

Quattro Teste di Camei legati in annelli d'oro.

Nove Corniole intagliate parte in teste, e parte in figurine
  legate in annelli d'oro. -

Un Cameo dove gl'è intagliato un Mostro marino, che ha una
  donna in groppa legato in annel d'oro.

Questi annelli sono nel Camerino dove sono gli altri in diverse scatule, se ben spero metterli tutti in una.

Una scatola tonda di legname rosso lavorata di sopra, e d'intorno di un lavoro indiano, dentro se gli trovano dodici
  scodelline poste una nell'altra, dell'istesso legno, e lavorata di dentro ciascheduna d'esse, ma di differente lavoro, per ciaschedun pezzo di questi, che gli mancarà, o
  fosse rotto, il deposito sarà di lire venticinque, sono in
  tutto pezzi quatordici, mi fu donata dall'Illmo Sig. Card.
  Serra nostro Legato.

Una figura nuda d'huomo in piedi di bronzo, ha la mano
  drita levata in alto con la quale tiene un Serpe, la mano
  stanca pende a basso con la quale tiene un troncheto di
  legno.

Una figura nuda d'huomo in piedi di bronzo, che nella mano
  dritta tiene una mazza che posa in terra appresso il piede
  dritto, nella man stanca pare che tenghi tre balle in mano.

Una donna nuda di bronzo con il braccio drito levato in alto,
  il braccio stanco pure levato in alto con la mano volta
  verso la faccia sopra della quale vi è un drappo, che
  pende a basso, e s'avvilupa alla gamba.

Una donna nuda di bronzo in piedi, nella mano drita tiene
  una daga, e l'altra pende a basso.

Una donna di bronzo, che stà sedendo tiene il braccio drito
  nudo levato in alto, e tiene certa cosa in mano, è vestita

134

d'un bel manto, che tutta la cuopre dalla spalla manca
in poi, la mano stanca posa sopra della sedia.
Una donna nuda di bronzo in piedi, stà mirando in un specchio tondo che tiene nella mano drita, con la mano stanca
si cuopre la natura.
Una figura d'huomo in piedi di bronzo coperta d'un manto,
havendo però il braccio drito con tutto il petto, e la
gamba stanca scoperta, nella mano drita tiene una balo-
tina, e nella mano stanca un vaseto.
Una figura d'uomo nudo di bronzo con la schiena volta verso
terra, stà guardando in alto, tiene le gambe sopra le
spalle, et ha le mani sopra le natiche, mostra di essere
una lucerna antica.
Una figura di donna in piedi di bronzo, dal mezo in sù è nuda,
il restante è vestita, la mano drita scende a basso aperta,
la mano stanca è volta verso la faccia chiusa.
Una figura di donna nuda di bronzo, che sta sedendo, dalla
banda drita vi ha un tronco, che fa una forcella, sopra
della quale si posa con il braccio drito, e si tiene la mano sopra della testa, e pare che dorma; la gamba drita
la tiene raccolta, la stanca la tiene distesa, la mano stanca
posa sopra la coscia stanca.
Un Satiro nudo dal mezo in su, il resto della vita con pelli,
ha il ginochio stanco in terra, e il drito levato, tiene
la mano drita alzata con la quale tiene un vaso, e lui
lo stà mirando, la mano stanca posa pure sù a un altro
vaso.
Un putino nudo di bronzo, che stà in piedi, ha sopra il capo
un vaso, e lo sostenta con ambedue le mani.
Una figura di bronzo in piedi, che mostra essere degli antichi
Tribuni Romani, e tutto vestita sino al ginocchio, ha i
burzachini in piedi, la mano dritta pende a basso, la stanca la tiene in alto.
Una testa di bronzo, che mostra i denti.
Una figura di bronzo in piedi, che mostra d'essere uno de
gl'antichi Tribuni Romani, è vestito sino al ginocchio,

tiene in piedi i burzachini, la mano dritta la spinge inanzi
in atto di porgerla, la stanca pende a basso.

Un putino nudo di bronzo, in piedi, ha un' orna in capo, e
con ambedue le mani la tiene per i manichi.

Una figura di bronzo dal mezo in su, è d' huomo, il restante
pare di pesce, con la mano drita si tiene un vaso sopra
della spalla, con la mano stanca tiene un instrumento da
sonare, in gropa ha una donna nuda, che con la mano
drita gli tiene l' estremità della coda.

Una figura d' huomo di bronzo, inginochiato dalla banda drita
sustenta in alto un vaseto, con la mano stanca, che posa
sopra l' istesso ginochio, ne sustenta un altro.

Una figura di un giovine in piedi di bronzo, con un manto
intorno, che lo copre tutto, eccettochè il braccio dritto,
e il petto e le gambe, ha nella mano drita una tazza.

Una figura d' Huomo in bronzo con gli ginocchi verso terra,
e gli piedi in alto, e una mano sopra le natiche.

Una figura di Donna giovine di bronzo in piedi, tutta coperta
d' un manto, tiene nella mano dritta una fiamma di fuoco, e la stanca appoggiata alla coscia.

Una figura nuda in piedi d' huomo di bronzo, che spinge tutte
due le mani inanzi.

Una figura d' un giovine in piedi, di bronzo, la mano dritta
l' appoggia al galone, e intorno al braccio gli ha un panno, manca del braccio stanco, ha in gamba i burzachini,
e nella stanca tiene certe lettere.

Una figura nuda d' huomo in piedi, di bronzo, la mano dritta
la tiene a basso, verso le natiche, la stanca sopra la testa.

Una figura nuda d' un puto in piedi di bronzo, tiene il braccio dritto disteso a basso con il pugno serrato, e la mano
stanca la tiene pure serrata.

Una figura d' un Satiro in piedi, nudo dal mezo in su, il resto
peloso, tiene un corno con ambedue le mani.

Una figura d' un huomo in piedi, di bronzo, la mano dritta la
sostenta in alto, e la stanca l' appoggia sopra il fianco.

Un tormento di bronzo trovato . . . . in Roma con il quale si crede che gli antichi Romani tormentassero ..... attacandolo alle loro lingue.

Un Satiro di bronzo inginochiato dalla banda stanca, e con l' istessa mano tiene un tronco, la mano drita la tiene rivolta in alto.

Una testa di bronzo con il petto.

Una figura nuda di bronzo d' uomo in piedi.

Un vaso antico di rame con il manico d' honesta grandezza, assai ben fatto, fu ritrovato nel sepolcro d' Antonino Imperatore con un tal ferro, che gl' è dentro, et una tazza di terra, mi fu donato dal Signor Cardinale Serra.

Una testa di bronzo.

Ritrovandosi privo il mio Erede di qualsivoglia figura di bronzo inventariata da me, intendo, e voglio, che sia tenuto, et obligato a depositare sù il monte di pietà scudi cento per ciascheduna di esse, e per le altre cose di bronzo, scudi venticinque.

Una figurina di bronzo con un beretino aguzzo in testa, ha le braccia distese alla longa della vita, ma non ha forma di mani, nè meno di gambe, o piedi, ma ha due punte, che guardano inanzi con un poco di coda, che è alquanto storta, la figura è tutta piena di segni.

Una figurina di bronzo con il braccio dritto solevato in alto, senza gambe, e piedi, ma con due punte, che guardano innanzi con un buso nel mezo, è tutta piena di segni: queste due figurine sono in una scatola, furono ritrovate nel fondare la Chiesa della Madona della tomba, nella Città d' Adria in una Camera tutta lavorata di musaico finissimo che mai non si è visto il più bello, appresso delle quali, gli ne erano tre altre, ma non così belle, e pure seguitavano altre fabriche, le figure che erano in questa camera furono ducento, queste due mi furono donate dal Sig. Cardinale Vendramino patriarcha di Venezia, senza dubio queste furono le prime figure, che mai furono fabricate al mondo, poichè si tiene che Adria rovinasse prima del Diluvio universale, e però se bene le figure sono mal fatte, hanno da esser tenute in grandissima, stima per l'antichità loro come anco molte altre di sopra descritte, sì per la belezza loro, come anco per l'antichità, essendo fatte nel tempo della Republica Romana.

Un bastone d'ebano, che forsi non se si è visto un più longo tutto acanelato, come una canna d'archibugio rigato, ha il puntale d'avorio, come anco il manico di sopra è tutto intersiato, e in capo gli è come una palla pure d'avorio.

Un vaseto di corno di Rinoceronte, che ha del bislongo, d'abasso ha un cergio d'intorno, che gli serve per piede, del quale si partono tre rami, che formano un poco più di sopra tre fogliami, che hanno assai del bizaro, cioè uno per parte, et uno d'avanti, dalla parte di dietro, nel spigolo di sopra gl'è una tal cosa, che pare una vespe con le ali aperte, di dentro ha duoi segni, che per la longa vanno da un capo all'altro, et uno che va da una parte all'altra, ha virtù mirabile contro veneni, mi fu donato dall'Illmo Signor Cardinale Sacchetti nostro legato, con altre cose belissime, pesa onzie due, carati venti, il deposito di questo vaseto di Rinoceronte sarà di scudi cento d'oro, ritrovandose privo il mio Erede, o prestandolo ad alcuno, o rompendolo, o tutto, o parte.

Un bichiero di legno fatto a torno con il suo piede alto, di fattura più sotile della carta da scrivere, dentro del quale gli sono quarantacinque mastelline dell'istessa qualitade, ritraendosene adunque primo il mio Erede, intendo, e voglio, che sia tenuto, et obligato a depositare su il monte di pietà scudi ducento, et anco havendolo, o che fosse rotto, o tutto, o parte, o diminuito di numero nelle mastelline: questo mi fu donato dall'Illustrissimo Signor Cardinale Serra nostro Legato.

Medaglie di bronzo tra grande, mezzane, e piccole numero trecento.

Monete d'oro pesano scudi trecento trentatre, per ogni scudo che gli mancharà di queste monete, o d'altre, ch'io

fossi per comprare, intendo, e voglio, che il mio Erede
sia tenuto, et obligato a depositare lire venticinque.

Tre corniole iutagliate d' una figurina, e ligate in annelli
d' oro.

Due Prasme intagliate di una figurina, e ligate in annelli
d' oro.

Tutti gli annelli, che erano sparti per più scatole insieme
con questi cinque sono tutti ridotti in una scatola sola
foderata di dentro di veluto nero.

N.° XIII. A. 1635.

CATALOGO DI QUADRI IN MILANO

(Arch. Palatino)

Attergato al foglio leggesi « Nota delle spese di
Quadri mandati da Milano dall' Abbate Fontana » Il qual
Fontana, che poi fu Vescovo di Modena, era agente del
Duca in Milano; ma nella sua corrispondenza di quell'
anno non trovo traccia di acquisti di pitture.

A DI 15 APRILE 1635 IN MILANO

NOTA DE' QUADRI VENDUTI, ET DELLA SPESA FATTA PER CONDURLI
A MODENA A SUA ALTEZZA SERMA.

Un quadrone grande che è il rapto d' Helena con sei figure
dal naturale con una cornice grande tutta indorata, ducatoni 300, L. 1725.
Un quadro per lungo che è una Madonna col puttino e con

altre quattro mezze figure dal naturale con cornice dorata, ducatoni 100, L. 575.

Una Madalena mezza figura dal naturale con cornice d' oro, ducatoni 100 (1) L. 575.

Una Madonna grande col puttino, un Angelo e S. Giovanni copia di *Leonardo* da Vinci con cornice d' oro, ducatoni 80, L. 460.

Un S. Sebastiano moribondo con una vecchia che gli medica le ferite, due mezze figure naturali, originali di Francesco *Cairo*, con cornice dorata, ducatoni 90, L. 527, 10.

Un quadro grande per lungo, è l' adoratione de' Magi con diverse figure d' incerto autore, ma original vero, e buono con cornice grande tutta intagliata et indorata, ducatoni 160, L. 920.

Un S. Bernardino mezza figura naturale che bacia il Signore, originale del *Morazzone* con cornice intagliata, et indorata, ducatoni 180, L. 1031.

Quattro Eremiti grandi originali veri creduti dello *Spagnoletto*, ducatoni 120, L. 690.

Per condurli a Modena si pagò in un carro con due para di buoi, due cavalli, et 3 huomini a lire 18 il giorno d' accordo, stettero per istrada 14 giorni tra l' andar, star e tornar, L. 252.

A due huomini a posta, che portarono il quadrone grande in spalla fino a Modona, tra la lor fatica e spese del viaggio, ducatoni 15 d' accordo, L. 86,5.

Al Datio di Milano, dove pretendevano gran cose fu aggiustato di pagar solo con titolo di cortesia ducatoni 10, L. 57,10.

Per gli passi de' fiumi e per le mancie alle porte et all' hosterie, L. 8,10.

Ad un mio Servitore mandato a posta dietro a detti quadri, tra l' andar e tornar e spese del viaggio, L. 86,15.

Quattro casse ben grandi a L. 16 l' una, L. 64.

(1) Sono questi tre originali veri di Giulio Cesare *Procaccini*.

In corda per imballarle tutte, L. 14.

A tre huomini per la lor fattura, L. 6.

Per imballare le cornici del quadrone grande in 4 pezzi tra canevo, corda e fattura, L. 9,10.

Ad un Officiale del datio che stette sempre assistente ad imballare, un ducatone, L. 5,15.

Per una tela incerata da coprir tutto il carro per difender le casse dalla pioggia, L. 51.

Una soga grossa, et altra corda comprata per viaggio, L. 7,15.

Per far ricondurre a Milano i due quadri della Lucretia, e Cleopatra tra una cassa, l'imballaggio e la condotta, d'ordine di S. A., ducatoni 4, L. 23.

Sono tutta la somma ducatoni d'argento N. 1247 — manco soldi 15 — moneta di Milano in ragione di L. 6 — 15 per ducatone.

N.º XIV. A. 1640.

CATALOGO DI QUADRI VENDIBILI IN GENOVA

(Arch. Palatino)

Precede il Catalogo la lettera seguente:

Ser.ma Altezza

Da Genova mi vien mandata l'inclusa nota di Quadri di pitture acciò la facci vedere a V. A. che inclinando alla compra, si dichiararebbero del prezzo, e desiderarebbero, in tal caso, fosse mandata colà persona intelligente a vederli et aggiustarne il prezzo — quello sopra ciò V. A. restarà servita di comandare serò prontissimo ad eseguire et a V. A. humilmente me le raccomando in grazia et m' inchino. Di Ferrara li 11 Settembre 1640 —

Di V. A. Ser.^{ma}

Umil^{mo} ed Fedel^{mo} Ser.
CAMILLO BEVILACQUA.

(Nota senza titolo)

Europa di mano del *Dossi* di Ferrara con un bellissimo paese, e molti animali, e cinque figure, largo palmi sei e mezzo et alto palmi sei e mezzo.

Ritratto del *Tintoretto* fatto da esso con pietra di paragone in mano, bellissimo, largo palmi quattro e mezzo, e longo quattro e mezzo.

Ritratto di sua Moglie fatto dal medesimo della medesima altezza e grandezza.

La Donna di Gio: della Casa nominata dal Vasari come in ritratto nuda, a meraviglia bella, di mano di *Titiano*, largo palmi quattro et alto palmi quattro e mezzo.

Un ritratto della medesima grandezza che è di Gio: della Casa di mano di *Titiano* bellissimo.

Ritratto tutto vestito d' armi alto palmi quattro e mezzo, largo palmi tre et un quarto di . . . . . a meraviglia bello.

Un Ecce Homo con moltissime figure del *Tintoretto* il vecchio, largo palmi cinque e mezzo et alto palmi quattro et un quarto.

Un ritratto di un palmo fatto di mano del *Correggio* che spira divinità.

Ritratto in piedi armato, dal naturale, di *Titiano* benissimo condotto.

Testa del *Parmegianino*.

Un S. Francesco, e suo compagno in un bellissimo paese di *Luca*-d' Olanda di tre palmi.

Lucretia del *Lomazzi*, bellissima, quattro palmi alta, e larga....

S. Gio: Evangelista con molte figure del *Correggio*, ma è copia dello *Schedone* fatta mirabilmente e di copia altra non vi ne è, solamente questa per esser bellissimo si è posta nel numero.

Un quadro di *Giulio* Romano, in tavola di sei in sette palmi alto, e quattro largo, che è Ercole quando fanciullo s'allevava fra serpenti, è in molti luoghi scrostato, da mano buona si potrebbe far accomodare non essendo in nessuna parte principale guasto.

Un Quadro bellissimo del *Feti* con 14, o 16 figure.

Tutti questi quadri si mantengono originali, eccettuato il S.to Evangelista del *Correggio* fatto, o raccopiato dallo *Schedone*, e quando non sijno tali, se si rimanderanno al padrone alle spese di chi farà la compra, se gli restituirà il denaro.

N.º XV. A. 1640 circa.

CATALOGO DEI QUADRI E DEI DISEGNI
DELLO STUDIO COCCAPANI

(Collezione Campori)

Paolo Coccapani nato nel 1584, eletto vescovo di Reggio nel 1625 e morto in questa città nel 1650, va segnalato fra i più ferventi e generosi raccoglitori di cose d'arte del suo tempo. Oltre a una copiosa biblioteca e a molte antiche medaglie si formò un Museo ricco di più centinaia di quadri e disegni. Il Cronista Spaccini altra volta nominato, narrando di una sua gita a Reggio, il 29 Settembre 1632, scrive: *questa mattina ho visitato Mons.ʳ Vescovo, qual m' ha mostrato tutte le*

*sue pitture, disegni che n' ha gran quantità e medaglie;
ma non vi è stato tempo, chè vi haveria voluto un mese.*
Molto si giovò il Coccapani nel raccoglier pitture dell'aiuto di Gabriello *Balestrieri* parmigiano, pittore e delle
maniere de' pittori intendentissimo, del quale si servì
pure Francesco I per formare la preziosa Galleria Estense.
Conservansi nel domestico archivio Coccapani alquante
lettere di esso *Balestrieri* le quali hanno riferenza a proposte d' acquisti di dipinti. In una da Parma de' 15 dicembre 1634 accompagna al Vescovo la trasmissione di
undici disegni fra i quali, un Viaggio in Egitto di Agostino *Caracci*, una Madonna col bambino in terra, *la più
bella Madonna che mai habbia fatto Agostino;* un disegno del *Facino*, una figura di lapis rosso che *Giovanni*
Fiammingo mostrava per opera del *Pordenone*, ma che
Agostino *Caracci* affermava essere di *Tiziano* e sapere
dove l' avesse dipinta; un Eolo dello stesso *Agostino;* e
le tre Marie del *Bertoja* disegno fatto per la stampa.
Con altra lettera del 12 gennaio 1643 il *Balestrieri* annunzia la spedizione di una Madonna di Benvenuto da
Garofolo, la quale era stata da lui restaurata, sebbene
avesse patito altri ritocchi anche dello *Schedono*, che, al
dire del *Balestrieri*, ne aveva maltrattato la testa. Da
Venezia poi scriveva a' 9 gennaio 1644 tutto stupito dei
prezzi elevati che si pretendevano dai venditori di pitture.
Di quattro pezzi di Paolo historiati, scriveva egli, *ma
di figure però piccole ne hanno domandato tredici mila
e cinquecento ducatoni; il manco prezzo che ho sentito
è stato seicento ducatoni. Di alcuni pezzi che sono in
casa di nobili ne dimandano tre o quattro mila doppie,
più che non si fanno i quattrini nei nostri paesi, cosa
che mi fa più che maravigliare. Uno dei rivendi quadri
ha compro quattro teste di Giorgione e non sono poi*

della sua buona maniera; con tutto ciò le ha pagate
1200 *ducatoni ed io lo so di certo.* Soggiungeva poi
¯avere acquistato pel Coccapani un Ecce-Homo di *Tiziano*
parte finito, parte abbozzato, *verissimo di sua mano,* per
meno di 30 ducatoni da un gobbo che sperava d'intro-
dursi nella sua grazia per fare un grosso partito col
duca di Modena, di 50,000 ducatoni. In un'altra lettera
pur da Venezia continua egli a deplorare il caro prezzo
delle pitture e consiglia il Vescovo a non pensare ad
acquisti ora che abbondavano i compratori. L'ambasciatore di Francia andava in persona a comperar quadri in
compagnia di un Baldi genovese, e aveva in animo di
spendervi 20,000 ducati. E soggiugneva che di un'Europa
di *Paolo* chiedevano 3,000 doppie, 4,000 ducati di due
piccole Madonne di Gio. *Bellino,* e di tre ritratti di *Tiziano,* due dei quali dubbiosissimi, 4500 ducati. *Sicchè,*
conclude, *ho perso la carta del navigare, poichè finalmente vo considerando che S. A. gli mette il denaro, gli
altri vi mettono la roba, ed io la riputazione la quale
mi è più cara che non sono i denari a S. A. e che non
è la roba a chi la vuol vendere.* Dalle quali parole si
può inferire che il vendere a caro prezzo le opere dei
grandi pittori è usanza più remota che non si crede.
Finalmente scriveva da Parma dando ragguagli di alcune
pitture poste in vendita dai Conti Sanvitale, fra cui no-
tavansi un paese piccolo di Paolo *Brill* con la Madonna
che va in Egitto del *Rothenhammer, cosa rara,* e un
paese del *Breughel* cioè un inverno con la neve, opere
desiderate dal Muselli di Verona.

Il Vescovo Coccapani si giovò altresì dell'opera di
Bernardino *Curti* intagliatore reggiano il quale gli dedicò
una raccolta di disegni da lui intagliati in rame, edita
circa nel 1640, col titolo di *Esemplari di pittura,* dove

il frontispizio istoriato è d'invenzione del *Guercino*. Egli
eseguì anche l'intaglio di una Venere alla fucina di
Vulcano che carica di frecce il turcasso ad Amore, quadro di Annibale *Carracci*, reputato da taluni del *Badalocchio*, di una Madonna col Bambino e S. Giovanni
del *Guercino*, citata dal Malvasia (T. I. 144), e di una
Madonna di Agostino *Carracci*, opere tutte esistenti nel
predetto studio Coccapani.

Questo Catalogo dei quadri e dei disegni posseduti
da Monsignor Coccapani si conserva presso di noi scritto
per la parte riguardante i quadri, della mano stessa del
Vescovo. Tutte queste preziosità di pitture, di disegni,
di libri, di medaglie, di carte incise, dopo la morte del
loro possessore andarono in dispersione, siccome lasciò
scritto il Vedriani nei *Vescovi Modenesi* (p. 167). Alcuni
pochi quadri soltanto rimasero invenduti e ancora si
custodiscono in Modena dai discendenti di quell'illustre
famiglia.

QUADRI

1. Una Santa Maddalena di mano di *Lelio* da Novellara.
2. La favola d'Io di mano del *Tintoretto*.
3. Un S. Giacinto di mano de *Carrazzi*.
4. Una Madonna col puttino e due angioletti di mano di
   Andrea *del Sarto*.
5. Una Madonna col puttino di mano di Lionello *Spada*.
6. Una Madonna col puttino, un S. Giovanni et 4 altri Santi
   di mano dell'*Orbetto*.
7. Un'Erminia col pastore et la moglie che la spoglia di mano del *Gavassetto*.
8. Una Madonna col puttino e due angioli di mano di Francesco *Albani*.

10

9. Alcuni ritratti in un quadro di mano di Raffaele *Motta di Reggio*, abbozzati.

10. L'Ancilla con S. Pietro e un soldato di mano di Lionello *Spada*.

11. Una Samaritana con Christo sedente al pozzo di mano di Lucio *Massaro*.

12 13. 14. 15. sono quattro paesi di mano del Francese che stava col sig. duca di Parma.

16. 17. 18. 19. sono 4 quadretti simili di frutti opera di un pittore Cremonese.

20. 21. 22. 23. 24 25. 26. 27. 28. 29. 30. 31. 32. 33 34. 35. sono 16 quadri di frutti del suddetto.

36. 37. 38. 39. sono 4 quadretti ottangoli con cornici tutti dorati di frutti dipinti in Roma.

40. 41. 42. 43. sono 4 paesini dipinti alla similitudine del *Civetta*.

44. 45. 46. 47. sono 4 paesini di mano del *Ciciliano*.

48. Una decollatione di S. Gio. Battista col manigoldo, Erodiade et un'altra testa, del *Tiarini*.

49. Una S. Dorotea con l'angelo che gli presenta li fiori di mano del medesimo *Tiarini*.

50. Un ritratto di Papa Pio V di mano del *Passarotto*.

51. et 52. Sono due ovati con cornici tutti dorati con vasi di fiori.

53. Una Santa di mano di Sisto *Badalocchio*.

54. Una cena del Signore con gli apostoli di mano...... (1).

55. Un Christo che si fa conoscere a' discepoli *in fractione panis*, di mano di Gio. Francesco *Cassano*.

56. Una risurettione di Giesù Christo di mano del *Sermonetta* (2).

57. Un ritratto d'un vecchio di mano di Girolamo *Mazzuoli*.

58. Un San Roccho di mano......

59. Un Profeta di mano......

(1) Questa e le successive lacune sono nell'originale.
(2) Girolamo *Sicciolante*.

60. Una Natività di mano di *Benrenuto*.

61. Una testa e un Angelo che tiene in mano un'hasta di mano d'Annibale *Carazza* copiata dal *Correggio*.

62. Una Madonna Annunciata di mano di Anibale *Carazza* copiata dal *Correggio*.

63. Un Christo in casa del Fariseo che Madalena gli lava li piedi copia di *Paolino* (1).

64. Una caduta di San Paolo di mano di Luigi *Amidani* abbozzato.

65. e 66. Due quadretti con le cornici tutte dorate sono vasi di fiori fatti in Roma.

67. 68. 69. 70. sono 4 quadri ottangoli di mano del *Soavi*.

71. Il ritratto bellissimo del *Correggio*.

72. Il ritratto di *Giorgione*.

73. Il Paesone di Gio. *Sons*.

74. La Madonna con San Giosefo del *Spagnoletto*.

75. Il sig. Giovanni di mano del medesimo.

76. Il S. Giovanni in carcere di mano del *Guercino* da Cento.

77. Una Madonna col puttino, S. Giovanino et una Santina di mano di Girolamo *Mazzuoli*.

78. Un ritratto d'una gentildonna di mano di Nicolò *Abbate*.

79 La favola di Mercurio et Apollo quando guardava gli armenti di mano dell'*Albano*.

80. La Madonna col puttino et molti angeli di mano di *Paolino*.

81. La testa della Sibilla di mano di Raffaele *Mota*.

82. La testa di uno che ride di mano del medesimo.

83. Una testa di mano di *Ticiano*.

84. Una Madonna col puttino di mano di Luigi *Amidani*.

85. Una natività di Giesù Christo di mano del *Dosso*.

86. Una S. Madalena di mano del *Palma*.

87. Un Christo ignudo con S. Giovanni et altre figurine di mano del *Correggio*.

88. Una pietà cioè un Christo morto con la Madonna tramortita et altri Santi, di Batt.ª *dal Moro*.

(1) *Paolo* Veronese.

89. Un ritratto di mano de *Carrazzi*.

90. Un ritratto di Girolamo *Mazzuola*, di mano del *Parmiggianino*.

91. Una testa di una donna di mano di Raffaele *Motta*.

92. Un *Ecce Homo* con molte figurine opera di Giacomo *Palma*.

93. Una Madonna col puttino in braccio con S. Giovanni e S. Giosefo di mano di Bartolomeo *Schidoni*.

94. Un' altra Madonna col puttino in braccio e S. Giosefo del medesimo.

95. Una Madonna col puttino che sposa S. Catterina et un angelo di mano di Sisto *Badalocchio*.

96. Il Giudicio di Salomone fatto a guazzo di mano di Andrea *Mantegna*.

97. Un S. Bernardino di mano del sig. Gio. Francesco *Barbieri* di Cento detto il *Guerzino*.

98. Una testa d' un bel vecchio opera di Camillo *Procacino*.

99. Una pietà dipinta sopra un paragone, e una pietà in tempo di notte, dell' *Orbetto* Veronese.

100. Una Santina con una palma in mano opera di Giorgio *Pensa* (1).

101. Un ritratto d' un dottore di mano del *Bronzino*.

102. Una puttina con la tela in mano, si crede sia opera del *Correggio*.

103. Il ritratto della regina di Cipro opera di *Paolino* veronese.

104. Il ritratto di Anibale *Carrazza* di sua mano propria.

105. Il ritratto della sig.ª Giulia Gonzaga di mano di *Titiano*.

106. Un ritratto di una gentildonna venetiana di mano di *Titiano*.

107. Una Madonna col puttino e S. Giovanni con cornici fregiate d' oro et velluto di mano di Sisto *Badalocchio*.

108 Una Carità con cornici fregiate d' oro, si crede sia di mano di *Luca d' Olanda*.

(1) *Pencz.*

109. Il ritratto di una donna di mano......
110. Il ritratto di Giacomo *Bertoia*.
111. Il santo Martire, di Pietro *Perugino*.
112. La testa di S. Giovanni decollato, di mano di *Antonio da Correggio*.
113. Una Madonna in piedi che tiene Giesù Cristo che bacia S. Giovanni, di mano di Sisto *Badalocchio*.
114. Un *Ecce Homo* di mano di Giacomo *Palma*.
115. Un paese grande, di *Paolo*.
116. Il giudicio di Paride di mano di Sisto *Badalocchio*.
117. La favola d'Ateone di mano del medesimo.
118. Il martirio di S. Lorenzo, tavola da altare di mano di Giacomo *Palma*.
119. Un ritratto d'un huomo di mano del *Pordenone*.
120. Una santa Madalena di mano di *Lelio* di Novellara.
121. Un san Pietro che *flevit amare*, di mano di Camillo *Procaccino*.
122. Un ritratto di *Lelio* di Novellara.
123. Il ritratto di *Lelio* di Novellara di sua mano.
124. Una Madonna col puttino mal conservata, del *Correggio*.
125. .... di S. Francesco di mano di Giulio Cesare *Procacino*.
126. Un Gio....... che ....l'impudica donna, di mano dell'*Albano*.
127. Un Christo morto con angeli piangenti di mano del *Correggio*.
128. Un paese di mano di *Giorgione*.
129. Un S. Francesco che riceve le stimate in un bel paese, di mano di Dionisio *Fiamingo* (1).
130. Il ritratto di Sisto *Badalocchio* di mano d'Anibale *Carrazza*.
131. Una testa di maniera di mano del *Mantegna*.
132. Una Madonna col puttino in braccio che ha un campanino in mano di Sisto *Badalocchio*.

(1) *Calvart*.

133. Un S. Girolamo di mano di Bartolomeo *Schidone*.

134. Una Venere che sorge dal mare, di Dionisio *Fiamingo*.

135. Due donne ignude chè si lavano opera di Oratio *Somachino*.

136. Il sposalitio di S. Caterina che viene dal *Correggio* benissimo fatta.

137. Il Christo all' horto che viene dal *Correggio* benissimo fatto.

138. La Cingara che viene dal *Correggio* benissimo fatta.

139. Una Santina con angioletti opera di Domenico *Fetti*.

140. Un'Annunciata originale di *Raffaele* d' Urbino.

141. Un ritratto d' un prete opera di Giacomo *Palma*.

142. Una Madonna col puttino in braccio, S. Caterina et altri santi et angioli di mano di Pietro *Facini*.

143. La Notte del *Correggio* copia bellissima.

144. Una Madonna col puttino di Gio. *Bellini*.

145. Una Madonna col puttino et S. Giovanni che tiene un agnello, opera di *Titiano*.

146. Un S. Giovanni che tiene in mano un'aquila di Lionello *Spada*.

147. Un ritratto della duchessa di Ferrara Margherita Gonzaga di mano di Francesco *Purbis*.

148. Una testa di maniera in tondo di mano del *Tintoretto*.

149. Una Madonna del Rosario con S. Giosefo, S. Giovanni et un'altra santa di mano di Alessandro *Tiarini*.

150. Un bel paese di mano del Francese che stava col sig. duca di Parma.

151. Un San Girolamo in un bel paese, del medesimo.

152. Una Madonna che va in Egitto, del medesimo.

153. Un ovato di tre giovanetti che fingono tre elementi, dell' *Albano*.

154. Un ritrattino d' un vecchio ovato di mano di Anibale *Carrazza*.

155 Il ritratto di *Dionisio* fiamengo fatto da lui stesso.

156. Un ritrattino d' una giovane in un tondo di mano del *Pordenone*.

157. Un ritrattino del duca Ercole di Ferrara in tondo di mano del *Dosso*.

158. Un ritrattino in tondo d'un giovane di mano del *Passarotto*.

159. Una testa di maniera di mano del *Mantegna*, è un huomo.

160. Una testa d'una Madonna di mano di Raffaele *Motta*.

161. Una testa d'una giovane di mano de' *Carrazzi*.

162. Una Madonna col puttino et S. Giovanni di mano del *Parmeggianino*.

163. Una Madonna col puttino et S. Giosefo in tondo, del *Parmeggianino*.

164. Una testa d'un Salvatore opera del *Correggio*.

165. Un Christo morto con la Madonna tramortita et altri santi et sante, opera fornita del *Parmeggianino*.

166. Un tondino piccolo con una testa del Salvatore opera del *Rondini*.

167. Una testa d'huomo opera di Filippo *Mazzuola* padre di Francesco *Mazzuolo* detto il *Parmeggianino*.

168. Una Maddalena, di Sisto *Badalocchio*.

169. Una testa d'un huomo con un berretto in testa opera di *Ercole* di Ferrara.

170. Un ritratto d'un huomo opera di *Titiano* donato dal.....

171. Una testa d'un giovane fatto di maniera opera di *Carrazzi*.

172. Un ritratto del Gonella buffone di mano di Camillo *Procacino*.

173. Un altro ritratto d'un altro buffone che apre un braccio di bocca, del medesimo.

174. Una testa d'un morto di mano del medesimo.

175. Una testa che guarda una trapola di mano del *Guerzino*.

176. Un quadro di mano del fratello del *Guerzino* con polli, formaggi, funghi e simili cose.

177. 178. Due quadretti con cornici indorate con puttini, donatimi.

179. Un ritratto di un Prelato, di buon maestro.

180. Un ritratto d'un putto ignudo fatto a guazzo, donatomi dal M.º Fossa.

181. Una Maria Madalena copia di Lud. *Carrazza*.

182. Una Madonna col puttino e S. Giovanni che piglia in braccio un angelo, opera bolognese.

183. Una Madalena di mano d'Oratio *Baglioni*.

184. 185. Due quadri bislunghi di frutti.

186. Una S. Caterina copia, l'originale è del *Carrazza* in Duomo (1).

187. Una Madonna col puttino che ha in mano una spina, opera di Lionello *Spada*.

188. Un ritratto della Contessa di Salla quando era sposa, di mano di Girolamo *Mazzuoli*.

189 Un ritratto d'Anibale *Carrazza* dell'Hebreo.

190. Una risuretione con cornice intagliata e indorata di mano del *Tintoretto*.

191. Un Christo flagellato alla colonna quadro simile al suddetto del medesimo autore.

192. 193. Due ovati con cornici intagliate et indorate, idest una   et una fameglia.

194. Un' Adoratione de Magi di mano di *Benvenuto* quadro bislungo.

195. Una testa d'una donna di mano del *Tintoretto*.

196. Un ritratto d'un homo maniera buona et antica.

197. Un quadrino con una testa di mano del *Gavasetti*.

198. Un quadretto con frutti miniatura d'un pittore dell'Imperatore fatta in Praga.

199. Un ritratto d'un statuario con cornice tutta indorata et intagliata in fogliami.

200. Un tondino ritratto d'un statuario con cornice tutta indorata.

201. 202. Due quadri ovati di mano del *Soavi*.

203. Un Adamo et una Eva figure intiere tutte nude.

204. Una S. Madalena con cornice indorata donatami dal P. Theologo.

(1) Cioè il Quadro rappresentante la Madonna con gli Evangelisti e S. Caterina eseguito da Annibale *Carracci* nel Duomo di Reggio ed ora nel Museo del Louvre.

205. 206. Due puttini di mano dell' *Ancona* (1).
207. 208. Due angioletti in ovato di mano di *Michel Angelo* da Siena (2).
209. Un S. Francesco in pietra quadretto bislungo.
210. Una S. Madalena in pietra quadretto bislungo.
211. Un ritratto del s. Andrea Fiastro di mano di Giacomo *Palma*.
212. Una testa d' un vecchio di mano del *Cavedone*.
213. Una testa d' un S. Tomaso d'Aquino di mano del *Cavedone*.
214. Una Madonna col puttino fatta come una zingara di mano......
215. Un quadretto con una testa di mano del *Gavassetti*.

DISEGNI

Due figure di lapis in cornice nude, di *Raffaele* D. 6 (3).
Una Testa grande d' un prete di lapis nero, del medesimo D. 3.
Una Testa in carta verde di lapis nero con lumi di biacca in cornice, di *Leonardo* da Vinci D. 6.
Una testa di pastello creduta di *Raffaello* D. 3.
Un Christo, che fa oratione all' borto di penna d' *Alberto* D. 12.
Un S. Andrea di Perino *del Vago* con lumi in cornice D. 6.
Una Charità, di *Raffaello* d' Urbino di lapis nero D. 6.
Martirio di S. Placido del *Correggio* di lapis D. 10.
Una Madonna grande di lapis nero e biacca del *Correggio* consumata dal tempo o mala cura D. 6.
Il convito del Fariseo con la Madalena a' piedi di Cristo, di *Raffaello* bellissimo d' acquarella e biacca D. 20.
Un Christo in Croce di *Michel Angelo* di lapis nero D. 10.
Una vecchia di *Raffaello* di lapis nero D. 6.
Tre figure di lapis rosso di *Raffaello* D. 3.
Una testa piccola d' un vecchio di lapis nero, dicono di *Raffaello* D. 1.

(1) Forse Gio. Andrea *Lilio* detto Andrea d' Ancona.
(2) *Anselmi*.
(3) Cioè ducatoni. Di questa qualità di moneta correvano allora per l' Italia diverse specie ma con poca differenza di valore che si può approssimativamente determinare in tre franchi.

154

Un Pittore di penna del *Guerzino* D. 1.

Un vecchio sopra un puttino con una Donna del *detto* D. 2.

Una testa di penna del *detto* in cornice dorata D. 1.

Una testa di Guido *Reni* di lapis rosso in cornice D. 0 ½.

Una testina piccola de' *Carracci* di lapis rosso e nero in cornice D. 0 ½.

Un S. Lorenzo del *Guerzino* di lapis rosso D. 1.

Una testa di lapis rosso e nero di *Lelio* (1) in cornice D. 3.

Una Susana del *Guerzino* di penna D. 1.

Sette figure del *Ligozzio* di penna et acquarella con lumi D. 2.

Un S. Martino di chiaro e scuro in cornice bello D. 8.

Un paese con molte figure del *Callot* che si scaldano D. 4.

Un sposalitio di S. Catterina di lapis nero con lumi D. 4.

Una Madonna col putto e S. Gioseffo d'acquarello in cornice d'Agostino *Carraccio* D. 6.

La conversione di S. Paolo di *Lelio* grande D. 8.

La sentenza di Salomone del *Mantegna* bello D. 15.

San Lorenzo grande d'acquarella del *Cangiasi* con molte figure D. 6.

Un mezzo nudo di penna di Guido *Reni* D. 1.

Una testa di *Guido* di lapis rosso, che guarda in sù D. 1.

Due Vecchie d'*Andrea* del Sarto di lapis rosso D. 1.

Un ritratto bello di lapis rosso e nero D. 3.

Una testa di pastello del *Baroccio* D. 1.

Una testa d'un vecchio di lapis nero di *Raffaello* D. 6.

Un disegno con molte figure, et il serpente di bronzo D 3.

Un Christo, che porta la Croce del *Guerzino* di lapis rosso e nero D. 2.

Un *Ecce Homo* del *Guerzino* di lapis rosso e nero D. 2.

Un profeta del *Guerzino* di lapis rosso D. 1.

Una Annunciata di *Lelio* con molte figure di penna D. 2.

Sei Puttini di *Giulio* Romano penna ed acquarella D. 2.

Quattro Baccarini di lapis rosso del *Guerzino* D 2.

S. Paolo di penna del *Guerzino* D. 1.

(1) *Orsi.*

Una testa d'un frate, che guarda in sù del *Cavedone* D. 1.

Un nudo del *Ligotio* D. 1.

Una battaglia con molte figure, che entrano in una Città, d'acquarella e lumi bello D. 6.

Una Madonna di penna con molte figure del *Frate* D. 4.

Un disegno grande con sette donne d'acquarello D. 4.

Un Giuditio di Paride grande di lapis rosso e biacca D. 3.

Duoi puttini di *Guido* in carta azura D. 1.

Una figura di penna, che studia, del *Guerzino* D. 0 $\frac{1}{2}$.

Una testina piccola in carta azura con lumi D. 0 $\frac{1}{2}$.

Una battaglia picola con architettura D. 3.

Venere, e Vulcano, et Amore picolo cavato da *Carracci* D. 1.

Un Christo morto di lapis rosso con S. Bernardo, e S. Catt.ª, et altri Santi cosa ordinaria D. 0 $\frac{1}{2}$.

Un Carro del sole in carta rossa D. 2 $\frac{1}{2}$.

Il convito de Dei del *Sprangia* (*Spranger*) D. 4.

Una Madonna in carta azura D. 2.

S. Gio: del *Guerzino* di lapis rosso D. 0 $\frac{1}{2}$.

Un ritratto di lapis rosso in cornice d'Annibale *Carracci* D. 4.

Tre figure d'acquarella su le nuvole di Ludovico *Carracci* D. 2.

Un libro con dodeci Imperatori di penna di Ludovico *Carraccia* D. 20.

Un libro con la vita della Madonna di Ludovico *Carraccia* D. 10.

Una figura di penna del *Parmeggiano* con una sfera in mano D. 2.

Una di lapis rosso del *Parmeggiano* in cornice notata per un S. Paolo D. 6.

Una testa di lapis rosso del *Parmeggiano* in cornice d'ebano piccola D. 2.

Un Cavallino del *detto*, dipinto in modo meniatura in cornice d'ebano D. 3.

La Madonna del Collo longo d'acquarella del *detto* D. 4.

Un Bacco in carta rossa in cornice d'ebano D. 6.

Una femina del *Parmeg.*º che si specchia di lapis rosso D. 6.

Una testa d'un Imperatore dipinta in modo di miniatura del *Parmeg.*º D. 8.

La Malanconia del *Parmeg.*º di lapis nero, e lumi di biacca D. 6.

Un nudo in schena del *Parmeg.*º di lapis nero D. 3.

Quattro Paesini in cornice di penna forniti D. 15.

Un Amorino colorito in cornice, che fa un arco con altri tre puttini- tenuto per fatto dal *Parmeg.*º D. 15.

Una testa del *Parmegiano* colorita d' un Prete, piccola D. 2.

Due figure ed un puttino del *Parmeg.*º di penna D. 6.

Un Christo resuscitato con le Marie, di penna, acquarella, e biacca in cornice creduto del *Parmegiano* D. 6.

Una testa di lapis nero in profilo del *Parmeg.*º D. 4.

Un disegno del *Parmeg* º d' acquarella e biacca con una Madonna, S. Sebastiano, e S. Geminiano D. 15.

Tre figure di lapis rosso con lumi di biacca del *Parmeg.*º D. 6.

Otto figure di penna del *Parmeg.*º D. 6.

Una testa di cavallo in un' arma di penna del *Parmegiano* D. 4.

Una figura armata con una statuetta in mano, di penna et acquarella del *Parmeg.*" bella D. 8.

Una femina, che s' amazza di lapis rosso del *Parmegiano* D. 3.

Tre figure armate di penna e acquarella del *Parmegiano* D. 3.

Otto puttini di penna et acquarella, del *Parmegiano* D. 4.

Una Madonna, che allatta il putto di lapis rosso del *Parmeg.*" D. 4.

Tre figurine in carta azura ⸱ di penna, acquarella e lumi del *Parmeg.*º D. 3.

Una Sibilla con doi puttini d' acquarella e penna, e nel roverscio un profeta di lapis rosso del *Parmeg.*º D. 4.

Una battaglia d' acquarella del *Parmeg.*º con cavalli D. 6.

Quatordeci disegni di mano del *Guerzino* da Cento D. 10.

Una Scena di Comedia cavata d' Annibal *Carracci* D. 2.

Due teste del *Passarotto* di penna grande D. 0 ¼.

Otto teste di *Pirino* di penna D. 3.

Il Battesimo di S. Gio: Battista di penna di Giacomo *Bertoia*, e nel roverscio alcune figure a cavallo D. 3.

Due figure, e doi torri di penna e aquarella del *Bertoia* D. 2.

Tredici pezzi di dissegni varii di poco prezzo D. 3.

Un libro coperto di verde con pezzi 48 D. 103.

Alcuni fragmenti di varii dissegni del *Parmegiano* D. 8.

Una meza figura di carta scura di lapis nero con lumi D. 2.

Una simile in piedi fatta per un termine D. 4.

Duoi paesi grandi in foglio di penna d'Agostino *Carracci* D. 16.

Un Eolo di lapis rosso veduto di sotto in su d'Agostino *Carraccia* D. 1.

S. Girolamo di Agostino *Carracci* di penna D. 2.

Una donna di penna con duoi puttini d'Agostino *Carraccia* D. 4.

Una Madonna di penna col putto, che dorme in braccio, di Agostino *Carraccia* D. 4.

Due teste separate d'Annibal *Carraccia* D. 2.

Un orso di penna d'Agostino *Carraccia* D. 1.

Una testa piccola dicono d'*Annibale* e doi altri pezzetti D. 1.

Un' Historia grande in foglio azuro del Sacrificio del Vitello, d'Annibal *Carraccia* fornito D. 8.

Un Capuccino di lapis rosso d'Annibal *Carracia* D. 1.

Una testa d'un vecchio in profilo d'Annibal *Carracia* D. 0 ½.

Il Ratto in foglio d'acquarello del *Cangiassi* D. 3.

Quattro Santi d'acquarella del *detto* D. 1.

Tre pezzi di *Michel Ang.°* di penna D. 6.

Dieci pezzi di dissegni mal forniti del *Correggio* D. 12.

Una testa d'un vecchio di lapis nero grande di *Giorgione* non certa D. 3.

Sette figure lumegiate d'oro del *Ligosio* D. 3.

Due figure di lapis rosso sopra un...... D.

Mecarino da Siena D. 1.

Undeci pezzi di *Lelio* da Novellara di penna D. 6.

Caino, che amazza Abelle del *Palma* in cinque modi penna, et acquarella D. 1.

Una simetria di penna d'Alberto *Duro* D. 1.

Un presepio di *Giùlio* Romano in foglio e acquarella D. 6.

La Lupa con Romolo e Remo d'Annibal *Carracia* D. 6.

Una figura di penna d'Agostino *Carraccia* con una gamba sopra l'altra D. 1.

Cinque pezzi di disegni a penna di *Brigolo* (1) D. 3.

Un Sansone di Baccio *Bandinello* di penna D. 2.

Un disegno del *Mazolino* in carta azura in un Teatro ovato D. 1.

Undeci pezetti di *Guido* cose ord.ie D. 2.

Una testa del *Caravagi* di lapis rosso D. 1.

Una figura di lapis rosso del *Perdonone*, e due teste dell' istesso D. 1.

Una sibilla d' *Andrea* del Sarto di lapis rosso D. 2.

Un disegno del *Schedone* in sigillo con tre figure, e 5 puttini di lapis nero D. 1.

Il Sacrificio d' Abramo del *Simoleo* D. 0 ½.

Una Madonna in carta rossa d' Andrea *Schiavone* con cinque figure D. 2.

Una Battaglia di M. *Biagio* cavata da *Raffaello* D. 3.

Due figure d' acquarella e biacca del *Primaticcio* D. 1.

Un Cristo all' horto di *Francia* mal conservato D. 1.

Un ritratto meza figura di penna d' Alberto *Duro* D. 3.

Una figura in foglio di lapis nero e biacca del *Salviati* D. 1.

Duoi dissegni in carta azura di *Dionisio* Fiamingo D. 1.

Doi dissegni del *Palma* uno in carta verde, et uno in rossa D. 1.

Un Paradiso di Lud.º *Carraccia* in foglio D. 3.

Una Madonna col putto in campo turchino di Lud.º *Caraccia* D. 3.

Una Circhie (Circe) di Agostino *Carracia* di lapis nero cavata dal *Correggio* D. 3.

Una Madonna, o Santa portata da doi Angioli in carta azura del *Mazolini* D. 2.

La strage dell' Innocenti in carta azura con lumi dell' istesso D. 6.

Un ritratto dell' *istesso* in carta azura d' un putto D. 1.

Sei Angioletti del *Spada* d' acquarella rossa D. 0 ½.

Nove figure in carta azura con due sopra un cavallo D. 1.

Una Madonna di penna con un huomo in ginocchio D. 1.

(1) Forse *Breughel*.

Un schizo di lapis rosso del *Perdonone* d'un vecchio e duoi
cavalli D. 1.

Una figura che fugge del *Perdonone* di lapis rosso D. 1.

La Battaglia di Constantino di penna di *Raffaello* D. 6.

Cinque figure di penna, e nel roverscio tre di *Raffaello* D. 4.

La Galatea di *Raffaello* di penna D. 3.

Una figura di *Raffaello* di lapis rosso non fornita D. 1.

Mosè di *Raffaello* sul Monte Sina d'acquarella e biacca D. 6.

Un Iacob con Esau d'aquarello e penna di *Raffaello* picolo
D. 4.

Una Madonna con S. Catterina d'acquarello e lumi fornito
di *Paolo* Veronese D. 4.

Tarquinio e Lucretia d'acquarello del *detto* D. 4.

La resurezione di Lazaro del *Carracci* d'acquarella D. 2.

Una figura di Paolo *Farinato* col fuoco sopra D. 1.

Un figliuol prodigo di penna, et un altro d'una donna e duoi
putti simili D. 2.

Quattro Angioli et un Profeta di lapis rosso del *Correggio*
non'forniti D. 2.

Tre disegni d'Andrea *Mantegna* di poco valore D. 1.

Un Mercato del *Calot* di penna D. 2.

Duoi schizi del....... uno di lapis nero, et uno di lapis rosso
di poco valore D. 1.

Un ritratto d'Alberto *Duro* in carta verde D. 1.

Un dissegno di Giacomo *Bertoia* di penna con molte figure
da tutte le parti D. 3.

Una donna nuda del *Bertoia* di lapis nero, e dall'altra parte
molte figure e cavalli di penna D. 3.

N.° XVI. A. 1647.

NOTA DI PITTURE E SCOLTURE IN BOLOGNA

(Archivio Palatino)

Piccola collezione di cose d'arte che da Bologna si offre in vendita al Duca di Modena.

Un S. Pietro di *Guido* bellissimo, mezza figura.

Un S. Paolo del *Guerzino*.

Un S. Geronimo di Ann.° *Carracci*, mezza figura ma che parla.

Una Madonna col putto del naturale del *Guercino*.

Un Dio padre grande più del naturale da solo senza cornice, perchè fatto adesso, del *Guercino*.

Una S. Caterina da Siena in estasi sostenuta da Angeli del Cav. *Vanni*.

Un paese bellissimo di Nicolò dell' *Abate*.

Una Madonna grande col puttino del naturale anzi più. È copia di man d'un francese da una Madonna che andò molti anni sono in Inghilterra, ma il puttino è tutto ricoperto da *Guido*, et anche le mani della Madonna, e nelle mani di un Principe parrebbe originale.

Due figure congiunte in groppo, di grandezza due piedi e mezo l'una che rapresentano l'Amicizia. Sono greche, e di queste non ha nessuna cosa più bella, e dà principe nella nostra città.

Un torso di una donnina, non greco, e di singolare beltà.

N.° XVII. A. 1650.

(Archivio Palatino)

A codesto inventario si accompagna la seguente nota informativa.

« La relazione delle pitture de' SS.^{ri} Savelli è compitissima, e se al valore del prezzo corrispondesse quello dell' eccellenza, si potrebbe francamente applicare all' acquisto. Si scorge dalla lettura di detta nota poca intelligenza dell' arte di chi l' ha fatta e gran pretensioni spropositate. Tuttavia se fra dette pitture ve ne fosse qualcheduna, che paresse a V. A. di poter scieglicre, si attenderà che si compiaccia di darne avviso, quando separatamente si contentassero di farne esito. »

Nello stesso proposito il Duca Francesco I scriveva da Modena il 6 settembre 1650 al Card. Rinaldo d' Este in Roma, le seguenti parole: « Starò attendendo ch' ell' habbia poi havuto distinto ragguaglio del prezzo de i quadri de' Savelli, in proposito de' quali devo dirle che dell' opere dei *Dossi* io ne ho parecchie e perciò non ho gran premura di haverne altre. Ben mi sarebbe estremamente caro di trovar qualche pezzo di *Raffaele* e giacchè ella perde la speranza di quel di Foligno si compiacerà di far tutte le diligenze possibili per quel ch' è nella Marca. »

Non pare che si venisse ad alcuna conclusione in queste trattative, tanto più che al Duca poco premevano que' quadri di scuola ferrarese di cui possedeva buona quantità, i quali erano stati asportati con modi

11

più o meno leciti da Ferrara dopo l'annessione di quello stato ai dominii della Chiesa. La famiglia Savelli si estinse nel 1712.

INVENTARIO DI TUTTI LI QUADRI CHE SONO NELLA GALLERIA DE SS.ri SAVELLI.

Un' Ascensione del Sig.re in tavola alto p.mi 12 in circa, largo p.mi 8 iu circa del *Garofani* Benvenuti con li 12 Apostoli (1), D. 1300.

Un S. Giovanni figura intiera con l'Agnello in tela alto p.mi 7, largo p.mi 5 del *Spagnoletto*, D. 150.

Un S. Giovanni che scrive l'Apocalisse con S. Bartolomeo e due altre figure intiere in tavola del *Dossi* alto p.mi 10 largo p.mi 6 (2), D. 1000.

Uno Bigaim di *Guido* con sette figure, p.mi 6 in circa in quadro in tela, D. 300.

Un Presepio in tavola mezzo tondo di sopra con paese con sei figure insieme, del *Garofani*, D. 600.

Una Coronazione di Christo 3 meze figure, del *Gentileschi* per traverso p.mi 6 in circa, D. 150.

Un' Ancella con S. Pietro negante, et una altra meza figura per traverso, p.mi 5, e 4 del *Caravaggio*, D. 250.

S. Antonio, S. Cecilia, et un altro Santo figure in piedi, del *Garofani*, alto p.mi 10 in c.a largo 8 c.a in tavola, D. 500.

Un ritratto di donna con chitarino con un huomo dietro, del *Giorgione* di Castelfranco, p.mi 3 in quadro, D. 50.

Una Madonnina col puttino in braccio, S. Anna, S. Francesco e S. Giuseppe in tavola in paese, del *Dossi*, figure intiere grande p.mi 2 in circa, D. 400.

Sposalitio di S. Catterina in tavola con 6 figure intiere d'*Ercole* di Ferrara grande p.mi 2 in c.a, D. 25.

(1) Il Quadro di *Benvenuto* è guasto. *Nota originale.*
(2) Il quadro del *Dossi* è il più bello della Galleria, si può pagare 400 scudi. *Nota originale.*

Una Testa di S. Francesco del *Caraccioli* (*Caracci*) in tela grande p.^{mi} 2 in c.ª, D. 10.

Il Diluvio del *Scarsellino* con molte figure et animali per traverso grande p.^{mi} 12 in c.ª, D. 300.

S. Atanasio del *Spagnoletto* p.^{mi} 5 alto, D. 100.

Una Madonna col Christo morto in seno con due Angeli a' lati, figure intiere alto p.^{mi} 3 del...... D. 100.

Un Giudizio di Paride con cinque figure in piedi del *Caraccioli* per traverso palmi 8, D. 130.

Giuditta con altra Donna, che taglia la testa ad Oloferne, alto p.^{mi} 7 largo 5 del *Gentileschi*, D. 200.

Una Madonna col Bambino in braccio, alta p.^{mi} 4 largo p.^{mi} 3, del *Gentileschi*......

Una Madalena del *Scarsellini* per traverso p.^{mi} 6, D. 60.

Un Paese di diversi Animali del *Dossi* in tela p.^{mi} 5 in c.ª, D. 30.

Un Cane barbone in tela grande p.^{mi} 4 in circa, D. 15.

Il Convito de' Dei per traverso p.^{mi} 4 in c.ª che viene da *Raffaelo* in tavola, D. 50.

Un Santo in ginochioni con un manigoldo in atto di tagliarli il collo, figure intiere alto p.^{mi} 7 e 6 in circa, del *Gentileschi*, D. 200.

Un Christo con la croce in spalla con un' altra figura, p.^{mi} 4 in quadro, si crede del *Muziano*, D. 20.

Una Venere con l'Amorino in tela per traverso p.^{mi} 6 e 7 in c.ª de' *Dossi*, D. 60.

Una Samaritana con Christo et altre figure alto p.^{mi} 8 in c.ª largo 6 in tela, d'uno delli *Dossi* inferiore, D. 100.

Una Carità di *Guido* p.^{mi} 6 e 4 due meze figure, D. 200.

QUADRI DEL SIG. CARDINALE VENUTI DI BOLOGNA (1).

Un Sposalizio di S. Catterina con 5 figure alto p.^{mi} 5 largo 4 di *Giovanni* da S. Giovanni, D. 25.

(1) Furono tre i cardinali della famiglia Savelli nel 17° secolo. Ora accennandosi qui i *quadri del Sig. Cardinale venuti da Bologna*, si può con fondamento ritenere che si intenda accennare a Fabrizio, che fu Legato di Bologna, dal 1648 al 1651.

164

Un Cristo morto con la Madonna, S. Giovanni e Madalena figure intiere del *Palma*, alto p.mi 6 in c.ª largo palmi 4 in circa, D. 300.

Due Donne e putto vestite da maschera, alto p.mi 5 largo 4 del *Caraccioli*, D. 200.

Un S. Francesco con Crocefisso in paese, grande p.mi 2 d'Annibale *Caracci* (1), D. 200.

Una Venere et Adone con due putti e paese in ottangolo dell'*Albani*, D. 300.

Un Amore che tira un cingiale per un' orechia, del *Guercino* alto p.mi 6 largo 4 con paese, D. 80.

Testa d'una Madonna di *Guido* p.mi 3 in c.ª, D. 50.

Un cane con una scimia, e papagallo per traverso p.mi 4 in circa d'Annibale *Caracci*, D. 100.

Una Testa di Gioseppe del *Guercino* grande p.mi 3 e 2, D. 50.

S. Gio: Battista nudo figura intiera miniatura alto p.mi 2, vien da *Guido* in rame, D. 30.

Angelo Custode con puttino del *Guercino* alto p.mi 4 largo p.mi 3, D. 100.

Testa di S. Pietro piangente di *Guido* p.mi 2 (2), D. 100.

Una Venere sopra letto cremesino con un Adone e 3 Ninfe e 4 Amorini in paese dell'*Albano* p.mi 3 ½ in circa, D. 200.

Una Testa d'una Madonna piangente del *Guercino* p.mi 2 ½, D. 60.

Un putto morto in tela per traverso p.mi 3 in circa di Frat' *Antonio* dal Finale (3), D. 20.

Caino che ammazza Abel di p.mi 2 in c.ª, D. 15.

Una Venere con 3 Ninfe serventi in abbellimento con 8 Amorini in paese dell'*Albani* di p.mi 3 ½, D. 200.

Un Gioseppe sforzato da Putifar di p.mi 2, dell'*Albano*, D. 60.

Testa d'un filosofo di p.mi 2 ¼ et 1 ½, D. 25.

(1) Bellissimo. *Nota originale.*
(2) È buona. *Nota originale.*
(3) È autore ignoto. Lo Zani nel T. XIX della sua *Enciclopedia* segna il nome di *Versura* sacerdote Antonio del Finale pittore, incisore modenese che fioriva nel 1600. Anche questo non c'è occorso di veder ricordato da altri.

Due Teste d' un huomo et una donna di p.mi 2 in c.ª di
Lodovico *Caracci*, D. 50.

Una Testina di mano di *Sofonisba* di Cremona d' un p.mo in
quadro, D. 60.

Un cuniglio con diversi animali in carta pecora deligentiss.te
miniati di p.mi 3, D. 200.

Un ovato in pietra con sopra la Natività di p.mi 1 ½ in circa
in ottangolo dell' *Albano*, D. 50.

Ritratto di Pietro Aretino alto p.mi 5 largo 4, D. 100.

Elena rapita da Paride, miniatura che viene da *Guido* di p.mi
2 ¼ in c.ª, D. 60.

Una Madonnina con due Santi dell' *Abbati* Nicolò di Modena
di p.mi 2 in c.ª, D. 30.

Ritratto di Carlo V° p.mi 4 in circa di *Tiziano*, D. 150.

Una Madonna del *Pesarese* allievo di *Guido* con S. Gioseppe,
2 Angeli mezze figure in tela di p.mi 6 e 5 con rose ri-
portate, D. 150.

Due Vasi di pietra commesso in pietra paragone con fiori,
D. 250.

Una Madonna, putto, et Angelo in tavola antica d' incerta
mano, D. 80.

Un Amor che dorme, miniatura di p.mi 2 per traverso viene
da *Guido*, D. 100.

Due Vasi di fiori miniatura, D. 50.

S. Sebastiano in tavola meza figura di p.mi 3, D. 40.

S. Giovanni Evangelista p.mi 3 di *Guido* (1), D. 100.

Un Sponsalizio di S.ta Caterina meze figure in tavola di p.mi 3
in circa di mano d' *Innocenzio* d' Imola, D. 125.

S. Bastiano meza figura di *Guido* p.mi 2 ½, D. 70.

Una Natività in rame con moltiss.me figure di p.mi 1 ½ d' incerta mano, D. 30.

Un Ritratto in tavola di Dosso *Dossi* di p.mi 2 ½, D. 50.

Una Venere con una Ninfa, 3 Amori, et una marina dell' *Albano* in ottangolo, D. 60.

(1) Bellissima testa.

166

Una Natività del Cav.re *Lanfranco* di p.mi 4 in circa con diverse figure, D. 150.

Una Madonna col Bambino in braccio, S. Gioseppe, 3 Pastori, animali del Cav.r *Bassano* di p.mi 4 per traverso, D. 50.

Una Madonna, Christo fanciullo, S. Giovanni e S. Anna in rame di p.mi 2 di Lodovico *Caracci*, D. 50.

Una Madonna col Bambino lattante di p.mi 4 di Lodovico *Caracci*, D. 60.

Una mezza figura di David in tela di p.mi 5 di mano del *Tiarino*, D. 30.

Un Amore che dorme in tela di p.mi 6 per traverso con paese di *Guidò*, D. 100.

Un S. Girolamo con la penna in mano adorando un Crocefisso con paese, del *Guerzino* alto p.mi 10 largo 6, D. 200.

Un S. Francesco orante in ginochioni con paese alto p.mi 10 largo 6 del *Guerzino*, D. 200.

Una Madalena battente in ginochio figura intiera del *Guerzino* con paese alto p.mi 10 largo 6, D 200.

Erminia quando andò dal Pastore con tre fanciulli figure intiere del *Guerzino* con paese alto p.mi 10 longo p.mi 12 per traverso (1), D. 500.

Sansone quando se gli tagliano i capelli da una donna con un Amore et altre figure intiere, di *Guido* alto p.mi 8 longo 10 per traverso, D. 400.

Un S. Giovanni di Lodovico *Caracci* alto p.mi 7 e largo 5, D. 200.

(1) L' Erminia del *Guerzino* è delle migliori che habbia fatto, però non vale più di D. 300.

N.° XVIII. A. 1651.

ELENCO DEI QUADRI DELLA SIGNORA ELEONORA MARCHI CREMONESI

(Archivio Palatino)

Un quadro sopra il rame, picolotto, un brazzo longo et mezo
    largo con la cornice, ben condizionato et coperto, nel
    quale vi è dipinto un bosco con paesi a torno e lonta-
    nanze di mano di *Brugolo* d'Anversa con dipinto un po-
    polo di figure diverse che seguono Giesù N. S.

Un altro quadro parimente sul rame con la cornice indorata,
    con dipinto sopra una flagelazione di N.° Sig.re et una
    turba di genti inumerabili di mano, dicono, di Paolo *Brillo*
    e questo è largo un braccio e più di longhezza, e di
    larghezza poco meno.

Una Madonna col Puttino di mano di Sisto *Badalocchio* su la
    tela con la cornice indorata.

Un quadro su la tela largo più d'un braccio, e longo più,
    con cornice nera et con filo indorato d'intorno di Gio.
    Fiamengo con un paese et una S.ta Maria Madalena be-
    lissima.

Un quadretto piccolo su l'assa sopra il quale vi è dipinto un
    papagallo del *Parmegianini*.

Doi retratti picoli sopra il rame delli Sig.ri Duca Ranutio, et
    Cardinale fratelli Farnesi, legati in argento, di mano d'A-
    nibal *Caracia*.

N.º XIX. A. 1651.

CATALOGO DEI QUADRI, DEI DISEGNI E DELLE SCOLTURE DELLA CASA MENICONI E DI ALTRI IN PERUGIA

(Arch.º Palatino)

Questo elenco di pitture, di disegni e di scolture venne spedito dal Marchese Francesco Mirogli a un segretario del Duca di Modena, forse il Poggi, accompagnato da una lettera da Perugia dei 10 ottobre 1651, nella quale si dava conto di altre pitture di pregio che si offerivano in vendita in detta città. Sembra che non si procedesse oltre nelle trattative per parte del Duca, e che i quadri e i disegni venissero poscia venduti ad altri, perchè quelli oggi posseduti dalla famiglia Meniconi che si trovano registrati nella Guida di Perugia del Gambini e in quella recentissima del Rossi Scotti, sono affatto diversi dai quadri e dai disegni segnati nel Catalogo del 1651. A questo facciamo seguire la nota delle altre pitture offerte in vendita nella stessa città, come risulta dall' appendice al Catalogo e dalla lettera del Mirogli.

NOTA DELLE PITTURE DISEGNI E SCOLTURE CHE SI RITROVANO IN PERUGIA NELLA CASA DE SS.ri MENICONI.

Un quadro del *Bassan* vecchio alto circa 3 piedi largo intorno a 5, Natività del nostro Sig.re con molte figure di Pastori e di animali minori, Scudi romani 400.
Un quadro di Franco *Salvieri* (*sic*) (1) d'altezza circa 4 p.di

(1) Forse *Salviati.*

di larghezza intorno a 3, la Vergine col bambino in collo
e Sant' Anna figure quanto il vivo e quasi intiere, Sc. 300.

Un quadro di *Giulio* Romano copiato da *Raffaello* largo circa
doi piedi alto uno e ½ dipinto in tavola, la Vergine col
putto in collo, Sant' Anna, San Gio: in ginochioni figure
intiere, ma piccole, nel campo prospettive e paesi, Sc. 250.

Un quadro di Domenico *Puligo* fiorentino in tavola d'altezza
circa duoi p.di di largo uno e mezzo, la Vergine col putto
in collo, San Gioseppe, ma figure mezze quanto il vivo,
Sc. 200.

Uno Quadro di *Pietro* Perugino d'altezza quasi duoi piedi,
larghezza uno e mezzo, la Vergine col putto in collo
quasi intiera poco minore del vivo, Sc. 200.

Un tondo di Michel Angelo *Bona Rota* di diametro circa duoi
piedi con festone a torno tutto dorato, la Vergine col
putto in collo che dorme, S. Giovanni a' piedi sedendo,
figure intiere non molto grande, Sc. 250.

Un quadro di Michel' Angelo da *Caravaggio* di lunghezza circa
4 p.di d'altezza 2 ½; S. Giovanni nel Deserto figura quasi
intiera, Sc. 200.

Un quadro del Cav.re Gioseppe *d' Arpino* altezza circa duoi
piedi ½, longhezza doi, la Vergine col putto in collo e S.
Giovanni, figura intiera, S. Gioseppe al lato che non si
vede, tutto minor del naturale, Sc. 250.

Un quadro in tavola del *Poppi* Fiorentino alto circa piedi cinque largo 3 ½, Paride con tre donne, poco minore del
naturale, Sc. 150.

Un quadro di Giacomo *Barboni* (*Borboni*) Lombardo, larghezza
circa 4 piedi altezza 2 ½, la Vergine col putto in collo,
San Giuseppe e S. Anna figure quasi intiere del naturale, Sc. 80.

Un quadro del *Palma* vecchio, circa un p.de ½ per ogni lato,
Cristo morto con le Marie e altre figure intiere, Sc. 80.

Un quadro di Prospettiva di *Cherubino* dal Borgo (*Alberti*)
altezza circa p.di 2, larghezza 2 ½, Sc. 50.

Un quadro di Bernardino d' *Arpino* ritoccato dal Cavalliero suo fratello (1). Caino che uccide Abel maggiore del vivo, Sc. 200.

Un quadro di *Paolo* Veronese, altezza e larghezza circa un p.do ⅓, Santa Maria Madalena con una Croce in mano quasi mezza figura del naturale, Sc. 60.

Un quadro circa la medesima grandezza creduto del *Correggio*, un pastore in atto di sonare la pifera, quasi mezza figura del naturale, Sc. 60.

Un quadro del *Tintoretto* circa la medesima grandezza quasi mezza figura d'un Vecchio ritratto al vivo, Sc. 30.

Un quadro stimato di *Pietro* da Volterra in pietra lungo la medesima grandezza, Cleopatra coll'aspide quasi mezza figura del naturale, Sc. 30.

Un quadro di Guido *Reni* circa la medesima misura, rappresenta la Vergine in atto di orare con le mani giunte e la testa alzata quasi mezza figura alquanto maggiore del naturale, Sc. 100.

Un quadro del *Cigoli* Fiorentino d'altezza circa 3 p.di larghezza duoi, S. Maria Madalena davanti al Crocifisso, mezza figura del naturale, Sc. 60.

Un quadro del *Baglioni* su la stessa misura, Cristo alla colonna, mezza figura al naturale, Sc. 60.

Un quadro del medesimo e della medesima grandezza, S. Pietro piangente, mezza figura del naturale, Sc. 60.

Un quadro di Ventura *Salimbeni* su la stessa misura, S.ª Maria Madalena con un Angelo appresso, figura intiera, Sc. 60.

Un quadro di *Terenzio* da Pesaro su la stessa misura, Gioseppe che fugge la Donna, figura intiera, Sc. 60.

Un quadro del *Passignano* su la stessa misura, S. Sebastiano spirante con uno appresso che lo slega, mezza figura del naturale, Sc. 60.

Un quadro del medesimo dell'istessa grandezza, Venere che porge un grappolo d'uva ad un Satiro, Amore appresso che ride, Venere figura intiera, l'altre due mezze, Sc. 70.

(1) Giuseppe *Cesari* più noto sotto il nome di Cavalier d'Arpino.

Un quadro l'historia di Giuditta che occide Oloferne con moltissime figure tutte piccole rappresentante di notte con sue cornice dorate, Sc. 40.

Una testa d'Anibale *Caracci* figurata per San Pietro con sue cornice dorate, Sc. 25.

Una testa di Federigo *Barocci* figurata per una giovine sposa con sue cornice dorate et negre, Sc. 25.

Chiari Oscuri

Un chiaro oscuro di *Ferau* da Faenza a olio, la Vergine Assunta con gl'Apostoli, abasso figure intière non molto grande, il quadro è di altezza dui piedi $\frac{1}{2}$ in circa longhezza doi, Sc. 30.

Un chiaro oscuro a guazzo alto circa otto p.^{di} di largo duoi figura intiera d'un Profeta assai maggiore del naturale alquanto mal conservato, mano d'*Andrea* del Sarto, Sc. 30.

Un chiaro scuro del medesimo in carta circa 4 p.^{di} p. ogni lato Giacobbe che ha in visione la scala, la figura intiera del naturale, Sc. 30.

Un chiaro scuro di *Gioseppe* d'Arpino in carta alto circa 3 p.^{di} largo più di duoi, S. Stefano in gloria con doi Angeli che lo sostentano figura intiera per poco minor del naturale, Sc. 30.

Un disegno finito di penna e d'acquarello longo più di 5 p.^{di} alto uno, rappresenta le nozze di Rebecca con moltissime figure d'intorno, mano di *Baldassar* da Siena: di detto disegno va a torno la stampa intagliata da *Gioseppe* d'Arpino, e coperta con un Paese di *Giovanni* Fiamengo in tavola, Sc. 100.

Un libro di disegni d'eccellenti Maestri antichi e moderni con nomi loro tra quali molti di *Raffaelle*, Sc. 350.

Vari disegni in cornice d'Autori di p.ª Classe molto ben forniti tra quali alcuni di *Raffaelle*, Sc. 100.

SCOLTURE ANTICHE DI MARMO

Quattro statue di marmo poco minori del naturale, due nude che rapresentano Apollo e Venere, due vestite figurate per Minerva, et una Imperatrice rimodernata in Roma d'onde furono levate, da bonissimi Scultori, Sc. 480.

Diecinove teste con loro peducci la maggior parte di pietre lustre, due delle quali figurano un Giove Capitolino et un Filosofo e sono maggiori del naturale con poco petto, Sc. 570.

L'altre al naturale col petto secondo il solito, due di nome ignoto le rimanenti rapresentano le presenti effigie (ommesso).

Una statuetta a sedere figurata per una Flora, d'altezza circa doi piedi, Sc. 50.

Una statuetta d'altezza quasi duoi piedi figurata per l'Amore in atto di aventare il fulmine, Sc. 60.

Un'altra statuetta compagna che rapresenta Bacco fanciullo appoggiato ad una vite, Sc. 60.

Due statuette di metallo in un gruppo a sedere figurate per Tarquinio e Lucretia d'altezza circa un piede e ½ benissimo ripolite, mano di Giov. *Bolongia* o di Vincentio *Danti* con base di pietra lustra, Sc. 80.

Queste tutte sono le Pitture da vendere che hanno i Sig.[i] Meniconi, vi hanno anche di più una Cassetta di Diamante, un paro di pendenti di Diamante, una perla fatta a pera assai grande di valuta di 700 D., doi Anelli, un diamante et un Robino tutte cose degne d'una galleria.

Ne ho poi trovato apresso ad altri come una S. Madalena di *Titiano* alta piedi 1 e mezzo in circa, larga duoi in circa, figura poco meno che intiera più di mezza, ma questa la donano per esser di gente povera con sue cornici dorate, Sc. 50.

Un altro di *Titiano* Madonna col Bambino diritto in mano, che par vivo nè vi manca se non la parola, S. Domenico e S. Pietro Martire di doi piedi e 3 oncie d'altezza e di larghezza un piede — il meno è di Sc. 500.

Un quadro del *Baroccio* la Madonna, il Bambino e S. Gioseppe in atto di porgere un rametto di cerase al Bambino, un asinello, paesi d'altezza piedi 4 e la larghezza tre piedi. L'è opera questa veramente divina, Sc. 500.

Un quadro di *Raffaello* d'Urbino, la Natività di S. Gio: Battista con molte figure, capricci, prospettive di longhezza tre piedi e mezzo e un'oncia, larghezza doi e mezzo e tre oncie, Sc. 1000.

E questi hanno trovato altre volte questi mille scudi di detto quadro di *Rafaello* e non l'hanno voluto dare, profertoli dal Sig.r Abbate Ripa; come anche del altri doi 500 scudi ne hanno trovato e mai gl'hanno voluto vendere; hora mo perchè ne hanno bisogno li venderanno, e quest'ultimi tre sono de Padri Giesuiti, se bene poi vi vorrà la licenza del Papa o della Consulta, V. S. in questo non vi ha da pensare che la farò servir io. Vi saranno molti altri quadri da vendere non punto inferiori di questi de' quali non gl'ho potuto mandar la nota per esser sempre stato di fori quei Sig.ri appresso de' quali si trovano.

Averta che in questo quadro di mille scudi di *Rafaello* tutte le figure sono intiere e ve ne sono molte et è una delle più rare pitture che mai si possa desiderare.

Averta anche che alcune parole ho tralasciato che nella lista non s'intendevano, ma perchè non guastano il senso et per questo non me ne son curato di domandargli come dicevano, e sono parole che non sono essenziali.

All'enumerazione delle pitture da vendere in Perugia non sarà inopportuno aggiugnere le altre ricordate nella lettera del Mirogli superiormente accennata, che qui si riporta.

174

Molt' Ill.re S.r mio Oss.mo

Mando a V. S. la *nota de' quadri* conforme le scrissi di fare et oltre a questo m'è stato portato oggi un quadro che mi giurano di *Titiano*, bench'io non voglia crederlo tale ma che veramente a mio giudizio è bellissimo che è l'Adorazione de magi, e addimandano cento Zecchini, et io credo certo che nelle mani del Sr.mo Padrone valerebbe ogni danaro perchè certo è di tutta perfettione, e chi lo vuol vendere ha bisogno, ma pretendono che questo sia l'ultimo prezzo. In somma di quanti ne ho veduti, questo mi pare singolarissimo. Se le mie relazioni ponno meritare credito appresso S. A. comandi, che subito lo manderò. Vi è pure un *Ecce Homo*, che similmente m'asseriscono di *Titiano*, questo anco lui è bello assai, ma perchè di questi n'ho veduti molti su questa forma non mi fido. È però bellissimo e s'havrebbe per novanta ducatoni. Proseguirò le mie pratiche per migliorare la relazione, ma certo tra tanti pezzi, che n'ho veduti, non mi lascierei fuggire quello che ho descritto a V. S. dell'Adorazione, et che col parere ancora del S. Cav. Girol.º Rossetti che me l'ha fatto vedere è stimato cosa singolare et che vaglia ogni danaro. Se S. A. poi applicasse a volerne di quelli del *Guerzino* ve ne sono quatro bellissimi compagni in mano del Cionacci e sono: S. Pietro, S. Paolo, la Madona e S. Madalena, veramente gentili, aggiustati poi con le sue cornici alla moderna, e ben dorate: non ho trattato di prezzo, perche ho supposto che il Ser.mo non inclini a questi moderni. E questo è quanto ho potuto operare sin qui mentre ratificando a V. S. la mia sviceratezza le bacio affett.e le mani.

D. V. S. M.º Ill.re

Perugia 10 8bre 1651.

Aff.mo Servitore
Fran.co Mirogli.

Mentre stò chiudendo la lettera capita il padrone del quadro de' magi e dopo molti discorsi si riduce a volerlo lasciare per 50 doppie. Ho risposto che trattarò, et che a suo tempo farò avvisarlo. Il quadro è quasi della grandezza d'uno de' ritratti del Ser.^{mo} con un cornicione all'antica assai vago, e certo di quanti ne ho veduti questo è il mio diletto.

Mi vien pur' anco portato questa mattina un S. Gio: che certo è di *Titiano*, questo sarà la grandezza di quello di miniatura; ne addimandano 80 doppie, ma veramente è gentile.

Farò pratica per cose migliori, che sia possibile, et attenderò la risposta di V. S. alla qual mi confermo svisceratamente.

N. XX. A. 1662.

CATALOGO DEI QUADRI DELLO STUDIO MUSELLI DI VERONA

(Archivio Palatino)

Cristoforo e Francesco Muselli veronesi possedevano nel secolo XVII una eletta raccolta di pitture e di disegni formata dal loro genitore la quale essi offerirono in vendita a quei principi che allora erano in voce di amatori e di ricercatori di somiglianti preziosità. Ebbero pratica perciò con l' Arciduca Ferdinando Carlo d' Austria, ma perchè questi alla loro domanda di 24,000 ducati contrappose l' offerta di solo 10,000, e più ancora per essere egli passato ad altra vita il 30 dicembre 1662, la cosa non ebbe seguito. Non dissimile risultato incontrarono le trattative incamminate a tale effetto con Cristina Regina di Svezia. Però antecedentemente a queste pratiche Francesco I Duca di Modena che stava ordinando una magnifica collezione di pitture nel suo palazzo, aveva posto gli occhi allo studio Muselli e iniziati gli accordi per acquistarlo, offerendo a titolo di compra un feudo del suo stato con aggiunta di denaro ad equiparare il prezzo richiestone. Questo scriveva il Duca ai 16 luglio 1649 e poco appresso mandava il Balestrieri parmigiano e il suo segretario Geminiano Poggi intendentissimi di quelle materie a esaminare i dipinti; ma per allora non si venne ad alcuna conclusione nè le pratiche furono ripigliate se non parecchi anni appresso, da Alfonso IV successore di Francesco I. Questo principe, non meno del padre, amante delle arti diede incarico nel 1662 al marchese Gasparo Gherardini veronese di intavolare un nuovo accordo per l'acquisto; ma i Muselli che si trovavano impegnati con l'Arciduca e con la Regina di Svezia, non poterono attendervi, promettendo però la precedenza al Duca qualora si fossero svincolati dagli obblighi assunti, come accadde l'anno successivo. Pareva al Duca soverchiamente elevata la somma che ne richiedevano, nel qual proposito replicava il Gherardini, che quantunque il proprietario fosse fermo nel volere 24,000 ducati, avrebbe non ostante rimesso alquanto della sua pretesa con S. A. *mentre benignamente degni promettere in parola al di lui figlio che vestirà da prete, di farli avere a Roma qualche Abbatia di rendita.* Fu verosimilmente in conseguenza della promessa data dal Duca che i Muselli ridussero il prezzo a 20,000 ducati da sborsarsi dopo la visita dei dipinti per parte dei periti eletti da quel principe. Avvertiva poscia il Gherardini del gravissimo dazio che colpiva l'escita delle pitture dallo Stato Veneto, pretendendo i gabellieri il quarto del costo delle medesime e consiglia-

va il principe a impetrare dal Senato una licenza di
estrazione la quale gli avrebbe risparmiato qualche mi-
gliaio di ducati. Erano già stabilite le condizioni del
contratto quando sopraggiunse un incidente che ruppe
gli accordi. Fra questi quadri segnalavasi una Venere di
Paolo Veronese, proprietà del conte Francesco Bevilacqua
che l' aveva data in pegno ai Muselli a sicurtà di denaro prestatogli dai medesimi. Pretendevano questi essere venuti in possesso del dipinto perchè non era stata
loro restituita al debito tempo la somma sborsata; ma
il Bevilacqua citò in giudizio i Muselli protestando essere quella Venere un fidecommesso inalienabile della sua
famiglia, e dichiarando di opporsi alla vendita della medesima. Fu data vinta la causa al Bevilacqua il quale
ricuperò per tal maniera il dipinto; e fu cagione che il
Duca Alfonso ordinasse al Gherardini di troncare le trattative poichè venivagli sottratta l' opera, ch' egli ripu-
tava più insigne di quella collezione (1).

Questo studio non fu solamente memorato e lodato
dallo Scannelli, dal Ridolfi, dal Del Pozzo e da altri scrittori di cose d' arte; ma sì ancora da due principi che
a breve intervallo uno dall' altro, lo visitarono. Fu il
primo, Cosimo III de' Medici che lo vide nel 1664 (2);
fu l' altro, il Principe Luigi di Borso d' Este che l' anno
successivo notava nella Relazione del suo viaggio in
Germania, di aver veduto *il palazzo del Dottor Muselli
di moderna architettura nuovamente fabbricato, che in
un corso di sei camere rinchiude Quadri di tdl stima,
che furono ricercati in compra dal Ser.*^mo *Duca Francesco di Modena per prezzo di 45,000 (sic) Ducati* (3).

(1) Documenti nell' Archivio Palatino.
(2) Pizzichi *Viaggio per l' alta Italia di Cosimo III* pubblicato dal
Moreni, Firenze 1828 p. 113.
(3) Ms. nella Palatina X. F. 31.

12

Finalmente anche questa insigne collezione andò perduta per l' Italia e il Del Pozzo ci porge notizia che i figliuoli di Cristoforo Muselli vendettero il loro Museo composto di 122 quadri a un Monsieur Alvarese negoziante di pitture, il quale li trasportò in Francia e vendutili colà, solamente di sei pezzi ricavò più di quanto aveva speso nell' acquisto di tutti, che fu la somma di 22,000 ducati (1). La miglior parte di queste pitture fu comperata dal Duca d' Orleans Reggente di Francia per ornarne la sua Galleria e passò poi in Inghilterra per la vendita della medesima compiutasi nel 1792. Rimaneva una raccolta di disegni della più grande rarità, la quale non era stata compresa nella vendita dei quadri; ma questa ancora fu ceduta dai Muselli nella prima metà dello scorso secolo al celebre amatore francese Crozat.

INVENTARIO DELLE PITTURE CHE S' ATTROVANO IN VERONA NELLA GALLERIA DEL SIG.ᵣ CHRISTOFORO MUSELLI.

Un ritratto d' una bellissima donna con un canino sopra un tapeto d' una tavola, più di mezza figura del naturale, di *Paolo* Veronese, di 3 braccia in altezza, e 2 in larghezza.

Christo N. S. che in forma d' Ortolano apparisce alla Maddalena, ed ella genuflessa in atto d' adoratione posa una mano sopra un vaso, e l' altra tiene al petto in un bellissimo paese, figure di un braccio, di *Titiano*, e in altezza quasi 2 b.ª e 1 ½ per l' altra parte (2).

Una Madonna che tiene un Bambino rivolto verso S. Caterina con la ruota in atto di porle l' anello in dito, si vede

(1) *Vita di pittori, scultori, architetti Veronesi. Verona* 1718 p. 94.
(2) Questo quadro è memorato e lodato dal Waagen nel ragguaglio della Collezione Rogers di Londra (*Kunstwerke und Künstler in England* ecc. II 409).

nella detta Santa una modestia e riverenza inesplicabile; dall'altra parte v'è S. Giovanni Bambino, ch'è di carne, mezze figure, sbagliano poco del naturale, di *Tiziano*.

Una Madonna che siede in un paese, dove v'è architettura, arbori, et altro con il Bambino rivolto verso S. Gio: Battista in atto di farli carezze, dall'altra parte un S. Giacomo: le figure sono meglio di 1 braccio, opera di *Tiziano*.

Una Madonna con un Puttino in braccio che dorme, due Angeli l'osservano, e con il dito alla bocca additano silentio, di ¼ di braccio, del *Correggio*.

Un S. Martino a cavallo, con attorno una schiera di pitocchi di tutte le sorti imaginabili in un bellissimo paese, opera del *Breughel*.

Enea condotto dalla Sibilla all'Inferno, dove si vedono le pene de' dannati, i fiumi Acheronte e Cocito, che trahono con il suo impeto anime senza numero; v'è l'albergo delle Furie crinite di serpi, Minos che giudica, in somma vi sono tante figure che non si possono contare, di *Breughel*.

Un satiro ridente in atto di alzar una tenda per osservar Siringa, di grandezza d'un braccio, del *Correggio*.

Troja che arde; Enea con moltissime figure, porta egli Anchise, Ascanio, i Penati et altri portano tesori alla riva del mare dove si vedono varie barche; è opera delle più finite di *Breughel*.

Cristo in Croce, da' lati in aria due Angioletti che piangono, a piedi la Madalena genuflessa ch'abbraccia la croce in un bellissimo paese di *Breughel;* le figure sono di Gio: *Rotenhamer*.

San Gerolamo che con un dito della mano posa sopra un teschio d'un morto, con l'altra si sostiene il capo; v'ha libri e vi si veggono altre curiosità; è finissimo, d'un braccio, di *Luca* d'Olanda.

Del medesimo l'adoratione de tre Magi in un altarino con varie figure riccamente vestite; un paese finitissimo con vaghissima architettura, in una delle parti v'è S. Giorgio che ferisce un dragone, nell' altra S. Margarita con un ritratto di quello che fece far l'opera.

Una Madonna con un Puttino e S. Gio. Battista di ?, delle prime 'opere di *Raffaele*.

Una Venere che siede sopra uno scanno appresso un letto finito che mostra la schiena nuda, cascandoli d'adosso una pelliccia; con una mano s'accomoda le treccie, con l'altra aggiusta uno specchio tenutoli da Amore, che posa sopra il letto. Venere si vede in profilo ma nel specchio si vede in maestà. Le figure sono intiere e dal naturale, di *Paolo* Veronese (1).

Una battaglia tra Pirro Re delli Epiroti e Fabritio Console Romano dove si vedono i cavalli romani alla vista delli elefanti porsi in fuga, et in varie forme combattersi e atterrarsi, huomini, e cavalli, d'un braccio ¼ di longbezza, di Sebastian *Franco*.

Una Madonna che tiene il puttino che mette l'anello in dito a S. Catterina, che li stà davanti genuflessa, con S. Gioseppe e un ritratto d'una giovane da una parte, dall'altra S. Gio: Battista di *Paolo* Veronese, in lunghezza braccia uno e mezzo, in altezza 1 ¼.

Leda compressa da un Cigno, Amor la mostra con un dito e piscia sopra il fulmine a Giove con due altri Amoretti, sopra la pietra di paragone, di Felice *Brusasorzi*.

Una Madonna col Puttino che se le stringe al petto, il quale accarezza S. Gio. Battista, mezze figure dal naturale, di Alessandro *Turchi* detto l'*Orbetto*.

David che sopra d'un' hasta porta la testa del Gigante Golia: Saul lo siegue a cavallo accompagnato da molti soldati: s'incontrano molte donne che cantano le lodi di David, in piccolo, di Gio: *Steinch*.

Apollo che d'avanti Mida contende del suono con il Satiro; questi suona la zampogna, quello la viola, vi sono satiri,

---

(1) Questa Venere che dal Ridolfi (l. c.) si dà come esistente in casa del Co. Giusti è probabilmente la stessa di cui i Bevilacqua reclamavano la proprietà, come si è detto più sopra.

donne e puttini e molte altre figure che assistono alla contesa, di lunghezza di 2 braccia e cinque quarti d'altezza, d' Alessandro *Turchi* detto l' *Orbetto*.

Due quadri uniti in forma di Offitio, nel di fuori un ritratto diligentissimo che tiene vari istromenti matematici, nel di dentro la Madonna sedente, con il puttino adorato dai tre Magi, e S. Gioseffo in una capanna. Nell'altro il Bambino nel Presepio con la Vergine che genuflessa l'adora, e si vedono venire li pastori e vi sono Angeli in aria di grandezza d'un braccio d'altezza, e uno e mezzo di longhezza, d'Alberto *Altorfer*.

Una Madonna sedente con il puttino che le dorme in grembo, San Gioseffo dalla sinistra, e S. Giovanni che li bacia i piedi dalla destra; mezze figure che sono di mezzo naturale, di *Paolo* Veronese.

Una Madonna che tiene il Bambino in piedi sopra i ginocchi, rivolto a far carezze a S. Gio. Battista, che per arrivare a festeggiare N. S. si rizza sopra la punta de' piedi, dall'altra parte S. Francesco genuflesso, in aria quattro Angioletti che unendosi con le braccia l'uno all'altro formano una bellissima corona, in paragone, d' Alessandro *Turchi*.

La Circoncisione di N. S.: si vede il Bambino che esprime il dolore che patisce, v'è il Vecchio Simeone con un Ministro del Sacerdote che li tiene il piviale, acciò non impedisca l'opera. S. Giuseppe, la Vergine et una donna che tiene il Puttino, mezze figure che sbagliano poco del naturale, opera la più bella che sii uscita dai pennelli di Gio: *Bellino* (1).

Una Madonna che siede sopra una palma, et infascia il Bambino; v'è San Gioseffo che ha scaricato l'asinello delle robe che portava seco in Egitto, di longhezza di cinque quarti, di *Paolo* Veronese.

(1) Questo quadro che passò alla Galleria del duca d'Orleans fa parte oggi della collezione di Castle Howard in Inghilterra. Vedasi il Waagen (*Kunstwerke und Künstler in England II.* 496).

San Stefano genuflesso lapidato da molti Ebrei ch'in varie guise li gettano sassi, vede il Ciel aperto con molti Angeli che formano un bellissimo coro; è in pietra, il color della quale forma l'aria, le nuvole, et i sassi, d'un braccio d'altezza, d'Alessandro *Turchi*.

Una Madonna che siede sopra una bellissima sedia di pietra con il Bambino dalla destra, S. Piero in piedi dalla sinistra, S. Paolo con un ritratto in ginocchio; nelle portelle che lo chiudono, in una v'è S. Vincenzo Ferrerio, nell'altra S. Francesco, figure tutte intiere di due braccia d'altezza e uno e mezzo in larghezza senza le portelle, opera conservatissima e finitissima di Gio: *Bellino*.

L'adorazione del Bambino nel presepio fatta da diversi Pastori di Paolo *Farinato*, di ¼ per ogni verso.

La Vergine con un Puttino, S. Gio., S. Gioseffo, e Sant'Anna, mezze figure che calano qualche cosa dal naturale, di Felice *Brusasorzi*.

N. S. che siede alla mensa riccamente apparata con molte figure: vengono portati diversi vasi d'acqua perchè li converta in vino, a piedi della tavola un fanciullino con una fanciulla tagliano un melone; di lontano una tavoletta con molte figure che mangiano; il miracolo è finto in una stanza dove si vedono quadri per adornamento, di Giovanni *Rotenhamer*.

Una Madonna che tiene in modo bizzarro un puttino in braccio, d'un braccio d'altezza di *Giulio* Romano.

Un S. Sebastiano mezza figura del naturale di Guido *Reni*.

Un paese con un fiume alla di cui ripa sono sbarcate molte figure con cavalli, del *Breughel*.

Un ritratto della Duchessa di Lorena del naturale adorno di gioie, di Francesco *Porbus*.

Moisè che batte la verga nel sasso dal quale scaturisce acqua: si vedono gran quantità di persone, che corrono a bere, e di lontano si vedono armenti e greggi, che concorrono per cavarsi la sete, con moltissime figure da vicino: il paese è di *Breughel*, di Gio: *Rothamer* (sic), cresce d'un braccio in larghezza e $\frac{1}{2}$ in altezza, et è opera delle più belle e vaghe di quest' Autore.

Una Madonna con un Puttino e S. Gioseffo mezze figure di mezzo naturale, del *Parmigianino*.

Un'Assunta più di mezza figura maggiore del naturale, di Domenico *Feti*.

Un quadro con diverse figure, pecore, vitelli et altri animali di lunghezza d'un braccio e mezzo, del *Bassan* vecchio.

Una Madonna con un puttino che posa in piedi sopra i ginocchi della madre, da una parte S. Giovanni, dall'altra S. Gioseffo, opera delle più belle uscite dalli penelli di *Paolo* Veronese.

L'Adultera condotta davanti a Cristo legata con l'assistenza de' Dottori della legge che l'accusano; Cristo scrive in terra e vien lasciata libera: in tutto vi sono sedici figure intiere di mezzo naturale, di *Paolo* Veronese, di 3 braccia.

Il Ritratto di Carlo quinto, vestito di broccato con una pelliccia di gibellini, con una mano tiene lo scettro e l'altra sia posata sopra l'elsa della spada, più di mezza figura del naturale, di *Titiano*.

Il Ritratto del *Pordenone* in maestà, con una mano tiene un paio di guanti, con l'altra vi posa sopra il petto, mezza figura del *Pordenone*.

Andromeda legata al sasso esposta al mostro per esser divorata quale si vede approssimarsi per inghiotirla; Perseo sopra il Pegaso a volo viene per porgerle aiuto; v'è presente la Regina madre et il Re padre che piangono la sciagura della figliuola, accompagnati da molte persone e vi si vedono donne e puttini accorsi al lagrimoso spettacolo, figure intiere di lunghezza di braccia 2 $\frac{1}{4}$, e d'altezza b.ª 2 di Alessandro *Turchi*.

L'adoratione de' Magi li quali si prostrano al fanciullo Gesù tenuto in braccio dalla Vergine a cui assiste Gioseffo. Seguono i Magi, huomini a cavallo, e camelli con circa sedici figure intiere di braccia 2 di lunghezza, 1 $\frac{1}{2}$ d'altezza, di *Paolo* Veronese.

Rebecca al pozzo, alla quale da parte del sposo, vengono presentate perle et ovi; v'è il padre della medesima con tre serventi, cammelli e cavalli, che portano li arnesi del sposo di b.ᵃ 2 ½ di longhezza, a proportione alto; le figure sono intiere di *Paolo* Veronese.

Giuditta con la servente che mettono in un sacchetto la testa d'Oloferne; la servente tiene una candela nelle mani, che dà lume alle figure, di Carlo *Saraceni*, mezze figure quasi dal naturale.

Nostro Signore alla colonna battuto da tre manigoldi che in diversi atti lo percuotono, un Angelo tiene una fiaccola accesa che dà lume al quadro, et un soldato che siede sopra il pavimento stupisce a così fiero spettacolo, figure intiere la metà del naturale, di Felice *Brusasorzi*.

Una Madonna che siede, con la poppa destra scoperta; il puttino li siede in grembo in atto di rimirare li spettatori; v'è San Gioseffo che siede, e posa il capo sopra una mano, Santa Elisabetta, e San Giovanni con l'Angelo, figure poco meno del naturale d'*Andrea* del Sarto con architettura e paese, opera bellissima.

Una Maddalena co'crini sparsi mezza figura, stringe qualche cosa, del naturale, di *Tiziano*.

S. Pietro piangente con le mani incrociate; posano le Chiavi del Cielo sopra un tavolino, mezza figura, e cresce del naturale, di Domenico *Feti*.

Una Maddalena con le braccia aperte genuflessa avanti un Crocifisso di grandezza quattro quinti per ogni verso, di Alessandro *Turchi*.

Sant'Antonio che nel veder diversi mostri rappresentatigli dal Demonio fa un atto di ammirazione, e si leva per fuggire; i mostri sono varii, capricciosi, e che non si ponno facilmente esprimere; v'è dal lato destro del Santo un bellissimo paese di lunghezza quarti sette, d'altezza cinque, di Girolamo *Bos*.

Il vecchio Tobia che siede sopra una sedia, l'Angelo accompagnato da Tobia il giovane gli unge gli occhi; dietro al vecchio vi sta la moglie, quasi lo voglia sostenere; è finto in una loggia sostenuta da colonne, nella quale vi sono due altre figure e fuori d'essa loggia ve ne sono due altre della grandezza del superiore, di Domenico *Feti*.

S. Gio: Battista in piedi, in un paese con varii animali d'un braccio d'altezza, di Pietro *Perugino*.

Un Ritratto d'una testa bizzarra dal naturale, del *Tintoretto*.

Un paese d'un braccio ½ in lunghezza, e un braccio in altezza del *Civetta*.

Un paese alla similitudine del *Civetta* dove David osserva Bersabea a lavarsi: dà le lettere ad Uria. La Donna è finta in un bellissimo giardino appresso al laberinto, di qua dal laberinto vi si gioca alla racchetta, d'un braccio et un quarto per ogni verso.

Cristo morto disteso sopra un lenzuolo sostenuto da Nicodemo e con altra figura in atto di metterlo nel sepolcro; la Vergine afflitta lo tiene per una mano, Maddalena a braccia aperte piange, fa il medesimo San Giovanni con due altre figure nelle quali si legge vivamente il dolore in fronte, di grandezza come il di sopra, del *Benvenuto*.

Un ritratto d'un uomo senza barba, con beretta in testa che appoggia il capo ad una mano, testa del naturale, di *Titiano*.

L'adoratione de' 3 Magi, con moltissime figure intiere, cavalli e cammelli; è di lunghezza un braccio e ½ e uno d'altezza, è un quadro ben finito di colorito vago e ben disegnato; l'autore è incerto.

L'Angelo che annuntia a' Pastori l'allegrezza della nascita del Salvatore, dove vi sono pecore, vitelli, vacche, cani, uomini, donne, d'un braccio, di *Bassano* vecchio.

La Samaritana con un vaso al pozzo; N. S. sedente che l'ammaestra, figure d'un braccio intiere di *Michel'Angelo* da Siena altrimente detto il *Mecarino*.

Una Madonna con il puttino, un Angeletto nell'aria della grandezza come quel di sopra, del *Correggio*.

S. Gio: Battista che battezza al Giordano N. S.: vi sono tre
Angeli assistenti, nell'aria che s'apre molti Cherubini,
che formano una gloria, con paese con arbori, d'altezza
di b:ᵃ 2, uno ½ in larghezza, di *Paolo* Veronese.

La Fede, che con una mano sostiene un calice, con l'altra
una croce, è ritratto d'una bellissima giovane riccamente
vestita del *Moretto* di Brescia, di grandezza, come il di
sopra, mezza figura quasi del naturale.

Due paesi del *Civetta* di lunghezza d'un braccio alti a proportione, di varia inventione, in uno v'è Endimione, in
un altro S. Giovanni che predica a persone d'ogni qualità.

Una Madonna genuflessa con un puttino che ha un velo stretto
che lo strascina tenuto dalla Madonna acciò non cada.
S. Giovanni vi sta di rimpetto inginocchiato con un ginocchio, d'altezza di cinque quarti, stimato di *Rafaele*
d'Urbino.

Una Pallade armata, nell'armatura v'ha una figurina che rappresenta la Vittoria, mostra una mano ignuda, di grandezza, come quel di sopra, del *Parmigiano*.

Tre quadri di Federico *Vualchempurgh:* in uno v'è Alessandro
a cavallo seguito da moltissimi cavalieri pure a cavallo
che dà il suo manto ad un paggio perchè copra il cada-
vere di Dario che si vede morto, giacciono cavalli e cavalieri.

Un combattimento di cavalieri e pedoni fatto sotto le mura
di Troia che si vede ardere e ridursi in cenere, ambi di
cinque quarti in longhezza, un braccio in altezza.

Un altro incendio di Troia di varia e totalmente diversa invenzione, con infinità d'uomini che si vedono combattere
e da vicino e da lontano, quasi della medesima grandezza; ma le figure sono più piccole.

Loth con le figlie, una di esse in piedi vuota in un bicchiere
il vino, l'altra giace sopra un panno, a questa tocca il
vecchio le mamelle; le figure sono intiere d'un braccio
et il quadro può esser cinque quarti da ogni parte, di
Felice *Brusasorzi*.

Susanna in un giardino al fonte, assalita da vecchi, che tentano con mostrarle perle et altri donativi, di superar la di lei pudicitia; le figure sono d'un braccio in grandezza, ma intiere, il quadro in lunghezza braccia 1 ¾ e cinque quarti in altezza, del *Tintoretto*.

Endimione e la Luna in un paese di bosco foltissimo con li arbori così ben dipinti che ingannano la natura: è della grandezza del di sopra, di Egidio *Coninxloe*.

Il ritratto proprio di Gio: *Bellino* dipinto da esso in abito Veneto, mezzo naturale.

Un paese nel quale v'è mare, fiumi, piani, monti, uomini, animali di varie sorti benissimo finito di Martino *Vualchemburg* padre di Federico, d'un braccio per ogni verso.

Una Madonna, che si volta verso S. Catarina, e li dà un anello; S. Gioseffo tiene intanto il puttino, di braccia uno e mezzo in longhezza, e cinque quarti in altezza di *Titiano* (1).

Una Madonna con il puttino rivolto verso una Santa genuflessa e con le braccia incrociate al petto, Sant'Anna, e S. Gioseffo un per parte della grandezza d'un foglio di carta, di *Titiano*, il puttino ha patito qualche cosa, e il mento della Madonna; il resto è bellissimo (2).

Una Madonna con il puttino di cinque quarti in altezza, in longhezza di un braccio in circa, di Francesco *Caroto* pittor antico Veronese.

Il ritratto di Pietro Aretino con un beretino storto, con un pennino sopra, testa della grandezza del naturale, d'Alessandro *Turchi* detto l'*Orbetto*.

Una Madonna che legge sopra un libro, ha il puttino in braccio, cresce di un braccio in altezza, in larghezza un braccio, di Domenico *Brusasorzi*.

Un paese dove S. Gio: Battista predica, alla maniera italiana; vien tenuto per di *Titiano* perchè l'imita, e nelli arbori,

(1) Ridolfi l. c.
(2) L. c.

e nelle figure, di grandezza di braccia uno e mezzo in
longhezza, in altezza cinque quarti.

Una Madonna genuflessa avanti il Bambino posto nel presepio
con le mani incrociate, con S. Gioseffo in piedi, pastori,
et un coro d'Angeli che d'una parte cantano in musica.
È un quadro bellissimo e vien tenuto dell'*Olbein*, ma a me
pare di maniera differente; è d'un braccio in lunghezza
e poco meno in altezza.

Tre ritratti d'Alberto *Duro*, l'uno della moglie, l'altro del
padre et il terzo il proprio, finitissimi, e di maniera secca, di cinque quarti in altezza, e circa un braccio in
larghezza.

Due battaglie, una tra una compagnia di corazze e una di cavalli legieri, e l'altra tra pedoni con ordinanza moderna,
di Sebastiano *Franco* di cinque quarti et un braccio in
altezza.

N. S. in casa del Fariseo a tavola co' discepoli, la Madalena
li lava i piedi con le lagrime, e co' capelli li rasciuga,
d'un braccio in altezza di Claudio *Ridolfi* scolaro di *Paolo*
Veronese, che viene tenuto di *Paolo*.

Un pastore con cappello bizzarro che suona di flauto quasi
della grandezza del naturale, di F. *Sebastiano* dal Piombo.

Un Convito de Maccabei, nel quale mentre sono a tavola entrano soldati armati per amazzare li convitati, li serventi
non conscii del trattato, si mischiano tra soldati e combattono: l'opera è finitissima in piccolo con assaissime
figure. L'autore è incerto; d'un braccio in lunghezza
e ½ in altezza.

Un vecchio ch'accarezza una giovane la quale mentre finge con
una mano d'accarezzarli il volto, con l'altra l'apre la tasca
e li ruba li ongheri, d'un braccio, di *Luca* d'Olanda.

Una testa della Madalena, cala poco del naturale, del *Parmigianino.*

Un *Ecce Homo* d'Andrea *Schiavone* quasi del naturale.

Una testa della Sofonisba vecchia *Anguissola* di mezzo naturale
dalla medesima dipinta.

La figliola pur pittrice che in atto di dipingere co'penelli e tavolozza in mano, mostra di dipingere una Madonna con il bambino in braccio, opera della figliuola Sofonisba *Anguissola* pittrice di Filippo secondo Re delle Spagne.

Una Madonna con il puttino et un'altra Santa con S. Elisabetta, d'un braccio in circa, di Bernardino *India*.

Un S. Girolamo che legge, di grandezza di un mezzo foglio di carta, di Bernardino *India*.

Un modelletto della tavola del *Parmigianino* di Bologna di grandezza di mezzo foglio, del *Parmigianino*.

La nascita di N. S., v'è la Madre Santissima, altre serventi lavano il Bambino, altre scaldano panni, del *Sammachini*.

Una Laura di *Giorgione*, cala poco d'un braccio.

Un paese d'inverno tutto ghiaccio e neve con diverse figurine di *Breughel* vecchio, cresce d'un braccio.

Una Venere nuda che dorme prostrata a terra, le servono le braccia di guanciale, con Amore a'piedi, tenuta per di *Tiziano*.

Un'incoronazione della Madonna Santissima in aria con li Apostoli abasso attorno il sepolcro della Madonna Santissima, che riguardano in aria, tenuto d'Alberto *Duro* di cinque quarti in altezza, e tre in lunghezza.

Un S. Antonio tentato dal demonio con diverse illusioni, di Girolamo *Bos*, in lunghezza un braccio, ½ in altezza.

Un deposto di croce con diverse figure d'Annibal *Carazza*, ½ in altezza e 2 in larghezza.

Un altro paese in bosco di *Egidio* (1), un braccio in larghezza, ½ in altezza.

Un ritratto d'una Marchesa di Monferrato, di Gio: *Bellino*.

Una Madonna delle prime cose di *Rafael* d'Urbino di cinque quarti in larghezza et un braccio in altezza.

Una testa d'una donnina di Guido *Reni*, un braccio in altezza, ½ in larghezza.

Un disegno di Gio: *Virchx* (2) con una crocifissione con quan-

(1) *Coninxloe*.
(2) Gio. *Wierx* Olandese.

190

tità di figure fatto a penna che di bellezza eccede ogni stampa.

Un ritratto di *Giorgione* con un berettino bizzarro vestito a divisa di veluto e broccato, con un ferraiolo foderato di pelli di volpe con architettura et una statua di marmo senza testa, con tutte due le mani tiene uu libro: è maggiore del naturale, et è il più bel quadro che si sappi di *Giorgione* (1).

Un ritratto d' un Gioielliero, sopra il banco vi sono diversi instrumenti per l' arte et un morione dorato, sopra il quale posa un' Aquila bianca con l' ali sparse, dalla bocca della quale pende una colonna, e dalla colonna una medaglia d' oro con l' impronta d' un uomo armato, scrittovi intorno: *Sigismundus Augustus Poloniae Rex:* sostiene l' Aquila con un piede la colonna in atto di porgerla al ritratto, ed egli inchinandosi con un atto di somma riverenza stende le mani per riceverla. Vi è architettura e paese, e si vede dall' aria venir un fulmine, ma dall' ala dell' Aquila vien coperto. Quest' era un gioielliero Veronese che fu condotto dal Re in Polonia, nel partirsi lo fece Cavaliere: l' Aquila bianca è l' arma del Re di Polonia, con il finger che l' aquila li porge la colonna, vuol alludere all' atto del Re in farlo Cavaliere, ponendo l' arma del Re per il Re medesimo; è tre braccia in altezza, in larghezza due, de' più finiti e belli di *Tiziano.*

Due ritratti di *Tiziano,* uno d' un uomo raso senza barba, e l' altro con bellissima barba, questo tiene una mano stesa et appoggiata sopra un piedistallo, sopra il quale s' erge una colonna di basso rilievo e nella mano tiene un plico di lettere, vestito d' una pelliccia; l' altro con l' abito differente è simile al rochetto che portano i prelati, ma tutto nero, ambi di braccia 2 per ogni verso: sono bellissimi e conservatissimi.

(1) Citato dal Ridolfi (P. I. p. 87), ma non come il ritratto del pittore, nè come l' opera più bella ch' egli facesse.

Un *Ecce Homo* con le mani davanti legate con una fune, tiene in capo una corona di spine, in mano una canna, mezza figura del naturale di Guido *Reni*.

David che presenta a Saul la testa di Golia con un'altra figura che alza una portiera o tenda verde, mezze figure maggiori del naturale, di Domenico *Brusasorzi*.

Un Satiro che siegue Siringa alla riva d'un fiume dove credendo stringer l'amata Ninfa, stringe et abbraccia un fascio di canne; il paese è bellissimo ricco di uccelli marini, di varie sorti d'arbori, et è di *Breughel*, le figure del Satiro e Siringa sono di Pietro Paolo *Rubens*, in lunghezza braccia uno e ¼, in altezza braccia uno.

Un balletto di ninfe nude che al suono di una zampogna sonata da un Satiro ballano in cerchio tenendosi a mano con cinque altre ninfe che riguardano tre Amori in aria che versano fiori. Si vede un poco lontano Apulo pastore che si trasforma in olivo selvaggio; il paese è bellissimo di Paolo *Brill*, e le figure di Gio: *Rotenhamer* di cinque quarti per ogni parte.

Cristo in Croce nel Calvario tra li ladroni con tanta varietà e quantità di figure in un paese a maraviglia bello che genera stupore a chi lo vede, d'un braccio o poco più in lunghezza, un braccio in altezza, di *Breughel*.

Un ritratto d'Erasmo Roterodamo di ¾ di mezzo folio d'Alberto *Duro*, opera di diligenza meravigliosa.

Cristo a tavola con li 2 discepoli in Emaus che con li occhi elevati al Cielo stà in atto di rompere il pane; la faccia spira divinità e si vede ne' volti de' discepoli espresso il stupore, vi sono donne et uomini in abito di serventi, di cinque quarti in larghezza, e poco meno in altezza, opera delle più belle che siano cadute dal penello di *Paolo* Veronese, finita in eccellenza e benissimo conservata.

Santa Barbara in profilo con una torre in mano ben finita e conservata, al gusto mio delle più ben dipinte cose del *Parmigiano*, di lunghezza d'un braccio.

San Gerolamo con barba lunga di Gio: *Bellino* tiene in una

mano la Chiesa, con l'altra si batte il petto con un sasso,
della grandezza del di sopra.

Un ritratto dell' *Olbein*, di tre quarti in altezza, è opera che
per la diligenza e finitezza pone meta al gusto di chi si
diletta di simil professione.

In un Camerino il ritratto di *Paolo* di sua mano, del *Parmigiano*, diversi ritratti e figurini del *Parmigiano* et altri
disegni del medesimo, uno del *Mantegna*, i sette peccati
mortali, lumati d'oro di Giacomo *Ligozi* Veronese Pittore
che serviva li Serenissimi di Firenze, in numero di 24
in circa.

Un S. Girolamo inginocchiato che abbraccia e bacia un Cristo in Croce del *Correggio* di grandezza d'un braccio,
e tre quarti per l'altro verso.

Un quadro di marmo di quasi tutto rilievo con Salomone il
quale dà la sentenza che sia diviso il fanciullo contro-
verso tra le due Madri; il manigoldo sta in atto di eva-
ginar la spada per divider il fanciullo che tiene sospeso
per un piede; vi sono le due Madri, la vera che piange,
si mette la mano a' capelli per il dolore della Sentenza,
l'altra si parte mal contenta per la perdita della lite,
figure di tre quarti e il quadro di pietra di cinque quarti
per ogni verso, stimato comunemente del *Sansovino*.

N.° XXI, A. 1662.

CATALOGO DEI QUADRI DELLO STUDIO CURTONI DI VERONA

(Archivio Palatino)

Non meno riputata della precedente fu la raccolta
delle pitture fatta da Gio. Pietro Curtoni avvocato ve-

ronese vivente nella prima metà del secolo decimosettimo, la quale al pari dell' altra fu memorata e lodata dallo Scanelli, dal Ridolfi e dal Dal Pozzo. Il Ridolfi nel discorrere la vita di Domenico *Riccio* detto *Brusasorzi* recò un elenco delle più pregiate opere di essa Galleria, riprodotto dal Dal Pozzo nelle citate sue Vite de' pittori veronesi. Fu pure la medesima visitata da Cosimo III, il quale segnò come ragguardevole sopra tutti i dipinti che si contenevano in essa, *la Dama di Raffaello così ben conservata, che supera di gran lunga tutte le altre* (1). Questo dipinto che si scambiò anche per una S. Dorotea, che alcuni tennero per lavoro di *Paolo* e che il Passavant attribuì a Sebastiano *del Piombo*, si conserva ora in Blenheim palazzo del duca di Marlborough (2).

Vivente Gio. Pietro Curtoni, alcuni signori genovesi meravigliati della bellezza del quadro di *Paolo* figurante la Cena venuto a decorare le case dei Durazzo, si erano invogliati di possedere pitture di scuola veneta e a questo fine avevano inviato un pittore a Verona per esaminare le collezioni del Muselli e del Curtoni con incarico di trattarne anche l'acquisto. Ma come il Curtoni o per affetto alle cose proprie o per eccitare maggior cupidigia negli amatori, stava ritroso nonchè al vendere, al comunicare l'elenco de' suoi dipinti, ignorando forse che il Ridolfi n'aveva già messo in istampa nella sua opera la nota dei principali; così il trattato de' genovesi andò vuoto d'effetto. Nè una dissimile sorte ebbe l'altro iniziato dal Marchese Gaspare Gherardini per conto del Duca di Modena Francesco I, al quale egli scriveva in proposito queste parole:

(1) Pizzichi *Op. cit.*
(2) Passavant *Raphael d' Urbin. II.* 360.

13

« Mi sono poi abboccato col Dott.ʳ Curtone per persuaderlo a servire V. A. della nota delli Quadri del suo studio desiderata, e trovatolo continuare più che mai ritroso a farlo; non perchè manchi in lui la riverenza, et la cognitione del suo obligo verso la grandezza del merito di V. A., ma perchè à fermato nella sua mente, che a dar nota di essi quadri sia un pregiudicare alla reputatione di esso suo studio, invaghito a sustentarlo quanto può; onde disperando con queste forme d'aver l'intento, anderò praticando se con qualche arte mi potesse riuscire l'effetto, come non mancherò con tutto lo spirito per rendere al possibile servita V. A. »

« Verona 23 Novembre 1649. »

Morì il Curtoni nel novembre del 1656 dando facoltà nel suo testamento ai tre eredi suoi ancora minorenni di vendere la Galleria, quando si presentasse una buona occasione. E le occasioni buone non mancarono. Gli Arciduchi austriaci dal Tirolo venuti a Verona nel 1662 furono a visitare gli Studi del Muselli e del Curtoni con animo di applicare a qualche parziale acquisto; ma non vennero ad alcuna conclusione. Furono allora ripigliate le trattative dal Gherardini per commissione di un Principe estense (forse Cesare), poichè la mancanza della mansione nelle lettere del Gherardini che si riferiscono a questo fatto, non ci consente una positiva affermazione. La richiesta degli eredi Curtoni fu 24,000 ducati veneti: 20,000 fu l'offerta del Gherardini. Le pratiche si protrassero anche nel seguente anno, ma senza alcun frutto, finchè nel 1666 si rinnovarono per la terza volta. Il 19 ottobre di quell'anno il Gherardini scriveva al Principe in questi termini:

« Li eredi Curtoni ristretti in qualche bisogno di soldo, intendo che siano risoluti di vendere il studio di loro quadri, et che si potranno avere a poco più di 12000 ducati di questa moneta da L. 6. 4 per ducato, che sariarro circa 2657 doble di Spagna. So che V. A. altre volte avea inclinazione a farne l'acquisto e che sarebbe arrivata a pagarli sino a 20, 000 ducati, che comparendo ora essenziale l'avvantaggio, mi è parso umilmente di rappresentare a V. A. acciò occorrendo benignamente m'avvisi se doverò servirla nel contrattare, credendo che anche la Regina di Svezia sarà per inclinare al mercato. » « Montorio 19 ott. 1666. »

Ma questa trattativa non ebbe diversa soluzione dalle precedenti. Due anni dopo lo Studio venne acquistato da Alessandro II Pico Duca della Mirandola per un prezzo assai inferiore, eccettuandosi però nella vendita quel ritratto muliebre della mano di Raffaello di cui si è parlato più sopra. Il Dal Pozzo aveva annunciato il fatto senza una parola di commento; ma il P. Papotti negli Annali mss. della Mirandola ne offre qualche schiarimento, scrivendo che *il Duca portatosi con numerosa Corte a Verona ai primi di Novembre (1668) fece acquisto dai Signori Curtoni di più di 300 pezzi di nobilissimi quadri per 10, 000 ducati, per altro stimati da 40, 000, per il che fece ergere nobile Galleria nel suo Palazzo a settentrione e dipingere per il celebre Biagio Falcieri veronese ed altri del paese e forestieri.* Dal carteggio del Gherardini apprendiamo che quel Duca venne a Verona sui primi di ottobre del soprindicato anno nello scopo di trattare l'acquisto dello Studio, del quale egli offeriva 2,000 doble, corrispondenti a circa 9,000 ducati, mentre essi chiedevano 15,000 ducati. Dopo un mese impiegato nel negoziare, l'affare si concluse ai primi di novembre in 10,000 ducati pari a 2214 doble della stampa. Però i quadri rimasero in Verona per tutto l'anno seguente in causa di dover aspettare da Venezia l'esenzione del dazio per l'esportazione dei medesimi.

Spodestati i Picò del loro ducato nei primi anni del secolo decimottavo, l' ultimo duca Francesco Maria portò con se a Bologna tutti i mobili preziosi e i quadri della sua Galleria che poscia vendette per far denaro, nè si saprebbe dire dove andasse a finire quella insigne Collezione di cui i dipinti del Curtoni formavano la parte più eletta.

INVENTARIO DELLE PITTURE DEL S.ʳ DOTTOR CURTONI DI VERONA.

Andrea del Sarto, Un ritratto di un Prelato.
Andrea *Mantegna*, Un ritratto di Iuris consulto.
Alessandro *Turchi* detto l' *Orbetto*, Il Salvatore deposto di Croce.
    Una Donna che dipinge.
    Il Diluvio con figure.
    Dalila con Sansone.
    David con Abigail et altre figure.
    La strage degl' Innocenti.
    Il suo Ritratto.
Andrea *Schiavone*, La Vergine col Bambino, e S. Gio.
    La Vergine, S. Catterina et Angeli.
    La Vergine col Bambino, e S. Gio.
Albano, La Vergine col Bambino, e S. Gio.
Arcimboldo, Le quattro Stagioni che formano una Festa.
Alberto *Durero*, Il Ritratto di un Duca di Sassonia.
Battista *dal Moro*, Un Iurisconsulto con un servo.
Bernard.º *India*, La Vergine, il Bambino, e S. Gio: con altre
    figure.
Bonone di Ferrara, Tobia il vecchio, et il giovine con un
    Angelo.
    Giacob dormiente col segno della scala.
Breugel vecchio, Giona gettato alla balena con tempesta di mare.
    Un paesino.

Breugel giovine, S.º Eustachio con paesino.

Un paesino.

Bos, Una visione di un' Anima con S. Domenico.

Bril, Il mare con molti navigli.

Un paese con un ponte.

Correggio, Il Presepio con un pastore mezzo nudo.

La Vergine col Bambino, et una cestella a' piedi.

La Vergine, S. Catterina, et altre figure.

Il Salvatore morto in braccio alla Vergine.

Un ritratto con le mani nella maniccia.

Un ritratto sedente in carrozza.

Claudio *Ridolfi*, Giuseppe che fugge dalla Regina.

Agar con l' Angelo.

San Benedetto con altre figure.

Il suo ritratto.

Ciretta, S. Pietro in mare.

S. Giovanni con l' Apocalisse.

S. Girolamo con paesino.

S. Gio. Battista nel deserto.

Un paesino.

Conislao (*Coninxloe*), Soldati in imboscata.

Un paese.

Caracci, Lucrezia Romana ferita.

Tentazione di S.º Benedetto con altre figure.

Venere ignuda.

Villano che scrive.

Cavalier *Franco*, Il Salvatore che va al monte Calvario.

Carlo *Screta* (*Creeten*), Tripudio de' giocatori.

Carlo Veneziano (*Saraceni*), Testa di S. Girolamo.

Domenico *Riccio* detto il *Brusasorzi*, L' Adultera condotta dalli Farisei al Salvatore.

Amorino che dorme sopra la clava d' Ercole.

La Vergine col Bambino e s. Giovanni.

Il Salvatore deposto di Croce.

Egidio *Mostarda* (*Mostaert*), San Cristoforo nel mare, finto in agata.

Il Salvatore tentato in un paese.

Francesco *Bassano*, Natività del Salvatore con li Pastori.

Deposto di croce con altre figure.

Frate *Sebast.º dal Piombo*, La Vergine col Bambino e S. Giuseppe.

Francesco *Carotto*, Tre imagini col Bambino diverse.

Felice *Riccio* detto *Brusasorzi*, Medea con l' incanto.

Loth con le figliuole.

Una Santa con angelini.

Francia Bolognese, La Vergine col Bambino et altre figure.

Feti Romano, David coll' Arpa.

Sant' Andrea.

La parabola del trave, et la cruna.

Filippo Napolitano (*degli Angeli*), Il lito del mare con diversi navigli.

Giorgione, Il Salvatore, gli Apostoli, la madre e la figlia inspiritata.

Un ritratto con paese et architettura.

Achille saettato da Paride nel tempio.

Amorino con paese.

Giacomo *Bassano* il vecchio, Il Salvatore nella casa di Marta e Madalena.

Il viaggio d' Abramo con diverse massaricie.

S. Martino a cavallo, s. Antonio e un povero.

Due inventioni di Lazaro mendico alla tavola dell' Epulone.

Mosè che fa scaturir l' acqua e altre figure.

S. Gioachino, la moglie et un fanciullo.

Due apparizioni alli Pastori diverse.

Una Ninfa alla caccia co' cani.

Una testina di donna.

Giulio Romano, Ulisse ignudo con donne.

Guercino da Cento, Eliseo che resuscita il figlio morto.

Armida tramortita in braccio a Rinaldo.

Giovanni d' Olanda (*Both*), S. Girolamo in un deserto.

Guido *Reni*, David colla testa di Golia con altre donne.

S. Andrea.

S. Girolamo.

Leandro *Bassano* Cavaliero, Il Sogno di Nabucodonosore.

Il Salvatore finto ortolano, e la Madalena.

Leonardo da Vinci, Testa del Salvatore.

Testina di Francesco I re di Francia.

Ligozzi, Il Salvatore che dorme sopra la croce.

Ritratto della Duchessa di Ferrara la sterile.

Michelangelo da Caravaggio, La Vergine col Bambino, e S. Giuseppe.

La Natività con Pastori finta in notte.

Michelangelo *Bonarota*, Marsia ignudo con un Anfiteatro.

Morando, Ritratto con la pellicia.

Mera, Sposalitio di Fiume.

Olbein, S. Cristoforo, che passa il mare.

Ritrattino di Senatore (1).

Paolo *Farinata*, Tentazione di S. Antonio.

Ritratto di Pio Quinto.

Parmigianino, Il Salvatore deposto, la Madalena et altre figure.

Il Presepio con il Signore, la Vergine, e Pastori.

L' Annonciata.

La Vergine con altre figure.

La Vergine col Bambino.

La Vergine, Gesù e S. Giovanni.

Paolo Veronese, La Vergine lattante Gesù con S. Giuseppe.

La Vergine sedente con S. Giuseppe a piè di una palma.

Il Salvatore, la Vergine e S. Giuseppe a tavola serviti dagli Angeli.

La testa di Oloferne.

Un ritratto sedente in carrega.

La testa d' un Frate.

Tre effigie diverse di donne.

Pallade.

Diana.

Atteone trasformato da Diana con due Ninfe ignude.

Europa sopra il Toro con due Ninfe.

Un Matematico.

---

(1) Lo Scanelli nel suo Microcosmo (p. 266) accenna a un ritratto dell' *Holbein* di mezzo naturale « opera, dice egli, stupenda e per ogni parte compita. »

Il Salvatore morto in braccio alla Vergine.

Un' altra Europa con ninfe et Amorino nudo che tiene il Toro con catena d' oro.

S. Michele.

Susanna al fonte colli vecchi.

Pordenone, S. Gio. Evangelista.

Il Salvatore deposto con altre figure.

Cleopatra in atto spirante.

Altra Cleopatra con una serva.

Palma vecchio, La Vergine col Bambino e S. Giuseppe.

Palma giovine, Ninfe ignude in bagno.

Venere ignuda con Amore.

Venere con altre ninfe che l' abbelliscono.

Il Salvatore che resuscita Lazaro.

Pomarancio, Historia sacra in paese.

Polidoro, La Vergine col Bambino che scherza con un uccello.

Pietro Perugino, La Vergine con il Bambino Gesù.

Quintino di Lovanio (*Matsys*), Il Salvatore con due apostoli a mensa.

Raffaele d' Urbino, La Cingarina, ovvero S. Dorotea.

La Vergine con il velo.

La Dea della gratitudine.

Giove che fa forza a Calisto.

Psiche e la vecchia in una grotta.

Rosso di Firenze, Testa di San Giacomo.

Romanino, Herodiade a mensa.

Due Tedeschi.

Rinaldo Corso, (1) Un paese con due figure.

Rothenamer, Paese con Atteone, Diana et altre ninfe.

Loth con le figliuole.

La Vergine che va in Egitto.

_____

(1) Qui abbiamo equivoco di nome o errore di amanuense. *Rinaldo* Corso fu un letterato del Cinquecento del quale non fu mai detto che coltivasse l' arte in alcuna maniera, nè vi ha neppure un lontano indizio per riputare verosimile il fatto.

La Vergine con Angeli.

Il Salvatore deposto con angelini.

Un Crocefisso.

Rubens, Il Giudicio di Salomone con altre figurine.

Tomiri con la testa di Ciro et altre figure.

La Guerra delle Amazoni sopra un ponte.

Soffonisba (Anguissola), Il Salvatore che predica.

Scarsellino, L' Effigie del Salvatore adorata da' Magi.

Santa Cecilia in rame.

Spranger, L' Effigie del Salvatore.

Ritratto d' un medico.

Salviati, La Giustizia con due figure.

Sementi, Clorinda con li Pastori.

S. Gio. Battista.

Titiano, La Madre del medesimo con il nipote.

La Vergine, Gesù, S.ª Catterina e S. Giovanni.

Altra Vergine con santo.

Ecce Homo.

Una testa di S. Sebastiano.

Loth con le figliuole.

Un Doge con due altre mezze figure.

Venere, Marte, et Amore.

Venere ignuda.

Venere con Amore.

Altra Venere con Amore.

Giove in atto fulminante.

Un Satiretto.

Il Sagrificio di Calcante.

Ritratto d' un Senatore con la collana.

Un Doge di Venetia.

Pastori con un bue.

La Vergine col Bambino e S. Giuseppe.

La Vergine, Gesù, S. Giuseppe, e S. Giovanni.

La Vergine con San Gioachino et altro Santo.

Una Testa d' un vecchio.

Una Testa d' un giovane.

Troia.

Ettore strascinato.

Tintoretto, La Resuretione del Signore.

David con il Golia morto.

Trionfo Romano.

Testa di un Tedesco.

Valchemburgo, Una caccia in una palude.

Faraone sommerso.

Vandick, Ritratto d' un fanciullo.

Xaveri, Adone ferito in braccio a Venere con paese

Leda con il Cigno in paese.

Ninfe alla caccia.

N.° XXII. A. 1671.

NOTA DI QUADRI DI NICOLÒ CARANDINI

(Arch.° Palatino)

Il Cav. Nicolò Carandini di Modena, offeriva al Duca Francesco II d' Este i migliori quadri della sua Collezione. In una sua lettera a quel Principe del 5 marzo 1671 egli così scriveva: « Non so se li 20 pezzi di Quadri che mandai a V. A. per comperarli (se così sarà gradito) nell' acquisto che è noto a V. A., siino in loco che possano contrarre danno o dall' humidità per essere in terra, o per non haver aria, e ciò motivo per essere un valore considerabile, non vorrei che patissero pregiudicio ». Non trovando registrate queste pitture negli Inventarii Estensi, si può con qualche sicurezza affermare che non venissero acquistate dal Duca.

Nota de' Quadri migliori di Nicolò Carandini.

Una Erminia che fugge dal campo e si ricovera in una capanna di pastori, di *Michelangelo* detto delle Battaglie (*Cerquozzi*).

Una Battaglia di detto *Michelangelo*.

Un Quadro di varie frutta di d.º *Michelangelo*.

Una Santa Maria Madalena in grande del *Guercino* da Cento, di prima maniera (1).

Un San Giovanni in piccolo di d.º *Guercino*, prima maniera.

Un San Giovanni di mezza figura del *Guercino*.

Una Galatea dell' *Albano* in piccolo, con varie figure.

Un Sant'Andrea in grande di *Michelangelo* delle Battaglie.

Un Mosè nel fiume Giordano del *Tiarini*.

Un'Angelica e Medoro del *Masteletta*.

Una Madonna di Reggio in grande dell' *Abate*.

Una battaglia di biscie in un specchio, con varii fiori d'un Fiamengo.

Dionigi Tiranno di Monsù *Gentile* (2).

Una Madonna con un Bambino, del *Francia*.

Una battaglia di serpenti, d'un Fiamengo.

Una Madonna con un Bambino in braccio del *Schedoni*.

Un paesino in rame d'Autore incerto.

Un Quadretto di giocatori in rame d'Autore incerto.

Un Quadro d'una testa di cignale, lepore, cottornici, tordi con altre frutta del *Gobbo* Fiamengo (3).

---

(1) Forse è quella stessa che il *Guercino* fece di commissione di Elia Carandini nel 1642 per cinquanta ducatoni e che si trova indicata nel registro delle opere eseguite da quel pittore, prodotto dal Calvi nelle *Notizie della Vita e delle opere del Cav. Gian Francesco Barbieri, Bologna* 1808.

(2) Forse Luigi *Gentil* fiammingo detto anche *Primo* Luigi.

(3) Antonio *Goebouw* detto il *Gobbo*.

N.° XXIII. A. 1676.

ESTRATTO DALL' INVENTARIO
DELLE SUPPELLETTILI DEL CONTE GIULIO CESARE GONZAGA DI NOVELLARA

(Arch.° Palatino)

Il Conte Giulio Cesare figlio di Camillo II Conte di Novellara, nato l' anno 1618, morto senza lasciar discendenza il 1676, si esercitò nelle armi e servì il Papa, l' Imperatore e il Granduca di Toscana. Quattro dei quadri qui registrati, non sappiamo quali, furóno da esso lasciati nel suo Testamento al cognato Conte di Harrach.

Quadro in tela con paese del *Castiglione.*
Quadri due con due teste, una del *Volterrano.*
Quadri cinque in tela. Paesini dell' Ab. *Lami* (1).
Quadro in tela. Le nozze di Cana del *Tint.ᵣᵉ* (*Tintoretto*).
Quadro in tela. Una donna, originale di *Tiziano.*
Quadro in tela. Una Siringa del *Carpioni.*
Quadro in tela. Ritratto del *Rainieri.*
Quadro in tela. S. Pietro Martire di *Tiziano.*
Quadri due di tela grandi, uno copia di *Tiziano*, l' altro del
     Caracci.
Quadri quattro in tela. Battaglie del *Borgognone.*
Quadri quattro in tela. uno di *Livio* (2).
Quadro uno in tela. Rachele con due figure del *Cignani.*

———————

(1) Forse pittore dilettante.
(2) Forse *Meus.*

N.º XXIV. A. 1680 *circa*.

INVENTARIO DE' QUADRI
ESISTENTI NEL PALAZZO DEL GIARDINO IN PARMA

(Arch.º Governativo di Parma)

Il Palazzo Farnesiano collocato di prospetto al gran Giardino ora concesso ad uso del pubblico, era ricco un tempo di pitture a fresco dei *Carracci*, del *Tiarini* e di altri nella maggior parte coperte dall' imbianchino e conteneva la copiosa ed insigne collezione di pitture segnate in quest' Inventario. Tutto il meglio di questa Raccolta fu trasportato a Napoli (e può vedersi oggi in quel Museo degli Studi), allorchè l' Infante D. Carlo mutò la corona ducale di Parma nella reale napolitana che fu nell' anno 1734.

PRIMA CAMERA
DETTA DELLA MADONNA DEL COLLO LONGO.

Un quadro alto br. 2. on. 2., largo br. 3. on. 2 con una notte con la Natività di N. S.re avanti del quale la Madonna Santissima in ginocchio che tiene con le mani un drappo bianco, sopra cui è posto il Bambino, da una parte S. Giuseppe, tre pastori, una Gloria in aria con 3 angioli, il bue e l' altra compagnia, del *Bassani*.

Un quadro alto br. 1. on. 8., largo br. 1. on. 3. Mezza figura con barba, tiene la destra ad un pelizzo che lo veste, e con l' indice della sinistra fa cenno iudietro, di Annibale *Carazza*.

Un quadro alto br. 1. on. 8., largo br. 1. on. 3. e ½. S.ta Cecilia con gli occhi al Cielo, un panno rigato in capo, suona il violino, di Guido *Reni*.

Un quadro alto br. 1. on. 2. e ¼, largo br. 1. on. 1. Una Lucretia Romana che si uccide con la sinistra presso un piedestallo a base rotta, di chiaro e scuro, in lontananza un poco di paese a mano destra, di Girolamo *Mazzola*.

Un quadro alto br. 1. on. 1., largo on. 8. in tavola. Una puttina vestita d'azzurro in maniche di camicia, con panno bianco rivolto al capo, scossale con pizzi, e presso cestella, con cussino e cose diverse da lavorare; tiene nella sinistra la tavoletta sopra della quale vi è l'Alfabeto e il Pater Noster, di Bartolomeo *Schedoni*.

Un quadro alto br. 1. on. 1., largo on. 10. e ½ in rame. Un Cristo morto sostentato da S. Giovanni e S.ta Maria Maddalena a piedi, che gli sostiene con la destra il braccio sinistro, la Madonna Santissima di dietro a' piedi della Croce con le braccia aperte, di mano fiaminga.

Un quadro alto on. 11., largo on. 9. e ½, in tavola. Una Madonna a sedere, tiene in grembo un Bambino, sopra la di cui spalla tiene la destra, et egli le posa in seno con le mani sopra la spalla destra, S. Giuseppe con bastone in mano, et in dietro una testa di angelo, di Bartolomeo *Schedoni*.

Un quadro alto br. 1. on. 7., largo br. 1. on. 7., a guazzo, che si vede in tondo un Romito con longa barba et habito nero sino a' piedi al quale per dietro via li vien tagliata una borsa da una figura, che esce da un globo, il tutto significa l'Ipocrisia, in paese con lontananza, del *Brugola*.

Un quadro alto br. 4., largo br. 2. on. 5. Copia della Madonna detta del Collo lungo del *Parmegiano*, copiata dall'*Artusi* (*Aretusi* Cesare).

Un quadro alto on. 8. e ½, largo 6. e ½, in tavola. Ritratto di Paolo 3.º, simile a quello che è nella Camera de' Retratti, segnato n.º 59, di *Tiziano*.

Un quadro alto br. 1. on. 3. e ½, largo br. 2. on. 3. La Madonna Santissima a sedere sopra le nubi con presso il Bambino che sposa S.ta Caterina, con altre figure che in tutto sono dieci, et una gloria d'angelini, di *Michel Angelo* Senese.

Un quadro alto br. 1. on. 10. e ½, largo br. 2. on. 4. Un Salvatore a sedere nel Deserto, poggia il braccio sinistro ad un sasso che li serve di tavola, e molti angeli li portano a mangiare; fra li altri uno col ginocchio in terra, vuota un vaso d'acqua, del *Lanfranchi*.

Un quadro alto br. 1. on. 6., largo br. 1. on. 9. Erminia armata in habito virile con la sinistra all'elmo impiumato, in atto di parlare a un pastore che sta sedendo nudo, e tiene alla destra la moglie con 3 figli in atto di fuggire, di Bartolomeo *Schedoni*.

Dodeci quadri alti br. 2. on. 6., larghi br. 2. on. 1. Li dodici Imperatori di *Tiziano* tutti segnati dal n.º 1. sino al n.º 12. copiati da' *Carazzi*.

Un quadro alto br. 1. e oncia mezza, largo on. 10. S. Giuseppe con le mani incrociate assieme sopra il bastone, di Bartol.º *Schedoni*.

Un quadro alto br. 1., largo on. 10., in tavola. S.ta M.ª Maddalena a sedere vestita di giallo e azzurro, sostiene con la destra il capo, poggiando il braccio al ginocchio, e nella sinistra un facioletto; un angelo con un libro, e testa di morte alla sinistra, un altro a sedere con un vaso abbracciato, di Bartol.º *Schedoni*.

Un quadro alto br. 1. on. 2. e ½, largo on. 11. Una Notte con mezza figura d'un giovine che col soffio accende una picciola candela, di Giulio *Clovio*.

Un quadro alto br. 1. on. 1. e ½, largo on. 11. in tavola. Ritratto di Paolo 3.º quando era Cardinale con berretta in capo, mezza figura e paese in lontananza, di *Raffaele* d'Urbino.

Un quadro mezzo tondo alla cima, alto on. 11., largo on. 8. e ¼ in tavola. S. Antonio a sedere, tiene nella destra il bastone, la sinistra ad un libro che legge posto sopra sassi con attorno diversi mostri diabolici, di Alberto *Duro*.

Un quadro alto on. 9. e ¼, largo on. 7. e ½ in tavola. S. Nicola con le mani giunte, freccia in petto; dalla bocca li escono le seguenti parole = *rulnerasti cor meum Dñe a civitate tua* = in caratteri d'oro, di *Luca* d'Olanda.

Un quadro alto on. 7., largo on. 5. in tavola. Un' Annonciata con cestina in un canto con robbe da cucire; il Spirito Santo nell' altro canto di sopra, di Ludovico *Carazza*.

Un quadro alto on. 8., largo on. 5 e ½ in rame. Una Madonna a sedere presso la culla, tiene la destra al Bambino che sta in piedi con S. Giovanni sopra la culla, che li sta appresso, col braccio sinistro poggia sopra di un piedestallo vicino, le di cui basi e capitelli rotti, di chiaro e scuro. S. Giuseppe di dietro con li bracci sopra del medesimo piedestallo, tiene la sinistra alla bocca. Copia di *Raffaele* d' Urbino.

Un quadro alto on. 8., largo on. 6. e ½, in tavola. Una testa d' uomo con barba nera e collarino lavorato, del *Parmegianino*.

Un quadro alto on. 8., largo on. 6., in tavola. Nostro Signore levato di croce con diadema d' oro sul capo, sostenuto in un lenzuolo da Nicodemo, et un altro vecchio; di dietro la Madonna Santissima con le mani giunte, S. Giovanni che fa cenno con l' indice della destra alla croce, S.ta M.a Maddalena con le mani ingroppate, con croce, presso la quale una scala, Monte Calvario, paese e molte figurine in lontananza, di *Luca* d' Olanda.

Un quadro alto 6 oncie e ½, largo pure 6 on. e ½ in tavola. L' Adoratione de' Re Magi, uno de' quali è prostrato poggiando in terra la destra, presso la quale è la corona, di Alessandro *Mazzola*.

Un quadro alto br. 1. et ¼ d' oncia, largo on. 9. Un Ritratto di donna detta Clelia Farnese con velo *cavilino* (sic) sopra il capo, di *Tiziano*.

Un quadro alto br. 1. on. 11. e ½, largo br. 2. on. 5. e ¼. Un uomo peloso a sedere con drappo di felpa azzurra legato alla spalla, tiene un cane in grembo con il quale scherza una scimia, tiene nella destra cerase beccateli da un pappagallo che è sopra la spalla sinistra di un buffone, quale sotto il braccio destro tiene un grosso cane con testa d' altra figura di dietro, di Annibale *Carazza*.

Un quadro mezzo tondo di sopra, alto br. 4., largo br. 2. on. 7. e ¼. La Madonna a sedere col Bambino in grembo a cui S. Giuseppe li porge datili che raccoglie da un albero di palme. Copia del *Correggio* di Annibale *Carazza*.

Un quadro alto br. 1. on. 11., largo br. 1. on. 6. Una Madonna in una nube tiene un panno bianco, il Bambino adorato e baciato dal Beato Felice, con diversi angeli, fra' quali uno che tiene la corona sopra il capo della Madonna, del *Genovese*.

Un quadro alto br. 1. on. 4. largo br. 1. on. 2. S.ta M.a Maddalena a sedere sopra di un cuscino vicino ad un letto, tiene nella destra alcune collane e manili d' oro, si spoglia delle vanità del mondo, del *Dossi*.

Un quadro alto br. 6., largo br. 5. Ritratto del Sermo Sig. Duca Alessandro armato a cavallo con bastone di comando alla destra e duoi soldati in lontananza, del *Carazza*.

Un quadro alto br. 3. on. 8., largo br. 2. on. 7. La Madonna col Bambino in grembo, S. Girolamo, S.ta M.a Maddalena e l'Angelo, del *Correggio*, copia del *Carazza*.

Un quadro alto on. 10. e ¼, largo on. 8. e ¼, in tavola. La testa di una Madonna, tiene nella destra mezza figura del Bambino che tiene la sinistra in seno e con la destra accarezza la testa di S. Giovanni, di Sisto *Badalocchio*.

Un quadro alto br. 1. on. 6., largo br. 1. on. 2., in tavola. Ritratto di donna vestita di nero con manto di velo, che va accomodando vicino alle mammelle con la destra, in cui un anello, nella sinistra un faccioletto, di *Tiziano*.

Un quadro alto br. 1., largo on. 9. Una Madonna a sedere, tiene le mani in grembo, il Bambino quale porge le mani al seno di S. Giovanni che li sta avanti in ginocchio, alla sinistra S. Girolamo con il leone al di cui piede leva la spina, di *Leonardo* da Vinci.

Un quadro in carta pecora, alto br. 1. on. 2., largo on. 10. Un ritratto d' huomo vestito di rosso, quale torce la testa alla sinistra, con cingione nero alla centura, e sopra di

14

quello rose e stelle d' oro, calamaro e penna sopra di una tavola, di *Tiziano*.

Un quadro alto br. 1. on. 3., largo br. 1. Lucretia Romana vestita di rosso con paese alla sinistra in lontananza, di *Tiziano* (1).

Un quadro mezzo tondo alla cima in tavola, alto br. 1. on. 7., largo br. 1. on. 2. e ¼. L' Adoratione de' Magi con lontananza d' architettura e paese, et sopra un' Arma inquartata, nella quale vi è una torre gialla in campo rosso et un leone.in campo bianco, di *Luca* d' Olanda.

Un quadro alto br. 5. on. 3., largo br. 6. on. 10. Il Ratto delle Sabine da' Romani a cavallo con molte figure di donne con bambini in braccio, del *Mirola*.

Un quadro alto on. 4. e ½., largo on. 7. e ½ in tavola. Un incendio di molte case presso le quali un ponte con due altre case chimeriche e .mostruose, del *Civetta*.

Un quadro alto on. 6. e ¼, largo on. 8. in tavola. S. Gio. Battista che predica sopra di un monte, a' piedi del quale molte figure in paese, del *Civetta*.

Un quadro alto on. 6., largo on. 7. e ½ in tavola. Diana nuda con dardo in mano et un cane alla sinistra, con paese, del *Givetta*.

Un quadro alto on. 4. e ½, largo on. 6 e ½ in tavola. Un Prete in un paese con altre figurine et una civetta in una radice di un arbore, del *Civetta*.

Un quadro alto on. 6, largo on. 8 e ½, in tavola. Il bagno di Diana con molte case e paese, del *Ciretta*.

Un quadro alto on. 6. e ½, largo on. 8. e ½ in tavola. Un Salvatore tentato dal Demonio con monti, veduta in mare, città in lontananza e paese, del *Civetta*.

Un quadro rotondo di diametro on. 3 in tavola. Ritratto di femmina con capelli biondi, collaro di velo a opera, perle all' orecchio destro e collana d' oro al collo, vestita di rosso, di Alessandro *Mazzola*.

(1) Detto d' ignoto autore nel Catalogo Lolli.

Un quadro rotondo di diametro on. 3 in tavola. Testa d' uomo armato e con una piccola frappa, di Alessandro *Mazzola*.

Un quadro alto 6 on., e largo on. 8. in rame. Molti Padri Camaldolensi che dalle sue celle vanno a mattutino, con la luna levata, di Paolo *Brillo*.

Un quadro alto on. 6., largo on. 8. in rame. Un paese con bosco, S. Francesco in ginocchio con le braccia rivolto verso il Cielo, di Paolo *Brillo*.

Un quadro alto br. 1. on. 4., largo br. 1. on. 2. in tavola. S. Caterina in ginocchio, tiene la destra sopra la ruota, e la sinistra al petto e gli occhi rivolti ad una gloria d'angeli. Copia di *Raffaele*.

Seconda Camera
detta la Camera di Venere.

Un quadro alto br. 2. on. 11., largo br. 2. on. 3. in tavola di noce; contiene un ritratto di Papa Leone sedente ad un tavolino, sopra del quale un campanello e breviario con un Cardinale da una, et uno dall'altra parte, di *Raffaele* d' Urbino.

Un quadro alto br. 1. on. 11., largo br. 2. on. 6. Una Venere in schiena, un satiro con coppa piena di uva e due Amoretti, di Annibale *Carazza*.

Un quadro alto br. 3. on. 3. e ¼., largo br. 2. on. 2. Un ritratto di donna, figura intiera a sedere con una testa che finge marmo. Ritratto di Carlo V, di *Tiziano*.

Un quadro alto br. 1. on. 11., largo br. 2. on. 4. Una Venere che siede sopra di un panno cremesi, abbraccia Adone che con la sinistra tiene duoi levrieri et un Amorino con una colomba in mano, di *Tiziano*.

Un quadro alto br. 2. on. 3. e ¼, largo br. 1. on. 4. Un Satiro con le mani legate dietro ad un albero da corista (?) che si vede in lontananza, di Annibale *Carazza*.

Un quadro alto br. 2. on. 2. e ½, largo br. 3. on. 1. e ¼. Una Venere accarezzata da Adone, quale le tiene sotto il mento una mano, dalla parte destra un levriero bianco et un nero, due Amorini che scherzano con un cane barbone, di *Paolo* Veronese.

Un quadro alto br. 3. on. 6. e ½, largo br. 6. on. 1. ¼. Una Venere che dorme sotto un padiglione pavonazzo, sollevato da un amoretto e duoi altri amoretti da un canto, uno de' quali abbigliato con manto e pianelle di detta Venere con una rosa in mano, un altro che ad un specchio si annoda li capelli, un altro che suona un flauto, presso del quale alcuni altri che danzano, et altri che ascendono un arbore, quali in tutti sono vintiotto, di Annibale *Carazza*.

Un quadro alto br. 2. on. 7., largo br. 1. on. 7. e ½. Un ritratto figura intiera sino al ginocchio che rappresenta una Donna detta l'Antea, con guanto et un Sghiratto (*sic*) nella destra, del *Parmegianino*.

Un quadro alto br. 2. on. 2. e ½, largo br. 3. on. 1. e ½. Una figura nuda sopra di un letto, quale rappresenta Danae, in grembo alla quale cade la pioggia d'oro; a' piedi un Amorino che in atto di ammiratione tiene l'arco nella sinistra, di *Tiziano*.

Un quadro alto br. 3. on. ½, largo br. 4. on. 3. e ½. Un Ercole a sedere appoggiato alla clava con la Virtù alla destra, che li addita il Monte Parnaso, sopra del quale il cavallo Pegaseo, et a' piedi una mezza figura coronata d'alloro, tiene un libro in mano, alla sinistra una femmina che le addita diverse delitie con giuochi, suoni, mascare et altro, di Annibale *Carazza*.

Un quadro alto br. 1. on. 7, largo br. 2. on. 9. e ½, a guazzo. Sei orbi, il primo de' quali cade in una fossa sopra il violone, l'altro pure addosso a lui, e gli altri quattro in atto pur di cadere l'uno dietro l'altro, di *Brugolo*.

Un quadro alto br. 2. on. 10. e ½, largo br. 4. on. 2. e ½. Rinaldo con specchio in mano in grembo ad Armida che si raccoglie le treccie, due soldati, un pappagallo et altri diversi uccelli sopra di un arbore, di Annibale *Carazza*.

Un quadro alto b. 2. on. 6., largo br. 3. on. 6. e ½, in tavola. Una Venere nuda sopra di un panno azzurro abbracciata da Amore che la bacia, et ella dal turcasso di quello ne trae un dardo. Un piedestallo con sopra tazza di rose, et un arco dal quale pendono due mascare, di Gio. *Bellino*.

Un quadro alto br. 1. on. 4., largo br. 1. on. 9. Due femmine che giuocano a scacchi con una puttina che ride et una vecchia, di *Sofonisba* (*Anguissola*) pittrice.

Un quadro alto br. 3., largo br. 2. on. 5. Un Apollo coronato d' alloro che suona il plettro, di Annibale *Carazza*.

Un quadro alto br. 3. on. 2., largo br. 2. on. 4. Una Venere che dorme con un Satiro che la scuopre di un panno azzurro. Amore con la face accanto se ne giace anch'egli dormendo presso detta Venere. Del *Correggio*, copia de' *Carrazzi*.

Un quadro alto br. 2. on. 8. e ¼, largo br. 1. on. 10. e ½. Un ritratto di Alessandro Sesto a sedere con una carta nella destra, di fra *Sebastiano* dal Piombo.

Un quadro alto br. 4. on. 10., largo br. 3. on. 6. e ½. Tre femmine che rappresentano la Chiesa Militante et Trionfante con un Angelo che sopra un tavolozzo tien scritto = *Militat ut triumphet* = di *Raffaele*, copia di Annibale *Carazza*.

Un quadro alto br. 4. on. 10., largo br. 3. on. 6. e ½. Tre femmine che rappresentano la Fede, la Speranza et la Carità con 3. puttini, uno de' quali tiene un cartello sopra del quale vi sono scritte queste parole = *horum autem major est Charitas* = di *Raffaele*, copia di Annibale *Carazza*.

Un quadro alto br. 1. on. 4. e ½, largo br. 1. on. 7. e ½. Una femmina con una tazza in mano che li vien sporta da un soldato, alla sinistra della quale vi è un'altra con una puttina, di Nicolò dall' *Abbate*.

Un quadro alto on. 8., largo on. 10. e ½, in tavola. Una Madonna col Bambino e S Girolamo, di Benvenuto *Garofalo*.

Un quadro alto on. 10. e ½, largo br. 1. on. 2. Un' Europa

sopra il toro nel mare con duoi tritoni, un puttino sopra un delfino, due altri amoretti in aere, et altre figure in lontananza, di Annibale *Carazza*.

Un quadro alto on. 10. e ½, largo br. 1. on. 1. Un Salvatore che illumina il cieco, con diversi Apostoli et altre figure, di *Paolo* Veronese.

Un quadro alto br. 1. on. 5., largo br. 1. on. 2. e ½. Due mezze figure, una delle quali conta certe monete d'oro sopra una tavola e scrive al libro, l'altra una mano sopra le spalle del detto, e nell'altra mano tiene una scrittura, in tavola, di Lorenzo *Lotti*.

TERZA CAMERA
DETTA DELLA MADONNA DELLA GATTA.

Un quadro alto br. 3. on. 1. e ½, largo br. 2. on. 7. e ½, in tavola. Una Madonna col Bambino in grembo che riceve dell'uva da S. Giovanni. Sant'Anna a canto et in lontananza una cuna e cesta con robbe da cucire et una gatta, di *Raffaele* d'Urbino.

Un quadro alto br. 2. on. 11., largo br. 2. on. 5., a guazzo. Una Madonna in ginocchio che accarezza con la mano sotto il mento S. Giovanni et il Bambino che dorme sopra panno bianco, et un cuscino cremesi alla testa, del *Parmegianino*.

Un quadro alto br. 2. on. 10. e ½, largo br. 2. on. 4. Una Madonna col Bambino in braccio che porge l'anello a S. Catterina, dietro la quale vi sono due angeli, di Annibale *Carazza*.

Un quadro alto br. 2. on. 6, largo br. 1. on. 11., in tavola (1). Una Madonna sedente con le mani giunte, tiene sopra di un ginocchio il Bambino, che dà la benedizione a S. Gio-

(1) Di questo quadro che appartenne già a Leonello Pio, notò Mons. Coccapani in margine a un esemplare delle Vite del Vasari del 1568, che « hoggi è in mano del S.ʳ Duca di Parma che havendolo comprato il S.ʳ Card. Alessandro Farnese ad un incanto portò seco in Parma ».

vanni, Sant' Anna a canto et in lontananza S. Giuseppe,
di *Raffaele* d' Urbino.

Un quadro alto on. 6. e ¼, largo on. 5. e ½, in tavola. Piccolo Sposalizio di S. Catterina, del *Correggio*.

Un quadro alto br. 1., largo on. 10. Un Salvatore con le mani incrociate sopra del petto, d' *Andrea* del Sarto.

Un quadro alto br. 1. e ¼, largo on. 10. S. Girolamo con le mani gionte et un puttino che tiene un libro, di Bartolomeo *Schedoni*.

Un quadro alto br. 1. on. 6., largo br. 1. on. 2, in tavola. Una Madonna con l' officio nella sinistra, nella destra il Bambino abbracciato e baciato da S. Giovanni, S. Maria Maddalena con il vaso in mano e S. Gioachino, del *Parmegianino*.

Un quadro alto br. 1. on. ½, largo on. 9, in rame. Una Madonna con Cristo morto in grembo con duoi angiolini piangenti, del *Carazza*.

Un quadro alto on. 11., largo br. 1. on. 8. Una Madonna con un deto alla bocca, il Bambino che li dorme sopra la sinistra e S. Gio. Battista, di Annibale *Carazza* (1).

Un quadro alto br. 1. on. 1., largo on. 10. e mezza in tavola. La Natività di Nostro Signore che posando sopra un panno bianco viene accarezzato alla sinistra da un angelo, et alla destra due altri che li mostrano la croce, la Madonna Santissima in ginocchio con le mani gionte, S. Giuseppe e diverse figure; et di sopra una gloria, di *Michelangelo* Senese.

Un quadro alto br. 1. on. 8. e ¼, largo br. 2. on. 1. Una Madonna con Nostro Signore in braccio e diversi Cherubini all' intorno del capo, di Federico *Zuccaro*.

Un quadro alto br. 1. on. 8., largo br. 1. on. 3. e ½. Un S. Girolamo vestito di rosso che legge, di Federico *Barozzi*.

Un quadro alto br. 1. on. 5. e ½, largo br. 1. on. 9. Una figura a sedere che rappresenta un Fiume, di Annibale *Carazza*.

(1) Detto dei *Carracci* nel Catalogo Farnesiano.

Un quadro alto br. 2. on. 4. e ½, largo br. 1. on. 11. e ½. Un
S. Girolamo nudo, che scrive un libro, et altro libro chiuso
pure a' piedi con una tromba in aere, del *Spagnoletto*.

Un quadro alto br. 2. on. 2., largo br. 2. on. 11. e ½. Un'
Aurora sopra le nubi con una face alla destra, versa fiori
dalla sinistra, due puttini in aere con canestri di fiori,
et al basso un paese, di Annibale *Carazza*.

Un quadro alto br. 2. on. 5., largo br. 2. on. 11. Una notte
in aere oscura con due crepuscoli in braccio e piccole
figure a basso in paese, di Annibale *Carazza*.

Un quadro alto br. 1. on. 7. e ½, largo br. 2. on. 1. Un
uomo che dorme con una barilla accanto, un puttino con
un ginocchio in terra che spinge una mastella, due gruppi
di pecore, uno da una parte con un vecchio et l'altro
dall'altra con una giovine, due figure, un manzo, capra
e cane presso un cesto e cose diverse, del *Bassano*.

Un quadro alto br. 1. on. 5., largo br. 2. on. ½. Una donna
fra due mastelle e gabbia da pollaja con due galli che
si beccano, con cani, pecore, bue et altre figure, con
la Natività in lontananza et un Angelo in aria, del *Bassano*.

Un quadro alto br. 1. on. 1., largo on. 10. Un Cristo in
croce con S. Girolamo in ginocchio che abbraccia la croce,
del Cav. *Malossi*.

Un quadro alto br. 1. on. 3., largo on. 11. e ½. Una testa di
S. Pietro con le chiavi in mano, di Annibale *Carazza*.

Un quadro alto br. 2. on. 2. et ½, largo br. 3. on. 1. Un
Cristo sopra di un lenzuolo portato alla sepoltura con
Nicodemo, Giuseppe ab Arimatea, S. Giovanni, le tre
Marie, una delle quali piange con le mani al volto, di
Lodovico *Carazza*.

Un quadro alto br. 1. on. 11. e ½, largo br. 1. on. 7. Una
donna che lavora la tela al telaro di . . . . .

Un quadro alto br. 1. on. 1. e ½, largo br. 1. on. 3 e ½. Un
Cristo coronato di spine, beffeggiato da un ladrone il
quale lo scuote dalla chioma, di Annibale *Carazza*.

Un quadro alto br. 1. on. 1., largo on. 10. Un S. Girolamo

con la mano destra al petto, et alla sinistra vi ha un libro, di *Leonardo* da Vinci.

Un quadro alto br. 1. on. 3. e $\frac{1}{2}$, largo b. 1., in rame. S.ta Elisabetta Regina sostentata da quattro angioli sopra le nubi e di sopra una gloria; e da basso un paese con chiesa dove si vede il Sacerdote celebrante, e dall' altra parte una fornace con diverse figurine, dell' *Albano.*

Un quadro alto on. 5., largo on. 6, in tavola. Una S.ta Maria Maddalena distesa nella grotta, con una mano sotto il libro, l' altra che sostenta il capo sopra il libro, del *Correggio* (1).

Un quadro alto on. 6. e $\frac{1}{2}$, largo on. 4. e $\frac{1}{2}$, in rame. Una Madonna con S.ta Veronica, che contempla il Santo Sudario, di *Tiarino.*

Un quadro alto br. 1. on. 2., largo br. 1. e on. $\frac{1}{2}$. Un S. Francesco di Paola che legge un libro quale ha in mano avanti un Crocifisso, di Pietro *Facini.*

Un quadro alto br. 1. on. 5, largo br. 1. on. 1. Una Conchiglia in acqua con 4. amorini, uno de' quali scocca dall' arco una freccia e due altri che stanno alla riva attaccati ad una corda che conduce alla Conchiglia, un altro che orina sopra il capo di un puttino vicino all' acqua, due altri puttini avanti, uno a sedere e l' altro in piedi, una donna et un satiro fra gli alberi et quattro altri puttini in aere, di Guido *Reno.*

QUARTA CAMERA

DETTA DELLA CANANEA.

Un quadro alto br. 4. on. 8., largo br. 3. on. 8. La Cananea avanti il Salvatore in ginocchio, accennandogli il cane, con indietro S. Pietro, e nel paese alcune picciole figurine in lontananza, di Annibale *Carazza.*

---

(1) Nel Catalogo Farnesiano dicesi di questo dipinto, che *viene dal Correggio.*

Un quadro alto br. 2. on. 11, largo br. 2. on. 9. alla cima mezzo tondo. Una Pietà con il Salvatore morto in grembo sopra un lenzuolo et duoi puttini piangenti, uno de' quali fa cenno alle spine pungenti della corona che sta a' piedi del morto Cristo, di Annibale *Carazza*.

Un quadro alto br. 2. on. 2., largo br. 1. on. 3., in pietra. Una Madonna vestita di bianco che scuopre il Bambino, che dorme avanti, con S. Giuseppe dalla parte destra e dall' altra S. Giovanni, di fra *Sebastiano* dal Piombo.

Un quadro alto br. 1. on. 4., largo br. 1. e on. ½. in tavola. Una Madonna col Bambino in grembo a sedere in mezzo a due sante con palme in mano, del *Francia*.

Un quadro alto br. 1. on. 3. e ½, largo br. 1. on. 1, in tavola. Un Salvatore con la figura di un vecchio che li mostra una moneta, di Bartolomeo *Schedoni*.

Un quadro alto on. 9. e ½., largo on. 7. Una Madonna col Bambino in grembo, al quale S. Giuseppe li porge delle cerase, di Agostino *Carazza*.

Un quadro alto on. 8. e ¾, largo on. 6. e ½, in tavola. Un picciolo S. Rocco in piedi con la mano destra sul fianco, del *Parmigianino*.

Un quadro alto br. 1. on. 6. e ½, largo br. 2. on. 2. e ½, in tavola. Una figura della Madonna, cioè mezza figura, che tiene davanti il Bambino in piedi, e dietro S. Giuseppe, di fra *Sebastiano* del Piombo.

Un quadro alto br. 1. on. 7., largo br. 1. on. 1. e ½, in tavola. Una Madonna in piedi col Bambino pure in piedi che accarezza S. Giovanni, e S. Giuseppe in lontananza, di *Raffaele* d' Urbino.

Un quadro alto br. 1. on. 7., largo br. 1. on. ½, in tavola. Una Madonna a sedere su una sedia antica alla mosaica con velo turchino rigato che li cuopre il capo e le spalle, tiene la mano destra sopra l' una delle spalle del Bambino che ha in grembo. Un libro et una colomba accennata dal Bambino, di *Raffaele* d' Urbino.

Un quadro alto br. 2. on. 2., largo br. 2. on. 7. Una Madonna

che fa cenno a duoi angioli, et il Bambino che è avanti
di lei dorme col capo sopra la croce, di Leonello *Spada*.

Un quadro alto on. 9. e ½, largo on. 7. e ½. Una testa della
Madonna del Popolo, che ha coperto il capo di un velo
bianco e sopra un velo azzurro, anzi panno con raggio
d'oro e stella in petto, di Annibale *Carazza*.

Un quadro alto on. 10., largo on. 7. e ½, in tavola. Una Madonna a sedere con il Bambino in spalla accarezzato da
un angelo in piedi, dietro alle spalle S. Giuseppe, di
Girolamo *Mazzola*.

Un quadro alto on. 9., largo on. 7., in tavola. Un Cristo morto
sopra un lenzuolo sostentato da Nicodemo con le tre Marie, una delle quali è vestita a bruno, di *Luca* d'Olanda.

Un quadro alto on. 7. e ½, largo on. 5. e ½, in rame. Un
S. Giovanni in ginocchio presso il Giordano che accenna il Salvatore che si vede alla ripa in lontananza, del-
l'*Albano*.

Un quadro alto on. 10., largo on. 8. Una testa di Cristo coronato di spine con manto rosso, di Agostino *Carazza*.

Un quadro alto br. 1. on. 2., largo on. 10. e ½, in tavola. Un
mezzo busto di S. Giovanni in croce alla destra, e con
un dito alla sinistra fa cenno verso del Cielo, di *Leonardo
da Vinci*.

Un quadro alto on. 8. e ½, largo on. 6. e ¼. Una testa di S.
Girolamo che si batte il petto con un sasso alla mano,
che non si vede se non la metà, di Annibale *Carazza*.

Un quadro alto on. 8. e ¼, largo on. 7. e ½. Un Cristo in
croce, con paese, di . . . . .

Un quadro alto br. 2. on. 6. e ½, largo br. 1 on. 7, in tavola.
Un Cristo levato di croce che vien di dietro sostentato in
un lenzuolo dalla Madonna Santissima, Nicodemo e le
tre Marie, due altre figure, et in lontananza si vedono li duoi ladroni, con diverse altre figurine, di *Luca*
d'Olanda.

Un quadro alto br. 2. on. 1. e ½, largo br. 1. on. 7 e ½, in
tavola. Una Madonna vestita di rosso, scuopre di un velo

il Bambino che li sta davanti sopra di un letto, e S. Giuseppe dietro della spalla sinistra, di *Raffaele* d' Urbino.

Un quadro alto br. 2. on. 7., largo br. 1. on. 8. S. Paolo rapito da tre angioli al terzo Cielo, del *Lanfranchi*.

Un quadro alto br. 1. on. 7., largo br. 1. on. 4. e $\frac{1}{2}$. Una donna a sedere quale appoggia il braccio destro sopra di uno scudo et avanti di essa vi è un huomo vestito alla Romana, con torre e figure in lontananza, il tutto abbozzato, di Agostino *Carazza*.

Un quadro alto br. 1. on. 7 e $\frac{1}{4}$, largo br. 1. on. 4. Una donna a sedere che tiene alla destra un mazzo di spiche, alla sinistra un grappolo d' uva, et avanti di essa un' altra femmina sedente, di Agostino *Carazza*.

Un quadro alto br. 3., largo br. 1. on. 10. e $\frac{1}{2}$. Un Bacco in piedi che poggia la destra sopra di un sasso coperto di pampani, uve, et una pelle con tazza di vino, di Annibale *Carazza*.

Un quadro alto on. 7. e $\frac{1}{4}$, largo on. 9. e $\frac{1}{2}$, in tavola. Una Madonna con il Bambino davanti in una mangiatoja, et alla destra S. Giuseppe vestito di rosso con le mani gionte, di *Luca* d' Olanda.

Un quadro alto on. 10. e $\frac{1}{4}$, largo on. 7. e $\frac{1}{2}$. Un ritratto di un huomo con frappa al collo e tosone al petto, del *Mazzola*.

Un quadro alto on. 10. e $\frac{1}{4}$, largo on. 8. Un ritratto di una femmina col capo ornato di perle con frappa al collo, del *Gaetano*.

Un quadro alto on. 8. e $\frac{1}{2}$, largo on. 7. e $\frac{1}{4}$. Un ritratto di donna con un cane in braccio, sopra il capo un berrettone con piume bianche, di Lavinia *Fontana*.

Un quadro alto on. 10., largo on. 7. e $\frac{1}{4}$. Una testa di un pastore vestito di una pelle, di *Tiziano*.

Un quadro alto on. 8 e quarti tre, largo on. 7. e $\frac{1}{2}$. Un ritratto di un Prete, di Annibale *Carazza*.

Un quadro alto br. 1., largo on. 9, in tavola. Una Natività con la Madonna Santissima, S. Giuseppe, tre angioli, tre pastori et altri 4. angioli in aere, di Agostino *Carazza*.

Un quadro alto br. 2. on. 5., largo br. 1. on. 10. Un ritratto
di un calzolaro del Sermo Sig.r Duca Ranuccio 1.º, con
scarpa in mano, di Bartol.º *Schedoni* (1).

Un quadro alto br. 1. on. 4. e $\frac{1}{2}$, largo br. 1. Una Madonna
con panno bianco al capo e col Bambino che dorme con
un pomo in mano, di Annibale *Carazza*.

Un quadro alto on. 10 , largo on. 8. Una Madonna a sedere,
sopra il capo sei stelle, vestita di rosso col manto azzurro,
alla sinistra un libro, alla destra il Bambino che tiene
alla mano un giglio Farnese accarezzato da S. Giov., S.
Giuseppe che legge, alla sinistra S.ta Margherita in ginocchio sopra il drago, di Agostino *Carazza*.

Un quadro alto on. 10., largo on. 7. e $\frac{1}{2}$. S. Francesco in
estasi col Crocifisso in mano sostenuto da un angelo,
avanti il quale un libro sopra un sasso e tre angioli in
aere, di Annibale *Carazza*.

Un quadro alto br. 1. on. 7. e $\frac{1}{2}$, largo br. 1. on. 2. e $\frac{1}{2}$. Un
ritratto del Bonvicini con spadone alla mano, di Bartol.º
Schedoni.

Un quadro alto on. 11. e $\frac{1}{4}$, largo on. 8. Un *Ecco Homo* coronato di spine con sferza, un mazzo di spine, e canna
alle mani che tiene legate, un cartello al collo nel quale
è scritto *Rex vester*, et 9. angeli in aere che portano i
misteri della Passione, di Gio. *Bellini*.

Un quadro alto on. 10. e $\frac{1}{2}$, largo on. 8. e $\frac{1}{2}$. Una donna ornata di fiori, al collo una frappa sopra la quale una lu-
serta, del *Gaetano*.

Un quadro alto on. 10 e $\frac{1}{4}$, largo on. 7, in tavola. Una Samaritana al pozzo col Salvatore a sedere e due figure in
lontananza, di Giulio *Campi*.

Un quadro alto on. 9., largo on. 8. Un ritratto di un uomo
con un gatto in spalla, un berrettone cremesi sopra il
capo e piume bianche, di Lavinia *Fontana*.

(1) Di questo ritratto trasse una copia Fortunato *Gatti*, registrata
più avanti.

Un quadro alto br. 3. on. 5. e ¼, largo br. 2. on. 4. e ¼. La Carità con due poveri et un puttino, di Bartol.º *Schedoni*.

Un quadro alto br. 3. on. ½, largo br. 2. on. ½. Un S. Girolamo grande in ginocchio con un Cristo alla mano sinistra, et alla destra un sasso et un leone di dietro sopra alcuni libri, di Agostino *Carazza*.

Un quadro alto on. 9., largo on. 7, in rame. Un Cristo portato alla sepoltura da Nicodemo con una figura avanti che tiene una torza, S.ta M.ª Maddalena piangente dall' altra parte, et in lontananza alcune figurine, di Annibale *Carazza*.

Un quadro alto on. 10. e ½, largo on. 9. e ¾, in tavola. Una Madonna a sedere con il Bambino in grembo, S. Giovanni a' piedi che accarezza l'agnello, e S. Giuseppe alla sinistra che con le braccia aperte mostra discorrere con la Madonna Santiss.ma, di Bartol.º *Schedoni*.

Un quadro alto br. 3. on. 5. e ½, largo br. 2. on. 8, in un assone. Il Giudicio universale, di Michel Angelo *Buonarrota*.

QUINTA CAMERA
DETTA DI SANTA CLARA.

Un quadro alto br. 1., largo on. 8. et ¾, in tavola. Una Santa Teresa in ginocchio, S. Giuseppe in piedi dall' altra parte, una Madonna in aere sopra le nubi col Bambino in grembo che dà la beneditione a S.ta Teresa, con gloria d'angioli che suonano diversi istromenti, di *Giulio* del Purgo, (*Orlandini*).

Un quadro alto br. 3., largo br. 1. on. 7. Un S.t Antonio in piedi in atto di dare la benedizione, alla sinistra un libro aperto et un giglio, di *Michel Angelo* Senese.

Un quadretto alto on. 8. e ¾, largo on. 6. et ¼ in tavola. Una testa di un Cristo coronato di spine, con croce in spalla con veste rossa e mano alla croce, di . . . .

Un quadro alto on. 8., largo on. 5. e ¾, in tavola. Un Cristo alla colonna in alto flagellato da due manigoldi, dalla destra più abbasso S. Girolamo con sasso in mano e dall' altra parte S. Francesco fra le spine, di *Luca* d' Olanda.

Un quadro alto on. 11. e ½, largo on. 8. e ¼. Una testa di S. Francesco con li occhi sollevati al Cielo e le mani al petto, di Annibale *Carazza*.

Un quadro alto br. 1. on. 7. e ½, in tavola. Una S.ta Maria Maddalena piangente con le mani gionte, gli occhi verso il Cielo, vestita di un panno rosso, di Leonello *Spada*.

Un quadro alto br. 1. on. 7. e ½, largo br. 1. on. 4. e ½. Un S. Pietro piangente con le mani gionte, gli occhi al Cielo, vestito di un panno giallo, di Leonello *Spada*.

Un quadro alto br. 1. on. 4. e ½, largo br. 1. on. 1. e ½, in tavola. Un *Ecce Homo* con la canna alla sinistra, gionta con la destra che li viene legata da un manigoldo, essendone un altro da un' altra parte, con teste in dietro, di Bartol.º *Schedoni*.

Un quadro alto br. 1. on. 7. e ½, largo br. 1. on. 2. e ½. Un S. Sebastiano legato ad un arbore con le mani indietro, mezza figura, con panno bianco rigato, e due freccie una nel costato e l' altra nel tronco dell' arbore, di Leonello *Spada*.

Un quadro alto br. 1. on. 11. e ½, largo br. 1. on. 6. e ½, in tavola. Mezza figura di un Cristo coronato di spine al naturale con veste rossa et croce in spalla, di *Andrea* del Sarto.

Un quadro alto br. 1. on. 8. e ½, largo br. 1. on. 4. e ½. Nostro Signore nel Giordano battezzato da S. Giov. con due Angeli da una parte et uno di dietro inginocchiato, e tiene in mano la veste rossa di Nostro Signore, sopra la cui testa lo Spirito Santo, et ad alto il Padre Eterno con paese, di *Gio.* Fiamingo (*Sons*).

Un quadro alto br. 1. on. 4. e ½, largo br. 1. on. 1. Un S. Nicola da Tolentino con stella in petto, crocefisso e giglio nella sinistra, della Sig.ra *Perdononi* (1).

(1) Pittrice ignota se non è errata la denominazione.

Un quadro alto br. 1. on. 9. e ¼, largo br. 1. on. 6. Una Madonna vestita di rosso con panno bianco sopra le spalle, il Bambino intiero in spalla, e mezza figura di S.ta M.ª Maddalena vestita di bianco che li porge un vaso, di *Tiziano*.

Un quadro alto br. 1. on. 7. per diametro forma tonda in tavola. Una Madonna a sedere in un paese, col Bambino in grembo che tiene fra le mani un cardellino, duoi angioli alla destra in ginocchio et uno alla sinistra che suona, di *Raffaele* d'Urbino (1).

Un quadro alto br. 1. on. 10., largo br. 1. on. 7. in tavola. Una Madonna a sedere col Bambino in grembo alla parte destra, dall'altra S. Giovanni in piedi che abbraccia la crocetta di canna, un vaso di frutti et un libro, in tavola, di *Raffaele* d'Urbino.

Un quadro alto on. 8. e ¼, largo on. 5. in tavola. Un Cristo in croce con testa di morte a' piedi della croce in campo nero, del *Sojaro* (*Gatti*).

Un quadro alto on. 7. e ¼, largo on. 6, a guazzo. Un S. Girolamo a sedere in un paese che con la destra fa cenno ad un raggio di gloria e con la sinistra al fiume, con diadema, del *Parmegianino*.

Un quadro alto br. 1. on. 7., largo br. 2. on. 2. Una Resurezione con 5. soldati armati che si svegliano, uno delli 3. che sono alla sinistra fugge et un altro delli due dall'altra parte, di Sisto *Badalocchio*.

Un quadro alto on. 9. e ¼, largo on. 6. e ¼, in carta sopra la tela. Una testa di S. Giuseppe che mostra tenere le mani sopra il bastone, di *Raffaele* d'Urbino.

Un quadro alto br. 2. on. 1. e ¼, largo br. 2. on. 10, in tavola. La Trasfigurazione di Nostro Signore sul Taborre, di *Gio. Bellini*.

Un quadro alto br. 1. on. 3., largo on. 11. S.ta M.ª Maddalena

---

(1) Questo quadro è attribuito a Pietro *Perugino* nel susseguente Inventario.

scapigliata piangente a grosse lagrime, la sinistra aperta sul petto fra' capelli, alla destra un vaso, di Annibale *Carazza*.

Un quadro alto on. 10 e ½, largo on. 7, in tavola. Una Madonna in ginocchio che accarezza il Bambino che giace sopra un panno bianco fra il fieno in un Presepe di giunchi con S. Giuseppe alla sinistra che poggia sopra di un sasso con le braccia sotto il mento presso un bastone con un fardello et alla destra il bue, di *Michel Angelo* Senese.

Un quadro alto br. 2. on. 1., largo br. 1, on. 7, in tavola. Una Madonna a sedere che tiene con la sinistra il Bambino in piedi, quale li porge al mento la mano sinistra, S. Giovanni al ginocchio della Madonna Sant.ma, con altre due figurine indietro, e tutti 5 sono con diadema in capo, di *Andrea* del Sarto.

Un quadro alto br. 1. on. 2. e ½, largo br. 1. on. 9. Una Madonna a sedere col Bambino in grembo sopra il braccio sinistro, et il destro lo poggia ad un sasso, presso al quale S. Giuseppe con le mani al bastone et 2 angeli in lontananza, di Sisto *Badalocchio*.

Un quadro alto on. 10. e ½, largo on. 8. e ½, in tavola. Una Madonna detta la Cingarina a sedere in terra col Bambino in grembo, un angelo sopra che raccoglie delle palme, un coniglio alla destra tra alcuni fiori, del *Correggio*.

Un quadro alto on. 9, largo on. 7, in carta stampata sopra la tavola. Una testa del Salvatore coronato di spine, e con gran barba, d' Alberto *Duro*.

Un quadro alto br. 3, largo br. 1. on. 6, a guazzo. S.ª Clara in piedi con la custodia e Sacramento alla destra, e nella sinistra un libro aperto, di *Michel Angelo* Senese.

Un quadro alto br. 1. on. 4. e ½, largo br. 1. on. 2, in tavola. S. Giovanni, mezza figura con l'agnello sopra di un piedestallo tra le braccia, e canna, vestito di pelle e panno rosso, fa cenno col dito destro ad una carta scritta sostenuta da un puttino, di Bartol.º *Schedoni*.

Un quadro alto br. 1. on. 7. e $\frac{1}{2}$., e largo br. 1. on. 4, in tavola. Sta M.ª Maddalena a sedere vestita di giallo et azzurro in atto contemplativo, sostiene con la destra il capo et alla sinistra vi ha un fazzoletto et appresso un angelo che abbraccia un vaso, et un pezzo di filo con 5 perle, alla destra un angelo in piedi con libro in mano e capo di morte, perle et collane d'oro, di Bartol.° *Schedoni*.

Un quadro alto br. 2., largo br. 1. on. 7 e $\frac{1}{2}$, in tavola. Una Madonna col Bambino avanti sopra di un letto e cussino giallo, presso del quale un canestro di fiori, alla destra S. Giuseppe appoggiato col mento sopra le mani e bastone alla sinistra, S. Giovanni con le mani in croce, tutti quattro con diadema, di . . . . .

Un quadro alto br. 2. on. $\frac{1}{2}$., largo br. 1. on. 7. in tavola. Una Madonna mezza figura a sedere col Bambino in piedi sopra li ginocchi in atto di abbracciare ansiosamente S. Giovanni, che con la mano sinistra al petto e con la destra tiene la croce di canna di . . . . .

Un quadro alto br. 1. on. 11. e $\frac{1}{2}$., largo br. 1. on. 8, a guazzo. Una Madonna col capo ornato di bianco in atto di dormire sopra il volto del Bambino che tiene nel braccio destro sopra di un piedestallo; qual Bambino tiene gli occhi fissi al volto della Madonna con le braccia in croce et libro in mano, del *Correggio*.

Un quadro alto br. 1. on. 4., largo br. 1. Una Madonna a sedere che tiene davanti il Bambino sopra un cuscino verde e panno bianco, di Sisto *Badalocchio*.

Un quadro alto br. 1. on. 5. e $\frac{1}{2}$., largo br. 1. on. 1, in tavola. Una Madonna a sedere col Bambino in grembo sopra panno bianco, con il braccio destro sopra un sasso, e sopra di quello un canestro di fiori, anzi frutti, S. Giuseppe a sedere alla destra con le mani al bastone, di Sisto *Badalocchio*.

Un quadro alto br. 1. on. 4., largo br. 1. on. 6, in tavola. Una Madonna a sedere col Bambino in piedi sopra li ginocchi che le tiene la mano destra al collo e l' altra alla spalla, del *Mazzola.*

Un quadro alto br. 1. on. 11. e ½., largo br. 2. on. 1. e ½. Un Cristo posto nel sepolcro da Nicodemo; si vede alla parte sinistra la Madonna, S.ta M.a Maddalena scapigliata con le mani gionte, et due altre figure, di *Paolo Veronese.*

Un quadro alto br. 2. on. 5., largo br. 2. Mezza figura al naturale di S.a M.a Maddalena scapigliata con le lagrime alli occhi con camicia e panno rigato di nero e rosso, avanti una testa di morte e sopra un libro aperto, dalla parte destra il vaso con sopra scritto *Titianus*, di *Tiziano.*

Un quadro alto br. 1. on. 7., largo br. 1. on. 3. e ½. Il Salvatore morto sopra un panno bianco in terra presso il quale li 3 chiodi e corona di spine, le 3 Marie, S. Giovanni e 4 altre figure, del *Correggio.*

Un quadro alto br. 1. on. 4., largo br. 1. on. 1. S. Giovanni nel deserto a sedere sopra un sasso con l' agnello che li poggia li piedi davanti sopra il ginocchio sinistro, tiene la destra con l' indice sollevata in aere, la croce legata ad un tronco vicino al fiume, dell' *Albano.*

Un quadro alto br. 1. on. 1., largo on. 10, in tavola. Una Madonna a sedere col Bambino in grembo che pone l' anello a S.ta Caterina che è alla destra, et alla sinistra di dietro S. Giuseppe, del *Mazzola.*

Un quadro alto on. 10., largo 8, in tavola. Una testa di Margarita d' Austria con velo bianco in testa e doppia collana di perle al collo, di *Tiziano.*

Un quadro alto on. 11., largo on. 8. e ½, in tavola. Una testa di donna con gli occhi verso il Cielo e un ferro in petto, veste turchina e manto rosso, che rappresenta una S.ta Martire, di . . . . .

Un quadro alto on. 10. e ½., largo on. 8. e ½. Un ritratto di una giovine con frappa al collo vestita a nero con bottoni e guernitione d' oro, del *Gaetano.*

Un quadro alto br. 1., largo on. 7. e $\frac{1}{2}$. Una Natività con la
Vergine dietro al Presepe in cui il Bambino sopra panno
bianco alla destra S. Giuseppe con le mani in croce, in
lontananza il bue e l'asinello, in tavola, di *Michel Angelo
Senese.*

Un quadro alto on. 6. e $\frac{1}{2}$., largo on. 5, in tavola. Un Puttino
in atto di leggere l'Abecedario sopra una tavola, a cui
fa cenno ad alcune lettere con l'indice della destra, del
Parmigianino.

Un quadro alto on. 6. e $\frac{1}{2}$., largo on. 5. e $\frac{3}{4}$, sopra la tela
con assa sotto. Una testa di (un Salvatore con le se-
guenti lettere scritte due dall'una e due dall'altra parte
$\bar{I}$ $\hat{\Sigma}$ — $\bar{X}$ $\bar{\Sigma}$ con alcuni raggi d'oro attorno al capo, di.....

Un quadro alto on. 9., largo on. 6. e $\frac{1}{4}$., in carta con assa
sotto. Un sol volto con barba senza il rimanente del com-
pimento alla testa, di . . . . .

Un quadro alto on. 9. e $\frac{3}{4}$., largo on. 6. e $\frac{1}{2}$, in carta con
assa sotto. Una testa di S. Francesco, di . . . . .

Un quadro alto on. 10. e $\frac{1}{2}$., largo on. 8. e $\frac{1}{4}$. Un ritratto di
una giovine con frappa al collo vestita di nero con trine
e tre file di bottoni d'oro avanti, di Scipione *Gaetano.*

Un quadro alto on. 10. e $\frac{1}{2}$, largo on. 8. e $\frac{1}{2}$. Un ritratto di
una giovine vestita di rosso con perle al collo et orec-
chie, di Scipione *Gaetano.*

Un quadro alto br. 3. on. 1. e $\frac{1}{2}$., largo br. 1. on. 2. e $\frac{1}{2}$, a
guazzo. S. Giuseppe in piedi vestito di giallo e rosso;
poggia con la sinistra sopra un nodoso bastone con scritto
sotto = *Die VI julii* = del *Correggio.*

Un quadro alto br. 3. on. 1. e $\frac{1}{2}$., largo br. 1. on. 2. e $\frac{1}{4}$, a
guazzo. Un vecchio in piedi che si crede S. Gioachino
con berretta alla destra, la sinistra al petto, pianelle
a'piedi con le seg.ti lettere = *MDXXVIIII,* = del *Correggio.*

SESTA CAMERA
DE' RITRATTI.

Un quadro alto br. 1. on. 1., largo on. 9. e $\frac{1}{2}$. Una testa di un pastore con un berrettone di pellicia negra, e sopra le spalle una bianca con flauti alla mano in atto di suonare, di fra *Sebastiano* del Piombo.

Un quadro alto on. 10. e $\frac{1}{2}$., largo br. 1. on. 6. Ritratto d'huomo armato con testa in profilo ed elmo impiumato alla sinistra con un' iscrizione alla destra che comincia: *Ludovicus Ursinus Nicolai filius*, di *Giulio* Romano.

Un quadro alto br. 1. on. 8., largo br. 1. on. 2. e $\frac{1}{2}$. Ritratto con berretta da prete in capo con officio alla sinistra, et destra sopra una tavola con medaglie et figure antiche, et dietro alcune figurine antiche di chiaro e scuro, del *Parmigianino*

Un quadro alto on. 10., largo on 6. e $\frac{1}{2}$., in tavola. Una testa del Ser.mo Sig.r Duca Pier Luigi giovane con manto rosso, di *Raffaele* d'Urbino.

Un quadro alto on. 9. e $\frac{1}{2}$., largo on. 8. e $\frac{1}{2}$. Testa d'uomo armato con barba nera folta, di Agostino *Carazza*.

Un quadro alto on. 9. e $\frac{1}{2}$., largo on. 7. e $\frac{1}{2}$., in tavola. Una testa di un puttino con capelli annodati, che tiene un dito della sinistra in bocca, e con la destra la Tola (*Tavola*) dell' alfabeto, del *Parmigianino*.

Un quadro alto br. 1. on. $\frac{1}{2}$., largo on. 10, in tavola. Ritratto di un Cardinale di Casa Rossi con anello alla destra con leone, e carta ravvolta nella medesima, e una berretta pavonazza in capo, in campo verde, di Lorenzo *Lotti*.

Un quadro alto br. 3. on. $\frac{1}{2}$., largo br. 2. on. 4. Ritratto d'uomo in piedi, tutto armato fino al ginocchio che tiene bastone di comando alla destra e la sinistra sopra di un elmo chiuso, qual poggia sopra un piedestallo, di *Tiziano*.

Un quadro alto br. 2., largo br. 1. on. 6, in tavola. Ritratto d'uomo con barba lunga, berretta in capo di velluto rosso, nella destra una Medaglia marcata n.° 72., l' altra sopra parte della carega di legno et appresso un elmo e mazza di ferro, del *Parmigianino*.

Un quadro alto br. 1. on 10., largo br. 1. on. 5. e $\frac{1}{2}$. Un ritratto del Serḿo Sig.ᵣ Duca Ranuccio I.° armato con frappa al collo, la destra sopra un tavolino con tappeto turchino, la sinistra sopra un elmo di ferro, di Agostino *Carazza*.

Un quadro alto br. 1. on. 3. e $\frac{1}{2}$., largo on. 11. e $\frac{1}{2}$. Ritratto di un prete con berretta in capo, officio alle mani et anello alla destra, del *Parmigianino*.

Un quadro alto br. 1. on. 3., largo br. 1, in tavola. Una Lucretia Romana che con la destra si ferisce il petto col coltello, nuda dalla destra e coperta la spalla sinistra di un panno cangiante, sopra cui una medaglia di Diana, del *Parmigianino*.

Un quadro alto on. 10. e $\frac{1}{2}$., largo on. 9, in tavola. Ritratto di una vecchia vestita di verde con larghe righe gialle, e simile acconciatura di testa alla piramidale et anelli legati al collo et anelli in dito et lettera in mano, di Alberto *Duro*.

Un quadro alto on. 10. e $\frac{1}{2}$., largo on. 6. e $\frac{1}{2}$. Una testa di uomo con berretta nera e barba nera longa e un robone rivolto davanti dove si vede certa parte di panno bianco, del *Parmigianino*.

Un quadro alto on. 10. e $\frac{1}{2}$, largo on. 7. e $\frac{1}{2}$, in tavola. Ritratto del Cardinale S.t Angelo con berretta in capo, di *Tiziano*.

Un quadro alto br. 1. on. 1., largo on. 10. e $\frac{1}{2}$. Ritratto di Sifonisbe che suona la spinetta, di *Sifonisbe* (*Anguissola*) pittrice.

Un quadro alto br. 1. on. 10., largo br. 1. on. 5. in tavola. Ritratto del Serḿo Sig.ᵣ Duca Pier Luigi con berretta nera e piuma bianca in capo, vestito di broccato d' argento con bastone di comando alla destra e spada alla sinistra, di *Tiziano*.

Un quadro alto br. 2. on. 2., largo br. 1. on. 8. e ½, in tavola. Duoi Ritratti sino al ginocchio vestiti di nero, uno de' quali con le maniche trinciate, dalle quali 'si vede drappo rosso; disegna di fortificazione con un compasso in mano, si vede in lontananza di chiaro e scuro, di *Andrea* del Sarto.

Un quadro alto br. 1. on. 8. e ½, largo br. 1. on. 3. e ½. Un Ritratto di un Sonatore vestito di nero con frappa, con la sinistra accorda un istromento, che va toccando con la destra et un tavolino sopra del quale vi sono diverse carte con note, di Agostino *Carazza*.

Un quadro alto br. 1. on. 11., largo br. 1. on. 7. Ritratto di femmina che è ad un tavolino sopra del quale vi è una testa di morte, specchio, pettine e forbice, si acconcia le treccie con ambe le mani, vestita di giallo a opera, di *Tiziano*.

Un quadro alto br. 1. on. 8. e ½., largo br. 1. on. 3. e ½. Ritratto di un compositore di musica vestito di nero con frappa al collo presso ad un tavolino con la sinistra ad un libro aperto e la destra con penna da scrivere sopra il calamaro e scanzia di libri, di Annibale *Carazza*.

Un quadro alto br. 2. on. 5., largo br. 1. on. 10. e ½. Ritratto di donna vestita di nero con fazzoletto alla destra, e guanti alla sinistra, di Girolamo *Mazzola*.

Un quadro alto br. 1. on. 10., largo br. 1. on. 5. e ½. Un Diogene che sta in atto di scrivere una carta, che tiene nella sinistra sopra un libro, in tavola, del *Spagnoletto*.

Un quadro alto br. 2. on. 5. e ½, largo br. 1. on. 11. Ritratto di Cavaliere con croce rossa sul petto, la sinistra alla spada, la destra ad un pugnale con li guanti; poggia sopra una tavola di pietra sopra della quale un Ercole di chiaro e scuro, di Girolamo *Mazzola*.

Un quadro alto br. 1. on. 2., largo br. 1. on. 8. Ritratto di D. Giulio Clovio con barba bianca quadra, fa cenno con la destra ad un libro miniato che tiene nella sinistra, di Giulio *Clovio*.

Un quadro alto br. 1. on. 6. e ½., largo br. 1. on. 3. Ritratto di donna con gran conciatura di capo, e perle, tiene la destra al petto, et un ghiro alla catena d' oro, di Giulio *Clovio.*

Un quadro alto br. 1. on. 8. e ½., largo br. 1. on. 5. Un Amore disteso in terra sopra panno bianco, tiene l' indice della sinistra alla bocca, et un carcasso con freccie appeso alli rami di un arbore, di Bartol.º *Schedoni.*

Un quadro alto br. 1. on. 10. e ½., largo br. 1. on. 7. Una mezza figura di una Madonna vestita di azzurro e panno bianco ravvolto al capo, tiene il Bambino in grembo che con la destra li fa carezze al collo, alla sinistra S. Giuseppe in profilo vestito di giallo con le mani l'una sopra l'altra appoggiate al bastone, dall'altra parte testa e mano di S. Giovanni, di Bartol.º *Schedoni.*

Un quadro alto br. 1. on. 6., largo br. 1. on. 11. La Natività del Signore che si vede nel Presepe. La Madonna Santissima in ginocchio con le mani gionte, S. Agnese alla destra e S. Barbara alla sinistra, due pastori et un angelo in lontananza, di Calisto *Toccagni.*

Un quadro alto br. 1. on. 2. e ½., largo on. 10. Ritratto di donna con perle al collo con veste pavonazza e busto con pizzi bianchi, di Annibale *Carazza.*

Un quadro alto br. 2. on. 1. e ½., largo br. 1. on. 8, in tavola. Un Ritratto di un giovine con berretta nera in capo presso un tavolino coperto di un panno turchesco, tiene la sinistra sul fianco, e con la destra all' estremità di una benda che li cinge, bianca, del *Parmigianino.*

Un quadro alto br. 2. on. 3., largo br. 1. on. 9. Ritratto di una puttina in piedi con fiore alla mano destra, avanti un specchio nel quale si vede la parte di dietro, un cane appresso che gli piglia l'estremità della veste presso una figurina chiaro e scuro che finge metallo, con l'iscrizione di *Anna Eleonora Sanvitali MDLXII., An.* 4. *di sua vita,* vuolsi dire età, di Girolamo *Mazzola.*

Un quadro alto br. 1. on. 1., largo on. 9. e ½. Ritratto d'uomo con barba, berrettino in capo nero con piuma assentato sopra di una carega, al pomo della quale tiene la destra e con la sinistra un libro aperto, mezza figura in schiena vestita di verde e rosso, del *Parmigianino.*

Un quadro alto on. 7., largo on. 4. e ½. Una testa di uomo con veste rossa e pellizza bianca sopra le spalle, del *Parmigianino.*

Un quadro alto br. 1. on. 9., largo br. 1. on. 5., e ½. Ritratto d' uomo attempato con barba nera, berretta in capo; vestito di nero, con tosone, si vede la sola destra che tiene una lettera, di Girolamo *Mazzola.*

Un quadro alto br. 1. on. 1., largo br. 1. on. 5. Ritratto di una femmina vestita di nero con la destra al petto, nella quale ha duoi anelli, capelli biondi, ornati di piccole perle con collaro a opera fatto all' antica et una cinta di bottoni d' oro, di *Tiziano.*

Un quadro alto br. 1. on. 8. e ½., largo br. 1. on. 5. Una femmina che con la destra fa cenno al proprio volto, vestita di nero con velo color cavilino sopra il capo, e parte di spalle sotto le quali vi sono 4. versi che cominciano == *qui disiunctas utroque ab litore gentes* etc. == di *Tiziano.*

Un quadro alto br. 1. on. 2. e ½., largo on. 10. e ¼. in tavola. Ritratto d' uomo, si dice d' *Andrea* del Sarto, vestito di uero con berretta in testa, e camicia che si vede lavorata al collo et capelli castagni, di *Andrea* del Sarto.

Settima Camera
di Paolo Terzo, di *Tiziano.*

Un quadro alto br. 1. on. 11. e ½., largo br. 1. on. 6. e ¼. Ritratto di Paolo 3.º sopra una carega di velluto cremisi, vestito di bianco, tiene la destra con anello in dito appoggiata ad una borsa di simile velluto, di *Tiziano.*

Un quadro alto br. 2., largo br. 1. on. 4. e ¼. Ritratto del Serᵐᵒ Sig.ʳ Duca Pier Luigi armato con bastone di comando alla destra, presso un altro soldato armato con bandiera gialla, di *Tiziano*.

Un quadro alto br. 2. on. $\frac{1}{2}$., largo br. 1. on. 7. e $\frac{1}{2}$. Ritratto di Paolo 3.° a sedere sopra carega di velluto simile all'altro, tiene nella destra un Memoriale con paese in lontananza e berretta in capo, di *Tiziano*.

Un quadro alto br. 2. on. 3., largo br. 2. Ritratto d'uomo con robone berrettino nero, la destra nel guanto e tiene l'altro guanto impugnato e la sinistra al pomo della spada, del *Parmigianino*.

Un quadro alto br. 1. on. 3. e $\frac{1}{2}$., largo br. 1. on. 1. e $\frac{1}{2}$, in tavola. Ritratto di uomo con berretta e veste bianca, una carta da cantare nella sinistra e corona al collo, della scuola del *Correggio*.

Un quadro alto br. 1. on. 4. e $\frac{1}{2}$., largo br. 1. on. 1, in tavola. Ritratto di *Raffaele* fatto da lui medesimo, vestito di nero, mostra un poco di camicia al collo, e la mano destra, di *Raffaele* d'Urbino.

Un quadro alto on. 11., largo br. 1. on. 4, non finito. Un puttino nudo disteso sopra di un cuscino non finito, tiene le mani in aere in campo verde, di *Raffaele* d'Urbino (1).

Un quadro alto br. 1. on. 11. e $\frac{1}{2}$., largo br. 1. on. 7. e $\frac{1}{2}$., in pietra lavagna. Ritratto di Clemente 7.° con berretta in capo, barba lunga grigia, in atto di dare la benedizione, con figura alla sinistra, di fra *Sebastiano* del Piombo.

Un quadro alto br. 1. on. 5., largo br. 1. on. 1. e $\frac{1}{2}$., in tavola. Ritratto di un uomo vestito di nero, berretta in testa e barba nera, e con la destra alla spada con dietro architettura di chiaro e scuro, di *Andrea* del Sarto.

Un quadro alto br. 1. on. 11., largo br. 1. on. 5. e $\frac{1}{2}$. Ritratto del Cardinale S. Angelo, berretta in capo, tiene li guanti nella sinistra, e la destra in ombra con sopra panno verde, di *Tiziano*.

(1) Si dice della maniera di *Raffaello* nel Catalogo Farnesiano.

Un quadro alto br. 2., largo br. 1. on. 6. Ritratto di Margherita d' Austria con veste nera sopra rossa, tiene al collo
una doppia collana di perle, la sinistra sopra una tavola
coperta di verde, nella destra i guanti, di Girolamo
Mazzola.

Un quadro alto br. 1. on. 10. e $\frac{1}{2}$., largo br. 1. on. 7. $\frac{1}{2}$.
Ritratto d' uomo vestito di nero, berretta nera, piccolo
collaro al collo, tosone d' oro: si vede la sola destra in
cui vi ha una carta, di *Tiziano*.

Un quadro alto br. 1. on. $\frac{1}{2}$., largo on. 8. e $\frac{1}{2}$. in rame. Un
puttino che con una mano alza una portiera rossa con
due freccie sopra una tavola, di Annibale *Carazza*.

Un quadro alto br. 1. on. 10., largo br. 1. on. 4. e $\frac{1}{2}$. Un
S. Giovanni che fa cenno con la destra ad un Salvatore
con due apostoli in lontananza, del *Malossi*.

Un quadro alto br. 2. on. $\frac{1}{2}$., largo br. 1. on. 5. S.ta M.a
Maddalena rapita in estasi da tre angioli con sopra, anzi
sotto, paesi, del *Lanfranchi*.

Un quadro alto on. 10. e $\frac{1}{2}$., largo on. 8. e $\frac{1}{2}$. Testa di donna
giovine vestita di morello con trina d' oro, frappa al collo
e perle all' orecchio sinistro, del *Gaetano*.

Un quadro alto on. 8. e $\frac{1}{2}$, largo on. 8. e $\frac{1}{2}$. Testa di giovine vestita di nero all' antica, con giojette di perle grosse,
perle al collo et orecchie, collaro con pizzi di seta cruda,
capelli biondi con picciol fiore nell' orecchio sinistro,
del *Gaetano*.

Un quadro alto on. 11., largo on. 8. e $\frac{1}{2}$. Testa di femmina
con corona ingiojellata sul capo, collaro con pizzi all'antica, perle al collo con una gioja appesa, del *Gaetano*.

Sei quadri alti br. 1. on. $\frac{1}{2}$., larghi on. 9, in rame, consistenti
in diverse tavole in paesi.

      Uno contiene il Ratto di Ganimede.

      Uno Icaro in atto di volare.

      Uno Salmage all' acqua.

      Uno Icaro in atto di cadere.

      Uno Icaro posto nel sepolcro.

Uno Arianna abbandonata da Teseo. Tutti segnati et a una misura, di *Carlo* Veneziano (*Saraceni*).

Un quadro alto br. 1. on. 7., largo br. 2. on. 9, in tavola. Sacrificio adorato da diverse figure all' una et all' altra parte; nell' Ara vi è scritto == TIBI · SOLI · DEO · S · O · == chiaro e scuro, di *Raffaele* d' Urbino.

Un quadro alto br. 2. on. 9. e ¼, largo br. 2. on. 3. Ritratto del Sermo Sig.r Duca Alessandro, quando era giovine, vestito da Marte. Siede sopra un globo, abbracciato da una femmina armata che con toro in capo e sinistra ad uno scudo nel quale vi è l' Arma Farnese e di Parma rappresenta la d.ª Città, di Girolamo *Mazzola*.

Un quadro alto br. 1. on. 8. e ½., largo br. 1. on. 4. Un ritratto d' uomo vestito di nero con collana d' oro e croce al collo, berretta nera in capo con piuma bianca, la destra sul fianco e con la sinistra impugna la spada, in lontananza un camino con fuoco presso del quale vi è un gatto, del *Parmigianino*.

Un quadro alto br. 1 on. 9., largo br. 1. on. 4. e ½. S.ta Clara che con la sinistra tiene il Santissimo Sagramento e con la destra un gran Breviario, di Girolamo *Mazzola*.

Un quadro alto br. 2. on. 7, largo br. 1. on. 8. e ½. Ritratto di Paolo 3.º quando era cardinale, con berretta in capo, nella destra una carta, e la sinistra al ginocchio: in lontananza un paese. In tavola, di *Raffaele* d' Urbino.

Un quadro alto on. 7., largo on. 5. e ¾. Una Notte con la Natività di Nostro Signore con la Madonna Santissima, S. Giuseppe, due figure et altre in lontananza, di . . . . .

Un quadro alto br. 1. on. 7. e ½., largo br. 1. on. 5. Una femmina vestita di gridelino (*sic*), con la destra tiene una perla che pende da un cordone d' oro con le maniche e spalazzi fiorati di bianco, e capelli biondi, di *Tiziano*.

Un quadro alto br. 2. on. 1. e ½., largo br. 1. on. 9. e ¼. Ritratto di un Cardinale con berretta in capo et anello nella destra che poggia sopra il braccio della carega, nella sinistra un ufficio, e paese in lontananza, di *Tiziano*.

Un quadro alto on. 8. e ½., largo on. 10. Una Fiera vicino ad un fiume nel quale si vedono alcune botteghe, sacchi di grano in terra con molte figurine, alcune barche, paese iu lontananza con molini a vento, di . . . . .

Un quadro alto on. 8. et ¼., largo on. 10., in rame. Porto di mare con battaglia e sbarco di soldati all'assalto di una città, di . . . . .

Un quadro alto br. 1. on. 9., largo on. 4. e ½. Un Ritratto di femmina con veste trinciata color di rosa secca, che tiene con la destra una perla della collana che li pende al collo, una piccola gioietta al collo, di *Tiziano.*

Un quadro alto br. 3. on. 10., largo br. 3. on. 4. Paolo 3.º a sedere avanti un tavolino coperto di scarlatto, alla destra in piedi il Cardinale S. Angelo, alla sinistra il Serm̄o Pier Luigi in atto d'inchinarlo con berrettino alla destra impiumato di bianco, il tutto abbozzato, di *Tiziano.*

Un quadro alto on. 6. e ½., largo on. 9. e ¼. Un seno di mare fra monti, et isole con vascelli et altri legni e piccole figurine, del *Civetta.*

Un quadro alto on. 11. e ½., largo br. 1. on. 3. e ½, in tavola. Una Fiera con quantità di botteghe, [figure con cani e gente che ballano; fra l'altre case una Chiesa con campanile, del *Brugola.*

Un quadro alto on. 6. e ½., largo on. 10, in tavola. Un paese con monti, case et arbori e fiume con figurine, fra le quali una che conduce a cavallo una donna nuda, del *Civetta.*

Un quadro alto br. 1. on. 8., largo br. 1. on. 1. Ritratto di un Sarto che fu di Paolo 3.º; tiene nella destra un passo di ferro e la sinistra sopra le forbici e drappo di broccato che è sopra una tavola, di . . . . .

Un quadro alto br. 3. on. 6., largo br. 2. on. 6, in tavola. Ritratto di Paolo 3.º a sedere sopra carega di velluto cremisi, tiene sotto li piedi una banchetta di velluto pur cremesi, trinato d'oro sopra tappeto di levante, alla destra il Serm̄o Pier Luigi in piedi vestito di nero trinato d'oro con spada e mano sopra il fianco, di *Tiziano.*

Un quadro alto br. 1. on. 1., mezzo tondo, largo br. 2. on. 7. e ½. Un angelo in una nube con turibolo in mano et altri 4. angioli, due da una e due dall' altra parte che tengono due urne, di Annibale *Carazza*.

Un quadro alto on. 5. e ¼., largo on. 3. e quarti 3, in rame. S. Giuseppe con li occhi rivolti al Cielo, la destra al petto, nella sinistra il bastone che fiorisce, di Sisto *Badalocchio*.

Un quadro alto br. 1. on. 6., largo br. 1. on. 3, in tavola. S. Sebastiano nudo con parte di panno azzurro che li pende dalla sinistra, al quale tiene la mano che impugna la palma e nella destra una freccia, di *Andrea* del Sarto.

Un quadro alto br. 2. on. 4., largo br. 1. on. 11. Amore che dorme sopra panno bianco e il capo sopra cuscino di velluto cremisi trinato d' oro, tiene alla destra 4. puttini che scherzano, uno de' quali li leva l' arco dalla destra, et è alla sinistra in terra il carcasso con freccie, di Girolamo *Mazzola*.

Un quadro alto br. 2. on. 2. e ½., largo br. 1. on. 11. S. Girolamo con le mani in croce e davanti un Cristo che è sopra un sasso con gran libro aperto, alla destra un calamaro e penna, del *Guerzino* da Cento.

Un quadro alto br. 2. on. 2. e ½., largo br. 1. on. 11. S. Pietro penitente in atto di piangere con li occhi rivolti al Cielo, tiene il braccio destro con le chiavi in mano appoggiato sopra di un piedestallo, et alla sinistra un faccioletto, del *Guercino* da Cento.

Un quadro alto on. 6. e ¾., largo on. 10. e ½, in tavola. Un paesino con marittima alla parte, e porto nel quale acconciano navi, segano legni e fanno altre cose; piccole figurine, di . . . . .

Un quadro alto on. 10. e ½., largo br. 1. on. 4. Paese con fiume in cui un Bucentoro finge dorato, con 5. ninfe che suonano diversi istromenti e 3. amorini che le conducono, 2. altre nude nell' acqua, 3. alla riva con altre figurine in lontananza, del *Gaetano*.

Un quadro alto on. 7., largo on. 10. e ¼. in tavola. Un paesino con Marsia scorticato da Apollo, di . . . . .

Un quadro alto br. 2. on. 2. e ¼., largo br. 1. on. 11. S.ᵗᵃ M.ᵃ Maddalena che contempla in atto piangente la corona di spine sopra di un sasso, del *Guerzino* da Cento.

Un quadro alto br. 2. on. 2. e ¼., largo br. 1. on. 11. Un Davide che con la destra al petto tiene gli occhi rivolti al Cielo, porta nell'altra la fionda presso la testa del gigante che è posta sopra di un sasso, del *Guerzino* da Cento.

Un quadro alto on. 8., largo br. 1. on. 6. Ritratto di un giovinetto vestito di rosso con sopra veste nera, sopra della quale la croce di Cavaliere di Malta, tiene nella destra un guanto, di *Tiziano*.

Un quadro alto on. 7., largo on. 10. e ¼, in tavola. Un paesino con picciole figure, di . . . . .

Un quadro alto on. 7., largo on. 10. et ¼, in tavola. Altro paese con Diana cacciatrice et i cani, di . . . . .

Un quadro alto br. 1. on. 11., largo br. 1. on. 7. e ¼. S.ᵗᵃ Cecilia in un paese che suona l'organo, alle parti del quale vi sono duoi angioli et in lontananza S. Giovanni con la visione della Vergine dell'Apocalisse, di *Giovanni* Fiamengo.

Un quadro alto br. 2., largo br. 1. on. 7. Ritratto del Serᵐᵒ Pier Luigi simile a quello del n.º 84. in d.ᵃ Camera, di *Tiziano*.

OTTAVA CAMERA
DE' PAESI.

Un quadro alto br. 2. on. 11., largo br. 4. Una donna vestita di rosso presso una tavola, sopra la quale et attorno sonvi molte e diverse cose al naturale, un uomo che mostra dalla sinistra un pesce, una donna in lontananza con urna in capo, di Gioachino *Bassano* fiamengo (1).

(1) Lo Zani (op. cit. III, 119) segna il nome di questo Gioachino *Bassano* pittore fiamengo e aggiunge: « È facile che costui sia lo stesso Gioachino *Patenier* ». Interpretazione che non ci pare molto verosimile.

Un quadro alto br. 2. on. 3., largo br. 4. Una Femmina presso un banco coperto di varie ceste piene, fragole, cerase, noci, persiche, fava, meloni, carchiofoli, cucumeri et altri frutti diversi, di Gioach.° *Bassano* fiamengo.

Un quadro alto br. 2. on 8., largo br. 3. on. 5. Paese della Dea della Terra, di *Giovanni* fiamengo.

Un quadro alto br. 2. on. 8., largo br. 3. on. 5. Il ratto di Proserpina, di *Giovanni* fiamengo.

Un quadro alto br. 2. on. 7. e ½., largo br. 3. on. 7. Uomo con berretta alla fiaminga, tiene la sinistra sopra un banco presso del quale un altro coperto di diversi pezzi di carne che la dimostrano una beccaria, di Gioach.° *Bassano* fiamengo.

Un quadro alto br. 2. on. 7. e ½., largo br. 3. on. 7. Donna con cesta di persici alla destra, tiene appresso diversi volatili e selvatici, di dietro un uomo vecchio, dall'altra parte un uomo con pappagallo alla destra, e presso una femmina con una filcia d'uccelli e ceste di carchiofoli alla destra, di Gioach.° *Bassano* fiamengo.

Un quadro alto br. 2. on. 7. e ½., largo br. 3. on. 7. Uomo con la sinistra sul fianco e la destra alle poppe di femmina che li siede appresso, quale tiene una mano sopra alcune zucche, v'è un altro huomo e femmina con diversi frutti, di Gioach.° *Bassano* fiamengo.

Un quadro alto br. 2. on. 7. e ½., largo br. 3. on. 7. Una vecchia vestita di rosso presso un banco con sopra diversi pesci. Un uomo con pesce in mano presso un banco, sopra del quale un grosso pesce, et altri pesci tagliati con molte figure in lontananza, di Gioach.° *Bassano* fiamengo.

Quattro quadri alti br. 2. on. 8., larghi br. 3. on 3. Li 4. Elementi con le figure che significano le quattro Stagioni dell'anno, del *Bassani*.

Un quadro alto br. 2. on. 1., largo br. 2. on. 6. e ½. Un Mercato con molte donne vestite alla fiaminga, quali vendono fiori, del *Fiamengo*.

Un quadro alto br. 2. on. 1. e ½. largo br. 2. on. 7. in
tavola. Una femmina a sedere, tiene la destra sopra un
cesto di cerase, et alla sinistra una bambina, che poppa,
et un uomo che l' abbraccia presso un banco, sopra
del quale vi sono diversi frutti, del *Fiamengo*.

Un quadro alto br. 1., largo br. 1. on. 4. Un Cristo morto
con la Madonna Santissima, S. Nicodemo e 3. altre figure,
di *Luca* d' Olanda.

Un quadro alto br. 2. on. 6. e ½., largo br. 3. on. 5. e ½.
L' adoratione dei Re Magi con varie figure diversamente
vestite, con cavalli, camelli, cani et altre cose, del *Brugolo* vecchio.

Un quadro alto br. 2. on. 6. e ½., largo br. 3. on. 1. e ½.
Un Mercato con molte figure di donne, che espongono
ceste di robbe diverse, lepri, anitre, butirro et altre cose
con lezze che conducono botti, del *Brugolo* vecchio.

Un quadro alto br. 2. on. 1., largo br. 2. on. 11. Una battaglia con molti elefanti, sopra de' quali diverse genti
armate, del *Tempesta*.

Un quadro alto br. 2., largo br. 2. on. 5. Una femmina vestita
di rosso abbracciata da un uomo che gli è alla destra
presso molte ceste di diversi frutti; altra donna con
frappe al collo, un pajo di capponi in grembo, altre figure in lontananza, con case, del *Fiamengo*.

Un quadro alto on. 7. e ¾., largo on. 5. e ¾., in tavola. Una
Madonna a sedere col Bambino in grembo che le tiene
la destra al collo, di Alessandro *Mazzola*.

Un quadro alto on. 7., largo on. 5. e ½., in tavola. Il Sposalizio di Santa Caterina. Copia del *Correggio*.

Un quadro alto br. 2. on. 3., largo br. 5. Uomo a sedere
con una gamba in aria, nella sinistra tiene un paro di
polli bianchi e tiene la destra in grembo a una femmina
che li è accanto con un cesto di frutti e volatili, di
Gioach.º *Bassano* fiamengo.

16

Un quadro alto br. 6., largo br. 4. on. 8. Gran figura di un Salvatore a sedere sopra le nubi con scettro alla sinistra, e di sotto alcune teste d'angeli, del *Correggio*, copia del *Carrazzi*.

Un quadro alto br. 3., largo br. 2. on. 2. S. Benedetto con gran barba et un angelo che tiene il Pastorale e la Mitra. Del *Correggio*, copia del *Carrazzi*.

Un quadro alto br. 6., largo br. 4. on. 8. Una gran Madonna con le braccia in croce, sede sopra le nubi, fra le quali un angelo che le sostiene un manto azzurro. Del *Correggio*, copia del *Carrazzi*.

Un quadro alto br. 5. on. 5. e ½., largo br. 4. on. 1. ½. Bersabea nuda a sedere, s'acconcia le treccie davanti a uno specchio sostenuto da una fantesca. Un'altra di dietro con filze di perle in mano, alla destra una donna con secchia in mano : in lontananza, sopra di un poggio Davide. Di Artemisia *Gentileschi*.

Un quadro alto br. 4. on. 9., largo br. 3. on. 6. e ½. S. Giovanni Battista molto grande fra le nubi con la croce in spalla con molti angioli, fra li quali uno che abbraccia un agnello. Del *Carrazzi*.

Un quadro alto br. 4. on. 9., largo br. 3. on. 6. e ½. Gran figura di S. Giovanni Evangelista fra le nubi e molti angioli uno de' quali suona il basso, del *Carrazzi*.

Un quadro alto br. 5., largo br. 3. on. 1. S. Agostino a sedere con gran barba, in abito episcopale ; tiene le mani sopra libri sostenuti da diversi puttini. Del *Pordenone*, copia di Oliviero *Gatti*.

Un quadro alto br. 3., largo br. 2., on. 2. S. Giovanni primo abbate con gran barba, una testa fra nubi et alla sinistra una gran gamba e mano. Del *Correggio*, copia del *Carrazzi*.

Un quadro alto br. 5. on. 1. e ½., largo br. 4. on. 1. e ½. Lucretia ignuda sopra un letto con Tarquinio con pugnale alla mano, et un moro che alza un rosso padiglione del letto, di Artemisia *Gentileschi.*

Un quadro alto br. 4. on. 11., largo br. 4. Un angelo in piedi in atto di volare con giglio nella sinistra, intorno del quale un cartello scritto = V. C. F. Est. = con una gloria e molti angeli attorno, di Annibale *Carrazzi.*

Un quadro alto br. 2. on. 11 , largo br. 4. Un Cristo morto sopra un lenzuolo, che vien riposto nel sepolcro, alla sinistra una donna in ginocchio, e a destra molte figure, et una di quelle inginocchiata con mani sopra panno rosso, del *Palma.*

Un quadro alto br. 4. on. 5., largo br. 4. on. 6 Ritratto di Carlo V, armato a cavallo intiero abardato di rosso in gran paese, asta alla destra e piume nell' elmo, di *Tiziano.*

Un quadro alto br. 5. on. 1. e ½., largo br. 3. on. 1. e ½. Giuditta la quale tiene la mano sinistra opposta al lume, nella destra la spada a' piedi. Una vecchia con le mani sopra il capo di Oloferne, di Artemisia *Gentileschi.*

Un quadro alto br. 5. on. 3., largo br. 3. on. 6. La Madonna a sedere col Bambino in grembo, alla destra S. Gio. Battista e S. Giuseppe in piedi, alla sinistra S. Giorgio armato con la sinistra sul fianco, e S. Pietro Martire et altri puttini. Del *Correggio,* copia di Federico *Gatti.*

Un quadro alto br. 5. on. 9., largo br. 3. on. 1. Una Madonna in un splendore in aere, sostentata in spalla da diversi angioletti, alla sinistra S. Sebastiano in piedi legato ad un arbore, a' piedi S. Geminiano vestito da Vescovo in ginocchio, alla sinistra S. Rocco che dorme. Del *Correggio,* copia di Federico *Gatti.*

Un quadro alto br. 7., largo br. 4. Una gran figura nuda con un poco di panno rosso, a sedere; nella destra un martello sopra l' ancudine, alla sinistra le bilanze, e fra le gambe un gran compasso, di Girolamo *Mazzola.*

Un quadro alto br. 7. largo br. 4. Una gran figura in schiena, che con la destra tiene un compasso, misurando la grossezza di una colonna a' piedi, un' altra colonna distesa, con panno giallo e verde, di Girolamo *Mazzola*.

Un quadro alto br. 3., largo br. 5. on. 4. L' Annonciatione della Madonna Sant.ᵐᵃ che è in ginocchio con la destra sul petto, la sinistra appoggiata su panno giallo, l' angelo fra le nubi, con altri angeli, e sopra il di lei capo lo Spirito Santo. Del *Correggio*, copia del *Carrazzi*.

Un quadro alto br. 2. on. 10., largo br. 2. on. 5. Gran testa di Madonna con le braccia in croce. Del *Correggio*, copia de' *Carrazzi*.

APPARTAMENTO DEL SER.ᵐᵒ SIG.ʳ PRINCIPE ODOARDO

CAMERA D' AUDIENTIA
ALL' INCONTRO DELL' ORATORIO.

Un quadro alto br. 5. on. 1., largo br. 4. on. 1. e ½. Giuditta che tiene la sinistra avanti un lume, acciò non li dia nella faccia, guarda verso armature che sono sopra un tavolino, alla destra la spada, a mano destra di lei vi è una donna con un drappo bianco involtovi dentro il capo di Oloferne. Di Artemisia *Gentileschi*, copia di Francesco M.ª *Relti*.

Un quadro alto br. 4. on. 1., largo br. 2. on. 5. Ritratto del Ser.ᵐᵒ Sig.ʳ Duca Alessandro, figura in piedi armata, alla sinistra il bastone di comando, appoggiata sopra di un tavolino coperto con drappo di velluto cremesino, sopra del quale un elmo con piume, alla destra figura di un giovine in piedi vestito di colletto e maniche trinciate, frappe al collo appoggiato con la sinistra ad un scudo, di . . . . .

Un quadro alto on. 11. e ½., largo br. 1. on. 4. Un tavolino mezzo scoperto, sopra del quale vi sono dadi, carte da giocare, con alcune monete, et una borsa piena pur di monete, e tappeto di levante ravvolto dall' altra parte, di . . . . .

Un quadro alto br. 2. on. 1. e ½., largo br. 1. on. 5. e ½. Un Cristo morto coronato di spine, ha le mani legate con fune, manto rosso, dietro la spalla destra, e dietro un angelo, che lo sostiene e sopra certa tavola tre chiodi, dell' *Amidano*.

Un quadro alto on. 10., largo br. 1. on. 7. e ½. Spiaggia di mare con nave e vascelli, con molte figurine alla riva, e una Rocca in lontananza posta fra' monti, di mano fiammenga.

Un quadro alto br. 6. on. 5., largo br. 2. on. 11. e ¼. Ritratto di Madama Ser.ma Aldobrandina in piedi vestita di nero con velo nero in capo, collaro, e tiene nella mano destra un officio, appoggiata sopra balaustrata, e la sinistra pendente, dietro alla quale una carega e panno sopra con paese in lontananza a mano destra, del *Gatti*.

Un quadro alto br. 5. on. 1., largo br. 2 on. 6. e ½. Un ritratto di Paolo 3.º in piedi vestito di bianco, tabarrino di velluto cremesi, mano destra pendente sopra una borsa, e la sinistra appoggiata sopra di un globo posto sopra di un tavolino coperto di velluto cremesi con sopra alla testa panno giallo, di . . . . .

Un quadro alto br. 1. on. 3., largo br. 1. Un tavolino coperto con tappeto verde sopra del quale un vaso col manico finto d' oro, et altri vasi pur finti d' oro, e dietro panno e tappeto di levante, di . . . . .

Un quadro alto br. 1. on. 9., largo br. 1. on. 4. Un Salvatore mezza figura vestito di rosso, manto azzurro, la destra con l' indice che accenna ad uno, che gli è alla sinistra che si vede solo la testa, e il braccio sinistro con camicia tiene una moneta in mano destra, di *Tiziano*.

Un quadro alto on. 11., largo br. 1. on. 1. e ½. Paese con rocca e ponte che attraversa cert' acqua, un vecchio a cavallo con una Dorotea pure a cavallo con bambino in grembo vestita di rosso e manto volante turchino et molte pecore, del *Castione* (*Castiglione*).

Un quadro alto br. 5. on. 5., largo br. 4. on. 1. Lucretia

Romana nuda sopra di un letto che si vedono le lenzuola. Tarquinio col pugnale alla mano in atto di volerla uccidere, alla sinistra un moro che tiene sollevato il padiglione del letto di velluto cremesi e frangia d' oro, d' Artemisia *Gentileschi*, copia di Francesco Maria *Rotti*.

Un quadro alto br. 1. on. 2. e ½., largo br. 1. Un tavolino con sopra tappeto cremesi, sopra del quale vi è un piatto con varj canditi, un vaso di majolica, una piramide finta d' oro, bacile in piedi finto d' oro e specchio e dietro panno verde, di . . . . .

Un quadro alto br. 1. on. 7. e ½., largo br. 1. on. 4. La Madonna a sedere sopra la terra con il Bambino in grembo che dorme, dietro S. Giuseppe che tiene con la sinistra la briglia all' asinello, alla sinistra un angelo in piedi che abbraccia certe frondi e sopra 3 angioli che volano per aere, di fra *Cosimo* Cappuccino (*Piazza*).

Un quadro alto on. 11., largo br. 1. on. 1. e ½. Paese con dirupi, uomo a cavallo ad un asinello con 2. barille. Altr' uomo con drappo azzurro volante, alla destra di cui altr' asino carico di varie massarie, due bovi e varie pecore, del *Castioni*.

Un quadro alto br. 1. on. 5., largo br. 1. e ¾ Una Santa, figura in ginocchio, corona in capo, vestita di color violetto e sopra veste gialla finta broccato, con manto cremesi, tiene le braccia aperte, li occhi ravvolti al Cielo, ove fra nubi v' è un angelo che ha nella destra una spada, alla sinistra una corona, a destra scocca un fulmine che uccide molte figurine in lontananza, di *Giovanni* fiamengo.

Un quadro alto br. 1. on 11 , largo br. 1. on. 5. Un ritratto d' uomo più di mezza figura vestito di nero, berretta in capo, piccolo tosone al collo, tiene nella destra li guanti, e la sinistra sul pomo della spada, di . . . . .

Un quadro alto br. 1., largo br. 1. on. 7. Paese con monti, molte donne sopra camelli vestite all' antica, con due figure, una in piedi, l' altra a sedere sopra sassi, dietro alli quali varie colonne rotte, et in lontananza molte figurine a cavallo et a piedi, di mano fiamenga.

Un quadro alto br. 1., on. 1. e ½., largo br. 2. on. 10. Un puttino coricato in terra, quale abbraccia con la sinistra un' aquila, et a' piedi un calice dal quale escono duoi serpi di chiaro e scuro, di Girolamo *Mazzola*.

Un quadro alto br. 4., on. 1., largo br. 2. on. 2. Ritratto in piedi della Ser.ma Aldobrandini giovane, vestita di tela finto argento color di perla, guernita con molte rose di diamanti, e cinta pur di diamanti, e collana di perle, dalla quale un ventaglio che sostiene con la sinistra, et un anello in dito, alla destra un tavolino con tappeto cremesino, con alamari finti d' oro, sopra del quale un scrittorio di cristallo di monte, e fiori in cima; tiene la destra sopra di un cagnolino coricato sopra il detto tavolino, dietro panno cremesino con frangia finta d' oro, di . . . . .

Un quadro alto on. 9. e ½., largo br. 2. Un paese con molte case, arbori, ornato di molte figurine et un ponte in lontananza, et un altro sopra del quale due figurine, di . . . . .

Un quadro alto br. 1. on. 1. e ½., largo br. 2. on. 10. Un puttino coricato in terra col corpo all' ingiú, tiene la sinistra sopra il dorso di un' aquila, abbracciata da un altro puttino di dietro, di chiaro e scuro in tavola, di Girolamo *Mazzola*.

Un quadro alto br. 2. on. 5., largo br. 1. on. 10. in tavola. Una Madonna a sedere col Bambino in grembo che le tiene le mani in seno, alla destra S. Giuseppe appoggiato ad un muro con la sinistra sotto il collo. Abbozzo di *Andrea* del Sarto.

Un quadro alto br. 1. on. 7. e ½., largo br. 2. on. 2. Una figura a sedere che dorme con la destra sotto il capo fra due grandi arbori in una selva; sopra del quale in aere una figura in schiena con una tromba, da una parte 5. figure ignude, dall' altra 4., e la figura in aere ha due trombe, dove dissi una, della scuola di *Tiziano*.

Un quadro alto br. 4. on. 1. e ½., largo br. 2. on. 4. e ½. Ritratto in piedi del Ser.mo Sig.r Duca Alessandro armato con la destra sul fianco, la sinistra appoggiata sopra bastone di comando, vicino ad una tavola con tappeto di scarlatto, alamari e frangia d'oro, sopra della quale l'elmo impiumato, alla sinistra uno scudo, di . . . . .

Un quadro alto on. 10., largo br. 1. on. 8. Un paese tra' monti con valle e cadute d'acqua, con castello sopra un monte a mano destra e diverse figurine, fra le quali una a cavallo, di mano fiamenga.

CAMERA OV' È IL LETTO
DEL SER.mo SIG.r PRINCIPE ODOARDO.

Un quadro alto br. 5. on. 6., largo br. 4. on. 5. Ritratto a cavallo del Ser.mo Sig.r Duca Ranuccio II., giustacuore o sia marsina nera, con alamari finti d'oro et argento, tiene la destra mano sul fianco con cappello berrettino che tiene in essa mano, penacchiera nera, e quantità di nastri blò (*bleu*) marani, in paese con 3. staffieri e cani da caccia in lontananza, e città pure in lontananza, di . . . . .

Un quadro alto br. 1. on. 4., largo br. 1. in tavola. Ritratto dal Ser.mo Sig.r Duca Ottavio, mezzo busto berretta in capo, una picciola frappa al collo, vestito di nero all'antica con piccolo tosone al collo e mano destra al petto, di . . . . .

Un quadro alto br. 2., largo br. 1. on. 7. e $\frac{1}{2}$. Ritratto di Madama Ser.ma d'Austria vestita di nero all'antica, un' acconciatura di velo rigato in capo con picciola frappa al collo, la mano destra inguantata nella quale tiene l'altro guanto, e faccioletto, la sinistra sopra la testa di un gran cane, quale ha un collare al collo con arma di Portogallo, di . . . . .

Un quadro alto on. 11., largo br. 1. on. 1. e $\frac{1}{2}$. Un paese montuoso con un vecchio a cavallo con bagaglie, quale viene seguitato da un caprone, et una figura che si para avanti un gregge, del *Castione*.

Un quadro alto br. 4. on. 3., largo br. 2. on. 4. e $\frac{1}{2}$. Un quadro, volsi dire un Ritratto in piedi del Ser.mo Sig.r Duca

Alessandro armato e vestito a calza braga con la destra al
fianco, et all' istesso braccio vien cinto da sarpa rossa, appoggiato dall' istessa parte un scudo, et alla sinistra poggia la mano con bastone di comando sopra di un tavolino,
sopra del quale un elmo con piume di varj colori con
manopola compagna dell'armatura, di . . . . .

Un quadro alto br. 1. on. 10., largo br. 2. on. 8. Un paese
a guazzo, nel quale vi è un carro con sopra tre figure
e due puttini, qual carro vien tirato da 2. figure quali
presentano la Fede e la Speranza, et in aere fra le nubi
vi è la Carità, di mano fiamenga.

Un quadro alto br. 4. on. 2 , largo br. 3. on. 1. Un cavallo
bianco sopra del quale una figura d'uomo armato, all'incontro una donna che tiene alla sinistra un bambino in
braccio, e con la destra afferra un morso da cavallo, con
altre figure. Copia del *Mirolla*, di . . . . .

Un quadro alto on 11., largo br. 1. on. 1. e $\frac{1}{2}$. Un paese con
arbori, sotto de' quali due figure in piedi con un asino
carico di diverse bagaglie da pastore, e sua greggia, del
Castioni.

Un quadro alto on. 11., largo br. 1. on. 1. e $\frac{1}{2}$. Una Madonna
in paese a sedere col Bambino vicino ad un somaro carico,
et a sinistra duoi angioli in ginocchio, dietro li quali
una mezza colonna, del *Castioni*.

Un quadro alto br. 1. on. 10., largo br. 2. on. 8. Un paese
a guazzo con un carro, sopra del quale 3. figure, quale
vien tirato da una colomba, agnello e serpe, con chiesa
et molte figure, di mano fiamenga.

Un quadro alto br. 4., largo br. 2. on. 4. e $\frac{1}{2}$. Un Ritratto in
piedi del Ser.mo Sig.r Duca Ottavio armato, tiene la destra
appoggiata sopra di un bastone, vicino al quale un tavolino e sopra di quello un elmo con piuma, a sinistra in
terra un'armatura, di . . . . .

Un quadro alto br. 5. on. 1., largo br. 4. on. 1. Bersabea
nuda a sedere, s'acconcia le treccie avanti ad uno specchio, sostenuto da una fantesca, con altra di dietro con

con filze di perle in mano, alla destra una donna con secchia in mano, in lontananza sopra di un poggio Davide. Di Artemisia *Gentileschi*, copia di Franco M.ª *Retti*.

Un quadro alto br. 1. on. 5., largo br. 1. on. 1. Ritratto di donna vestita all'antica con frappa al collo, tiene la mano destra sopra la schiena di un cane, e con la sinistra tiene il d.º cane per le zampe, di . . . . .

Un quadro alto br. 2. on. ½., largo br. 1. on. 7. e ¼. Un ritratto di Madama Ser ᵐᵃ d'Austria vestita di nero all'antica con acconciatura di velo rigato in capo con piccìola frappa al collo, tiene la mano destra inguantata, nella quale ha l'altro guanto e faccioletto, ha la sinistra sopra la testa di un cane grosso quale ha un collaro al collo con l'arma di Portogallo, di . . . . .

Un quadro alto on. 11., largo br. 1. on. 1. e ½. Trono e padiglione sotto del quale vi è una figura armata a sedere, tiene nella destra un bastone di comando, sul piano la strage degl'Innocenti, del *Castioni*.

CAMERA DELLA PARETE D'ASSE.

Un quadro alto br. 4., largo br. 3. Ritratto in piedi armato del Ser.ᵐᵒ Sig.ʳ Duca Alessandro; tiene la sinistra sopra di una manopola, quale è sopra di un tavolino, con altra manopola et elmo con varie piume, la destra sul fianco et alla d.ª parte un leone in piedi con zampa destra sopra di uno scudo, di . . . . .

Un quadro alto br. 5. on. 6. e ½, largo br. 2. on. 10. Un paese con sopra due figure di uomo a sedere, l'uno de' quali tiene la destra sopra di una spinetta, e con a sinistra accenna verso il cielo, ove sono segnati li pianeti, et a' piedi di esso vi sono varj instrumenti musicali, l'altro suona un leuto alla franzese, et ha alla sinistra un basso, di *Giovanni* fiamengo.

Un quadro alto br. 5. on. 6. e ½., largo br. 2. on. 10. Un paese con 2. figure d'uomo a sedere vicini sotto ad un arbore, l'uno in atto di cantare, e l'altro di suonare il violino, con struzzo bianco, lepre, volpe, leone et altri animali, di *Giovanni* fiamengo.

Un quadro alto br. 5. on. 3., largo br. 5. on. 4. e ¼. Ritratto di un Duca di Savoja a cavallo con armatura nera e croce bianca in petto, elmo in capo con piume, alla destra in lontananza città con circonvallatione et esercito, dietro al cavallo in un angolo del quadro vi sta scritto = *Fortitudo ejus Astam tenuit* = (1) di . . . . .

Un quadro alto br. 5. on. 6. e ½., largo br. 2. on. 10. Una nicchia con avanti architettura, nella quale una donna giovine vestita di cangiante con gran manto, testa in profilo, volge li occhi in alto ad un instromento sferico, tiene nella sinistra una tavola appoggiata al braccio, nella quale va copiando con la destra, nella quale tiene un compasso, il suddetto instrumento sferico, et a' piedi alla destra un quadrante et alla sinistra una sfera, di *Giovanni* fiamengo.

NELL' ANDITO DELLA PARETE D' ASSE
IN MEZZO ALLE FINESTRE.

Un quadro alto br. 3. on. 5., largo br. 2. on. 7. — Una copia della Natività, del *Correggio*, non finita, di . . . . .

NELLA CAMERA DEL CANTONE
DOVE STUDIA IL SER.mo SIG.r PRENCIPE ODOARDO.

Un quadro alto br. 2 on. 7., largo br. 2. on 2. Un ritratto di donna vedova con punta di velo che le cuopre la fronte, nella destra tiene un faccioletto, a sinistra un tavolino sopra del quale un officio al quale tiene sopra la sinistra, e paese in lontananza, di Trabisonda *Ascheri* (2).

(1) Alludesi alla difesa della città di Asti fatta dal duca Carlo Emanuele contro un esercito di 40,000 Spagnuoli, l'anno 1613.
(2) Fu di nascita Bonelli e moglie di Angiolo Michele *Aschieri* parmigiano valente intagliatore di legnami.

Un quadro alto br. 3. on. 10., largo br. 2. on. 2. Un ritratto di donna in piedi vestita all' antica con guarnitione d' oro con gran frappa e pizzi, la mano destra pendente, la sinistra appoggiata ad un tavolino con sopra panno cremesi et alamari d' oro, di . . . . .

Un quadro alto br. 3 on. 11, largo br. 2. on. 1. Ritratto di donna in piedi vestita di nero all' antica, acconciatura bianca in capo e gran randiglia al collo, dal quale pende sino a' piedi una fascia bianca, tiene la mano destra appoggiata ad un tavolino, nella sinistra un faccioletto et un vaso di fiori sopra di una finestra che li è alla destra, di . . . . .

Un quadro alto br. 2. on. 10, largo br. 2. on. 1. Un ritratto d' uomo vestito di nero con frappa al collo, sta a sedere sopra carega di velluto cremesi, tiene il basso, che sta suonando fra le gambe, avanti un tavolino coperto di panno verde, sopra del quale un leuto e libro di musica. Vien detto Oratio della Viola, di . . . . .

Un quadro alto br. 3., largo br. 2. on. 2. Un ritratto d' uomo con gran barba quale sta a sedere sopra una carega d' appoggio vestito di nero, con tavolino davanti con panno verde, sopra del quale una Spinetta quale vien suonata dal medesimo. Si dice essere Claudio da Correggio, di . . . . .

Un quadro alto br. 2. on. 11, largo br. 2. on. 2. e ½. Un ritratto d' uomo in piedi vestito con corpetto di dante, calzoni di broccato alla vallona e ligazzi bianchi sopra le ginocchia con pizzi d' oro et argento, capelli sino all' orecchio, frappa al collo, e goletta da capitano, tiene la sinistra appoggiata a' guanti sopra di un tavolino, sopra del quale una scarpa rossa con pizzi d' oro, tiene la destra sul fianco et la spada al fianco. Si dice essere Giangioveto. (*sic*) di Aless.º *Mazzola*.

Un quadro alto br. 3. on. 10. e ½., largo br. 2. on. 5. e ½. Ritratto di donna in piedi vestita di nero con velo nero rilevato in capo, con collaro che le cuopre le spalle,

tiene nella destra un ventaglio, e la sinistra sopra di un
officio che è sopra di un tavolino, di . . . . .

Un quadro alto br. 3. on. 10., largo br. 2 on. 5. e ¼. Un
ritratto di donna in piedi, vestita di color scuro tutto
guernito di trina d'oro, con una gran gioja al collo,
collaro con pizzi che le cuopre le spalle, con gioja, fiori
e piuma dalla parte destra del capo; tiene alla sinistra
mano un paro di guanti con pizzi d'oro, nella destra
un ventaglio, vicina ad un tavolino sopra del quale vi è
una sottocoppa con fiori, di . . . . .

Un quadro alto br. 1. on. 10., largo br. 1. on. 6. e ¼. Ritratto del Ser.mo Sig.r Duca Alesaandro, mezza figura, armato, tiene nella destra il bastone del comando et la
sinistra sul fianco, e sopra di un tavolino che li è alla
destra, vi sono molte lettere col soprascritto di una che
dice = All' Illmo Duque di Parme mi Maior Caro Amado
Sombrino a Brusselles = di . . . . .

Un quadro alto br. 1. on. 10., largo br. 1. on. 6. Ritratto del
Ser.mo Sig.r Duca Ottavio, mezza figura, armato, con tosone
al petto, spada al fianco; tiene la mano destra sopra il
bastone di comando, e la sinistra sopra il fianco, di . . . . .

Un quadro alto br. 3. on. 8., largo br. 2. on. 2. Un ritratto
d'uomo in piedi vestito di nero con ferrajolo, pochi
capelli, piccolo collaro con pizzi, la mano destra pendente
e la sinistra con guanti e spada al fianco, di . . . . .

Un quadro alto br. 3. on. 8., largo br. 2. on. 2. Un ritratto
d'uomo in piedi vestito di nero, calvo in testa con guanti
alla sinistra, con la destra, fa cenno ad un biglietto, sopra
del quale sono scritte le seguenti parole Egreditur et
Conteritur, di . . . . .

Un quadro alto on. 7. e ½, largo on. 10. e ¾. Un paese con
fiume e ponte con gran quantità di soldati a cavallo et a
piedi, et uno con una bandiera rossa, sopra della quale
vi sono le seg.ti lettere = S. P. Q. R. = di Batti Stella (1).

(1) Pier Francesco Battistelli bolognese.

Un quadro alto on. 7. e ½., largo on. 9. in tavola. Una Madonna a sedere, col Bambino in braccio, quale tiene un libro nelle mani, S. Anna in ginocchio, fra le quali vi è S. Gio. Battista pure inginocchiato; che viene da Aless.º *Mazzola*, di . . . . .

Un quadro alto on. 7. e ½., largo on. 11. Un paese con varie figure armate, quali hanno dato battaglia, fanno lo spoglio de' morti, uno a cavallo et uno presso di un altro cavallo, di . . . . .

Un quadro alto br. 1. e ½, largo on. 11. Ritratto del Cardinale Odoardo con mozzetta e piccolo collarino, di . . . . .

Un quadro alto br. 1. on. 3., largo on. 11. Un Ritratto di donna giovine vestita di rosso all' antica, guernita di pizzetti d' oro, con gran frappa al collo, capelli biondi e fior bianco in capo, alla destra tiene un faccioletto, e la sinistra non si vede, di . . . . .

Un quadro alto br. 1. on. 3., largo br. 1. Una puttina vestita all' antica con randiglia e frappa; tiene la destra sopra di un vaso di fiori, quale appoggia sopra di un tavolino coperto di panno rosso, di . . . . .

Un quadro alto br. 1. on. 3., largo br. 1. Un ritratto di putto vestito di nero, collaro piccolo, con pizzi ben chiari e pochi capelli, di Monsù *Giusti* (*Sutterman*).

Un quadro alto br. 1. on. 4. e ½., largo br. 1. on. 2. Un ritratto di Bonvicino vestito con livrea di S. A. S.; tiene nella sinistra un bicchiere di vino rosso e salvietta, con la destra leva il pollice in segno di allegrezza, del *Cambio*.

Un quadro alto on. 7. e ½., largo on. 9. in tavola. Una Madonna a sedere con veste rossa, tiene il Bambino in grembo, davanti S. Giovanni con croce di canna, dietro S. Giuseppe. In lontananza un tempio con piccola figura, di Aless.º *Mazzola*.

Un quadro alto br. 1. on. 5., largo br. 1. on. 4. Un Ritratto d' uomo, mezza figura, con barba longa, vestito di nero; tiene davanti un tavolino sopra del quale vi sono 3 libri, quale tiene fra le mani e sul med.º a sinistra un calamaro in forma di leone e spolverino, di . . . . .

Un quadro alto br. 3. on. 11., largo br. 2 on. ½. Un Ritratto
di donna giovine in piedi vestita all'antica; tiene nella
destra un faccioletto, nella sinistra una lettera, appoggia
su d'un tavolino, di . . . . .

Quattro quadri alti br. 1. on. 11., larghi br. 2. on. 5. per
ciascheduno, con diversi animali e figure, del *Bassani*,
copie di . . . . .

Un quadro alto br. 3. on. 8. e ½. Un ritratto d'uomo in piedi
vestito di nero con robone all'antica, tosone al collo e
berretta in capo con lettere che dicono = *Carolus Dei
gratia* etc., di . . . . .

Un quadro alto br. 2., largo br. 1. on. 6. Un ritratto di donna
più di mezza figura, vestita di nero con fodra rivolta
bianca, il capo tutto coperto di velo et ambe le mani
sul capo, di . . . . .

Un quadro alto br. 2. on. ½., largo br. 1. on. 6. Un ritratto
di puttino in piedi vestito di rosso a calce e braga, con
spada alla sinistra et un cane alla destra, che li ha le
zampe appoggiate su una gamba, di . . . . .

Un quadro alto br. 3. on. 5., largo br. 1. on. 9. Un ritratto di
uomo vestito di nero, frappa al collo, alla destra un spadone da due mani e la sinistra sul fianco, del *Cambi*.

Un quadro alto br. 2. on. ½., largo br. 1. on. 6. e ½. Un ritratto di Margherita d'Austria vestita all'antica con perle
al collo, e sotto veste rossa trinata d'oro, con guanto
alla sinistra, e tiene la destra appoggiata sopra di un
tavolino, di . . . . .

Un quadro alto br. 2, largo br. 1. on. 7. Un ritratto di donna
tutta vestita di bianco con velo doppio in capo a guisa
di monaca, e sotto vestita di nero con ventaglio di piume
nelle mani, di . . . . .

Un quadro alto br. 3. on. 4.; largo br. 2. on. 1. e ½. — Un
ritratto d'uomo in piedi vestito di nero, tiene nella

sinistra una lettera, e la sinistra appoggiata al pomo della spada. Si dice che sia un Mastro di scherma, di Fortunato *Gatti.*

Un quadro alto br. 1. on. 11., largo br. 1. on. 6. e ½. Un ritratto di donna tutto guasto, di . . . . .

Undici quadri alti br. 1. on. 5. e ½., larghi br. 1. on. 2. per ciascheduno. Ritratti della Ser.ma Casa Farnese, cioè Paolo 3.º, Cardinale Alessandro, Cardinale S.t Angelo, Duca Pier Luigi, Duca Ottavio, Duca Alessandro, Duca Orazio, Duca Ranuccio, Cardinale Odoardo, Duca Odoardo e Prencipe Francesco Maria, di Fortunato *Gatti.*

Un quadro alto br. 2. on. 4. e ½., largo br. 1. on. 10. Un ritratto d' uomo a sedere vicino ad un tavolino vestito di nero, sopra del quale alcuni libri, un calamaro, pomi e caraffa con fiori et una lettera nella sinistra, di Pellegrino *Magnanini.*

CAMERA DI ANDROMEDA

DOVE MANGIANO LE SER.me Sig.re PRINCIPESSE.

Un quadro alto br. 3. on. 8, largo br. 2. on. 5. Un Davide in piedi con pellicio intorno, tiene con la destra la spada, quale appoggia sopra della spalla, e con la sinistra tiene il capo reciso del gigante Golia e la fionda, di Pellegrino *Magnanini.*

Un quadro alto br. 2. on. 3. e ½, largo br. 1. on. 10. e ½. Un ritratto di uomo in piedi vestito di nero a calza braga, con ferrajuolo corto e spada al fianco; tiene fra le mani li guanti con iscritione ═ *Jannes Franciscus* etc. ═ di Girolamo *Mazzola.*

Un quadro alto br. 3. on. 1., largo br. 2. on 1. Una figura d' uomo a sedere vestito all' eroica con manto rosso attorno, alla destra un bastone da comando, e con la sinistra accenna all' ingiù, di . . . . .

Un quadro alto br. 1. on. 6., largo br. 2. on. ½. Due figure ignude di uomo e donna sopra di un carro tirato da due destrieri, et alla sinistra del detto carro il cane trifauce. Si dice sia il Ratto di Proserpina, di Giulio *Campi*.

Un quadro alto br. 2. on. 3., largo br. 2. on. 11. Una Natività del Signore, con la Madonna Sant.ᵐᵃ in ginocchio, e il Bambino sopra panno bianco su la paglia avanti del quale un pastore inginocchiato in atto di oratione; S. Giuseppe e diverse altre figure, del *Castioni*.

Un quadro alto br. 2., largo br. 1. on. 11. La Madonna a sedere vestita di rosso e manto azzurro col Bambino in grembo: tiene con la sinistra la mano di S.ᵗᵃ Caterina, e nella destra ha un anello, con S. Sebastiano et suo martirio in lontananza, del *Correggio*, copia del *Gatti*.

Un quadro alto br. 2., largo br. 1. on. 5. e ¼. Un Santo Volto del Crocifisso di Lucca, di . . . . .

Un quadro alto br. 2. on. 5., largo br. 1. on. 3. e ½. Un Amore nudo in piedi con l'ali, tiene il piede sinistro sopra certi libri, nelle mani tiene un coltello col quale fabbrica un arco, e fra le gambe di quello si vedono duoi puttini che scherzano assieme, del *Parmegianino*, copia di . . . . .

Un quadro alto br. 2. on. 1., largo br. 2. on. 7. e ¼. Pluto che tiene fra le braccia una donna ignuda et ha il tridente nelle mani, del *Cavedoni*.

Un quadro alto br. 1. on. 9., largo br. 3. on. ¼. San Giov. Evangelista a sedere sotto ad un arco, tiene un libro sopra le ginocchia, et penna nella destra, con la quale scrive, del *Correggio*, copia del *Gatti*.

Un quadro alto br. 2. on 3. e ¼., largo br. 1. on. 9., in tavola. Una Cuciniera che tiene nella sinistra uno spiedo, nella destra un cappone pelato, di dietro vi è un uomo che l'abbraccia, alla destra una donna che spenna un altro cappone con figurine in lontananza a tavola, di mano fiamenga.

Un quadro alto br. 2. on. 5., largo br. 1. on. 3. e ½. Un amore ignudo con l'ali, in piedi, tiene il piede sinistro sopra libri et ha nelle mani un coltello, col quale fabbrica un arco, e fra le gambe di quello si vedono due

17

puttini che scherzano assieme, del *Parmigianino*, copia
di Girolamo *Mazzola*.

Un quadro alto br. 2. on. 9., largo br. 2. on. 1. Un Salvatore
in un paese, con manto bianco attorno con un badile
appoggiato alla sinistra, e con la destra accenna alla
Maddalena che li è a' piedi in ginocchio, di Monsù
Sampron (1).

Un quadro alto br. 1. on. 1., largo br. 1. on. 6. in tavola.
Una Madonna a sedere col Bambino in grembo, anzi in
piedi, avanti del quale vi è S.t' Anna con S. Giovanni
che accarezza il Bambino, e S. Giuseppe dietro alla
Madonna, del *Rondini*.

Un quadro alto br. 3. on. 7. e ½., largo br. 2. on. 11. L' ho-
micidio di Caino e in lontananza li duoi sacrifici, del
Saccardi (2).

Un quadro alto br. 1., largo br. 1., on. 4. Abbozzo in tavola.
Un Cristo levato di croce, disteso al suolo sopra panno
bianco, appoggiato al grembo della Madonna Sant.ma
svenuta con altre figure, dietro quella la Maddalena piangente che li tiene la destra in atto di baciargliela, del
Spagnoletto.

Un quadro alto on. 10. e ½., largo on. 7. Una testa di donna
vestita di bianco all' antica con frappa al collo e tosone
al petto, di mano fiamenga.

Un quadro alto br. 3. on. 5., largo br. 1. on. 9. Un ritratto
di uomo giovine in piedi vestito di nero con spada al
fianco, disegna in carta una testa sopra di un tavolino,
sopra del quale un panno verde, di *Giusto*.

Un quadro alto br. 3. on. 7. e ½., largo br. 2. on. 10. e ½.
Figura di Marsia legato ad un arbore, quale vien scorticato da Apollo, del *Saccardi*.

Un quadro alto br. 1. on. 5., largo br. 1. on. 11. in tavola.
Un Paese con chiesa e recinto di mura con una gran

(1) Nicolò *Chaperon* francese.
(2) Ignoto all' Ab. Zani.

quantità di putti che fanno diverse sorte di giuochi, del *Brugolo*.

Un quadro alto br. 1. on. 1., largo on. 10., in tavola. Paride a sedere a' piedi del quale un cane nero e bianco et avanti le 3. Dee con Amorino, in aere il carro del Sole, di Giacomo *Bertoja*.

Un quadro alto. on. 10. e $\frac{1}{2}$, largo on. 7. e $\frac{1}{2}$, in tavola. Una femmina che poggia con il braccio destro sopra la volta di un ornato chiaro e scuro, di Giacomo *Bertoja*.

Un quadro alto on. 9. e $\frac{1}{2}$., largo on. 7. Un Cristo morto in grembo alla Madonna Sant.ma Viene dal *Correggio*, et è copia del *Gatti*.

Un quadro alto on. 9. e $\frac{1}{4}$., largo on. 7. e $\frac{1}{4}$. Un ritratto d' uomo attempato con barba, collarino e pelliccia color di muschio, in rame, di Girolamo *Mazzola*.

Un quadro alto br. 1. on. 1. e $\frac{1}{4}$., largo on. 10., in rame. Piccola-copia della Madonna detta della Gatta di mano di *Raffaele*. Copia simile segnata n.º 3., di . . . . .

Un quadro alto br. 1. on. 1. e $\frac{1}{4}$., largo on. 10., in rame. Una Madonna in piedi che tiene il Bambino in piedi, e quell' accarezzato da S. Giov. Copia di quello di *Raffaele* segnato n. 4, copia di . . . . .

Un quadro alto br. 1. on. 1. e $\frac{1}{4}$., largo on. 10., in rame. Una Madonna a sedere con le mani gionte, che tiene sopra di un ginocchio il Bambino che dà la beneditione a S. Giovanni, quale li sta in piedi davanti, S.t' Anna accanto, S. Giuseppe in lontananza. Copia di quella di *Raffaele*, segnata n. 5. Copia di . . . . .

Un quadro alto br. 1. on. 1. e $\frac{1}{4}$., largo on. 10., in rame. Una Madonna vestita di rosso a sedere, scuopre un Bambino che le sta davanti sopra di un letto; e S. Giuseppe dietro la spalla sinistra. Copia di quella di *Raffaele*, segnata n. 60. Copia di . . . . .

Un quadro alto br. 1. on. 3., largo br. 1. Un ritratto di Luigi Decimo quarto Re di Francia, di . . . . .

Duoi quadri alti br. 1. on. 10., larghi br. 2. on. 3. per

ciascheduno. Tutti due simili con cuscino e padiglione rosso trinato d'oro, sopra del quale cuscino un Bambino in fascia con croce al collo et alla sinistra un' ampolla con entrovi gigli bianchi, di Franco M.ª *Retti*.

Un quadro alto br. 1. on. 1., largo on. 10. e ½. Maria Teresa d'Austria Regina di Francia, di . . . . .

Un quadro alto br. 1. on. 10., largo br. 1. on. 6. e ¼. Uu Cristo con le mani legate con la Vergine davanti tramortita sopra le braccia d'altra femmina, la testa d'un soldato et un altro vecchio indietro, del *Correggio*, copia di . . . . .

Duoi quadri alti br. 2. on. 1. e ½., larghi br. 2. on. 6. e ½. per ciascheduno. Una Madonna con le mani gionte, riguarda il Bambino che li sta alla sinistra, ambi di chiaro scuro, del *Parmigianino*, copiati dal *Gatti*.

Un quadro alto br. 1. on. 9., largo br. 1. on. 5. Ritratto di uomo a sedere vestito di nero e con berretta nera, barba longa nera, tiene le mani sopra le braccia della sedia, di Girolamo *Mazzola*.

Un quadro alto br. 2., largo br. 1. on. 7. ½. Un fanciullo che si vede condotto dalla mano di una femmina, tiene un' Imagine in mano, et di dietro si vede la testa di un cane bianco, di Bartol.º *Schedoni*.

Un quadro alto on. 6., largo on. 4. e ½ in tavola. Un ritratto di una femmina con velo sopra le spalle, in lontananza una finestra con vitriata, di Girolamo *Mazzola*.

Un quadro alto on. 6. e ½., largo on. 4. e ½., in tavola. Un Ritratto d'uomo vestito con pelliccio verde, tiene nella destra una carta, in capo un ornato di drappo rosso, di Alberto *Duro*.

Un quadro alto on. 5. e ½., largo on. 4. in tavola. Ritratto di una femmina vestita di damasco bianco con velo sopra le spalle et in capo, di Girolamo *Mazzola*.

Un quadro alto on. 5. e ½., largo on. 4., mezzo tondo di sopra, in tavola. Ritratto di una femmina vestita di nero, con drappo bianco, sopra il capo rivolto in modo tale che le pende da ambe le parti del seno, tiene nelle mani li guanti, di *Luca* d. Olanda.

CAMERA DI FLORA.

Un quadro alto br. 2., largo br. 1. on. 7. Più di mezza figura di uomo vecchio vestito di nero, tiene al collo una doppia collana d'oro, tiene la destra al fianco sotto il robone e la sinistra alla cinta, con il berrettone, del *Mazzola*.

Un quadro alto br. 1. on. 9., largo br. 1. on. 4. Un ritratto d'uomo vecchio con longa barba vestito di nero, con la destra sopra il fianco, di Aless.º *Mazzola*.

Un quadro alto br. 1. on. 11., largo br. 1. on. 6. Una Madonna in piedi sopra le nubi, tiene alla destra in braccio il Bambino, presso del quale un Santo Pontefice, et all'altra parte S.ta Barbara con due Angioli. Copia di Franco M.ª *Retti*.

Un quadro alto br. 2., largo br. 1. on. 5. Un paese con fiume, sopra del quale vi è a' piedi nudi un santo ammantato di nero, riceve un vaso da un santo vescovo che è in ginocchio alla ripa, del *Lanfranchi*.

Un quadro alto br. 1. on. 2. e ½., largo br. 1. on. 8. e ½., in tavola. Un Cristo morto in braccio del Padre Eterno, con gloria d'angioli e Spirito Santo, di mano fiamenga.

Un quadro alto br. 1. on. 2, largo on. 11. Un ritratto dell'Eminentissimo Sig.r Card.le Odoardo Farnese, del *Carrazza*.

Un quadro alto br. 1. on. 3. e ½., largo on. 11. e ½. Un fanciullo vestito di giallo, qual tiene la mano destra sopra di una gabbia, entro la quale un uccello col quale va scherzando con l'indice della sinistra, di Franco *Denisi* (*Denys*), fiamengo.

Un quadro alto br. 1. on. 2. e ½, largo on. 11. Ritratto dell'Eminentissimo Sig r Card.le S.t Angelo, di . . . . .

Un quadro alto br. 2. on. 1., largo br. 1. on. 6. e ½. Una femmina che tiene nella destra un pollo pelato, e nella sinistra uno spiedo con un'anitra, davanti altri carnami, et in lontananza una fantesca, di mano fiamenga.

Un quadro alto br. 2. on. 1, largo br. 1. on. 6. Un uomo
vestito di rosso, qual tiene nelle mani, cioè nella destra
una lepre morta, con una fanciulla vestita d'azzurro, di
mano fiamenga.

Un quadro alto br. 1. on. 10., largo br. 1. on. 4. Un' Andromeda legata con Orca in mare, di un francese.

Un quadro alto br. 1. on. 8., largo br. 1. on. 4. Una Madonna
a sedere, tiene in grembo il Bambino, quale si pone alla
bocca una cerasa, e S. Giuseppe, di Sisto *Badalocchio.*
Copia di . . . . .

Un quadro alto br. 1. on. 10., largo br. 1. on. 5. e ½. Favola
di Siringa che si converte in cane tra le braccia del
Satiro, di un francese.

Un quadro alto br. 2. on. 1., largo br. 2. on. 10. e ¼. Un
fanciullo con ferrajuolo e spada, quale tiene per la mano
una fanciulla con ventaglio alla destra presso una tavola
coperta di panno verde, di . . . . .

Un quadro alto br. 2. on. ½., largo br. 1. on. 5. Un ritratto
di donna vestita all'antica con frappa e perle al collo,
alla destra i guanti, poggia la sinistra sopra di una tavola,
e sotto ha una veste rossa recamata d'oro, di . . . . .

Un quadro alto br. 2. on. ½., largo br. 1. on. 5., in tavola.
S.ta M.a Maddalena con le mani gionte davanti una tavola,
sopra della quale il vaso, di . . . . .

Un quadro alto br. 1. on. 4. e ½, largo br. 1. on. 1. e ½. Una
Madonna quale tiene davanti in piedi il Bambino con la
mano destra, qual porge al deto di S.ta Caterina che li
sta in ginocchio davanti, di uno *Spirito Gentile* (1).

Un quadro alto br. 1. on. 4. largo br. 1. La Madonna a sedere

---

(1) Non sappiamo indovinare il vero nome del pittore che si nascon-
deva sotto quella denominazione singolare. L'Affò mise in burla chi
credette all'esistenza di un tal pittore; ma d'altro avviso mostrossi l'ab.
Zani. Qui però abbiamo la conferma della sua esistenza, ed un'altra memoria autentica di cui ci ha dato contezza il prof. Emilio Bicchieri ne
dà a sapere che uno *Spirito Gentile* dipinse il ritratto della duchessa
d'Urbino Vittoria Farnese mentre si trovava alla Corte di Parma. Codesto
Spirito viveva dunque nella seconda metà del XVI secolo.

tiene davanti in ginocchio un Santo armato con due chiavi sopra le mani giunte. Si crede S. Vitale. — Un Santo Vescovo con l'arma di Parma, si crede S.t Hilario, molt'altre figure con due puttini che scherzano a' piedi della Madonna, di *Giorgio* del Grano.

Un quadro alto br. 2. on. 2., largo br. 1. on. 8. e ¼. Un uomo barbuto a sedere sopra sedia di legno vestito di nero all'antica con collarino; tiene nella sinistra una cartella da musica, et alla destra scritti alcuni versi, in lontananza paesi e monti, di Aless.º *Mazzola.*

Un quadro alto br. duoi on. 1. e ¼., largo br. 1. on. 8, in tavola. Un Ritratto di Madama Ser.ma d'Austria vestita all'antica con croce e piccola frappa al collo, tiene con la destra inguantata un faccioletto, e la sinistra sopra la testa di un grosso cane, di Aless.º *Mazzola.*

Un quadro alto br. 1. on. 1. e ½. Mezzo busto di una Madonna che tiene fra le braccia il Bambino, quale accarezza con le mani S. Giovanni che li sta davanti con la croce di canna, di Sisto *Badalocchio.*

Un quadro alto br. 1. on. ½., largo on. 10. e ½. Una Madonna a sedere, tiene in grembo il Bambino, quale porge la mano sopra il vaso sostenuto da S.ta M.ª Maddalena, che li sta davanti in ginocchio, et un altro Santo in piedi alla sinistra, di *Michel Angelo* Senese.

Un quadro alto br. 1. on. 1., largo on. 11. Un uomo vestito di rosso all'antica con frappa al collo, tiene un gambaro alla destra, quale con una ciampa piglia l'orecchio ad un gatto bianco e rosso presso una fantesca, di Agostino *Carrazza.*

CAMERA VICINO ALLA GALLERIA DI S. A. SER.ma

Un quadro alto br. 1. on. 2., largo br. 1. Mezzo busto di un giovine vestito di nero con frappe al collo, di . . . . .

Un quadro alto br. 2. on. 11., largo br. 1 on. 9. Un ritratto di giovine in piedi armato, con la destra sul fianco, e la sinistra appoggiata ad un elmo impiumato qual è sopra di una tavola coperta di verde con trina d'oro, del *Cambi.*

Un quadro alto br. 2. on. 9, largo br. 2. on. 7. e ½. S. Contardo vestito da pellegrino, morto sotto ad un arbore; tiene il Crocifisso sopra il petto, con le mani incrociate, con diversi puttini, e Processione in lontananza; a guazzo, di mano francese.

Un quadro alto br. 1. on. 3. e ½., largo br. 1. on. 1. e ½. Ritratto di un padre gesuita, qual tiene un' Officio fra le mani, et un motto che dice *Deo Duce,* di . . . . .

Un quadro alto br. 2. on. 3 e ½., largo br. 1. on. 9. Ritratto della Serenissima Sig.ra Duchessa Margherita di Savoja vestita di bianco, tiene con la destra la zampa di un cane che è sopra di un tavolino, e paese in lontananza, di Michele *Rainieri.*

Un quadro alto br. 1. on. 2. e ½., largo on. 10. e ½., in tavola. Un ritratto del Sig.r Cardinale Alessandro Farnese, di . . . . .

Un quadro alto br. 2. on. 1. e ½, largo br. 1. on. 7. e ½. Un ritratto del Sig.r Card.le Odoardo con rocchetto; tiene nella destra un Breviario posto sopra di una tavola coperta di scarlatto, e nella sinistra un Memoriale, di . . . . .

Un quadro alto br. 1., anzi 3., largo br. 1. on. 5. e ¼. Un ritratto in piedi di Filippo Re di Spagna, di . . . . .

Un quadro alto br. 1. on. 3. e ¼, largo br. 1, on. ½. Una testa d'uomo, abbozzata con gran barba, di fra *Sebastiano* del Piombo.

Un quadro alto on. 8. e ½., largo . . . . . S. Giovanni Evangelista a sedere, in un paese, sta scrivendo sul libro che tiene nella sinistra, di . . . . .

Un quadro alto br. 1. on. ½, largo on. 10. S.ta M.a Maddalena ignuda nel deserto con panno rosso in ginocchio, di . . . .

Un quadro alto on. 8. e ¼., largo on. 6. e ¾. Una testa di femmina in profilo, con ornato di treccie all'antica, di . . . . .

Un quadro alto br. 1. on. 11., largo br. 1. on. 6. Ritratto del
Ser.mo Sig.r Duca Odoardo giovine armato con la destra
sopra di un elmo, e la sinistra alla spada, di Damigella
Retti.

Un quadro alto br. 1. on. 5. e ½., largo br. 1. on. 1. Un ritratto di un padre gesuita che con le mani gionte rimira
uno splendore, di . . . . .

Un quadro alto br. 1. on. 5. e ½., largo br. 1. on. 3. Un
ritratto di un padre Minore Osservante, tiene un Cristo
alla sinistra, con croce bianca, di . . . . .

Un quadro alto br. 1. on. 9., largo br. 1. on. 6. Un ritratto
di Madama Serenissima Aldobrandini vestita da vedova,
di Damigella *Retti*.

Un quadro alto br. 1. on. 5. e ⅓ , largo br. 1. on. 3. Ritratto
d' uomo vestito di nero con frappa al collo, tiene la
destra sopra di un tavolino, del *Gatti*.

Un quadro alto br. 1. on. 1., largo br. 1. Un ritratto di uomo
vestito, anzi armato, con tosone e frappa al collo, di . . . . .

Duoi quadri alti br. 2., larghi br 1. on. 7. e ½. Un fanciullo
vestito di rosso, quale accarezza con la sinistra un cane
sopra di un tavolino, tiene nella destra un' Immagine simile in ambi li quadri, di *Giusto*.

Un quadro alto br. 1. on. 10., largo br. 1. on. 4. e ½. Ritratto del Ser.mo Sig.r Duca Ranuccio I. armato con frappa
al collo, tiene la destra appoggiata al fianco e la sinistra
sopra di un elmo, di . . . . .

Un quadro alto br. 2. on. 5., largo br. 1. on. 8. Un ritratto
di donna vestita di nero, frappa al collo, sta a sedere et
dà una gioja a un uomo che li è davanti, di . . . . .

Un quadro alto br. 1. on. 1. e ½., largo on. 11. Un ritratto
di uomo qual dicesi essere un pittore, del *Giusto*.

Un quadro alto br. 1. on. 8. e ½., largo br. 1. on. 5. Un ritratto di uomo vestito di nero all' antica, barba nera,
tiene la sinistra sopra ad alcuni libri, e la destra la tiene
sopra il pomo della spada, di Alessandro *Mazzola*.

Un quadro alto br. 1. on. 3. e ½., largo br. 1. on. 1. e ½.

Mezza figura di una Maddalena con le mani gionte avanti un Cristo con libro e vaso, di . . . . .

Un quadro alto br. 1. on. 2. e ½., largo on. 9 e ½. Un paese con figura, che leva una pietra con bovi e figure diverse in lontananza, di Aless.º *Mazzola.*

Un quadro alto br 1. on. 4. e ½., largo br. 1. on. 1. Una Madonna a sedere quale tiene il Bambino in piedi sopra del ginocchio sinistro, quale riceve frutti da S. Giovanni che sta in ginocchio alla destra con pelliccio e canna, S.t' Anna a sinistra, di Sisto *Badalocchio.*

Un quadro alto on. 11., largo on. 8. e ½., in tavola. Una femmina in profilo con gran quefa (*cuffia*) bianca in capo; tiene con la destra un cordone nero, che le pende al collo, di . . . . . .

Un quadro alto on. 9. e ½., largo on. 6. ½. in tavola. Un uomo vestito di bianco rigato di nero, tiene nella destra i guanti, e la sinistra la tiene sopra di una tavola, et indietro un Ercole di chiaro e scuro, di Girolamo *Mazzola.*

Un quadro alto on. 8. e ½., largo on. 6 e ½., in tavola. Un *Ecce Homo* con panno morello, tiene le mani legate, entro le quali vi ha la canna e flagelli, di mano fiamenga.

Un quadro alto on. 10. e ½, largo on. 8. e ½, in tavola. Una testa di Madonna vestita di bianco in campo d' oro con diadema, di *Luca* d' Olanda.

Un quadro alto br. 1., largo br. 1. on. 3. e ½., in tavola. Una Madonna a sedere sotto di un arbore col Bambino in grembo, alla sinistra 2 angioli vestiti di bianco, in ginocchio S. Giovanni, S. Giuseppe et altra Santa con palma in mano, del *Francia.*

Un quadro alto on. 8. e ½., largo on. 5. e ½. in carta. Una testa di femmina con ornato di perle et un rubino in capo, perla all' orecchio sinistro e panno verde, di . . . . .

Un quadro alto br. 1. on. 10. e ½., largo br. 2. on. 2. e ½. Ritratto di Madama Christina di Savoja con scettro alla destra, e corona ingemmata di perle sopra una tavola, nella sinistra un filo di grosse perle, di . . . . .

Un quadro alto on. 11. e ½., largo on. 9. e ¼. Ritratto del
Padre Acquaviva generale della Compagnia di Gesù, di . . . .

CAMERA DI VENERE DEL CANTONE.

Dodeci quadri alti br. 2. on. 6 e ¼., larghi br. 2. e ½. d'oncia per ciascheduno. Li dodeci Imperatori di *Tiziano*,
copiati dal *Rainieri*.

Un quadro alto br. 1., largo on. 9, in tavola. Una Madonna
a sedere col bambino in grembo, che poppa, e paese in
lontananza con molini, del *Francia*.

Un quadro alto br. 1. on. 11., largo br. 2. on. 5. Un Infer-
nale con diversi demonj, di fra *Cosimo* cappuccino.

Un quadro alto br. 1. on. 3., largo br. 1. Ritratto di un
fanciullo che tiene la destra sopra il fianco, e sinistra
pendente, di . . . . .

Un quadro alto br. 1. on. 3., largo br. 1. et un quarto d'oncia. Un ritratto del Ser.mo Sig r Duca Ranuccio II, di
Franco *Denisi*.

Un quadro alto br. 1. on. 3. e ½ , largo br. 1. e ¼ d'oncia.
Una Puttina vestita di bianco a sedere sopra un cuscino
rosso, di . . . . .

Un quadro alto br. 1. on. 1., largo br. 1. on 3. e ¼. Un
Cristo coronato di spine, le mani legate, beffeggiato da
un manigoldo, di Annibale *Carrazzi*, copia di Franco
M.ª *Rel. i*.

Un quadro alto on. 7., largo on. 10., in tavola. Un uomo che
giuoca a sbaraglino con una donna, et altre 2. figure, di
mano Olandese.

Un quadro alto br. 1., largo br. 1 on. 4. Due figure abbracciate di uomo e donna che tiene alla sinistra carte da
giuocare, di . . . . .

Un quadro alto on. 7. e ¼., largo on. 5. e ½., in tavola. Una
testa di donna con velo nero sopra il capo, di mano
fiamenga.

Un quadro alto on. 8. e ¼ , largo on. 5. e ¾., in tavola. Una testa di donna con velo verde in capo, veste bianca e rubini al collo, di mano fiamenga.

Un quadro alto on. 8. e $\frac{1}{4}$, largo on. 6. Ritratto d'un giovine con berretta nera in capo, tosone al collo, tiene la mano destra sopra di un tavolino, di *Luca* d'Olanda.

Un quadro alto on. 8., largo on. 5. e $\frac{1}{2}$., in tavola. Una testa di donna giovine con ornato di gioje e perle, frappa al collo, vestita di nero con ricamo, di mano fiamenga.

Duoi quadri alti on. 5., larghi on. 6. per ciascheduno e $\frac{1}{2}$., segnati con l'istesso numero. In uno un paesino: la Madonna Sant.ma in grembo e S. Giuseppe che legge. Nell'altro una figura a cavallo vestita di giallo et altre piccole figurine, di Aless.º *Mazzola*.

Un quadro alto on. 5., largo on. 6. e $\frac{1}{2}$, in tavola. La Natività del Signore, la Madonna Sant.ma in ginocchio con le mani giunte, S. Giuseppe et un pastore, di Aless.º *Mazzola*.

Un quadro alto on. 5., largo on. 6. e $\frac{1}{2}$., in tavola. Un Christo morto deposto di croce, sostenuto da Nicodemo, alla destra la Madonna Sant.ma in ginocchio, volsi dire la Maddalena con le mani appoggiate. In tutto figure n. 9, di *Luca* d'Olanda.

Un quadro alto br. 1. on. 4., largo br. 1.. on. 1. Una femmina vestita all'antica con grandissima frappa al collo, nella destra un ventaglio, la sinistra tiene un cordone che le pende dal collo, del *Gaetano*.

Un quadro alto br. 1. on. 3., largo on. 11., in tavola. Ritratto d'uomo attempato, tiene nella sinistra un libro in cui è scritto = *Iuda Flagellorum* = Si dice Nicolò Macchiavelli, di . . . .

Un quadro alto br. 1. on. 4. e $\frac{1}{2}$., largo br. 1. on. 1., in tavola. Ritratto d'uomo vestito di nero con berretta in capo, tiene fra le mani un cane piccolo, di . . . . .

Un quadro alto br. 1. on. 2. e $\frac{1}{2}$., largo on. 11. Ritratto del Sig.r Cardinale Odoardo, del *Carrazza*, copia di . . . . .

CAMERA CHE SEGUE QUELLA DI VENERE
E GUARDA LA PERGOLA DELLA TREMARINA.

Sette quadri alti br. 2. on. 1., larghi br 2. on. 9. per ciascheduno, quali historiano li 7. peccati mortali, di mano
fiamenga.

Un quadro alto br. 2. on. 1, e largo br. 2. on. 8. Un paese
con S.ᵃ Maria Maddalena, che nella destra tiene la croce
sopra testa di morte, di . . . . .

Un quadro alto br. 1. on. 11., largo br. 1. on. 8. e ½. Ritratto d'uomo armato con collarino al collo, tiene la
mano destra sopra l'elmo, qual è appoggiato sopra di
una tavola, e la sinistra all'impugnatura della spada, di . . . .

Un quadro alto br. 1. on. 10., largo br. 2. on. 5. e ½. Diana
quale sta vicino al bagno, et alla destra sua Giunone con
pavone a' piedi, de' Carrazza, copia di . . . . .

Un quadro alto br. 2 , largo br. 1. on. 6. e ½. Ritratto di
uomo vestito di nero, con frappa al collo, tiene ambe
le mani sopra delle braccia della sedia e spada al fianco,
di . . . . .

Un quadro alto br. 2. on. 1., largo br. 2. on. 11. Due Puttini,
il più grande de' quali tiene con la sinistra il cordone
di un levriero di color rosso, e con la destra la mano
dell'altro puttino, di . . . . .

Un quadro alto br. 1. on. 7. e ½., largo br. 1. on. 3. Un
giovine vestito di rosso con berrettone in capo, tiene
abbracciato con la sinistra un fiasco verde, alla destra
un bicchiere di vino, con salame e pasta, volsi dire pane,
sopra una tavola, del Sig.ʳ Franco Denisi.

Un quadro alto br. 1. on. 7., largo br. 1. on. 4. Quadro storiato con figure che rappresentano Giove, Marte, Apollo,
Bellona, Amore, Giunone, Cerere, et altre figure: il tutto
di chiaro e scuro, di . . . . .

Un quadro alto br. 1. on 9., largo br. 1. on. 4. e ½., in tavola.
Mezza figura ignuda di Erodiade, quale tiene in panno
bianco la testa di S. Giovanni Battista, di donna fiamenga.

Un quadro alto br. 1. on 4., largo br. 1. on. 1. e ½., in tavola. Una Madonna a sedere col Bambino in grembo alla sinistra sopra di un cuscino bianco, quale tiene con la sinistra un Vieletto (*sic*). S. Giuseppe vestito di giallo alla destra e paese in lontananza, del *Francia*.

Un quadro alto br. 1. on. 6., largo br. 1. on. 5. Ritratto di uomo vestito di nero quasi in profilo, si dice essere l' Ariosto, di . . . . .

Un quadro alto br. 1. on. 7., largo br. 1. on. 6. Ritratto dell' Eminentissimo Sig.r Cardinale Alessandro quale tiene nella mano sinistra un Memoriale, di . . . . .

Un quadro alto on. 9., largo on. 6. Una testa di Madonna con le mani giunte sopra il seno e tiene nella sinistra un libro, di Federico *Zucaro*.

Un quadro alto on. 9. e ½., largo on. 6. e ½, in tavola. Una Madonna con velo bianco e gran diadema, di . . . . .

Un quadro alto on. 10., largo on. 5. e ¼. Una testa di uomo con gran barba nera, di . . . . .

Un quadro alto on. 11., largo on. 8. Un ritratto di uomo con barba nera vestito di nero e collaro a punto, ritratto del *Correggio*, del *Correggio*.

Un quadro alto on. 9., largo on. 7., in tavola. Un ritratto di giovine con berretta nera in capo, capelli castagni e pelliccio morello, di *Luca* d' Olanda.

Un quadro alto on. 9., largo on. 8. Un ritratto di uomo attempato vestito di nero con barba e pochi capelli e un piccolo collaro con pizzi, di . . . . .

CAMERA CHE RIGUARDA VERSO LA CORTE
DOV' È L' EDIFICIO DELLA FONTANA NEL PIANO NOBILE.

Un quadro alto br. 2., largo br. 1. on. 9. Ritratto di Carlo V. assai giovine armato di ferro; viene da *Tiziano*, copia di . . . . .

Un quadro alto br. 2. on. 2., largo br. 1. on. 11. Ritratto di uomo armato, tiene la destra sopra il bastone di comando, e la sinistra all' impugnatura della spada, di . . . . .

Quattro quadri alti br. 1. on. 10., larghi br. 1. on. 6. per
    ciascheduno. Quattro virtù, Fede, Giustizia, Carità e Pru-
    denza, di . . . . .
Un quadro alto br. 1. on. 11., largo br. 1. on. 3. e ½. Ri-
    tratto di Filippo II. re di Spagna, di . . . . .
Quattro quadri alti br. 2. on. 2., larghi br. 3. on. 6. in circa
    per ciascheduno. Quattro Palii di Modena, di . . . . .
Un quadro alto br. 2., largo br. 1. on. 6. S. Francesco con
    un Crocifisso alle mani, una testa di morte et borologio
    davanti, di . . . . .
Un quadro alto br. 1. on. 6., largo br. 1. on. 2 e ½. Ritratto
    dell' Eminentissimo Sig.r Cardinale Francesco Maria Far-
    nese, di Franco M.a *Retti.*
Un quadro alto br. 1. on. 10, largo br. 1. on. 2. e ½. Un
    ritratto di femmina vestita alla turchesca con turbante
    bianco in capo ornato di gioje, di . . . . .
Un quadro alto br. 1. on. 8., largo br. 1. on. 3. Ritratto
    d' uomo vestito di nero all' antica con frappa al collo,
    tiene nella destra un libro coperto di verde, e con la
    sinistra tiene la spada, sopra la quale è scritto = *del*
    Perduto = del Cav. *Malossi*
Un quadro alto br. 1. on. 8., largo br. 1 on. 7. e ½. Un
    ritratto del Ser.mo Sig.r Duca Alessandro, tiene la destra
    sul fianco, di . . . . .
Un quadro alto br. 1. on. 6. e ½., largo br. 2. on. 2. Adone
    che dorme, con Venere alla destra che li sparge fiori
    presso, di . . . . .
Un quadro alto br. 1. on. 9, largo br. 1. on. 4. e ½. Ritratto
    del Ser mo Sig.r Duca Ranuccio I. armato, tiene la destra
    sopra il fianco e la sinistra sopra l' elmo, del *Cambi.*
Un quadro alto br. 1. on. 6, largo br. 1. on. 3. Ritratto di
    Carlo V., ombrato sopra tela oro et argento, di . . . . .

CAMERA DEL SERENISSIMO SIG.r PRINCIPE ANTONIO.

Un quadro alto br. 3. on. 10. e largo br. 3. on. 10. Ercole

che lotta col toro con la Fama e la Vittoria che l' incoronano d' alloro, di . . . . .

Un quadro alto br. 3. on. 10., largo br. 1. on. 7. Il Bacco
de' *Carrazzi*, copia di Mauro *Oddi*.

Un quadro alto br. 3. on. 10., e largo br. 5. on. 4. Il Diluvio favoloso con molte figure, di . . . . .

Un quadro alto br. 3. on. 10., largo br. 5. on. 1. La caduta
di Fetonte, di . . . . .

Un quadro alto br. 3. on. 10., largo br. 2. on. 8. Leda con
Giove fulminante, coronato, di . . . . .

Un quadro alto br. 3. on. 10. e $\frac{1}{2}$., largo br. 3. on. 8. Ercole
col cane trifauce et due altre figure, di . . . . .

Un quadro alto br. 2. on. 3. e $\frac{1}{2}$., largo br. 2. on. 4. Un
fiume profilato in schiena, del *Carrazzi*, copia di . . . . .

Un quadro alto br. 3. on. 10., largo br. 5. on. 3. Giove che
fulmina i giganti, di . . . . .

Un quadro alto br. 3. on. 10. e largo br. 4. on. 3. . . . .

PRIMA CAMERA
DELL' APPARTAMENTO NUOVO NEL PIANO NOBILE.

Tre quadri alti br. 2. on. 3., larghi br. 3. on. 2. per ciascheduno. Paesi oscuri con animali e diverse figure, di . . . . .

Tre quadri alti br. 4. on. 5., larghi br. 6. on. 2 per ciascheduno. Paesi oscuri con diversi animali e figure, di . . . . .

Un quadro alto br. 1. on. 6., largo br. 2. on. 1. Il Padre
Eterno col Signore dietro la Croce, alla destra la Vergine
Sant.ma con la sinistra sul petto. Viene da Michele *Rai-*
nieri, copia di Gius. *Fava*.

SECONDA CAMERA
DELL' APPARTAMENTO NUOVO DEL PIANO NOBILE.

Un quadro alto br. 3. on. 8. e $\frac{1}{2}$., largo br. 3. on. 2. e $\frac{1}{2}$. Paolo 3.º
a sedere col Card.le S.t Angelo e il Ser.mo Sig.r Duca Pier
Luigi. Copia del segnato n.º 95, di Franco *Quattro Case*.

Un quadro alto br. 1. on. 6., largo br. 2. Nostro Signore
Bambino posa sopra la croce, fa cenno con la destra
ad un chiodo e corona di spine, con un angelo che piange.
Viene da *Michele* fiamengo, copia di Gius. *Fava.*

Un quadro alto br. 5. on. 6., largo br. 6. on. 4. Ritratto della
Ser.ᵐᵃ Sig ʳᵃ Duchessa Isabella a cavallo con 3. dame, et
un moro con un cane, di Franco *Denisi.*

Un quadro alto br. 1 on. 9., largo br. 2. on. 1. Un Bambino
in fascia morto sopra cuscini rossi trinati d' oro, di Franco
Quattro Case.

Un quadro alto br. 5. on. 6. e ½., largo br. 4. on 5. Il Ser.ᵐᵒ
Sig.ʳ Duca Odoardo sopra cavallo morello, con città in
lontananza, del *Cremonese* (1).

Un quadro alto br. 5. on. 6 , e largo br. 6. on. 4. Il Ser.ᵐᵒ
Sig.ʳ Duca Ranuccio secondo regnante, a cavallo con tre
cavalieri con staffiere e cane, di Franco *Denisi.*

TERZA CAMERA
DELL' APPARTAMENTO NUOVO NEL PIANO NOBILE.

Un quadro alto br. 5. on. 6. e ½., largo br. 3. on. 11. Nostro
Signore che porta la Croce con S. Ignatio inginocchiato
e gloria d' angioli col Padre Eterno, del *Spada.*

Un quadro alto br. 2. on. 3., largo br. 1. on. 8. e ½. Una
Madonna a sedere che tiene il Bambino in grembo in
piedi che l' abbraccia, di . . . . .

Un quadro alto br. 3. on. 6., largo br. 2. on. 7. S.ᵗᵃ Teresa alla
quale vien da un angelo mostrata la Croce, con altr'angelo
e cherubini. Viene da Michele *Rainieri* fiamengo, di . . . .

Un quadro alto br. 4. on. 2. e ½., largo br. 4. on. 10. Un
Imperatore al quale viene mostrata la Vergine Sant.ᵐᵃ
sopra nubi col Bambino affasciato in grembo, da una
parte una Sibilla che tiene una carta nella quale è scritto
= *Ara Coeli* = di Mauro *Oddi.*

(1) Forse Giuseppe *Caletti* detto il *Cremonese.*

18

Un quadro alto br. 2. on. 2. e $\frac{1}{2}$, largo br. 1. on. 8. e $\frac{1}{2}$.
Una donna con 3. puttini, uno de' quali ne allatta. Si-
gnifica la Carità, di . . . . .

Un quadro alto br. 1. on. 3., largo br. 2 on. 10. Abele ucciso presso il sacrificio, del *Rainieri*.

Un quadro alto br 2. on. 7., largo br. 3. on. 4. Un Cristo
morto sopra la Croce, con testa di morte appresso, et
un' altra croce in lontananza, del *Rainieri*.

QUARTA CAMERA
DELL' APPARTAMENTO NUOVO NEL PIANO NOBILE.

Un quadro alto br. 5. on. 6, largo br. 5. Il Ser.ᵐᵒ Sig.ʳ Duca
Odoardo a cavallo armato con spada ignuda alla mano
destra, di Pellegrino *Magnanini*.

Un quadro alto br. 4. on. 4. e $\frac{1}{2}$., largo br. 6. on. 2. Un
paese oscuro con la Madonna nel viaggio d' Egitto, allatta sedendo in un bosco il Bambino, e S. Giuseppe in
atto di condurre il somarello, di . . . . .

Un quadro alto br. 5. on. 6., largo br. 4. on. 5. Il Ser.ᵐᵒ Sig.ʳ
Duca Carlo Emanuele di Savoja sopra cavallo bianco, cappello alla destra con piume color di fuoco, del *Cremonese*.

Un quadro alto br. 4. on. 5., largo br. 5. on. 2. Paese oscuro
con caccia di Cinghiale, di . . . . .

PRIMA CAMERA
DELL' APPARTAMENTO DELLA SIG.ʳᵃ DO. ANNA MARIA.

Un quadro alto br. 1. on. 2, largo on. 10. e $\frac{1}{2}$. Un ritratto
di donna giovine con velo nero in capo con la punta
nera sopra della fronte, di . . . . .

Un quadro alto br. 3. on. 7. e largo' br. 2. on. 2. Un ritratto
d' uomo a sedere sopra carega da braccio, vestito di
nero, con sopra pelliccia, frappa al collo, la destra la
tiene sopra il braccio della carega e la sinistra la tiene
appoggiata al ginocchio sinistro, del cav. *Malossi*.

Un quadro alto br. 1. on. 3 , largo br. 2. on. 2. e ¼. Un
ritratto di donna vedova, mezza figura, vestita di nero,
con picciol velo in capo; tiene fra le mani un velo davanti, di . . . . .

Un quadro alto br. 1. on. 5., largo br. 1. on. 1. Ritratto di Cardinale giovine quale stà a sedere et ha davanti un tavolino
con sopra libri, tiene la sinistra appoggiata ad uno di quelli
che è aperto, et la destra distesa sul petto, di . . . . .

Un quadro alto br. 2 , largo br. 1. on. 9. Ritratto di donna
giovine vestita all'antica, cioè il di sotto bianco trinciata
con moltissime gioje, e una robba nera sopra guernita
con alamari di perle e gran frappa al collo, et rosette
di perle al capo; tiene la destra inguantata sopra di un
tavolino coperto di rosso, e la sinistra pendente pure
con guanto, di . . . . .

Un quadro alto br. 1. on. 10., largo br. 1. on. 4. Ritratto
di donna giovine vestita all'antica, il di sotto bianco
con liste gialle, e sopra una robba nera trinata d'oro,
collana di gioje al collo e frappa, et un altro cinto di
gioje al petto; tiene la destra pendente con un fiore, di
mano fiamenga.

Un quadro alto br. 1. on. 11., largo br. 1. on. 2. Un Cristo
in croce, alla destra vi è la Madonna S.ma con le mani
gionte, la Maddalena in ginocchio a'piedi della croce,
quale abbraccia, et alla sinistra vi è un S. Giovanni, di . . . .

Un quadro alto br. 1. on. 8. e ½., largo br. 1. on. 3. Ritratto
di donna giovine vestita all'antica con veste sotto color
rosa, e sopra robba bianca trinata d'oro e frappa al
collo, appoggia la destra ad un tavolino che ha davanti,
e la sinistra l'appoggia al petto, del cav. *Malossi*.

Un quadro alto br. 1. on. 11 , largo br. 1. on. 5. e ½. Ritratto di donna vestita di nero all'antica con le maniche
trinciate dalle quali appare del bianco, una gioja al collo
et una in capo, appoggia la sinistra alla carega, et appresso di lei un tavolino, sopra del quale vi è una corona imperiale, di mano fiamenga.

Un quadro alto br. 3. on. 9., largo br. 2. on. 2. e ¼. Un ritratto di prete vecchio in piedi con un robone attorno, collaro al collo, tiene nella destra una corona, et appoggia la sinistra sopra d'un tavolino, volsi dire sopra un libro, che è sopra di un tavolino, sopra del quale vi è anche la berretta, del *Cambi*.

Un quadro alto br. 3. on. 5., largo br. 2. on. 1. Un ritratto di uomo in piedi vestito di nero a calza braga, picciola frappa al collo, alla sinistra un tavolino coperto di panno rosso, sopra del quale poggia la mano e tiene la spada al fianco, di . . . . .

Un quadro alto br. 1. on. 10. e ½., largo br. 1. on. 5. e ½. Un ritratto di uomo armato, tiene nella destra il bastone del comando, e la sinistra la poggia sul fianco con spada, di . . . . .

Un quadro alto br. 1. on. 8. e ¼ , largo br. 1. on. 3. Ritratto di donna giovine vestita di nero, sta a sedere con frappa al collo con velo giallo in capo, che li cade dietro le spalle, e tiene nella mano destra un faccioletto, del *Malossi*.

Un quadro alto br. 2. on. 6 , largo br. 1. on. 11. Ritratto di un Cardinale che sta a sedere sopra carega con berretta rossa in capo et vestito dell' abito di S Domenico, tiene nella destra una carta piegata, del *Gaetano*.

Un quadro alto br. 1. on. 10. e ¼., largo br. 1. on. 4. Ritratto di donna giovine in piedi vestita di color di rosa secca, perle al collo, con la sinistra si acconcia il collaro, et alla destra tiene li guanti, del *fiamengo*.

Un quadro alto br. 2. on. 1. e largo br. 1. on. 7. Ritratto di uomo vecchio a sedere, vestito di nero con frappa al collo e tosone, tiene con la destra li guanti, et appoggia con la sinistra sopra di un tavolino, appoggiata al pomo della spada, del cav. *Malossi*.

Un quadro in tavola alto br. 1. on. 3., largo on. 11. Ritratto d'uomo vestito di nero, frappa al collo, e un ornato di gioje davanti, del *fiamengo*.

Un quadro alto br. 1. on. 5. e ½., largo br. 1. on. 2. Ritratto d'uomo vecchio con barba bianca spartita, vestito di nero, con berretta in capo, di Aless.° *Mazzola*.

CAMERINO CONTIGUO
DELLA SIGNORA DO. ANNA MARIA

Un quadro alto br. 2. on. 11., largo br. 2. on. 11. Vi sono moltissime figure e varie cose all'antica, di . . . . .

SECONDA CAMERA
DELLA SIG.ra DO. ANNA MARIA.

Sei quadri alti br. 1., larghi br. 1. per ciascheduno, et è questa tutta la vita di S. Carlo Boromeo, del *Spada*.

Un quadro alto br. 1. on. 10., largo br. 1. on. 9. Ritratto di uomo pittore vestito di pavonazzo, picciola frappa al collo, con la sinistra tiene la tavolozza, et pennelli, dietro di lui vi è un'altra figura di uomo vestito di nero a sedere, et un altro si vede in lontananza, di Aless.° *Mazzola*.

Un quadro alto br. 1. on. 2., largo on. 11. Un ritratto di Cardinale, berretta rossa in capo, tabarino bianco e piccolo collaro al collo, di . . . . .

Un quadro alto br. 1. on. 4. e largo br. 1. on. 1. ½ Ritratto di donna vestita di bianco, una gioja con perle al petto et al braccio sinistro un centiglio di gioje, di . .♥. .

Un quadro alto br. 1., largo on. 10. Ritratto di giovine vestito di nero con frappa al collo, e collana d'oro, alla quale è appesa una croce di cavaliere di Malta, et alla sinistra su l'abito altra croce bianca, di . . . . .

Un quadro alto br. 1. on. 4. e ½, largo br. 1. on. 1. e ½. Ritratto mezzo busto di un Pontefice, piccola barba bianca, berretta in capo e collaro al collo, di . . . . .

Un quadro alto br. 1. on. 2, largo on. 11. Ritratto di un Cardinale, uomo di mezza età, di . . . . .

Un quadro alto br. 2. on. 6. e $\frac{1}{4}$., largo br. 1. on. 10. Ritratto di donna in piedi vestita color di rosa secca, perle al collo con gioje, et un cinto di perle alla centura, con manto di velo bianco sul capo pendente, con la destra tiene parte di d.º manto, alla sinistra tiene li guanti, di . . . . .

Un quadro alto br. 2. on. 2. e $\frac{1}{4}$., largo br. 2. Ritratto di donna in piedi vestita di nero all'antica con frappa al collo, tiene la destra pendente, e la sinistra appoggiata ad un tavolino coperto di drappo turchino sopra del quale vi è un cagnolino, di . . . . .

Un quadro alto br. 3 on. 10. e $\frac{1}{4}$., largo br. 1. on. 7. Un Satiro legato con le mani di dietro ad un arbore con corona di fiori in capo e due figure in loutananza, del *Carrazzi*, copia di Mauro *Oddi*.

Un quadro alto on. 10., largo on. 7. e $\frac{1}{2}$. Ritratto d'uomo vestito di nero con frappa al collo, di . . . . .

Un quadro alto on. 11, largo on 8. e $\frac{1}{2}$. Ritratto di donna giovine vestita di nero, con ornato di fiori in capo, frappa al collo, et varie gioje per l'abito, del *fiamengo*.

Un quadro alto on. 10., largo on. 8. Ritratto di giovine in profilo, capelli biondi, con sopra scritto $=$ *Il Conte Guido Torelli*, $=$ di . . . . .

Un quadro alto br. 4. on. 10., largo br. 3. on. 5. e $\frac{1}{4}$. Gran donna a sedere vestita di giallo con ravvolto il capo di un drappo, tiene fra le braccia una gran tavola, sopra della quale vi sono scritte molte lettere bianche, quali cominciano: IN ULTIMA AVTEM AETATE, di *Michel Angelo* Senese, copia del *Gatti*.

Un quadro alto br. 3. on. 8, largo br. 4. on. 6. Architettura con colonne et prospettiva e moltissime figure, di . . . . .

Un quadro alto on. 6. e $\frac{1}{2}$., largo on. 5., in rame. Un Crocifisso, S.ta M.ª Maddalena che abbraccia la Croce, la Madonna Sant.ma alla destra e S. Giovanni alla sinistra, di *Giovanni* fiamengo.

CAMERA
DOVE ABITAVA LA SIG.ra DONNA CATERINA MOSTI.

Un quadro alto br. 2. on. 11., largo br. 1. on. 10. Giovanetto
mezzo armato vestito di bianco a calza braga, tiene con
la sinistra la spada, poggia la destra sopra la tavola,
quale è coperta di rosso, appresso di un elmo qual è
impiumato, di . . . . .

Un quadro alto on. 8. e ½., largo on. 7. Una Madonna a sedere con il Bambino in grembo che si spicca per pigliare
con la destra un pomo da S. Giuseppe, che tiene nella
sinistra un piatto con uva, di . . . .

PRIMA CAMERA
DELL' APPARTAMENTO NUOVO DEL PIANO DI SOPRA.

Duoi quadri alti br. 3. on. 4., larghi br. 5. on. 4. per ciascheduno. Paesi con case, fiumi e figure. Uno con 2 figure di donna, una delle quali tiene un'urna in capo
con la sinistra, e nella destra vi ha un sedello (*secchiello*).
Nell'altro un uomo sopra di un cavallo bianco con donna
a' piedi che li segue, di un *francese*.

Tre quadri alti br. 2. on. 11., larghi br. 3. on. 9. per ciascheduno. Paesi, in uno con uomo a sedere a' piedi di
un arbore con manto turchino, avanti del quale una
donna che mostra di porgergli la sinistra, et ha la destra al capo; 'n un altro 2. figure d'uomini a sedere,
l'uno pesca, e l'altro tiene un pesce in mano quale
vuol porre in una cesta; nell'altro un uomo a sedere
presso di un arbore, ha un giubbone rosso, et calzoni
turchini, tiene la destra sopra un ginocchio e la sinistra
l'appoggia ad un bastone, di un *francese*.

SECONDA CAMERA
DELL'APPARTAMENTO NUOVO DEL PIANO DI SOPRA.

Un quadro alto br. 2. on. 8., largo br. 3. on. 5. Giacobbe
qual sta dormendo e tiene la destra sopra di un sasso
con manto rosso et bastone, sopra del quale tiene appoggiata la sinistra e fra le nubi una schala con 3. angioli, et ha alli piedi una zucca, del *fiamengo*.

Un quadro alto br. 3. on. 5., largo br. 5. on. 3. Marittima
con duoi vascelli, di un *francese*.

Un quadro alto br. 3. on. 9, largo br. 2. on. 4. Apollo per
aere coronato d'alloro con un raggio di luce, copia
de' *Carrazzi*.

Un quadro alto br. 2. on. 3., largo br. 3. on. 3. Danae in
pioggia d'oro, corcata sopra panni bianchi, cuscino e sopra
il capo; alla destra un maniglio et a' piedi un amorino.
di *Tiziano*, copia di Franco *Quattro Case*.

Un quadro alto br. 4., largo br. 5. on. 1. Una Regina a sedere vestita di rosso con manto turchino, alla destra
una donna alla quale porge un abito, e quella ad un
uomo ignudo, et alla sinistra altra donna et due altre
indietro, di Michele *Rainieri*.

TERZA CAMERA
DELL'APPARTAMENTO NUOVO DEL PIANO DI SOPRA.

Duoi quadri alti br. 2. on. 3., larghi br. 2. on. 6. per ciascheduno.
In uno un tavolino con tappeto di levante, sopra del quale
uno scrittojo con mostra d'orologio, una conchiglia d'argento piena di varie gemme et ori. Dell'altro un tavolino
con tappeto di levante, sopra del quale vi è una chita-
riglia, violini e flauti, a' piedi del tavolino una mastella
con pistoni di vino. Un piatto con meloni e formaggio,
di un *francese*.

Un quadro alto br. 2. on. 11., largo br. 3. on. 9. Un paese
con una Rocca vicino ad un fiume sopra del quale un

ponte e 3 figure d' uomini a sedere che fanno diversi cenni, di un *francese*.

Un quadro alto br. 3. on. 5. e ½., largo br. 5 on. 3. Marittima con tre vascelli et altri in lontananza et una Rocca sopra di un monte, di un *fiamengo*.

Un quadro alto br. 2. on. 7. ¼., largo br. 2. S. Giovanni a sedere sopra di un sasso con manto rosso, tiene fra le braccia l' agnello che è sopra di un sasso con croce di canna, del *Rainieri*, copia di . . . . .

Un quadro alto br. 3. on. 9. e ½., largo br. 4. on. 3 Endimione coricato in terra che dorme appoggiato ad un sasso: tiene il capo sopra il braccio destro, la Luna che lo abbraccia con la sinistra, per aere il carro dell'Aurora, li segni del Zodiaco, li 4. venti, Amore dietro ad Endimione con l' arco nella destra, di Monsù *Felice* (sic).

QUARTA CAMERA
DELL' APPARTAMENTO NUOVO DEL PIANO DI SOPRA.

Duoi quadri alti br. 2. on. 11., larghi br. 3. on. 9. per ciascheduno. Paesi; in uno un uomo che rappresenta un fiume, entro il quale una donna con manto turchino et una picciol Rocca; nell'altro un monte a' piedi del quale un uomo a sedere che mostra di chiedere qualche cosa ad una donna che gli è appresso con urna in capo, di un *francese*.

Un quadro alto br. 4. on. 2 , largo br. 3. on. 9. e ½. Rinaldo et Armida, de' *Carrazzi*, copia di Franco *Quattro Case*

Un quadro alto br. 2. on. 3., largo br. 2. on. 7. e ½. Donna a sedere vestita di bianco con manto azzurro, alla destra un tavolino sopra del quale vi sono duoi libri, e sopra di essi una testa di morte e sotto una carta pendente; tiene con la destra diritto uno specchio e nella medema una bilanza, e con la sinistra fa cenno alla testa di morte che riflette nel specchio, di dietro il Tempo con l' orologio da polvere nella sinistra, et con la destra sostiene un padiglione di velluto cremesi, di . . . . .

282

Un quadro alto br. 2. on. 4., largo br. 3. on. 3 e ¼. Donna nuda
in schiena con drappo bianco a traverso, si sostenta con
il gombito destro sopra di un cuscino di velluto cremesino trinato d' oro, un amorino in aere, quale con la
sinistra li tiene una corona di fiori sopra il capo, e la
destra appoggiata alla testa di un Satiro, quale nella destra tiene una coppa d'uva: de' *Carrazzi*, copia di . . . . .
Un quadro alto br. 4. on. 2. ½., largo br. 3. on. 4. Un piedistallo sopra del quale vi è un scudo col ritratto del
Ser.mo Sig.r Duca Ranuccio II. oggi regnante, sostenuto
da uomo vecchio qual è sentato sopra di quello e nella
facciata vi è l'arma di S. A. Ser.ma di chiaro e scuro. Una
donna in ginocchio alla destra quale porge con la mano
destra un cuore verso S. A., e questa figura significa la
città di Parma, et in terra l'arma della Comunità; et
tiene con la sinistra per mano un' altra donna. Dall'altra
parte una donna pure in ginocchio che presenta le chiavi,
figurata Piacenza con l'arma a' piedi di quella Comunità,
di Francesco *Denisi*.
Un quadro alto br. 3. on. 10., largo br. 3. on. 4. Donna
nuda che dorme a' piè di un albore, appoggia con le
spalle sopra un drappo azzurro, e tiene il braccio destro
sopra il capo et la mano sinistra appoggia sopra di un
arco, alla destra un satiro che la scuopre, et alla sinistra un
Amorino che dorme, del *Correggio*, copia di Mauro *Oddi*.

NELLA LONGHIROLA IN FACCIA ALLA SCALA.

Nove quadri alti br. 1. on. 10., larghi br. 2. on. 9. e ½. per
ciascheduno. Paesi a guazzo, di . . . . .

PRIMA CAMERA
DELL' APPARTAMENTO DELLE DAME DI MODONA
IN CIMA ALLA SCALA CHE VA ALLI CAMARINI.

Un quadro alto br. 1. on. 4., largo br. 1. on. 1. Ritratto di donna vestita di pelliccio di gibellini, sopra nero, trinciate le maniche, frappa al collo, cuffia di velo in capo che li cade dietro le spalle; tiene nella sinistra una lettera, del cav. *Malossi*.

Un quadro alto br. 1. on. 7. e $\frac{1}{2}$., largo br. 1. on. $\frac{1}{2}$., in tavola, mezzo tondo alla cima. Una Madonna a sedere vestita d' azzurro, manto rosso, col Bambino in grembo; tiene con la sinistra pure la sinistra del Bambino quale porge la destra a S. Giuseppe, quale tiene un pomo nella destra, e nella sinistra una coppa d'uva, di *Luca* d'Olanda.

Un quadro alto br. 1. on. $\frac{1}{2}$. e largo on. 10. Ritratto di un frate vecchio con grande barba bianca, del *Pordenoni*.

Un quadro alto br. 1. on. 4, largo br. 1. on. $\frac{1}{2}$. Ritratto di un frate franciscano con sopra scritto $=$ *Joannes Alvus Scotus* $=$ di . . . . .

Un quadro alto br. 1. on. 5. e $\frac{1}{2}$., largo br. 1. on. 1. e $\frac{1}{2}$. Ritratto di donna scapigliata vestita di nero che tiene con la destra una corona, di . . . . .

Un quadro alto br. 1. on. 1. Ritratto di uomo vecchio con gran barba, tiene nella sinistra i guanti, di . . . . .

Un quadro alto br. 1. on. 1. e $\frac{1}{4}$, largo on. 11. Ritratto d' uomo giovine vestito all' antica tutto trinato d' oro, ferrajuolo nero sopra la spalla sinistra, et la spada sotto detto braccio, frappa al collo e sopra scritto:

FERDINANDVS SEC.• MED.

MAGNANIMUS DVX ETRVRIAE.

di . . . . .

Un quadro alto br. 1. on. 4., largo br. 1. on. 1. e $\frac{1}{2}$. Ritratto di un Pontefice con gran barba bianca. Viene da fra *Sebastiano* dal Piombo, copia di . . . . .

Un quadro alto br. 1. on. 7., largo br. 1. on. $\frac{1}{2}$, mezzo tondo in tavola. Una Madonna mezza figura tutta ammantata d' azzurro con velo bianco sopra il capo, sotto di quello tiene la destra in atto di benedire, e la sinistra sul petto, di *Luca* d' Olanda.

Un quadro alto br. 1. on. 5, largo br. 1. on. 1. e $\frac{1}{2}$. Un

Salvatore vestito di bianco con manto rosa secca e con la destra tiene il d.to manto, in tavola, di *Tiziano*, copia di . . . . .

Un quadro alto br. 1. on. 4., largo br. 1. on. 1. Ritratto del Ser.mo Sig.r Duca Ranuccio I. armato, frappa al collo, con la sinistra appoggiata sopra dell'elmo, de' *Carrazzi*, copia di . . . . .

Un quadro alto br. 1. on. 1., largo on. 10. Ritratto di donna giovine con robone all'antica, frappa al collo, et un vezzo di grosse perle che le pendono anche davanti et un fiore narciso in capo, di mano fiamenga.

Un quadro alto br. 1. on. 4., largo br. 1. Ritratto di uomo vecchio, collaro al collo, e sciarpa rossa al braccio destro, del cav. *Malossi*.

Un quadro alto br. 1. on. 2., largo on. 11. Ritratto di Maria Maddalena Arciduchessa d'Austria, e Gran Duchessa di Toscana vestita di nero, velo nero sul capo e collaro al collo, di . . . . .

Un quadro alto br. 1. on. 1., largo br. 1. Ritratto d'uomo giovine vestito di nero, piccolo collaro, collana di gioje al collo, tiene la destra sopra una testa di morte che è sopra un tavolino, di . . . . .

Un quadro alto br. 1. on. 1. e ½., largo on. 11. Ritratto d'uomo attempato vestito di nero, frappa al collo e tosone e croce bianca su l'abito alla sinistra, del cav. *Malossi*.

Un quadro alto on. 11., largo on. 9., in tavola. Ritratto di donna giovine vestita di nero all'antica con trinettina d'argento, con frappe e croce di gioje che le pende davanti, in capo un ornato di gioje e piuma bianca, di mano fiamenga.

Un quadro alto on. 10, largo on. 8., in tavola. Un ritratto d'uomo con berrettone rosso in capo, di . . . . .

Un quadro alto on. 11. e largo on. 7. e ½., in tavola. S.ta Caterina in profilo vestita di color verde, una gioja al petto, tiene nella sinistra una palma et appoggiata sopra la ruota, di Girolamo *Sermoneta*.

Un quadro alto on. 10. e ½., largo on. 8. e ½., in tavola.
Una Madonna a sedere vestita d' azzurro, tiene in grembo
il Bambino che dorme, et lei appoggiata col capo quasi
su la faccia del Bambino, e sopra un angelo che arranca
delle palme, detta la Zingarina, del *Correggio*, copia
del *Gatti*.

Un quadro alto br. 1. on. 2. e ¼., largo br. 1. Ritratto di
donna vestita di nero all' antica trinato d'oro et argento,
frappa al collo et in capo un ornato di perle e fiori,
di . . . . .

Un quadro alto br. 1. on. 3., largo on. 11. Ritratto di donna
giovine vestita di verde all' antica trinata di lavorzino
di Bologna, frappa al collo, ornato il capo di velo arric-
ciato e fiori alla parte destra, di . . . . .

Un quadro alto br. 1. on. 2., largo on. 11. Ritratto di donna
vecchia, vestita di nero con collaro al collo piccolo e
velo nero in capo, di . . . . .

Seconda Camera
dell' Appartamento delle Dame di Modona.

Un quadro alto br. 1. on. 7., largo br. 1. on. 1. Ritratto di
puttina vestita alla moderna con rose in mano, di . . . . .

Un quadro alto br. 1. on. 5., largo br. 1. on. 11. Paese con
Angelica e Medoro quali scrivono sopra l' arbore, di . . . .

Un quadro alto br. 1. on. 4. e largo on. 11. Un signore con
candela in mano che salisce una scala, presso del quale
altre figure, di Andrea *Mantegna*.

Un quadro alto br. 1. on. 5., largo br. 1. on. . . . Una donna
ignuda in piedi con puttini attorno et un leone a' piedi,
del *Bertoja*, copia di . . . . .

Un quadro alto br. 1. on. 8., largo br. 1. S. Giov. Battista
che battezza il Salvatore et in aria il Padre Eterno in
una gloria, di . . . . .

Un quadro alto br. 1. on. 4., largo br. 1. on. 1. e ¼. Mezza
figura di S. Girolamo con Crocefisso e sasso in mano, di . . . .

Un quadro alto br. 1. on. 2. e largo br. 2. Tre puttini, uno de' quali ha una ciambella in mano, di . . . . .

Un quadro alto br. 1, on. 1. e ½., largo on. 10. e ¼., in tavola. Ritratto di uomo vestito di rosso con berretta nera e guanti nella sinistra, di *Tiziano*.

Un quadro alto br. 1. on. 3., largo br. 1. oncia mezza. Un Ritratto di Cardinale, di . . . , .

Un quadro alto br. 1. on. 2. e ¼., largo br. 1. Ritratto di giovanotto vestito all' antica con frappa al collo, di . . . . .

Un quadro alto br. 1. on. 3., largo on. 11. Ritratto di un Cardinale, di . . . . .

Un quadro alto on. 11., largo on. 9. Ritratto del Beato Pio Quinto, di . . . . .

Un quadro alto on. 10, largo on. 8. e ½ Ritratto di puttino vestito all' antica con frappa al collo, del *Mazzola*.

Un quadro alto br. 1. on. 3. e largo on. 11. Ritratto d' uomo armato detto il Duca Orazio, di . . . . .

Un quadro alto on. 10. e ½., largo on. 8. e ¼. La Madonna detta la Zingarina del *Correggio*, copia di Franco M.ª *Retti*.

Un quadro alto br. 1. on. 2. e ½; largo br. 1. Ritratto d'uomo armato con collaro e sciarpa rossa, di . . . . .

Un quadro alto br. 1. on. ¼., largo on. 10. Ritratto di donna giovine vestita all' antica con frappa al collo; tiene la destra ad un collo di perle, del cav. *Malossi*.

Un quadro alto on. 11. e ½ , largo on. 10., in tavola. Ritratto del Ser.mo Sig.r Duca Ottavio, di Aless.º *Mazzola*.

Un quadro alto br. 1. on. 1 , largo on. 10. Ritratto di donna vestita di nero all' antica trinato d' oro, di . . . . . .

TERZA CAMERA
DELL' APPARTAMENTO DELLE DAME DI MODONA.

Un quadro alto br. 3. on. 9., largo br. 2. on. 4. e ½. Ritratto di uomo vecchio in piedi vestito di nero. Si dice del Sig.r Conte Sozzi, di . . . . .

Un quadro alto br. 2., largo br. 1. on. 6. e ½. Ritratto di un prete, quale sopra di una tavola legge l' Officio, del *Cambi*.

Un quadro alto br. 3. on. 8. e ½., largo br. 2. on. 4. Ritratto di uomo in piedi vestito di nero con croce di Malta; tiene la sinistra inguantata e nella destra il guanto, di . . . .

Un quadro alto br. 3. on. 6. e ½., largo br. 2. on. 2. Ritratto di uomo in piedi vestito di rosso all'antica con ferrajolo e frappa al collo, di . . . . .

Un quadro alto br. 4., largo br. 2 on. 5. e ½. Ritratto di donna in piedi con veste bianca alla spagnuola; tiene nella destra l' Officio et con l' altra fa cenno ad un Crocefisso, di . . . .

Un quadro alto br. 1. on. 5., largo br. 1. on. 3. Un Crocefisso abbracciato dalla Maddalena, alla sinistra S. Pietro martire, in lontananza altre figure con paese, di . . . . .

Un quadro alto br. 3. on. 2., largo br. 2. on 1. e ½. Un Ritratto di donna in piedi vestita di rosso con coralli al collo e ventaglio di piuma alla destra; et alla sinistra tiene li guanti, di . . . . .

Un quadro alto br. 1. on. 1. e ½., largo on. 11. Ritratto di Donna Caterina di Braganza, di . . . . .

Un quadro alto br. 1. on. 2., largo on. 11. e ½. Ritratto del Cardinale Don Enrigo ultimo re di Portogallo, di . . . . .

Un quadro alto br. 1. on. 2., largo on. 11. e ½. Ritratto di uomo vestito di nero all'antica con ferrajolo e frappa al collo, di . . . . .

Un quadro alto on. 8. e ½., largo on. 6. e ½., in tavola. Una Madonna che tiene in grembo il Bambino con la sinistra e paese in lontananza, del *Francia*.

QUARTA CAMERA
DELL' APPARTAMENTO DELLE DAME DI MODONA.

Dodici quadri alti br. 1. on. 9. e ½., larghi br. 1. on. 5. e ½. per ciascheduno. Sono li ritratti di dodici Duchi di Milano, di . . . .

Sei quadri alti br. 1. on. 2. e ¼., larghi on. 11. per ciascheduno. Sei Sibille, di . . . . .

Nove quadri alti br. 1. on. 2. e ½., larghi on. 11. per ciascheduno. Nove Amazzoni, di . . . . .

Un quadro alto on. 6., largo on. 4., in tavola. Un Christo
piagato avanti la Croce con le mani incrociate, di . . . . .

NELLA PRIMA CAMERA
DE' CAVALIERI DI MODONA.

Dodeci quadri alti br. 1. on. 4. e ½, larghi br. 2. on. 6. per
ciascheduno, mezzo tondi. Dodici Teste d' Imperatori,
chiaro e scuro, di *Tiziano*, copia di . . . . .

Un quadro alto br. 1. on. 7., e largo br. 2. on. ½. Paese con
3. animali volatili, uno de' quali è morto, di Franco
M.ª *Retti*.

Duoi quadri alti br. 1. on. 9. e ½., larghi br. 2. on. 7. e ½.
per ciascheduno. Duoi Paesi a guazzo, in uno de' quali
un carro tirato da duoi cavalli bianchi, sopra del quale
vi sono due figure che presentano teste coronate, et un'
altra che guida il detto carro con descritto GIVSTITIA.
Nell' altro un altro carro tirato da un toro et un somaro
carico di varj arnesi, sopra del quale vi sono due figure,
una di uomo alla sinistra, et alla destra una donna che
tiene fra le braccia una croce con descritto OBEDIENZA
E PATIENZA, di mano fiamenga.

Un quadro alto on. 11. e ½., largo on. 8. e ½., in tavola. Ritratto di uomo in profilo vestito al di sotto di rosso e
sopra di nero, di . . . . .

Un quadro alto br. 1. on. 9., largo br. 2. on. 5. e ½. Susanna
alla Fonte con li duoi vecchi che l' osservano, del *Ma-
razzani* di Piacenza (1).

Un quadro alto on. 7., largo on. 5. Una Madonna a sedere
col Bambino in grembo, et alla destra S. Giovanni con
paese, del *Saccardi*.

(1) Il nome di questo pittore piacentino non si trova memorato
dallo Zani.

Un quadro alto br. 1. on. 7. e ½., largo br. 1. on. 2. e ½.
Ritratto d'uomo armato quale appoggia la sinistra sopra
l'elmo con piume e la destra sul fianco, di . . . . .

Un quadro alto br. 1. on. 7., largo br. 1. on. 5 Un abbozzo
di Madonna a sedere con Bambino in grembo vestita di
rosso, del *Parmigianino*.

Duoi quadri alti br. 2. on. ½., larghi br. 1 on. 6. per ciascheduno. Un puttino vestito di raso bianco; tiene la destra
appoggiata al pomo della spada, et nella sinistra un pugnale che è sopra di un tavolino coperto di verde. Nel-
l'altro una puttina vestita pure di raso bianco con sopra
perle, tiene nella destra un ventaglio, del *Cambi*.

Un quadro alto br. 2. on. 2, largo br. 1. on. 7. Ritratto del
Sermo Sig.r Duca Ottavio giovine, vestito con abito triu-
ciato, berretta nera con piuma bianca in capo, con spada
al fianco e pugnale, di *Alessandro Mazzola*.

Un quadro alto br. 2, largo br. 1. on. 6. Ritratto di donna
vestita di nero all'antica, cuffia bianca in capo, perle al
collo; tiene la destra sul petto, e la sinistra appoggiata
ad una sedia, di . . . . .

Un quadro alto br. 2. on. 1. e ½, largo br. 1. on. 0. Ritratto
di donna vestita di bianco all'antica; tiene con la destra
un cane sopra un tavolino con tappeto rosso, di . . . . .

Un quadro alto br. 2. on. 1. e ½., largo br. 1. on. 9. Ritratto
di donna vestita di bianco all'antica con sopra veste nera;
tiene la destra sopra di un tavolino con tappeto ed una
lettera con sopra scritto = *Alla Sig.ra Giulia Sanseverini
Boromea*, di . . . . .

Un quadro alto br. 1. on. 1., largo on. 10. e ½. Giovanotto
con vestito pavonazzo all'antica trinato d'oro et croce
del Spirito Santo, di . . . . .

Un quadro alto br. 1. on. 4. é ½., largo br. 1. on. 1. e ½. Mezza figura, ritratto d'uomo armato con picciolo collaro, berretta nera con piuma bianca in capo, di . . . . .

Un quadro alto br. 1. on. 10 e ½., largo br. 1. on. 6 e ½. Ritratto di Carlo V. armato, tiene nella destra il bastone del comando e la sinistra sul fianco, di . . . . .

Un quadro alto br. 1. on 7. e ½., largo br. 1. on. 3. Un Crocifisso abbracciato da S. Francesco con la Madonna a sinistra e S. Giovanni alla destra, di Sisto *Badalocchio*.

Un quadro alto br. 1. on. 10. e ½., largo br. 1. on. 4. Figura di giovine vestito all'antica di nero trinato d'oro, e piccole rosette smaltate, berretta nera in capo con picciole piume bianche, di . . . . .

Un quadro alto br. 1. on. 3., largo br. 1. on. 1. Un Cristo morto con Giuseppe d'Arimattia, Nicodemo et due altre figure con una torcia, di . . . . .

Un quadro alto on. 9. e ½., largo on. 7. e ½., in tavola. Testa di giovine armato con piccola frappa al collo all'antica, di . . . . .

Un quadro alto on. 10. e ½., largo on. 8. e ½, in tavola. Ritratto di femmina vestita di nero con collaro nero, capelli biondi, berretta rossa con frangia d'oro in capo, di . . . .

Un quadro alto on. 10. e ½., largo on. 7. e ½. Ritratto di Filippo Secondo Re di Spagna con vestito e berretta nera in capo, di . . . . .

Un quadro alto on. 10., largo on. 7 e ½. Ritratto di donna con due colli di perle al collo, veste azzurra con fiorami, perle alle treccie et all'orecchio e frappa al collo, del Cav. *Malossi*.

Un quadro alto on. 9 e ½., largo on. 7. Ritratto di Enrico Quarto re di Francia, solo però la testa, essendo il resto disegnato, di . . . . .

Un quadro alto on. 11., largo on. 9. Ritratto d'uomo vestito di nero all'antica e sopra l'abito vi ha una croce di Malta, di Aless.º *Mazzola*.

Un quadro alto br. 1. on. 7, largo br. 2. on. 1. Ritratto di un grosso cane detto fagiano, di Franco M.ª *Retti*.

Un quadro alto on. 9. e ½., largo on. 8., in tavola. Un Presepe con la Madonna Sant.ma e S. Giuseppe, di . . . . .

Un quadro alto on. 6. e ½., largo on. 5., in tavola. Una Madonna col Bambino in spalla alla sinistra e con la destra ammollisce pane in un bicchiere, del *Guerzino*. Copia di . . . . .

Quattro quadri alti on. 9. e ½., larghi on. 7. e ½., in tavola, e tutti di una grandezza con soprascritto ═ *Maximilianus Caesar* ═ *Maria Caroli* ═ *Philippus Rex Hisp* ═ *Federicus III Imperator* ═ di mano fiamenga.

CAMERA DOVE ABITAVA
LA SIG.ra DO: CATERINA MOSTI.

Un quadro alto br. 4. on. 8. e ½., largo br. 3. on. 8. e ½. Finge arazzo di Fiandra con friso et istoria in mezzo, di Gio: Maria della *Camera* (*Conti*).

Un quadro alto br. 3. on. 9., largo br. 2. on. 3. Ritratto in piedi del Serᵐᵒ Sig.r Duca Ranuccio 1. mezzo armato, con la destra sul fianco e la sinistra ad un elmo impiumato, qual è sopra di una tavola, del *Gatti*.

Un quadro alto br. 2. on. 11., largo br. 1. on. 10. Ritratto di giovine in piedi vestito di nero a calza braga con croce bianca in petto, tiene la destra al cappello ingemmato che è sopra di una tavola e la sinistra la tiene alla spada, di . . . . .

Un quadro alto br. 2. on. 2., largo br. 3. on. 6. e ½. Una femmina a sedere in una cucina presso molte ceste con selvatici e frutta, et un uomo che l'abbraccia, et altre figure che la danno a credere cucina di un'osteria, di mano fiaminga.

Un quadro alto br. 2. on. 10. e ½., largo br. 1. on. 11. Giovanotto vestito all'antica con calza braga, ferrajolo e berretta nera con picciola piuma bianca, di . . . . .

Un quadro alto br. 3. on. 7. e ½., largo br. 1. on. 11. Ritratto in piedi del Serᵐᵒ Sig.r Duca Ranuccio Primo mezzo armato con calzoni recamati di perle, di . . . . .

Un quadro alto br. 3. on. 8., largo br. 2. on. 2. Ritratto di uomo vestito all'antica, con sopravveste rossa, guernita d'oro, tiene la destra sul fianco e con la sinistra impugna la spada, di . . . . .

Un quadro alto br. 3. on. 5., largo br. 2. Ritratto del Politica, calzolaro del Serᵐᵒ Sig.ʳ Duca Ranuccio 1., in atto di tagliar scarpe. Del *Schedoni*. Copia del *Gatti*.

Un quadro alto br. 4. on. 3., e largo br 2. on. 7. Ritratto in piedi del Serᵐᵒ Sig.ʳ Duca Ranuccio 1. mezzo armato; tiene la destra ad un elmo qual è sopra di una tavola con tappeto rosso, alla sinistra uno scudo et una sedia ravvolta, del *Gatti*.

Un quadro alto br. 3. on. 7., largo br. 2. on. 2. Ritratto di femmina in piedi vestita di rosso all'antica trinato d'oro in maniche bianche, di . . . . .

Un quadro alto br. 2. on. 5., largo br. 1. on. 9. Ritratto del Card.ˡᵉ Gaetano a sedere, tiene nella destra un faccioletto e nella sinistra un officio presso una tavola con tappeto rosso, sopra del quale vi sono lettere, memoriali e un campanello, di . . . . .

Un quadro alto br. 4. on. 2 e largo br. 2. on. 2. Ritratto in piedi del Serᵐᵒ Sig.ʳ Duca Alessandro mezzo armato, vestito di bianco a calza braga guernito d'oro; tiene la destra sul fianco e nella sinistra il bastone del comando presso una tavola con tappeto rosso trinato d'oro, sopra del quale un elmo impiumato, e Paese in lontananza, del *Gatti*.

Un quadro alto br. 2. on. 5., largo br. 1. on. 10. Ritratto d'uomo con vestito nero e berretta all'antica, frappa al collo e maniche; tiene nella destra una mostra, poggia il braccio sinistro sopra una tavola presso un orologio, di . . . . .

Un quadro alto br. 2. on. 3., largo br. 1. on. 7. Ritratto dell'Eminentissimo Sig.r Card.le Sant'Angelo: sta a sedere sopra carega, e col braccio destro appoggia sopra il braccio di quella, e tiene li guanti nella sinistra, di . . . . .

Un quadro alto br. 2. on. 9., largo br. 2 on. 1. Ritratto di una puttina vestita di nero all'antica, trinata d'oro, tiene un ventaglio nella destra, qual è appeso a una collana d'oro, e nella sinistra un faccioletto, di . . . . .

Un quadro alto br. 1. on. 8., largo br. 2. on. 1. Ritratto di una puttina vestita di nero; volsi dire duoi puttini in piedi vestiti di damasco bianco trinati d'oro, con sopravveste rossa, appoggiano ad un tavolino e con la destra tengono ambidue una bacchetta, e con la sinistra una palla, di mano fiamenga.

Un quadro alto br. 2 on. 1., largo br. 1. on. 10. Ritratto di donna vestita di nero all'antica con perle al collo e collaro di velluto bianco, tiene nella destra un faccioletto: di . . . . .

Un quadro alto br. 2. on 8., largo br. 2. on. 2. Ritratto di un Pontefice, mezza figura; tiene la destra appoggiata sopra di un tavolino quale è coperto di velluto cremesi, et in quella tiene una carta, e nella sinistra un faccioletto, di . . . . .

Un quadro alto br. 2 on. 8., e largo br. 2. on. 1. e ½. Ritratto di donna giovine, quale sta sedendo e vestita di bianco all'antica ricamata d'argento et alamari di perle, gran frappa al collo, et in capo un pennacchio bianco e nero: gran collana di perle al collo, tiene nella destra un faccioletto e la sinistra sopra di un cane qual è sopra di un tavolino coperto di rosso, di . . . . .

Un quadro alto br. 2., largo br. 1. on. 10. Ritratto di donna giovine a sedere vestita di bianco all'antica con sopraveste, collaro di velo al collo e perle con sopra scritto = *Livia Barbiana Sanvitali Contessa* = e sotto = anno *aetatis suae XVIIII* 1554 = di . . . . .

Un quadro alto br. 2. on. 7., largo br. 2. on. 1. Ritratto di Madama Serma Margarita Medici giovane vestita di bianco con lavori neri all'antica con sopraveste nera, collaro con pizzi al collo, e perle, ornato di gioje in capo; tiene nella destra un ventaglio appoggiata ad un tavolino coperto di rosso, di *Giusto*.

Un quadro alto br. 2 on. 2., largo br. 1. on. 8. Ritratto di Paolo 3.º a sedere con la destra appoggiata ad una borsa di velluto cremesi. Di *Tiziano*. Copia del *Gatti*.

Un quadro alto br. 2. on. 4., largo br. 1. on. 3. e ½. Uomo in piedi quale tiene ambe le mani sopra il petto e collo di altr'uomo nudo coricato al suolo e tiene un'asta con ambe le mani, quali appoggia con gran forza, e 2 angioli che l'incoronano d'alloro, di *Pomponio* figlio del *Correggio*.

Un quadro alto br. 2. on. 6., largo br. 3. on. 4., a guazzo. Una cucina con femmina che pone nello spiedo con la destra un pollo, presso la quale una tavola carica di vari carnami, et robe et figure diverse, di mano fiamenga.

Un quadro alto br. 2. on. 5. e ½, largo br. 1. on. 10. Sta Maria Maddalena scapigliata in un paese con manto rigato; tiene gli occhi rivolti al Cielo e la destra al petto e con la sinistra tiene il manto, una testa di morte, sopra la quale un libro aperto. Di *Tiziano*. Copia di . . . . .

SECONDA CAMERA
IN CIMA ALLA SCALETTA ALL'INCONTRO DELLA FINESTRA DELL'ANTICAMERA DE' CAVALIERI.

Un quadro alto br. 2. on. 1. e ¼., largo br. 2. Ritratto di donna vestita di giallo all'antica con sopraveste nera, un velo bianco in capo, pendente d'oro con perle all'orecchio destro, collana e collarino al collo; tiene la sinistra sopra di un libro aperto quale è sopra di un tavolino, di . . . . .

Un quadro alto br. 1. on. 11, largo br. 3. on. 1. Un Cristo morto sopra panno pavonazzo ben cinto con benda turchina rigata di rosso, torcia accesa e paese in lontananza, di fra *Semplice* (da Verona) Cappuccino.

Un quadro alto br. 2. on. 2., largo br. 1. on. 10. Ritratto di Madama Serma Maria di Portogallo giovane vestita di bianco trinata d'oro all'antica con sopraveste rossa trinciata d'oro e perle, un ornato di perle e gioje in capo, collana di gioje e perle con croce al collo, poggia la sinistra sopra di una tavola coperta di velluto verde con alamari d'oro, nella destra un faccioletto, di mano fiamenga.

Un quadro alto br. 2. on. 1., largo br. 1. on. 9 a guazzo. Donna nuda a sedere sopra di un letto, poggia col braccio destro sopra duoi coscini cremesi, tiene il capo ornato di gioje e perle, alla sinistra si vede testa di donna, con braccio destro mostra d'essere ignuda, di Girolamo *Mazzola*.

Un quadro alto br. 2. on. 4., largo br. 1. on. 10. Ritratto di donna giovine vestita di nero all'antica con sopra un robone, frappa al collo con pizzi, et una collana di grosse perle, tiene la sinistra appoggiata ad un tavolino coperto di verde, sopra del quale li guanti, et una lettera con soprascritto = All' Illma Sig.ra mia e Prona Colma la Sig.ra Contessa Ersilia Farnese Boromei. Milano = e nella sinistra tiene un officio, del Cav. *Malossi*.

Un quadro alto br. 1. on. 9. e ½, largo br. 2. on. 5 Donna ignuda in schiena coricata sopra di un letto, poggia le braccia sopra coscino cremesi con lavoro e fiocchi d'oro e sopra di esso poggia il capo, capelli biondi e drappo bianco che la cinge, di *Tiziano*. Copia di . . . . .

Un quadro alto br. 2. on. 4. e largo br. 1. on. 10. Ritratto d'uomo vestito di nero a calza braga con ferrajolo e piccolo collaro al collo, tiene nella destra i guanti e nella sinistra una carta. Si vede alla cima un'arma, di Aless.º *Mazzola*.

Un quadro alto br. 1. on. 1., largo on. 11. Cinque teste di giovani, del *Parmigianino*. Copia del *Gatti*.

Un quadro alto br. 1. on. 10., e largo br. 2. on. 5. e ½. Paese con varj monti e rocche: si vede uno che scortica un altro ignudo legato ad un arbore e due altre figure, una delle quali vestita di rosso a guazzo, di mano. fiamenga.

Un quadro alto br. 1. on. 9., largo br. 2. a guazzo. Un paese con monti e varie figure di donne, tengono varj instromenti da suonare fra le mani, et un uomo nudo a sedere fra quelle coronato d'alloro, di . . . . .

CAMERINO
CONTIGUO ALLA SECONDA CAMERA IN CIMA ALLA SCALETTA.

Un quadro alto br. 1. on. 1., largo on. 9. e ¼. Ritratto di uomo vecchio vestito di nero con frappa al collo, tiene nella destra i guanti, e accenna con l'indice ad una carta di fortificazione, di Aless.º *Mazzola*.

Un quadro alto br. 1. on. 7., largo br. 1. on. 3. e ¼. Ritratto di donna vestita di bianco all'antica con sopravveste pur bianca ricamata d'oro e guernita di gioje e perle, frappa con pizzi al collo, et collana di gioje e perle che li pende al petto, al fondo della quale una gran perla, et in capo un ornato di perle e piuma bianca con gioja, tiene nella destra un picciolo ritratto d'uomo vecchio, di . . . . .

Un quadro alto br. 1. on. 7., largo br. 1. on. 3. Ritratto di uomo vecchio vestito di nero con piccola frappa al collo e collana d'oro, tiene in capo una berretta nera. Si crede un medico, di Aless.º *Mazzola*.

Un quadro alto br. 1. on. 7. e ½., largo br. 1. on. 4. Ritratto d'uomo vecchio armato, collana e medaglia d'oro al collo, tiene la sinistra appoggiata all'elmo qual è sopra di un tavolino, di *Tiziano*. Copia di . . . . .

Un quadro alto br. 1. on. 6., largo br. 1. on. 2. e ¼. in tavola. Un Cristo quale tiene con il braccio sinistro abbracciata la croce e con la destra fa cenno al basso. Di *Andrea* del Sarto. Copia di . . . . .

Un quadro alto br. 1. on. 6. e ½., largo br. 1. on. 2. e ¼. Ritratto di Dante vestito di nero con berretta in capo coronato di alloro, tiene la destra inguantata e nella sinistra pure un guanto, di Girolamo *Mazzola*.

Un quadro alto br. 1. on. 6., largo br. 1. on. 3. Una donna a sedere sopra carega alla romana, vestita di bianco con sopraveste nera e maniche gialle e nere a opera, tiene la destra al braccio della carega e nella sinistra un libro. Si dice fosse la moglie del *Correggio*, del *Correggio*.

Un quadro alto br. 1. on. 8., largo br. 1. on. 2. e ½. Ritratto di Stefano Primo Re di Polonia, di . . . . .

Un quadro alto br. 1. on. 8., largo br. 3. Sei ciechi si guidano l'uno con l'altro; il primo è già caduto in una fossa e il secondo sta per cadere. In paese. Del *Brugola*, Copia di Franco M.ª *Retti.*

CAMERINO DE' STAFFIERI
DEL SER.mo SIG.r PRINCIPE ODOARDO.

Un quadro alto br. 2. on. 6., largo br. 1. on. 10. Ritratto di un Cardinale a sedere, tiene la destra sopra l'appoggio della carega, di . . . . .

Cinque quadri alti br. 1. on. 5, larghi br. 2. on. 5. per ciascheduno, di carta sopra tela. Sono l'Austria, la Boemia, la Polonia, la Carinthia e la Sicilia.

Un quadro alto br. 2. on. 2, largo br. 1. on. 8. Ritratto di donna giovane vestita di bianco con sopra robone nero trinato d'argento, frappa al collo et una collana di perle et un ornato di gioje e perle sul capo, di . . . .

Quattro quadri alti br. 1. on. 1., larghi br. 1. on. 3. per ciascheduno, di . . . . .

Un quadro alto br. 1. ou. 7., largo br. 2. ou. 6. mezzo tondo.

Figura in piedi con spada alla destra, tiene per li capelli un giovine in ginocchio et un'altra figura a sedere, di . . . .

Un quadro alto br . . . . on. 3, e largo br. 1. on. 6. Una Barriera bufonesca con gran numero di persone in lontananza e trombetta, chiaro e scuro, di . . . . .

Un quadro alto br. 1. on. 7., largo br. 1. on. 9., in carta sopra la tela. Carta di fortificazione con arma del Serṁo Signor Principe, di . . . . .

Un quadro alto br. 1. on. 1., largo br. 1., in tavola. Ritratto d'uomo con un corpetto di dante e sciarpa rossa, di . . . .

Duoi quadri alti on. 9. e ½. larghi br. 2. on. 2. di carta sopra la tela. Uno la Mauritania stampata, et l'altro fortificazione in disegno.

IN ALTRO CAMERINO A QUELLO CONTIGUO.

Quattro Quadri di carta sopra la tela alti br. 2. on. 5, larghi br. 2. on. 8. per ciascheduno.

CAMERA VICINO ALLA GALLERIA NUOVA.

Un quadro alto br. 3. on. 11. e ½, largo br. 8. on. 1. Tavola di moltissime e varie figure con cartella bianca segnata sopra = Cebetis Thebani Tabula. =

Duoi quadri alti br. 3. on. 1. e larghi br. 4. on. 1. per ciascheduno. Paesi a guazzo con grand'albero in mezzo, da una parte molta gente a tavola e dall'altra parte molte persone che fanno diversi giuochi. Nell'altro un arbore pur grande nel mezzo, a'piedi del quale un uomo a sedere, tiene nel grembo appoggiato il capo d'altr'uomo disteso in terra, et un carro tirato da 2. oche con avanti una donna, di . . . . .

Un quadro alto br. 1. on. 5., largo br. 2. on. 2. Paese con 5. figure sentate ad una tavola tonda, suonano varj instromenti, di . . . . .

Un quadro alto br. 4. on. 2., largo br. 2. on. 4, in tavola, tondo alla cima. Una Madonna a sedere scapigliata con veste gialla e manto verde; tiene a sinistra sentato in terra il Bambino quale sta in atto di benedire S. Giovanni che è alla destra della Madonna Sant.ma, e la mano sopra la schiena ed altre sante alla sinistra in ginocchio, di . . . . .

Un quadro alto on. 8., largo on. 4., in rame. Un Cristo levato di croce con molte figure, vitriato, di . . . . .

NELLA CAMERA DELL' UFFICIO DELLE DAME

Tredici quadri alti on. 9, e ¼. larghi on. 7. per ciascheduno. Li dodici Apostoli con la Madonna Sant ma, di . . . .

Un quadro alto br. 1. on. 1. e ½. largo on. 11. Ritratto di donna giovine vestita di nero, guarnita di molte gioje e perle, picciola frappa al collo et ornato di molte gioje il capo, di mano fiamenga.

Un quadro alto on 9., largo br. 1. on. 1. Una donna con 3 uomini che ridono e la donna tiene un gatto in spalla, del *Brugola*.

Un quadro alto br. 1., largo on. 9. Ritratto di donna giovine vestita di un pelizzo coperto di nero et ornato tutto d'oro in capo con gioja in esso pendente sopra la fronte, di . . . . .

CAMERA DOVE SONO DIVERSI QUADRI DA RIPORRE AL SUO LUOGO.

Un quadro alto br. 1. on. 1, largo on. 10. e ¼. Una mezza figura vestita di verde con libro in mano, di . . . . .

Un quadro alto br. 1, largo on. 10, in tavola. Paese con S. Giovanni Battista che predica nel deserto con quantità di figure, di mano fiamenga.

Un quadro alto br. 1. on. 1., largo on. 10. e ½. Ritratto di un Padre Gesuita con scritto sopra = *P. Paullus Achille* = di . . . . .

Un quadro alto on. 8., largo on. 6., in tavola. Un vaso di frutta che forma la testa di un villano, di . . . . .

Un quadro alto on. 11. e ½., largo once 8. e ½., Ritratto d' uomo che tiene nella sinistra un mazzuolo di legno, di . . . .

Un quadro alto on. 9., largo on. 9. Ritratto di donna vestita di nero, velo in capo et al collo una randiglia, di . . . .

Un quadro alto on. 9., largo on. 7. e ½. Ritratto di puttino vestito di verde con coralli e frappa al collo, di Alessandro *Mazzola*.

Un quadro alto br. 1. on. 9. Ritratto d' uomo vestito di nero all'antica con berretta in capo, frappa al collo e tosone, di . . . . .

Un quadro alto br. 1. on. 2., largo once 11. Ritratto d' uomo vestito di rosso, frappa al collo e berrettino rosso all' ongara in capo, di . . . . .

Un quadro alto br. 1., largo on. 10, e ½. Ritratto d' uomo con berretta rossa in capo e laureato, stracciato e rotto per traverso, di . . . . .

Un quadro alto on. 7., largo on 7. in corame d' oro. S. Nicolò vestito da Vescovo, di *Michel Angelo* Senese.

Un quadro alto on. 11., largo on. 7., in tavola. Ritratto di donna giovane vestita di bianco all' antica, di . . . . .

Un quadro alto br. 1., largo on. 10. e ½. Una tela con ritratto di donna giovane con frappa e perle al collo, di . . . . .

Un quadro alto on. 8. e ½, largo on. 6. e ⅓, in tavola. Ritratto di giovane vestito di rosso con berretta nera in testa, tutto guasto, di *Luca* d' Olanda.

Cinque quadri alti br. 1. on. 2, larghi on. 10. e ½. per ciascheduno. Sono cinque Sibille.

Vintisei quadri alti br. 1. on. 2., larghi on. 10. e ½. Ritratti d' Imperatori antichi.

Quattro quadri mezzo tondi, alti br. 1. on. 5. e ½, larghi br. 2. on. 6. per ciascheduno. In uno l' Europa sul toro, in un altro Ercole che afferma il toro, in un altro Leda col cigno, e nell' altro una figura di uomo ignudo con bastone in mano e una figura di femmina in ginocchio con scudella in mano, di . . . . .

Un quadro alto br. 1. on. 4., largo br. 1. on. $\frac{1}{4}$. Ritratto di Cardinale con sopra scritto $=$ *Tomas Card. Gaetanus* $=$ di . . . . .

Un quadro alto br. 1. on. 1. e $\frac{1}{2}$, largo on. 10. e $\frac{1}{2}$. Ritratto di un Cardinale, di . . . . .

Un quadro alto br. 1. largo on. 9. e $\frac{1}{4}$. Ritratto di un Cardinale, in tavola, di . . . . .

Un quadro alto br. 1. on. 2., largo br. 1. on. 4. e $\frac{1}{2}$. in tela sopra l'assa. Paese con figura distesa al suolo, tiene la gamba destra sopra un vaso et una femmina alla destra che li tiene ambe le mani sopra la gamba, più lontano due altre figure presso delle quali un cane; del *Correggio*, prima maniera.

Un quadro alto on. 11., largo on. 9., in tavola. Ritratto di Michel Angelo *Buona rota*.

Un quadro alto on. 7., largo on. 11. in tavola. Una Madonna a sedere col Bambino in grembo che accarezza un'altra Santa, di . . . . .

Un quadro alto on. 6. e $\frac{1}{2}$, largo on. 5. e $\frac{1}{2}$. Ritratto di Paolo 3.º, di . . . . .

Un quadro alto on. 8 e $\frac{1}{2}$, largo on. 6. e $\frac{1}{2}$. Ritratto di puttino vestito di rosso e frappa al collo e goletta, di . . . .

Un quadro alto br. 1. on. 2 e $\frac{1}{2}$, largo br. 1. on. 9. Paese con fontana, vicino alla quale 3 femmine ignude, e Diana che fa cenno ad Ateone che è in lontananza; un'altra figura distesa che si cuopre con lenzuolo et una in piedi vicina ad un arbore che prende la camisa, di Sisto *Badalocchio*.

Un quadro alto br. 1. et $\frac{1}{4}$, largo on. 10. Ritratto di vecchia, con la sinistra tiene una borsa aperta e con la destra li pone monete d'oro, di . . . . .

Un quadro alto br. 1. on. 1., e largo on. 10. e $\frac{1}{2}$. Ritratto di un putto armato con frappa al collo, di Aless.º *Mazzola*.

Un quadro alto on. 8. e $\frac{1}{2}$. largo on. 7. e $\frac{1}{2}$, in tavola. Ritratto di uomo vestito all'antica con berretta nera e piuma bianca in capo con pelliccia e sottoveste dorata, di mano olandese.

Un quadro alto br. 1. on. 3., largo br. 1. on. ½. Ritratto del Sermo Sig. Duca Ranuccio II. che mostra di essere coperto di velo, tutto guasto, di . . . . .

Un quadro alto on. 8., largo on. 5. e ½. Ritratto di donna giovine vestita all'antica di nero con frappa al collo, e gioje. In tavola, di . . . . .

Un quadro alto br. 2. on. 2. e ½, largo br. 1. on. 8 Un ritratto d'uomo vestito all'antica con berretta in capo con piuma bianca et spada al fianco, di . . . . .

Un quadro alto on. 11., largo on. 9., in tavola. Ritratto di uomo vestito di bianco, tiene in capo una berretta bianca da prete, di *Andrea* del Sarto.

Un quadro alto br. 1. on. 3., largo on. 11. e ½. S.ta Maria Maddalena quale sta in ginocchio avanti di un crocifisso, in tavola, di . . . . .

Un quadro alto br. 1. on. 1., largo on. 9. e ½. Ritratto di donna vestita di nero, mezza figura, di . . . . .

Un quadro alto on. 8., largo on. 6. Una testa di Santa con diadema ornato il capo, con perle e gioje vestita di rosso con panno verde, e tiene la mano destra sopra il petto, di Aless.º *Mazzola*.

Un quadro alto on. 4. e ½, largo ou. 3. e ½., in tavola. Ritrattino di putto con panno verdesino attorno al collo, di Ludovico *Carrazza*.

Un quadro alto br. 1. on. ½, largo on. 9. Una Madonna in piedi con le mani giunte che contempla il Bambino, che li sta avanti disteso sopra panno bianco e coscino rosso con tre altre figure, di . . . . .

Un quadro alto br. 2. on. 2., largo br. 2. on. 11. Una mostra di Palio con S. Geminiano a cavallo et arma de' Sermi di Modena, e Comunità di quella, di . . . . .

Un quadro alto br. 2. on. 1. e ½, largo br. 3. Paese con ritratto di cane barbone, di . . . . .

Un quadro alto br. 1. on. 1., largo on. 10. Ritratto di donna vestita all'antica con officio in mano e narciso in capo, di . . . .

Un quadro alto br. 1. on. 4. e ½, largo br. 1. on. 1. e ½. Ritratto di donna nuda con cigno sopra il capo. Si dice Leda, del *Dossi* di Ferrara.

Un quadro alto br. 1. on. 6. e largo br. 1. on. 3. e ½, in tela sopra tavola. Abbozzo con donna, si dice Susanna, con due vecchi, tutto guasto. Si dice del *Mantegna*.

Un quadro alto br. 1. on. 11. e ½, largo br. 1. Una Madonna in piedi con Bambino in braccio in una nicchia, chiaro e scuro, di . . . . .

Un quadro alto br. 1. on. 6., largo br. 1. on. 11. Ritratto di un mostro di Capra Si dice Maehea, di Franco M.ª *Retti*.

Un quadro alto br. 1. on. 1., largo br. 1. on. 3. e ½. Paese con Moisè a sedere, si cava le scarpe; vestito di rosso mirando certo fuoco che è fra li arbori, un cocchio tirato da' cavalli, in lontananza quantità d'animali et altre figurine, del *Civetta*.

Un quadro alto br. 1. on. ½, largo on. 10. Ritratto d'uomo con gran barbisi, vestito di nero, frappa al collo e cappello piccolo in capo, in tavola, di . . . . .

Quattro quadri alti br. 1. on. 10. larghi br. 1. on 5. per ciascheduno. Due Sibille. La Speranza e Temperanza, di . . . .

Un quadro alto br. 5. on. 11, largo br. 4. on. 6. Ritratto in piedi di Madama Serma Margarita Medici vestita da vedova in luogo d'architettura con scrigno sopra di un tavolino, e cane presso di quello, di Franco M.ª *Retti*.

Un quadro alto br. 2. on. 6., largo br. 2 on. 9. Una battaglia navale con diverse figure e galere, del *Baglioni*.

Duoi quadri alti br. 4. on. 8, larghi br. 1. on. 10. e ½ per ciascheduno. Tre puttini per ciascheduno che scherzano con libri, di Leonello *Spada*.

Duoi quadri alti br. 4. on. 9., larghi br. 1. on. 10. Duoi puttini che scherzano con libri, di Leonello *Spada*.

Un quadro alto br. 1. on. 1. e largo on. 11. Ritratto di donna vestita di nero con manto, con la sinistra si cuopre il volto, di . . . . .

Un quadro alto on. 6., largo on. 5., in tavola. Un angelo,

chiaro e oscuro, nel mezzo, alla destra e sinistra due angeli alla roverscia che suonano l'uno l'arpa e l'altro il flauto, di Aless.º *Mazzola*.

Un quadro alto on. 9., largo on. 7. in carta sopra tela. Ritratto d'uomo armato, con barba, di *Tiziano*.

Un quadro alto on. 5., largo on. 3. e ¾. Un Santo Francescano in piedi vicino all'altare con crocefisso e giglio in mano, in tavola, di . . . . .

Un quadro alto on. 5., largo on. 6., in tavola. S.ta M.ª Maddalena prostrata con le mani giunte. Abbozzo del *Correggio*

Un quadro alto on. 6. largo on. 4. e ½, Venere in piedi, Mercurio a sedere et Amorini in piedi, di . . . . .

Un quadro alto on. 3., largo on. 4. e ½., in carta pecora. Duoi retrattini in tondo. Uno del Salvatore, l'altro della Madonna con ornato d'oro macinato, il tutto miniatura, di . . . . .

Un quadro alto on. 6., largo on. 4. e ½. S.ta Caterina a sedere, guasta, con due angiolini che scherzano con palme. Del *Parmegianino*, copia di . . . . .

CAMERA CONTIGUA A QUELLA DOVE SONO LI QUADRI
DA RIPORSI A SUO LUOGO.

Un quadro alto br. 4., largo br. 2. on. 7. Ritratto d'uomo in piedi armato, tiene la destra ad un bastone di comando e la sinistra al pomo della spada, Paese e Città in lontananza, di . . . . .

Un quadro alto br. 4. on. 2., largo br. 1. on. 4. e ¾. Moisè con le tavole chiaro e oscuro, del *Parmegianino*, copia di . . . .

Un quadro alto br. 2. on. 2., e largo br. 1. on. 7 e ½. L'Adoratione de' Magi; del *Cavedoni*.

Un quadro alto br. 1. on. 11. e largo br. 2. on. 7. e ½. Paese a guazzo, di mano fiamenga.

Quattro quadri alti br. 1 on. 10, larghi br. 1. on. 10. per ciascheduno. Quattro Puttini che scherzano con libri, del *Spada*.

NELLA CAMERA
DE' STAFFIERI DELLA SER.ma SIG.ra PRINCIPESSA
MARIA MADDALENA.

Ventiquattro quadri alti b. 1. on. 9., larghi br. 1. on. 5. per
ciascheduno. Dodici Imperatori antichi con le dodici loro
mogli.
Quattordici quadri alti br. 2. on. 4. e $\frac{1}{4}$, larghi br. 1. et
on. 9. e $\frac{1}{4}$. Quattordici Imperatori antichi.
Tre quadri alti br. 1. on. 9., larghi br. 1. on. 5 e $\frac{1}{4}$. Tre
Sibille.

NELLA CAMERA
DOVE LAVORA IL SIG.r FRANCESCO MARIA *RETTI.*

Un quadro alto br. 3. on. 6., largo br. 2. on. 4. e $\frac{1}{4}$. Abbozzo. S. Sebastiano legato con le mani al tergo con 3.
femmine che mostrano di levargli le freccie dal corpo,
di Bartol.º *Schedoni.*
Un quadro alto on. 3 e $\frac{1}{2}$., largo on. 3. et $\frac{1}{4}$., in tavola. Ritratto del *Parmegianino* vestito di nero con berretta nera
in capo, cadente verso l'orecchio destro, del *Parmegianino.*
Un quadro alto on. 6., largo on. 8, in tavola. Lontananza di
mare con navi, montagne, paese e varie figure, del
Civetta.
Un quadro alto on. 3. e $\frac{1}{2}$, largo on. 3. Ritratto di donna giovine, velo bianco che li copre il petto, perle al collo
con giojello et ornato di gioje e perle in capo; in tavola,
di Girolamo *Mazzola.*
Un quadro alto on. 3. e quarti 3. e $\frac{1}{4}$. largo on. 3. e $\frac{1}{4}$. Ritratto di Martino Lutero vestito di nero, mostra la camisa
sopra le spalle, berretta nera in capo con mezza luna,
di *Raffaele* d'Urbino (?).
Un quadro alto on. 5., largo on. 4. e $\frac{1}{2}$. S. Giov. Battista che
predica nel Deserto, una donna avanti a sedere con cap-

20

pello in capo, cesta d'ova al braccio sinistro. Un soldato in piedi vestito all'Alemanna, vari colori et molt'altre figure, di Paolo *Brillo.*

Un quadro alto on. 9. e ¾., largo br. 1. e ¼. d'oncia. Un Baccanario con figura a sedere nuda, con drappo azzurro, appoggia il braccio destro sopra di un sasso, e nella sinistra tiene una tazza, che da altro uomo li viene empita di vino, con un lodrio (1) che tiene in spalla. Due donne ignude coricate in terra et 3 puttini con frasche in mano, di Annibale *Carrazza* (2).

Un quadro alto on. 8., largo on. 6. e ¼. Donna ignuda che dorme distesa sul suolo con panno giallo, viene adorata da un uomo armato, tiene il ginocchio diritto in terra, tiene nella destra una palma e nella sinistra un pastorale, in capo una berretta rossa con ali di Mercurio, et pennacchio. In tavola, di . . . . .

Un quadro alto on. 6., largo on. 9. e ¼. Marte e Venere abbracciati sopra di un letto con sotto lenzuoli, et da piedi drappo rosso, et il zoppo Vulcano che li cuopre con una rete di ferro, et un amoretto che esce di sotto del letto, del *Parmegianino.*

Un quadro alto on. 6 e ¼., largo on. 4. e ¾., in tavola. Una Madonna col Bambino avanti, e S. Giuseppe. Tutto guasto, di *Raffaele*, copia di . . . . .

(1) Otre.
(2) Questo quadro riportato nel Catalogo del Lolli, è da lui attribuito anzichè al *Carracci* ad ignoto autore *de' più ordinari.*

N.º XXV. A. 1683 *circa.*

Giuseppe Maria *Mitelli* bolognese figlio di Agostino celebre pittore di prospettive, fu pittore anch'esso, ma non lasciò memoria di sè che per le carte da lui intagliate nelle quali si mostrò non meno sagace nell'inventare che spiritoso e franco nell'eseguire. Quelle sue composizioni in cui rappresentò i costumi del tempo e i mestieri di Bologna non sono solamente un'opera d'arte, ma sì ancora un documento storico e un insegnamento morale e istruttivo. Se si deve giudicare dalle poche e misurate parole che gli consacra il Zanotti nella sua *Storia dell'Accademia Clementina,* sembra ch'egli non godesse di un gran credito nella sua patria, e senza alcun dubbio i suoi intagli, e in particolar modo quelli che ritraggono usi e costumi del tempo, sono assai più ricercati e pregiati oggi che non fossero in vita del loro autore.

Il *Mitelli,* come s'impara da questo Catalogo, aveva posto insieme una Collezione di quadri ch'egli offeriva, crediamo indarno, al Duca Francesco II, col quale si tenne in buona relazione, come ne può dar saggio la seguente lettera in cui accompagna il dono di una sua carta intagliata.

Ser.ᵐᵃ Altezza

Riportai così benigni gli agradimenti dell'A. V. S. alle mie debbolezze, che tratto questo capriccio in carta (senza esserne fuori altra copia) ardisco farglielo comparire avanti, sperandone quel compatimento che V. A. S. si degna avere a quei servitori che solo aspirano vivere sotto lo stimat.^{mo} suo Patrocinio, fra quali profondamente inchinandola io pure mi dedico

Di V. A. S.

Bologna li 18 sett.^{re} 1690.

Hum.^{mo} dev.^{mo} et oblig.^{mo} servitore
GIUSEPPE M. MITELLI.

NOTA DI DIVERSE PITTURE DI VALENTUOMINI.

Un ritratto di *Paolo* Veronese con un paggio che li dà un elmo, figure del naturale.

Una Madonna di *Guido*, in rame con diverse figure.

Una Madonna dello *stesso* in assa col Bambino, quadretti da galeria o da letto.

Una Madonna del *Tiarini*, piangente mezza figura del naturale.

Un'altra Madonna dell'*istesso* col Christo e S. Giovanni.

Un rame ovato dell'*Albani* con dentro la Vergine ed altri Santi.

Due quadri compagni, del *Mastelletta*.

Una testa d'una donna, di *Paolo* Veronese.

Una Madonna in tela di Benvenuto *Garofalo* con altre figure in piccolo.

Un Christo con una corda al collo mezza figura, d'Annibale *Carracci*.

Un quadro in assa historiato, d'Andrea *Schiavoni*.

Un S. Gioseffo di Flaminio *Torri*, mezza figura al naturale.

Una Madonna col bambino in rame, del *Cavedoni*.

Un Christo nell'horto nell'assa di mastro incognito, ma bellissimo.

Due bassi rilievi di cera di Gio. *Bologna* rapresentanti la passione di Christo.

Molte cosè di diversi mastri incogniti.

Lavandara, del *Bernardi*.

Due battaglie a secco, di Gio. Pietro *Possenti.*

Quattro prospettive a secco, d'Agostino *Mitelli.*

Testa bellissima, del *Tiarini.*

Un rame di Lodovico *Caracci,* Christo nell'horto.

Un rame historiato di Dionisio *Fiamengo* con la Vergine,, Giesù
et altri Santi.

Un S. Domenico col compagno, del *Tiarini,* mezze figure al
naturale.

Quadri tutti conservati e bellissimi.

N.° XXVI A. 1685.

CATALOGO DEI QUADRI
DEL PRINCIPE CESARE IGNAZIO D'ESTE
(*Arch.° Palatino*)

Il Principe Cesare Ignazio, figlio di Borso e d'Ippolita d'Este, ebbe gran parte nel governo del nipote
Francesco II Duca di Modena di cui egli signoreggiava
gli affetti e la volontà. Poco buon uso fece egli di questa sua prerogativa, nè lasciò memoria troppo onorevole
dei fatti suoi; ma portò amore alle arti e protesse gli
artisti non solamente col denaro del nipote ma anche
con qualche cosa del proprio. Accaduta la morte di
Francesco II nel 1694, egli fu bandito dal successore di
lui Cardinale Rinaldo, ma dopo breve tempo rimesso
in grazia gli fu assegnato il governo di Reggio dove
morì ai 28 ottobre 1713. Nel suo ultimo testamento fatto
in Bologna a rogito di Gio Battista Ferrari in data del
12 giugno 1713, costituisce suo erede il Principe Clemente Gio. Federico secondogenito di Rinaldo, cui aveva
già fatto donazione *inter vivos* e che per conseguenza

divenne possessore dei quadri di cui si offre il Catalogo
qui sotto. Ma essendo egli premorto al padre, senzà lasciar successione, i medesimi si unirono agli altri di
Casa d'Este.

Adì 16 Giugno 1685.

QUADRI CHE SI RITROVANO NEL PARTIMENTO
DEL SER.^{mo} Sr PRINCIPE CESARE, DA BASSO NELLA PRIMA CAMERA
CONTIGUA AL TORRONE.

Un Trionfo di Salomone con sonatori et una statuina, pittura
de' *Dossi* di Ferrara, largo circa b. 5. ½, et alto circa b. 2.
on. 8 con cornice dorata et intagliata.

Un S. Sebastiano in piedi legato nella colonna, di Lodovico
Carracci con cornice simile alla suddetta, d'altezza circa
b. 4., e di larghezza b. 3.

Un Ritratto di un Pittore, dicono essere del *Correggio*, con
cornice simile, alto b. 1. ½, largo b. 1. on 4.

Un Ritratto di un uomo di simil grandezza con cornice compagna, di mano di Lodovico *Carracci*.

Un Ritratto di un altro uomo di simil grandezza, e cornice, di
mano di Monsù *Velasco*.

Altro Ritratto di un uomo con una berretta in testa sbattimen-
tato a mezza faccia di grandezza, e cornice simile al sud.^o,
di mano di *Giorgione* da Castelfranco.

La cena quando Cristo ritrovò li Discepoli pellegrini, copia
cavata da *Paolo* Veronese di mano di Francesco *Stringa*,
di larghezza b. 4 circa, di altezza b. 3 circa con cornice
dorata e simile alle sudette.

Ritratto di una suora, figura in piedi, con un cagnolino al
piede, di mano di *Vandic*, con cornice dorata liscia alta
b. 5. circa e larga b. 3.

Ritratto di una Donna vestita di bianco con ventarola in
mano, di mano di *Tiziano*, con cornice larga on. 4. buone
dorata, di altezza b. 2. ½, e di larghezza b. 2. on. 4 circa.

Ritratto della medesima vestita da Vedova, di mano del sud.º, con cornice compagna della sud.ª, e della stessa grandezza.

Ritratto di Monsù *Valasco*, con cornice a cordone dorata, qual figura ha le mani solo abbozzate, di altezza b. 2. ½. e larghezza b. 1. on. 10. circa.

Ritratto di *Paolo* Veronese, di una Donna con ventaglio di piuma in mano con cornice larga, mezza liscia, e mezza intagliata, dorata, di altezza b. 3., e di larghezza b. 2. ½. circa.

Cenacolo di Christo con gli Apostoli, di mano del *Palma* vecchio, con cornice dorata fatta a cordone, di longhezza b. 2. on. 8. e di altezza b. 2. on. 10. circa.

Una Madonna col bambino nudo in piedi, con una testa di un santo dietro di quella, di mano dicono del *Francia*, con sua cornice a cordone dorata, alta poco più di un braccio, e larga on. 10. circa.

Un San Giorgio di mano del *Schedone* con cornice simile alla sudetta, quadro poco più largo del sud.º e quasi della stessa altezza.

Una testa di morto sopra un libro, con un orologio da polvere, e boccetta di fiori, con cornice a cordone dorata, di mano del *Cavedoni*, alta on. 8, e larga un braccio circa.

Una testa di un Soldato con goletta, picciolo, con cornice di altezza on. 11., e di larghezza on. 9., dorata, di mano dicono dello.....

Ritratto del Conte Duca di mano di Monsù *Valasco*, con cornice ordinaria dorata, di altezza b. 2. ¼ circa, e di larghezza b. 2. circa.

Duoi Quadri simili di grandezza e di cornici, larghi b. 2. on. 4. circa et alti b. 2 circa, di mano di Benvenuto da *Garofalo*, uno dei quali ha la storia de' Dei Giove, Mercurio, Ercole e varie Dee, e fiumi, e l'altro ha la Bugia, e la Verità davanti al Re Mida.

Quadretto di una mezza figura di una Donna, che rappresenta la vita, e la morte, coronata di rose, di mano del Cavaliere *Liberi*, con cornice a cordoni simili alle sudette, di altezza b. 1. on. 10., e di larghezza un braccio e mezzo.

Ritratto di un Medico di mano del *Correggio*, con cornice a cordoni dorata, alta b. 2. e larga b. 1. on. 7. circa.

Una mezza figura che si scopre il petto con ambedue le mani, di Monsù *Giusti*, con cornice ordinaria dorata, con piccioli riparti, di altezza b. 2. on. 4. e di larghezza b. 1. on. 10. circa.

Un Quadretto picciolo con fiori e biscia, et altri animali sopra un specchio, con cornicetta dorata con un friso nero nel mezzo, alto on. 9. circa, e largo on. 7 circa, di mano del *Carandini* (1).

Quadretto con Rospo, Biscie, et una Parpaglia di miniatura con cornice ordinaria dorata, di mano del sud.° *Carandini*, di longhezza on. 9. e di altezza on. 8 circa.

Ritratto di un Pontefice, dicono di mano di Paolo *Veronese* con cornice intagliata dorata, alto b. 4. circa e largo b. 2. on. 10. circa.

Ritratto di un uomo armato con lattuca al collo che tiene una mano sopra di un elmo, e nell'altra la spada, cinto con fascia rossa, di mano di Santo *Peranda*, della grandezza come il sud.° e di cornice simile al medemo.

Ritratto del Duca Ercole armato, di mano de' *Dossi* di Ferrara, con cornice larga, dorata, alta br. 2 ½ circa e di larghezza br. 2. on. 4 circa.

Ritratto di un uomo con berretta, e collana al collo, dicono di mano de' *Dossi* con cornice simile alla sudetta nel lavoro e grandezza.

Ritratto di una donna, che tiene in mano una manizza, e sta appoggiata con l'altra mano al tavolino, di mano di Paolo *Veronese*, con cornice larga intagliata e dorata, di altezza br. 4 circa, e larga br. 2. ½ circa.

Ritratto di *Giorgione* da Castelfranco di un uomo col braccio al fianco con li guanti in mano e l'altra mano appoggiata al tavolino, con cornice dorata ordinaria alto br. 2. ½ circa, e di larghezza br. 2. on. 4. circa.

(1) Forse un pittore *dilettante* della famiglia Carandini di Modena.

Sposalizio di S. Catterina con la Madonna e il Bambino di mano del *Guercino* da Cento con cornice larga dorata, e intagliata, alta br. 3. ½. circa e larga br. 4. circa.

Ritratto di uno che tiene un libro in mano, et una berretta in testa, e nell'altra mano ha i guanti, di mano dicono del *Correggio*, con cornice larga intagliata e dorata, di larghezza br. 2. circa e di altezza br. 2. ½. circa.

Quadretto nell'ascia con varie figure che bevono, mangiano, e cantano, e con puttini di mano di *Olben* Fiammengo, con cornice a cordoni dorata, alto br. 1. ½. circa, e largo br. 2. ½. circa.

Ritratto di un uomo, che suona un liuto, di mano di Lodovico *Carracci* con cornice larga dorata, di larghezza br. 2. circa, e di altezza br. 2. ½. circa.

Duoi quadretti compagni, con sopra varii animali, funghi, et altro, con cornicetta picciola dorata ordinaria, lunghi ciascuno br. 1. on. 3. et alti on. 9. ½.

Una Conceptione di mano del *Scarscellino* di Ferrara con cornice intagliata e dorata, che sta in una cassetta con fascietta attorno intagliata, e dorata: quel quadro ha davanti a sè un cristallo.

NELLA SECONDA CAMERA.

Quadro di Guido *Reni*, con la Madonna e il Bambino, S. Crespino e Crespiniano, e suoi Angioletti, e S. Paolo primo Eremita, con cornice attorno a festoni dorata, di altezza br. 7. ½. circa, e di larghezza br. 4. on. 10. circa.

Ritratto di un vecchio calvo, di mano di Fra *Sebastiano* del Piombo, con cornice a festoni dorata, alta br. 1. on. 4. circa e di larghezza un braccio circa.

Quadretto picciolo copia del S. Giovanni nella tavola del *Correggio* di S. Pietro Martire, che contiene la sola testa del d.º S. Giovanni, dicono sia dello *Schedone*, con cornice a festoni, dorata, alta un braccio e larga on. 10 circa.

Testa di un puttino picciolo, dicono del *Parmigiano*, con cornice compagna delle sud.e larga on. 7. ½. et alta on. 8. ¼. circa.

Cristo in Croce, dicono del *Guercino*, con cornice a festoni dorata, di altezza on. 11. circa, e di larghezza on. 6. ½. circa.

Ritratto di un uomo col faccioletto al collo con . . . . di mano del *Malombra*, con cornice simile alle sud.e dorata, quadro perfetto di un braccio.

Quadretto che rappresenta Cristo che dà le chiavi a S. Pietro, con altre figure, di mano del *Scarsellino* con cornice compagna delle sud.e, alta un braccio e larga on. 10. circa.

Quadretto più picciolo col Ritratto di Lavinia *Fontana* fatto di sua mano, con cornice simile alle sud.e, alta on. 11. ½., larga on. 9.

Testa in grande di un vecchio, dicono di Lodovico *Caraccio* con cornice compagna delle sud.e alta br. 3. on. 2., larga on. 11.

Ritratto di uno, che ha un libro in mano, con un'armetta nel campo, di un Pittore moderno, con cornice compagna delle sud.e alta br. 1. ½. circa, larga br. 2. on. 3.

Ritratto di un putto, che tiene cerase in mano, di Annibal *Carraccia* con leuto sopra un tavolino, con cornice simile alle sudette, alta br. 1. ¾. circa, larga br. 1. on. 3. circa.

Un schizzetto del *Correggio* della Vergine, et il Bambino, con cornice a festoni dorata, alta on. 15. circa, larga on. 12.

Testa che guarda in sù, del *Cavedone*, con cornicetta ordinaria, dorata, di altezza on. 12., e di larghezza on. 10.

Una Madonna di Ercole *Abbati* con la Vergine, Bambino, e S. Giovanni, con cornice a festoni dorata alta on. 18, larga on. 14. circa.

Una Madonna piccola sul rame, con la Vergine, il Bambino, e S Chiara, del *Schedone*, con cornice larga dorata, larga on. 10., alta on. 12.

Quadretto sul rame di una Galatea dell'*Albano* con cornice piana granita, dorata, alta on. 12., larga on. 14. circa.

Miracolo di Cristo, di mano di Camillo *Procaccino*, con cornice ben ordinaria alta on. 15., larga on. 18. — e detto miracolo è quello del Cieconato.

Duoi Ritratti di Annibale *Caraccia*, uno di una vecchia, e l'altro di un vecchio, con cornice piana con festoncini attorno, dorata, di altezza on. 16., larghezza on. 14. circa. ciascuno di essi.

Duoi Quadri bislonghi, dicono del *Scarsellino*, in uno de' quali è il battesimo di S. Giovanni con altre figure, e l'altro è il martirio di S. Stefano, con cornice liscia con piccoli festoncini attorno dorata, d'altezza on. 19., e larghezza on. 11. ciascuna, in circa.

Una Madonna col Bambino del *Schedoni*, con cornice a festoni dorata, alta on. 13., larga on. 11. circa.

Una testa del *Schedoni* che tiene una mano in seno con cornice come sopra, di altezza on. 11., larghezza on. 8. circa.

La Vergine, il Bambino, S. Gioseffo, e altri santi di Benvenuto da *Garofoli*, con cornice a festoni dorata, alta on. 14., larga on. 19., circa.

Quadretto della grandezza del sud.º che viene dalla Scuola di *Raffaello*, con la risuretione di Lazaro, con cornice simile alla sudetta.

Un quadretto con un Salvatore legato, che viene dalla Scuola di *Raffaello*, con cornice larga dorata ordinaria, alta on. 18. larga on. 16. circa.

Una testa di un vecchio che ha in mano un calice con un serpe, del *Guercino* da Cento, con cornice a festoni dorata alta on. 18., larga on. 16. circa.

La notte del *Correggio*, copia fatta da Franco *Stringa*, con cornice dorata a festoni, alta br. 5. on. 4. circa, e larga br. 4. on. 3. circa.

Una Vergine col Bambino del *Schedone*, con cornice a festoni, dorata, alta on. 12, larga on. 10. circa.

Un Ovato con la Vergine, Bambino, S. Giovanni e S. Gioseffo, di mano de' *Dossi*, con cornice a festoni dorata alta on. 15., larga on. 12. circa ovata.

Una Vergine col Bambino, S. Giovanni, e S. Giuseppe del

Schedoni, con cornice compagna della sud.ª ma quadra alta on. 16. larga on 13. ½.

Un S. Girolamo col sasso in mano sul petto, di Pittore moderno, con cornice dorata mezza liscia, e mezza intagliata, alta on. 13., larga on. 9. circa.

Un S. Giovanni del *Guercino*, con cornice dorata, fatta a festoni, alta on. 11. ½., larga on. 12. ½. circa.

Una testa di un S. Giovanni giovine con pelliccia, dicono del *Schedone*, con cornice simile alla sud.ª alta on. 14., larga on. 11. circa.

Duoi Quadri compagni, uno de quali rappresenta la Vergine e l'altro un Salvatore, giovine dicono del *Francia* con la cornice mezza liscia, e granita, e filetti intagliati a cordoncino, alto on. 18. circa, largo on. 16. circa ciascheduno di essi.

Un S. Antonio col Bambino in tondo del *Correggio*, con cornice quadra a festoni, alta on. 9., e larga on. 9. dorata.

Un ovato, che rappresenta il Salvatore, che predica a gli Apostoli di mano di Benvenuto da *Garofali*, con cornice a festoni alta on. 17. e larga on. 13. dorata.

Una Madonna dicono del *Schedone*, col Bambino e S. Gioseffo, con cornice a festoni dorata di altezza on. 16., e larga on. 13. ½.

Una Madonna col Bambino, S. Gioseffo, e S. Giovanni, di mano di Flaminio *Torri*, con cornice larga parte liscia, e parte intagliata alta br. 3. on. 4., larga br. 2. ½. incirca.

Due quadri compagni, del *Guercino*, l'uno S. Pietro e l'altro S. Paolo con cornici ordinarie dorate liscie con un poco d'intaglio, alte br. 1. on. 10., larghe br. 1. on. 7. ciascuna.

Una Vergine col Bambino, S. Catterina, e S. Bernardino et un Vescovo con mitra in testa, di Benvenuto da *Garofalo*, con cornice a festoni dorata, alta on. 18. e larga br. 2.

Un'Assunta della Vergine con Angeli sul rame dicono del *Lanfranchi*, con cornice a cordoni dorata alta on. 16., larga on. 12. ½.

Una S. Maria Madalena con Angeli, del *Schedoni*, con cornice a festoni dorata alta on. 14., larga on. 12. ½.

Una Vergine col Bambino, S. Giovanni e S. Giuseppe, del *Schedoni*, con cornice simile alla sud.ᵃ, alta on. 14. ½., e larga on. 18.

Una Venere con duoi Amoretti, de' *Dossi*, con cornice larga dorata, di buon rilievo, alta br. 3., e di larghezza br. 3. ½. circa.

Cristo al pozzo con la Samaritana di Benvenuto da *Garofali* con cornice a festoni dorata alta br. 2. on. 4., larga br. 1. on. 8 circa.

La Ruffiana del *Schedoni* con la sua morosa di mano del med.ᵐᵒ *Schedoni*, con cornice larga intagliata e traforata dorata, alta on. 26., larga on. 20.

Una Pietà con le tre Marie, e S. Giovanni con tre Angioletti, di Annibal *Caraccia*, larga br. 3. ½. alta br. 6. circa, la cornice fatta a festoni, dorata.

Nella 3.ᵃ Stanza.

Un quadro con figura in piedi vestita di bianco con svolazzo in testa rosso, che rappresenta la Fede, dicono di *Guido*, con cornice intagliata, con quattro riparti su li cartoni, dorata, alta br. 6. circa, e larga 4.

Un Oratorino di ebano nel quale è una Pietà dipinta a guazzo nel piano; e ne sportelli, in uno S. Cecilia, e nell'altro il Re David, al di dentro et al fuori sopra detti sportelli l'Angelo Michele, e l'Angelo Custode, alto on. 10., largo on. 7 ½. di Annibale *Caraccia*.

Un sei faccie di rame con sopra dipinta la Fuga in Egitto, di Lodovico *Caraccia* con cornice d'argento cisellata con riporti sugli angoli, e l'attaccatore sopra la testa di un Cherubino d'argento, largo on. 7. ½., alto on. 8. ½.

Un Cristo in Croce con la Madalena, a piè la croce agonizzante, di Guido *Reni*, con cornicetta ovata a . . . . . dorata, alta on. 13. ½. e larga on. 10. ½.

Due ritratti in piedi, uno della Regina d'Inghilterra putta, e l'altro del S.ʳ Duca putto, con cornice larga dorata alta

348

br. 4. ¼. e larga br. 3. circa, ciascuna d' esse compagne,
del *Baciccia.*

Ritratto del Ser.ᵐᵒ S. Duca Francesco Secondo, di Francesco
Stringa, con cornice intagliata, e traforata, con fogliami,
et aquile dorata, di larghezza br. 2. on. 4. et altezza br. 2.
on.10. circa, con quattro fiochi d'argento con suoi cordoni.

Sei Ritratti con le sue cornici compagne, uno de' quali rappresenta il Duca Francesco primo; un altro la Duchessa
Maria; un altro il Duca Alfonso secondo, un altro la Principessa Isabella finta Flora, un altro il Cardinale Rinaldo,
e l'altro il Principe Almerico, con cornice larga, intagliata, e dorata, larga br. 2. on. 5., e br. 3. di altezza
in circa di Monsù *Giusti* (*Suttermann*).

Ritratto della Principessa Isabella vestita alla moda con testa
e mani di Monsù *Giusti*, e l'abito di Monsù Giovanni
Vanghelder, con cornice larga intagliata, dorata, di altezza
e larghezza compagna di quelle delli sud.ⁱ sei ritratti.

Ritratto della Ser.ᵐᵃ Duchessa Laura di mano di Agostino
Stringa, con cornice larga dorata della sudetta grandezza.

NELL' ANTICAMERA.

Un Ritratto del Serᵐᵒ S.ʳ Duca a cavallo di mano di Monsù
Giovanni largo br. 4. on. 7. di altezza a proportione senza
cornice.

Un Ritratto di una Principessa Romana con cornice dorata
con poco d'intaglio, granita nel mezzo, larga on. 18. alta
on. 24 circa.

Un Paese de'*Dossi*, con l'istoria della lotta che fece sul ponte
Rodomonte et Orlando, con cornice intagliata e dorata
larga br. 4. ½., alta br. 3. on. 8. circa.

Ritratto del Serᵐᵒ S.ʳ Duca con cornice friso rosso e cornice
dorata intagliata, larga br. 2. on. 9. circa, alto br. 3.
on. 8. circa.

Ritratto del Serᵐᵒ S.ʳ Principe Cesare non finito con cornice
intagliata e dorata alta br. 2. on. 10., larga br. 2. on. 7.

Un S. Girolamo che sta mirando un Cristo appoggiato ad un tavolino, figura al naturale con varie figure picciole che ballano, di maniera alla romana largo br. 5. ½., alto br. 4. ½. circa.

Un quadro di frutti di *Michelangelo* di Roma (Cerquozzi?) cioè uva bianca e nera con un melone, e una rama di fioroni con cornice mezza dorata, e un friso in mezzo nero, di altezza on. 27. e di larghezza on. 24.

NELLA CAPPELLINA.

Una Vergine col Bambino e S. Catterina di mano del *Pordenone*, con cornice dorata ordinaria antica larga br. 2. on. 10., alta br. 2. on. 3.

Una copia della Madonna della scodella di Parma con cornice intagliata, dorata, larga br. 2. on. 1., alta br. 2. on. 4. circa.

Una Madonna con le mani giunte, con pannicello bianco in testa sbattimentata con cornice dorata, e granita, antica, larga br. 1. on. 8., alta br. 1. on. 11. di un Pittore fiorentino.

NEL CAMERINO CONTIGUO ALLA SCALETTA.

Sei quadri di fiori di mano del *Fiorentino* (1) con cornici finte a stucco grandi larghe, et intagliate alte br. 4. circa, larghe br. 3. on. 3. con cornicetta vicino al quadro intagliata e dorata compagne.

Uno con un coniglio, e papagallo sopra di un bacile.

Uno con un cane, parpaglione, e papagallo.

(1) Domenico *Bellini* che visse parecchi anni e operò nella Corte degli Estensi.

Uno con un bacile bronzino, e papaveri.

Uno con una caduta d'acqua, uccelletto, e papagallo in terra.

Uno con un vaso turchino finto a lapis lazuli con serenza (sic).

E l'altro con un vaso turchino sopra sasso con acqua sotto.

Sei quadretti di fiori senza cornice di mano dell'*Ascani* con righetto di legno attorno.

Nel Camerino della Fontana.

Un Quadro di grandezza, e cornice come li sei primi sudetti, con un vasaccio rovesciato, et un cane che salta sopra di un tappeto.

Nel Camerino di dietro alla Cappellina.

Quattro quadri compagni con cornice finta a stucchi di fogliacce isolate, e sopra un festoncino dorato largo on. 27. alto on. 34. circa, del *Fiorentino* sud.º

Uno con fiori in un vaso sopra un sasso nell'acqua e gli altri tre della stessa forma.

Nel Camerino al fianco della Cappellina.

Duoi quadri bislonghi compagni con cornice finte a stucco fogliamato con festoncino attorno dorato larghe on. 27, alte on. 37. circa.

Uno con peonie, e duoi conigli uno bianco e l'altro cavilino, e l'altro con fiori, duoi conigli, e duoi porcellini d'India, e foglie d'oro, dello stesso *Fiorentino*.

Una Madonnina di Reggio di pittura ordinaria di altezza on. 9. e larga on. 8., la cornice intagliata e dorata.

Ne' Camerini — Quadri in terra.

Una Vergine col Bambino, S. Giuseppe, e S. Francesco del *Schedone*, senza cornice, larga on. 16. ½., alta on. 19.

Un S. Eustachio, dicono di *Caracci*, senza cornice, alto on. 22. ½, largo on. 18 circa.

Un Viaggio in Egitto della Madonna, in paese, ovato senza cornice, del *Mastelletta*, largo b. 2. on. 4. ½, alto b. 2.

Una testa con berretta rossa sopra l'ascia con righetti attorno bianchi, dicono del *Tintoretto*, alto on. 7. ½, largo on. 5. senza cornice.

Una testa con berretta in carta incolata sopra l'ascia, dicono di *Giorgione*, alta on. 10, larga on. 6. ½. senza cornice.

Un Ritratto di un Vecchio con barba biforcuta, che ha una mano sopra un libro, dicono del *Parmigiano*, senza cornice alto on. 7., largo on 5. ½.

QUADRI IN TERRA NELLA GALLERIA DE' CAMERINI.

Marito, e moglie; la moglie con due boccie versando l'acqua di una boccia nell'altra, dicono di mano di fra *Sebastiano* del Piombo, con cornice dorata, fatta a festoni alta b. 1. on. 11. ½, larga on. 19. ½.

Copia de' *Dossi* di un S. Giorgio di autor moderno con cornice attorno simile alla sudetta, alta on. 25. e larga on. 31.

Ritratto del *Correggio* dicono esser il suo medico, con cornice dorata a festoni, e detta pittura è su l'ascia, alto on. 26., largo on. 19. ¼.

Historia di Re con corona deposta in terra con varie figure, di un pittore moderno di Roma, con cornice a torno a festoni, dorata, alto on. 26., largo on. 35.

Una Madalena del *Guercino* con libro in mano e un Crocifisso, che viene attentamente guardato dalla Santa, con cornice larga e liscia contornata d'intaglio, e dorata, alta b. 2. on. 10., larga on. 30.

Ritratto di un vecchio con berretta in testa con un pugnale in mano, e guanto, di un finimento inarrivabile, che fu donato dal march. Massimiliano Montecuccoli al S. Duca, con cornice a festoni dorata, alto on. 27., largo on. 23.

Duoi quadri del *Schedoni* compagni di grandezza con cornice larga maiuscola, intagliata, e dorata con frisi e rapporti, alto on. 25., largo on. 21 ciascuno. In uno la Vergine col Bambino, S. Giuseppe, che legge con l'Angelo appresso. Nell'altro la Vergine, e il Bambino che tiene una Croce e S. Giovannino che fa cenno col dito.

Una Madonna sostenuta da un Angelo, e S. Giovanni che piange, con parte di Croce; di Cristo non si veggono che li piedi, di Flaminio *Torri*, con cornice dorata fatta a festoni, alta on. 37., larga on. 31.

Un quadro fatto a paese con sopra un fagiano al naturale, pernici, e uccelletti, di mano de' *Dossi*, con cornice larga intagliata, e dorata alta on. 37 e larga 41.

Un quadro di S. Andrea che tiene alle mani un libro e un pesce, di mano di Michelangelo *Cercocci* (*Cerquozzi*) romano, con cornice intagliata a festoni, dorata, alta on. 38., larga on. 28.

Un Ritratto della Regina d'Inghilterra, copia fatta da Francesco *Stringa*, con cornice dorata, alta on. 36., larga on. 30.

Un quadro di Angelica e Medoro di mano di Sisto *Badalocci* con cornice a festoni dorata, alta on. 30., larga on. 39.

Un S. Cristofaro dipinto sul specchio, delle prime opere del *Stringa* con cornice nera attorno, e riporto di stucco e foglia d'argento, mal andato con suo attaccatore, alto on. 9. $\frac{1}{2}$., largo on. 8. $\frac{1}{2}$.

Un quadretto senza cornice schizzo di *Michelangelo* dalle Baronate con uno che fa la barba, e con atti baroneschi, di altezza on. 9., largo on. 11.

Una Vergine a sedere col Bambino, di ricamo senza cornice alta on. 7. $\frac{1}{2}$., larga on. 4. $\frac{1}{2}$.

ALTRI QUADRI STACCATI CHE SI RITROVANO SOPRA LE RIMESSE DELLE CARROZZE NOBILI.

Dodici pezzi di quadri a paese di mano de'*Dossi* con cornice liscia dorata antica, alta on. 22., larga on. 29. $\frac{1}{2}$. ciascuna di esse.

Quattro paesi di mano de' *Dossi* senza cornice, alti on. 31., larghi 47. tre di essi, e l'altro alto on. 31., largo 42. on.

Una paese di mano di un fiamengo dove è un ballo di molte figure in picciolo, senza cornice, alto on. 31., largo on. 46.

Un paese de' *Dossi* con un uomo vestito a nero sopra di una mula senza cornice, alto on. 20., largo on. 28.

Un paese de' *Dossi* con una folga, (sic) e un melone tagliato sopra di un piatto con cornice oro e rossa, alto on. 22 ½., largo on. 30.

Un paese del viaggio della Madonna in Egitto con un mulo bianco da acqua, e un uomo, o sia S. Giuseppe, di Paolo *Brillo*, senza cornice di altezza on. 23., largo on. 29. ½.

Un paese, ov'è la fucina di Vulcano, e un fulmine, con cornice dorata ordinaria, alta on. 23., larga on. 29.

Due altri quadri compagni, uno con cornice dorata simile alla suddetta, con figura di una donna che dorme, con la creazione della donna fatta di Adamo, e l'altro con una pesca con Nettuno in conchiglia con cornice simile, alta ciascheduna on. 22. ½., larghi 28. ½. di pittore moderno ambeduoi.

Due paesi di pittore moderno, uno con un asino che beve ad un ricettacolo d'acqua, e l'altro coperto di neve, con cornicetta dorata ordinaria liscia, alta on. 25., larga on. 33. ciascuna.

Un paese con varie figure con l'Iride, e molini da vento, e pioggia, di pittore moderno, con cornicetta dorata alta on. 23., larga on. 28. ½.

Un altro quadro del Battesimo di S. Giovanni che battezza fanciulli di mano di Sisto *Badalocci*, con cornicetta ordinaria dorata, alta on. 24., larga 28. ½.

Un paese con alcune figure convertite in pioppe di pittore moderno con cornicetta dorata liscia antica, alta on. 25., larga 33.

Un Paese con la Piramide d'Egitto con gulie e quantità di figure di pittore moderno con cornice nera grafita d'oro alta on. 24., larga 31.

Due paesi compagni di grandezza con cornice dorata, vecchia

alta on. 23., larga 39. — Uno dei quali ha l'Inverno ove
sono figure che sdrucciolano sopra l'acqua e l'altro,
quantità di figure che ballanó, e botteghe.

Una Venere, con un Amore che piscia, copia del *Tiziano* senza
cornice, alto on. 22., largo 29.

Una Madonna di Reggio di Ercole *Abbati* con varii Angeli,
con cornice antica oro e fogliami di argento, alta on. 40.,
larga 30.

Un quadro con animali marittimi di mano di un flamingo, con
cornice nera, e filetti d'oro, alta on. 29.. larga on. 36.

Una Caricatura di Paolino Nano vestita alla tedesca con un
cane, e un babuino di Monsù Giov: *Vanghelder*, con cornice nera, e filetti d'oro alta on. 30., larga on. 24.

Una Lucretia Romana di Lodovico *Lana* senza cornice, alta
on. 40., larga 30.

Un paese che finge un Arsenale, con galere, e varie figure, di
pittor moderno, senza cornice alto on. 17., largo 22. ¼.

Un paese a prospettive di pittor inferiore con barche e galere, e varie figure senza cornice, alto on. 17., largo on. 23.

Un paese di Monsù *Giovanni* con una croce, e un'urna senza
cornice, alto on. 17., largo on. 20.

Un quadro con testa di cinghiale, con lepre, navoni, e selleri
e varii animali di Bernardo *Cervi*, con cornice nera e
filetti d'oro, alta on. 22., larga on. 28.

Un paese con la trovata di Mosè nel fiume con varie figure
di Sisto *Badalocci*, con cornice verde, e oro antica, alta
on. 35, larga on. 47. ½.

Una questione di due cani e un gatto, con cornice nera e
oro antica, con una stagnata, e zampe di vitello alta
on. 35., larga 48.

Due paesi con quantità di figure, uno con un'osteria e case,
e l'altro con un ponte, di pittore moderno, con sue cornice
di pioppa schietta alte on. 34. ½., larghe 39. ½. ciascuna
d'esse.

Quadro che finge una fucina con varie donne e altre figure,
che significano il ricco Epulone con cornice schietta di

pioppa, di altezza on. 34., larghezza 42. ¼. dicono sia del *Bassano*.

Paese con varii dirupi di Architettura con un deposito, di pittore incognito, senza cornice, alto on. 18., largo 25.

Una Madalena con un braccio appoggiato ad una croce, quadro ordinarissimo senza cornice, alto on. 23., largo on. 17.

Una Prospettiva, che finge portico con un vascello, senza cornice, di pittore ordinarissimo, alto on. 16. ½., largo on. 22. ½.

Una Madalena con le mani incrociate sopra una testa di morto, dicono di *Caracci*, senza cornice alto on. 26., largo on. 20.

Una Madonna col Bambino in piedi dicono del *Guercino* senza cornice, alta on. 27., larga 22.

Un quadro con varii uccelli da acqua e cardelini con cornice nera e oro, alta on. 27., larga on. 34.

Ritratto della Principessa Anna Beatrice d'Este di Monsù *Giusto*, senza cornice, alto on. 24., largo on. 19.

Ritratto di una della casa d'Este con berretta rossa in testa e abito bianco, de' *Dossi*, senza cornice, alto on. 20., largo on. 16. ¼.

Ritratto della Duchessa Vittoria di mano di Monsù *Giusto* con l'abito guarnito di perle senza cornice, alto on. 23. ¼., largo on. 19. ¼.

Ritratto della Duchessa Laura, di *Baciccia* senza cornice, alto on. 27., largo on. 22.

Ritratto del Re di Francia di mano del *Stringa* con trofei intorno a chiaro e scuro, senza cornice, alto on. 26. ½., largo on. 20 ¼.

Ritratto del Delfino di un pittor moderno francese con cornice larga dorata, e intagliata alta on. 27. ¼., larga 25.

Paese con montagne, et un S. Francesco piccolo senza cornice di pittor moderno, alto on. 17., largo on. 22. ½.

Paese di *Michelangelo* di Roma con l'istoria di Alessandro con varie figure, et varii animali, con cornice oro e nero, alta on. 29., larga 87.

Battaglia di *Michelangelo* di Roma, con cornice oro e nera finta a marmo, alta on. 27., larga 36.

Due Ovati con cornice dorata e nera perfilata, di mano del *Guercino*, alti on. 32., larghi on. 27 ciascuno, uno de'quali ha due soldati con piume bianche, e l'altro due donne armate.

Quadri sette, dicono del *Bassano*, senza cornice, alti on. 21. ½., larghi on. 31. ciascuno, fingono cucine.

Un quadro con macillaro e cuciniere, dicono del *Bassano*, senza cornice, alto on. 28., largo 33. ½.

Quadro con pergolate e frutti, di varie persone a tavola, dicono del *Bassano*, senza cornice, alto on. 22., largo on. 38 ½.

Cristo che ora nell'orto, del *Bassano*, senza cornice alto on. 22., largo 27.

Un quadro del *Bassano* ove è quando l'Angelo annonliò il Pastore, senza cornice, alto on. 18. ½ , largo 26. ½.

Un quadro del *Bassano* con un pollaro, con gallo e gallina che si danno, senza cornice alto on. 23. largo 27.

Galli, capponi, tocchi, barbagianni, dicono del *Bassano*, senza cornice, di altezza on. 20. ½., largo on. 28. ½.

Quadro del *Bassano* con l'arca di Noè, e varie figure, che imballano robe e fuggono, senza cornice alto on. 22., largo on. 30. ½.

Quadro dicono del *Bassano* con una donna a cavallo, e varie figure, senza cornice, alto on. 20., largo on. 27. ½.

Quadro dicono del *Bassano* con varie figure, quando Noè fabrica l'Arca, senza cornice alto on. 20., largo 28. ½.

Quadro dicono del *Bassano* con gli animali che entrano nell'Arca, senza cornice alto on. 22. ½., largo 30.

Una S. Maria Madalena con le mani incrociate e testa di morto, senza cornice, dicono di Lodovico *Caracci*, alto on. 31. ½., largo on. 25.

Otto pezzi di paese di mano del S.r *Michele* pittore mantovano (1) fatti in Modena in Casa di Scachetto falegname, composti di maritime, monti, fiumi e boscaglie, senza cornici, alti on. 25. ½., larghi on. 35 ciascuno di essi.

(1) Non ci è riescito di trovar ricordo di questo artefice.

Sei paesi di un pittore Fiamengo fatti in Casa di Monsù Giov. *Vanghelder*, composti come sopra alti on. 21. $\frac{1}{2}$., larghi on. 24. $\frac{1}{2}$ ciascuno di essi.

Quattro quadri compagni di corone di fiori senza figure nel mezzo della *Caffi* di Milano e senza cornici alti on. 31. $\frac{1}{2}$., larghi on. 23.

Una conversione di S. Paolo, che si portò da Reggio di Casa del Gilioli con cornicetta intorno piccola antica dorata alta on. 25. $\frac{1}{2}$., larga on. 33 $\frac{1}{2}$

Due Battaglie di Antonio *Calza* veronese, che portò il Serᵐᵒ S.ʳ Principe Cesare da Bologna, senza cornice con righetto di legno, alti on. 14. $\frac{1}{2}$., larghi on. 20. ciascuno.

Due Battaglie del sud.° *Calza* piccole, con righetto di legno intorno, alte on. 4.$\frac{3}{4}$., larghe on. 11. $\frac{1}{2}$.

Due Battaglie che portò di Roma il S. Camillo Torri di pittore moderno senza cornice di altezza on. 17., larghe on. 31 $\frac{1}{2}$., ciascuna.

Ritratto di un Vecchio, senza telaro, e cornice, di buona mano, alto on. 17., largo 14.

Ritratto del Serᵐᵒ S.ʳ Duca di mano del P. *Galletti* Teatino senza cornice, alto on. 22., largo on. 17. $\frac{1}{2}$.

Ritratto dell'Altezza sud:ᵃ di Monsù Giov: *Vanghelder* senza cornice alto on. 20. $\frac{1}{2}$., largo on. 16.

Due Ritratti, uno del Re cristianissimo, e l'altro di un Principe giovine, di pittore ordinario, alti on. 17., larghi 14. ciascuno.

Un Ritratto del Serᵐᵒ S.ʳ Principe Cesare di mano di Monsù *Cascar* senza cornice, alto on. 17., largo 15.

Tre ritratti del Serᵐᵒ S.ʳ Principe Cesare copiati da Monsù ·*Cascar* senza cornice, alti on. 17., larghi 14. ciascuno.

Ritratto del Serᵐᵒ S.ʳ Duca mal fatto senza cornice alto on. 15., largo on. 13. $\frac{1}{2}$.

Ritratto del Serᵐᵒ S.ʳ Principe Cesare mal fatto, senza cornice largo on. 18., largo on. 14. $\frac{1}{2}$.

Ritratto della suddetta Altezza mal fatto, senza cornice alto on. 15, $\frac{1}{2}$., largo on. 13.

328

Ritratto della med.ma Altezza di Monsù *Cascar*, senza cornice, alto on. 16. ½., largo 14. ½.

Ritratto del Sermo S.r Duca di Monsù *Cascar*, senza cornice alto on. 17. ½ , largo on. 14. ½.

Quadretti sei di fiori in vasi sopra sassi del *Fiorentino* senza cornice alti on. 19 , larghi on. 12. ciascuno.

Quadri di fiori tre con poco di paese, e cascate di acqua di mano del medesimo, senza cornice, alti on. 33. ½., larghi on. 20. ciascuno.

Quadri due bislonghi di fiori in vasi sopra sassi del medesimo *Fiorentino*, senza cornice, alti on. 20., larghi 19.

Quadro di fiori del suddetto con due anitre, l'una piccola e l'altra grande in acqua, con cornice finta a stucco bianco con cordoncino dorato, alta on. 36 , larga 30.

Quadro di fiori in vaso sopra di un sasso del sud.o *Fiorentino* con cornice finta a stucco bianco, con cordoncino dorato trasforata, alta on. 29., larga on. 26.

Un vaso di fiori dipinto sopra un specchio di un altro pittore con cornice di pero finto ebano parte tirata a onda, di altezza on. 21:, larga 19. ½.

Un quadro su l'ascia di mano del *Montegna* con 16 fanciulli, che suonano e ballano, sopra scrittovi *Malancolia*, con cornice dorata alta on. 14., larga on. 20. ½.

Tre quadri su l'ascia antichi cou frisi intorno dorati, graffiti, e rabescati, senza cornice alti on. 23. ¼., larghi 14.

Una Madalena piccola ordinaria di pittura che tiene una mano sopra il naso con cornice di legno schietto alta on. 13., larga on. 14. ½.

Tre quadri di *Michelangelo* delle Baronate simili ad un altro inventariato nella Galleria de' Camerini con cornice di legno schietto alti on. 14. ½., larghi 16. ½. ciascuno.

Un disegno di mano di Bernardo *Cervi* fatto ad acquarella, copiato dal *Tintoretto*, che è un Cristo sul Monte Calvario, con cornice di legno e cornicetta di legno verde, alto on. 22. ½., largo on. 45. ¼.

Una Concettione in legno inargentata di rilevo con angioletti,

e cornice intorno col fondo di rame e stà a piedi una conchiglia che serve per l'acqua santa, alto on. 14., largo 10.

Cristo nell'Orto di bassorilievo di lastra d'argento con cornice d'ebano, alto on. 11., largo 9.

Decollatione di S. Gio: di basso rilievo di lastra d'argento
con varie figure a otto faccie con cornice d'ebano, alto
on. 15. ½., largo on. 14. ¼.

Vasetto da acqua santa di osso bianco e nero sopra veluto
rosso, con cornice di d.° osso, alto on. 6. ½ , largo on. 5. ½.

Una Madonna di Reggio di basso rilievo di osso bianco sopra
veluto pavonazzo con cornice di ebano alta on. 7., larga 6.

Una testa di un Soldato sul legno con elmo in testa e armatura con cornice liscia dorata, di mano de' *Dossi*, alto
on. 14., largo 11. ½.

Una Madonna di Reggio con righetti, che voltandola rappresenta S Girolamo da una parte, e dall'altra un S. Francesco di Paola, pittura ordinariissima sul legno con corni-
cella nera alta on. 12., larga 9.

Un Salvatore che dorme fatto di cimatura di panno colorita
con friso attorno dorato, e contorno nero, alto on. 14.,
largo 17.

Un simile che rappresenta S. Gio: Battista coricato, compagno
del suddetto.

Quattro quadretti di frutti di pittura ordinaria, con cornice
ordinaria nera alti on. 12. ½., larghi 15 ciascuno.

Un *Ecce-homo* sul legno di pittore antico con cornice vecchia dorata alta on. 14., larga 11. ¼.

Frutti, cioè persici con tre uccelletti sopra un catino, di buon
pittore, sul legno senza cornice alto on. 10., largo 14.

Quadretti due compagni che fingono distillatori che lambiccano,
senza cornici: vi sono varii ordegni di rame e ottone, larghi on. 15., alti on. 11. ¼., ciascuno.

Una Madonna di ..... contornata col fondo di ricamo a fiori,
e lustrini con cornice a otto faccie dorata e nera alta
on. 13., larga on. 11. ½.

Una Madalena su l'ascia a sedere con un Angelo in aria, che

viene da' *Caracci*, con cornice vecchia dorata, alta on. 10.,
larga 11. $\frac{1}{4}$.

Un paese fatto a porto di mare con vascelli e galere e varie
figure con cornice rossa, e filetto d'oro, pittura ordinaria
alta on. 11., larga 18.

Un Cristo in Croce con ladroni, e quantità di figure su l'ascia,
con un telaro di legno alto on. 11 $\frac{1}{2}$., largo 9.

Duoi paesi, in uno la predica di S. Giovanni, e nell'altro, la
conversione di S. Paolo, di mano di *Sisto (Badalocchio)*,
senza cornice, larghi on. 15. $\frac{1}{2}$., alti on. 12 ciascuno.

Due paesi de' *Dossi* sull'ascia, l'uno mostra città e l'altro
figure che suonano, senza cornice, larghi on. 19. $\frac{2}{3}$., alti
11. $\frac{1}{2}$. ciascuno.

Un paese di pittore ordinario, che finge marittima con vascelli,
senza cornice, largo on. 18. $\frac{1}{2}$., alto 15.

Due paesi a ovato con boscaglie e qualche figuretta, di buon
pittore, senza cornice, alti on. 11. $\frac{1}{4}$., larghi 9. $\frac{1}{2}$.

Quadretti dieci con figure vestite alla cappuccina in varii alti
senza cornice sopra l'ascia alti on. 8. $\frac{1}{4}$, larghi 6.

Quadretti sul marmo sei con cornice dorata, e taccaglie di
ferro, alti on. 5. $\frac{1}{2}$, larghi on. 7. $\frac{2}{3}$. ciascuno.

> Uno rappresenta il Carro del Tempo tirato da cervi.
> Uno il carro della Fama.
> L'altro il Carro della Morte.
> Uno il Carro d'Amore.
> Uno il Carro della Patienza.
> E uno il Carro della Fede.

Quadretti quattro di lastra d'argento dorata con cornici nere
alte on. 4. $\frac{1}{2}$., larghe 5. $\frac{1}{2}$. ciascheduna.

> Uno la Torre di Babelle.
> Un Re sul Trono.
> Uno con animale.
> Uno col Sole e lettere ebraiche.

Quadretti sei fingono paesi sul marmo con cornice nera, filetti
d'oro, e rabeschi vecchi alti on. 7. $\frac{1}{4}$., larghi 7. $\frac{1}{4}$.

Quadretto sul marmo con cinque orbi, rotto con cornice nera
e rabeschi d'oro, largo on. 9 $\frac{2}{3}$, alto 9.

Quadretto di marmo che finge paese con cornice di ebano nero larga on. 11. ½., alta 8. ½.

Quadretto di meschia con un S. Antonio di Padova e cornice di meschia nera alto on. 9. ½., largo 8.

Un'Annunciata sul vetro tinto di nero con cornice nera ordinaria, largo on. 8. ½., alto 7. ½.

Una Madonnina col Bambino, e S. Giovanni di miniatura con frutti, con cornice nera alta on. 8., larga 7.

Quadretto su l'ascia, di un S. Francesco in atto di ricevere le stimate, con un Angioletto che tiene una palma, copia del *Guercino*, senza cornice largo on. 6., alto 8. ½.

Un'Andromeda sul rame con cornicetta dorata, alta on. 6. ½. larga 5. ¼.

Un S. Filippo Neri sulla carta con cornice dorata intagliata, alta on. 7., larga 6.

Ritratto di una donna con abito all'antica turchino con fiori in mano, di buon autore, con cornice dorata liscia, alta on. 9., larga 6. ½.

Una testa di un putto con abito rosso, sull'ascia con cornice dorata, antica alta on. 6. ½., larga 6. ½.

Un putto morto vestito di bianco, mezza figura sull'ascia con cornice di legno con filetto di oro antica, alta on. 8., larga on. 10.

Un Cristo spirante in croce pittura antica, senza cornice, dipinto sull'ascia, alto on. 10., largo 7.

Un Cristo in croce con la Vergine e S. Giovanni pittura ordinaria senza cornice, alto on. 8. ½., largo 6.

Quadretto di miniatura ordinaria di una donna con turbante in testa turchino con cornice nera e a oliva, alto on. 6. ½., largo 5. ½.

Madalena con un puttino del rosso *Levizzani* in legno senza cornice alta on. 7., larga 6. ½.

Due quadretti compagni di architettura gotica sull'ascia che fingono chiese con altari, senza cornice, alti on. 8. ½., larghi 11.

Un S. Antonio di ricamo cattivo, la Vergine, il Bambino, con cornice nera ordinaria alta on. 8. ½., larga 7.

Quattro Battaglie sul rame fatte da buon autore con cornici finte a marmo turchino e filetto d'oro, alte on. 7., larghe 8. ciascuna.

Un paese sul legno con pastori, e bestiame con cornice nera ordinaria alta on. 9. $\frac{1}{2}$., larga 11. $\frac{1}{2}$.

Un altro paese sul rame con uomo, donna e cane con cornice nera alto on. 9. $\frac{3}{4}$., largo 10. $\frac{3}{4}$.

Due quadretti sul rame, uno la natività del Signore, l'altro S. Giovanni che predica nel deserto, con duoi telari intorno alti on. 9, larghi 11. $\frac{1}{2}$. ciascuno.

Una Vergine col Bambino in braccio, che dorme e S. Elisabetta sul rame con cornice verde, et oro intagliata alta on. 12. $\frac{1}{2}$., larga 11. del *Stringa*.

Un S. Antonio col Bambino in tela, con cornice nera parte a onda, e parte liscia alta on. 11. $\frac{1}{2}$., larga 10.

Una pernice, e una cotornice di miniatura sulla carta pecora male andati senza cornice alti on. 5. $\frac{3}{4}$., larghi 8. Sono duoi quadretti.

S. Giovanni, che si scalda, in lontananza lo stesso che predica, di mano de' *Dossi* con cornice dorata, vecchia, finta a oratorio, alta on. 11. $\frac{3}{4}$., larga 11. $\frac{1}{4}$.

Un quadretto con sei figure, col Duca Borso di Ferrara su l'ascia con cornice vecchia dorata alta on. 12., larga 13 $\frac{1}{2}$.

Una testa in profilo di una donna dipinta sul contorno con cornice dorata, e grafita alta on. 14. $\frac{1}{2}$., larga 11. $\frac{1}{2}$.

Un S. Girolamo su l'ascia, antico, con un candeliere con picciola candela, la cornice vecchia dorata a mordente, alta on. 19. $\frac{1}{2}$., larga 18.

Due conigli di *Michelangelo* di Roma con cornice intagliata con figure di putti, e draghi di rilievo di legno, alta on. 15., larga 16. $\frac{1}{4}$.

Un quadretto di *Michelangelo* dalle Baronata di uno che paga certi villani con cornice nera e oro e rabeschi di argento, alta on 13, larga 15. $\frac{1}{4}$.

Una marittima con un vascello, senza cornice, alta on. 11. $\frac{1}{2}$., larga 18.

Un chiaro e scuro sulla carta di mano del *Secchiaro*, di una Natività di N. S. con pastori con cornice verde, e filetti d'oro, larga on. 7. $\frac{1}{2}$., alta 10. $\frac{1}{2}$.

Un ritratto di Ippolito Galantini con cornice nera e oro vecchia, alta on 10. $\frac{1}{2}$., larga 9.

Un S. Girolamo dicono di Alberto *Duro*'sulla tela tirata sull'ascia, senza cornice, alto on. 13 $\frac{1}{2}$, largo 17.

Due quadretti, che fingono cucina, con rami e donna, pesci, e frutti senza cornice, alti on. 11 $\frac{1}{2}$., larghi 15. ciascuno.

Una testa di uno che soffia in un tizzo sull'ascia di pittore ordinario, con cornice nera sbruffata di orpello trito vecchia, alta on 7. $\frac{1}{2}$., larga 6. $\frac{3}{4}$.

Due chiari scuri dipinti sulla carta di buon autore, nell'uno un'estasi di S. Francesco, e nell'altro S. Catterina, S. Girolamo, e la Vergine, alti on. 10., larghi on 7.

Un paese sull'ascia con ruine di fabriche, e figure di Marte, Venere, ed Amore, con la fucina di Vulcano, de' *Dossi* con cornice rotta, e filetto d'oro vecchio, alta on. 9. $\frac{1}{2}$., larga on. 13.

Un quadretto sul rame di figure, che giocano con carte francesi, con due donne, e cornice nera vecchia alta on. 8. $\frac{1}{2}$., larga on. 10. $\frac{3}{4}$.

Una Madonna col Bambino, e S. Anna di ricamo ordinariissimo, con cornice nera vecchia alta on. 8. $\frac{1}{2}$, larga 7.

Due ritratti del Re, e della Regina di Francia senza cornice, compagni, alti on. 14. $\frac{1}{2}$., larghi 12. $\frac{1}{2}$ ciascuno.

Una Madalena copia che viene dal *Correggio* senza cornice alta on. 14., larga 12.

Un ritratto di un Santo con croce in mano, abito turchino, e giallo, senza cornice, alto on. 12., largo 10.

Duoi Babuini senza cornice, alto 11. $\frac{1}{2}$., largo 10.

Un disegno a lapis rosso, della Vergine, Bambino, e S. Giuseppe, dicono del *Guercino* con cornice vecchia dorata, alta on. 10. $\frac{1}{2}$., larga 12. $\frac{1}{2}$.

Una Madonna dalla Scodella di lapis rosso, e nero sulla carta, dicono del *Schedoni*, con cornice di legno ordinaria alta on. 10., larga 9.

Disegno a chiaro scuro rosso e nero di una Madonna, Bambino, S. Giuseppe e S. Giovanni, dicono del *Schedoni*, con cornice di legno ordinaria alta on. 10., larga 8. ¼.

Disegno di un'altra Madonna col Bambino che legge, S. Giuseppe e S. Giovanni, dicono del *Schedoni*, con cornice di legno ordinaria alta on. 7. ¼., larga on. 6. ¾.

Un Cenacolo di Cristo a penna sulla carta pecora cattivo con cornice nera mezza a onda alta on. 7. ¾., larga on. 7. ¼.

Un disegno di Stefano *Dallabella* sulla carta pecora di cacciatori e cani, e uno che beve, di lapis e penna con cornice nera mezza a onda, alto on. 5. ½., largo 7. ½.

Un disegno di lapis piombino dello stesso, con cavallo caricato a soma con cornice nera mezza a onda alta on. 5. ¼., larga 7.

Disegno dello stesso con una donna con un ventaglio di piume, con cornice nera mezza a onda alta on. 4. ¼, larga 6. ¼.

Disegno del suddetto, con una donna con un paggio avanti, e con cornice nera mezza a onda, alta on. 5. ¼., larga 6. ½.

Quaranta quadrettini di varii autori sul rame, di personaggi della Casa Estense, con cornici di ebano, alte on. 4., larghe 3. ¼. scarse, ciascheduna.

Un ritratto di *Luca* di Olanda su l'ascia, con cornice nera alta on. 5., larga 4. ¼.

Un Cristo in croce con una Madalena al piede sul rame con cornice dorata alta on. 5. ½, larga 4. ¼.

Una Natività di N. S. di ricamo con sopra cristallo e cornice di ebano fatto da buon autore, alto on. 10., largo 12.

Un vaso di fiori sopra un specchio, con cornice nera, alto on. 22., largo 18. ¼.

Disegno a acquarella delle loggie della fabrica del Palazzo dell'*Aranzini*, longo on. 34., largo 27.

Un ovato di pero intagliato a basso rilievo dal S.r Lorenzo *Aili* che finge un Spargolino con duoi Angeli e Cristo nel mezzo di essi.

Quattro piedi da tavola di tutto rilevo di mano del suddetto.

Uno con Tritoni e Cavalli marini; l'altro Ercole col leone;
l'altro con donne e puttino; l'altro con uomini e figurine
di puttini.

N.° XXVII. A. 1687.

NOTA DI QUADRI
E DI DISEGNI ORIGINALI VENDIBILI IN BRESCIA
(Archivio Palatino)

Un Presepio di mano di *Ticiano* dipinto in tavola, cornice
fogliamata bianca e nera.

Una Madalena del medemo maestro più di mezza figura dal
naturale in tela.

Una Madalena del *Correggio* mezza figura del naturale in tavola
con cornice dorata.

Un quadro istoriato di Monsù *Posini* (*Poussin*) con una Venere, e duoi dateri piccoli, e uno grande con diverse figure
in distanza con paese ed altro.

Un Salvatore del naturale in tavola di Paris *Bordone.*

Due quadri dell'*Albani* mezze figure del naturale, cioè un San
Girolamo e un David con cornice dorata.

Una Madalena, che viene comunicata dall'Angiolo, con un altro Angelo, figure del naturale, di Lucio *Massari.*

Una Madalena del cavalier *Liberi* del naturale.

Un quadro istoriato con diverse figure del naturale cioè la
Sentenza di Salomone del *Tiarini.*

Due disegni dell'*Albani* mezze figure del naturale cioè un Davide e una donna, che si specchia.

N.° 12. Disegni del S.ᵣᵉ Gio: Fran.ᶜᵒ detto il *Guerzino* e 4.
altri di *Raffaello* con moltissime figure.

N.º XXVIII. A. 1689 circa.

CATALOGO DEI QUADRI DELLA REGINA DI SVEZIA
(Archivio Palatino)

Cristina regina di Svezia famosa per le sue avventure e per la stravaganza del suo carattere, poichè ebbe fermato stanza in Roma si dimostrò generosa protettrice degli artisti, e per usare le parole del Baldinucci, fu il Nume tutelare de' virtuosi. Essa aveva portato con se in Italia buona parte di quelle preziose pitture procacciatesi dal padre suo durante le guerre coll'Impero, nei castelli della Germania e principalmente nel Tesoro dell'Imperatore Rodolfo II; ma non poche ella ne acquistò così d'antiche come di moderne nel tempo in cui dimorò in Roma. Il sig. Geoffroy negli studi da lui intrapresi negli Archivi Scandinavi, di cui pubblicò un saggio nel 1855, produsse due inventarii del Museo di questa Regina, l'uno del 1652 rinvenuto in Stockolm, l'altro negli archivi della Casa Odescalchi e compilato nel 1713. Non essendoci riuscito di confrontare il nostro con i Cataloghi editi dal Geoffroy, gli diamo luogo in questa pubblicazione, nella credenza che in Italia non sia mai stato prima d'ora dato alle stampe. — Cristina morì nel 1689 e lasciò per testamento questa sua raccolta al Cardinale Azzolino da cui l'ebbe per acquisto il Principe Odescalchi, il quale ne vendette nel 1722 al Reggente di Francia la miglior parte, passata più tardi in Inghilterra allorchè la Galleria d'Orleans fu posta in vendita l'anno 1790.

Un quadro di veduta sotto in su, figure grandi al naturale di un uomo che cade, sopra cornice e ruine di Architettura, con un Amorino che posandoli il piede nel petto lo percuote con l'arco; due donne una delle quali con un armellino in seno, come figura della Castità, in un bel paese, largo palmi otto, alto palmi otto, di *Paolo* Veronese.

Un altro quadro di simil grandezza con una Venere in gran parte ignuda, che dorme in un letto; Marte combattuto da un Amorino ignudo, che lo tira verso Venere, e da un uomo che per l'altro braccio lo ritira a se, in bel paese, di. *Paolo* Veronese.

Un altro quadro di grandezza eguale, di Venere a sedere in schiena, che con la mano destra lusinga e trattiene Marte, e con la sinistra consegna una lettera ad un messo, con due Amorini che reggono a lei una gamba, con bel paese, di *Paolo* Veronese.

Un altro quadro di grandezza eguale, con paese ed una grande urna sferica, sopra la quale siede una Donna, simbolo forse della Pace, e corona una nobil Signora genuflessa avanti lei con un putto in schiena che le regge le vesti; dietro a lei un uomo in piedi con un ramo d'oliva in mano, ed un cane, di *Paolo* Veronese, tutti quattro in cornici liscie compagne dorate.

Un quadro con bel paese con Marte a sedere, e in piedi una Venere ignuda, che posa la sinistra mano sopra la spalla di Marte, con l'altra preme una poppa facendo cadere il latte sopra un Amorino, e lega lei e Marte per le gambe, e dietro il cavallo di Marte con altro Amorino, che tiene la spada di esso, figure grandi al naturale, opera insigne di *Paolo* Veronese, in tela, in piede, alta p.mi otto e un quarto e larga p.mi sei e mezzo in cornice liscia indorata.

Un quadro con l'istoria di Mercurio, e Palla che sta sedendo in bella attitudine presso un tavolino sopra il quale vi è una viola da sonare e un bacile di frutti, a piedi ha un cagnolino e un mazzetto de fiori; dall'altra parte Mercurio ignudo, che trattenuto dalla sorella di lui, che siede in terra posando su il gomito dietro la tocca col caduceo, onde si vede a cominciare nel braccio sinistro a diventar pietra con bella architettura, e paese, figure grandi al na-

338

turale, di *Paolo* Veronese. Tela in piedi alta p.mi nove e un
quarto, e larga p.mi 7., con cornice liscia dorata alla romana.

Un altro quadro di figure al naturale di una donna in piedi,
che col piede destro calpesta un mondo, e sopra al capo
ha un Sole, simbolo della Sapienza; un Ercole che si appoggia alla clava a'suoi piedi, un puttino che giace sopra
diverse gemme, corone, ricchezze con dietro bella architettura e bel paese, e lontananza, in tela in piedi alta p.mi
nove meno un terzo, larga p.mi 6 e mezzo con cornice
liscia dorata alla rŏmana, di *Paolo* Veronese, opera bellissima e conservatissima di colore.

Un quadro di un bellissimo paese boscareccio con Adone
morto a giacere, e Venere, che lo piange con un Amorino
che regge la testa d'Adone; un altro che scende per aria
e un altro in maggior lontananza, che volando, saetta il cignale. In aere più lontano il carro di Venere con le colombe, figure grandi al naturale e di colore vivissimo:
opera ottimamente disegnata ed espressa di *Paolo* Veronese, in tela in piedi alta p.mi nove e un terzo, larga
p.mi 6. e mezzo con cornice dorata liscia alla romana.

Un quadro di Marte in piedi armato, e Venere in profilo in
atto di lacciarli l'armatura su la spalla sinistra, con un
Amorino che a lei regge un panno, ed un altro che tiene
a Marte il cavallo del quale comparisce il petto, il collo, e
la testa con le sue piume, tutto in bel paese e di colori
vivi. In tela in piedi di altezza di p.mi nove, meno un terzo,
e largo p.mi sette, figure grandi al naturale di *Paolo* Veronese con cornice dorata liscia alla romana.

Un quadro di figure grandi al naturale con ritratto dell'Autore
vestito di raso bianco che lasciandosi a dietro una donna
volta in schiena simbolo delli vitii, va in braccio all'Onore,
che lo riceve col motto *Honor et Virtus post mortem florent*,
in paese bellissimo disegnato tutto e conservato perfettamente, e non inferiore ad alcuno dell'altri; in tela in piedi
alta p.mi nove meno un quarto, larga p.mi 6. e due terzi, di
Paolo Veronese con cornice dorata liscia alla romana.

Un quadro con istoria di Rachele al fonte con altre Donne che
portano vasi di acqua e Jacob con figure corrispondenti al-
l'istoria, in bel paese, figure di tre palmi in circa in tela a
giacere alta p.^{mi} quattro, e larga p.^{mi} cinque e un terzo,
di *Paolo* Veronese con cornice dorata liscia alla romana.

Un altro quadro con l'istoria d' Europa in atto di porsi a sedere sopra un Toro, che le lega un piede con varie Ninfe
intorno, che la servono. Due Amorini che colgono pomi e
fiori dalli alberi,· ed un altro che regge il Toro, con bel
paese, e veduta di mare in tela a giacere, largo p.^{mi} due
e due terzi, alto p.^{mi} due e un terzo, quadro assai bello
di *Paolo* Veronese, con cornice dorata liscia alla romana.

Un quadro d'Amore in piedi in atto d'imparare a leggere da
Mercurio, che udendo riguarda a Venere, la quale ignuda
in piedi sta mirando il suo figlio, figure grandi al naturale in paese bello, di *Tiziano* in tela in piedi, alta p.^{mi}
sette e un terzo, e larga p.^{mi} cinque meno un quarto
con cornice dorata liscia alla romana.

Un quadro di Diana in piedi in atto di saettare Adone preso da
cani in bellissimo paese fatto con grandissima arte, figure
grandi al naturale, di *Tiziano*, in tela alta p.^{mi} sette et un
terzo e larga p.^{mi} otto con cornice dorata liscia alla romana.

Un quadro di una Venere a giacere sopra un panno di velluto
rosso, il braccio manco sopra un panno bianco, e con
l'altra mano un flauto; avanti ha un violone e libri di musica aperti, a capo un Amorino che le pone in testa una
corona, a piedi un uomo in schena a sedere nel medesimo letto, che suona un leuto, con bellissimo paese, figure
grandi al naturale di *Tiziano*, in tela a giacere, lungo
p.^{mi} otto meno un quarto e alto p.^{mi} sei e un quarto,
con cornice dorata liscia alla romana.

Un quadro di Danae sopra un letto con un panno bianco,
figura quasi tutta ignuda, col braccio destro alza il padiglione ed il braccio sinistro l'appoggia sopra un cuscino
bianco ed un Amorino, che raccoglie la pioggia d'oro e
la mette dentro un carcasso rosso, con un paese di lon-

tananza e da piedi il letto si vedono due pomi dorati, in
tela a giacere, alto p.mi sette meno un quarto e longo p.mi
undici, mano di Anibale *Caracci*, con una cornice indorata
con un fregio intagliato, ed in mezzo da capo, alla detta
cornice vi è una palomba, che rappresenta l'arma del-
l'Eccmo Principe Panfilio (1).

Un altro quadro di una Venere ignuda in schiena in atto di
abbracciare Adone, che sta in piè con cani alla mano sinistra, e tiene con la destra un dardo in atto d'andare a
caccia con un Amore che dorme sotto un arbore, e bellissimo paese; figure grandi al naturale di *Tiziano*, in
tela a giacere alta p.mi sei e mezzo e larga p.mi otto con
cornice liscia dorata alla romana.

Un quadro ritratto di un Doge Venetiano con veste dogale
con cappa d'armellino e sotto veste di broccato bianco
col suo corno in testa a sedere, quale è poco più di
mezza figura al naturale, del *Palma* Vecchio, di tela in
piedi, alta p.mi quattro e un terzo e larga p.mi tre e tre
quarti con cornice dorata liscia alla romana.

Un quadro di una Santa Martire a giacere come morta gran
parte *ignuda* con appresso l'instromento del martirio con
panno azzurro dalla cintura fino alle ginocchia, di *Guido*
in tela a giacere, figura grande al naturale, alta p.mi quattro et un terzo e larga p.mi sei con cornice dorata graffita alla fiorentina.

Un quadro ritratto di una Madonna (*Milady*) inglese, che
siede vestita con lattuga al collo, del *Vandich*, in tela in
piedi alta p.mi cinque meno un terzo e larga p.mi tre, con
cornice dorata intagliata alla fiorentina.

Un quadro di una Venere, che dorme ignuda a giacere sopra
un letto sparso di rose; tiene la mano destra sopra il capo
e con la sinistra si copre nelle parti..... con Amorino in
piedi che col dardo punge la detta mano sinistra, con ve-

(1) Questo quadro fu donato dal duca di Ceri alla Regina (*Gualdo
Storia di Cristina Regina di Svezia*. Modena 1656 p. 133).

duta di bel paese ; figure grandi al naturale di *Tiziano*, in tela a giacere, alta p.^{mi} quattro e un quarto e larga p.^{mi} sette e un terzo con cornice dorata liscia alla romana.

Un quadro di un ritratto in tela in piedi con le mani alla cintura, ed una sottoveste di raso bianco imbottito e drappato con veduta di paese lontano, del *Correggio*, alto p.^{mi} tre e un quarto e largo due p.^{mi} e due terzi con cornice liscia dorata alla romana.

Un quadro di una Venere ch'esce dal mare ignuda in atto d'asciugarsi i capelli con una conchiglia vicina in campo d'acqua e d'aria, più di mezza figura, di *Tiziano*, tela in piede alta p.^{mi} tre, e larga p.^{mi} due e un terzo con cornice dorata liscia alla romana.

Un quadro ritratto di donna Venetiana con capelli biondi parte raccolti in capo, parte sparsi per le spalle, scoperta bona parte del petto, e il resto in camiscia con un panno verde sciolto, del *Palma* vecchio, in tavola in piedi alta p.^{mi} tre in circa, larga p.^{mi} due e un quarto con cornice liscia alla romana.

Un quadro di Danae in letto ignuda la maggior parte, fuorchè dal ginocchio in su fino al ventre ricoperta dal lenzuolo, che ella spiega in atto di raccogliere la pioggia d'oro ; incontro a lei un Amorino che reggendo con una mano il panno, con l'altra le presenta l'oro e due Amorini più basso che fanno come paragone dell'oro caduto, con veduta di paese in lontananza per una finestra, benissimo conservato, figura poco meno del naturale, opera famosa del *Correggio* in tela a giacere, alta p.^{mi} sei e un terzo e larga p.^{mi} sette e mezzo, con cornice dorata liscia alla romana.

Un quadro con la favola d'Io volta per la schiena in atto di ricevere Giove, che tutto invisibile sotto una nuvola mostra solo una mano sopra il fianco sinistro della donna, che siede, e posa il braccio destro ad un panno di lino bianco, benissimo conservato, opera stimatissima del *Correggio* in tela in piedi alta p.^{mi} sette e larga p.^{mi} tre e un terzo, con cornice liscia alla romana.

Un quadro di un bel paese nel quale Leda ignuda a sedere col cigno in seno presso un bagno con diverse ninfe parte ignude con un scherzo di cigni, e con una nana con Amorino che suona la lira, e altri con istromenti da fiato, opera singolare del *Correggio*, benissimo conservata in tela a giacere alta p.^{mi} sei e un terzo e larga p.^{mi} sette e mezzo con cornice liscia dorata alla romana.

Un quadro di donna mezza ignuda e parte ricoperta di una zimarra di tabì foderata di zibellino, in atto di specchiarsi con la mano sinistra sul petto, e con la destra tiene l'arco d'un Amore, che li regge lo specchio nel quale si vede parte di essa Venere, figura grande di buon naturale, di *Tiziano*, di tela in piedi alta p.^{mi} quattro ½., larga p.^{mi} quattro con cornice liscia dorata alla romana.

Un quadro in tela del sacrificio di Abramo, che pone il figlio sopra una pietra per sacrificarlo, ed alla mano destra tiene un coltello per fare il sacrificio, il quale viene ritenuto da un Angelo dalla parte di dietro, con un ariete e con un bel paese e lontananza, in tela a giacere alta p.^{mi} sei e un quarto, con cornice liscia indorata alla romana, opera del *Caravaggio*.

Un quadro di un ritratto di una donna vestita d'azzurro con velo giallo alle spalle, che mostra parte della camiscia nel petto e nelle braccia, con la mano destra sostiene la sua gonna, e posa la sinistra sopra la spalla di un moretto che la sta guardando, di *Tiziano*, in tela in piedi alta p.^{mi} quattro e due terzi e larga p.^{mi} tre e tre quarti con cornice dorata liscia alla romana.

Un quadro di ritratto di una donna ignuda in schiena, grande al naturale, un poco china rappresentando un Amore che lavora il suo arco, e posa il piede manco sopra alcuni libri; tra le sue gambe si vedono due Amorini uno de'quali piange, e l'altro ride con grand'espressiva del *Parmegiano*, in tela in piedi incollata sopra a tavola di metallo, alta p.^{mi} cinque et un terzo e larga p.^{mi} doi e due terzi, con cornice dorata liscia alla romana.

Un quadro di una Madalena piangente, più di mezza figura di buon naturale ignuda con le braccia e poca parte del petto con capelli sciolti, e avanti di se una testa di morto con un libro aperto in bel paese, di *Tiziano*, in tela in piedi, alta p.^{mi} quattro e tre quarti, larga p.^{mi} quattro meno un quarto con cornice dorata liscia alla romana.

Un altro quadro di una Madalena simile quanto all'idea del viso, ma diversa in tutto il rimanente, dell'istesso *Tiziano*, in tela in piedi alta p.^{mi} quattro, larga p.^{mi} quattro meno un ¼., cornice liscia dorata alla romana.

Un quadro di un Amorino che impara a leggere da Mercurio in atto di spiegare la sua carta con Venere ignuda in piedi che l'assiste appoggiata ad un tronco, figure tutte ignude poco minori del naturale, ben conservato, del *Correggio*, in tela in piedi, alta p.^{mi} sei e larga p.^{mi} quattro e un terzo con cornice dorata liscia alla romana.

Un quadro di un ritratto di donna giovane di *Raffaello* d'Urbino in tavola, alta p.^{mi} due e un quarto e larga p.^{mi} due e un terzo con cornice dorata intagliata alla genovese.

Un quadro di un ritratto di una vedova più di mezza figura con le sue tocche di velo bianco alle spalle, di *Tiziano*, in tela in piedi alta p.^{mi} cinque, larga p.^{mi} cinque, con cornice dorata intagliata alla genovese.

Un quadro di fanciullo nobile in piede presso una tavola coperta di velluto sopra la quale posa un cagnolino sul quale egli tiene la mano sinistra con veduta di paese del *Vandich*, in tela alta p.^{mi} cinque e larga parimenti cinque p.^{mi} con cornice indorata intagliata alla genovese.

Un quadro di un ritratto a sedere di figura grande al naturale con pelliccia, che tiene un libro aperto alle mani più di mezza figura, del *Tintoretto*, in tela in piedi alta p.^{mi} cinque e larga p.^{mi} tre e due terzi, con cornice dorata liscia alla romana.

Un altro quadro di una testa di un giovine vestito, che appoggia la mano sinistra ad un libro in atto di pensare quello ha letto, di *Raffaele* di Urbino in tavola alta p.^{mi} due e un quarto, larga p.mi due e mezzo con cornice dorata lavorata alla genovese.

Un quadro di una testa di San Pietro, in atto cogitabondo con la man dritta alla gota di grande espressiva di Guido *Reno* della prima maniera, tela da testa alta p.mi due e un terzo e larga p.mi dui, con cornice dorata liscia alla romana.

Un quadro di una Madonna in piedi che tiene con la mano sinistra il braccio del Santo Bambino che sta appresso lei in piedi, e l'altra mano posa sopra la testa di S. Gio. Battista che sta in atto di baciare il Santo Bambino con San Giuseppe in bellissimo paese, di *Raffaele* di Urbino, in tavola alta p.mi 3. e mezzo larga p.mi due e mezzo con cornice d'ebano tinta nero liscia.

Un quadro di un Ganimede portato in aria dall'aquila col cane in terra, che lo riguarda, in paese, di Michelangelo *Bonarota*, in tela in piedi, alto p.mi uno e mezzo e largo un palmo e un dito con cornice indorata intagliata.

Un quadro del ritratto del Duca Valentino giovane in tela quasi d'Imperatore, qualche poco più di mezza figura, grande al naturale alto p.mi quattro e un terzo, largo p.mi quattro scarsi con cornice dorata liscia alla romana, del *Correggio*.

Un quadro di *Tiziano*, figure di mezzo naturale che rappresentano la vita umana con un pastore e una pastorella che si guardano amorosamente, tenendo la donna due flauti in mano con dui bambini che dormono profondamente, non ostante che un Amorino gli passi sopra senza sentirlo, in lontananza un vecchio in atto di contemplare due teste di morto in un bel paese. È vago quadro stimatissimo in tela a giacere, alto p.mi tre e mezzo, largo p.mi sei con cornice dorata liscia alla romana.

Un quadro di un ritratto di un uomo vecchio in piede depinto con gran forza con la mano dritta solo abbozzata, del *Bassano* vecchio, in tela in piedi alto p.mi quattro scarsi, e largo p.mi tre e un quarto con cornice liscia dorata alla romana.

Un quadro ritratto di donna vecchia a sedere grande al naturale con tavolino avanti, e sopra il suo offitio con le mani in atto di rivoltare le carte, del *Bassano* vecchio, in tela in piedi alto p.mi quattro e un quarto e largo p.mi tre e un terzo con cornice liscia dorata alla romana.

Sei quadri in tavola bislonghi rappresentanti il Ratto ed Istoria de' Sabinesi, di mano di *Giulio* Romano, longhi palmi sei e alti p.mi uno e mezzo per ciascuno, con cornice dorata liscia alla romana.

Un organo piccolo con canne di legno, e davanti un quadro con S.ta Cecilia e David, e diversi angiolini in atto di cantare e suonare, largo d.o organo p.mi quattro e mezzo, e poco meno d.o quadro, e l'altezza del medesimo quadro un palmo, e due terzi, con tasti e doi mantici di detto organo.

Un quadro dell'Epifania ricco di figure in tavola in piedi, di mano di Giovanni *Bellini*, alto p.mi cinque scarsi e largo tre e un dito, con cornice liscia dorata alla romana.

Un quadro di S. Girolamo in atto penitente e devoto guarda un Cristo Crocefisso, in un paese di mano di *Muziano*, in tela in piedi alta p.mi quattro e larga p.mi tre e un terzo con cornice liscia dorata alla romana.

Un quadro di un Cristo a tavola alla Cena di Emaus in mezzo a due discepoli, con l'oste servente, che li guarda, mano dello *Scarsellino*, in tela in piedi alto p.mi tre scarsi, e largo p.mi due e un quarto con cornice dorata e graffita alla fiorentina.

Un quadro d'Arianna con Bacco in un carro con diversi Amorini che guidano il carro, battono la tigre e ballano, e si sollazzano avanti ed intorno a lei con diversi baccanti, Sileno sull'asino, e un satiretto briaco che dorme con altri putti in aria, che colgono frutti in bellissimo paese, opera delle più belle dell'*Albano*, in tela a giacere, largo p.mi quattro e due terzi, alto p.mi tre e due terzi con cornice dorata liscia alla romana, e si deve dare al Ser.mo Elettore di Brandemburgo per disposizione di S. Maestà.

Altro quadro con giochi fatti in onore di Venere da diversi

Amori, che con fiaccole accese fanno balli e scherzi intorno alla statua di lei che si vede come trionfante in aria, con l'Amore e le Gratie, che la coronano e Pallade e Giunone che fuggono come vinte, in vago paese, opera dell'*Albano*, in tela a giacere longo palmi quattro e un terzo o alto p.^{mi} tre e un quarto scarsi, con cornice liscia dorata alla romana.

Un quadro con l'istoria d'Enea in atto di partir da Troja con Anchise nelle spalle, ed appresso Ascanio e la moglie con dietro l'incendio della città, opera famosa del *Baroccio*, figure grandi al naturale, in tela a giacere, longa dieci p.^{mi} e un terzo, alta p.^{mi} otto meno un terzo con cornice liscia dorata alla romana.

Un altro quadro con la figura di un pellegrino con un Cristo in mano, guidato da un angelo vestito di bianco che con la mano destra vi addita la via del Cielo, mano d'Annibale *Caraccio*, figure grandi al naturale in tela a giacere, alta p.^{mi} 2. e doi terzi scarsi e larga p.^{mi} tre e un quarto con cornice liscia dorata alla romana.

Un quadro con diversi animali, pecore, capre e bovi con un pastore che dorme a supino appoggiato ad un tronco, un ragazzo in atto di mungere le pecore, e cinque altre figure dei pastori e passeggieri in varie attitudini con bel paese, del *Bassano*, in tela a giacere, largo p.^{mi} 3 e tre quarti, alto p.^{mi} due e mezzo con sua cornice liscia dorata alla romana.

Un quadro con pecore, pastori e polli diversi con una donna che fila a sedere, altra in piedi in schiena, che tiene un bambino appresso una capanna, ed un'altra in atto di dare a mangiare a galline con figurina dietro un somarello o cavallo che sia, in bel paese, del *Bassano*, in tela a giacere, larga p.^{mi} quattro e due terzi, alta p.^{mi} tre e un dito, con cornice liscia dorata alla romana.

Un quadro in tavola con la Vergine a sedere, S. Giuseppe in piedi, il Bambino in piedi ignudo avanti, più a basso San Francesco con una Croce ed un libro in mano, in bel paese del *Parmigiano*, alto p.^{mi} tre e tre quarti, largo due e tre quarti con cornice liscia dorata alla romana.

Un quadro d'una Giuditta con una vecchia, che tiene in mano
una candela accesa avanti con la testa d'Oloferne in un
panno, in tavola in piedi, alta p.mi quattro e un terzo e
larga p.mi tre e tre quarti con sua cornice liscia dorata
alla romana.

Un quadro dell'Amore ignudo a sedere che lavora l'arco, di
mano del *Cangiasio*, di tela in piedi, alto p.mi cinque
meno un dito, largo p.mi quattro, con cornice liscia dorata alla romana.

Un quadro con Venere ignuda che abbraccia Adone morto con
un Amorino appresso in schiena, in paese, mano del *Tintoretto*, opra del *Cangiasio*, in tela in piedi alta palmi cinque e un quarto, larga p.mi quattro con cornice liscia
dorata alla romana.

Un quadro di S. Andrea apostolo con la croce in mano, mezza
figura di gran naturale, del *Fetti*, in tela in piedi alta
p.mi cinque e un quarto, larga p.mi quattro con cornice
dorata intagliata alla genovese.

Un quadro con una Venere ignuda a giacere su l'erba con
panno rosso sopra il quale appoggia il braccio manco e
con il dritto dà una saetta ad un Amorino che la prende
stando in piedi, in bel paese, opera assai bella del *Palma*,
in tela a giacere longa p.mi otto e un terzo, alta p.mi cinque scarsi con cornice liscia alla romana.

Un quadro con ritratto di Baldassare Castiglione in piedi più
di mezza figura, di mano di *Giulio* Romano, in tela in piedi,
alto p.mi cinque e un quarto scarsi e largo p.mi cinque
e un dito, con cornice intagliata indorata alla genovese.

Un quadro con figura d'un altro Apostolo con poco di splendore nell'angolo superiore del quadro, mano del *Fetti*, in
tela in piedi alto p.mi cinque e un quarto e largo p.mi
quattro con cornice indorata intagliata alla genovese.

Un quadro con ritratto intiero in piedi di Pico della Mirandola fanciullo con spada e pugnale, calza intiera e berretta con penna bianca, mano di *Giorgione*, in tela in piedi
alta p.mi quattro e due terzi, larga p.mi due e tre quarti.

Un quadro con la Vergine Annunciata dall'Angelo, china il
petto e il capo tutta in atto di umiliatione, e l'Angelo
che con la man sinistra fa cenno verso il cielo d'onde
gli viene uno splendore verso la Vergine, opera delle più
belle di Gio. *Lanfranco*, in tela a giacere largo p.^mi sei e
due terzi, alto p.^mi sei scarsi con cornice liscia dorata
alla spagnuola.

Un quadro di Leda ignuda in piedi che abbraccia il collo del
cigno, il quale è in piedi, distende l'ala destra verso di
lei, a piè vi sono coccie d'oro infrante dalle quali si
vedono parte usciti, e parte in atto di uscire li figli di
essa, in paese in tavola in piedi, di mano d'*Andrea* del
Sarto, alta p.^mi quattro, larga p.^mi tre con cornice dorata
alla romana.

Un altro quadro con l'istoria di Cristo con l'adultera con
varie figure di farisei e soldati, mano di *Giorgione*, in tela
a giacere longo p.^mi sette e mezzo, alto p.^mi quattro e
mezzo con cornice dorata intagliata alla genovese.

Un altro quadro con Cristo ligato avanti Pilato che sedendo
si lava le mani con diversi soldati e farisei con veduta
d'architettura e paese di mano d'Andrea *Schiavone*, in
tela a giacere longo p.^mi sette e mezzo et alto p.^mi cinque
e un quarto con cornice intagliata dorata alla genovese.

Un altro quadro con la figura di una donna alata parte ignuda,
che con la sinistra tiene una tavola da scrivere e con la
destra la penna, simbolo dell'Istoria, di mano di *Giulio*
Romano, in tela in piedi alta p.^mi cinque e larga p^mi
quattro e un dito, con cornice dorata liscia alla romana.

Un quadro di un ritratto maggiore di mezza figura di Procu-
ratore o Senatore Venetiano vestito di velluto cremisino
foderato di zibellino, e da una fenestra si vede la laguna
di Venetia, di mano del *Pordenone*, tela in piedi alta p.^mi
quattro e mezzo, larga p.^mi tre e mezzo con cornice dorata liscia alla romana.

Un altro quadro di una figura di giovane col petto e braccio
manco ignudo in atto di leggere un libro, fatto per un

S. Giovanni Evangelista, mano del *Bernini*, in tela in piedi, alto p.^{mi} tre e largo p.^{mi} due con cornice dorata liscia alla romana.

Un altro quadro della Vergine dolente con le mani giunte avanti il petto, di Guido *Reno*, in tela in piedi alta due p.^{mi} e due terzi, larga p.^{mi} due e un terzo con cornice dorata liscia alla romana.

Un altro quadro con la testa e busto di S. Stefano, di mano del *Caracci*, tela in piedi alta p.^{mi} due e mezzo, larga p.^{mi} due scarsi, con cornice dorata liscia alla romana.

Un quadro di un Filosofo che ride, mano del *Spagnolo*, in tela in piedi alta palmi tre scarsi, larga palmi due ed un quarto, con cornice liscia dorata alla romana.

Un altro quadro con Orfeo in paese con molti animali, due figure come di pastori e tre satiri che lo stanno guardando, di mano di Sinibaldo *Scorza*, in tela a giacere, alta p.^{mi} due e un quarto e larga p.^{mi} quattro meno un dito con cornice liscia dorata alla romana.

Un quadro dell'istesso autore, che rappresenta una fiera fuori di un castello con diverse figure, cavalli, e somarelli, e puttino sopra un basto di un somarello a giacere con altri due che vogliono salire, con una barca in un fiume con due figurine che stanno in atto di lavorare, della medesima grandezza e cornice.

Un altro quadro che rappresenta un paese ed un ponte sopra un fiume, e sopra il detto ponte due figure a cavallo e due a piedi, e passato il ponte un cavallo caduto e sopra un uomo, e un'osteria con oste, ed un'altra figura nella porta dell'osteria, un cavallo ed una figura che porta un peso in testa dell'istesso autore e dell'istessa grandezza e cornice.

Un altro dell'istesso autore che rappresenta una città, e fuori di essa molte figurine a cavallo e molte a piedi in diversi atti con un puttino, che attacca la coda nel ferraiolo di dietro ad un contadino, ed un altro puttino che fa cenno di silenzio a persona che sta guardando, con pergolata, e sotto di essa una tavola nella quale alcuni mangiano e bevono, dell'istessa grandezza e cornice simile.

Un altro quadro dell'istesso autore rappresentante un fiume in un paese con molte barche, figure, ed una carrozza e cavalli con una dama, che fa complimenti con un cavaliere, con diversi barcaroli uno de'quali tiene pesci nelle mani dell'istessa grandezza e cornice simile.

Un quadro dell'istesso autore con diverse figure di cacciatori, che stanno riposando e con cani che stanno in atto di mangiare una lepre sotto un arbore ed un pastore con diverse pecore e capre, dell'istessa grandezza e cornice simile.

Un altro quadro con una battaglia di cavalieri appresso una torre e bosco, e due soldati che portano un ferito, dell'istesso autore e di grandezza e cornice simile.

Un altro quadro che rappresenta un paese e grotta con diverse figure, e cavalli, et animali morti, con una figura che rappresenta un boco (sic) che tiene in mano un caprio morto con altra figura, che porta legna al fuoco, dell'istesso autore con cornice simile e grandezza.

Un altro quadro che rappresenta un castelletto, e un'osteria con mercato di porchette in tempo che è nevigato con molte figure ed un uomo che sta per salire a cavallo e l'oste nella porta dell'osteria, ed un povero che chiede la limosina, ed un garzone d'oste presso un cavallo che porta una valigia al collo, e contadini che stanno scorrendo, mano dell'istesso autore, dell'istessa grandezza e cornice simile, e il detto quadro ha un buco vicino alla testa d'un porco.

Un quadro dell'istesso autore con ballo di contadini in bel paese con molte figure e con una donna a cavallo in un asinello, ed un uomo sopra un cavallo con una vacca e un vitellino fuori di un castello, in tela a giacere longo p.^{mi} cinque e un terzo, alto p.^{mi} due e un q^{to} con cornice liscia dorata alla romana.

Un altro quadro dell'istesso autore, della medesima grandezza e cornice con arrivo in villa di dame e cavalieri ed altre persone, in bel paese con pecorelle e due vacche,

che stanno mangiando in una cesta, e due puttini che stanno in atto di tirare d.ª cesta.

Un quadro della B.ᵗᵃ Vergine a sedere che sostiene Cristo morto in braccio, in atto espressivo di gran dolore, con dui cherubini piangenti in alto, e due che baciano le piaghe delle mani del Salvatore, di *Paolo* Veronese, figure grandi in tela in piedi larga p.ᵐⁱ cinque e mezzo, alta p.ᵐⁱ sei e mezzo con cornice liscia dorata romana, lasciato al Re di Spagna per dispositione di Sua Maestà.

Un quadro col ritratto di un principe armato nobilmente, più di mezza figura al naturale che tenendo la mano manca al fianco appoggia la destra sopra un bastone, ed un tavolino; ha l'elmo con le sue piume di mano di *Paolo* Veronese, in tela in piedi alta p.ᵐⁱ cinque e tre quarti, larga p.ᵐⁱ quattro ed un terzo con cornice dorata liscia alla romana.

Un altro quadro con l'istoria dell'Epifania di *Paolo* Veronese, in tela a giacere alta p.ᵐⁱ tre e due terzi, e larga p.ᵐⁱ sei e un quarto con cornice dorata liscia alla romana.

Un altro quadro con istoria di *Noli me tangere*, la Madalena genuflessa in atto molto affettuoso verso Cristo che ricoperto quasi tutto di un panno bianco sostenendolo colla man destra in cintura alza il braccio sinistro in atto di parlare a lei, come è noto, in bel paese e di lontananza con la figura di un angelo vestito di bianco, dal *Correggio*, figura circa tre p.ᵐⁱ, in tela in piedi alta p.ᵐⁱ quattro e tre quarti, larga p.ᵐⁱ quattro con cornice liscia dorata alla romana.

Un altro quadro con molte figure grandi al naturale, che suonano varii instromenti, con la testa di un agnello ch'è un pezzo di una Gloria della cupola e tribuna di Parma di veduta sotto in su, depinta con gran arte dal *Correggio*, in tela a giacere lunga p.ᵐⁱ nove e alta p.ᵐⁱ sei con cornice liscia dorata alla romana.

Un quadro con un Crocefisso, come in tenebre, con una figura in atto di appoggiare la scala alla croce e un'altra genuflessa adorandolo, e in lontananza si veggono soldati, e le Marie dolenti che se ne ritornano verso Gerusalemme, di mezzo naturale, di *Tiziano*, alto p.mi sei, e mezzo, e largo quattro, e dui terzi con cornice liscia dorata alla romana. Legato lasciato per dispositione di Sua Maestà all' Imperatore.

Un altro quadro ritratto dell' Imperatore Romano figura maggiore del naturale più di mezzo, che con la mano sinistra sostiene il suo manto e con la destra tiene un bastone con paese, di *Tiziano*, in tela in piedi alta p.mi cinque e mezzo, larga p.mi 4 ed un quarto con cornice dorata, intagliata alla genovese.

Un altro quadro col ritratto d' altro Imperatore creduto Vitellio col braccio destro ignudo più della metà appoggiato ad un bastone, figura maggiore del naturale, compagno, del detto *Tiziano*, tela in piedi alta p.mi cinque e mezzo, larga p.mi quattro con cornice simile indorata, intagliata alla genovese.

Un altro quadro di S. Girolamo, che siede col capo e petto chino guardando una testa di morto, che sta appresso il libro aperto, e l'imagine di un Crocifisso a giacere in bel paese di *Tiziano*, in tela in piedi alta p.mi due e mezzo e larga p.mi due con cornice dorata liscia alla romana.

Un quadro dipinto a tempra benissimo conservato che mostra come una tribuna, con architettura dietro di porte, colonne, architravi, e due genuflessori con suoi tappeti e cuscini con sopra inginocchiati due, uno de' quali con l'offitio in mano in atto di recitarlo, e in piedi un putto e un uomo, che l'assistono, figure grandi al naturale opera dipinta con gran bravura del *Tintoretto*, in tela in piedi alta p.mi otto e due terzi, larga p.mi sette e un terzo con cornice dorata intagliata moderna alla fiorentina.

Un quadro col ritratto di un dottore, o avvocato che tiene la mano manca sopra una tavola col calamaro e varii libri aperti con un Crocefisso, e un orologio tenendo sopra una sedia di velluto cremisino, figura grande al naturale in tela in piedi alta p.^{mi} cinque e un q.^{to} larga p.^{mi} quattro con sua cornice liscia dorata alla romana.

Un altro quadro con ritratto di uomo in piedi vestito di velluto nero con lattughe merlettate al collo, che pesa la man manca sopra un tavolino con panno rosso dove è una lettera chiusa e un Crocifisso, e con l'altra mano pendente tiene li suoi guanti, figura grande al naturale, del *Tintoretto*, in tela in piedi alta p.^{mi} quattro e due terzi, larga p.^{mi} quattro, con cornice liscia dorata alla romana.

Un altro quadro con ritratto di uomo in piedi che posa la mano destra sopra un tavolino di varie pietre rare, pretiose, figura grande al naturale, del *Tintoretto*, tela in piedi alta p.^{mi} quattro e un dito, e larga p.^{mi} tre con cornice liscia dorata alla romana.

Un quadro di un *Ecce-Homo* in mezzo a Pilato e due manigoldi di figura grande al naturale, tela in piedi alta p.^{mi} quattro e tre q.^{ti}, larga p.^{mi} tre e due terzi, opera del *Tintoretto*, con sua cornice liscia dorata alla romana.

Un altro quadro con un putto che dorme o sia Amorino con un'altra figura che li leva li strali dal carcasso di mano ignota, opera del . . . . . con paesi ed arbori, in tela in piedi alta palmi quattro e mezzo e larga tre e un terzo con cornice liscia dorata alla romana.

Un altro quadro d'Imperatore poco più di mezza figura con abito rosso e con la metà del braccio sinistro ignudo con un bastone nella stessa mano sinistra, in tela in piedi alta p.^{mi} cinque e un terzo, e cinque larga con cornice intagliata dorata alla genovese.

Un altro quadro di un vecchio, e busto, e si vede la mano sinistra, che guarda abbasso, mano del . . . . . con panno oscuro con barba lunga e bianca, in tela in piedi alta p.^{mi} tre meno un dito, larga p.^{mi} due e un terzo con cornice liscia dorata alla romana.

Un altro quadro quasi mezza figura di mezza pietà con panneggiamenti assai oscuri in tela in piedi, opera di . . . . .

alta p.mi tre, e larga p.mi due e mezzo con sua cornice intagliata e dorata.

Un quadro con la Vergine a sedere appoggiata con la sinistra ad un tronco tenendo alla mano un libro, che sta guardando S. Giovanni Battista quale tiene in braccio il Bambino Gesù riguardato parimente da S. Giuseppe che sta dall'altra parte appoggiandosi al suo bastone, in paese, del *Pordenone*, in tavola a giacere alta p.mi 5. e larga p.mi sette e mezzo con cornice dorata intagliata alla genovese.

Un altro quadro con testa di un uomo, che appoggia il capo alla man sinistra, del *Palma*, in tela in piedi alta p.mi dui e un terzo e larga p.mi dui meno un dito con cornice liscia dorata.

Un altro quadro con Cristo in mezzo alli Apostoli che prende la mano di S. Tomaso, e l'accosta al suo costato, e sotto S. Pietro martire genuflesso e un altro santo, del *Tintoretto*, in tela in piedi alta p.mi 2. e larga p.mi uno e un quarto senza cornice.

Un altro quadro in tavola un poco convessa con la testa di una vecchia con scuffia bianca legata sotto il collo dipinta con gran forza, di *Raffaele*, alta p.mi uno e un quarto, larga p.mi uno con cornice dorata intagliata alla romana con dui delfini da capo.

Un altro quadro con diversi animali e un cavallo bianco nel mezzo, con un pastore che dorme con tre cani appresso in paese, del *Bassano*, in tela a giacere larga p.mi dui e due terzi, alta p.mi due senza cornice.

Un altro quadro di Cristo con l'adultera con varie altre figure, del *Dossi*, in tavola in piedi alta p.mi tre e larga p.mi due e un terzo con cornice dorata liscia alla romana.

Un altro quadro con l'Erodiade mezza figura con la testa del Battista in mano, e dietro un'altra figura, di *Giorgione*, in tela in piedi alta p.mi tre e mezzo e larga p.mi tre con cornice dorata intagliata alla genovese.

Un altro quadro con testa del Salvatore coronato di spine d'Annibale *Carracci* in tela in piedi alta p.mi dui e larga p.mo uno e mezzo cornice dorata liscia alla romana.

Un altro quadro in rame di una Madonna a sedere col Bambino in seno e S. Gio. Battista genuflesso, S. Giuseppe che sta mirandoli con veduta di paese, architettura e un vaso con gigli bianchi, d'Annibale *Carracci*, alto p.^{mi} due e due terzi, e largo p.^{mo} uno e un terzo con cornice liscia alla romana, parte verde e parte dorata.

Un altro quadro di una testa di un frate col cappuccio al petto, abbozzato non finito, di mano del cavalier *Bernino*, in tela in piedi con cornice intagliata, parte noce e parte d'oro alla romana, alto p.^{mo} uno e dui terzi e largo p.^{mo} uno e un terzo.

Un altro quadro con testa, di *Michelangelo* di Caravaggio, non finito affatto con cornice d'ebano e fico d'India, liscia alla romana, alto p.^{mi} uno e tre quarti e largo p.^{mo} uno e un terzo.

Un altro con la Vergine in aria a sedere sopra una nuvola e quattro putti intorno, d'Annibale *Caracci*, in tela in piedi alto p.^{mo} uno e due terzi e largo p.^{mo} uno e un terzo, senza cornice.

Un altro quadro dei fiori del Padre *Segiri* (*Seghers*) che fan corona ad un Cristo di chiaro scuro, in tela in piedi alta p.^{mi} cinque e un quarto e larga p.^{mi} quattro senza cornice.

Un quadro di un Cristo morto sostenuto a sedere da un angelo e con la figura di un vecchio appresso, d'Andrea *Schiavone*, in tela in piedi alta p.^{mi} quattro e due terzi e larga quattro scarsi, con cornice liscia dorata alla romana.

Un altro quadro di Giuditta in piedi, più di mezza figura con la vecchia, e la testa d'Oloferne in atto di portarla in un bacile, del *Cangiasio*, in tela in piedi alta p.^{mi} cinque e un quarto e larga p.^{mi} quattro con cornice liscia dorata alla romana.

Un altro quadro di ritratto di donna venetiana col busto d'avanti aperto allacciato largamente con velo bianco alle spalle, della scuola di Venetia, in tela in piedi alta p.^{mi} tre e un terzo, larga p.^{mi} due e dui terzi con cornice liscia dorata alla romana.

Un altro quadro con architettura di portico e colonnato antico con la Piramide di Curio ed una nicchia con la statua, con una figura a sedere su le ruine, altra in atto di seppellire un morto postolo in terra, con bel paese, di Monsù *Posino (Poussin)*, in tela a giacere alta p.^{mi} cinque scarsi, larga p.^{mi} sette e tre quarti, con cornice liscia dorata alla romana.

Un altro quadro della Vergine col Bambino in braccio, con la destra tiene un libretto e S. Giuseppe con le mani giunte, di *Battista* del Moro, in tela a giacere alta p.^{mi} due e un quarto, larga p.^{mi} 2. e mezzo con cornice nera.

Un altro quadro con la testa di un giovane con cappello negro, col collaro e petto solo sbozzato del *Vandich*, in tela in piedi alta p.^{mi} 2. e un terzo e larga p.^{mi} dui scarsi, senza cornice.

Un altro quadro con le tre Gratie l'una in mezzo, in schiena, l'altre due in faccia, di..... in tela in piedi alta p.^{mi} dui e larga p.^{mi} uno e mezzo senza cornice.

Un altro quadro con mezza figura di un giovane con collaro liscio bianco, zimarra nera con pochi capelli, in tela in piedi, del *Bassano*, alta p.^{mi} tre e mezzo e larga p.^{mi} tre, senza cornice.

Un altro quadro mezza figura di un uomo di qualche età, calvo in testa con il collaro bianco liscio, che con la mano manca tiene un fazzoletto simile e sopra il tavolino un orologio a polvere, del *Bassano*, in tela in piedi alta p.^{mi} quattro meno un quarto e larga p.^{mi} tre e un terzo, senza cornice.

Un altro quadro con la figura di un filosofo in piedi in profilo, che tiene in mano uno specchio dentro il quale si vede in faccia il suo viso, e abasso una testa di morto sopra un libro, detto lo Straccione, in tela in piedi alta p.^{mi} quattro e un terzo e larga p.^{mi} dui e doi terzi, senza cornice.

Un quadro con paese, di *Brugolo*, con capanne e diverse figure di villani e animali, in tavola in piedi alta p.mi due e larga p.mo uno e due terzi con cornice dorata intagliata alla fiorentina.

Un quadro di un apostolo mezza figura più del naturale con asta nella mano destra, del *Fetti*, in tela in piedi alta p.mi cinque meno un terzo, larga p.mi quattro e mezzo con cornice dorata liscia alla romana.

Un altro quadro con figura eguale di un, altro apostolo, del *Fetti*, in tela in piedi alta p.mi cinque meno un terzo e larga p.mi quattro e mezzo con cornice dorata liscia alla romana.

Un altro quadro con viaggio di pastori e figure su per montagna in bel paese montuoso, di Gio. Benedetto *Castiglione*, in tela a giacere, larga p mi cinque e un terzo, alta p.mi quattro meno due dita, senza cornice.

Un altro quadro di dottore Venetiano in piedi avanti un buffetto con tappeto sul quale posa la mano manca, più di mezza figura, vestito di rosso con pelliccia bianca moscata di codette, del *Bassano*, in tela in piedi alto p.mi cinque e largo p.mi 4. con cornice liscia dorata alla romana.

Un altro quadro con paese di una figura che combatte con un leone, di mano di *Crescentio*, in tela in piedi alta p.mi 5. e un quarto, larga p.mi quattro meno un terzo, con cornice dorata liscia alla romana.

Un quadro con testa di un giovane con berrettino negro calcato nella fronte in campo d'aria, senza collaro con giuppone rotto per l'apertura del quale e delle maniche mostra parte della camiscia, con veduta di poco paese, d'*Andrea* del Sarto, in tavola in piedi alto p.mi uno e un terzo, largo p.mo uno, con cornice di noce antica.

Un quadro con testina antica in tavola con berrettino nero, e con filetto bianco per collaro, della scuola di *Raffaele*, alto p.mo mezzo e largo poco meno con cornice d'ebano.

Un quadro con S. Carlo genuflesso con le mani al petto in

croce in abito cardinalizio volto verso un Crocefisso posto sopra un tavolino con testa di morto, campanello e libri, del cavalier *Giuseppe d'Arpino*, in tela in piedi alta p.^{mi} 2. e due terzi, larga p.^{mi} 2. con cornice, fondo di tartaruca, profilata d'ebano.

Un altro quadro ovato in fondo d'oro con la testa di Medusa, fieramente depinta, del *Mola*, senza cornice alta p.^{mi} dui e mezzo scarsi e larga p.^{mi} dui meno un quarto.

Un altro quadro col martirio di S. Bartolomeo con un angelo che lo corona in mezzo a manigoldi ed altre figure, delle quali una a cavallo, in tavola in piedi di Guido *Reno*, alta p.^{mo} uno e tre quarti e larga p.^{mi} uno e mezzo, con cornice dorata liscia alla romana.

Un altro quadro col ritratto di Tomaso Moro, mezza figura, che tiene nelle mani una carta con maniche di velluto cremisino e zimarra nera foderata di zibellino con l'abito al collo della giarettiera con berretta nera in testa, come da prete, dell'*Olbeni*, in tavola in piedi alta p.^{mi} tre e larga p.^{mi} 2. e un quarto, con cornice liscia dorata alla romana.

Un altro quadro di una Madonna in campo d'aria con splendore con due Angeli, che le tengono in testa una corona col santo bambino in seno che succhia il latte, ed intorno S. Giuseppe, S. Barbara, S. Catterina e S. Gio: Battista, del *Moretto*, in tavola a giacere alto p.^{mi} dui e largo p.^{mi} dui e mezzo, senza cornice.

Sette tavole in piedi con la vita, miracoli e martirio di San Bastiano ben dipinte e conservate, con figure poco minori di due p.^{mi}, architetture e paesi rispettivamente, del *Mantegna*, tutte eguali di misura, alte p.^{mi} tre ed un quarto e larghe p.^{mi} dui, ed un q^{to} con cornici compagne liscie dorate alla romana.

Un quadro bislongo con l'istoria di Cristo condotto al Monte Calvario con la croce in spalla, con molti soldati a piedi ed a cavallo seguito dalla Vergine, che sviene in mezzo alle Marie, in paese, di *Raffaele*, in tavola a giacere alta p.^{mi} uno e larga p.^{mi} tre e mezzo senza cornice.

Due altre tavole contigue alla medesima, l'una con l'orazione all'orto e discepoli che dormono, e l'altra di Cristo morto in seno alla Vergine con S. Giovanni che lo sostiene, genuflessa la Madalena che li bacia un piede e Giuseppe d'Arimatia e Nicodemo in piedi in atto compassionevole, alte p.mi uno e larghe p.mi uno e un quarto scarso.

Due altre tavole, l'una con S. Francesco, e l'altra con S. Antonio di Padova in piedi, che caminavano da due lati, alte p.mi uno e larghe dui terzi senza cornice.

Un quadro con figura di una donna col braccio destro ignudo, e con la mano a' capelli, come in atto di acconciarsi il capo con un uomo dietro che li regge lo specchio, del *Pordenone*, in tela in piedi alta p.mi tre et un terzo, larga p.mi tre scarsi con cornice dorata intagliata alla genovese.

Un altro quadro di un bambino alato in aria con panno bianco in sollazzo, che in ambe le mani tiene rami d'ulive, di *Paolo* Veronese, in tela in piedi alto p.mi quattro e mezzo e largo p.mi tre e tre quarti, senza cornice.

Un altro quadro di Carlo Quinto Imperatore armato a cavallo con la lancia alla mano in bel paese, di *Tiziano*, di tela in piedi alta p.mi 3. e mezzo e larga p.mi 3. e un dito, con cornice nera d'ebano.

Un altro quadro con la Vergine che sedendo in terra tiene sopra le sue ginocchia il Bambino in atto di dormire col capo chino verso lei e amorosamente lo vagheggia, con sopra Angeli che colgono palme, opera assai stimata, del *Correggio*, in tela alta p.mi due e larga uno e mezzo, senza cornice.

Un altro quadro di paese con un mulo carico di procaccio con due uomini vetturali, sei mulatieri, che li caminano avanti, assai bello del *Correggio*, in tela a giacere alta p.mi tre e larga quattro p.mi meno un quarto, con cornice intagliata non dorata.

Un quadro d'una Venere ignuda in schiena, in atto di abbracciare Adone, che sta in piedi con cani alla mano sinistra, e tiene con la destra un dardo in atto d'andare a caccia con un amore che dorme sotto l'albore, con paese in tela in piedi, opera di..... alta p.^{mi} tre e larga p.^{mi} dui e due terzi, senza cornice.

Un quadro con una tempesta di mare con due uomini che tirano fuori dalla tempesta dui altri con una fune, ed un altro attaccato ad un ramo d'albero per salvarsi ed un romito in ginocchione in uno scoglio a piè di un albore in atto di orare e un altro uomo che fa parimente atto di orare, in tela a giacere, mano di..... alto p.^{mi} due e mezzo e largo p.^{mi} quattro, senza cornice.

Un quadro di S. Michele Arcangelo dipinto sopra il raso con una spada alla mano destra ed un fulmine nella mano sinistra sopra le nuvole, senza cornice alto p.^{mi} sei e largo p.^{mi} quattro.

Un altro quadro di un Angelo Custode che tiene per la mano un'anima che gli addita la via del Paradiso dipinta in raso con paese alto p.^{mi} tre e mezzo e largo p.^{mi} tre scarsi, senza cornice.

Un altro quadro con una Madonna col Bambino in braccio e S. Giovanni Battista, che li sporge un cartello in campo d'aria dipinto in raso, alto p.^{mi} tre scarsi e largo p.^{mi} tre scarsi, senza cornice.

Una Venere ignuda in schiena in atto di abbracciare Adone che sta in piedi con cani alla mano sinistra, e tiene alla mano destra un dardo in atto di andare a caccia, figure di mezzo naturale, opera di..... in tela in piedi alta p.^{mi} cinque e un quarto, larga p.^{mi} quattro e due terzi, con cornice parte intagliata, parte liscia, tutta dorata.

Un quadro di un ritratto del Gran Cancelliere di Svezia Oxenstierna vestito di negro col collaro liscio con fiocchetti davanti con cornice dorata liscia alla fiorentina, in tela in piedi alta p.^{mi} quattro e un terzo e larga p.^{mi} tre e mezzo.

Un ritratto di una donna Svedese presso una fontana che con

la mano sinistra coglie una rosa, vestita di rosso pittore-
scamente in paese, in tela in piedi alta p.^{mi} quattro e
mezzo e larga p.^{mi} tre e mezzo, senza cornice.

Un altro quadro di Cromvel armato con benda e collaro e
bastone di comando in mano, e con architettura in parte,
in tela in piedi alta p.^{mi} cinque e larga p.^{mi} quattro,
senza cornice.

Un ritratto del generale Chinismarch armato con banda e
bastone in mano, in piedi, con veduta d'aria, alta p.^{mi}
quattro ed un terzo e larga p.^{mi} tre e ⅔.

Un ritratto del conte Doria con banda china e armatura con
l'elmo sopra un tavolino, e bastone di comando nella
mano manca, in tela in piedi alto p.^{mi} quattro e un dito
e largo p.^{mi} tre e mezzo con cornice liscia dorata alla
fiorentina.

Un altro quadro ritratto del principe Adolfo fratello del re
Carlo di Svetia armato in piedi con la mano sinistra al
fianco e la destra appoggia ad un bastone con l'elmo appresso in un tavolino, in tela in piedi alta p.^{mi} quattro
e un terzo e larga p.^{mi} tre e due terzi, con cornice liscia
dorata alla fiorentina.

Un altro quadro del ritratto del re Carlo di Svetia con benda
turchina, armato con la mano sinistra su l'anca, e la destra appoggia all'elmo, in tela in piedi alta p.^{mi} 4. e un
quarto e larga p.^{mi} tre e mezzo, con cornice come sopra.

Un altro quadro ritratto del conte Magnus de Lagarde con
la man destra al fianco, e benda turchina e con la mano
sinistra appoggiata sull'elmo ed il bastone di comando,
in tela in piedi alto p.^{mi} 4. e mezzo e largo p.^{mi} tre e
mezzo con cornice come sopra.

Un altro quadro del generale Ventiz armato con bastone di
comando nella destra, e la sinistra sopra un elmo, in tela
in piedi alta p.^{mi} quattro et un dito e larga p.^{mi} tre e
mezzo, con cornice come sopra.

Un altro quadro ritratto del generale H. con benda turchina
armato con la man sinistra sopra l'elmo e la destra un

bastone di comando, in tela in piedi alto p.^{mi} quattro e
un quarto e largo p.^{mi} tre e mezzo, con cornice come
sopra.

Un altro quadro ritratto del generale Wranghel in piedi armato con la sinistra alla guardia della spada e nella destra
un bastone di comando, in tela in piedi alta p.^{mi} 4. e
un terzo e larga p.^{mi} tre e mezzo, con cornice come
sopra.

Un altro quadro ritratto del conte Ulfeld a sedere con l'abito
di Danimarca al collo e con la destra sopra la testa di
un cane, in tela in piedi alta p.^{mi} quattro e mezzo, larga
p.^{mi} tre e mezzo con cornice liscia dorata alla fiorentina.

Un altro quadro ritratto di bella donna Svedese, vestita d'azzurro, che tiene la mano destra al petto, e con la sinistra una ghirlanda di fiori, in tela in piedi alta p.^{mi} 4. e
mezzo e larga p.^{mi} tre e mezzo, senza cornice.

Un ritratto del re Filippo quarto di Spagna, del *Velasco*, in
tela in piedi alta p.^{mi} due e mezzo, larga p.^{mi} due e due
dita, con cornice dorata liscia alla fiorentina.

Un altro quadro ritratto di Gabriel Nauder bibliotecario del
Cardinal Mazzarini con molti libri avanti, in tela in piedi
alta p.^{mi} quattro e tre dita, larga p.^{mi} tre e mezzo scarsi
con cornice liscia dorata alla fiorentina.

Un altro quadro ritratto d'uomo di lettere presso un tavolino
appoggiando la sinistra mano sopra un libro in piedi e
tenendo la mano destra con la penna in atto di scrivere
sopra un foglio bianco, in tela in piedi alta p.^{mi} quattro
e un dito, larga p.^{mi} tre e mezzo scarsi, con cornice
liscia dorata alla fiorentina.

Un altro quadro ritratto di un antiquario vestito di color bigio
guarnito d'oro, con la mano destra al fianco e con la
sinistra tiene il gran cameo di Sua M.^à tenendo avanti di
se medaglie, busto e statua antica, in tela in piedi alta
p.^{mi} quattro e tre dita e largo p.^{mi} tre e mezzo scarsi,
con cornice liscia dorata alla fiorentina.

Un altro quadro ritratto di Pico della Mirandola in profilo

con toga e berretta rossa e sopraveste turchina, in tavola
in piedi alta p.mi due e tre quarti scarsi e larga p.mi due,
con cornice liscia dorata alla fiorentina.

Un altro quadro ritratto d'Ugone Grotio con collaro a lattuga
senza mani, un poco guasto nella fronte, in tavola in
piedi alta p.mi due e tre quarti, larga p.mi dui ed un
quarto con cornice liscia dorata alla fiorentina.

Un altro ritratto di Gherardo Giovanni Vossio con collarone
a lattuga in tavola, alta p.mi tre scarsi e larga p.mi due
e due dita, come sopra.

Un ritratto di Renato des Cartes che mostra l'estremità della
mano sinistra tenendo il cappello, in tela in piedi alta p.mi
tre e un terzo e larga p.mi due e tre quarti, senza
cornice.

Un ritratto del cavalier Cassiano del Pozzo con l'abito di San
Stefano al collo, di Monsù *Valentino*, alto in tela in piedi
p.mi tre e largo due e quattro dita con cornice liscia
dorata alla fiorentina.

Un altro ritratto della regina Maria madre di Sua M.tà a sedere con un ventaglio alla mano manca, in tela in piedi
alto p.mi quattro e un terzo, largo p.mi tre e mezzo con
cornice come sopra.

Un altro ritratto della regina di Svetia presso una fontana
in paese con occhi e capelli neri, in tela in piedi alto
p.mi sei e largo p.mi cinque, senza cornice.

Un altro ritratto parimente di Sua M.tà poco simile in tela
quasi di testa con veduta di poco paese, alto p.mi tre
e un terzo, largo p.mi tre scarsi con cornice liscia dorata
alla fiorentina.

Un altro di Sua M.tà, in tela poco simile e cattivo fatto da
un pittore di Danimarca, alto p.mi quattro e mezzo e
largo p.mi tre e due terzi, senza cornice.

Un altro ritratto di Sua M.tà poco simile, in tela in piedi
dell'istesso pittore, alto p.mi cinque scarsi e largo p.mi
quattro scarsi, senza cornice.

Un altro ritratto di Sua M.tà, in tela in piedi dell'istesso pit-

364

lore alto p.mi cinque e mezzo e largo p.mi quattro, senza cornice.

Un altro ritratto della regina di Svetia moglie del re Carlo a sedere, in tela in piedi, alta p.mi sei e larga p.mi cinque, senza cornice.

Un altro ritratto del presente re di Svetia giovanetto con la mano manca al fianco e la destra appoggiata ad un bastone di comando con la testa di un gran leone appresso, veduta d'architettura e paese, in tela in piedi alta p.mi sei e un dito e larga p.mi cinque senza cornice.

Un altro ritratto del re di Francia giovanetto con manto reale con l'abito dello Spirito Santo con due scettri nelle mani a sedere in faccia, in tela in piedi, alta p.mi sei, larga p.mi quattro con cornice liscia dorata alla fiorentina.

Un altro ritratto del Re di Francia da giovane armato con collaro, sciarpa bianca, sfondato nel viso, in tela in piedi alta p.mi due e tre quarti e larga p.mi 2., con cornice liscia dorata alla fiorentina.

Ritratto del re di Polonia armato e con sopra il manto, in tela in piedi alto p.mi tre e due dita, largo dui p.mi e mezzo senza cornice.

Un altro ritratto di un giovanetto armato con la sciarpa bianca, e con bottoncino nella mano destra, in tela in piedi alta p.mi cinque e tre quarti e larga p.mi quattro e mezzo, senza cornice.

Un altro ritratto del re di Spagna giovanetto con cappello con piume nella man sinistra e nella destra un bastone di comando con un angiolino sopra che tiene una corona, in tela in piedi alto p.mi sei e un quarto e largo p.mi quattro con cornice liscia dorata alla fiorentina.

Un ritratto del Salmasio con collaro liscio e fiocchi sciolti con la man destra nel petto, in tela in piedi alta p.mi tre e un terzo, larga p.mi due e tre quarti, con cornice liscia dorata alla fiorentina.

Un altro ritratto del d.o Salmasio senza mani, in tela in piedi alta p.mi tre e larga dui e mezzo con cornice liscia dorata alla fiorentina.

Un altro ritratto del cavalier *Bernini* in disegno, o pastello in carta con suo vetro sopra, alta p.^mi uno e due terzi e larga p.^mo uno con cornice di pero tinto nero.

Un ritratto di monsù Bordellon medico francese della regina, che fu a servirla in Svetia, in tela in piedi alta p.^mi quattro e un terzo e larga p.^mi tre e due terzi, con cornice liscia-alla fiorentina.

Un ritratto di monsù Canut ambasciatore del re di Francia alla regina Cristina, in tela in piedi alta p.^mi 4. e un quarto, larga p.^mi tre e mezzo con cornice dorata alla fiorentina.

Un ritratto del Duca d'Orleans giovane armato, in tela in piedi alto p.^mi due e mezzo e largo p.^mi dui scarsi con cornice liscia dorata alla fiorentina.

Un ritratto di madama Vallier più di mezza figura, bella dama in atto di andare a caccia con l'arco e cane avanti e la faretra alle spalle, in tela in piedi alta p.^mi quattro e mezzo e larga 3. e dui terzi, senza cornice.

Un quadretto con un cavaliere e una dama a cavallo in atto di andare a caccia con dui cani e un cacciatore con l'archibugio in spalla, in tela a giacere alto p.^mo uno e un quarto e largo p.^mo uno e due terzi, senza cornice.

Un ritratto del Re di Svetia fanciullo armato di ferro con collaro bianco con merletto, in tela in piedi alta p.^mi due e larga p.^mo uno e due terzi, senza cornice.

Un quadro della Presentazione al tempio con un altare e due candele e una donna che tiene un bambino in braccio con il vecchio Simeone, con molt'altre figure con architettura, in tela in piedi alta p.^mo uno e un terzo, larga p.^mo uno e tre quarti con cornice intagliata e dorata.

Due quadri di frutti diversi cioè, pera, mele, uva, persiche, fichi, cerase e un cagnolino sopra un canestrino rosso, e nell'altro vi è un papagallo che mangia l'uva, tutti fatti di ricamo di seta, ed avanti detti quadri vi è un cristallo per ciascheduno, alti p.^mi due e un quarto e larghi p.^mi due e tre quarti, con cornice indorata intagliata e due fogliami nell'attaccature parimente dorate.

Un quadro di una Musa a sedere che con la mano destra tiene un flauto e la sinistra l'appoggia sopra una lira, e rivolta ad un Satiro e sotto la mano destra vi è un Amorino, che si attacca a panni di d.ª Musa e d.º Amorino appoggia il ginocchio destro sopra un globo che li si vedono diversi Satiretti in paese, in tela in piedi alta p.mi sei e tre quarti, e larga p.mi quattro e tre quarti con cornice dorata, parte granita, parte liscia.

Un quadro di Eraclito piangente con un panno colore di cannella con mezze braccie coperte, con la mano sinistra tiene un pezzo di d.º panno in testa e con la mano destra accenna con un dito, con una rupe in campo d'aria, in tela in piedi alta p.mi dodici e larga p.mi otto senza cornice, mano dello *Spagnoletto*.

Un altro quadro di Democrito filosofo a sedere e ridente, con la mano destra tiene un compasso e la sinistra appoggia sopra un mappamondo, che sta posto sopra un tavolino, con un calamaro, e penna, e libri, e carte di geometria, e le dette braccia sono mezze ignude, ed il braccio destro è un poco scrostato, in campo d'aria con architettura, d'altezza e larghezza come il sud.º, e mano del sud.º *Spagnoletto*.

Un quadro grande con Orfeo a sedere in piedi ad un arbore che sona la lira, circondato da gran numero di animali terrestri e volatili, che stanno ad udirlo in paese, tela a giacere alta p.mi cinque e mezzo e larga p.mi 9. e mezzo, con cornice dorata liscia alla romana.

Un ritratto del principe Tomaso, armato il petto di ferro col manto rosso, e con la mano destra tiene il bastone di comando, e con la sinistra accenna, e dietro il d.º ritratto vi è un moro che tiene la briglia del suo cavallo con l'esercito sopradunato in campagna aperta, in tela in piedi alto p.mi nove e due terzi e largo p.mi sei e due terzi con cornice liscia dorata alla fiorentina.

Dui ritratti di un cavallo chiamato il *favorito*, di pelame folto oscuro in campo d'aria, in uno de'quali vi sono tre fanciulli alati, due de'quali tengono due cordoni della briglia e l'altro uno rotolo che dice » il favorito » in tela a giacere alta p.mi quattro e tre quarti e larga p.mi cinque e mezzo, senza cornice.

Un quadro della cena di Gesù Cristo con tutti gli Apostoli, tessuto in oro, argento e seta di diversi colori, opera di mastro *Agosto*, alto p.mi nove e un dito e largo p.mi 13. e tre quarti, senza cornice.

Un ritratto di Memet quarto imperatore de'Turchi vestito alla turchesca col suo turbante in testa e un camauro sopra un cuscino rosso con arco e frezza, che con la mano destra accenna sopra il detto camauro, in tela in piedi alta p.mi nove e larga p.mi sei, senza cornice.

Un ritratto della gran Sultana moglie del sud.° Memet 4.°, vestita con abito rosso e sopra veste verde alla turchesca, che tiene la mano destra appoggiata al fianco, e con la sinistra accenna, in tela in piedi alta p.mi 9. e larga p.mi sei, senza cornice.

Un quadro del Martirio di S. Sebastiano che tiene la mano sinistra ligata ad un ramo d'arbore e la destra non si vede, saettato nella coscia sinistra e nel petto e nel braccio sinistro con un angelo che cala dal cielo che con la mano destra tiene la palma e con la man sinistra l'accenna la corona di rose, in paese e campo d'aria, in tela in piedi alto p.mi dodici e largo p.mi otto con un buco da piedi, senza cornice.

Un quadro con una Santa Maria Madalena col petto e braccio ignudo et il restante coperto con un panno rosso con le mani al petto e un Angelo con una particola in mano in atto di comunicarla, e un altro Angelo e due Cherubini sopra in aria, ed un altro Angelino che sta a sedere sopra un sasso che tiene un vaso con la man sinistra, e avanti detta Santa vi è un libro appoggiato in una testa di morto e una Croce, in tela in piedi, alta p.mi undici, e tre quarti e larga p.mi otto.

Un quadro con un uomo, e una donna ignudi abbracciati
con un Amorino, che scherza con diversi fiori che stanno
in un canestrino in un giardino con una fontana, in tela
a giacere alta p.mi sei e mezzo, e larga p.mi dieci, e un
quarto, senza cornice.

Un ritratto di Regina armata il petto di ferro e manto reale
azzurro, e la veste fino al ginocchio bianca con ricami
d'oro, con la mano destra tiene il bastone del comando,
e un Moretto dietro che li tiene il manto, e in piedi vi
sono diverse armature in campo d'aria e paese, in tela
in piedi, alta p.mi otto e mezzo e larga p.mi sette, senza
cornice.

Un altro quadro con dieci puttini che fanno diversi giochi chi
con ghirlande di fiori, e chi alla gatta cieca in paese, in
tela a giacere alta p.mi quattro e doi terzi e larga p.mi otto,
con cornice dorata liscia alla romana.

Un ritratto del Re di Francia a cavallo armato, e con la mano
destra tiene il bastone di comando, e al collo la cravatta,
e a traverso sopra la spalla una banda bianca, e l'abito
dello Spirito Santo e due pistole davanti, e il cavallo è
di color d'Isabella con sotto altra gente armata e d.° ritratto tiene in testa una corona d'alloro, in tela in piedi
alto p.mi dieci e mezzo e largo p.mi nove e un dito,
senza cornice.

Un quadro di S. Francesco di Sales in ginocchioni sopra un
cuscino verde con le mani al petto con rocchetto bianco,
e mantelletta paonazza ed avanti a lui vi è dipinto come
un quadretto della Madonna e S.ta Elisabetta, in tela in
piedi alto p.mi cinque e mezzo e largo p.mi quattro scarsi,
con cornice dorata e intagliata.

Cinque quadri con diversi vasi di fiori e altri fiori parte in
conchiglie, e parte in terra di diversi colori, in tela a
giacere, alti p.mi 4 e larghi p.mi 5 e un terzo, con cornici intagliate, tutte simili, ad uno de' quali è rotta la
cornice, e telaro.

Un quadro con Venere con le mani giunte in atto di piangere

Adone morto con un Amorino che tiene un bracco, in
paese in tela a giacere con un buco da piedi, alto p.mi quattro, e largo p.mi cinque e un terzo, con cornice intagliata e dorata, alla napolitana.

Un altro quadro dell'Europa a sedere sopra un toro che fugge,
e tre altre donne, che fanno ceano di chiamare, ed un'
altra in ginocchioni con le mani giunte in atto di piangere, in paese in tela a giacere alta p.mi quattro e larga
p.mi cinque e un terzo con cornice come sopra.

Un altro quadro di un vecchio a sedere che li viene avanti
con uomo armato che tiene nelle mani l'elmo con tre
altre figurine in paese in tela a giacere alto .....

Sei quadri con diversi paesi con monti, scogli e marine e qualche figurina ordinarii, in tela a giacere alta p.mi tre ed
un quarto e larga p.mi sei meno un q.to, tutti senza cornice.

Un quadro con diverse donne in un bagno, una delle quali
rapita da un uomo armato, in paese, quadro benchè non
finito assai bello di Giuseppe Salviato, in tela a giacere
alto p.mi otto e largo p.mi dieci e mezzo con cornice
liscia dorata alla romana.

Un altro quadro di S. Sebastiano con le braccia ligate sopra
il capo, figura grande al naturale in paese, di Guido Reni,
della p.ma-maniera, in tela in piedi alta p.mi nove ed un
terzo, larga p.mi sei e tre quarti, con cornice dorata liscia
alla fiorentina

Un altro quadro con la Trasfigurazione del Signore con Cristo
in mezzo a Mosè ed Elia con i tre discepoli a basso, maggiore del naturale, di Michelangelo Caravaggio, in tela in
piedi, alta p.mi diecinove e mezzo, larga p.mi undici, con
cornice liscia dorata alla romana.

Un altro quadro di un cartone per arazzi con favola di Giove,
con una donna a sedere in un letto con Mercurio che siede
in terra, e trattiene il custode figurato in persona di un
moro, figure maggiori del naturale, di Giulio Romano in
cartone foderato, di tela a giacere alta p. 14. e larga
p.mi 15., con cornice dorata liscia alla romana.

Un altro quadro di cartone con Giove e Giunone, che si baciano, figure maggiori del naturale in cartone foderato di tela, di *Giulio* Romano, in piedi alto p.mi 13. e mezzo e largo p.mi undici e mezzo con cornice liscia dorata alla romana.

Un altro quadro di cartone con Giove in aria che si accosta a Semele circondato di fuoco con l'aquila che li sostiene il fulmine, di *Giulio* Romano, figura maggiore del naturale in cartone, foderato di tela a giacere alto p.mi quattordici e largo p.mi quattordici con cornice liscia dorata alla romana.

Un altro quadro di cartone con Giove in atto di prendere Io, con l'aquila sotto di essa, e Diana sopra, figure maggiori del naturale, di *Giulio* Romano, in cartone foderato, in tela in piedi alta p.mi tredici e due terzi e larga p.mi dodici con cornice dorata liscia alla romana.

Un altro quadro di cartone con Danae e Giove, in paese figure maggiori del naturale, di *Giulio* Romano, in cartone foderato di tela a giacere alta p.mi dieci e due terzi e larga p.mi undici e mezzo, con cornice dorata liscia alla romana.

Un altro quadro con Milone Crotoniata con le mani in un albero e con leone che li morde la gamba manca, in paese con una tigre poco lontana, del *Pordenone*, in tela a giacere alta p.mi otto e un quarto, larga p.mi nove e mezzo con cornice intagliata dorata alla genovese.

Un altro quadro con un Baccanale ed un Sileno in faccia coronato d'edra che sostiene un panno con uve dentro con la testa dell'avanti, dietro da una parte un uomo con una tazza in mano e dall'altra una donna baccante scapigliata con maschere, di *Rubens*, in tela in piedi alta p.mi cinque e mezzo e larga quattro e mezzo con cornice liscia dorata alla romana.

Un altro quadro con una donna in schiena bona parte ignuda con un satiro che coglie grappi d'uva, doi putti con diverse figure a giacere in gruppo in un vago paese, in tela a giacere alta p.mi otto e un terzo e larga p.mi dodici e due terzi, con cornice dorata liscia alla romana.

Un quadro con l'istoria di Scipione in trono con varii soldati e ricche spoglie intorno, in atto di render la sposa presentatati prigione dal suo sposo, con la madre e padre che gli assistono e varie donne e soldati con architettura e paese, quadro insigne disegnato, colorito e degradato a maraviglia, del *Rubens*, in tela a giacere alta p.^{mi} otto e ½. e larga p.^{mi} quindici scarsi con cornice liscia dorata alla romana.

Un altro quadro compagno del sud.º con l'istoria della regina Tomiri, che fa immergere avanti a se la testa di Ciro in una conca di sangue con assistenza di molte donne, paggi, e satrapi e guerrieri con architettura e paese, quadro insigne e forse superiore all'altro, del *Rubens*, in tela a giacere alta p.^{mi} otto e mezzo e larga p.^{mi} quattordici e un terzo, con cornice dorata liscia alla romana.

Un quadro con figure di..... fiume e donne fatte per simbolo delle quattro parti del mondo con una tigre e un cocodrillo con diversi putti con l'onde del mare, pensiero ben inventato e felicemente espresso, del *Rubens*, in tela a giacere, alta p.^{mi} nove meno un q.^{to} e larga p.^{mi} undici e un terzo con cornice liscia dorata alla romana.

Un altro quadro con Diana in piedi in atto di tornare da caccia con molte ninfe cariche di preda e con cani, satiri carichi di frutti, e con doi putti che ne prendono e mangiano in bel paese, del *Rubens*, in tela a giacere alta p.^{mi} otto e mezzo e larga dieci meno un quarto con cornice dorata liscia alla romana.

Un altro quadro con Ganimede sollevato in aria dall'aquila in atto di ricevere una tazza, Ebe che gliela porge accompagnata da altre figure di donne, del *Rubens*, in tela in piedi alta p.^{mi} nove e mezzo e larga p.^{mi} nove con cornice dorata liscia alla romana.

Un altro quadro di una cucina o bottega di pollami, animali, frutti, erbaggi, carne, vasi e piatti con una vecchia e un vecchio in atto di stellar legna, con veduta di paese, del *Rubens*, in tela in piedi alta p.^{mi} undici e mezzo e larga undici e due terzi con cornice dorata liscia alla romana.

Un quadro con Iuditta in piedi, che con la destra tiene la
spada e con la sinistra la testa d'Oloferne e con la servente dietro che sta per riceverla con un panno, in tela
in piedi alta p.mi sette e un q.to, larga p.mi 4 e due terzi
con cornice liscia alla romana, del *Rubens*.

Un altro quadro con Ercole che fila in mezzo alle donzelle
di Jole, che ridendo li tira l'orecchio con una vecchia
che tiene in mano un fuso, in paese, del *Rubens*, in tela
in piedi alta p.mi undici e larga p.mi otto e mezzo con
cornice liscia dorata alla romana; un altro quadro con
Adone ignudo ferito in mezzo a diverse donne con Venere che ha seco un Amore che piange, del *Rubens*, in
tela in piedi alta p.mi undici e larga p.mi otto e mezzo,
con cornice liscia dorata alla romana.

Un quadro con Susanna al fonte, e appresso i due vecchi,
copia dell'istesso *Rubens*, di un originale di Guido *Reni*,
in tela a giacere alta p.mi quattro et un terzo e larga
p.mi sei meno un quarto, con cornice liscia dorata alla
romana.

Un altro quadro con Abramo, che ha dietro Sara che sta in
atto devoto e riverente verso i tre Angioli i quali *tres
vidit et unum adoravit*, del *Rubens*, in tela a giacere alta
p.mi quattro e mezzo e larga p.mi 6 meno un terzo, con
cornice liscia dorata alla romana.

Un altro quadro con la figura del beato Lorenzo Giustiniano
in atto di scrivere ad un tavolino con la mitra e una
Croce appresso, sopra la figura della Sapienza che posa
sopra il mondo il pie' destro circondata da due putti a lati,
uno de' quali tiene un libro, ed ella con la destra accenna
allo Spirito Santo che si vede in alto, dell'*Albano*, in
tela in piedi, alto p.mi dodici e tre quarti e largo p.mi
sette e mezzo con cornice liscia dorata alla romana.

Un altro quadro con un giovane ignudo la maggior parte che
giace in letto posandosi in schiena col gomito manco ed
accarezzando con la destra un gatto pezzato, del *Tintoretto*, in tela a giacere alta p.mi quattro e un terzo

e larga p.^{mi} sei e mezzo con cornice liscia dorata alla romana.

Un altro quadro con Adamo genuflesso che piange Abel morto, in paese, d'Andrea *Sacchi*, in tela a giacere alta p.^{mi} quattro e larga p.^{mi} sei e tre quarti, con cornice liscia dorata alla fiorentina.

Un altro quadro di fiori e paese con un vaso e due Amorini, di *Brugolo*, in tela a giacere alto p.^{mi} sei e largo p.^{mi} sette con cornice liscia dorata alla romana.

Un altro quadro con Cristo che resuscita Lazzaro con Marta e Madalena, e discepoli e diverse figure che rilevano e sostengono Lazzaro, in paese, di *Muziano*, in tela in piedi alta p.^{mi} dodici e un quarto, larga p.^{mi} dieci con cornice liscia dorata alla romana.

Un altro quadro con Ercole, che ammazza Acheloo in figura di toro, in paese con altre figure anche di donne in lontananza, del *Pordenone*, in tela a giacere alta p.^{mi} otto e mezzo e larga p.^{mi} 9. e mezzo, con cornice intagliata dorata alla genovese.

Un altro quadro di frutti e paese con un pavone, di *Brugolo*, in tela a giacere alta p.^{mi} cinque e larga p.^{mi} sette con cornice liscia dorata alla romana.

Un altro quadro con figura di San Bonaventura che con la mano destra tiene la penna e un libro alla sinistra con un putto avanti che li tiene il calamaro ed il cappello cardinalitio, con architettura e veduta di paese, di *Guido Reno*, in tela in piedi alta p.^{mi} nove e mezzo e larga p.^{mi} sette con cornice liscia dorata alla romana.

Un altro quadro con una figura d'Archimede, in paese, applicato ad un libro, che ha dietro il sicario con un pugnale in atto di ammazzarlo, del *Mola*, in tela in piedi alta p.^{mi} cinque e mezzo e larga p.^{mi} cinque con cornice liscia dorata alla romana.

Un quadro di S. Pietro Martire in atto di essere ucciso da un sicario che li tiene una mano al petto con la destra in atto di ferirlo, in paese con altre figure in lontananza,

374

di *Giorgione*, in tela a giacere alta p.mi 4. e mezzo e larga p.mi sei e un dito, con cornice liscia dorata alla romana.

Un altro quadro con la Crocifissione di S. Pietro con l'Angelo in alto che li tiene la corona e la palma e altre figure di manigoldi che lo sollevano in alto, del cavaliere *Calabrese*, opera delle migliori, in tela in piedi alta p mi 11., larga p.mi dieci con cornice liscia dorata alla romana.

Un quadro di un ritratto di una donna venetiana con piume al cappello, alta p.mi tre scarsi e larga p.mi doi e mezzo con cornice liscia dorata alla romana.

Un quadro di una donna in piedi in schiena ignuda, del *Pordenone*, in tavola in piedi alta p.mi sei e mezzo e larga tre e un quarto con cornice liscia indorata piccola.

Un altro quadro di un giovane col flauto in mano, dello *Spagnolo*, in tela alto p.mi 2. e 3. quarti e largo p.mi 3. con cornice liscia piccola indorata.

Sei pezzi di quadri fatti per sopra porte copiati dai quadri di Sua Maestà, in tela a giacere alti p.mi 4. e mezzo e larghi p.mi cinque e mezzo tutti corniciati dorati alla romana.

Un altro quadro, ed un Apostolo simile alli altri, del *Fetti*, in tela in piedi alta p.mi 5. e doi terzi e larga p.mi 2. ¼. scarsi con cornice intagliata dorata alla genovese.

Un altro quadro con il martirio di S. Cristina veduta sotto in su ricco di figure in paese, di Giovanni *Bonatti*, in tela in piedi alta p.mi ..... e larga p.mi ..... con cornice piccola liscia dorata.

Un altro quadro ovato bislongo con la gloria di S. Cristina, di Fabritio *Chiari*, veduta di sotto in su con cornice piccola dorata, tela in piedi alta p.mi .....

Un altro quadro con un'elemosina di S. Cristina, d'*Antonio* Pittore di monsignor Bulgarino, in tela in piedi alta p.mi ..... e larga p.mi ..... con cornice liscia piccola dorata.

Un altro quadro di un ovato in traverso in una Gloria d'Angeli e putti, senza cornice, alto p.mi ..... e largo p.mi .....

Un altro quadro della Vergine a sedere col bambino in braccio al quale bacia un piede S. Maria Madalena è dietro ad esso sta un putto, che tiene e guarda il vasetto del balsamo, avanti il Bambino un angelo col libro aperto in mano e appresso S. Girolamo in piedi, in paese, del *Correggio*, copiato singolarmente dal *Caracci*, in tela in piedi alta p.^{mi} otto e larga p.^{mi} 5. e tre quarti con cornice dorata liscia alla romana.

Un altro quadro con donna ignuda parte in schiena che si specchia in un specchio tenutoli da un Amorino a lato, bandiere, trombe, un elmo con piume ed un tamburo sopra il quale siede Marte armato che tiene con la destra una lancia e guarda un Amorino che sostiene una freccia con bel paese, di *Paolo* Veronese, in tela a giacere alta p.^{mi} sette e tre quarti e larga p.^{mi} otto e un quarto, con cornice liscia dorata alla romana.

Un quadro di una Madonna con il Bambino in braccio che appoggia il braccio destro con la testa sopra alla spalla della Madonna, in raso in piedi alto p.^{mi} tre e largo p.^{mi} 2. e un quarto, con cornice di legno coperta tutta di trine d'oro col suo cristallo avanti.

Un altro quadro con una Madonna che tiene il Bambino in braccio che dorme, e sopra la testa e nelle spalle tiene un panno bianco in raso in piedi alto p.^{mi} tre, largo p.^{mi} 2. e un terzo con suo cristallo avanti con cornice di legno coperta tutta di trine d'oro, e li suddetti quadri sono attaccati con un cordoncino rosso con un fiocchetto di seta rossa ed oro.

Un altro quadro in raso con la Regina in trono ed in alto dui angeli che tengono una tromba per ciascheduno, tengono in aria un panno d'azzurro ed a pie' molt'altre figure che tengono in mano diversi motti, che gli offeriscono, alto p.^{mi} doi e un dito, largo p.^{mo} uno e mezzo con cornice di pero nero parte indorata piccola.

Un ritratto di S. M.^{tà} con busto di ferro e panno d'azzurro sopra, alto p.^{mi} tre e largo p.^{mi} due e mezzo, senza cornice.

Un altro ritratto della Sig.^{ra} Giovannina damigella di Sua M.th
con busto torchino merlettato, in tela in piedi alta p ^{mi}
tre e larga p.^{mi} 2. e mezzo senza cornice.

Un ritratto dell'Em.^{mo} Cardinal Azzolino, in tela in piedi alto
p.^{mi} tre e largo p.^{mi} 2. e mezzo senza cornice.

Un altro quadro con una Madonna a sedere col Bambino in
braccio in atto di volerlo baciare e S. Giuseppe alla mano
destra, con paese in tavola alta p.^{mi} uno e doi terzi, larga
p.^{mi} uno e doi terzi con cornice di pero nero parte dorata, e per le cantonate fogliami in intaglio dorati, l'at-
taccaglio d'ottone dorato con fiocchetto di seta rossa.

Un altro quadro con la Vergine a sedere col santo Bambino
in braccio e S. Giuseppe a mano sinistra che tiene un
libretto in mano e a mano dritta S. Giovannino che tiene
alla mano destra una Croce con architettura, e veduta di
poco paese, del *Domenichino*, in tela in piedi alto p.^{mi} tre
e largo due e un terzo con cornice di pero nera e parte
con intaglio indorato con suo cordoncino di seta rossa
e fiocco d'oro.

Un quadro con il Bambino a giacere sopra un panno d'azzurro che sta sopra un panno bianco, del *Correggio*, in
tela a giacere, alto tre quarti, e largo p.^{mi} uno e un
quarto con cornice di pero nero con filetto d'oro, lasciato
per legato al Re di Francia per dispositione di S. M.th

Un quadro con la Madalena con le mani giunte in atto penitente verso un Crocifisso che le sta davanti, del *Correggio*,
in tela in piedi, alto p.^{mi} due e largo p.^{mi} uno e un terzo
con cornice tutta intagliata a fogliami e dorata con suo
cordoncino di seta rossa, che la sostiene e fiocchetto
d'oro e seta simile.

Un altro quadro con la Madonna a sedere che tiene in braccio il Bambino, e dietro sta S. Anna con architettura, in
tela in piedi alta p.^{mi} 2. e mezzo e larga p.^{mi} 2. senza
cornice.

N.° XXIX. A. 1690.

INVENTARIO DEI QUADRI DELLA CASA BOSCOLI DI PARMA

(da copia presso il cav. Enrico Scarabelli Zunti)

Un Giovanni Boscoli accolto ai servizii dei Farnesi trasferì in Parma la famiglia nobilmente illustrata da un *Andrea* pittore e scolaro di *Santi* di Tito del quale scrisse la vita il Baldinucci. — Di Giovanni nacque Ottavio e da questo, Gio. Simone che salì ai primarii uffici della milizia. Costui pose insieme una insigne collezione di dipinti della quale fece donazione ai suoi figli, Lelio che fu prete e Vicario generale, poi Segretario di stato e autore di scritture legali molto riputate, e Francesco Maria. All'atto di donazione di cui si rogò il notaio Girolamo Onesti ai 18 dicembre 1690 è annesso l'Inventario dei quadri che qui si produce alla luce, rinvenuto dal Cav. Enrico Scarabelli Zunti nell'Archivio pubblico di Parma. Questa raccolta fu poscia acquistata in buona parte dalla famiglia Sanvitale di detta città.

INVENTARIO DELLA GALLERIA DI CASA BOSCOLI.

I.

PARTE DELLA CAVALIERA BOSCOLI.

Una Madonna su la tela di mano di *Michel Angelo* Senese, con un puttino in braccio, che mette il braccio al collo alla B. V. di lui madre, che sta a sedere, e nell'angolo del quadro mostra parte del piede della Madonna.

Un'Annonciata in due quadri, in uno l'angelo e nell'altro la Madonna, di grandezza d'un braccio poco meno, viene da *Tiziano*.

Una S. Caterina sta a sedere con due angeli, che le danno una palma nella mano sinistra, copia del *Parmegianino*.

Un quadro con chiostri d'insalata grugnara (*sic*), melloni, uva, pomi, la cesta per traverso, un caldarino ed un piatto di peltro, di mano del *Rovertore* di Piacenza (1).

Due quadri alti di braccia quattro in circa, in uno vi è una Santa Caterina con un piede sopra ad un libro, la mano destra sopra ad una rota spezzata, con la mano sinistra tiene una palma con la spada; nell'altro Santa Cecilia con la mano sinistra sopra a un leuto, con una palma nella medesima mano e un organo poco discosto, con busto rosso, e sottana morella, drappo bianco traverso le coscie, che cade in terra, lavorato di mano del *Prete* genovese.

Un quadro d'altezza di braccia tre con una Madonna a sedere, con un puttino che con la man stanca tocca il volto alla madre, e la destra l'appoggia sul ginocchio: San Giuseppe sta a sedere ancor lui; dalla parte di dietro a detto quadro sta dipinto una battaglia su la medesima tela.

Un altro quadro con un'impresa di chiaro scuro con due figure, una vestita e l'altra nuda, ed il motto nell'impresa simile *frondes et virgam met* . . . . .

Due quadri bislonghi, di longhezza poco più d'un braccio, in uno un Cristo morto, nell'altro una Madonna, con il Bambino che dorme, San Giuseppe e due angeli con un paese in lontanza, di mano di monsù *Dual* (2).

Una Madonna con un Bambino in braccio e San Giovanni di dietro alla Madonna, di grandezza di un braccio e mezzo in circa con cornice di noce di mano d'Innocentio *Martini*.

Due ovati con dentro due ritratti, uno d'un cardinale sopra il rame di mano del *Caraccioli* (3), l'altro ritratto è d'un giovine che mette barba, vestito di nero con collaro piccolo sopra carta pecora, di mano del *Cantarino*.

(1) Pittore sconosciuto.
(2) Filippo *Duval*, pittore francese, allievo del *Lebrun* che tenne per qualche tempo dimora in Venezia.
(3) Forse un *Carracci*.

Due marettini con cornici nere, uno è in fortuna, e l'altro è in calma.

Un ritratto del duca Ranuzio, quando era giovine, armato con frappa, calze alla Vallona, la mano sinistra sopra la spada, la destra sopra il morione, qual è sopra la tavola.

Dodici teste di mano del *Cavedone* sopra la carta incolata sopra la tela con cornice.

Una Madonna di grandezza di due braccia e mezzo circa con un muro a traverso nel qual v'è sopra il Bambino; la Madonna lo tiene con tutte due le mani giunte; San Carlo a man sinistra e San Giuseppe a man destra.

Un quadretto meno d'un braccio, Resurretione di Lazaro con cornice indorata, macchia o sia bozzo del *Cana* (1).

Due fruttiere bislonghe più di due braccia, in una v'è una scimmia, giratta, (*sic*), meloni, zucche, cavolfiore e altri frutti, nell'altra un capretto testa d'animale, un vitello e altre cose con un gatto.

Una Carità con tre putti ed una facella nella mano sinistra, viene da *Rubens*, con cornice nera.

Un paesino con la Madonna che va in Egitto con San Giuseppe seduti nell'angolo sinistro del quadro con cornice con filo d'oro.

Un San Giovanni che sta scrivendo con la penna in mano, e la man sinistra appoggiata al volto, di mano del *Fiamengo*.

Un ridotto d'un contadino con una contadina che mangiano fasoli, di mano di *Brugolo*, di grandezza d'un braccio e mezzo circa.

Un Santo Andrea posto in croce, di mano del *Spagnoletto*, di mezzo braccio circa, con cornice.

Una Samaritana al pozzo con Cristo, con la cornice.

Un quadro bislongo con Giove e Giunone con i Venti, di mano di Monsù *La Cretè* (2).

(1) Lo Zani nella sua *Enciclopedia* segna i nomi di alcuni pittori del cognome *Cone*.

(2) Lodovico *Cretey* francese intagliò i disegni delle macchine per le feste ordinate da Ranuccio II in occasione dell'assunzione di Clemente IX

Due quadri con cornici grande tutte intagliate, in uno v'è il
giudizio di Salomone alle due donne che pretendono il
figlio e nell'altro quando la figlia del Re fece raccogliere
il figliolo che mandava affogare il suo padre al fiume.

Quattro ottangoli, in uno un'Annontiata, nell'altro la Natività,
questi di mano di Monsù *La Cretté*, nell'altri due la Madonna che va in Egitto e San Giuseppe, e nell'altro l'Angelo l'avvisa mentre dorme : sono di grandezza d'un braccio e mezzo in circa e questi di mano di Monsù *Dual*,
con cornice.

Due quadri d'un braccio e mezzo in circa, in uno San Giov.
Battista e nell'altro Santa Maria Maddalena, con cornice,
di mano del *La Cretté*.

La morte di Santa Cecilia, del *Domenichino*, quadro grande
di braccia cinque, con il Pontefice che dà la beneditione,
e molte altre figure.

Un altro quadro grande più di braccia cinque con una Madonna, una gloria a mano sinistra, San Michele Arcangelo,
dall'altra l'Angelo con Tobiolo.

Quattro paesi di *Giovanni* Fiammingo (1) grandi di due braccia l'uno, ma due differenti di grandezza.

Altri quadri d'animali n.° 6.

Quadri di fiori e frutti n.° sei di differente grandezza.

II.

PARTE DI LELIO BOSCOLI.

Un quadro su la tela, di mano del *Tintoretto*, che rappresenta
un Purgatorio nella parte d'abasso e di sopra una Gloria
con la Madonna, S. Francesco a man destra, S. Girolamo
a man sinistra, un Santo dell'ordine di S. Francesco, e

al Pontificato (Pezzana, giunte all'Affò. T. VI, P. II, 832). Un Andrea
Cretey è nominato dal Marolles nel *Livre des Peintres et Graveurs*, ristam-
pato a Parigi nel 1855, a pag. 52, e dal Mariette nel suo *Abecedario*
(T. II, 42).

(1) Gio. *Sons* vissuto lungamente alla Corte de' Farnesi.

una Santa Caterina da Siena. Tutto il quadro è di grandezza di braccia tre in circa e due di larghezza con cornice intagliata.

Una Madonna con Bambino in braccio il qual abbraccia una
croce, questo è di mano del *Schidone*, sull'asse di grandezza d'un braccio in circa con cornice indorata e rabeschi d'oro e d'argento.

Due quadretti sulla tela, una Santa Lucia e nell'altro Santa
Dorotea con cornici indorate e intagliate di grandezza
poco più, di mano di *Sisto* (1).

Una Madonna sull'assa con un puttino in braccio che fa la
suppa in un bicchiero, detta la == Madonna della suppa ==
di grandezza di mezzo braccio in circa, di mano del *Guercino* da Cento, con cornice indorata.

Una testa di una Madonna grande del naturale con un drappo
in testa di color berettino, di mano di *Simone* da Pesaro,
detto *Cantarino*.

Una Madonna con le mani incrociate con velo in testa, e
manto turchino, mezza figura del naturale d'un braccio
e mezzo in circa, di mano del cav. Giuseppe d'*Arpino*,
con cornice nera con filo d'oro.

Un S. Girolamo a sedere sta scrivendo su un libro con la penna
in mano, e la man sinistra con un dito tra le carte di d.°
libro, il piede sinistro poggiato su un altro libro, un leone
che si vede la testa, tutto il quadro d'un braccio e mezzo
in circa, di mano del *Spagnoletto*.

Una Madonna poco più d'un braccio, qual abbraccia con tutte
due le braccia un puttino ed è appoggiato a faccia con
faccia, di mano d'*Andrea* del Sarto, sull'asse con cornice,
con filo d'oro dentro e fuori.

Un quadretto su l'assa con cornice indorata qual è una Cingarina, originale di mano del *Parmegianino*, fatta però
molto tozza per contraffare quella del *Correggio*.

Un Cupido su la tela di grandezza più d'un braccio e mezzo,

(1) *Badalocchio*.

larghezza a proportione, appoggiato ad un sasso, un arco nella man destra, nella sinistra riceve un dardo da una colomba, in lontanza si vede una marittima, con cornice tutta intagliata. Il detto quadro è di mano di Guido *Reni*.

Un quadro su la tela bislongo, di mano di *Claudio* Veronese (1) dove è un Marte e una Venere e un Cupido ch'orina su l'armatura, il Marte lo batte con la mano, la Venere è davanti al specchio, con cornice   –

Una Circe su la tela di grandezza d'un braccio in circa e una testa con le braccia e una tazza in mano, manto turchino e un drappo vogliato (2) nella testa, con cornice.

Un David con un libro in mano, mezza figura del naturale di Gerolamo *Scaglia* Lucchese, su la tela, con cornice.

Un San Giovanni Battista su l'assa di mano del *Schedone*, figura nuda con un drappo rosso, o sia manto con la croce di canna nella mano sinistra l'appoggia alla spalla, sta a sedere su un sasso, con la mano destra fa finta di cenare, (3) con cornice di noce.

Una Maga compagna della Circe fatta dal *Venanti* (4) con la medesima cornice compagna della Circe.

Tre galline, due spichiarate, e nel mezzo una bianca su la tela, di mano del *Prete* genovese, (5) con cornice.

Due fortune di mare lunghe di braccia cinque l'una, del *Brisiano*, (6) con cornice.

Un quadretto circa d'un braccio su l'assa di un Mago e una Maga che fanno incanto con una testa di morto, un' ampolla ed un libro, di mano di Pietro *Paulino*, con cornice.

Due ritratti grandi del naturale sino al ginocchio sulla tela di mano di *Francesco di Tiziano* (7) con cornice.

<hr />

(1) *Ridolfi.*
(2) Avviluppato.
(3) Segnare.
(4) Giulio Cesare *Venenti* bolognese.
(5) Bernardo *Strozzi.*
(6) Francesco *Monti* bresciano.
(7) Figlio di Tiziano *Vecelli.*

Quattro battaglie bislunghe di due braccia e mezzo in circa
di lunghezza, altezza a proporzione, di mano del *Brisciano*.

Due quadri bislonghi grandi tutti ad un modo, di lunghezza
di due braccia e più, altezza a proporzione su la tela,
in uno è una Pietà che portano al Sepolcro con la Madalena, e altre figure, Madonna in lontananza stramortita,
con S. Giovanni e paese, di mano del *Scarsellino* di Ferrara ; l'altro compagno già detto di mano di Monsù *Pussino*, Cristo quando mangiò apresso il mare..... con paese
e pesci, e uno che tira la rete e altri che portano pesci,
con cornice.

Un quadro con sopra un'Erodiade bislongo, di mano del *Cantarino*, di lunghezza d'un braccio e larghezza a proporzione con cornice intagliata.

Un altro quadro compagno con la cornice intagliata compagna, dove è una testa di S. Gio. Battista, di mano del
Domenichino.

Quattro quadri con cornici compagne intagliate, su la tela tre,
e uno su la carta incollata su la tela ; in uno v'è San
Gio. Battista in un paese in ginocchio, con la mano sinistra tiene una croce di canna con cartello, due angeli
davanti, con una carta in mano, e la testa d'un agnello,
in lontananza due figurette a macchiette ; questo è di
mano del *Schedone*.

In un altro delli suddetti quadri v'è una gloria d'angeli che
portano un ovato nel quale non vi è fatto cosa alcuna, e
questo è di mano di *Rubens* ; in un altro una Madonna con
paese, sta a sedere con puttino in braccio con S. Gio. Battista che l'abbraccia, una S. Maria Madalena con un vaso
in mano, e una mezza figura inanzi che ha un libro sotto
alla mano sinistra.

Due quadri con cornicioni grossi e grandi compagni, in uno
vi è S. Gio. Battista, mezza figura, di mano del *Cavedone*,
su la carta.

Una battaglia su la tela di grandezza poco più di un braccio
con 6. soldati che si battono, due d'essi già in terra

feriti di mano di *Michelangelo* dalle battaglie (1) con cornice lavorata grande con molta fattura. Nell'altro compagno di cornice, una battaglia del *Bresciano*.

Due quadri di grandezza e cornice compagne d'un braccio e mezzo in circa su la tela, in uno mezza figura, di mano di *Guercino* da Cento, che rapresenta un Giacob, con la camicia insanguinata nelle mani; nell'altro compagno un David con il gigante, al quale taglia la testa, e alcune figurette in lontanza che fuggono, di mano del *Domenichino*.

Un quadro grande bislungo di braccia tre in circa con Lot e le due figliole e una figuretta macchiata in lontananza.

Un quadro alto di braccia tre e mezzo e più, dove è un Dedalo con Icaro che cade, di mano del cav. Giuseppe d'*Arpino*.

Due quadri grandi di tre braccia in circa, uno su l'assa e l'altro su la tela, con cornici compagne, quello su l'assa vi è una Madonna che mette Cristo bambino sopra alle spalle di S. Cristoforo; dall'altra parte un San Michele con la bilancia, in fondo al quadro un San Giovannino con un ginocchio in terra, questo è di mano del *Rondini*, l'altro detto compagno, Marte, Venere con un Amorino a piedi e un cagnolo, il Marte armato, Venere nuda con drappo attorno lavorato con fogliami e paese, di mano di *Paolo* Veronese.

Due quadretti compagni con cornice con due teste per quadretto, in uno un vecchio e una giovine, di mano di *Paolo* Veronese, nell'altro due che voltano le spalle, e di mano di Federico *Baroccio*.

Un ritratto di una donna, la testa con poco busto con frappa e velo in testa, di mano di Gerolamo *Mazzola*, cornice con filo d'oro.

Una testa d'un giovane sbarbato di mano del *Domenichino*.

Una testa di pastello, di mano del *Parmegianino*, con cornice e con un vetro, una berretta in capo, vestito aperto davanti, mostra la camisia.

(1) *Cerquozzi*.

Otto quadri di grandezza d'un braccio con cornice, in uno
un ritratto con una berretta in testa, barba assai grande,
un collaro piccolo con cordoni che pendono d'avanti, di
mano del *Dossi* da Ferrara; 2.° In un altro un altro ritratto
con frappa e fronte calva, di mano di *Tiziano*; 3.° In
un altro uno coronato con la frappa, di mano di Luca
Cangiaso; 4.° In un altro un Doge di Venetia con
il corno ducale, di mano del *Tintoretto*; 5.° In un altro
una contadina con coralli al collo, e un fiore in testa, di
mano del *Cantarino*; 6.° Un altro con un barbone grande,
di mano pure del *Cantarino*; li altri due sono più piccoli,
in uno un ritratto con berretta in testa, un mantello su
la spalla e frappino, questo su la carta colorito di mano
di Michel Angelo *Bonarotti*, e nell'altro un abbozzo d'una
testa con poco di petto ignudo, mostra Giuseppe che
fugge dalla moglie di Putifar, di mano del *Cantarino*.

Tre quadretti piccoli, due con cornice di noce e con filo d'oro,
in uno vi è l'angelo custode con l'anima tiene per mano
e alza il braccio sinistro, ed è di mano del *Procaccino*;
nell'altro vi è una figura grande ignuda che si vede per
le parti da dietro, di mano del *Bertoia*, e l'altro è su
l'assa abbozzato solamente; una Madonna che sta a sedere,
e il puttino l'abbraccia, in lontananza mostrano altre
teste ed è di grandezza poco più d'un mezzo braccio.

Un quadro di grandezza di tre braccia bislungo con una figura
d'un Amor virtuoso, sotto li piedi un Amor vitioso con
diversi istrumenti, mappamondo, armatura, libri, una figura chiara e scura che rappresenta la Fama con la tromba,
con cornice, e questo è di mano del *Fiamengo*.

Un quadro alto braccia sei, largo braccia quattro e mezzo in
circa dove è una Deposizione di croce con la Madonna
tramortita con le Madalene, San Giovanni e altre figure,
di mano di *Daniele* da Volterra.

Cento quadretti con dentro disegni di diversi autori con cornice e vetri d'avanti. Due gran libri di disegni e un altro
simile di carta stampata.

III.

PARTE DI GIO. SIMONE BOSCOLI.

Un quadro con cornice nera con fil d'oro con sopra la copia del *Correggio* in Sant'Antonio, fatta dal *Merani* di Genova, e la pittura è alta braccia 3. oncie 9., larga br. 2. on. 8., e stimato doppie venti.

Due quadri bislonghi della medesima grandezza, con cornice bianca, d'altezza br. 2. 10., lung.za br. 3. 8. — In uno sopra, un'Amore virtuoso che ha sotto i piedi l'Amore vitioso circondato da istromenti virtuosi, musicali, guerrieri, ed altri, fatto di mano propria, di Michele *Desobleo* fiammingo, stimato doppie quindici.

Nell'altro del med.mo *Fiammengo*, vi è Caino che uccide Abele, stimato doppie quindici.

Due fortune marittime bislunghe, cornice bianca, di lun.za br. 5., alt.za br. 3. 2., fatte da Francesco *Monti* Bresciano, stimate doppie dodici.

Una copia della Madonna che va in Egitto, del quadro del *Correggio* che è nella cappella di S. Sepolcro accanto alla porta maggiore, fatta da Ant. *Lagorio* genovese, alta br. 4., larga br. 2. ½., cornice nera e filo d'oro; stimato doppie dieci.

Due copie de' quadri del *Correggio* che sono in S. Giovanni nella cappella della Madonna, fatte dal *Schidone*, della istessa grandezza e altezza che sono li originali, dove è in uno il Cristo morto con la Madonna a piedi.

Nell'altro il martirio di Santa Giustina (1) e S. Placido, cornice di noce.

Quattro battaglie bislunghe fatte dal detto *Monti*, cornice bianca, lung.za br. 2. 10., alt.za br. 2. 4., stimate doppie ventotto.

Altre due battaglie, cioè una battaglia del med.mo *Bresciano* dell'utima maniera, di lung.za br. 2. 7., altezza br. 1. ½., stimato doppie 8.

(1) Leggasi Santa Flavia.

Un'altra più piccola dell'istesso, di lung.^{za} br. 1. 7., alt.^{za}
br. 1. 1., con cornice nera, stimato doppie cinque.

Due quadri bislunghi della medesima misura, fatti dal *Cassissa*
di Genova, (1) lung.^{za} br. 2. 9., altezza br. 1. 8., dove
sono dipinti un soldato mezzo nudo con una lavandara
che si lava la camicia e due vecchioni che uno li mostra
denari e l'altro gioie, stimato doppie sei. Nell'altro una
Croce e una maga vecchia con una serpe in mano, con
il Tempo di dietro che fa conoscere la verità, stimato
doppie 6.

Un altro bislongo fatto dal *Lagorio*, di lunghezza br. 2. 5.,
alt.^{za} br. 1. 9. con cornice bianca, stimato doppie quattro.

Quattro paesi ovati con un più grande di mano propria di
Gio. *Fiamingo*, dov'è la vita di S. Giacinto con cornice
bianca, alt.^a br. 1. 4., larg.^a on. 9.

Due marittime del *Montagna*. (2) In una, una fortuna di mare,
lunghezza br. 1. 5., altezza br. 1. 2., stimata doppie sei.
Nell'altra una battaglia di mare misura suddetta, cornice
bianca, stimata doppie sei.

Due altre marittime di mano propria di M. *Solfarino*, (3) francese. In una, una fortuna di mare, stimata doppie quattro. Nell'altra un mare tranquillo con vascelli e fortezze,
cornice bianca, lunghezza br. 1. 9., altezza br. 1. 2., stimato doppie quattro.

---

(1) Gio. Battista *Cassissa* pittor genovese, non si trova ricordato dal
Soprani, dal Ratti e neppure dal Lanzi che a tanti mediocri concesse
l'ospitalità nella sua Storia. Il cav. Scarabelli mi avvisa l'esistenza di
un quadro del medesimo nella chiesa di S. Sepolcro, sconosciuto a quanti
hanno scritto fin qui delle pitture di Parma, nel quale il pittore rappresentò di commissione dell'ab. Bernuzzi l'anno 1687, S. Patrizio che libera l'Ibernia dai demonii che l'infestavano. Un'altra opera del medesimo, cioè un Redentore morto con le Marie, è nel palazzo municipale
di Brescia.

(2) Nicolò *Plattenberg* olandese.

(3) Non ci è riescito di trovar memoria di questo pittore, quando non
si volesse riconoscere in lui lo stesso che lo Zani registra sotto la denominazione di *Solfarolo*, ossia Giovanni *Gruemboech* pittore paesista e di
vedute, il quale fioriva nel 1675, e viene designato Milanese dal suddetto
autore (Op. cit. X. 205).

Un'altra battaglia di *Rubens* dov'è il ratto delle Sabine, lunghezza br. 2. ½., altezza br. 1. ¼., stimata doppie sei.

Due quadri, in uno una veduta del Ponte d'Amsterdam con sopra diverse figure, che giuocano sdrucciolando sul ghiaccio, avanti un prospetto di case, cornice nera alt.ª br. 11. (*sic*), lunghezza br. 1. 1. Nell'altro un ponte fuori di città con altre figure che sdrucciolano pure sopra il ghiaccio, cornice bianca, altezza br. 1. 2., larghezza br. 1. 4. del *Fiamingo*.

Un quadretto bislungo con sopra un trombetta a cavallo che suona, ed altre due figure armate del *Bresciano*, stimato due doppie.

Un Cristo morto, di *Lacreté*, lung.ª br. 1. ½., altezza br. 1., cornice bianca, stimato doppie tre.

Un paese con un ballo di persone rustiche, e con persone civili, che li stanno osservando, cornice nera. Vi sono ancora due sonatori che suonano, uno di violino e l'altro di cetera appoggiati ad un albero, alto br. 1. 3., lunghezza br. 2., stimato doppie tre.

La caduta de' giganti fulminati da Giove con Venere seduta anch'essa nel carro, di m.r *Lacreté*, cornice bianca, lunghezza br. 1 4., altezza on. 9., stimato due doppie.

Una Madonna con il bambino in braccio e S. Gio. Battista poco distante, del *Martini*, cornice di noce, alt.ª on. 14., lung.ª on. 12., stimato doppie 3 d'oro.

Due figure antiche, una rustica ed una civile, cornice di noce, alt.ª on. 11., larghezza on. 10., di *Nicolò dell'Abbate*, stimato doppie due.

Un San Giov. Battista in paese che tiene la mano sopra la testa d'un agnello, del *Francese*, cornice bianca, alt.ª br. 1., larg.ª on. 9., stimato doppie tre.

Un quadro in paese dove sono alcuni pitocchi, parte in piedi e parte a sedere su certi fragmenti d'una fabrica rovinata in poca distanza da essi, ed appresso una rocca o siano case sopra di un monte, cornice nera e un filo d'oro, largo b. 1. 10., alto b. 1., stimato doppie quattro.

Sei battaglie stimate doppie trenta.

Un quadro di S. Ignatio e S. Francesco Saverio, figure in piedi,
cornice indorata e rabescata.

Sant'Ignazio mezza figura del naturale, cornice tutta indorata.

La caduta d'Icaro e Dedalo, fatta dal cav. Giuseppe *Arpino*,
alt.ª br. 4, larg.ª br. 2. 4., cornice nera con due filetti
d'oro, stimata doppie venti.

Un altro di mano propria del *Tinti* di Parma, d'altezza br. 4. 9.,
larg.ª br. 3. 7., cornice bianca, dove è la Visitatione della
Madonna con altre figure, stimato doppie trenta.

Un altro bislungo del sud.º *Domenichino* d'alt.ª br. 2. 8.,
larg.ª br. 3. 7. dov'è Lot con due figliole, cornice bianca,
stimato doppie ventiquattro.

Una copia fatta da Simon *Cantarini* dall'originale di *Paolo*
Veronese, dove son Marte e Venere al naturale con un
Amorino e un cagnolo che vuol mordere l'Amore, d'alt.ª
br. 3. 2., lon.ª br. 2. 4. cornice bianca, stimata doppie
trentacinque.

Una Madonna con S. Giuseppe ed il Bambino in braccio d'alt.ª
br. 2. 9, long.ª br. 2. e nella medesima tela per di dietro
vi è dipinto una battaglia, cornice bianca, stimata doppie 5.

Un altro bislungo, lung.ª br. 2. ½., alt.ª br. 1. 11., originale
del *Spada*, dove è una Madonna alla Cingaresca con il
Bambino, con un libro aperto e un S. Giuseppe con le
mani appoggiate al volto, cornice nera con filo d'oro,
stimato doppie quindici.

Un Cupido di mano di Guido *Reni* con terra e marittima che
ha in mano un arco, e nell'altra piglia il dardo dalla
colomba, cornice grande tutt'intagliata con foglie e dorata,
stimato doppie quaranta compresa la coperta e cornice.

Il medesimo quadro ha una coperta dov'è una cascata d'acque
ed alcune figurine ed alberi, d'alt.ª br. 1. 8., larg.ª br. 1. 4.

Una Madonna con cornice tutta dorata e nei contorni fogliami,
ed anco di sopra nell'attacco, di mano di Dom.ºº *Piola*
genovese, che ha in braccio un bambino che dorme d'alt.ª
br. 1. 9., larghezza br. 1. 4., stimato doppie otto.

Un S. Gio. Battista, mezza figura di mano di Michele *Desobleo* fiamingo, alto br. 1. 5., larghezza br. 1. 1., cornice nera, fili d'oro e nel campo rabescata d'oro, stimato doppie dieci.

Due quadri, uno con un Moro, l'altro con una Mora di mano di Franc.° *Denis* fiamingo, d'alt.ª br. 1. 5., larg.ᶻᵃ br. 1, cornice nera, stimati tutti due doppie cinque.

Una Madonna con un puttino in braccio e una Santa vestita da monaca color berrettino con paese. Quadro originale di Gio. *Sonsis* fiamingo, d'alt.ª br. 1. 10., larg.ª br. 1. 1. cornice di noce indorata e rabescata, stimata doppie sei.

Una Madonna con un puttino che abbraccia S. Giov. Battista ed in lontananza S. Giuseppe, d'alt.ª br. 1. 2., del *Schidone*, stimato doppie 6.

Un S. Giov. Battista in asse, figura nuda che sede sopra una pietra quadra con panno cremesi su la coscia d'alt.ª br. 1., larg.ª on. 8. in paese, di mano del *Schidone*, stimato doppie sei.

Ritratti n.° 10. di alt.ª br. 1. incirca. Uno del *Parmegianino*, con barba longa, cornice di noce, stimato tra tutti dieci, doppie sessanta.

Uno di *Tiziano* con piccola frappa al collo.

Uno del *Dossi* di Ferrara.

Due con berretta in testa, barba nera e un poco di frappetta al collo.

Uno del *Tintoretto* con l'abito dogale, di Leonardo Donati Duce di Venetia.

Un altro del *Tintoretto* d'una donna con una frappa e abito nobile.

Due di Simon *Cantarini*, uno con una gran barba, l'altro d'una donna con coralli al collo e fiori in testa.

Una testa d'una Diana con mezza luna in testa ed in mano un dardo.

Una Madonna che va in Egitto, in paese, ed alberi col Bambino in braccio e S. Giuseppe che dà al Bambino delli dattili con sopra alla detta Madonna due angioli di alt.ª di

b. 1. 1., larg.ª on. 9., cornice bianca, stimata doppie
quattro.

Erodiade con la testa di S. Giovanni in un bacile in asse,
cornice indorata, autore incognito, d'alt.ª br. 1. 4.

Una Natività con la Madonna e due Angioli che viene da Tiziano, copiata dal Merani di Genova, alt.ª br.ª 1. 8.,
cornice bianca intagliata, stimata doppie quattro.

Due quadri di M. Martino. In uno il giudizio di Salomone,
stimato doppie tre, nell'altro quadro Mosè mandato al
fiume, cornici intagliate ambedue dell'istessa grandezza,
alti br. 1. 1, stimato doppie tre.

Un quadro con due ridicoli, un contadino con una contadina
che mangiano fagioli, di mano di Verugola, (1) alt.ª br. 1.,
stimato doppie n.º dieci.

Un quadro con sopra un Salvatore di mezza figura con il Mondo
in una mano e con l'altra dà la benedizione, di on. 15.,
cornice bianca, di mano di Michele Desobleo fiamingo,
stimato doppie quattro.

S. Giov. Battista, più di mezza figura con una croce di canna
in mano e con una pecorella bianca sotto la man sinistra che tiene la croce, e con la destra mostra l'Ecce
Agnus, d'altezza br. 2. 1., cornice nera con 2. fili d'oro,
stimato doppie quattro.

Una Madonna antica su l'asse con il Bambino e Sant'Anna,
paese ed architettura, d'alt.ª br. 1. ½., cornice bianca,
stimata doppie quattro.

Due bislunghi, una Cena di Cristo con architettura e loggie
dell'Ansaldi, lunghezza br. 2., stimato doppie numero
dieci.

L'altro un Dario sotto Roma (sic) per darli il sacco; la madre e le sorelle uscirono a dimandarli pietà e perdono,
di lunghezza br. 1. ½., cornice nera ed un filo d'oro.

Un ritratto di pastello fatto dal Tinti, di on. 9., stimato doppie quattro.

(1) Probabilmente il Breughel.

Piatto di maiolica, cornice intagliata e indorata, di *Pierino Del Vago*, stimato doppie sei.

Una testa su l'asse, ritratto dell'Antea.

Un ritratto della Fortuna, macchia di Simon *Cantarini*.

Un ritratto di una giovine nobile con frappa al collo all'antica che ha nella man destra un cane e nella mano sinistra un fiore, del *Luchesini*.

Due quadri di M. *Lacreté* d'alt.ª on. 18, cornice bianca, l'uno è un S. Gio. Battista con una gloria con due angioli, stimato doppie tre; l'altro una Maddalena e due Angioli in alto nella gloria, cornice bianca, stimato doppie 6.

L'altro della S.ª Principessa Caterina Farnese, cornice nera con filo d'oro, di mano di Michele *Desoblèo* fiamingo, stimato doppie sei.

Una Madonna che abbraccia il Bambino e se lo stringe al petto in atto di baciarlo, antica su l'asse, tenuta per *Andrea* del Sarto, cornice nera con due fili d'oro d'alt.ª br. 16.

Un S. Girolamo, figura intiera e nuda, che scrive, in paese, alt.ª on. 18. fatto dal *Spagnoletto*, cornice nera con filo d'oro, stim.º doppie dieci.

Due ritratti piccoli di Francesco *Denis* fiamingo, in uno un giovinetto, nell'altro una giovinetta.

Un paese bislongo con sopra un monte, una fabrica in circonferenza con colonnate, che mostra rottura da una parte con tre figurette d'abbasso sedute su un sasso, e altre figurette piccole sopra una loggia in una grotta. Sopra la grotta altre tre figurine piccole, di Salvator *Rosa*, di lung.ª br. 2 1., alt.ª br. 1., 8., stimato doppie otto.

Due ritratti d'altezza on. 9. in circa; in uno si vede un personaggio armato con frappa con pizzi del *Vandick* originale, stimato doppie numero dieci.

L'altro una testa che spunta barba con un manto attorno di color lauè, fatto dal *Domenichino*, stimato doppie otto.

Una Madonna vestita alla Cingara con il bambino che le mette il braccio destro al collo e l'altro al seno, e sotto al Bam-

bino un panno bianco; in distanza una figuretta che
mostra S. Giuseppe, cornice indorata, e rabescata nel
piano, di *Michelangelo* Senese, stimata doppie numero
cinque.

Un Baccanario con molti puttini e due di essi cavalcano un
asino con alcune rotture antiche, autore il *Carpione*, stimato doppie n° dieci.

Due teste, una del *Fiamengo*;
      L'altra del *Tinti*.

Un Sant'Andrea piccolo di mezzo braccio d'altezza in croce,
di mano del *Spagnoletto*, cornice bianca, stimato doppie tre.

Un trionfo con la Fama, il Tempo ed altre figure, cornice
bianca.

Un vecchio ed una vecchia che fanno le calzette; cornice
bianca.

Un paesino, del *Bresciano*, di ¼. br. circa.

Un quadro con cornice bianca di lung.ª br. 6., lar.ª br. 4. 4
con sopra Cristo deposto di croce in terra, la Madonna
tramortita con le tre Marie, S. Giovanni che ammira la
deposizione, sei figure che fanno la sodetta funzione e
una tovaglia di tela d'Olanda, disegnato da Michel'Angelo *Bonarota* su la propria tela colorito da *Daniele* da
Volterra, che a lui servì di modello ed esemplare per far
quello nella Capella delli Orsini in Roma nella chiesa della
Trinità de'monti, stimato doppie cento.

Due quadri, in uno Santa Catterina con la man destra su la
rota, e la sinistra con la spada e la palma, stimato doppie dieci. L'altro Santa Cecilia, figure intiere d'altezza
br. 3. 2., del *Prete* genovese, cornice bianca, stimato
doppie dieci.

Due quadri bislunghi di lung.ª br. 4., alt.ª br. 1. 8. per ciascheduno. In uno vi è Cristo che vien portato al sepolcro
con la Maddalena e la Madonna in distanza, con le Marie
ed altri, e nell'angolo sinistro del quadro vi sono quelli
che aprono il sepolcro, uno de'quali ha la schiena sco-

391

perta, di mano del *Scarsellino* di Ferrara, cornice grande
con gran sporto, stimato doppie quindici (1). Nell'altro
vi è Cristo al mare, quando mangiò con li Apostoli di
mano di M. *Pusino*, cornice simile, stimato doppie venticinque (2).

Un altro quadro grande d'alt.ª di br. 5., larg.ª br. 3. 9.,
cornice nera e due fili d'oro, qual è un Cristo morto
sostenuto da 3. Angioli, S Domenico dall'altra parte, con
un ritratto di persona nobile vestita di nero, con frappa
e mantello foderato di pelliccia originale, fatto dal *Tintoretto*, stimato doppie trenta.

David con un libro in mano aperto con una gran barba di
alt.ª br. 2. 4., con il manto reale di mano del *Scalia*, (3)
cornice bianca, stimato doppie 8.

Un altro quadro chiaro e scuro con Adamo ed Eva con un
motto nel mezzo che dice..... fatto dal *Mazzola*, di alt.ª
br. 2 8., cornice bianca, stimato doppie quattro.

Due ritratti, uno del Duca, l'altro della Duchessa d'Urbino,
più di mezza figura, alt.ª br. 2. 2., larg.ª br. 1. 8. — Il
Duca ha nella mano sinistra una lettera e nella destra un
fazzoletto, con collaro piccolo, l'abito aperto sopra, o
per dir meglio sotto il mento, del *Tiziano*, cornice bianca,
stimati tutti tre doppie trenta.

Due quadretti bislonghi, cornice di assai riporto, ambidue di
di M. Filippo *Dual* francese; in uno è la Madonna con
il bambino che dorme e il S. Giuseppe e due Angioli uno
in schiena e l'altro in faccia, lung.ª br. 1. 3., alt.ª on. 11.,
stimato doppie sei; nell'altro un'Andromeda con Rug-
giero armato ed il cavallo Pegaso con puttini che scherzano sopra il detto cavallo, stimato doppie sei.

Altri due quadretti di un braccio l'uno. In uno vi è una Circe
con una tazza in mano, vestita alla Cingana, voltato alla

(1) Citato più innanzi.
(2) Citato più innanzi.
(3) Girolamo *Scaglia* nominato più innanzi.

testa un drappo bianco, di mano di Simon *Cantarini*, cornice di alto riljevo, stimato doppie sei. Nell'altro, un'altra Circe con un vaso e bacchetta da incanti, di mano del *Venantio*.

Sei ottangoli di un braccio l'uno, cornice bianca. Due sono di M. *Lacreté*. In uno la Nonciata con un angelo che fa l'ambasciata, accennando al Cielo, e nell'altro la Natività di S. Giuseppe e li pastori.

Due di M. *Dual*. In uno l'angelo sveglia S. Giuseppe accennandogli dover partirsi e andar in Egitto; nell'altro la marcia della Madonna, del Bambino e S. Giuseppe.

Li altri due sono di mano del *Lagori* genovese. In uno l'adoratione de' Magi, nell'altro la Circoncisione. Li suddetti ottangoli sono stimati doppie n.° ventiquattro.

Due battaglie del bresciano Francesco *Monti*, lung.ª br. 1. 2. l'una, cornice tutt'indorata e rabescata. In uno vi è una folla; nell'altro uno spoglio.

Un'altra battaglia di simil grandezza, cornice indorata, dove vi sono duoi soldati feriti con cavalli pur feriti in terra, e quattro che si battono a due per due, e in lontananza una battaglia; quest'è di mano di *Michel Angelo* delle battaglie, stimata doppie n.° trenta.

Un altro di *Claudio* Veronese, di lung.ª di on. 14., cioè un Marte ed una Venere che si aggiusta la testa allo specchio con un Amorino che orina sull'armatura di Marte qual si trova alzato dal letto per castigare l'Amorino, cornice indorata, il campo rabescato d'oro. Stimato doppie vinticinque (1).

Un quadro grande su l'asse di mano di Girolamo *Dei libri* dove vi è una Madonna con il Bambino in braccio sopra le nuvole con abbasso due figure quasi del naturale; un S Michele che con la man sinistra tiene un'asta con la bandiera bianca e croce rossa, e nella mano destra le bilancie; dall'altra parte vi è un angelo col pesce in mano

(1) Questo stesso quadro è notato più innanzi.

396

e con la mano destra Tobiolo di grand.ª di br. 4. 1,
larg.ª br. 2. 10., cornice bianca, stimato doppie quaranta.

Un S. Francesco, di mano di *Muziano*, che ha le mani giunte
appoggiate in un monticello con un Cristo davanti, di
alt.ª br. 2., larg.ª br. 1. 8., cornice nera con filo d'oro.

Iacob che mostra la camicia insanguinata, di mano del *Guercino* da Cento con cornice di alto rilievo, il quale è
grande d'altezza br. 1. 4., long. br. ½, stimato doppie
quindici.

Un altro simile con cornice d'alto rilievo, di mano del *Domenichino*, dov'è un David che uccide il gigante, stimato
doppie dieci (1).

Un S. Girolamo con un libro aperto davanti, mezza figura e
un Crocefisso e si batte con pomice il petto, alt.ª br. 1. 10.,
larg.ª br. 1. 10., del *Mazzola*, stimato doppie quindici.

Due ritratti di una donna vestita all'antica con una lettera in
mano la quale dice = La Mag.ca Laura Mosti = con gioie
al collo ed in testa, di mano di *Raffaele* d'Urbino, cornice
nera e fili d'oro d'alt.ª più di mezza figura di br. 2,
stimato doppie vinti.

Un altro ritratto del principe Ranucio 1.mo Farnese, armato
con frappa e la mano destra su l'elmo e la sinistra su
la spada, di mano del *Bertoia*, di alt.ª br. 1. 11., larg.ª
br. 1. ¼., cornice di noce, stimato doppie dieci.

Un disegno di un suffitto, di mano del *Merano*, bislungo di
br. 4. ½. in circa con figure e scudi d'arme nelle quattro cantonate, cornice bianca, stimato doppie due.

Una femmina che mostra il petto con manto giallo e busto
turchino, del *Merani*, stimata doppie tre d'oro.

Un pàese bislungo con due figure ed un Amor di lontano che
le saetta, cornice di noce, stimato doppie tre.

Due ritratti che non si sa chi siano, ambidue con le frappe.

Un altro ritratto di madama Aldobrandina, fatto da Antonio
Gatti, stimato doppie tre.

(1) Questo e l'antecedente dipinto sono segnati più sopra.

Un quadro in asse dove sono diverse figure ed una nuda a sedere, stimato doppie due.

Un quadro su l'asse, dipinto da *Antonio* da Correggio della sua prima maniera, dov'è una Madonna con un puttino che lo mette su le spalle di S. Cristoforo acciò passi in acqua e S. Cristoforo inchinato lo riceve. Dall'altra parte un S. Michele con l'asta ed una bilancia in mano, ed al piede del quadro un S. Gio. Battista piccolino con un ginocchio in terra, e nella mano un *Ecce Agnus*, alt.ª br. 3. 3., larg.ª br. 2. 5., cornice d'alto rilievo con il cordone con tre fili d'oro e tutto il cordone di sopra indorato.

Un altro con cornice di noce indorata e rabescata d'oro con una Madonna a sedere sul terreno con il Bambino, al quale porge un frutto, e S. Giuseppe posto in profilo volto alla testa e sta osservando l'atto, quest'è di mano del *Scarsellino* il vecchio, di Ferrara, di alt.ª br. 3., larg.ª br. 2. 3., stimato doppie cinquanta.

Un altro quadro su l'asse dove vi è la Madonna con il Bambino in braccio, in fondo un S. Biagio con il piviale e un angelo che li porge la mitra, ed un altro angelo piccolino con le mani giunte; dall'altra parte un S. Francesco volto verso il Bambino ed un libro in terra aperto con sopra un altro Santo, e una testina in lontananza, di mano del *Rondini*, cornice d'alto rilievo con cinque fili d'oro ed il cordone tutto dorato, d'alt.ª br. 2. 9., larg.ª br. 2., stimato doppie 40.

Una Madonna, più di mezza figura in piedi di alt.ª b. 2. del cav. Giuseppe d'*Arpino*, cornice nera con filo d'oro, stimato doppie dieci.

Due angioli che cantano, uno avanti col flauto che si vede tutto con una carta di musica davanti, l'altro più indietro con una nuvola davanti la faccia, di mano di Guido *Reni*, cornice nera indorata d'alt.ª br. 1. 8., stimato doppie dieci.

Una Santa Chiara con l'ostensorio in mano, e nell'altra un

libro, di Girolamo *Mazzola*, mezza figura d'alt.ª br. 2.
cornice nera e oro, stimato doppie dodici.

Quattro quadri d'alt.ª br. 1. ½. — Uno è un S. Gio Battista
con 2. angioli, di mano del *Schedone*, stimato doppie venti.

L'altro, una Madonna con il bambino che abbraccia S. Gio.
Battista, una S.ta M.ª Maddalena con il vaso in mano e
abbasso una mezza figura che mostra essere più avanti,
di mano del *Parmegianino*, stimato doppie quaranta.

3.º Una Gloria d'angioli che porta un scudo per mettervi
l'imagine della Santissima Vergine ed abbasso un coro
d'angioli che stanno adorandola. Quest'è il modello che
fu fatto da *Rubens* prima di fare il quadro che fu fatto
in Roma, nella Chiesa di S.ª Maria della Vallicella, stimato doppie 30.

Il quarto, un S. Giov. Battista, mezza figura del *Cavedone* di
Bologna. Tutti questi quattro hanno cornice di rilievo intagliata con le cantonate con foglie grandi. Stimato doppie sei (1).

Una Flora d'alt.ª br. 1. 8. inghirlandata di rose, fatta di
mano del *Domenichino*, cornice tutta indorata con rabeschi
d'argento, stimato doppie 15.

Una Santa Barbara mezza figura con una mano su la bocca
d'un cannone, e nella man destra una palma, b. 1. 8.
d'alt.ª, di Michele *Desobleo*, cornice tutta dorata e rabescata d'oro.

Quadro alto e stretto, dov'è la Resuretione del Signore, di
mano del *Merani* di Genova, alto b. 2., stimato doppie
quattro.

Due quadri compagni, di mano di Guido *Reni*, che altre volte
erano in un'ancona, che andò a male, e levorono questi
fragmenti dalla medesima, di grand.ª br. 1., cornice
bianca; ne' quali vi è una gloria con teste d'angioli, e in
uno si vede una parte della schiena di S. Giov. Battista,
stimati tutti due doppie dieci.

(1) Questi quadri sono accennati più sopra.

Un putto che sta sedendo in mezzo a' fiori, su la carta d'alt.ª br. 1., di mano del *Dosso* di Ferrara, cornice bianca, stimato doppie due.

S. Giov. Battista, mezza figura che scrive su una carta, con la man sinistra sotto il mento, di mano del *Denis* fiammingo, stimato doppie 4.

Dodici teste incorniciate bianche di grand.ª di on. 9., di mano del *Cavedone*, stimate tutte doppie 12.

Un paese bislungo di lung.ª br. 1. 5. con un grand'arbore con molte figure piccole a piedi ed a cavallo con casamenti e un carro alla fiaminga, di mano del *Brugolo*, cornice intagliata bianca, stimato doppie dieci.

Due teste di forma ovata, cornice quadra bianca. Una d'un giovine che spunta barba, e questa è di mano di Simon *Cantarini* da Pesaro, stimata doppie tre; l'altra d'un cardinal giovine stimata doppie 3.

Una testa d'una donna con un velo in testa e su le spalle di color taneto su il marmo, cornice di noce, stimata doppie due.

Quattro paesi del *Fiammingo*, due bislonghi. Li grandi, cornice di noce di alt.ª br. 2., longhezza br. 2. ¼.; li piccoli long.ª br. 2. incirca, cornice bianca.

Tre ritratti. Uno del duca Ottavio. Uno del cardinal Sant'Angelo, e l'altro non si sa chi sia.

Un Purgatorio di alt.ª br. 2. 8., larg.ª br. 1. 10. Nella cima vi è una gloria con la Madonna, S. Francesco, S. Girolamo, S. Bernardo, ed una Santa bianca e con il manto scuro. In fondo le anime purganti con angioli che ne portano al Cielo. Quest'ha la cornice di alto rilievo intagliata con riporti su le cantonate con teste dentro, due purganti e due di gloria tutt'indorata. Autore il *Tintoretto*.

Una Madonna vestita alla Cingana su l'asse, chiamata la Cingarina, originale, che sta a sedere in terra con il Bambino in braccio che dorme e da una parte un S. Giuseppe baliato, che appena si vede con una mano sotto il mento, di altezza di on. 10. e larg.ª on. 9. — Due angioli sopra il capo della Madonna con cornice all'antica indorata. Una sopra coperta in un paese, dipinto da M. *Ricardi* (1) con una macchia di due figure.

Due quadri compagni di alt.ᵃ br. 1. 3., larg. on. 10., cornici nere e due fili d'oro per cornice. In uno un S. Bartolomeo scorticato da due con paese, di mano di Agostino *Caraccioli*, (2) stimato doppie 30.

L'altro un S. Sebastiano coricato in terra che gli vengono levate le freccie da uomini e donne compassionevoli a lume di torcie, di Domenico *Piola*, stimato doppie dieci.

Due quadretti bislunghi di on. 10. incirca l'uno di long.ᵃ e di alt.ᵃ on. 7., cornice tutt'intagliata bianca; in uno un' Erodiade con la testa di S. Giov. Battista, di mano di Simon *Cantarini* da Pesaro, stimato doppie dodici.

L'altro una testa di S. Gio. Battista in un bacile, del *Domenichino*, stimato doppie sei.

Una Madonna su l'asse alta on. 10., larga on. 8. con il Bambino Gesù che ha una Croce in mano, cornice tutt'indorata e rabescata, di mano del *Schidone*, stimato doppie quattordici.

Due teste d'alt.ᵃ on. 13. — Uno è S. Fermo armato con un manto cremesino di dietro le spalle, stimata doppie tre. L'altro S. Giovanni primo abbate con la cappa da canonico, tutti due di mano del *Desobleo* fiammingo, e sono i modelli che fece nel quadro che ha fatto nel Duomo di questa città, cornice bianca, stimato doppie tre.

Due quadretti di on. 9. in circa di altezza. In uno vi è una Madonna; nell'altro l'angelo che l'annoncia. Li quadri sono ridotti in ovato, dove sono le figure, cornice tutt'indorata e rabescata.

Un ritratto di Sant'Antonio di Padova, figura in piedi di grandezza poco meno del naturale d'alt.ᵃ br. 3. ½., larg.ᵃ

---

(1) Forse Martino o Davide *Rykaert* fiamminghi, il primo de' quali dimorò lungo tempo in Italia dove veniva denominato *Riccardo* o monsieur *Riccardo*.

(2) Probabilmente *Carracci*.

br. 1. 8., fatto di mano del pittore Padovano detto quel de' *Pitocchi*, (1) nel quale ve ne sono due poco fuori del Santo, ed è l'effigie propria del Santo con cornice indorata con rabeschi.

Una Madonna con il bambino in braccio fatto dal detto pittore dei bambocci, cornice bianca.

Un abozzo non finito dei Martiri, modello di *Paolo* Veronese, che fece in Venetia, stimato doppie 4.

Un S. Francesco con il compagno nella grotta, del *Mazzola*, stimato doppie quattro.

Una copia della *Madonna della Cavagnola*, del *Correggio*, cornice tutt'indorata, di altezza di on. 7. stimata doppie 6.

Una gloria, disegno del vòlto della Cappella di S. Giacomo nella Chiesa di S. Giovanni di questa città, fatta dal *Merani*, stimata doppie tre.

Una Santa Cecilia che abbraccia un organo, alt.ª br. 1. ½. in circa, di mano del *Mazzola*, cornice bianca.

Un David che taglia la testa al gigante, di mano del *Dual*, di grand.ª on. 9., stimato doppie 2.

Santa Cristina, del P. *Galletti*, modello del quadro fatto nella chiesa di detta Santa.

Una Resuretione del Signore con li giudei, abbozzo di mano di *Tiziano*, stimato doppie 4.

Quattro cavagnole di fiori, cornice nera e fili d'oro, miniatura.

Due quadretti, in uno, Sant'Orsola, stimato doppie quattro, nell'altro, Caino che amazza Abele.

Testa di S. Giacomo con il bordone in mano.

Cinque quadri sul rame di lung.ª ½. br., alt.ª on. 4. ¼, cornice di ebano: tre sono paesi con arbori, campagne e casamenti, in uno vi è uno che dorme sotto un albero con calze rosse; altri mietono, e altri in un circolo che mangiano. Nell'altro vi sono diversi contadini che fanno legna, due a sedere che si toccano la mano ed una Cingana poco discosta; nell'altro, due donne ed un uomo con

(1) Il pittore Matteo detto dai *Pitocchi* è un fiorentino.

26

un ferro da segare in mano con alcuni cavalli in distanza che pascolano; un fiume con uno che lo passa e molti altri animali; tutti tre di *Brugolo*.

Un altro della medesima grandezza, cornice di ebano, sul rame, del medesimo *Brugolo*, con battaglia navale, galere e vascelli.

Un altro pur simile sul rame e cornice d'ebano con un monte, dove sono tronchi d'alberi sul piano, una figuretta piccola con un asino con sopra un sacco, e nel fiume vi sono anitre; di Paolo *Brilli*.

Un altro paese più piccolo su la carta, pure di Paolo *Brilli*, dove sono monti, case ed alberi e nel piede un fiume con sopra un ponte, dove sono figure che l'hanno passato.

Un altro paese con un cavallo bianco che beve con uno sopra ad esso, ed un altro cavallo di dietro, senza cornice, e di dentro vi è un ritratto vestito da amazone.

Due altri paesini più piccoli in rame, cornice d'ebano.

Un Apollo su la tela piccolo, cornice di noce, del *Perugino*, anzi del *Scaramuzza*. (1)

Quattro paesi piccoli in asse di lung.ª di on 2. l'uno, cornice di ebano, del *Bronzino* vecchio, stimati doppie n.º dodici.

Un quadro di lung.ª di on. 9, alt.ª on. 6. in circa in rame, cornice d'ebano, di mano di Paolo *Brilli*, con sopra paesi, alberi e una battaglia di centauri.

Un altro su l'asse, cornice d'ebano della medesima misura, vi è una marittima, di mano del *Pusselles*, (2) dove rappezzano una nave con diverse figurine piccole, e nella marittima una fortezza in distanza. Dall'altra parte una fabbrica di un palazzo con un monte in distanza e barchette nel mare.

Un altro quadro di on. 8. in circa di lung.ª, in rame con cornice di noce nera con filetto d'oro tarlata, di *Brugolo*, con un numero infinito di figurine piccole, che tengono da

(1) Luigi *Scaramuccia* perugino, autore del libro *Le Finezze dei pennelli italiani*.
(2) Forse Iean *Parcellis* pittore fiammingo.

un canto all'altro alberi, ed il sole coperto di nuvole, per le quali passano i raggi.

Un quadretto piccolo, dov'è una Natività con i pastori d'alt.ª on. 4. ¼. con portico ed una colonna di marmo con il bue ed asino, ed un portone rovinato in dietro con una colonna di marmo più innanzi, di mano di *Polidoro* da Caravaggio, cornice d'ebano, stimato doppie n.º 30.

Un ritratto con barba nera di altezza on. 3. sul rame vestito all'antica, di mano del *Parmigianino*.

Una quaglia su un monticello erboso, cornice d'ebano, di lung.ª di on. 3. ½. su la carta, di mano del *Parmigianino*.

Una Madonna di alt.ª di on. 11., larg. on. 10., di mano del *Mazzola*, con il Bambino che abbraccia la Madonna, e dietro la Madonna un S. Giuseppe, stimato doppie otto.

Un altro quadro su la tela di mano del *Piola*, dov'è dipinto un Presepio con il Bambino involto nelle fascie, ed angiolini che l'adorano, cornice di rilievo intagliata con rabeschi di rilievo tutt'indorata, altezza on. 10, stimato doppie 10.

Un altro paese d'alt. on. 7., cornice nera a onda e filo d'oro.

Un altro quadretto dov'è la Madonna de'sette dolori con cornice indorata, fatta dal *Merani*, e dentro alla medesima cornice vi è un altro quadretto con la Deposizione di Cristo dalla Croce, cornice nera, miniatura di mano del *Castelli*, stimato doppie quaranta.

Una Madonna su l'asse con il Bambino che l'abbraccia, di dietro tre figure, due di giovane e l'altra di vecchio, di mano del *Procaccino*, fatta con sprezzo del pennello, stimata doppie dieci.

Un altro quadretto con cornice nera e filo d'oro con un ritratto, di mano di Michel Angelo *Bonarota*, di uno con la barba, frappa al collo, berretta in testa, mantello su la spalla di alt.ª di on. 10. in circa, stimato doppie dodici (1).

(1) Accennato più avanti.

Un altro della medesima grandezza, cornice nera e filo d'oro, mezza figura di Simone *Cantarini*, stimata doppie sei.

Un altro della stessa grandezza, cornice nera con una Carità, di *Rubens*, stimato doppie sei.

Tre altri quadretti piccoli, cornice bianca.

Sacrificio d'Abramo con Isaac d'alt.ª on. 14., cornice nera con fili d'oro, di mano dell'*Amidano*, stimato doppie 10.

Una femina con un uccello in mano, che ride e l'accarezza, del *Caraccioli*, stimato doppie 10.

Una copia della Cavagnola del *Correggio*, fatta da Girolamo *Mazzola*, cornice indorata e rabescata, stimata doppie n.º trenta.

Santa Caterina che distacca dall'albero un ramo di palma con due angioli ed una rota in terra, di mano del *Parmigianino*, cornice con fili d'oro e marmorata pure d'oro.

Una marittima con cornice nera e un vascello a vele gonfie con due figurette sul monte; una Fortuna in una conchiglia e due delfini marini che la tirano; paese in distanza ed un Amorino avanti su la terra, miniatura di Giulio *Clovio*, stimato doppie trenta.

La Resurezione di Lazzaro, cornice nera e fili d'oro e rabescata.

Un ritratto di una dama vedova con frappe e velo nero in fronte d'altezza br. 1., del *Parmigianino*, stimato doppie venti.

Altro simile di una testa d'una Madonna con velo taneto, di altezza di on. 10., di Simone *Cantarini*, stimato doppie dieci.

Due quadretti compagni, cornici di noce e fili d'oro; in uno una figura nuda che volta le spalle, di mano del *Bertoia*, stimato doppie 6.

Nell'altro un angelo custode con l'anima, del *Procaccino*, stimato doppie sei.

Duoi altri compagni bislunghi, cornice nera e filo d'oro. In uno due teste, una femmina ed un vecchio, di *Paolo* Veronese, stimato doppie dieci.

Nell'altro, due Apostoli che si vedono per la parte di dietro, di Federico *Barocci*, stimato doppie dieci.

Un'Andromeda incatenata nuda al monte con il mostro che viene a divorarla, e sopra d'esso, Ruggero che l'uccide, di Simon *Cantarini*, stimata doppie venti.

Un altro con cornice bianca di un'Assunta circondata da molti angioli, di mano del *Scaramuzza*.

Un quadro di mezzo braccio in circa, cornice d'ulivo con tre fili neri, ricamato tutto con coralli fini, contornato d'oro, e in mezzo una Madonnina di coralli.

Un Cristo nell'orto, copia del *Correggio*, cornice nera, stimato doppie quattro.

Un quadro con cornice d'ebano e serpentina intagliata d'attorno attorno, e nella cima rabeschi intagliati da buon maestro. Il quadro rappresenta un Sant'Ignazio che dice la messa e fa la istruzione con molto popolo che l'ascolta, e si vede la chiesa di prospettiva. Sopra vi è un cristallo nel quale vi è dipinta una corona di fiori.

Due quadretti compagni di on. 9. in circa d'alt.ª, cornice indorata e rabescata. In uno Santa Dorotea con un cesto di fiori in mano, stimato doppie sei; nell'altro una Santa Lucia con gli occhi in mano sopra una coppa; ambidue sono di mano di Sisto *Badalocchio*, stimato doppie sei.

Due altri con cornice tutt'indorata. In uno vi è la Madonna con il Bambino in braccio, e con la mano destra fa la suppa in un bicchiere per darla al Bambino, di mano del *Guercino* da Cento, stimato doppie quindici (1).

Nell'altro una Maddalena con un vaso nella mano sinistra, e con la destra tiene il coperchio del medesimo vaso, di *Raffaele* d'Urbino, stimato doppie venticinque.

Un ottangolo, cornice indorata, con dentro una testa di mano di *Raffaele* del Bagno, (*sic*) stimato doppie due.

Un S. Francesco, di mano del *Caraccioli* che sta in ginoc-

(1) Menzionato più innanzi.

chione, cornice d'ebano e cristallo davanti, stimato doppie cinque.

Quattro quadretti piccoli, miniatura di diversi autori.

Un altro con la Madonna, S. Giuseppe e il Bambino in braccio.

Una Santa Cecilia piccola di buon autore.

Una gloria d'angioli, cornice indorata, del *Scaramuzza*, stimato doppie due.

Quattro fruttiere; in una un pezzo di formaggio, pane e scartoccini; nell'altro melloni e persici; nell'altro magiostri (?) nell'altro peri e brugne, con cornici nere intagliate e indorate, del *Rovertore*.

Due teste d'angioli, cornice indorata, anzi intagliata.

Un altro quadretto con la testa d'una Madonna.

Un altro quadretto, dove mettono Cristo nel sepolcro, del *Schedone*, stimato doppie sei.

Una presa di Cristo, del *Rubens*, cornice intagliata, stimata doppie quattro.

Due quadretti piccoli con due teste; l'una è di *Paolo* Veronese; l'altra.....

Un quadretto bislungo di rilievo, dov'è Cristo morto, li Angioli che piangono, ed altre testine d'angioli di sopra; cornice nera con l'attacco d'ottone.

Un San Sebastiano pure di rilievo con l'amor celeste che lo slega dal patibolo.

Tre disegni; cornice bianca.

Un quadro di rilievo, dov'è la Natività del Signore, S. Giuseppe con due angioli sopra che vengono ad adorarlo, ed altri che tengono il motto = *Gloria in excelsis Deo* ec. = il bue, l'asino, due pastori, ed un altro che tiene un cesto sopra la testa e altre figurine; cornice nera con l'attacco d'ottone e due fili d'ottone indorati.

Un Cristo d'avorio in croce con la cassa foderata di velluto nero e cornice nera.

Gl'infrascritti quadri di frutta, uccelli, volatili e simili hanno cornici chi bianca, chi nera e chi di noce, e sono li seguenti stimati tutti in corpo doppie n.º cinquanta (toltine li due seguenti stimati da per se).

Quattro quadri di lung.ᵃ di br. 2. ¼. in circa compagni, due
  bassi e due più·alti, di fruttiere con melloni, pomi ec.
  Li più grandi con diversi frutti, zucche, melloni, insalate
  e altro, e una scimia in un cantone che mangia ed un
  sgirato (sic).
Nell'altro un gatto con una testa pelata di vitello, una testa
  di porco ed un capretto aperto a cui si vedono le inte-
  riora, con un cappone pelato, carne e fegato attaccata
  agli uncini.
Un paese con un cane ed alcune case in lontananza di Gio.
  Sonsis fiammingo, stimato doppie otto.
Un altro più piccolo con tre galline, una bianca nel mezzo,
  del *Prete* genovese, stimato doppie dodici.
Due altri quadri più grandi. In uno vi sono pernici morte;
  nell'altro una lepre morta con uccellami.
Due altri, cornice indorata e rabescata d'oro. In uno una ra-
  mina con frutti, scartoccini, selleri e un limone nel
  mezzo; nell'altro tre melloni e peri con finocchio in un
  piatto.
Due altri quadri; in uno, tre melloni e nella parete una fenestra; nell'altro due melloni e peri, ambidue di Simone
  Cantarini da Pesaro.
Due quadri di fiori compagni fatti dal *Biggi* (1).

(1) Segue l'enumerazione di altri quadri di animali senza nota d'autore, la quale si tralascia.

N.º XXX. A. 1698.

ESTRATTO
DELL'INVENTARIO DE' BENI MOBILI DI MADDALENA MANINI VEDOVA DI BARTOLOMEO SMITTI PARMIGIANO

(Comunicato dal cav. Scarabelli).

Il notaio Girolamo Onesti in un inventario di beni mobili fatto compilare dalla sig. Maria Maddalena Manini-Smitti vedova del q. Bartolomeo Smitti, entrambi cittadini parmigiani, della vicinanza di San Paolo, il 21 giugno 1698, fra molti quadri, che ommetto perchè dichiarati come copie di quadri d'altronde conosciuti, ricorda esservi anche i seguenti originali:

. . . .

Un quadro bislongo con S. Pietro piangente, di monsù.....
   corniciato come sopra.

Un quadro simile con battaglia, del *Bresciano*, (1) come sopra.

Un quadro bislongo con una Pietà, originale di *Sisto* (*Badalocchio*) corniciato come sopra.

Una Madonna che adora il Bambino Gesù dormiente, con filetto d'oro, e mostra venire da *Raffaele*.

Un quadro con una vecchia, viene dal *Schidone*, corniciato con filetto d'oro.

Un quadro di Santa Maria Maddalena coricata, piccolo originale di *Sisto*, con cornice intagliata bianca.

Un quadro d'una Madonna, del *Schedone*, originale con cornice bianca intagliata.

Un quadro grande con un Salvatore alla colonna, originale corniciato con filetto d'oro.

Un quadro, originale di *Sisto*, con un Sagrifizio di Sant'Anna (*sic*) corniciato di nero con filetti d'oro.

(1) Francesco *Monti*.

Un quadro con Sant'Antonio di Padova, del *Spagnoletto*, corniciato come sopra.

Un quadro di un San Sebastiano, dell'*Amidano*, con cornice
nera.

Un quadretto con una Santa Maria, del *Schedone*, corniciato
come sopra.

Un quadro con una Madonna, del *Spada*, con filetto d'oro.

Duoi paesi compagni, originali del *Brugolo*, o *Civetta*, corniciati con filetti d'oro e marmorati.

Un quadro, originale di Lodovico da *Vinci* (sic) con Samaritana al pozzo, con cornice intagliata.

Un quadro con una Madonnina, pare del *Franza*, con cornice
dorata e cantonate.

Una Madonnina del *Franza* bonissima, originale, con il Bambino Gesù e S. Gio. Battista, con cornice bella e intagliata.

Una testa di giovane, del *Caraccioli*, (sic) con cornice nera.

Un disegno del *Parmigianino*, con cristallo e cornice dorata
con cantonate.

Una Madonna col puttino ed un Angelo che li porge la corona
di fiori, senza cornice ed un fiore in un vaso fatto come
li sodetti da Monsù *Filippo* (sic) con la cornice.

. . . .

———

N.° XXXI A. 1698.

CATALOGO DEI QUADRI DELLA CASA RANUZZI DI BOLOGNA
(Comunicato dal sig. M. A. Gualandi).

È un estratto dell'Inventario legale dello stato e
della eredità del conte Annibale Ranuzzi a rogito di
G. Lodi. L'Inventario fu fatto a cura dei pittori Giro-

lamo *Gatti* e Paolo Antonio *Paderni* per conto degli eredi conte Gio. Carlo Ranuzzi e conte Vincenzo Ferdinando Ranuzzi Cospi. Il prezzo di questa insigne quadreria fu giudicato dai periti di lire bolognesi 50,120,15 corrispondenti a più di 50,000 franchi ragguagliando la lira bolognese a due paoli romani circa. Questa quadreria fu poi venduta e dispersa.

Due ritratti, uno del P. co. Marc'Antonio e l'altro del P. co. Annibale Ranuzzi, di mano del P. Lorenzo *Borgonzoni*, con cornici intagliate e dorate, L. 180.

Tre tondi sopra porte, due di fiori ed uno di prospettiva, del *Monticelli*, con cornici intagliate e dorate, L. 180.

Un quadro dipintovi un levita che medica un infermo, con cornice dorata, dicono del *Spagnoletto*, L. 750.

Un quadro dipintovi un viaggio, figure ed animali, di mano del *Castiglione* giovane, con cornice dorata ed intagliata, L. 400.

Un sopra porta, paese con animali di monsù Cornelio *Veruich* con cornice nera ed oro, L. 40.

Un quadro sopra fuga *(sic)* con sua cornice intagliata senz'oro dipintovi un Isac che benedice Giacob, di Sebastiano *Ricci*, L. 120.

Un quadro dipintovi Lucrezia romana, copia del P. *Guido*, con cornice intagliata, dorata e color porfido, L. 130.

Un Cristo di bronzo, dell'*Algardi*, su una croce nera di pero, L. 600.

Tre quadri sopra porte, in uno, marina di monsù *Montagna*, in un altro un paese del *Fiaminghi*, e nell'altro una prospettiva, del *Saluzio*, con sue cornici dorate ed intagliate e color tartaruga, L. 375.

Un gran quadrone dipintovi l'istoria del Coriolano, di mano del sig. Lorenzo *Pasinelli*, in cornice a fogliami dorata e color tartaruga, L. 4000.

Un ovatone dipintovi Apollo e Dafne, copia dell'*Albani*, con cornice intagliata, dorata e color tartaruga con quattro marchette fatte a gigli, L. 225.

Due battaglie di monsù *Cornelio* sopra porte con sue cornici intagliate, dorate e color tartaruga, L. 270.

Due altri simili del medesimo, L. 270.

Un altro quadro sopra porta dipintovi una prospettiva, nel quale v'è espresso dentro l'entrata trionfante che fa David in battaglia con la testa d'Oloferne in mano, del *Monticelli*, con cornice intagliata, dorata e color tartaruga, L 105.

Un ritratto della regina di Svezia ed un altro compagno dipintovi la Fede; tutti due di mano del *Gennari* con cornici intagliate e dorate, L. 215.

Un ritratto d'un uomo con una mano sul libro, di mano di Agostino *Carazzi*, con cornice dorata piccolo. L. 250.

Un quadro dipintovi la concezione della B. V., della *Sirani*, con cornice intagliata e dorata, L. 200.

Due paesi di *Filippo*, (1) con cornice intagliata e dorata, L. 225.

Un quadro dipintovi S. Maria Maddalena di Gio. Battista *Caccioli*, con sua cornice intagliata e dorata, L. 150.

Due Marine, di mano di Monsù *Montagna*, con sue cornici intagliate e dorate, L. 120.

Due quadretti piccoli di monsù *Bambozzo* (2) con sue cornici intagliate e dorate con varie figure ed animali, L. 400.

Un quadro grande, dipinto un Cristo morto con altre figure, di mano del *Cesi*, con sua cornice dorata, L. 150.

Due ovati dipintovi l'Annunziata, di mano del P. Marc'Antonio *Franceschini*, con cornici intagliate e dorate, L. 400.

Due quadri, in uno la Santa Maria Maddalena che piange, copia del P. *Guido*, e nell'altro Cristo nell'orto, copia del *Correggio*, con cornice piccola dorata, L. 40.

Due quadri grandi del *Peruzzini*, con cornice intagliata e dorata e tartaruga, L. 400.

(1) Forse Filippo de *Angelis* napolitano.
(2) Peter *Laer* detto il *Bamboccio*.

Un quadro, S. Francesco con Cristo, di mano del *Feti*, con cornice intagliata e dorata, L. 150.

Un quadro grande dipintovi un Lotto (Lot), copia del *Guerzino*, con cornice senz'oro intagliata, L. 120.

Due quadri sopra porte, del *Zuccati*, panni, fiori, e un cagnolo sopra un cuscino con cornice dorata, L. 75.

Un S. Sebastiano dipinto in legno, del *Francia*, con cornice dorata, L. 60.

Un quadro sopra fuga (*sic*) dipintovi una battaglia, copia del *Tempesta*, con cornice dorata, L. 40.

Un quadro dipintovi una Madonna col Bambino, sposalizio di S. Catterina, della scuola d'*Innocenzio* da Imola, con cornice dorata, L. 30.

Un quadro dipintovi una santa in tavola di legno, di *Raffaele* d'Urbino, con cornice dorata intagliata a fogliame, con cassa morello ed oro, L. 3500.

Un quadro dipintovi S. Girolamo con un angiolo, d'Agostino *Carazzi*, con cornice dorata, intagliata e cassa morella ed oro, L. 3000.

Un quadro dipintovi S. Francesco con un angelo che suona la viola, di *Gio. Francesco* da Cento, della prima maniera con cornice intagliata dorata e cassa morella ed oro, L. 3000.

Un quadro dipintovi un S. Gio. Battista puttino, di mano di Gio. Francesco *Barbieri* da Cento, della seconda maniera con cornice intagliata e dorata, L. 750.

Un quadro dipintovi la Carità romana, due figure, di mano di Lorenzo *Pasinelli*, con cornice intagliata e dorata, L. 675.

Un quadro dipintovi la B. V. col Bambino in braccio del sig. Giovanni *Viani*, con cornice dorata ed intagliata, L. 400.

Due paesi grandi di Francesco Antonio *Peruzini*, con sue cornici dorate ed intagliate, L. 500.

Quattro ritratti con cornici dorate ed intagliate del S.r Lorenzo *Pasinelli*, L. 1000.

Due ovati, in uno Orfeo e nell'altro Venere, di mano del sig. Cesare *Gennari*, con cornici intagliate e dorate, L. 450.

Due quadri compagni, in uno la Carità con tre puttini di
mano della sig.ª Lisabetta *Sirani*, con cornice intagliata
e dorata; nell'altro la B. V. della Concezione, mano del
sig. Lorenzo *Pasinelli*, con cornice simile intagliata e
dorata, L. 225.

Due tondi compagni dipintovi due teste di donne, di mano
del signor Sebastiano *Rizzi* con cornice intagliata e
dorata, L. 150.

Due quadri fiori compagni con cornici intagliate e dorate, di
mano della sig.ª *Caffia* di Venezia, (1) L. 100.

Un quadro grande dipintovi panno, frutta ed instrumenti musicali con cornice intagliata e dorata, di mano del signor
Francesco *Milanesi (Cittadini)*, L. 260.

Un quadro grande sopra porta, dipintovi la Carità con quattro puttini, di mano di monsù *Vonetti*, *(Vouet)* con cornice intagliata, dorata e color rosso, L. 500.

Due porti di mare piccoli con cornici intagliate ed oro, di
mano del *Saluzio* di Roma, L. 450.

Due quadretti, cioè due Cenacoli del *Calza*, che vengono da
Paolo, cioè le nozze di Cana Galilea, con cornici intagliate
e dorate, L. 500.

Un paese del *Calza* con cornice intagliata e dorata con diverse
figure, L. 100.

Due paesi piccoli, di Pietro *Pesci*, con cornici intagliate e
dorate, L. 120.

Una Madonna dipinta su la tavola col Bambino in braccio di
Benvenuto da *Garofalo*, con cornice intagliata e dorata, L. 130.

Due quadretti in rame compagni, cioè uno dipintovi la nascita
del Redentore, con cornice intagliata e dorata, con cassa
oro e morello: il compagno, dipintovi l'adorazione dei
Magi, intagliata ma non dorata, tutti due del sig. Francesco detto il *Milanese*, L. 400.

(1) Margherita *Caffi*, valente dipintrice di fiori del 17º secolo era Cremonese. (Vedansi Zaist, Grasselli ecc.).

Uno specchio dipintovi fiori di *Mario* di Roma *(Nuzzi)*, con cornice intagliata, dorata e di color nero, L. 70.

Due paesi piccoli del sig. Francesco Antonio *Peruzzini*, con cornici intagliate e dorate, L. 90.

Due teste di pastello, una della *Sirana* e l'altra d'un monsù, con cristallo e cornici nere, L. 60.

Una testa con la cornice oro e legno del *Mantegna*, L. 80.

Un tondo grande dipintovi entro tre mezze figure, di mano di Sebastiano *Rizzi*, con cornice intagliata e dorata, L. 420.

Un quadro grande con due figure dentro, cioè un centauro che rapisce una donna, della sig.ª Elisabetta *Sirana*, con cornice intagliata con oro e tartaruga, L. 1350.

Un quadro grande con tre figure dentro, cioè Ercole, Iole ed Amore di mano del P. *Canuti*, con cornice intagliata, oro e tartaruga, L. 1800.

Due gran paesi del P. cav. *Peruzzini* con dentro figure di monsù *Filippo*, con cornici intagliate, oro e porfido, L. 600.

Due battaglie sopra porte con cornici porfido e oro intagliate, mano di monsù Cornelio *Veruich* fiamengo, L. 270.

Un quadro sopra uscio con dentro Sansone con Dalila e duoi soldati, con cornice oro e morello intagliata, di mano di Sebastiano *Rizzi*, L. 225.

Due altri quadri del suddetto *Rizzi*, in uno Diogene e nell'altro Catone con un soldato, con cornici intagliate, dorate e color porfido, L. 150.

Un paese con dentro molte figure, di mano del *Milanese*, con cornice intagliata e dorata, L. 300.

Un altro quadro, paese con entro figure che serve per compagno al suddetto. del *Milanese*, con cornice intagliata e dorata, di mano del sig. Filippo *Vefardi*, L. 180.

Ovati n.º 2. intagliati e dorati dipintovi mezze figure di mano del sig. Gio. Giuseppe del *Sole*, in uno una Circe e nell'altro una femina che scherza con un agnello, L. 300.

Due altri ovati con dentro due teste, di mano del P. Gio. Girolamo *Bonelli*, con cornici intagliate e dorate, L. 240.

Due quadri fiori compagni con cornice intagliata e dorata, di mano del *Zuccati*, L. 45.

Due tondi dipintovi paesi con cornici intagliate e dorate di mano del P. cav. *Peruzzini*, L. 120.

Due marine con la cornice dorata di monsù *Montagna*, L. 225.

Due prospettive tonde, cioè una del P. Gio. Giuseppe *Santi*, e l'altra del P. Gio. Andrea *Monticelli*, con cornici intagliate e dorate, L. 160.

Un quadro con entrovi una B. V. con il Bambino sul ginocchio, detta della rosa, copia del *Pesarese*, con cornice intagliata, dorata e color morello in cassa, L. 150.

Un San Francesco, con cornice dorata e nera, di mano del *Bagnacavallo*, L. 120.

Un quadro grande con n.° 4. figure cioè la Madonna con il puttino in braccio, S. Francesco a man dritta e S. Domenico a parte sinistra, la sua cornice parte nera e parte d'oro riportato sopra il nero, di mano del sig. Dionigio *Calvar* detto il fiamengo, L. 1200.

Un quadro grande con Orfeo che sona la viola, con cornice oro e morello, intagliata e dorata, di mano del P. Cesare *Gennari*, L. 540.

Un quadro grande con Endemione con la luna ed un Amorino in aria ed un cane, con cornice oro e nera intagliata, di mano del S.r Domenico *Borini*, L. 600.

Due battaglie sopra porte con cornice porfido ed oro intagliate, di mano di monsù Cornelio *Veruich* fiamengo, L. 270.

Un quadro con una B. V. col puttino in braccio, S. Catterina e S. Giuseppe in tavola di legno, con cornice oro e porfido intagliata, di Prospero *Fontana*, L. 180.

Sei quadri, fiori del P. Antonio *Mezzadri*, con cornici intagliate e dorate, L. 255.

Un quadro dipintovi la Concezione con diverse figure, copia del S.r *Guido*, con cornice dorata, L. 45.

Un quadretto, una B. V., copia del *Cesi*, con cornice dorata antica.

Due quadroni dipintovi l'Eṁo Card. Ranuzzi, in uno quando era Nunzio in Polonia e nell'altro la creazione di Cardi-

nale fatta dal Re di Francia, quando era nunzio al medesimo, con cornici dorate ed intagliate, mano di Sebastiano
Rizzi, L. 600.

Quattro ovati grandi sopra usci di sala con cornici dorate
ed intagliate, di mano n.º 3 di *Borino* ed uno del *Peruzzini*, dipintovi li quattro antenati della casa, cioè
Dolone, Girolamo, Angelo e Marc'Antonio Ranuzzi, L. 600.

Due quadri sopra usci dipintovi prospettive, di mano del
Monticelli, con cornici oro e tartaruga, L. 180.

Un quadro sopra uscio dipintovi un Tobia con il pesce, di
mano del *Genovese* Prete, con cornice intagliata, dorata
e cassa morella, L. 200.

Un quadro sopra porta con fiori e panno, di mano del *Zuccati*, con cornice dorata, L. 50.

Cinque sopra usci, frutti, fiori, ed animali, di mano del *Monticelli*, con cornici dorate, L 750.

Quattro sopra usci, fiori e frutti e pomi, del *Zuccati*, con
cornici dorate, L. 120.

Due quadri piccoli d'animali volatili di monsù *Guglielmo*, (1)
con cornici dorate, L. 30.

Un ovadino in cassa con talco sopra dipintovi una Virtù coronata d'alloro da un puttino, a olio in carta con cornice
dorata ed intagliata e cassa morella, di mano del sig. Gio.
Giuseppe *Del Sole*, L. 50.

Due teste compagne, una di S. Giuseppe del *Bonon* di Ferrara, e l'altra della B. Vergine, di Flaminio dalla *Torre,
(Torri)* con cornici intagliate e dorate, L. 120.

Due teste compagne, una d'un satiro, di mano del *Leonar-
dini*, (2) e l'altra di Flaminio dalla *Torre*, con cornici
intagliate e dorate, L. 90.

Un quadretto dipintovi fiori, del *Mezzadri*, con cornice dorata
ed intagliata, L. 20.

(1) Un *Monsieur Guglielmo* pittore vivente nel 1650 è registrato dallo
Zani nella sua *Enciclopedia* T. X, p. 238.
(2) Leonardo *Ferrari* detto li *Leonardino* pittore bolognese morto
nel 1648.

Un quadretto dipintovi una B V. col Bambino e S. Agostino in rame, di Luzio *Massari*, con una cornice dorata, L. 50.

Una testa d'una Sibilla, di Gio. Giuseppe *Del Sole*, con cornice dorata ed intagliata, L 75.

Sei paesi del *Calza*, con cornici oro e nere, L. 150.

Sedici quadretti, fra quali vi sono due bambozzate in rame, sei paesi ed otto battaglie con cornici dorate, intagliate e nere, tutti di monsù *Cornelio*, L. 180.

Due paesi compagni, di *Giosafat*, (1) con cornici dorate, L. 15.

Una Marina ed una prospettiva, mano del *Santi*, con le figure del *Creti*, con cornici dorate, L. 60.

Sette tondi piccoli espressovi li sette peccati mortali, del *Garbieri*, con cornici di noce filettate d'oro, L. 105.

Due quadretti in rame con dentro cavalli e figure, di *Stefano della Bella*, con cornici d'ebano, L. 300.

Un paesino cornice nera, fatto a secco, di mano del *Grimaldi* di Roma, L. 60.

Un quadrettino in rame, Cleopatra con varie figure, del *Bettini*, con cornice oro ed azzurro, L. 75.

Un quadretto di fiori piccoli, del *Mezzadri*, con cornice dorata, L. 5.

Due disegni, in uno le tentazioni di S. Antonio abbate, di Luca *Cangiatio*, nell'altro due figure, di *Stefanino della Bella*, con cornici nere ed oro, L. 6. 10.

Una testa, di mano del *Francia*, con la cornice dorata, L. 7. 10.

Un quadro dipintovi Angelo Ranuzzi, di mano di *Dos* da Ferrara, con cornice dorata, L. 150.

Una testa, del *Perdononi*, con cornice oro e nera, L. 20.

Due quadretti fiori del *Mezzadri*, con cornici oro, L. 10.

Un quadretto in rame dipintovi S. Francesco, di Girolamo *Muziani*, con cornice dorata, L. 120.

Un quadretto dipintovi una testa d'un gigante, di Pietro *Facini*, con cornice oro e tartaruga, L. 7. 10.

(1) Manca allo Zani.

27

Un quadretto dipintovi la scala di Giacob, de' *Mastelletti*, con cornice dorata ed intagliata, L. 90.

Un piatto di *Raffaele* d'Urbino, ottangolo con cornice dorata ed intagliata, L. 100.

Un quadro dipintovi una testa di S. Paolo, con cornice dorata ed intagliata e nera, del *Sementi*, L. 50.

Un quadretto dipintovi un riposo della B. V. col Bambino, S. Giuseppe ed angeli in Egitto, di mano di Domenico Maria *Canuti*, con cornice intagliata, oro e verde, L. 90.

Un quadretto dipintovi un'Annunziata in legno, di Carlo *Milanese*, con cornice di pero nero, L. 80.

Due sopra porte, piccole battaglie di monsù *Cornelio*, con cornice oro e tartaruga, L. 30.

Un ritratto d'una donna con cornice dorata ed intagliata, di Nicolò dell' *Abbate*, L. 460.

Due sopra porte, frutta ed animali, del sig. *Manzini*, con cornici dorate, L. 300.

Tre sopra porte di fiori, frutta e panni, di mano del *Zuccati*, con cornici dorate, L. 150.

Due sopraporte, piccole marine del *Todesco*, con cornici d'oro e morelle, L. 20.

Due quadretti, fiori, del *Mezzadri*, L. 13.

Una Madonna del *Francia*, con cornice dorata, L. 15.

Una copia della Carità con putti, della *Sirani*, L. 20.

Un quadro dipintovi una B. V. col puttino in braccio che dorme, con cornice intagliata e dorata, copia del *Correggio*, L. 45.

Un ritratto della sig. co. Dorotea, con cornice dorata ed intagliata, di monsù *Giusti (Sutterman)*.

Un quadro dipintovi un filosofo, di mano del *Feti*, con cornice oro e nera, L. 105.

Un quadro dipintovi una Lucrezia romana, della scuola del *Canuti*, con cornice dorata, L. 45.

Due quadri sopra usci, fiori e frutta, con cornici dorate, intagliate e tartaruga, di Giacomo *Monticelli*, L. 180.

Due paesi, del *Todesco*, con cornici dorate, L. 30.

Due quadroni, dipintovi in uno Diana con un Amorino, del *Borini*, nell'altro Pane e Siringa, di Sebastiano *Rizzi*, in paesi del *Peruzzini*, senza cornici, L. 900.

Due soprusci, paesi del *Peruzzini*, con cornici intagliate bianche, L. 200.

Due quadri sopra porte, fiori e frutti senza cornici, del *Monticelli*, L. 45.

Quattro sopra porte, due paesi, e due marine, di monsù *Cornelio*, senza cornici, L. 50.

Un disegno di *Stefano della Bella*, con cornice bianca, L 20.

Un disegno di S. Catterina, di *Federico Zuecati*, L. 7. 10.

Un quadretto dipintovi una Venere ed Amore, dell'*Albani*, con cornice dorata e nera, L. 10.

Un paese del *Possenti*, con cornice dorata ed intagliata, L. 15.

- Un quadro dipintovi una Concezione della Madonna, mezza figura, copia del S.ᵣ *Guido*, con cornice senz'oro, L. 20.

Una Madonna col Bambino, del *Francia*, con cornice all'antica dorata, L. 15.

N.° XXXII. A. 1698.

ESTRATTO DALL'INVENTARIO DE' MOBILI
DEL PALAZZO DEI PRINCIPI FORESTO, CESARE E LUIGI D'ESTE

(Archivio Palatino).

Del P.ᵉ Cesare si disse più innanzi. Luigi e Foresto che furono fratelli di lui mancarono alla vita senza lasciar discendenza; il primo nel 1698, l'altro nel 1725. L'eredità di Foresto dopo lunghe disputazioni fra la sorella Angela Caterina e il Duca Rinaldo, fu aggiudicata a quest'ultimo.

420

Un quadro bislongo che rappresenta nostro Signore che portà
la croce al Calvario, con varie figure, si stima di *Paolo
Veronese*, con la cornice di legno intagliata e tutta dorata.

Un quadro della stessa grandezza che rappresenta la Piscina
con nostro Signore e varie figure, di mano del *Tintoretto*,
con cornice di legno intagliata e tutta indorata.

Quattro quadri compagni che rappresentano li quattro Evangelisti, sono di mano del *Guerzino*, di prima maniera, con
cornici grandi di legno intagliate, e tutte messe a oro.

Un quadro grande che rappresenta la cena d'Emaus di nostro Signore con sette figure, di mano di *Paolo* Veronese,
con cornice grande di legno intagliata e traforata, col
fondo cremise di sotto tutta a oro.

Un quadro su l'asse che rappresenta Cristo nostro Signore
ed un Fariseo, qual quadro si chiama il Cristo dalla moneta, di mano di *Tiziano*, con cornice intagliata e traforata
col fondo coperto di talco specchiato, tutta messa a oro.

Un quadretto piccolo in asse che rappresenta la Beata Vergine, il Bambino e S. Giuseppe in lontananza, di mano
del *Correggi*, con cornice di legno intagliata e trasforata, tutta indorata.

Un quadretto bislongo che rappresenta S. Giovanni che battezza quantità di popolo in un paese, di mano di . . . . .
con cornice intagliata e tutta indorata.

Un quadretto della medesima grandezza che rappresenta, S.
Giovanni che predica a quantità di popolo in un paese,
di mano di . . . . . con cornice di legno intagliata, e
tutta dorata.

Un piedistallo di legno intagliato e indorato, con sopra il
ritratto del Sermo sig.re Duca Francesco Secondo, scolpito
in alabastro, vestito in abito da soldato.

Due statue di legno indorate, che rappresentano Ercole con la
mazza alla mano, uno che uccide il cerbero e l'altro
l'Idrio, con piedistallo di legno tinto in nero, fatto a
groteschi.

Un quadro grande che rappresenta Tancredi e Armidia (Erminia) moribonda con due figure in un paese, si figura di mano del *Lana*, con cornice di legno intagliata e mezzo trasforata, tutta indorata.

Un quadro bislongo con vari animali e figure piccole in un paese che rappresenta il Presepio, di mano del *Bassano*, con cornice di legno intagliata e indorata.

Un quadro simile di vari animali piccoli in un paese, di mano pure del *Bassano*, con cornice simile all'altra tutta indorata.

Un quadretto ovato su l'asse che rappresenta un ritratto vestito di nero con latuca al collo, berretta nera in capo con perle attorno, si crede è figura di mano di *Titiano*, con cornice di legno intagliata e dorata.

Un quadretto ovato su la carta dipinta, incolato sopra la tela che rappresenta un buffone che ride, vestito di verde con berretta rossa e peunā bianca, di mano de' *Carazzi*, con cornice di legno intagliata e indorata.

Un quadretto ovato in tela che rappresenta un ritratto d'un pittore con berrettone nero, con pellizza scura attorno, e penelli in mano, di mano del *Valaschi* (*Velasquez*).

Un quadretto ovato su l'asse che rappresenta un ritratto di filosofo vestito di nero, con berretta grande nera in capo, di mano di . . . . . con cornice intagliata e dorata.

Un quadretto ovato in tela, che rappresenta un ritratto vestito all'antica, con colaro all'antica, berrettone rosso in capo con penniuo bianco, di mano del . . . . . con cornice di legno intagliata et indorata.

Un quadretto ovato su la tela che rappresenta un pastore con turbante in capo rosso, e pellizza attorno con flauto, di mano di *Zorzone*, con cornice di legno intagliata e indorata.

Un quadro grande con otto figure che rappresenta un cavadente, di mano del *Bacarino*, con cornice di legno tinta in verde con cordoni intagliati e dorati.

Un quadro grande con nove figure che giuocano a dadi, di mano de' *Carucci*, con cornice di legno tinta in verde a cordoni intagliati e dorati.

Un quadro che rappresenta un tedesco con un bicchiero in mano, di mano di un pittore romano, con cornice di legno tinta in verde con cordoni intagliati e dorati.

Un quadro simile che rappresenta un altro tedesco, con una zucca alla mano, di mano del suddetto, con cornice simile all'altra.

Un quadro bislongo con quattro figure che suonano e cantano, di mano del *Caracci*, con cornice di legno simile all'altra.

Un quadro bislongo che rappresenta gente rustica che canta di musica, di figure n.º sei, di mano dell'*Abbati*, con cornice simile all'altra.

Due battaglie grandi maritime, senza cornici, di mano di Monsù *Cornelio*, fiammengo che dimora in Bologna.

Quattro battaglie in terra ferma, senza cornice di mano del medesimo.

Sei altre battaglie la metà più piccole, senza cornice, di mano del medesimo.

Un quadro col ritratto del Sermo S.re Principe Luigi seniore, a cavallo in abito di soldato, senza cornice, tela cattiva, di mano del *Lana*.

Un quadretto che rappresenta la Beata Vergine e il Bambino e S. Giovanni, di mano del *Guerzino*, in un paese con cornice intagliata trasforata ed indorata, col fondo cremice simile all'altra.

Un quadro grande bislongo, di mano del *Spada*, che rappresenta il sacrificio d'Abramo con tre figure, con cornice intagliata, e tutta messa a oro.

Un quadro con due figure che rappresenta S. Girolamo che parla con un Angelo, di mano del *Spada*, con cornice intagliata e indorata.

Un Crocefisso di legno, di mano del *Clemente*, sopra d'una croce di legno nero.

Un quadretto che rappresenta un puttino, di mano di *Tiziano*, con cornicetta di legno intagliata.

N.º XXXIII. A. 16.....

CATALOGO DI QUADRI DA VENDERE IN MILANO

(Archivio Palatino).

Un'Assuntione di M. V. in Cielo, di mano di Luigi *Garzi*, pittor romano, scudi romani 100.

Una mezza figura di femmina, di mano del cav. *Cairo*, sc. r. 15.

Un pezzo di paese, veduta d'anticaglie, di mano di Gio. *Ghisolfi*, sc. r. 18.

Due pezzi compagni; uno il riposo d'Egitto di Cristoforo *Storer*, figure n.º 17 circa, sc. r. 18;

L'altro l'Annuntiatione di M. V. del *Scaramuccia* perugino, figure d'assai numero per la quantità de'puttini in gloria, dell'istessa misura, sc. r. 12.

Una Madonna del *Cornara*, (1) che allatta il figlio con un S. Giovannino sc. r. 25.

Un pezzo con una Venere, un Amorino ed un Mercurio, del cav. *Cairo*, sc. r. 100.

Una Madonna con il bambino in seno, un S. Giovannino e S Giuseppe, di Carlo *Maratti* romano, sc. r. 400.

Due pezzi compagni: uno la Pittura che dipinge la Fama, ed un puttino che tiene il quadro; l'altro un Astrologo, e un discepolo, ambi di Gio. *Bonati*, pittor romano del Card. Pio, mezze figure, sc. r. 130.

Due altri pezzi compagni, uno Agar nel deserto col figlio sitibondo e l'angelo che gl'appare, del cav. *Cairo*; sc. r. 80.

L'altro una Susanna con li vecchioni, di Gio. *Bonati* romano, sc. r. 80.

Un pezzo con Aron nel campo che sacrifica a Dio, di monsù Guglielmo *Cortese*, di scuola romana, sono figure 9., sc. r. 80.

Quattro pezzi compagni, il primo di mano di Luigi *Garzi* pit-

(1) Forse *Comara*.

tor romano; un' istoria della S. Scrittura con quantità
di figure, di femmine e maschi, sc. r. 80;

L'altro compagno di Ciro *Ferri*, la sommersione di
Faraone con numero di figure in grande copia, sc. r. 300.

Gl'altri due compagni di monsù Guglielmo *Reuhter*
fiamingo di scuola romana, uno la fuga di Giacob con la
moglie ed armenti; l'altro quando Mosè fa scaturire
l'acqua dal monte, figure in quantità e belli paesi,
sc. r. 100.

Due pezzi compagni: uno la Decollazione di S. Gio. Battista,
n.° 4. figure del cav. *Cairo*, sc. r. 60;

L'altro una Madonna col Bambino che dorme, San
Giovannino, e Sant'Anna, del cav. *Morandi*, sc. r. 60.

Una mezza figura, di Livio *Meus*, pittore del Gran Duca di
Fiorenza, una Madalena piangente, sc. r. 15.

Un pezzo di quadro con S. Carlo che visita gli appestati, di
Gio. *Bonati*, figure n. 20, sc. r. 100.

Due pezzi compagni: uno di Domenico Maria *Canuti* bolognese,
l'istoria di Giacob che sana gl'occhi ad Isach suo padre,
il n.° delle figure è 18, sc. r. 80.

L'altro compagno di Livio *Meus*, l'istoria di Rachel
al pozzo con gli armenti, sc. r. 80.

Un pezzo, di monsù Giacomo *Borgognone* gesuita, pittore di
battaglie, una Triegua o spoglio, sc. r. 100.

Un ritratto di bellissima Dama, la duchessa di Nivers, di Ferdinando *Voet (Vouet)*, sc. r. 18.

Un riposo d'Egitto, del perugino Luigi *Scaramuccia*, n.° 6.
figure, sc. r. 60.

Una mezza figura grande al naturale, di Giacinto *Brandi* romano, e un S. Francesco piangente, sc. r. 100.

Due prospettive compagne, una di Gio. *Ghisolfi* Milanese,
sc. r. 25;

L'altra del *Villa* Milanese, sc. r. 20.

Un pezzo di 3. mezze figure grandi al naturale, di Antonio
Busca; una è Democrito, l'altra Eraclito, e l'altra il
Tempo, sc. r. 25.

Due prospettive compagne di Gio. *Ghisolfi*, abbondanti di figure
e veduta d'antichi tempii, sc. r. 120.

Due pezzi di paesi di monsù Guglielmo *Reuther*, uno contenente la favola di Mercurio che indormenta Argo; l'altro
la favola di Mercurio, che ruba lo, sc. r. 60.

Due prospettive compagne di *Viviano*, con le figurine di *Michel
Angelo* de' Bambocci, sc. r. 100.

Due pezzi compagni: uno d'Evaristo *Barchenex*, (1) con un
gran tavolone coperto di tappeto al naturale, e sopra al
medesimo varii istromenti dell'arti liberali, di musica
alcuni libri, per altre scienze varii libri, per l'astrologia
un Mappamondo, per l'aritmetica un libro, per la pittura
tavola e pennelli, per la scultura una statua, e diversi
istromenti musicali, sc. r. 80.

L'altro compagno della medesima misura, del *Genovese* de' frutti (2), sc. r. 5.

Un pezzo grande per ancona, di mano del *Scaramuccia* perugino con il riposo d'Egitto di M. V., il Bambino e San
Giuseppe, sc. r. 60.

Una mezza figura di femmina che tiene in mano uno specchio,
del *Cairo*, sc. r. 15.

Due pezzi compagni, uno con una testa di Diogene con il
lume in mano, di Giacinto *Brandi*, sc. r. 30.

L'altro della medesima misura con una testa di femmina, del *Malta* (3), sc. r. 30.

Due pezzi compagni, uno del cav. *Cairo*, con una Giuditta, che
taglia la testa ad Oloferne, sono tre figure, sc. r. 60;

L'altro compagno del *Scaramuccia* perugino, un'Erodiade con una vecchia ed un paggio, che li presenta la
testa di S. Gio. Battista, sc. r. 40.

Due pezzi compagni, uno di Antonio *Busca*, che contiene la
presentatione al tempio di N S. con 17. figure, sc. r. 100;

(1) *Baschenis.*
(2) Forse Anton Maria *Vassallo.*
(3) Forse Melchior *Cafa* maltese.

L'altro compagno del *Lanzani*, rappresenta il martirio di Sant'Orsola con 25. figure, sc. r. 100.

Due pezzi compagni, del *Brugara (Breughel)* de' fiori, sc. r. 50.

Mezza figura di S. Pietro piangente, al naturale, di Giacinto *Brandi*, sc. r. 40.

Un pezzo del *Romanelli*, con una Madonna che legge un libro e il Bambino in piedi, sc. r. 60.

Tre pezzi compagni, uno di Evaristo *Baschenex*, con animali, cioè polleria, pesci, lepri e frutti, sc. r. 30;

Gl'altri due dell'istessa misura, di mano del *Genovese*, uno è una prospettiva di piatti e frutti, l'altro tútto di frutti, sc. r. 50.

Un ritratto di dama del cav. del *Cairo*, sc. r. 48.

Un pezzo grande di Federico *Bianchi*, una Sant'Elena ch'erge la Croce, e Costantino in ginocchio, con un Angelo in gloria, figure n.º 8. grandi al naturale, sc. r. 50.

Quattro pezzi compagni, uno di mano di Luigi *Garzi*, romano, Nostro Signore, che porta la Croce al Monte Calvario, sono 10 figure, sc. r. 100;

L'altro della medesima misura di Gio. Cristoforo *Storer*, la strage degl'innocenti in gran numero, sc. r. 80;

L'altro di Federico *Bianchi* milanese, un'Annuntiata di M. V. con gloria d'Angioli e puttini, sc. r. 70;

E l'altro di Ambrosio *Besozzi*, la nascita di N. S., tutti 4. compagni. sc. r. 60.

Due pezzi grandi, del *Genovese*, tutti frutti, sc. r. 100.

Quattro pezzi compagni, nel mezzo l'istoria, attorno un ornato del *Rauther* Rauletti, e sopra l'ornato un intreccio di fiori, due di mano del *Saglier* (?); e due di mano delle Vincenzine; l'istorie sono tutte dipinte di mano del *Scaramuccia* perugino; uno l'Annuntiatione di M. V., l'altro la nascita di N. S, l'altro la B. V. con il Bambino, e S. Giovannino, ed il 4.º una nostra Donna addolorata sc. r. 200.

Due altri pezzi dipinti alla forma istessa, uno la nascita di N. S. del *Scaramuccia* perugino, l'ornato del P. *Pozzi* gesuita, con fiori delle Vincenzine, l'altro una B. V. col Bambino ed angioli, l'ornato tutto del *Perugino*, con fiori del *Saglier*, sc. r. 100.

Due pezzi di vasi di fiori, del *Vincentino (sic)*, sc. r. 30.

N.° XXXIV. A. 16.....

CATALOGO DI QUADRI E DISEGNI VENDIBILI IN VENEZIA

(L. C.).

Madonna col Bambino di *Titiano*	Doble	160
Crocefisso di *Titiano*	»	80
Donnina di *Titiano*	»	15
Viaggio in Egitto, di *Paolo* Veronese.	»	40
Circoncisione, di *Paolo* Veronese	»	25
Altra Circoncisione, di *Paolo* Veronese	»	25
Testa di Vescovo del detto Veronese.	»	10
Ritratto di *Giorgione*	»	20
Adamo ed Eva, di Giacomo *Bassano*	»	20

Doble 395

Quali sono tutti originali delli autori che si dicono, e tali si mantengono.

Summa delli disegni » 1324

Doble 1719

Non pongo l'*Ecce-Homo* perchè a Venetia mi viene giudicato per Annibale *Caracci* e delle cose sue più belle, nè potendomi assicurare, che delle maniere di Bologna li Pittori di Venetia possino avere tutta la perfetta cognizione, così non voglio impegnarmi di mantenerlo tale a S. Alt.ª Seriña, benchè sii originale e bellissimo, oltre che mi costa più che cento doble.

Volendo sua Altezza Ser.ᵐᵃ unitamente con li disegni anco li quadri farò l'istesso patto della metà denaro contante, et per l'altra metà, gioie e cavalli.

Ovvero riceverò (non volendo dare nè gioie, nè cavalli) presentemente la metà del denaro, e l'altra metà nel termine, che piacerà a S. Alt.ᵃ Ser.ᵐᵃ.

Disegni di *Paolo* Veronese n.° 168., l'uno per l'altro a doble quattro, importano	Dob.	622
Disegni in doi Libri di Giacomo *Palma* n. 230 a doble due l'uno importano	»	460
Disegni in un libro grande di varii autori, n.° 31. a doble due l'uno per l'altro	»	62
Disegno di *Rafael* (benchè abbia rifiutate doble cento come si può vedere dalla lettera originale d'offerta, et che sia un pezzo per se stesso rarissimo e famoso) lo pongo solo	»	80

Dob. 1324

Come sopra le dimostranze fattemi da S. A. Serᵐᵃ, ho posto pretii vilissimi mentre li Pittori di Venetia m'hanno assicurato, che massime quelli di *Paolo* Veronese sarebbero gettati per niente quando li avessi dati per meno di doble dieci l'uno per l'altro, stimandoli molto più; così in riguardo dell'istesse dimostranze di questi Alemanni, e delle congiunture presenti de'tempi, faciliterò anco l'acquisto a sua Alt.ᵃ Serᵐᵃ, acciò dia fuori meno denaro contante, nel modo seguente; desiderando pure di fargli fare un acquisto, che renderà la sua galleria non meno famosa per le pitture che per li disegni, nelli quali non averà con quest'acquisto eguale certamente, quando non fallino le opinioni delli primi intendenti.

Per la metà riceverò il contante saranno . . doble 662.

Per l'altra metà riceverò il valore in gioie o cavalli che sono le cose che sogliono darsi da Principi.

N.º XXXV A. 16.....

CATALOGO DE' QUADRI
POSSEDUTI DA D. CARLO FRANCESCO FERRARI
PREVOSTO DI CREVALCORE

(Arch.º Palatino).

Un S. Geronimo grande, di mano del *Cavedoni.*

Un quadro di uccellami, del *Fiamengo.*

Una mezza figura di Attila *Flagellum Dei*, della scola di *Paulo Veronese.*

Una testa su la carta pecora effigie di una donna.

Doi quadretti uno con dentro S. Maria Madalena, e l'altro S. Giovanni.

Due teste cioè il padre e la madre di Anibale *Carazza*, fatte di sua mano.

Il Battesimo di S. Paulo, mano del S. *Machino*, (?) quadro bislongo.

La lapidatione di S. Stefano, mano del *Procacino*, quadro bislongo.

Un paese grande, di mano di *Felipino* con le figure fattegli dentro del *Romano*, con sua cornice indorata.

Un Salvatore, di mano di *Leonardo* da Vinci.

Un S. Paulo e un S. Girolamo, di mano de' Sig.ti *Gennari*, tutti doi quadri di mezze figure.

Un quadro grande con entrovi Sant'Orsola e sue compagne di mano del sig. Francesco *Gesso.*

Una Pietà, di mano di Annibal *Carrazza*, cavata da *Raffaele* d'Urbino.

Una Madonna con il puttino, S. Gio. Battista sol nato, di *Carazzi.*

Una Frottiera, di mano del sig. *Gennari.*

Due mezze figure una con dentro il Salvatore e l'altra la Beata Vergine, di mano di *Nocenzio* da Imola, sono su l'asse.

Una Madonna con il Puttino in braccio, del *Tiarino.*

Un S. Antonio da Padua, di mano della *Cartofola*.

Duoi Paesi, che à imprestito monsignor Rossi Vicario Generale di Nonantola, di mano del *Ottino*.

Un quadro di Uccellami del *Flamengo*.

Un paese di mano di Nicolò dell'*Abbate*.

Una Madonna con un S. Francesco che ha un puttino e una Beata Vergine, di Lodovico *Carrazza*.

N.° XXXVI. A. 16.....

NOTA DI UNA COLLEZIONE DI QUADRJ VENDIBILI IN BOLOGNA

(L. C.).

Un quadro grande sopra l'armario con tre figure, del *Samachini*.

Un quadretto di un S. Floriano armato, di Flaminio *Torri*.

Una Madonna col Puttino e S. Gio. Battista, di Agostino *Franza (sic)*.

Due quadretti, uno che denota l'Allegrezza, e l'altro la Tristezza, di Annibal *Carazza*.

Un quadro pastorale, del *Bassano*.

Una Decollazione di S. Gio. Battista, di Agostin *Carazza*.

Un quadro grande di Sanson che ammazza li Filistei, di Agostino *Carazza*.

Un altro grande ove la Virtù calpesta il Vizio, di Pellegrino *Tibaldi*.

Due quadri sopra l'assa, bislonghi, di Paolo *Veronese*.

Un quadro di *Raffaele*, con la cena, del detto.

Un altro di un Salvatore col mondo in mano del *Parmigianino*.

Una Madonna col Puttino, del *Dossi* di Ferrara.

Un'altra di *Arcangiol* (1) d'Imola.

Una donna nuda con un Satiro e Amorini, del *Liberi*.

(1) Forse *Innocenzo*.

Un S. Girolamo del *Cavedone*.

Una Giuditta con testa di Oloferne, del *Guerzino* di Cento.

Uomini che giocano alle carte, di *Lonardino*.

Un Angiolo che annuncia la Vergine, di Piero *Farina*.

Un quadro di Lucrezia che si amazza, del cav. del *Cairo*.

Un altro simile di un'Erodiade con la testa di S. Gio. Battista, del cav. *Cairo*.

Un ratto di Proserpina, del *Tiarini*.

Una Madonna e puttino, di Agostino *Franza*.

Una Madonna col puttino, del *Correggio*.

Una Sibilla con un libro e due figurine, del *Parmisano*.

Una Madonna grande con S. Gio. Battista ed il Bambino, di *Guido*.

Un quadretto di Nostro Signore che si leva di Croce, di *Zorzone*.

Un quadretto di un Angiolo e Tobia, di *Polidoro*,

Un altro quadretto, dell'Adorazione de'Magi, di *Paolo* Veronese.

Un altro quadretto di N. S. con la croce, del *Franza*.

Un altro quadretto di S. Bastiano con la testa bassa, di Lodovico *Carazza*.

Un quadro dell'Idolatria di Salomone, di *Guido*.

Un quadro con tre figure del *Cavedone*.

Un altro di David e il Profeta, del *Cavedone*.

N.º XXXVII. A. 16.....

CATALOGO DI QUADRI E STATUE VENDIBILI IN VENEZIA

(L. C.).

Quattro naufragi del *Montagna*, alti q.te 10. ½., longi q.te 3.

Quattro Evangelisti con terzo di figura naturale, uno del *Guercino* da Cento. l'altro del *Ferabosco*, uno del *Spagnoletto*, l'altro di Guido *Reni*, altezza q.te 4., larghezza 3. ½.

Un Cristo in Emaus di *Paolo* Veronese, con doi pellegrini figure intiere, largo q.te 5. e alto q.te 3. ¼.

Una donna del *Palma*, con un putto, alto q.te 5., largo 4., figure mezze al naturale.

Una Madonna in presepio del *Palma*, con figure n.º 6. intiere, largo q.te 9. ½., alto q te 12.

Un Cristo in Emaus del *Bassano* vecchio, largo q.te 10. e alto 6., con figure intere.

Un Cristo alla colonna del *Bassano* vecchio, alto q.te 8. e largo 5., con figure 8. parte intiere, e parte mezze.

Un S. Gio. Battista alto q.te 5 e largo q.te 4. ½., figure mezze al naturale di *Titiano*.

Una Bersabea del *Padoano*, figura intiera alto q.te 6. ¼. e longo q.te 7.

Una Diana del *Renier*, alto q.te 6. ½., largo q.te 7. con figure, tela intiera con due cani.

Un S. Pietro con l'Ancille, alto q.te 7. ½, largo q.te 7., con figure 6, del *Cairo*.

Un S. Paolo primo eremita, del *Procaccino*, figura sola, alto q.te 7. e longo q.te 6.

Due Ritratti del *Rembra (Rembrandt)*, alti q.te 3. ½ e larghi q.te 3., figura al naturale.

Quattro Ritratti, tre di uomo, del Duca de Chambrai, (?) uno del Duca di Mantova, altro della Duchessa sua madre, mano del *Tinelli*, e Monsù della Vallette, del S.r *Rainiero*, alti q.te 4. ½ e larghi q.te 4, figure del terzo al naturale.

Un Caino et Abel, figure intiere e sole, del *Ferabosco*, longo q.te 9. ½ et alto q.te 12.

Doi vasi de fiori fatti in casa, del *Veronese*, alti q.te 6. e larghi q.te 3.

Un Ritratto di uomo del *Tintoretto*, mezza figura, alto q.te 3. ½ et largo q.te 2 ¼.

Un Ritratto di Aless.º *Olivieri*, mezza figura, alto 4. et largo q.te 3.

Una Madalena del *Cairo*, figura sola, larga q.te 6 , longa q.te 5.

Un S. Giovanni dell' *Albano*, doi figure, alto q.te 5., largo 6.

Un Ritratto d'un prete, mano del *Tinelli*, figura sola, alto q.te 6., largo q.te 5.

Una Principessa forastiera, del *Pousino* (?) figura sola, alto q.te 6. ½, largo q.te 5. ¼.

Un ritratto d'uomo del *Perusino*, figura sola con un guanto in mano, alto q.te 6., largo q.te 5.

Una Verità scoperta dal Tempo, di *Luca da Rezo*, con figure 3., alto q.te 5. largo q.te 8. ½.

Un Cristo in piè, che ressusita, con doi teste, di *Paolo* Veronese, alto q.te 10. largo 6.

Un S. Romualdo del *Ferabosco*, mezza figura, alto q.te 4. e largo q te 3.

Una Madonna con pastori in presepio, figure 5., alto q.te 6, e largo 9.

Un'altra Madonna in tavola, di Vincenzo *Catena*, con 5. figure, alto q.te 5. e largo 8.

Un S. Francesco, 3.° di figura, mano del *Procaccino*, di rame, alto q.te 3. e largo q.te 2. ½.

Un Nettuno, 3. figure, di *Giorgione*, alto q te 11. e largo 7.

Un ritratto di uomo mezza figura del *Bassano*, alto q.te 2. e largo q.te 1. ½.

Un Giudicio di Paris figure 5., in piccolo, di ..... alto q.te 3. e largo q.te 3. ½.

Quattro paesetti, largo q.te 7. alto q.te 2.

Un S. Ant.° con il Deserto, figura piccola, del *Liberi*, alto q.te 5. ¼. e largo 4. ½.

Una Madonna col Bambino, S. Gio. e S. Iseppo, alto q.te 3. e largo 4., di Giac.° *Palma*.

Una Madonna che adora il Bambino, del *Cairo*, della med.ª maniera.

Un'altra Madonna con il Bambino, del *Cairo*, alto q.te 4. e largo 3.

Un quadro della Madonna e Cristo Bambino, S. Giovannino e S. Anna, q.te 7. e largo 6. ½.

Una Madonna col Bambino, in tutto 7. figure, alto q.te 7. e largo q.te 10.

28

Una Venere con un Amore, del *Cerano*, alto q.^{te} 7. ½. e largo 6.

Un Cristo in Emaus di Paolo *Farinati*, con cinque figure tra grande e piccole, alto q.^{te} 5. ¼. e largo 9. ¼.

Una Maddalena del *Bassano*, alto q.^{te} 7. e largo q.^{te} 6.

Un ritratto mezza figura, del *Tinelli*, della medesima altezza, q.^{te} 7. e largo q.^{te} 5. ¼.

Un Adamo ed Eva, del *Palma*, alto q.^{te} 7. ½, largo q.^{te} 5.

Una Madonna in presepio in rame, figure piccole, alto q.^{te} 1. e largo 1. ½.

Un S. Lorenzo e un S. Bastiano, alto q.^{te} 9. e largo 6. ½., del *Palma*.

Una Verità con il Tempo, due figure del *Liberi*, alto q.^{te} 9. ½. e largo 8. ¼.

Un quadro compagno, del *Liberi*, con due figure della med^a. misura.

Un Amor che dorme, del *Cairo*, alto q.^{te} 3. ½. et largo 4. ½.

NOTA DELLE STATUE
CHE SONO NELLA CASA DELL'ILL.^{mo} ED ECC.^{mo} Sr ALUISI MOLIN TUTTE ANTICHE GRECHE.

Una statua, cioè Busto di marmo, con due corone in capo, d'altezza q.^{te} 5. ¼.

Una testa con busto significante, un Alfier antico Rom.°, alto q.^{te} 5. ¼.

Una testa con busto d'un Bacco, figura greca, con un braccio in capo, ma rotto, alto q.^{te} 6.

Una testa al naturale d'un puttino, di Michelangelo *Buonarotti*, alta q.^{te} 1. ½.

Una testa di puttino grande al naturale di Michelangelo *Buonarotti*.

Un bassorilievo d'una donna rapita da un uomo marino, opera d'Alberto *Duro*, strazata (*stracciata*), con pietre intorno di gioie finte, alto q.^{te} 2. e largo q.^{te} 1. ½., senza li strazzi.

N.° XXXVIII A. 16.....

CATALOGO DI QUADRI
VENDIBILI NELLA DEPOSITARIA AL PONTE DELLE CORNACCHIE
IN VENEZIA

(Archivio Palatino).

Cena di Nostro Signore quando andò in Emaus, del *Pordènone.*
Il Demonio quando tentò Cristo, del *Feti.*
S. Venanzo, del *Tintoretto.*
Conversione di S. Paolo, del *Domenichino.*
S. Girolamo, del *Tintoretto.*
Paese bislongo, di monsù *Civetta.*
S. Maria Madalena, di *Leonardo* da Vinci.
Istoria di Lotto, di monsù *Adam.*
S. Girolamo, del *Palma* vecchio.
S. Francesco, d'*Andrea* d'Ancona *(Lilio).*
La Madonna, del *Spagnoletto.*
La Madonna sopra la porta, di *Raffaello.*
Madonna, di Guido *Reno.*
Tondino, di monsù *Civetta.*
S. Catterina, di *Raffaello.*
Doi Bambocciate, di monsù *Bot.*
Quadro grande, del *Palma* vecchio.
Cristo sopra la porta, di *Paolo* Veronese.
S. Gio. Battista, d'*Andrea* del Sarto.

N.° XXXIX A. 16.....

CATALOGO DI QUADRI DA VENDERE

(L. C.).

Siamo indotti a credere che questa piccola ma eletta collezione di pitture appartenesse a Cesare Cavazza Guardarobe della Corte Estense, dal vedervisi compreso lo Sposalizio di S. Caterina del *Guercino* condotto da esso nel 1650 per il Cavazza come si legge nel citato registro delle opere di quell'insigne pittore. E poichè quel dipinto passò a far parte della Pinacoteca Modenese dove tuttavia si ammira, e simil ventura ebbero anche la Santa Veronica e la Sacra Famiglia di Flaminio *Torri*, l'ultima delle quali conservasi ora nella Galleria di Dresda; così si può ragionevolmente congetturare che l'intera collezione venisse acquistata dal duca di Modena nella seconda metà del XVII secolo a norma della perizia fattane dallo *Stringa* pittore ducale e soprintendente alla Galleria.

Un quadro originale di Flaminio *Torre*, che rappresenta una Madonna Santissima che sviene a piedi della Croce, con S Gio., Santa Maria Madalena ed un Angelo, stimato dob. 40. Sua cornice dob. 2.

Un quadro, originale del *Guerzino*, che è lo sposalitio di Santa Catterina, e stimato dob. 60. Sua cornice indorata e intagliata dob. 6.

Un quadro del sud.° *Torri*, che è Santa Veronica col sudario dob. 12. Sua cornice bianca dob. 2.

Un quadro del medesimo *Torri* con la Madonna, puttino e S. Gioseffo dob. 36. Sua cornice bianca dob. 2.

Una Madonna del *Schedoni*, con cornice indorata, dob. 33.

Un quadro che rappresenta Susanna, dob. 60. Sua cornice
bianca dob. 2.

Due ritratti del *Valaschi (Velasquez)* dob. 60. Sue cornici
dob. 4.

E li sudetti quadri originali furono estimati dal signor
Francesco *Stringa*, pittore di S. A. S. il suddetto prezzo, e
disse in sua coscienza, averli estimati un terzo di meno del
lor valore non considerando le cornici, onde il valore de'medesimi quadri viene a restare dob. 291. e con le cornici
dob. 309.

Vi restano da estimarsi dal sud.° sig. *Stringa* li sottono-
tati quadri, cioè:

Quattro quadri del *Bassani*.

Uno d' Uccellami.

Una Testa, di monsù *Giusti (Suttermann)*

N.° XL – XLVIII. A. 16.....

NOVE CATALOGHI DI QUADRI
VENDIBILI IN IGNOTE LOCALITÀ D' ITALIA

(L. C.).

I.

Un quadro grande in tela, opera del Sig.ʳ Guido *Reni*, alto
B. 6. on. 1. ¼. largo B. 4. on. ½, con cornice intagliata
e dorata, larga on. 3. Rappresenta una Santissima Vergine
assisa su piedistallo sopra una sedia tenendo il bambino
in piedi fra le gambe sue, di sotto due santi in atto di
adorarla, uno in piedi, l' altro ginocchioni, con un S. Girolamo nudo a sedere, che legge un libro, e due puttini
in aria, figure più del naturale, bollato con 4. cordelle
attacco alla cornice in cera di spagna rossa con arma,e

ne'due angoli su la tela bollati con zifra, che à patito dal fuoco in molti luoghi.

Un altro quadro grande in tela, opera d'Annibale *Carazzi*, alto B. 4., on. 6. ¼, largo B. 2. on. 11., con cornice intagliata e dorata, larga on. 3 incirca. Rappresenta N. S. G. C. morto disteso per terra, con la Maddalena in ginocchio, tenente con una mano una del Salvatore, e con l'altra una parte de'proprii capelli in atto piangente. V'è la B. V. in piedi svenuta, e retta da due donne, S. Gio. Evangelista in piedi in atto di dolore con le braccia allargate, e tre puttini di sopra, figure dal naturale, bollato come il sopradetto.

Un quadro dipinto in tela, tirata sopra la tavola, opera del *Palma* vecchio, alto B. 1. on. 10., largo B. 2. on. 3. ⅛, scantonato con cornice intagliata e dorata, larga on. 6., incirca, rappresentante N. S. G. C. che chiama S. Matteo, il quale con una mano tiene o depone alcune monete; più che mezze figure al naturale, bollato con due cordelle attacco alla cornice con arma, e in due angoli bollata la tela attacco all'assa con zifra.

Un quadro in tela, opera di *Tiziano*, alto B. 1. on. 6. ¼, largo B. 2. on. 2., con cornice intagliata e dorata, larga on. 6., rappresenta un paese delizioso con acque, e barca con due figure, e altre figure più piccole, ed uccelli, con un cacciatore dinanzi, mezza figura principale bollata con due cordelle attacco alla cornice, con arma, e due bolli negli angoli sopra la tela con zifra.

Un altro in tela opera del sud.º alto B. 1. on. 3. ½, largo B. 1. on. 8., rappresentante altro paese delizioso con acque e battello, con figure piccole, con cornice intagliata e dorata, larga on. 6., bollato come l'altro paese sopradetto.

Un quadro in tela, opera del *Guerzino* da Cento, alto on. 18., largo on. 15. ¼, con cornice liscia dorata, larga on. 2. ½. Rappresenta una Cleopatra mezza figura dal naturale, bollato con due cordelle attacco alla cornice con arma, e bollo con zifra in un angolo sopra la tela.

Quattro quadretti in tela, opere di Gio. *Miele*, ciascuno alto on. 9. $\frac{1}{4}$, largo on. 11. $\frac{1}{2}$, con sue cornici intagliate e dorate, larghe on. 2. $\frac{1}{2}$., rappresentano figure rusticali, o siano bambocciate, ciascuno a traverso bollato negl'angoli di dietro su la tela, con due bolli d'arma su la tela, e due di zifre, quali quadri s'asseriscono tutti del suddetto autore, senza però autenticarli.

Un quadretto bislongo in tavola, opera dello *Schedoni*, che glie ne mancano due dita per esser tarlita, alto on. 10., largo on. 13, con cornice intagliata e dorata, larga on. 2. $\frac{1}{2}$. Rappresenta la B. V. a sedere in paese, con il Bambino su le ginocchia, cui S. Giovannino presenta una croce alla presenza di S. Giuseppe, figure piccole, bollato nella forma del prescritto.

Un quadretto in tavola, opera del medesimo *Schedoni*, alto on. 12., largo on. 10. $\frac{1}{2}$, con cornice intagliata e dorata, larga on. 2. incirca, rappresenta la B. V. a sedere in paese, S. Giuseppe, e S. Giovannino, le figure sono alquanto più grandi delle predette, e questo è un poco sgrostato in fondo nel campo fra gli piedi della B. V., e bollato come il predetto.

Un quadretto in tavola, opera di Benvenuto *Garofolo*, nella cima la tavola è fatta ad arco, che à patito in diversi luoghi, alta B. 1., longa on. 8. $\frac{1}{2}$, con cornice ovata, intagliata e dorata, larga on. 2. $\frac{1}{2}$. circa, notandosi che questa tavoletta nella parte di sotto è quadra, avendo gl'angoli coperti della detta cornice ovata. Rappresenta N. S. G. C. giovinetto in piedi disputando nel Tempio fra' Dottori, copioso di figure piccole, bollato con due cordelle attacco alla cornice con arma e bollo in mezzo dell'asse, come li suddetti

Un quadretto in rame, opera dello *Schedoni*, con qualche bote, alto on. 10., largo on. 8., con cornice intagliata e dorata, larga on. 2. $\frac{1}{2}$ incirca, rappresenta una Maddalena a sedere che piange, con due puttini, uno alli piedi, che tiene ali e scherza con vaso, e l'altro più in alto che sostiene un libro, con sopra una testa di morto e varie golane, la Maddalena può esser alta on. 8. incirca, bollata ne' 4 angoli di dietro, ove sono riportati 4 squadretti di legno restano bollati attacco alla detta cornice, con 10. bolli, cioè 4 armi e 6 zifre.

Un quadretto in tavola, opera del sud.° *Schedoni*, alto on. 6. ½, largo on. 6, con cornice intagliata e dorata, larga on. 2. ½ incirca, rappresenta la testa ed il busto di un fanciullo dal naturale, che tiene una mano in seno dentro a panni, bollato con due cordelle attacco alla cornice, con arma e bollo di zifra nel mezzo dell'assa.

Un quadretto bislongo su la tavola, opera del *Carazzi*, alto on. 6. ½, con cornice liscia dorata, larga on. 2. incirca, rappresenta S. M.a Mad.na a sedere con le braccia aperte, che riceve la visita di un Angelo, mezza figura, che stà in aria in un angolo del quadretto, e questi è bollato nella guisa del predetto.

Un quadretto piccolo in tavola opera delli sud.i *Carazzi*, alto on. 7. ¼, largo on. 5. ½, con cornice liscia dorata, larga on. 1, ½, incirca, figure piccole, che rappresentano N. S. G. C. caduto sotto la Croce con manigoldi, bollato con due cordelle attacco alla cornice, con arma, e bollo della zifra in mezzo dell'assa.

Un quadro in tela opera di Guido *Cagnazzi*, in moltissimi luoghi scagliata e sgrostata per aver patito, alto B. 3. on. 4, largo B. 2. on 7. senza cornice, con li righetti di legno, rappresenta S. M.a Maddalena penitente nel deserto, figura intiera dal naturale in parte ignuda a sedere ed in atto di piangere, con panno azzurro. — Esso è bollato con due cordelle, con arma e bollo d'una zifra nel mezzo.

Un quadro in tela, opera di Flaminio *Torri*, alto br. 2. on. ½, largo br. 1. on. 8., con cornice intagliata e dorata, larga on. 5., rappresenta la B. V. che con un velo bianco sta coprendo il Bambino, che dorme, con San Giuseppe e S. Giovannino, e rispetto alla B. V., e San Giuseppe sono più di mezze figure dal naturale, bollato con due cordelle con arma e bollo di zifra in un angolo sopra la tela.

Un quadro su la tavola opera di *Leonardo* da Vinci, alto on. 12. ½., largo on. 10., con cornice d'ebano leonato liscio, larga on. 2., rappresenta una S. Catterina mezza figura dal naturale con ruota, un libro in una mano, e palma nell'altra, bollato con due cordelle attacco alla cornice con arma, e bollo di zifra nel mezzo dell'assa.

Un quadro in tela, opera di *Paolo* Veronese, con qualche bote, alto br. 2. on. 7. ½, largo br. 1. on. 8. ½, con cornice intagliata e dorata, larga on. 4. ¼. rappresenta un ritratto d'una Signora, più di mezza figura del naturale vestita di rosso, con una mano tiene una cuffia, o sia velo spiegato giù per la veste, e con l'altra tiene un guanto sopra un tavolino, bollato con due cordelle attacco alla cornice, con l'arma e due bolli di zifra sopra la tela negl'angoli.

Un quadro in tela, opera del *Guerzino* da Cento, con rottura aggiustata, alto br. 2. on. 2. ½, largo br. 2. on. 11. ½., con cornice intagliata e dorata, larga on. 6., rappresenta la B. V., che tiene il Bambino su le ginocchia, il quale sposa S. Catterina, più di mezza figura dal naturale, bollato come il detto di sopra.

Un quadro in tela grande, opera del *Tintoretti*, con diverse bote, e guasto nella cucitura della tela, alto br. 4. on. 3, largo br. 3. con cornice intagliata e dorata larga on. 6., rappresenta la B. V. in aria col Bambino in braccio, ed alcuni Angioli, S. Catterina ed altra Santa vestita di bianco pure in aria. Di sotto li SS. Pietro e Paolo, S. Gio. Battista e un Santo Vescovo, figure tutte dal naturale, bollato con quattro cordelle attacco alla cornice con bollo d'arma, e due bolli di zifra negl'angoli sopra la tela.

Un quadro bislongo in tela, opera del *Bassano*, alto on. 15. ½ largo on. 19. ¼, con cornice intagliata e dorata, largo on. 3., rappresenta N. S. G. C., che caccia i Mercanti dal Tempio, con animali e varie cose; le figure sono alte on. 8. incirca, bollato con due cordelle sigillate attacco alla cornice, con arma e bollo con zifra sopra la tela in un angolo.

Un quadro in tela, opera di Ciro *Ferri* pittore romano, alto on. 20. ½, largo on. 29. ⅔, con cornice intagliata e dorata, larga on. 3., rappresenta una figura mezza ignuda, che pare medichi un Re col fuoco, che stà a sedere, e però ha una braggiera di fuoco a piedi, alla presenza di varie figure, bollato come il prescritto.

Un quadro in su la tavola, opera di Benvenuto *Garofalo*, questo è ritoccato in alcuni luoghi, alto on. 23. largo on. 15. ½, con cornice intagliata e dorata, larga on. 2. ¼., rappresenta N. S. G. C. a sedere sul pozzo, con la Samaritana in piedi, figura alta un braccio incirca, con paese e tre figurine piccole, bollato con due cordelle attacco alla cornice, con arma e bollo in mezzo dell'assa con zifra.

II.

Mano di Paolo *Caliari*: Una Iuditta quale à tagliata la testa ad Oloferne ed è appresso il cadavero, quale stà sopra il letto con un braccio pendente ed ha avanti una donna mora bellissima persona e della miglior maniera, figure grandi al naturale, in tela alto quarte 11. ½., largo 11. ¼., in un cornicione tutto intagliato e dorato, quale si dismonta.

Un ritratto d'una bellissima dama venetiana vestita da sposa figura intiera, a sedere, con un cagnolino nelle mani, grande al naturale, alto quarte 11., largo 8. in circa, in cornice toccata d'oro.

Il suo compagno ov'è dipinto il suo consorte pur a sedere con bellissima attitudine con dietro architettura, in cornice compagna.

Mano di *Titiano*: Un quadro o per dir meglio un tondo, fatto sopra una tavola di cipresso, alto per diametro quarte 6. ½., ov'è dipinto il suo proprio ritratto, mezza figura, il quale con una mano sta appoggiato sopra un quadretto, e nell'altra mano tiene un tocca lapis ; mostra voler disegnare, con dietro la statuetta della Venere dei Medici intiera finta di bronzo come in uno studio, in cornice tutta intagliata e tutta dorata.

Un ritratto d'una bellissima giovane al naturale, con capelli biondi vestita di damasco azzurro, più di mezza figura, alta quarte 6. ½., larga 5. ½., in cornice tutta dorata.

Un S. Sebastiano legato ad una colonna ignudo di detta grandezza mezza figura al naturale, in cornice di noce toccata d'oro.

Un ritratto d'una bellissima dama vestita da vedova, con una bellissima mano, dicono essere Clelia Farnese, fatto in tavola, alto quarte 5. ½., largo 4. ¼ , in cornice di noce toccata d'oro.

Un S. Francesco in piedi, figura intiera quale tiene una Croce in mano con dietro un bellissimo paese, alto quarte 2. ¼., largo 1. ¾. in circa, in cornice di noce tutta intagliata e dorata.

Una palotta, cioè rotonda per di sopra, ov'è dipinto un angelo volante in aria, con la spada in mano mostra aver ferito un uomo, quale giace per terra, con scudo e spada in mano, alto quarte 2. ¼., largo più d'una.

Sofonisba *Angussola*: Il suo proprio ritratto, quasi mezza figura, alto quarte 1. ¾, largo più di una, in cornice nera.

Parmegiano: Ritratto d'una gentildonna giovane un poco più grande del detto, dicono esser della detta mano, in cornice di noce.

Mazzolino: Una testa d'un S. Giov. Battista sopra una sotto coppa fatto in tavola, alta quarte 3. ½., larga 2. ¼. in circa, in cornice di pero.

Giorgione da Castelfranco: L'età dell'uomo, cioè in un canto vi sono tre puttini, due giocano ed uno che dorme, e nell'altro canto un giovane appresso una Ninfa posti a sedere sotto un albero, quali scherzano con subioli; e poi nel lontano in un bellissimo paese, v'è un vecchio quale si scalda al foco, tutte figure intiere, largo quarte 11., alto 6. ¼., in cornice di pero.

Un Sansone mezza figura, maggior del vivo, quale si appoggia con una mano sopra d'un sasso, mostra ramaricarsi della chioma tagliata, con dietro due figure, quali di lui si ridono, alto quarte 5. ¼., largo 5., in cornice di noce toccata d'oro.

Una Madonna con Cristo Bambino nelle braccia, figura intiera e la Madonna mezza figura, alta quarte 6. in circa, larga 5., in cornice compagna.

Francesco *Purbus*: Il ritratto del marchese Strozzi, mezza figura quanto al vivo, alto quarte 5. ½., largo 4. ¼., rarissimo, in cornice di noce a filo d'oro.

Leonardo da Vinci: Un San Girolamo figura intiera, ignuda, in ginocchione avanti un Crocefisso posto per terra sopra li panni, libri e manto di detto Santo, con dietro un bellissimo paese, ove si vede il leone, pare mano del *Correggio*, tutto in tavola, alto quarte 8 ¾., largo 6. ¼, in cornice intagliata e tutta dorata.

Un ritratto d'un Senator Fiorentino, con barba rasa beretto in testa, e nella mano tiene una lettera, ov'è scritto: *Vitelione Givisano*; alto quarte 3. ¼., largo 2. ¼., in cornice nera.

Il suo compagno pure in tavola, cioè il ritratto d'un Principe Moscovita con berretta foderata di zibellino, in cornice di noce a filo d'oro.

Gio. *Bellino*: La Crocifissione di Nostro Signore quale è figura intiera, con altre 5. mezze figure, filetto in tavola largo quarte 6. ½., alto 3. ¾. in cornice tutta intagliata e tutta dorata.

Gentil *Bellino* suo fratello: Un Salvator giovanetto, alto quarte 2. ¼. in circa, largo 1. ¾., quale mezza figura, cornice dorata.

Tintoretto vecchio: Un quadro largo quarte 39. ¼., alto 13. ¼., ove sono dipinti otto ritratti grandi al naturale, intieri, cioè una famiglia nobile, li 3. più vecchi, cioè due uomini e una donna, sono a sedere vicino ad una tavola coperta d'un tappeto persiano e appresso sono due gentildonne giovani in piedi, le quali stanno a vedere tre gentilomini, quali ritornano dalla caccia, con cani e levrieri, portando seco lepri ed altre prede fatte, con dietro un bellissimo paese, con il servo che va alla caccia.

Una Madalena in ginocchione, grande al naturale, figura intiera alta quarte 8. $\frac{1}{2}$., larga 6. $\frac{1}{2}$., in cornice nera.

Un ritratto d'una giovane vestita di bianco appoggiata ad una spinetta, con libri di musica, mezza figura quanto al vivo, larga quarte 6. $\frac{1}{2}$., in cornice di noce.

Mano del *Correggio*: Un Salvatore ignudo, figura intiera posto a sedere sopra l'iride con un bellissimo panno bianco, con attorno una gloria d'angeli, figure intiere, alto quarte 7. $\frac{1}{2}$. in circa, largo quarte 6. $\frac{1}{2}$., in cornice d'ebano fatto in tela.

Una Erodiade, più di mezza figura, la quale tiene un bacile con dentro la testa di S. Gio. Battista con appresso un manigoldo, alto quarte 6. $\frac{1}{2}$., largo 6. in circa, in cornice d'ebano, fatta in tavola.

Lirio da Furlì: (1) Una Madonna con il figlio in braccio, figura intiera e Santa Catterina, mezza figura, alto quarte 4. $\frac{1}{2}$., largo 3. $\frac{1}{2}$., in cornice di pero.

Bonifatio: L'Adoratione, cioè l'istoria delli tre Magi, largo quarte 23. $\frac{1}{2}$., alto 13. $\frac{1}{2}$., con dieci figure grandi al naturale intiere, con molti animali, e indietro quantità di figure in un bellissimo paese, in un cornicione dorato.

Palma vecchio: Un Marco Aurelio, quale studia fra due filosofi, mezze figure quanto al vivo, fatto in tavola, largo quarte 5., alto 4., in cornice tutta dorata.

Un ritratto d'un uomo, cioè una testa in tavola, al naturale, alto quarte 2. $\frac{1}{2}$., largo 1. $\frac{3}{4}$., in cornice di noce.

(1) *Agresti*.

Un Giove quale vezzeggia Ganimede, e fra le nuvole si vede Giunone a rimirarli, figure intiere, a sedere sopra l'aquila, alto quarte 6., largo 2. ½., in cornice d'ebano.

Pordenone: Un ritratto d'un dottore con libri, mezza figura quanto al vivo con dentro un bellissimo paese, alto quarte 6., largo 5. in tavola, in cornice di noce.

Ferdinando (sic). Un ritratto della duchessa di Roano, bellissima testa, ma gli abiti non sono finiti.

Polidoro: Un ottangolo ov'è dipinta la Liberalità, quale calpesta l'Avaritia, figure intiere, alto quarte 6. ½. per ogni verso, in cornice nera a filo d'oro.

Il suo compagno, ov'è dipinto l'Allegrezza quale calpesta l'Invidia in cornice compagna.

Bronzino: Un ritratto bellissimo, cioè una testa al naturale.

Bassano vecchio: Una Madonna col Bambino nelle braccia, grande al naturale ed ha avanti un uomo, ritratto con le mani giunte, vestito con un pelliccione con dietro una architettura, tutto grande al naturale; l'uomo è sino a mezzo, la Madonna quasi intiera ed il Bambino è intiero, largo quarte 8. ⅔., alto 6. ½. in circa, iu cornice tutta intagliata e dorata.

Un ottangolo ov'è dipinto la Natività del nostro Signore, con molti pastori ed animali, con dietro un bellissimo paese, largo quarte 7. ½., alto a proportione in cornice di pero.

Il suo compagno ov'è dipinto Cristo all'orto con li tre Apostoli che dormono, posti in bellissima attitudine, finto di notte, pure in cornice compagna.

Le quattro Stagioni benissimo conservate, larghe quarte 6. ½., alte 4. ¼., fatte in quattro quadri con quantità di figure ed animali in cornice compagna.

Francesco *Bassano* figlio del sopradetto: L'istoria d'Abigail, quando si apresenta al re David, il quale sta a sedere sotto un padiglione, con quantità di figure con cani, cavalli, camelli, e più addietro si vede l'esercito schierato in un bellissimo paese, largo quarte 7. ½., alto 5. ½., in circa, in cornice nera a filo d'oro.

Andrea *Mantegna*: Un ritratto del marchese Lodovico di Mantova, fatto in tavola al naturale, cioè una testa, alto quarte 4. ½., largo 3. ¼.

Il suo compagno ov'è dipinto la Duchessa sua consorte.

Paulo *Bril*: Due paesi ove è dipinto nell'uno il levar del sole e nell'altro il tramontare, con molte figure, larghi quarte 4. ½., alti 3. ¼., in cornice di pero.

Caraccio: Un Cristo all'orto, preso dalli Farisei, ed avanti fugge San Gio. Evangelista, quale vien seguito da un soldato, figure intiere, pensiero bellissimo e bizzarro, alto quarte 2. ¼, largo 1. ¾, in cornice di noce.

Lodovico *Caraccio*: La S.ta Cecilia famosa di Raffaello, copiata dal detto, figura intiera alta quarte 4. ½., larga 2. ¼, in cornice d'ebano.

Andrea *Schiavone*: Una Madonna a sedere con il figlio al collo, appresso S. Giuseppe e un S. Gio. Battista in ginocchione avanti; figure intiere con un bellissimo paese, con dietro una figurina. Le figure son quasi al naturale, pare mano di *Tiziano*, bellissimo pezzo, largo quarte 13., alto 10. incirca, in un cornicione tutto dorato.

Il suo compagno ov'è dipinto il Ratto delle donne de' Lapiti, fatto dalli Centauri, ove si vede un combattimento furioso, ed un miscuglio bizzarro con parte di quelle donne che scappano dalle tavole, ed altre rapite su le groppe delli Centauri, tutte figure intiere in cornice compagna al sopra detto.

Una Circoncisione del Nostro Sig.re con quantità di figure tutte intiere, largo quarte 13., alto 8. in circa, in un cornicione di noce intagliato e dorato.

Monsù *Lamare*: Due teste in due quadri, nell'uno v'è un Turco con berretta in testa al naturale, e nell'altro un Turco più giovane con berretta rossa in testa, pure al naturale, alti quarte 4. ¼, larghi 3., in cornice nera a filo d'oro.

Persino d'Olanda (*Persyn*): Un naufragio bellissimo con 6. navi, e una rotta per il mezzo, che rende spavento, con molte figurine, sì nelli vascelli, come sopra la montagna, ed in mare, largo quarte 4. $\frac{1}{2}$, alto 2. $\frac{1}{4}$., fatto in tavola in cornice di noce a filo d'oro.

Alberto *Duro*: Un ritratto d'uomo vestito di nero, in campo verde sopra il quale è scritto: *Albertus Durer Germanus faciebat, post Virginis partum* 1506. A., alto quarte 2. $\frac{1}{2}$, largo 1. $\frac{3}{4}$. in circa, in cornice di noce a filo d'oro.

Gio. di *Maubuys* (*Maubeuge*): Una paletta, ove è dipinta la Madonna con il figlio in braccio, figure intiere in mezzo una Chiesa, con dietro una prospettiva bellissima di detta Chiesa con diverse figure piccole, alto quarte 2. $\frac{1}{4}$, largo più di una.

Altgraf: Il suo compagno ov'è dipinto un Cavaliere vestito alla moda di quel tempo, posto in ginocchione a piedi di S. Antonio, in bellissimo paese, ed ha appresso cani levrieri e con dietro nel paese che si vede, il paggio e servi, quali tengono il suo cavallo.

Guido *Reno*: Una Cleopatra quale si fa morsicare dalla vipera, mezza figura a sedere quanto al vivo ed appresso vi è un tavolino con una cestella con frutti, alto quarte 6. $\frac{1}{2}$, largo più di 5. $\frac{1}{2}$., quadro bellissimo e delli suoi migliori, in cornice intagliata e tutta dorata.

Feti: Un *Ecce Homo* con Pilato da una parte, e un manigoldo dall'altra, che lo tengono, mezze figure quanto al vivo, alto quarte 8. $\frac{1}{2}$, largo 6. $\frac{1}{4}$. in circa, in cornice tutta tagliata e dorata.

Un ritratto dell'Ingegniero del Re di Polonia, amico di detto pittore, vestito alla bizzarra, mezza figura al naturale, alto quarte 5. $\frac{1}{4}$, largo 4. $\frac{1}{4}$., in cornice di noce.

Una S.ta Cristina, cioè una testa al naturale, alta quarte 3. $\frac{3}{4}$, larga, 2. $\frac{3}{4}$., in cornice di pero.

Guercino da Cento: Il suo compagno ov'è dipinta la testa di S. Sebastiano al naturale, in cornice compagna.

Francesco *Albano*: Un Satiro qual suona di flauto posto a sedere appresso una Ninfa sotto un albero di fichi la quale mostra aggradire quel suono, più di mezze figure, quanto

al vivo. largo quarte 6. ½., alto 5. ½., in cornice nera a
filo d'oro.

Una S ta Tecla, più di mezza figura, alto più d'una quarta,
largo a proportione, in cornice tutta intagliata e tutta dorata.

Il suo compagno ov'è dipinta S.ª Catterina in cornice compagna.

Del *Civetta* : Un paese, cioè l'introduzione del Cavallo in Troja
ove si vede il Cavallo con molta gente d'arme a torno,
e poco discosto una bellissima città, largo quarte 11. ½.,
alto 7.

Fra *Sebastiano* del Piombo : Un ritratto del Cardinal del Monte
che fu poi Papa, quale par vivo, ed è quanto al vivo
più di mezza figura, posto a sedere in bellissima attitudine, alto quarte 6. ½., largo 5., in un cornicione di
noce tutto intagliato e dorato.

Lorenzo *Lotto*: Un S. Gerolamo, figura intiera, scrivendo sentato dentro una grotta, appresso a molti libri con il Crocefisso e il leone in un cespuglio, e dietro un bellissimo paese, pare mano del *Correggio*, largo quarte 1. ½.,
alto a proportione in tavola e cornice di pero (1).

III.

Una Madonna di monsù *Bulangiere (Boulanger)*, mezza figura,
alta un brazzo, doppie 16.

Una Madalena, di *Guido*, mezza figura, dop. 40.

Una Circe, del *Sirani*, mezza figura, dop. 30.

Un S. Eustachio, d'Anibal *Carrazza*, dop. 80.

Un Martio, di Camillo *Procazzino*, dop. 20.

Un Apollo, del *suddetto*, dop. 20.

Una testa col gigante Golia, di *Polidoro* da Caravacchio,
dop. 30.

(1) Notasi in fine che questa collezione di 70 quadri è stimata va-
lere 4000 doppie.

Un S. Gio., figura in piedi con paese del *Parmegiano*, dop. 80.

Una Madalena, del prete *Furini* ovata, dop. 20.

Un S. Gio., del cav. del *Cairo* con paese. dop. 40.

Una Santa Caterina, di *Simon* da Pesaro, mezza figura, dop. 80.

Una testa, di *Zorzone* da Castelfranco, alta ⅓., dop. 30.

Due teste, di Camillo *Procazzino*, dop. 16.

Una Madonna, del *Scarsellino*, con nostro Signore e S. Giovanni, dop. 20.

Uu bagno di Diana, di Luca *Giordano*, dop. 50.

Una Sibilla, del *Guerzino*, prima maniera, mezza figura, dop. 50.

Una pietà, del *Masteletta*, dop. 30.

Un' apparitione degli angioli a' pastori, di Giacobo *Bassano*, dop. 30.

Un'Assunta, d'Anibal *Carrazza*, piccola in rame, dop. 30.

Una Madonna con nostro Signore, S. Giuseppe, S. Francesco, alta un braccio, del *Schedoni*, dop. 80.

Un Abele figurato, di Luca *Giordano*, dop. 40.

Una testa, del *Tintoretto*, in piccolo, dop. 30.

Un delfino in piccolo, del *Parmegiano*, dop. 30.

Una Madonna con nostro Signore, S. Elisabetta, mezze figure, alto un braccio, del *Fetti*, dop. 40.

Una testa di S. Pietro, di *Guido*, alta un braccio, dop. 20.

Una Venere, di *Titiano*, alta un braccio, dop. 30.

Una Madonna con nostro Signore, San Giuseppe che va in Egitto, grande ovato, dop. 50.

Una Madonna con nostro Signore, S. Giuseppe, S. Caterina, prima maniera di *Titiano*, alto un braccio, dop. 30.

Un Cristo con croce in spalla, di *Paolo* Veronese, tondo, dop. 40.

Una Madonna grande con Angioli, di Luca *Giordano*, dop. 40.

Una Madonna con nostro Signore, del *Perino* del Vago, dop. 20.

Un martirio di S. Clemente, con paese, del *Bronzino*, dop. 20.

Un Presepio del *Sadelieri (Sadeler)*, dop. 12.

Una Madonna cou nostro Signore di Camillo *Procazzino*, dop. 30.

8. Pezzi del *Bresciano*, dop. 48.

Li suddetti pezzi de' quadri esposti di sopra si manteneranno tutti originali e ben conservati.

IV.

S. Sebastiano in tavola, d'*Andrea* del Sarto, le cui opere sono in stampa, fra le quali è nominato detto S. Sebastiano, di mezzo busto, se ne dimanda scudi 500. — La tavola si va tarmando un poco.

Un Paese in rame piccolo, del *Bruchelle (Brueghel)*, di grandezza palmi uno e mezzo; se ne dimanda scudi 100.

Gl'Innocenti, d'un Senese, in tela; non si ricorda l'Autore, di grandezza due palmi in circa; se ne dimanda scudi 50.

Dui Tondini di tavola; uno l'Annontiata, l'altro la Crocifissione, dicesi di Michel Angelo *Buonarotta*; se ne dimanda scudi 50 l'uno.

Una testa non perfetta d'un S. Giovanni, di Guido *Reno* in tela; se ne dimanda scudi 50.

Vi sono circa dodici quadri di Paesi grandi, di mano di Giovanni *Fiammengo*, ed alcuni del *Novelli* Francese (?) di diverse grandezze. Circa il prezzo è necessario farli vedere.

V.

Un Salvatore, di Paris *Bordone*, doble 60.

Un S. Francesco mezza figura, del *Caredoni*, dob. 20.

Una testa, di Flaminio *Torre*, dob. 20.

Una Nonciata, del *Bononi*, dob. 40.

Un Lot, del *Cavedoni*, dob. 30.

Una S. Maria Madalena, mezza figura del *Cignani*, dob. 25.

Un David, mezza figura del naturale, di Lionello *Spada*, dob 25.

Un'Erodiade, mezza figura del naturale fatta da *Ercole* da
S. Giovanni, dob. 30.

Una Madalena con un Angiolo, mezza figura, del *Cignani*,
dob. 30.

Un Lot, mano del sig. Marc'Antonio *Franceschini*, ritoccato
dal *Cignani*, dob. 20.

Una Cena di N. S., del *Palma*, dob. 20.

Un S. Pietro con l'Ancilla, e un'altra figura del *Cavedoni*,
dob. 30.

Un Padre Eterno, di *Benvenuto* da Garofalo, dipinto sopra l'assa,
dob. 30.

Un quadro del *Prete* Genovese con dentro tre crapoloni, sopra
uscio curioso, dop. 20.

Una B. V. Adolorata, mezza figura fatta dal *Tiarino*, dob. 20.

N. S. che porta la Croce, mezza figura del naturale, di *Carazzi*, dob. 30.

Un'Adoratione de'Magi con molte figure, di *Baldassare* da
Siena, sopra tela, dob. 120.

Un Satirino istoriato, di monsù *Pousino*, dob. 25.

Due mezze figure in un quadro d'un villano e una villana,
dob. 20.

Una B. V., mezza figura di Guido *Reni*, dob. 60.

Una Madalena, mezza figura, del *Correggio*, sopra l'assa, dob. 60.

Una mezza figura di una Iuditta, di Leonello *Spada*, dob. 20.

Un quadretto del *Milanesi* istoriato, cioè la B. V. con il Puttino, S. Gioseffo e S. Giovanni, dob. 20.

Una Madalena di *Tiziano*, mezza figura del naturale, dob. 200.

Un Presepio del detto *Titiano* sopra l'asse istoriato, dob. 200.

Un quadro istoriato, del *Caccioli*, dob. 30.

Un ritratto di Ranucio Farnese duca di Parma, del *Parmegiano*, dob. 14.

Un ritratto d'una vecchia, del *Bassani*, dob. 12.

Un ritratto d'un musico, del *Morone*, dob. 12.

Un ritratto d'un detto, del *medesimo*, senza mani, dob. 10.

Un ritratto di un..... istoriato, di *Titiano*, dob. 30.

Scolapio, Dio della medicina, istoriato, dob. 30.

Ve ne sono altri bellissimi ritratti.

Un N. S. risorto con le tre Marie, d'Annibal *Carazza* non finito, dob. 30.

VI.

Un quadro con la favola d'Apollo, che scortica Marsia, con un paese, ed altre figure lontane, grandi dal naturale, di mano di Giuseppe di *Riviera* detto lo Spagnoletto.

Istoria di S. Gio. Battista che riceve la benedizione dal Padre, con altre figure grandi dal naturale, di mano di Michel'Angelo da *Caravaggio.*

Quadro con la favola d'Atalanta nel corso, che raccoglie i pomi d'oro, due figure dal naturale, di mano di Guido *Reni.*

Altro quadro d'una Venere ignuda, che trattiene Adone fuggitivo con certi cani, e un Cupido che dorme, di mano di *Titiano.*

S. Geronimo vestito da Cardinale con la penna in mano, figura intiera al naturale, di mano d'Antonio *Campi.*

Ritratto d'una femina, d'Antonio *Vandich*, poco più di mezza figura dal naturale.

Quadro di due mezze figure, Marta e Madalena, di mano di Paris *Bordone.*

Santa Rosalia, mezza figura d'Antonio *Vandich.*

Ritratto d'una femina, di mano di *Giorgione* da Castelfranco, che tiene un cagnolino in mano.

Quadro di due Sposi a cui Amore pone in collo il giogo, di mano di Lorenzo *Lotto* Bergamasco.

Nostra Signora col Bambino e S. Gio Battista, di mano del *Lanino*, in un paese.

Natività di Nostro Signore con un Coro d'Angeli, che scendono ad adorarlo, di mano di Lorenzo *Lotto.*

Ritratto d'uno de'conti di S. Secondo, del *Parmigiano.*

Ritratto d'un uomo con un berrettone in testa che segna con una mano, di Fra *Sebastiano* del Piombo.

Cristo in atto di dar le chiavi a S. Pietro, mezze figure con tre femine che rappresentano, Fede, Speranza e Carità, di mano di Gio. *Bellini*, ch'è maestro di *Tiziano*.

Quadro con Nostra Signora, il Bambino, S. Elisabetta, San Giovanni e S. Giuseppe, di mano di *Raffaello* d'Urbino.

Ritratto della Contessa di S. Secondo con tre suoi figliuoli dal naturale, di mano d'Antonio da *Correggio*.

San Bartolomeo, figura in piedi, di mano dell'istesso *Correggio*.

Nostra Signora, S. Anna e il Bambino, di mano di *Cesare da Sesto*, sopra il disegno di Leonardo da *Vinci*, e un paese del *Bernazano*.

Nostra Signora col Bambino in grembo, che sta scherzando con S. Giuseppe, mezze figure grandi come il naturale, d'Antonio *Vandich*.

Quadro della Regina Ester grande, in atto di stramortire alla presenza d'Assuero, con molte femine ed altre figure grandi dal naturale che compongono un'istoria bellissima, di mano del *Tintoretto*.

Ritratto del Pittor *Lancino* (1), testa dal naturale fatta da *Gaudenzio*, di disegno di lapis.

Cristo, che con la sferza scaccia i negozianti dal tempio, con molte figure e diverse bestie, di mano del *Bassano* vecchio.

Nostra Signora col Bambino in grembo, di mano d'*Andrea* del Sarto.

Due paesi di varie invenzioni, di mano del *Civetta*.

Due altri della medesima grandezza, cioè uno d'un inverno, di mano d'un Fiamingo valent'uomo, e l'altro dell'assedio d'Ostenda, di mano di monsù *Schiarle*.

Ritratti, di mano di *Daniel* (2) in due quadri.

Cristo alla colonna con giudei, mezze figure, di mano di *Daniel*.

Ritratto d'una Dama vecchia, di mano del *Gentileschi*.

(1) Forse *Lanino*.
(2) *Wandyk*.

Ritratto d'un uomo, di *Tiziano*.

Ecce Homo, di mano del *Morazone*, con giudei, mezze figure.

Disegno di Camillo *Procaccino*, d'una figura in scorcio grande dal naturale.

Ritratto d'una femina, del *Parmigiano*.

Altro ritratto d'una femina, mano di Pietro Paolo *Rubens*.

Quadro grande dell'istoria d'Erminia descritta dal Tasso, quando s'incontrò col vecchio che custodiva il gregge, con li tre putti, in atto di cantare e suonare li loro stromenti pastorali, di mano del Perugino Luigi *Scaramuccia*, allievo di Guido *Reni*.

Salvatore, figura nuda grande dal naturale con la Croce a cui s'appoggia, di mano di Guido *Reni*.

La famosa Venere con Adone e Cupido, di mano di Anibal *Caraccio*, fatta da lui ad emulazione di quella di *Tiziano*.

Tutti li suddetti quadri sono adornati di belle e ricchissime cornici dorate e lavorate con intagli, e invenzioni nuove e maestose.

VII.

PREZZI ULTIMI.

Rame di Lodovico *Carazzi*, con la B V., il Puttino, S. Gioachino, S. Elisabetta, S. Gio. Battista, S. Lorenzo e Santa Barbara, dop. 200.

Rame dell'*Albani* con la B. V., il Puttino, S. Gio. Battista, San Giuseppe e puttini in aria, dop. 200.

Ovato della B. V. fatta da *Guido* e Puttino fatto dall'*Albano*, dop. 80.

B. V. con Puttino, S. Gio. Battista, S. Lucia ed Angelo, d'Annibale *Caracci*, dop. 100.

Due quadri del detto *Annibale*, storia del figlio prodigo, dop. 120.

Artemisia, o sia Circe, del *Pesarese*, mezza figura, dop. 30.

S. Girolamo piccolo su la tavola, di *Guido*, dop. 30.

Rame del *Milanese (Cittadini)*, con gl'Ebrei nel viaggio
d'Egitto, dop. 50.

Bacco, di *Guido*, mezza figura, dop. 100.

Cristo morto su la tavola piccolo, di Lodovico *Carrazzi*, dop. 20.

Rame piccolo con la morte di S. Girolamo, del *suddetto*, dop. 30.

Puttini di marmo, di mano dell'*Algardi*, dop. 400.

VIII.

La Miniatura di D. Giulio *Clovio* romano, doppie 30.

La Pittura, di *Dionigìo (sic)*, dop. 15.

La Madalena, del *Vanni* da Siena, dop. 30.

L'Abbozzo primo, fatto da *Guido* per il quadro che mandò
in Francia, poi aggiuntato d'altre figure nel suddetto,
mandato in Francia, dop. 12.

IX.

PRIMA CASSA GRANDE.

Dio Padre, di Giacomo *Tentoretto* vecchio, quadro bellissimo
servendo per il Seren.mo signor Duca, è di necessità de
farli incolar una tela di sotto acciò dura quantità d'anni.

Erode a tavola, ed Erodiade che li presenta la testa di San
Giovanni, di *Giorgione*, figure molto diligenti.

Bersabea nel bagno, e David alla lontana, con architettura,
di Andrea *Schiavone*, gran colorito.

Giuditta con la testa d'Oloferne, d'*Alvise* dal Friso, nipote
di *Paolo* Veronese.

Un ritratto di uomo con un relogio sopra un tavolino, di
Domenico *Tentoretto* figlio di Giacomo.

Un ritratto d'una noviza Veneziana, di *Paolo* Veronese.

Un viaggio d'Abram con diversi animali, quadro ben conservato del *Bassano* vecchio overo sia del figlio, pittura

molto ben dipinta e di gran colorito franco che può stare a paragone di qual si sia quadro in quel genere.

Santa Caterina in tavola, del *Franza* Bolognese, concorrente del *Raffaele*.

CASSA SECONDA.

Una Venere con un Amorino, con un paese bellissimo di mano del *Pordenon*, pittura di gran colorito di carne.

Un ritratto di una todesca vecchia in tavola.

Tre cascate in ottangolo di soffitto, del *Goltio*, figure che va alle stampe, era soffitto di una galeria d'un gabinetto.

Una presa di Cristo nell'orto in tavola, di *Giorgione*.

Una tavola ovada con la pazzia di Orlando, del detto.

Un Cristo con la croce in spalla, di *Antonello* da Messina.

Due quadretti bislonghi in carta, uno Sant'Antonio e l'altro San Piero, di *Paolo* Veronese.

Una Duchessa di Ferrara, del *Dossi*.

Un Parlatorio di monache, di Giosef *Henz*, pittor morto già un anno.

Due quadri compagni, Istoria della Scrittura sacra, del *Bibiena* Bolognese al tempo di Guido *Reno*, e da molti stimati di *Guido* per esser molto ben dipinti e desegnati.

Una todesca ritratta dal *Lizino*, fratello del *Pordenone*.

Un abozo in carta, ritratto dal cav. *Tinelli*.

Un ritratto di un todesco molto diligente.

Un Vescovo, di *Tiziano*.

Due Cieli di Dei con molte figure, molto ben dipinte e gran colorito, del *Zelotto*.

Due paesetti compagni molto belli.

La Virtù sedente sopra il Mondo nuda con un Cornocopia e la Richezza che tenta di rapirlo, ed a piedi la Maldicenza, pitture in carta di *Paolo* Veronese.

Due ritratti di Nobili Veneti antichi, di Gio. *Bellino*.

Gioseffo e la moglie di Putifar, di *Tiziano*.

Papa Sisto quinto, del *Salviati* di Roma.

Andromeda di marmo fino, figura ligata al tronco di albero e
   bellissima, di gran disegno.

Un torso di Ercole antico, figura greca.

Due ritratti in tondo piccolo, uno di una monaca e l'altro
   di dama, di mano di *Giorgione*.

Due ritratti, di mano di *Paolo* Veronese in un bossolo. Una
   Turca, ed una Cingana, di *Martin* dal Friso in bossolo di
   ebano.

Un ritratto, di *Paolo* Veronese in tondo di legno, ed una donna
   della maniera de *Martin* del Friso.

Due ritratti piccoli uno di Alessandro Farnese e l'altro di
   un giovine, maniera di *Tiziano*.

Due ritratti, uno del *Prete* Genovese e l'altro non lo so.

Due ritratti di *Martin* del Friso, marito e moglie.

Due ritratti, uno del cavalier *Tinelli*, in un bussolo, e l'altro
   maniera fiamenga.

Dieci ritratti piccoli di diversi pittori, dentro in un disegno
   pittura buona e cativa.

Tre ritratti doi mariti e moglie todeschi.

Quattro ritratti di 4. pittori, piccoli.

Sei Libri di Commission de Reggimenti, con una miniatura
   per Libro.

Tre tondi in tavola di man de tre Pittori fiorentini, ma gran
   virtuosi.

Tre Rami ligati insieme, doi di Paol *Bril* e una Madalena di
   Pietro *Mera*, Paol *Bril*, pittura rara.

N.º XLIX. A. 1708.

ESTRATTO DELL'INVENTARIO
DEI QUADRI E DELLE COSE D'ARTE DELLA GALLERIA
DEL DUCA DI PARMA

(Arch.° governativo di Parma).

Sta innanzi all'Inventario l'ordine che segue :

Sig.re Computista generale di S. A. Ser.ma

Avendo l'Ill.mo Sig.r Conte Cons.re Alessandro Marquieti, Presidente della Ser.ma Camera Ducale di Parma, consegnato, in esecuzione d'un ordine preciso di S. A. Ser.ma, al Sig.r Stefano Lolli quanto si trova nelle gallerie di S. A. per instromento rogato da me infrascritto li 6. del mese d'agosto scorso, in fine del presente vedrà V. S. notato quanto è stato descritto, e mentovato dal sig. Do: Giuseppe Zanini Segretario di detto signore Co: Presidente; essendo detto Inventario presso l'instromento posto nella Filza de' Rogiti fatti nanti il Ser.mo Padrone: e però si compiacerà V. S. riporlo in luogo sicuro, e farne far nota dove si deve ritrovarlo con ogni facilità in ogni occorrenza.

In Parma 16. 9bre 1708.

Soscritto $=$ Il Presid.te e Magistrato.

Comprende esso Inventario la maggior parte dei quadri che componevano la Galleria del Giardino da noi già fatta conoscere, più molti altri nuovi ed una lunga serie di curiosità artistiche d'ogni maniera. Abbiamo ommesso la riproduzione di tuttociò che si riferisce ad antichità e monete, nonchè l'indicazione di quei dipinti che si trovano registrati e descritti nell'antecedente Catalogo. Stefano Lolli, a cura del quale venne compilato il presente Inventario fu soprintendente alla Galleria, ingegnere teatrale, inventore di macchine per feste e teatri, pittore di scene e di decorazioni, artista mediocre; il nome del quale rimane per memoria in qualche descrizione di feste o in libretti di opere musicali per occasione di scene da lui dipinte o di apparati disegnati secondo le norme da esso tracciate.

GALLERIA DE' QUADRI.

Una Madonna col Bambino in braccio, S. Giuseppe e S. Gio. Battista, alto br. uno, oncie dieci, largo br. uno oncie cinque e mezza, senza cornice, del *Guerzino*, della prima maniera.

Quadro con cornice dorata, alto br. uno on. sei e mezza, largo br. uno on. 3. Ritratto di donna con acconciatura in capo; tiene la destra al petto: ed un ghiro legato con catena d'oro, di *Giulio* Romano.

Quadro senza cornice, alto br. due on. 1. ½., largo br. uno on. 9. ½. — Una Madonna che tiene il Bambino in piedi su d'una tavola con drappo bianco, che benedice con la destra, e la sinistra tiene alla cinta della med.ma Madonna, del *Guerzino*.

Quadro senza cornice, alto br. uno on. 2. e ½., largo on. 11. e ½. in tavola. Ritratto di un vecchio con barba grigia e collaro bianco con mano destra sotto la sinistra come appoggiate sopra d'un bastone, de' *Carrazzi*.

Quadro senza cornice, alto br. uno on. 4., largo br. uno on. 4. — Un fanciullo alato con le braccia aperte, e mani piene di rose, de' *Carrazzi*.

Quadro senza cornice, alto br. uno on. 3. e ½., largo br. uno on. 4. — Fanciullo alato con le mani piene di rose, sopra il capo un campo turchino, de' *Carrazzi*.

Quadro senza cornice, alto br. uno on. 3. e ½., largo br. uno on. 4. — Un fanciullo alato con le braccia aperte e nelle mani rose, e altri fiori gialli, de' *Carrazzi*.

Quadro senza cornice, alto e largo br. uno on. 4. Un fanciullo alato con mano destra piena di rose sopra del capo, e sinistra allargata con altre rose, de' *Carrazzi*.

Quadro senza cornice, alto br. uno on. 3. e $\frac{1}{2}$., largo br. uno. — Amore che dorme appoggiato ad un sasso con arco nella sinistra sul petto, e destra sopra d'un carcasso pieno di freccie, de' *Carrazzi*.

Quadro senza cornice, alto br. uno on. 3., largo br. uno. Amore che dorme appoggiato ad un sasso con arco al piede sinistro, de' *Carrazzi*.

Quadro senza cornice, alto br. uno on. 3 e $\frac{1}{2}$., largo br. uno. Amore che dorme appoggiato ad un leone, e con la destra abbraccia una face, de' *Carrozzi*.

Quadro senza cornice, alto br. uno on. 3., largo br. uno. Amore che dorme appoggiato ad un leone, e gli tiene la destra sopra d'una spalla con una face accesa nella destra, de' *Carrazzi*.

Quadro con cornice indorata, alto on. 10., largo on. 7. $\frac{1}{2}$. — Una fanciulla martire con coltello nel petto, vestita di rosso, con corona in capo, ed un officio nelle mani, del *Parmigianino*.

Quadro con cornice dorata in tavola, alto on. 9. e $\frac{1}{2}$., largo on. 8. — Una Madonna a sedere col Bambino sul ginocchio, che scherza con S. Giovanni, che tiene nelle mani una colomba, ed a' piedi un agnello, ed alla destra tre angeli con S. Giuseppe dietro della medesima; con capanna in paese, del *Parmigianino*.

Quadro senza cornice, alto br. 3. on. 1., largo br. 3. on. 7. — Una Madonna in paese a sedere con Bambino alla destra sopra drappo bianco, appoggiato ad una valigia bianca, ed alla sinistra S. Giovanni con croce di canna in mano che presenta al Bambino, di *Pietro* da Cortona.

Quadro con cornice dorata, alto br. tre on. 2., largo br. 2. on. 1. — Margherita d'Austria, che sta a sedere in una sedia intagliata, vestita al di sotto di rosso e al di sopra di nero. Il braccio destro appoggiato su la sedia, ed il sinistro sul ginocchio. Alla sinistra un busto di Carlo V. in lontananza, di *Tiziano*.

Quadro con cornice dorata, alto on. 10., largo on. 7. e ½., in tavola. Una Madonna a sedere col Bambino in spalla accarezzato da un angelo, e S. Giuseppe dietro alli medesimi, di Girolamo *Mazzola*.

Quadro senza cornice, alto on. 11., largo on. 8. — Una Madonna a sedere con Bambino nelle braccia, che accarezza S. Gio. Battista, S. Giuseppe alla sinistra della medesima con mani una sopra l'altra, in paese, del *Parmigianino*.

Quadro con cornice dorata, alto on. 9., largo on. 7. — Ritratto di giovinetto con lattuca al collo, vestito di rosso con sue cascate e maniche giallette, sinistra sul fianco, e guanti nella destra, di *Wandik*.

Quadro con cornice dorata, alto br. uno on. 2. e ½., largo br. due on. 4. e ¼. S. Antonio di Padova sopra scoglio in atto di predicare a' pesci, che sono sopra l'acque; con una figura che indica detti pesci, ed altre figure, del *Lanfranchi*.

Quadro con cornice dorata, alto br. uno on. 10, largo br. uno on. 7., in tavola. La Madonna a sedere con Bambino in grembo, S. Gio. Battista in piedi, che abbraccia la croce di canna, un vaso di frutti, ed un libro, del *Francia*.

Quadro senza cornice, alto br. 1. on. 11, e ½., largo br. 1. on. 7. Mezza figura della Madonna, che alla sinistra abbraccia un Bambino in piedi sopra d'una tavola, alla destra S. Giuseppe con bastone nella mano destra, del *Schedoni*.

Quadro con cornice dorata, alto on. 5., largo on. 4. Un soldato vestito di verde con spada alla mano sopra un cavallo bianco, della scuola del *Francia*.

Quadro con cornice dorata, alto on. 7., largo on. 5. ½., in rame. Una Madonna vestita di rosso e manto turchino a sedere con Bambino in grembo, che porge da bere in compagnia della Madonna a S. Gio. Battista, di Lodovico *Carazzi*.

Quadro senza cornice, alto on. 10 e ¼., largo on. 7. — San

Francesco in estasi con Crocefisso in mano sostenuto da un angelo, avanti del quale un libro sopra d'un sasso, e tre angeli in aria, d'Annibale *Carazzi*.

Quadro con cornice dorata, alto on. 6. e ½., largo on. 5. e ½., in tavola. Una Madonna in paese, vestita di drappo turchino con manto bianco in testa, il Bambino che le siede in grembo, e S Giuseppe alla destra vestito con drappo. verde, e manto giallo, del primo *Mazzola* (1).

Quadro con cornice dorata, alto on. 6. e ⅔., largo on. 4. e ⅔., in rame. Gesù Cristo con croce in spalla fra le turbe condotto al Calvario. La Madonna svenuta con braccia aperte. Santa Veronica in ginocchio con drappo bianco nelle mani, e croce alzata sopra del monte in lontananza, di Alberto *Duro*.

Quadro senza cornice, alto br. 1. on. 6. e ⅓., largo br. 1. on. 2. e ¼., in tavola. Una Madonna vestita di rosso con drappo bianco in capo, che con mano destra al petto del Bambino e sinistra al piede, lo tiene a sedere in grembo. Un paesino in lontananza, di autor ordinario.

Quadro senza cornice, alto br. 1. on. 7. e ½., largo br. 1. on. 4. La Maddalena piangente e dimessa col volto sopra testa di morte tenuta con la mano destra, e sinistra aperta. Un vaso bianco sul piano, dell' *Amidano*.

Quadro senza cornice, alto br. 1. on. 10., largo br. 2. on. 5. — Uomo peloso nudo, a sedere con drappo turchino lavorato su le spalle, con un cane ed una scimmia su d'un ginocchio: alla parte sinistra la testa del Stanga, alla destra un Nano con portogallo su le spalle, e grosso cane che abbraccia, di Agostino *Carazzi*.

Quadro senza cornice, alto br. 1. on. 4., largo br. 1., in tavola. Una Madonna con veste rossa a sedere, Bambino in grembo, S. Gio. Battista alla destra che gli presenta la croce, ed alla parte medema un paesino in lontananza, di autor ordinario.

(1) *Filippo* padre del *Parmigianino*.

Quadro con cornice d'ebano, e piano, con frisetto di lastra dorata, alto on. 5., largo on. 4. — Nostro Signore piagato in piedi con vanga nella mano destra, mezzo nudo con drappo pavonazzo, nell'orto; la Maddalena in ginocchio con la mano sinistra al petto, e con la destra in atto di toccargli la veste, del *Lanfranchi.*

Quadro simile. Una Madonna a sedere vestita di rosso con Bambino e Santa Caterina, del medesimo *Lanfranchi.*

Quadro con cornice intagliata e dorata, alto on 5. e ¼, largo on. 4. in rame. Una Santa Maria Maddalena penitente, in paese, a sedere, con manto rosso e al di sotto bianco, con libro alla destra, testa di morte a' piedi, e un vaso alla medema parte in alto tra alberi, di mano fiamenga.

Quadro con cornice alto br. 2. on. 5., largo br. 1. on. 9. — Santa Maria Maddalena più di mezza figura scapigliata, gli occhi alzati al Cielo, vestita con manto rosso, e manica bianca, la mano sinistra al petto, e con la destra accenna testa di morte sopra d'un sasso in grotta con croce, di *Guido.*

Quadro senza cornice, alto br. 1. on. 5. e ½., largo br. 1. on. 3. — Erodiade con maniche bianche, nella sinistra tiene un bacino con la testa di S. Gio. Battista, altra testa di donna vecchia alla parte destra che osserva nel detto bacino, del *Prete* genovese.

Quadro con cornice dorata, alto br. 1. on. 5., largo br. 1. on. 1. — La Madonna a sedere vestita di rosso con manto turchino, che tiene nel braccio sinistro il Bambino, che bacia et abbraccia S. Gio. Battista, altra Santa di dietro al Bambino che gli tiene la sinistra al fianco, in paese, del *Mazzola.*

Quadro senza cornice, alto br. 1. on. 10., largo br. 1. on. 5. — Nostro Signore detto *noli me tangere*, con vanga in mano in atto di fugire dalla Maddalena in ginocchio alla destra supplicante, in paese, del *Fiamengo.*

Quadro tondo in cima senza cornice, alto br. 5. on. 5. e ½., largo br. 3. on. 5. — S. Lorenzo in piedi vestito da

Levita con libro nella destra, e con la sinistra accenna la Madonna in gloria con S. Giuseppe alla destra, ed il Bambino nel braccio sinistro. S. Francesco in ginocchio alla parte sinistra, S. Gio. Battista a sedere alla destra con canna e veste rossa, ed altra figura dietro al medesimo, del *Schedoni*.

Quadro unito di due con cornice dorata e nera, e partita con angoli intagliati e dorati, alto on. 10., largo nella parte di sopra br. 1. on. 1., e al di sotto br 1. on. 6. — Da una parte Mercurio in aria e donna a sedere in terra con le braccia aperte. Dall'altra un cavallo bianco coricato per terra con donna ignuda che le tiene la sinistra in bocca, e viene abbracciata da un vecchio che le sta di dietro, di *Mirola* e *Bertoja*.

Quadro con cornice dorata, alto br. 1. on. 2., largo br. 1. on. 9. — Mandra di pecore, una capra ed una vacca con cane che beve, pastori ed altre figure, del *Bassano*.

Quadro con cornice dorata, alto br. 1. on. 2., largo br. 1. on. 9. — Un uomo vecchio a cavallo, al quale da un altro uomo vien dato da bere. Un asino con due barile, due cani e diverse figure, del *Bassano*.

Quadro con cornice dorata e nera, alto on. 10., largo on. 8. — Ritratto di uomo a mezzo busto con lattuca al collo, vestito di nero, a capo scoperto, di Lavinia *Fontana*.

Quadro con cornice dorata a rabesco con fondo nero, alto on. 4, largo on. 3. e ¼. Paese con ponte sopra d'un fiume. Alla parte sinistra un S. Girolamo orante con libro davanti ad un Crocifisso, e testa di morte con varie pecore in lontananza, del *Brilli*.

Quadro in tavola senza cornice, alto on. 6. e ½, largo on 8. e ¼. — Cinque figure ridicole con fanciullo che soffia con manticetto sopra d'una tavola, piatti e boccali in alto, caldara al fuoco e gradella, del *Brugolo*.

Quadro senza cornice, alto on. 7. e ¼., largo on. 10. — Paese con un ragazzo vestito di rosso, pezzente, che conduce quattro orbi con femina in mezzo con barile in spalla ed un fanciullo, del *Brugolo*.   30

466

Quadro con cornice dorata a rabesco e fondo nero, alto on. 4.,
largo on. 3. e ¼. — Paese con monte sassoso, e capanna
con la Maddalena orante alla sinistra, e veduta in lontananza, del *Brilli.*

Quadro in tavola con cornice dorata, alto br. 1., largo on. 7.
e ½. — La Natività di Gesù Cristo con la Vergine, il Bambino sopra panno bianco, alla destra S. Giuseppe con mani
incrociate, bue ed asinello in lontananza con capanna, del
Mazzola (1).

Quadro in tavola con cornice dorata, alto br. 1. on. 7., largo
br. 1. e ¼. Una Madonna a sedere con drappo turchino
in capo, che le copre le spalle — Tiene il Bambino su
le ginocchia, che accarezza una colomba, con libro aperto
alla destra, de' primi *Francia.*

Quadro con cornice dorata, alto br. 2., largo br. 2. on. 11.
e ¼. — Istoria del Centurione, di *Paolo* Veronese.

Quadro con cornice dorata, alto br. 2. on. 11. e ¼. — Istoria
di Mosè bambino ritrovato nel Nilo dalla figlia di Faraone,
di *Paolo* Veronese.

Quadro con cornice dorata e nera con due angoli intagliati e
dorati, alto on. 7. e ¼., largo br. 1. on. 1. e ½. — Due
mostri marittimi de' *Carazzi.*

Quadro senza cornice, alto br. 1. on. 3., largo br. 1. — Lucrezia Romana vestita di rosso, con paese alla sinistra in
lontananza, di autore ordinario (2).

Quadro con cornice dorata e nera con due angoli tagliati e
dorati, alto on. 7. e ½., largo br. 1. on. 1. e ½. — Mostri marittimi, de' *Carazzi.*

Quadro senza cornice, alto br. uno, largo br. 1. on. 5. — Diana
ignuda appoggiata ad un fonte, con due altre figure ignude
sotto panno bianco, di Annibale *Carazzi.*

Quadro con cornice dorata, alto br. 1. on. 1., largo on. 10.
— Una Madonna a mezzo busto, vestita di rosso con

(1) Attribuito a Michelangelo *Anselmi* nel precedente Catalogo.
(2) Detto di *Tiziano* nel Catalogo precedente.

manto turchino, e mani giunte con gli occhi sommessi, del *Venanzio.*

Quadro senza cornice, alto br. 3. e ½., largo 2. e ¼. — Armida in atto d'acconciarsi il capo, tenendo con le mani i capelli davanti lo specchio sostenuto da Rinaldo a sedere mezz'armato, con un puttino dietro d'Armida in lontananza, e papagallo in alto, il tutto in giardino. Segnato di dietro = *Lud.ᵈ Car.ᵈ F. MDXCIII,* di Lodovico *Carazzi.*

Quadro senza cornice, alto br. 3. on. 7. e ¼., largo br. 2. on. 3. e ½. — Santa Cecilia a sedere che suona l'organo alla parte destra con busto rosso e maniche bianche, a' piedi vi sono vari stromenti musicali, alla sinistra un angelo con un flauto in mano, ed un violoncello davanti, di Lodovico *Carazza.*

Quadro con cornice dorata e nera con due angoli intagliati e dorati, alto on. 7. e ½., largo br. 1. on. 1. e ½. Mostri marittimi, de' *Carazzi.*

Quadro senza cornice, alto br. 1., largo on. 10. Un putto mezzo busto in camicia aperta al collo, che con mani accarezza alla testa un agnello, del *Schedoni.*

Quadro con cornice dorata e nera con due angoli intagliati e dorati, alto on. 7. e ½., largo br. 1. on. 1. e ½. Mostri marittimi, de' *Carazzi.*

Quadro senza cornice, alto br. 1. on. 11. e ¼., largo br. 1. on. 8. Una figura di uomo nudo a sedere con urna, che mostra essere un fiume alla destra, di Annibale *Carazzi.*

Quadro senza cornice, alto br. 2. on. 9., largo br. 2. on. 3. Una donna con seno nudo e ferita in petto, prostesa con la sinistra in alto, e con la destra s'appoggia, vestita di rosso e manto turchino e bianco, due figure che la compiangono in atto di sollevarla, del *Nuvolone,* (Panfilo).

Quadro con cornice dorata, alto br. 1. on. 1., largo br. 1. on. 10. Un uomo a sedere in terra con due femmine davanti intorno a certe mastelle. Un sacerdote con altra figura che mostra Mosè con verga in mano, in paese, del *Bassano*.

Quadro con cornice dorata, alto br. 1. on 2., largo br. 1. on. 11. Paese con diverse figure parte in piedi e parte a sedere attorno ad un cavallo bianco con soma, e davanti un uomo vestito di rosso con bastone nella spalla sinistra, che conduce una mandra di pecore, con altre figure piccole, del *Bassano*.

Quadro senza cornice, alto br. 2. on. 9., largo br. 2. on. 3. e ½. La Susanna nuda con drappo turchino e bianco al ventre, ed in capo lino bianco con varie perle e rubini nelle treccie, e all'orecchie; li due vecchi alla sinistra, e alla destra un puttino con capra in mano in atto di cogliere acqua dai bagno, del *Nuvolone*.

Due quadri senza cornice, alti on. 11., larghi br. 1. on. 6. per cadauno. Uno con l'Adone a sedere presso donna nuda, che le tiene la destra sopra la spalla sinistra, e l'altra sopra la mano sinistra con due Amorini. L'altro conduce uomini armati d'asta sopra un cignale afferrato da' cani, del *Bertoja*.

Quattro quadri simili con cornice dorata, con quattro angoli intagliati e dorati, alti br. 1. on. 1. e ½., larghi on. 8. e ½. Uno con Ercole che fila, l'altro con Apollo e Dafne che si converte in albero, in altro, Bacco che abbraccia una femmina, e nell'altro, Marte e Venere sopra d'un letto, del *Bertoja*.

Quadro in tavola con cornisetta dorata alto on. 6., largo on. 8. e ½. Paese con veduta in lontananza di città, e Forte alla parte destra sopra d'un monte, Atteone trasformato in cervo con alabarda in mano vestito di rosso da cacciatore, con tre donne nude in atto di fuggire dentro un bagno contiguo d'un bosco, del *Civetta*.

Quadro senza cornice, alto on. 6., largo on. 8. e ¼. Una Madonna a sedere vestita di rosso con manto turchino ed il Bambino a sedere in grembo, alla destra in atto di guardare la croce tenuta nella mano sinistra da S. Gio. Battista in piedi; in paese, di Agostino *Carazzi*.

Quadro in tavola senza cornice, alto on. 10. e ¼., largo on.
6. e ¾. Una testa di femmina con velo bianco in capo,
e mezzo busto nero, di buon pittore incognito.

Quadro senza cornice, alto on. 10., largo on. 6. Un Cristo
morto con ginocchia piegate sopra di lino bianco sostenuto da due angeli vestiti di rosso, del *Palma*.

Quadro senza cornice, alto br. 2 , largo br. 2. on. 4. Nostro Signore orante nell'orto vestito di rosso, che guarda l'Angelo alla sinistra che gli presenta il calice con piede sinistro sopra nube, e altra testa, di autore incognito.

Due quadri bisquadri con cornici dorate e nere con due angoli tagliati e dorati, alti on. 10., larghi in cima br. 1.
on. 5. e ¼., e nel fondo br. 2. on. 4. per cadauno. Uno
con Nettuno nel suo carro che abbraccia donna ignuda
a sedere sopra d'un delfino, l'altro col medesimo Nettuno sopra carro tirato da' cavalli, e donna ignuda al
fianco ed altra pure nuda in acqua, del *Bertoja*.

Quadro in rame con cornice dorata, alto on. 8. e ¼., largo
on. 10. Porto di mare con battaglia, e sbarco de' soldati
all'assalto d'una città, della scuola di Gio. *Bellini*.

Quadro in tavola con cornice dorata, alto on. 10. e ¼., largo
on. 8. Una Madonna vestita di rosso a sedere col Bambino in braccio alla destra che gli tiene le mani a' piedi,
S. Giuseppe alla sinistra con libro aperto davanti tenuto
da un angelo che guarda la Vergine, del *Schedoni*.

Quadro con cornice dorata, alto on. 8. e ¼., largo on. 10.
Una Fiera ed un fiume, nella quale si vedono alcune botteghe, sacchi pieni in terra, con molte figurine; Paese
in prospetto con molini a vento, della scuola del *Civetta*.

Quadro con cornice dorata, alto on. 10. e ½., largo br. 1.
on. 4. — Paese con fiume nel quale un Bucentoro con
cinque femmine che suonano varii stromenti, tre Amorini
che lo conducono, figure alla riva con altre in lontananza,
del *Gaetano*.

Quadro in tavola con cornice dorata a rabesco con fondo nero,
alto br. 1. on. 8. e ½., largo br. 2. on. 8. — Un Sal-

vatore vestito di rosso in atto di benedire con la mano destra in capo d'un puttino nudo tenuto da una donna in piedi alla sinistra, con altre due donne in ginocchio a'piedi del medesimo con due fanciulli per una, e molte figure attorno, d'autore incognito.

Quadro con due uniti assieme bisquadri, alti on. 10, larghi dalla parte di sopra br. 1. on. 1., ed in fondo br. 1. on. 6. con cornice dorata e nera divisa in angoli tagliati e dorati. Un satiro a sedere incontro a donna ignuda, quale con la destra scopre da un panno bianco. L'altro con figura armata con elmo in testa e ginocchio a terra, appoggia la sinistra ad uno scudo, e con la destra lotta con un'altra, del *Mirola e Bertoia*.

Quadro in tavola con cornice dorata, alto on. 10. e $\frac{1}{2}$., largo on. 9. — Ritratto di donna vecchia vestita di verde con righe gialle e simile berretta a piramide in capo con varii anelli al collo e nelle dita, e una lettera in mano, di Alberto *Duro*.

Quadro in rame senza cornice, alto on. 8 e $\frac{1}{2}$., largo on. 6. — Un Cristo vestito di bianco tradito nell'orto da Giuda alla destra che lo bacia, un manigoldo che con fune lo tiene, con piede destro lo calca, molti soldati armati, Pietro alla sinistra in atto di tagliare col pistolese l'orecchia a Malco in terra, di Alberto *Duro*.

Quadro con cornice dorata, alto br. 1. on. 7., largo br. 2. on. 2. — La Resurrezione di Nostro Signore con cinque soldati armati che si svegliano, due de'quali in atto di fuggire, di Sisto *Badalocchio*.

Quadro senza cornice, alto br. 1. on. 6., largo br. 1. on. 2. Una Madonna in schiena con Bambino nella sinistra e con la destra alla bocca del medesimo, che tiene un drappo al ventre, del *Parmigianino*.

Quadro senza cornice, alto br. 5. on. 5 e $\frac{1}{2}$., largo br. 3 on. 5. S. Gioachino alla visita di Santa Elisabetta, che lo riceve sopra due gradini abbracciandolo nell'ingresso ornato di 4. colonne, con donna di dietro, un vecchio al di fuori che tiene cappello in mano con bastone, ed agnello ai piedi accarezzato da un fanciullo in camicia. Alla destra una donna in terra con fanciullo nudo che con la mano sinistra riceve una moneta da un uomo, ed altre figure con veduta di paese in lontananza, del *Schedoni*.

Quadro senza cornice, alto on. 11., largo on. 9. — Una testa d'uomo a mezzo busto vestito di nero con berrettone nero con poca barba nera, e un poco di bianco al collo, delli *Carazzi*.

Quadro in tavola con cornice dorata a rabesco con fondo nero, alto on. 4. e $\frac{1}{2}$., largo on. 5. e $\frac{1}{4}$. — Paese con veduta di città in lontananza con ponte sopra acqua alla destra con uomo, ed un altro con zerla alla sinistra, una donna con cappello e veste nel braccio sinistro, ed altr'uomo vestito di rosso e berretta rossa, del *Brilli*.

Quadro in rame senza cornice, alto on. 7. e $\frac{1}{2}$., largo on. 6. — La Nascita di Nostro Signore sopra lino bianco, e paglia, sopra tavola, la Vergine alla sinistra vestita di rosso e azzurro, con drappo in mano. S. Giuseppe e due angeli, un pastore in ginocchio ed agnelli con piedi legati, mezzo cane nero e bianco con collare, altre figure e gloria di tre angeli, di autore ordinario.

Quadro con cornice dorata, alto on. 9. e $\frac{1}{2}$., largo on. 7. — Una Madonna con Bambino in grembo, al quale S. Giuseppe porge cerase, di Agostino *Carazzi*.

Quadro senza cornice; alto br. 1. e $\frac{1}{2}$. oncia, largo br. 1. on. 6. — Paese con casa sopra d'una collina, e una festa da ballo di villani e villane al piano. di Guido *Reno* e *Albano*.

Quadro in rame con cornice dorata a rabesco e nero, alto on. 4., largo on. 3. e $\frac{1}{4}$. — Una Madonna a sedere che tiene il Bambino in grembo, che le abbraccia la destra, nella quale tiene un drappo bianco, e di dietro S. Giuseppe appoggiato con braccio destro ad una colonna, e con un bastone nella sinistra, dello *Schedoni*.

Quadro con cornice dorata, alto br. 1 on. 7., largo br. 2.

e ¼. on. — S. Eustachio con un ginocchio a terra, e braccia aperte presso d'un fonte con cavalli e cani, delli *Carazzi.*

Quadro con cornice dorata, alto br. 1. on. 11. e ½., largo br. 1. on. 7. — Una donna che fa tela, di Autore incognito.

Quadro senza cornice, alto on. 11., largo on. 9. — Una Madonna a sedere alla destra vestita di rosso con drappo bianco su la spalla destra e bottone; tiene il Bambino nelle braccia, che gli pone la destra al collo, ed alla sinistra un angelo in piedi, che gli appoggia la destra mano su la coscia sinistra, e S. Giuseppe a mani giunte dietro della medesima, della scuola del *Mazzola.*

Quadro in tavola senza cornice alto br. 1., largo on. 9. — Una Madonna a sedere con capelli su le spalle col Bambino alla destra a sedere con ginocchio sinistro piegato, che fa cenno con indice della destra a S. Gio. Battista che fa cenno verso del Bambino, con paese in lontananza, della scuola del *Mazzola* o piuttosto di *Michel Angelo Senese.*

Quadro senza cornice, alto br. 1., largo on. 10. — Una Madonna in atto di parlare con S. Giuseppe. Il Bambino in grembo con croce in mano, e di dietro S. Gio. Battista con iscrizione nel fondo — 1613. *Bartolomeo Schedoni,* del *Schedoni.*

Quadro in tavola senza cornice, alto on. 11 e ¼, largo on. 8 e ¼. — Una Madonna vestita di rosso e turchino con drappo bianco in capo e sopra le spalle, con mani al seno ed iscrizione nel fondo — Il vero ritratto della Madonna de'Servi — di Autore ordinario.

Quadro con cornice dorata, alto br. 2, largo br. 1. on. 4. e ½. — Ritratto del Sermo Sig.ᵣ Duca Pier Luigi armato con bastone da comando nella destra con soldato armato e bandiera gialla, di *Tiziano.*

Quadro in tavola con cornice dorata alto br. 3. on. 6., largo br. 2. on. 6. — Ritratto di Paolo III. a sedere sopra sedia coperta di velluto cremesino; tiene sotto piedi una tavola coperta di velluto simile trinato d'oro, avanti del quale il Serᵐᵒ Pier Luigi in piedi vestito di nero trinato d'oro con mano e spada al fianco, di *Tiziano*.

Quadro in tavola senza cornice, alto on. 8. e ¼., largo on. 11. — Un'Osteria con sette uomini e una donna e un fanciullo che beve, uno che dorme, un cane che rode un osso, un animale e una gazza, e altro uomo con spada con iscrizione tedesca in cima, del *Brugolo*.

Quadro senza cornice, alto on. 9., largo on. 11. e ¾. — L'Adorazione de' Magi, uno de' quali bacia il piede sinistro al Bambino, la Madonna che porge un vaso a S. Giuseppe che l'apre, di *Autore ordinario*.

Quadro in tavola con cornice dorata, alto br. 1. on. 5. e ¼., largo br. 1. on. 1. — La Madonna a sedere col Bambino sopra ginocchio in lino bianco, appoggia il braccio destro ad un sasso su del quale un canestro di fiori, S. Giuseppe a sedere alla destra con le mani al bastone, del *Lanfranchi*.

Quadro con cornice dorata, alto br. 1. on. 9., largo br. 3. — Paese con donna ignuda sopra d'un letto sotto padiglione giallo, che viene scoperta da un satiro frezzato da Amore, due altri satiri che portano in ispalla altra donna nuda e due altre pure che fuggono, una delle quali vien presa per i capelli da una mano, del *Bertoja*.

Quadro senza cornice, alto br. 4. on. 9., largo br. 3. on. 1. — S.ᵗᵃ Elisabetta in piedi vestita da monaca con borsa rossa nella destra; S.ᵗᵃ Margherita in ginocchio alla sinistra con croce nella mano sinistra, e la destra sul Drago con la Madonna a sedere sopra nubi, ed il Bambino pure a sedere nel ginocchio destro con gloria d'angioli attorno, della *Sirena* pittrice.

Una tavola di noce con sopra il ritratto del Serᵐᵒ Sig.ʳ Duca Francesco primo a mezzo busto di rilievo scolpito in marmo di Carrara.

Altri quadri che erano e sono riserbati in una camera in

capo alla galleria de' Credenzoni detti la Cappella per mandarli a Colorno.

Quadro senza cornice alto br., 2. on. 8., largo br. 3. on. 5. — Paese con la Dea della terra, di *Giovanni* Fiamengo.

Quadro senza cornice, alto br. 2. largo br. 2. on. 5. — Una donna vestita di rosso abbracciata da uomo che gli sta alla destra presso un cesto di varii frutti, altra donna con frappa al collo con para di capponi in grembo e figure in lontananza con casa, Autore fiamengo.

Quadro che si apre in due partite senza cornice, alto br. 5. on. 5., largo br. 7. — Due figure a cavallo davanti con altri due di dietro armati, e altri soldati con varie donne con bambini in braccio, una delle quali tiene per il morso un cavallo, ed in lontananza un incendio di città su la marina, delli *Campi*.

Quadro senza cornice, alto br. 1. on. 11., largo br. 1. on. 5. La Madonna in una nube, tiene in panno bianco il Bambino adorato e baciato dal Beato Felice con diversi Angeli, fra' quali uno che tiene la corona sopra il capo della medesima, del Cav. *Del Cairo*, delle sue prime pitture.

Quadro senza cornice, alto br. 1. on. 4. e ½., largo br. 1. on. 1. — Un S. Nicola da Tolentino con stella in petto, Crocefisso e giglio nella sinistra, ordinario.

Quadro in tavola senza cornice, alto br. 1., largo on. 9. — Una Madonna a sedere, tiene la mano destra a traverso del Bambino che porge le mani al seno di S. Gio. Battista in ginocchio, alla sinistra S. Girolamo con il leone in atto di levargli dal piede una spina, di Autore antico.

Quadro senza cornice, alto br. 2. on. 8., largo br. 1. on. 10. — La decollazione di S. Gio. Battista con soldato in schiena, che infodera la spada, di Antonio *Campi*.

Quadro senza cornice, alto br. 2. on. 8 , largo br. 1. on. 10. — S. Girolamo in ginocchio che rimira la Croce, e con destra in atto di battersi il petto, e sinistra sopra d'un libro, con paese in lontananza, di Autore ordinario.

Quadro senza cornice, alto br. 2. on. 5., largo br. 1. on. 11.

— Gesù Cristo nell'orto, che con mani giunte in ginocchio adora la Croce tenuta in aria da un Angelo con tre apostoli che dormono, ed iu lontananza si vede tradito, di *Gio.* fiamengo.

Quadro in tavola senza cornice, alto br. 1. on. 1. e ½., largo br. 1. on. 5. e ¼. — S. Eustachio in ginocchio con cavallo bianco bardato di rosso, e cinque leprieri con rocca sopra d'un monte. Copia da Alberto *Duro*.

Quadro senza cornice, alto br. 2. on. 1., largo br. 1. on. 7. — S. Giuseppe, che rappresenta falegname con berretta rossa in capo in atto di fare un forame in un pezzo di legno, la Madonna alla destra che fa cenno al Bambino con scalpello nella destra, con due Angeli e varii istromenti da falegname, di buono autore.

Quadro senza cornice, alto br. 2. on. 6. e ¼., largo br. 1. on. 11. — S. Antonio da Padova con Bambino in braccio sinistro in piedi sopra del libro aperto, e giglio nella destra, di Autore ordinario.

Quadro senza cornice, alto br. 2 on. 2., largo br. 1. on. 9. e ¼. — Diana vestita di rosso e turchino scapigliata con spuntone nella destra, e lepriere rosso e bianco a l'uscio nella sinistra con mezza luna sopra il capo, del *Genari*.

Quadro senza cornice, alto br. 1. on. 10., largo br. 1. on. 4. — Un S.to Vescovo vecchio a mezzo busto con piviale, libro chiuso nella sinistra e palle bianche nella destra, di autore ordinario.

Quadro senza cornice, alto br. 1. on. 11, largo br. 1. on. 6. — Una Madonna a sedere in aria di parlare con S. Giuseppe alla destra con libro aperto in mano e Bambino in grembo della Madonna alla sinistra, di Autore ordinario.

Quadro senza cornice, alto br. 1. on. 10., largo br. 2. on. 2. e ½. — Un asino in atto di mangiare carico di diverse robe, lepri, carne, polli, cipolle e un gallo in piedi su la groppa, de' più ordinarii.

Quadro senza cornice, alto br. 1. on. 4., largo br. 2. — Una Battaglia, del *Bergognoni*.

Quadro senza cornice, alto br. 1. on. 11., largo br. 1. on. 3.
— Ascensione di N. S. con sotto la Madonna ed Apostoli,
fra' quali S. Pietro con chiavi nella mano sinistra, del
Fiamengo.

Quadro senza cornice, alto br. 1. on. 8., largo br. 1. on. 8.
e ½. — La Madonna a sedere con Bambino in grembo
sopra drappo bianco in atto d'abbracciare S.. Francesco
in ginocchio con braccia incrociate, e S. Giuseppe di
dietro alla destra della Madonna, del *Schedoni.*

Quadro senza cornice, alto br. 1. on. 6., largo br. 1. e ½.
oncia in tavola. Una Madonna vestita d'azzurro trinata
d'oro con benda a traverso delle spalle, che rimira il
Bambino a sedere in un cuscino tenuto dalla destra della
medesima, con attorno al capo tre gigli d'oro, di Pietro
Perugini.

Quadro senza cornice in tavola, alto br. 1. on. 5., largo on.
2. Una Madonna con Bambino in piedi in atto di sposare S.ta Caterina con S. Giuseppe con mani giunte di
dietro alla Madonna, di autore antico.

Quadro in tavola senza cornice, alto br. 1. on. 3., largo on.
11. — Una Madonna con Bambino a sedere con le gambe
a cavallo del ginocchio sinistro in atto di presentare una
palma ad una Santa coronata alla destra, di autore ordinario.

Quadro in tavola senza cornice alto br. 1. on. 3., largo br. 1.
oncia mezza. Una Madonna a sedere con Bambino con
velo bianco al petto in atto di sposare S.ta Caterina, S.
Giuseppe tra l'una e l'altra, di autore ordinario.

Quadro in tavola senza cornice, alto br. 1. on. 1. e ½., largo
on. 10. e ½. — Una Madonna con diadema o velo a
mezza fronte con Bambino in piedi in atto di benedire,
due teste di santi, uno con crocifisso e l'altro con libro,
di autore ordinario antico.

Quadro senza cornice, alto br. 1., largo on. 10. — Una Madonna con velo in capo, che tiene la mano destra al petto
del Bambino in piedi con raggi dorati al capo, e nelle

mani una benda .bianca con santo alla destra, di autore
ordinario antico.

Quadro senza cornice, alto br. 1. on. 4., largo br. 1. on. 1.
S. Pietro piangente a mezzo busto con mani giunte ed
occhi al cielo. Copia ordinaria che viene da Guido *Reni.*

Quadro senza cornice in tavola, alto br. 1. on. 2., largo on.
11. e ¾. — Un Cristo coronato di spine con corda al
collo vestito di bianco e croce in spalla, della maniera
del *Zambelli* (1).

Quadro senza cornice in tavola, alto br. 1. on. 1 , largo on.
10. — Un Cristo vestito di rosso, che adora la Croce
nelle nubi sostenuta da un angelo in ginocchio, della
maniera del *Primatizio.*

Quadro senza cornice, alto br. 1. on. 4., largo br. 1. on. ½.
— La Madonna a sedere con Bambino in grembo in atto
di sposare Sta Caterina in ginocchio alla sinistra con
una mano sopra la ruota, Copia del *Parmigianino* fatta
da Sisto *Badalocchio.*

Quadro senza cornice, alto br. 1. on. 6., largo br. 1. on. 5.
e ½. — Un *Ecce Homo* con Croce, scala, gallo, e in lontananza Cristo baciato da Giuda, di autore ordinario.

Quadro senza cornice, alto br. 1. on. 5., largo br. 1. — S.
Lorenzo nudo in atto d'esser disteso sopra craticola con
fuoco sotto acceso da un manigoldo con soffietto, altri
due e un idolo sopra colonna, di Gio. *Lanfranchi.*

Quadro senza cornice, alto on. 10., largo br. 1. on. 5. — Tre
birbe che si cercano pidocchi, di autore ordinario.

Quadro senza cornice in tavola, alto on. 10., largo br. 1 on. 2.
— La Strage degl'Innocenti con uomini armati e donne
in difesa, dell' *Amidano*

Quadro senza cornice, alto br. 1. on. 2., largo br. 1. on. 4.
— Una Madonna a sedere col Bambino in grembo, una
Santa, S. Gio. Battista in piedi, S. Giuseppe di dietro in
mezza figura, di autore antico.

(1) Forse Gio. *Bellino.*

Quadro senza cornice in tavola, alto br. 1. on. 3. e ½., largo
on. 11. — S. Francesco sostenuto da due angeli con il
Crocefisso, e testa di morte, e corona sopra d'un tavolino, con un angelo in atto di suonare un violino, e tre
Cherubini, di Sisto *Badalocchio*.

Quadro in rame senza cornice, alto br. 1. on. 1., largo on. 10
Un Cristo morto sostenuto da S. Gio. alla destra, S.ta
Maria Maddalena e la Vergine Addolorata con la croce di
dietro, di autore ordinario.

Quadro in tavola senza cornice, alto br. 1., largo on. 8. ¾.
— Cristo con croce in spalla condotto al Calvario con
le tre croci alzate in lontananza, e altre figure, di autore ordinario.

Quadro in tavola senza cornice, alto on. 11., largo on. 8.
— Mezza figura di S. Gio. Battista che con indice della
destra accenna la Croce, di autore ordinario.

Quadro in pietra lavagna senza cornice, alto on. 9. e ¼,
largo on. 7. — Un Cristo con veste bianca, croce in
spalla, di fra *Sebastiano* del Piombo.

Quadro in terra cotta senza cornice, alto on. 11., largo on. 9.
con due forami che passano nella cima. Una testa dipinta
a fresco in atto di rimirare il Cielo, con capelli volanti
di color come biondo, del *Correggio*.

Quadro in tavola senza cornice, alto br. 1. on. 5., largo br. 1.
on. 1. — Ritratto d'uomo vestito di nero, cappello nero
con mani una sopra l'altra, paese in lontananza, del
Dosi (*Dossi*) di Ferrara.

Quadro senza cornice, alto br. 1. on. 1., largo on. 11. — Ritratto del *Correggio* vestito di nero con collarino bianco,
di . . . .

Quadro in tavola senza cornice, alto br. 1. on. 2. e ¼., largo
on. 11. — Ritratto d'uomo con baffi vestito di nero al-
l'antica, tavolino coperto di rosso con sopra un libretto
chiuso, di autore ordinario.

Quadro senza cornice, alto br. 3. on. 4. e ¼, largo br. 2. on. 6.
— Quattro figure di donne, due a sedere con puttino in

braccio alla sinistra d' una in atto di allattare, e una
vecchia a canto con mani giunte e bocca aperta in atto
di ammirazione, e un'altra a sedere vestita di rosso con
mani al ginocchio destro davanti ed un uomo mezzo nudo
con elmo in capo ed asta nella destra con un fanciullo
nudo, che dorme sopra drappo bianco, del *Schedoni.*

Due quadri senza cornice, alti br. 7., larghi br. 4. on. 1. per
ciascuno, che dimostrano due serraglie d'organo. In una
una figura d'uomo grande nudo con barba bianca e
drappo rosso a sedere sopra d'un piedestallo, che tiene
nella destra un martello, e nella sinistra bilancie. Nel-
l'altra uomo in piedi con barba bianca e panno verde
e rosso cangiante, tiene nella destra un compasso in atto
di misurare una colonna; tutti due in una nicchia con
ornati di festoni e mascheroni, del *Mazzola.*

GALLERIA DELLE COSE RARE.

Un orologio grande da acqua con sei colonnette coperte di
corteccia macchiata a guisa di tartaruga.

Un altro orologio da polvere con sei colonnette nere, e bot-
toncini e goccie d'avorio, questi due orologi fanno ventiquattro ore per cadauno.

Uno specchio rotondo in cornice e manico di legno che in-
grandisce.

Un orologio con cassa d'ebano con due colonne ritorte,
con capitelli e base d'oro, il tutto ornato di diamanti
n.º 608. tra grossi e minuti legati in argento sopra fondo
d'oro smaltato e di smeraldi n.º 85. legati in oro con
fondo pure d'oro smaltato, eccettuatine i diamanti e smeraldi della sfera, che sono legati in argento solamente
(vi mancano diamanti tra grossi e minuti n.º 22).

Un'aquila d'oro smaltata con rubini n.º 27., perle n.º 5., tre
delle quali grosse pendenti, ed un zaffiro celeste nel mezzo.

Un S. Carlo a cavallo d'oro smaltato con diamanti n.º 48.

Un moretto a mezzo busto con petto di scorza di perla, e testa di sardonico con legatura ed ornato d'oro posto sopra lapislazuli con cornice smaltata.

Un Centauro con corpo di perla in oro con rubini grandi n.º 14, e piccoli n.º 50., diamanti n.º 22, due bottoni di perle ed un'opala occidentale.

Una gioja in oro con varie figurine e cavalli di rilievo, tutta smaltata con un smeraldo grosso nel mezzo ed un rubino grosso.

Un S. Michele Arcangelo in oro con corpo di perla, tutto smaltato.

Una mezza figurina con testa di giacinto tutta d'oro con diamanti n.º 59., tutta smaltata.

Una mostra piccola di orologio con sua cassa d'oro smaltata con sopra coperchio un camaglio, che rappresenta una Venere, due Amorini, ed un cane d'agata con diamanti n.º 39., rubini n.º 63., con sua chiave.

Un busto piccolo di donna di rilievo in corniola, con di dietro un piccolo camaglio con tre figurine d'agata con ornato d'oro.

Uno specchietto ornato di cristallo di monte con fondo e legatura d'oro smaltato.

Un Ritratto piccolo rotondo di Paolo III. con sopra vetro con cerchietto d'argento.

Altro Ritratto piccolo rotondo di donna miniata con veste verde ed ornamento dorato.

Due Ritratti piccoli ovati, uno di Ranuccio Farnese ed altro del Cardinale Farnese in scatoletta d'argento dorato, che s'apre, e serra; dipinta da Annibale *Carazzi*.

Un Piedestallo d'argento dorato sostenuto da tre palle, sessagono nel fondo, nel mezzo sessagono in quadro, con altro di sopra tresgono, ove manca un serpe, sopra cui vi è una tazza con Cristo d'avorio, con 3. diamanti nei chiodi, e cartella di lapislazuli in croce d'argento, ed all'intorno quattro figurine d'avorio. La detta opera tutta resta ornata co' Misteri della Passione. Con altri riporti tutti smaltati con sei figurine in piedi d'argento dorato, rubini n.° 7., perle n.° 16., zaffiri n.° 3., smeraldi n.° 2. e camagli n. 9.

Un vaso a guisa di Bellicone d'argento dorato con ornati d'argento di varii fiori e fogliami al naturale, ed animaletti in figura di lucertole, ed altre figure con perle n.° 11., rubini n.° 6., smeraldi n.° 3, turchine n.° 2.

Un altro vaso quasi simile a guisa di Bellicone d'argento dorato con camagli n.° 12. scolpiti in figure diverse.

Un uomo detto il Facchino d'oro smaltato di bianco sopra un terrazzo con tre alberi piccoli, una perla che rappresenta un coniglio ed un cane d'acqua marina occidentale, con sei figurine in guisa di soldati sopra fortezza; qual uomo con cuscino sopra le spalle porta una palla con sopra un moro in piedi, una femmina e tre puttini d'oro, smaltato con ornati di lettere ed altro d'oro smaltato, e il resto d'argento dorato con perle n.° 25., ed un rubino legato in oro.

Un cervo con Diana sopra dorso del medesimo a sedere con arco e frezza con catena nella sinistra, che lega due cani da caccia, un lepriere in piedi e bracco a sedere, con un Amorino pure sopra del cervo, sotto cui evvi un cacciatore in piccolo rilievo sopra cavallo, che suona il corno da caccia, altro in piedi in atto di ferire un lepre seguito da due cani. Il tutto d'argento dorato sopra piedestallo pure d'argento con varii ornati di fiori, animaletti smaltati. Pesa in tutto con suo piedestallo ed ordegni di ferro di dentro per farlo girare on. 141.

Due candelieri d'argento dorato con bassi rilievi alla gotica in varie guise con sua tazza in cima pure compagna.

Un quadretto miniato, che rappresenta S. Gio. Battista, fatto da Giulio *Clovio* con sua cornice d'ebano.

Un officio miniato, e scritto da Giulio *Clovio* con lastre d'argento dorato, con riporti di basso rilievo pure d'argento dorato.

Una tavola di pietre connesse di varii colori con piedi di
legno dorato, sopra cui uno scrittorio di pietre connesse
alla fiorentina, coperto di tartaruca con quattro colonne
d'agata, ornato di lastre, capitelli e cornici tutte dorate
parte d'argento e parte d'ottone. Vi mancano due bot-
toncini, tre foglie piccole dorate. Nella cima di questo
scrittorio vi è una mostra da orologio in ottagono con
cornice nera, fondo di lapislazuli e pietre connesse, cornici, ore, sfera d'ottone e rame dorato con un sole nel
mezzo sopra d'un'agata.

Segue un altro tavolino di legno ornato di cornici e facciate
di tre colonne quadre di lastre sottili d'argento e figure
d'avorio ornato di varie perle e pietre minute, mascheroni, teste di cavallo con sopra uno scrittorio grande di
simile legno e lavoro di lastre, d'avorio al di fuori, con
tre colonne rotonde d'ottone dorato, e al di dentro fornito di 18. colonnette ritorte tra grandi e piccole coperte di lastra d'argento dorato, con quantità di pietre
tra diamanti minuti, turchine, granate, rubini, amatiste,
opale occidentali, corniole, topazzi, lapislazuli, un zaffiro,
agate, diaspri e pezzi d'avorio, cioè figurine di rilievo,
e mezzo rilievo, teste e altri ornamenti con una mostra
da orologio in cima.

Pezzi di cristallo di monte piccoli lavorati con diverse figure,
tredici de'quali sono legati in argento basso dorato, n.° 14.

Fruttiera d'argento dorato ornata di smalto, che finge turchine
con zifra e corona nel mezzo.

Saliera di cristallo di monte legata in argento dorato con
varie figure.

Bicchieri di cristallo di monte legati in oro smaltato, cioè
parte negli orli, parte ne'piedi e parte ne'bracci in varie
guise.

Bozzette di cristallo di monte da porre sopra bastoni rigati
d'oro con rubini piccoli.

Vasetti di cristallo di monte, un grande ed un piccolo con
due cerchietti d'argento dorato.

Vaso grande di cristallo di monte legato alla bocca ed al
 piede, d'oro smaltato.

Boccale grande per lavar le mani di cristallo di monte con
 suo manico d'oro smaltato in guisa d'Arpia con bottoni
 e cerchio intorno al piede d'oro smaltato.

Teste di pesce di cristallo di monte.

Quadretto di cristallo di monte, scolpitovi un caval marino
 ed una figura che lo conduce, con sua cornice d'argento
 dorato.

Una Palla di cristallo di monte con suo piede con orlo e
 piede d'argento dorato, pezzi n.º 2.

Ritratto del sig. Duca Ranuccio tagliato in cristallo di monte.

Madonna di Reggio tagliata in cristallo di monte.

Lente di cristallo di monte, legata in argento.

Scrigno d'argento dorato con sei ovati istoriati, di cristallo
 di monte con arma nel mezzo di oro smaltato.

Fruttiere di cristallo di monte, legato in rame ed ottone
 dorato.

Cadino di cristallo di monte, legato in rame dorato.

Bacile di cristallo di monte, con riporti piccoli d'argento
 bianco, e legature in argento rigato di nero con botton-
 cini di smalto rosso.

Specchio di cristallo di monte con cornice d'ebano.

Sportina di cristallo di monte.

Pezzi piccoli in angoli lavorati di cristallo, uno senza numeri
 ed altri con sopra numeri per giuocare n.º 6.

Due Caparine di cristallo di monte.

Tazze piccole di cristallo di monte.

Pezzi lavorati con buco in mezzo di cristallo di monte.

Sigillo di cristallo di monte.

Crocetta di cristallo di monte.

Manico da bastone di cristallo di monte.

Stucchio di cristallo di monte, con legatura e tassello d'argento dorato, con forbici ed altri due pezzi di cristallo
 dentro.

Figurina in piedi di cristallo.

Cassettina di cristallo di monte lavorato, legata in argento dorato, con fondo pure d'argento dorato, entrovi otto granate e un pezzo d'agata oscura nel mezzo.

Un tavolino di marmo venato di rosso e d'altri colori con quattro piedi di legno dorato con sopra uno scrittorio di legno nero con pietre connesse alla fiorentina con due colonne d'agata e sei rape nel fondo d'argento bianco e manette simili. Sopra evvi una mostra da orologio d'argento a modo di saliera con tre piedi d'argento e un Amore in cima.

Un altro tavolino di pietra connessa alla fiorentina in cornice di legno dorato e nero con un sol piede pure di legno dorato e nero, sopra una cassetta d'ebano con uccelli, frutti, fiori di pietre connesse, e in particolare nel coperchio una Fenice di pietra rara.

Sopra detto tavolino appresso al muro uno specchio rotondo di mistura, concavo, detto ustorio, che al sole accende il fuoco, in cornice di legno tinto di nero.

Una cassettina in forma di deposito d'ambra lavorata con una testa di morte d'ambra bianca, ed altri ornati d'ambra, in cima una Concezione pure d'ambra.

Un piccolo tavolino d'ambra con sopra S. Ignazio in piedi, pure d'ambra, con testa e mani pure d'ambra bianca.

Una piccola cassettina d'ambra con chiappo picciolo d'acciajo.

Una piccola cassettina solia e scudi lavorati tutti d'ambra con sopra un piccolo leone d'ambra bianca con chiave e cartella d'ottone.

Un'altra cassetta d'ambra lavorata a faccette e mascheroni con quattro rape piccole per piedi con sua chiavetta e cartella, due capitelli di colonne d'argento dorato.

Un'altra cassetta più grande d'ambra sostenuta da quattro leoni lavorata di basso rilievo di trofei da guerra, e altro lavoro traforato con un pezzetto d'artiglieria in cima, tutto d'ambra.

Una cassa tutta d'ambra isolata con sedici colonne ritorte e

figure in piedi con otto rape sotto per piedi con sopra
balaustro e bagno di donna, con otto figure di rilievo
tra grandi e piccole, con albero; il tutto d'ambra con
chiave e cartella di ferro e ottone dorato con pezzi
d'ambra legati con cordoncino appesi alle chiavi, entro
della quale un cassetto con giuoco da dama e sbaraglino
con pedine n.° 31., con due dadi e altri pezzi piccoli
n.° 13., che servono pure da giuoco di scacco.

Una piccola gianda con dentro una farfalla tutta d'ambra legata in oro smaltato con suo cordoncino che sta nel
cassetto della sopradetta cassa.

Un tavolino piccolo con due colonne con dentro una testa
di una femmina che adora un Crocefisso, e sopra del
medesimo una Concezione; il tutto d'ambra.

Due pezzi piccoli d'ambra grossa con sopra due nudi di rilievo, uno con le ali in atto di dormire.

Due vasi simili lavorati d'ambra con suo coperchio d'ambra,
con orlo al coperchio e al piede, d'argento dorato, con
sue cime rotte.

Un altro vaso grande d'ambra lavorata con suo coperchio e
quattro camagli ne' quali li quattro Evangelisti di basso
rilievo, e quattro mascheroni bianchi piccoli pure di
ambra.

Una scatola con tre pometti sotto d'ambra lavorata con suo
coperchio con sopra un volatile che prende un fiore coi
piedi.

Due candelieri fatti in quattrangoli d'ambra composti di
varii pezzi d'ambra di varii colori, in quattro de' quali
pezzi quadri vi sono segnati i misteri della Passione di
Nostro Signore d'ambra bianca, e in altri quattro piccoli mezzi busti rotondi d'ambra bianca.

Una fruttiera in ottagono d'ambra lavorata con riporti di
basso rilievo pure d'ambra legata in argento dorato con
suo piede e manico d'argento dorato.

Un cadino d'ambra lavorata a basso rilievo tutta legata in
ottone dorato con un buco piccolo.

Un specchio a otto faccette legato con cornice d'ambra con ornati d'ambra, e suo manico pure d'ambra, e al di dietro pure lavorato, con figurine pure d'ambra bianca, e vi mancano alcuni pezzetti.

Un camaglio grande ovato d'ambra con figure della Madonna, Bambino, S. Giuseppe, S. Gio. Battista di rilievo, ed altre due figurine in lontananza, legato in cornice d'argento a filagrana e fiorami con fondo di lapislazuli con cornice intorno di rame dorato sopra tavola di legno con di dietro carta marmorea.

Una fiaschetta da polvere, d'ambra lavorata a basso rilievo con una figura dorata in piedi da una parte, e dall'altra un soldato di rilievo con vetro sopra con suo coperchio e tre attacchi d'argento dorato.

Pezzi d'ambra a guisa di cuore, due legati in argento ed uno in ottone, e tre sciolti, cinque con figurine di dentro trasparenti, ed un solio; in tutto n.° 6.

Due tavole grandi simili di pietra detta Porto Venere, lunghe br. 3. et on. 9, larghe br. 1. on. 9., per ciascheduna sopra piedi di legno marmorizzato, con sopra due scrittorii di legno nero con lavori intersiati d'uccelli, e fiori ed altro di mistura miniata, che mostra pietra di varii colori; al di dentro cinque cristalli con cornici di legno dorato, e piramide nel mezzo; al di fuori due figure di rilievo che formano colonne della porta con sopra balaustro, e due figurine, cartelle e fogliami, tutto di rame dorato.

Una fornitura di altare composta di 4. candelieri grandi di cristallo di monte lavorato con spilloni ed orli d'argento dorato con 4 legature per candeliere d'oro smaltato; sopra piedi vi sono riporti d'oro pure smaltato.

Una Croce simile di cristallo di monte lavorato con piede d'argento dorato, e riporti d'oro smaltato, con 10. legature d'oro smaltato. Vi manca un raggio piccolo di cristallo con sua legatura d'oro smaltato.

Tavola grande ove sta scritto o tagliato: *Gloria* e *Credo* e altre orazioni per la Messa, fornita tutta di cristallo di monte lavorato, e legato con le lastre d'argento dorato con riporti d'oro smaltato.

Due tavolette, una coll' *In Principio*, ed altra col *Lavabo* in cornice di cristallo di monte legato in lastra piccola d'argento dorato e riporti d'oro smaltato.

Due ostensorii ovati di cristallo di monte lavorato, uno con piede di rame dorato con riporti e legatura d'oro smaltato, lunello e cerchio d'argento dorato con 4. legature dell' ovato d'oro smaltato; l'altro con legatura e cerchio al piede, lunella e altro d'argento dorato.

Un Reliquiario di cristallo di monte con Agnus Dei di Gregorio XIII. e un Crocifisso dall'altra parte con cerchio al piede e legatura d'oro smaltato, e in cima una crocetta di cristallo.

Un Calice di cristallo di monte lavorato con cerchio al piede d'argento, dorato, riporti e legature d'oro smaltato, e coppa d'argento dorato.

Un Turibolo e Navicella di pezzi di cristallo lavorato legati in argento dorato con riporti d'oro smaltato e catena d'argento dorato.

Una Bugia di cristallo di monte lavorato legata in argento dorato con catena d'argento dorato, e alcuni riporti di oro smaltato.

Un cadino di cristallo di monte lavorato con manichi e cerchietto al piede d'oro smaltato con suo aspersorio di cristallo legato in oro smaltato e anello nel fondo d'argento dorato.

Due ampolle di cristallo di monte lavorato con manichi e cerchietti d'argento dorato con alcuni piccoli riporti al piede d'oro smaltato.

Un campanello di cristallo di monte lavorato con legatura d'oro smaltato, e anima d'argento dorato.

Una Pace di cristallo di monte con qualche ornato d'oro tagliatovi sopra un Cristo morto con la Madonna.

Un' altra Pace di cristallo di monte con croce e pietra tagliata nel medesimo cristallo con manico e piedestallo d'argento dorato con riporti d'oro, capitelli e base delle colonne d'oro smaltato.

Un bacile per le ampolline di cristallo di monte lavorato e tagliato, legato in argento dorato con riporto d'oro smaltato.

Un vaso di reliquia di cristallo di monte, rotondo, parte liscio e parte lavorato con cerchietti d'oro smaltato con suo coperchio.

Una scatola da ostie di cristallo di monte lavorato e tagliato con cerchii d'argento dorato, suo coperchio e riporti d'oro smaltato.

Segue un tavolino di pietra detta Paragone con piedi di legno tagliato nero, e dorato, sopra cui un cuscino di velluto nero con sopra un pezzo grande di cristallo di monte non lavorato.

Altro tavolino composto di pezzi di cristallo di monte numero 37. lavorati e tagliati, legati in ottone dorato e incorniciati pure d'ottone dorato, con riporti d'oro smaltato. Vi mancano pezzi di riporti suddetti d'oro smaltato n.° 29.

Un orologio grande in guisa d'ancona con specchio grande nel mezzo, che mostra le ore in quadro con due colonne di lastra d'argento coperto, ed altri ornamenti d'argento riportati in basso rilievo col fondo di tartaruca.

Un orologio a guisa d'anconetta con due colonne di tartaruca con i suoi capitelli e base, e uno scudetto smaltato nella cima, tutti d'argento con fondo d'ebano e tartaruca.

Un orologio a guisa d'anconetta con due colonne di tartaruca con suoi capitelli e base d'ottone dorato, e cornisetta di foglia d'argento.

Un orologio in forma quadra d'ottone lavorato e traforato, tutto dorato con 4. figure a cavallo sopra del cornicione, e un'altra nella cima con undici mostre.

Un orologio in forma di torretta quadra co'suoi ornati d'ottone dorato e quattro piccole piramidi con una nel mezzo.

Un orologio in forma di vaso co' suoi manichi che sostentano duoi candelieri, tutto di rame dorato con la mostra coperta nella cima del vaso, che s'apre nel mezzo con sua campana ed un fiore in cima d'argento.

Un orologio in quadro in forma di piedestallo con ornati e vasetti in cima, tutti d'ottone dorato.

Un orologio in quadro piccolo d'ottone dorato e traforato con la sfera d'argento nel coperchio. .

Un orologio in guisa di cassettina quadra con bassi rilievi scolpiti in ottone dorato con la sfera sopra del coperchio.

Un orologio in un Mappamondo sostenuto da un Atlante in piedi, tutto d'ottone dorato.

Un orologio in guisa di reliquiario con sotto piedi di 3. leoni, e nella cima un angelo tutto di ottone dorato.

Un orologio grande in forma di Mappamondo, co'suoi globi celesti e terrestri, e sfera, il tutto d'ottone dorato con finto smalto, piede ottagono con cornice d'ebano, e otto teste di leone con anelli in bocca.

Una panattiera d'argento con cornice dorata, pure d'argento in quadro, intagliatovi sopra un Baccanale, di Annibale *Carazzi*.

In capo della medema galleria entro la Camera detta il Busigatto. Uno specchio grande in quadro tutto di cristallo, nel mezzo del quale un orologio con varii ornamenti in basso rilievo intagliati con sua cimasa, nella quale è scolpita, cioè tagliata, l'arma di S. A. S pure di cristallo.

Un orologio con cassa d'ebano con colonne ritorte alla fiamenga con spinetta per suonare 4. suonate, con manetta e chiave d'ottone dorato.

Una sottocoppa d'argento con un Baccanale tagliatovi per mano d'Annibale *Carazzi*.

Mortali n.º 5. piccoli fatti a tazzetta con suoi macinini, tre d'agata e due d'altra pietra dura di color diverso.

Un Idolo in piedi sopra piedestallo d'agata, piccolo di color bianco, di rilievo.

Un mezzo busto d'agata sopra piedestallo in figura d'Idolo con velo in capo di rilievo.

Un mezzo busto senza piedestallo in figura di femina o d'Idolo con drappo in capo d'agata sardonica di rilievo.

Altro mezzo busto di rilievo d'agata bianca in figura di femmina con acconciatura in capo, e mano destra sul petto.

Mezza testa, d'agata bianca vuota.

Due mezze teste piccole d'agata, una di color celeste, l'altra di color bianco.

Una testa d'uomo di rilievo d'agata bianca con barba.

Mezzo busto piccolo di rilievo d'agata bianca in guisa d'un Imperadore.

Mezzo busto rotto d'uomo con barba e capigliatura d'agata sardonica di rilievo.

Mezza testa piccola di rilievo d'agata in guisa d'Imperatore con corona di lauro in capo.

Una mezza testa vuota e rotta con capigliatura di rilievo di diaspro.

Tre pezzi piccoli lavorati in differente maniera, due d'agata sardonica, e uno di diaspro tedesco.

Una tazza piccola d'agata bianca con orlo e piede d'argento dorato.

Un pezzo piccolo d'agata sardonica lavorato a basso rilievo di figurine marittime, vuota di dentro in guisa di tazza coperta, con buco nel mezzo del coperchio e piede rosso.

Un bicchiero piccolo di pietra varia fatto a tazza con piede lavorato, piede e cerchio d'argento dorato, e dentro un'acqua marina occidentale con 7. goccie di smalto turchino.

Un pezzo piccolo d'agata in guisa d'osso da gioco.

Un pezzo piccolo di diaspro in forma di macinino concavo in ovato.

Tre scaie ovate piccole, una di diaspro e due d'agata bianca.

Una pietra naturale macchiata di vari colori a guisa di cuore.

Una pietra lavorata con sopra giglio d'agata gialla con macchia bianca.

Un'impugnatura in ottagono con forame di pietra venata minutamente di vari colori.

Un pezzo piccolo d'agata bianca lavorato in figura di leone disteso.

Un vaso di corno di rinoceronte fatto a brocca, lavorato a basso rilievo ornato d'argento dorato con riporti d'oro smaltati con fiore di dentro d'oro pure smaltato.

Un altro vaso più piccolo di corno di rinoceronte liscio, ornato con piede d'argento di Germania, dorato e orlo di rame dorato.

Un bicchiero detto *gotto* a dieci facce di vetro color di vino.

Un vaso d'agata bianca con piede e coperchio d'argento lavorato a basso rilievo, tutto dorato.

Altro vaso basso d'agata bianca con piede, cerchio e coperchio d'argento dorato.

Una tazza con piede a guisa d'orchiella *(sic)* liscia di pietra dura color verde.

Una tazza di pietra macchiata di rosso oscuro e bianco con tre legature d'argento dorato.

Un vaso lavorato rotondo a forma d'urna vuoto di dentro di pietra macchiata di varii colori.

Un vaso d'agata sardonica con fogliami tagliati con 5. legature lavorate d'oro smaltato, e una serena d'oro smaltato con rubini in tutto n.º 13., smeraldi n.º 5., con due tazzette piccole alle due parti pure della medesima agata sardonica, con 4. legature d'oro smaltato, e rubini legati in tutto n.º 12. Vi manca suo manico.

Un vaso basso ovato in guisa di urna con piede d'agata sardonica.

Cinque vasetti tra grandi e piccoli, quattro d'agata bianca, e uno di diaspro verde con cerchio e piede d'argento dorato, uno d'agata senza l'orlo, e l'altro senza piede.

Una brocca di tartaruca ornata di rilievo e basso rilievo con sopra carro trionfante con 4. ruote e Fortuna in piedi sopra Delfino.

Tre cassettine d'agata bianca macchiata, due con coperchio e punta di diamante, e una più piccola con coperchio piano legato in argento dorato, una con un scudetto scolpitovi una testa pure d'argento dorato.

Una tazza grande tutta di un pezzo lavorato e scannellato a 8. facce d'agata rossa e bianca con due manichi fatti di quattro serpi due per parte tempestati di rubini n.º 11., smeraldi n.º 18., due camagli di corniola e due perle con due legature tempestate di perle n.º 22., rubini n.º 6., smeraldi n.º 6, tutto d'oro smaltato. Vi manca un rubino e due perle.

Una spada con lama lavorata con manico d'agata lavorato con turchine n.º 15., granate n.º 32. legate in argento dorato, con suo fodero, e unzinetto e puntale d'argento dorato con turchine n.º 8., granate n.º 9.

Un bastone coperto di tartaruca con pomo d'oro smaltato e figurato di battaglia e vera nel fondo pure d'oro smaltato e figurato di soldati a cavallo con punta d'acciaio.

Un finocchio con pomo d'agata e vera sotto d'oro smaltato e tempestato di diamantini n.º 35., sua vera nel fondo d'oro lavorato.

Quattro pomi per impronti da sigillo, uno con sigillo di ferro e legatura d'oro smaltato di diaspro, con altri due pure di diaspro e uno d'agata.

Un pugnale con lama intarsiata d'oro, manico d'agata sardonica fatto in ottagono con legatura d'argento dorato e suo fodero di sagrino, puntale d'ottone dorato e legature d'argento dorato.

Un coltello fatto a sciaboletta con lama damaschina intarsiata d'oro con manico d'agata liscia, e guardamano d'argento dorato e lavorato a basso rilievo, con fodero di sagrino, puntale e orlo d'argento dorato e lavorato a basso rilievo.

Uno stile fatto a 4. angoli con manico di diaspro liscio, legatura e mezzo giglio sul pomo, con sua guaina e puntale e vera d'argento lavorato e traforato.

Un'aquila d'agata sardonica di rilievo.

Tre pezzi di pietra macchiata, due ovate e una in 8. faccie, liscie.

Un pezzo d'agata bianca fatto in forma di mezza conchiglia.

Un mezzo busto di donna con sua acconciatura in capo d'agata bianca e sopra la spalla sinistra un fanciullo alato piccolo di rilievo.

Altro mezzo busto d'uomo armato con elmo in capo d'agata di rilievo.

Un pezzo d'agata cerulea lavorata a guisa di conchiglia con dentro un mezzo busto di donna con 5. raggi in capo di rilievo, rotto da due parti.

Un pezzo d'agata liscio, quadro, sottile.

Un diaspro ovato, verde, macchiato di rosso, legato in oro.

Una medaglia di diaspro verde ovata con sopra tagliata una testa di N. S. e della Vergine legata in oro smaltato.

Un pezzo di Belzovar fatto a guisa d'oca, legato con 3. legature d'oro smaltato, con 3. smeraldi legati.

Un camaglio con figure nude in una tazza d'agata sardonica tutta d'un pezzo.

Un'anima dannata ed una purgante di cera di rilievo a mezzo busto con vetro sopra.

Un camaglio ovato in diaspro verde con una Vergine da una parte, ed un Salvatore dall'altra, legato in cerchio d'argento dorato con riporti di cerchietti d'oro smaltato, con cristalli e riporti d'otto rosette di lapislazuli tanto da una parte quanto dall'altra, con suo fiocco di seta rossa, e oro e perle minute, n.° 49.

Un cavaliere di palle di diaspro verde con sua croce pure di diaspro tutto legato in oro e smalto turchino e bianco con fiocco di seta verde e d'oro filato con perle minute e coralli minuti.

Altro cavaliere di palle d'agata bianca con sua croce pure d'agata legata in oro smaltato turchino e bianco con camaglio sopra la testa del Salvatore e della Vergine, con fiocco di seta di color di rosa e d'oro filato con perle e granate minute.

Altro cavaliere di pezzi ovati d'agata sardonica senza piede, legato in oro smaltato e tempestato di rubini con suo anello e croce pure d'oro smaltato e tempestato di rubini minuti.

Un altro cavaliere di pezzi bislunghi d'agata sardonica con coppette d'oro smaltato e sue ballette con fiocco di seta rossa, ed oro filato, con reliquiario piccolo d'agata bianca ornata d'oro smaltato a nero, e anello di rame smaltato.

Palle n.º 7. d'agata bianca con medaglie di stagno antico con sopra S. Sebastiano e S. Giacomo.

Due cavalieri d'agata bianca lavorati a 8. faccie, uno con anello d'argento e testa d'uomo con barba e capelli di rilievo d'agata e l'altro con anello d'avorio.

Segue un tavolino formato di pezzi di cristallo di monte lavorati e tagliati n.º 41., legati in cornice d'ottone dorato con riporti d'oro smaltato, con sotto 2. piedi di legno sgavellati (1) e copérti di rame dorato e cisellato, con pezzi di cristallo in forma di arma intagliati di fiori pure legati in rame dorato, come anche il traverso dei medemi piedi; cassetto di rame e cisellato con cornice intorno al d.º tavolino d'ottone dorato. Vi mancano nello stesso tavolino pezzi d'oro smaltato n.º 30.

Segue altra tavola nera di pietra paragone con 2. piedi e traversi sgavellati di legno dorato con sopra una cassa in forma di deposito isolato di cristallo di monte, con colonne ritorte del medemo cristallo n.º 12., e altre mezze colonne n.º 12. con suoi capitelli e con base d'oro smaltato, e cornici. basamenti, figure e altri ornati d'argento dorato. con una figura sedente d'argento bianco per cadauna delle 4. cantonate della cassa, puttini a sedere sopra detti capitelli nel mezzo, vasetti piccoli, e altri rabeschi dorati, il tutto d'argento. Delle 4. figure sedenti ve ne mancano tre. De' puttini ve ne mancano 10., che dovrebbero essere 12 Sopra la cimasa vi manca un rabesco traforato. In due angoli della facciata grande vi mancano 2. figure a sedere. Vi mancano foglie d'oro smaltato ai capitelli delle colonne e mezze colonne. Vi mancano basamenti d'argento n.º 7. che dovrebbero essere dieci. Vi

(1) Vocabolo del dialetto parmigiano che equivale a *smussato*.

mancano altre foglie d'oro smaltato a'capitelli delle altre colonne ritorte, fuorchè a quelle della 1.ª facciata grande.

Un orologio in cassa nera con mezza circonferenza dorata che mostra le ore sì del giorno come della notte, e al di sotto vi è dipinto in paesino Venere ed il Tempo che taglia l'ali ad Amore.

Un altro orologio antico fatto a torre rotonda d'ottone dorato.

Altro orologio grande con 3. mostre che serve per scrigno tutto ornato e tempestato di varie pietre, cioè topazzi, amatiste, granate, grisolite, corniole, lapislazuli, turchine ed altro con una testa nel mezzo di diaspro e altre teste n.º 4. di corallo sotto piedestalli delle colonne, altre 2. teste di diaspro nelle due ale, con colonne ritorte di smalto turchino e altri colori, e sopra queste, puttini d'argento dorato, con 4. figure in piedi d'Imperadori nel mezzo delle colonne d'argento dorato e coperto tutto di foglietta d'argento dorato, e in cima un S. Giorgio a cavallo in atto di ferire un drago, il tutto d'argento dorato, e il cavallo abbardato, con granate, perle e turchine tutte pietre minute con un grisolito nella testa del drago, e nel resto altre pietre come sopra. Nel medemo vi mancano molte pietre.

Altro orologio a torretta quadro con piramidette d'ottone dorato, con duoi scudi che mostrano le ore e quarti.

Altro orologio con cassa nera, che mostra le ore della notte in cartella sostenuta da due puttini volanti, al di sotto il Sermo sig. Duca Alessandro sopra cavallo dipinto, e sotto a questo la città di Parma.

Una cassettina nera ornata di fogliami d'ottone bianco con sopra una donna sedente di rame dorato, che tiene nella mano sinistra un Mappamondo, dove vi è dentro un orologio, e con un scettro nella destra segna le ore.

Una Madonna di rilievo in piedi, d'ottone dorato sopra piedestallo nero a sei faccie ornato di fogliami d'argento bianco, quale tiene in braccio il Bambino, e nella mano uno scettro che mostra le ore segnate nel giro della corona in capo. Vi mancano a'4. angoli fogliami d'argento, come pure in qualche altro luogo.

Un altro orologio in guisa di Reliquiario con mostra nel mezzo, e in cima un angelo d'ottone dorato fatto a fogliami traforati sopra legno nero con 4. mostre, due grandi e due piccole.

Un carretto con ruote di rame dorato, cassa nera con sopra l'orologio e piramide, con in cima una civetta, al di dietro un Amorino con arco, viene tirato da duoi becchi, tutto d'ottone dorato con qualche ornato traforato d'argento, e collare e catenelle de' soddetti becchi d'argento bianco.

Un orologio d'ottone dorato in forma di palla con fascia d'argento che mostra le ore con suo anello in cima, nel quale vi è la catena che sostiene il movimento.

Seguono 2. tavolini di pietre connesse alla fiorentina con suoi piedi e cassa di legno nero e dorato con sopra due scrittoi, la facciata de'quali è fatta a guisa di porta con arco, piedestallo, sei colonne ritorte, capitelli, cornicioni con sopra figure, puttini d'ottone dorato; il tutto è smaltato a chiaro e scuro con pietre rosse, gialle, verdi e altre di diversi colori, il basamento è di legno intagliato e dorato e contornato di nero, il di dentro è di lastra d'argento sottile cisellata, con suoi cassetti e fodera d'ormesino turchino, nella cima di questi vi è un orologio a pendolo che mostra le ore tra due colonnette ritorte, e li medesimi scrittorii di forme e qualità quasi uniformi.

Una cassetta di legno venato rosso coperta d'ebano, ornata di pietre varie lavorate a frutti e fiori, con cornisette di rame dorato, con 4. rape piccole d'agata bianca per piedi, con dentro calamaro, spolverino d'argento dorato, e un temperino con manico di corniola, ed un'agata legata con manico d'argento dorato per le lettere, e un'altra pietra per premere le carte con pomo d'argento dorato, e un sigillo d'agata senza impronta.

Altra cassetta in ottagono pure di legno pero e noce, coperto d'ebano con cornici di rame dorato ornato di pietre lavorate, a fiori e frutti ed uccelli con contorno, e lavori di lapislazuli con sotto 8. piedi di lavoro gettato di rame dorato con chiave e cartella d'acciaio.

Altra cassetta più piccola di legno d'oliva coperto d'ebano intarsiato di altro legno, madriperle e pietre connesse lavorate a frutti, fiori, uccelli, con 4. rape scanellate di ottone dorato, con chiave e cartella d'acciaio.

Un S. Francesco in piedi di getto d'oro smaltato, e con crocifisso nella sinistra e ufficio nella destra sopra piedestallo a tre angoli di lapislazuli lavorato e ornato con oro smaltato e diamanti n.° 56., rubini n.° 8.; con dentro nel piedestallo un cuore di cristallo con reliquia legata in oro smaltato, e rosetta sotto smaltata. Vi mancano diamanti n.° 7.

Un S. Antonio da Padova simile in piedi con Bambino nella destra e giglio nella sinistra tutto d'oro smaltato sopra piedestallo a tre angoli di lapislazuli lavorato ed ornato con oro smaltato, e diamanti n.° 78., rubini n.° 3., con dentro nel pjedestallo un cuore di cristallo con reliquia legata in oro smaltato, e rosetta sotto in oro smaltata. Vi mancano diamanti n.° 6.

Una croce di diaspro sopra morte pure di diaspro tutto verde e macchiato di rosso con sopra crocefisso d'oro, con testa di morte e ornati della croce d'oro smaltato. Primo giro del monte d'oro smaltato, e piede d'argento dorato e lavorato, con cassa della croce ove è imposto il diaspro tutto d'argento dorato. Diamanti ne' chiodi n.° 3.

Una Croce di cristallo di monte con sopra crocefisso d'argento dorato con le testate e cimasa e piede della croce d'argento dorato, e riporti d'oro smaltato, cassettoni con rubini n.° 5., smeraldi n.° 7. — Il piede ovato con sopra Adamo ed Eva, ed un puttino con la legge nella destra, tutto d'argento dorato.

Un'anconetta d'ebano con dentro una pietra d'agata, nella

quale da una parte vi è dipinto S. Francesco con la Madonna, e Bambino in braccio, dall'altra le Vergine Annonciata dall'angelo con gloria d'angeli dalla parte sinistra.

Altra anconetta di legno coperta d'ebano con due vasetti nella cima di cristallo con manichi e cime d'ottone dorato, nel di cui mezzo una pietra di macchia pavonazza, con sopra dipinta una Madonna con Bambino in braccio, e S. Gio. Battista alla destra, contorno di pietra gialla e angoli di lapislazuli, con ovato piccolo nella cimasa pure di lapislazuli, e nel fondo una pietra di macchia rossa ed altri colori, e un'agata nella cima.

Due tavolette di pietre connesse, cioè lapislazuli, agata ed altre pietre che formano Porto di mare, case e altro con cornici nere e frisetti d'ottone dorati con foglia e bottone, ed anello in cima d'ottone dorato.

Un quadretto composto di varie pietre di diversi colori con due mezzi busti di pietra in ovato, che rappresentano l'Annunciata col contorno di rame dorato, e alli quattro angoli, fiori di pietra bianca con foglie di rame dorato e cimasa con anello pure di rame dorato. Nel fondo un'agata che forma vaso da acqua benedetta legato in argento dorato.

Un'anconetta d'ebano lavorata e ornata di lastrette d'argento dorato, e molti riporti d'oro smaltato con perle n.º 6., turchine n.º 11., amatiste n.º 2. e due ne mancano; due vasetti in cima, d'oro smaltato con dentro legate 2. granate, due vasetti di lapislazuli sopra la cimasa, e una palla grossa d'agata con altre 6. palle pure d'agata nelle ali; grisolite n.º 3., opali occidentali n.º 2., con un vaso rotondo nel fondo da acqua benedetta d'agata legata in oro smaltato con festone nel fondo d'oro smaltato, e goccia d'amatiste con una perla nel finimento; nel mezzo una pietra ovata di lapislazuli con sopra dipinta un'Annonziata. Vi manca nel mezzo della cimasa una pietra che si crede grisolita.

Un'altra anconetta di legno nero coperto e cornisato d'ebano
con lavori e ornati parte d'argento bianco e parte dorato, parte di lastra e parte di getto con croce nella cimasa d'argento dorato con ovato nel mezzo di pietra
bianca macchiata, sopra dipinto un S. Francesco in estasi
sostenuto da tre angeli, con suo cerchio ovato d'argento
bianco, e quattro cerchietti rotondi nelli 4. angoli, ove
sono fragmenti d'osso, in uno di S. Leonzio, nel secondo
di Santa Candidata, nel 3.° di S. Giorgio, nel 4.° di S. Castelli, nel fondo di S. Tecla, nella cima di S. Ippolito,
tutti 2. questi ovati, con a tutti fogliami d'argento bianco
sopra velluto nero.

Altra anconetta consimile di legno nero coperto d'ebano con
lavori d'argento e dorato parte di getto e parte di lastra
con un cherubino sotto cimasa d'argento bianco e due
dorati, uno per parte, nel mezzo una Madonna con Bambino, S. Giuseppe e Angelo con architettura miniata sopra carta pecorina in ovato con suo cerchio d'argento
e due pietre, acque marine occidentali, una in cima e
una nel fondo.

Due tavolette di pietra lavagna di sotto, e di sopra pietra nera
con altre pietre connesse di vari colori che formano fiori,
frutti, foglie con sopra uccello.

Un'ancona più grande con fondo di lapislazuli con cornici,
cartellami, mezze colonne, cherubini etc., tutti di rame
dorato gettato con incima un pellicano di rame dorato
posto sopra costa con paglia d'argento bianco. Nel mezzo
una Croce con Crocifisso, le tre Marie e S. Giovanni di
rilievo con monte ove si vedono truppe di soldati in
lontananza di basso rilievo, tutto di rame dorato con due
remenati che sostengono l'arco dell'ancona.

Segue un tavolino di pietre connesse alla fiorentina con 4.
piedi intagliati e sua cassa tutta dorata sopra una cassa
di legno nero, quadro, con dentro un intaglio minuto di
legno che rappresenta la caccia del cervo, e quella del
toro, con sua cornice di legno intagliato e dorato in ottagono con cristallo sopra.

Altra tavoletta di legno cornisata pure di legno nero con una boscareggia, cane, genti a cavallo, tutto di carta intagliata minutamente con sopra cristallo.

Altro tavolino di marmo venato di rosso e d'altri colori con 4. piedi di legno intagliato e dorato con sopra uno scrittorio di legno nero con pietre connesse alla fiorentina, con due mezze colonne di pietra, e 4. rape in fondo di legno. Sopra vi è un orologio d'argento bianco a uso di saliera in 3. angoli con una figura in piedi in cima con manto Imperiale, con 3. bracciali per le candele, e 3. rape di rame inargentato.

Due denti di pesce ritorti, grossi nel fondo, e puntati in cima, lunghi br. 4.

Un quadretto di pietra con cornice bianca; in esso vi è il ritratto di Papa Paolo 3.º con iscrizione al di sotto = Paulus Tertius Pontifex Maximus M. D. XXXIIII.

Un Cristo d'avorio spirante in croce d'ebano con tavoletta d'argento dorato, diadema simile, di Michel Angelo Buonarota.

Un altro Cristo d'avorio sopra croce nera con cartella d'argento, e in vece di diadema, raggi pure d'avorio.

Un altro Cristo grande d'avorio sopra croce nera di legno pero tinto, dicesi dell'Algardi.

Una cassetta nera bislunga, entrovi un corpo umano di mistura bianca, mezzo resta coperto di carne, e mezzo spolpato, come anatomia.

Un quadretto con cornice nera, entrovi un Cristo morto levato di croce, con la Vergine, S. Gio., Nicodemo e altre figure, che in tutto sono 9.; e è di mistura bianca coperta di cristallo.

Altro quadretto con cornice nera, e suo cristallo, entro vi è in avorio il Bambino Gesù, e S. Gio. Battista, che si accarezzano, sotto i piedi dell'uno vi è una testa di morte con un serpe, vicino a'piedi dell'altro l'agnello con stendardo.

Un quadretto di mistura bianca, in cui vi è scolpito in basso rilievo una figura a sedere sopra d'un toro che cammina per l'acqua.

Un boccale da acqua di corno di cervo, lavorato con manico
e bocchello d'avorio, nel quale vi è scolpito a tutto rilievo una caccia di lepri, e cani etc. Il piano è contornato d'argento.

Un bacile compagno, nel diritto vi è scolpito a basso rilievo
in 8. ovati d'avorio le Metamorfosi d'Ovidio, nello scudo
di mezzo la favola d'Argo, il resto liscio legato e contornato d'argento.

Sopra piedestallo nero con comparti di lapislazuli coronato
di rami dorati e piccole pietre rosse, con un pomo d'agata,
nel cassetto vi è in avorio a tutto rilievo un Cristo che
viene legato alla colonna da un ladrone; dell'*Algardi*.

Un vaso rotondo d'avorio lavorato a basso rilievo, con femmine, puttini ed animali, ornato con manico, cima e fondo
d'argento dorato, e riporti d'argento bianco; in cima
del coperchio due puttini d'avorio che scherzano.

Un Piedestallo nero con scudetto di rame dorato, scolpitovi
un'iscrizione = *Venus coelestis, Romae in hortis Vati-
canis* = Sopra vi è una Venere nuda con Amore alla
destra, la quale con mano sinistra si cuopre con panno.
Il tutto d'avorio.

Un vaso con piede d'argento d'Augusta dorato con sopra
duoi puttini abbracciati ad un tronco, che sostentano tutto
il vaso d'avorio scolpito di basso rilievo, con puttini che
giocando circondano il vaso, con coperchio d'argento
simile dorato, con testine d'avorio.

Altro vaso rotondo d'avorio, circondato da puttini all'intorno,
in basso rilievo senza verun ornamento.

Altro vaso d'avorio rotondo, in cui all'intorno vi è scolpita
una battaglia d'uomini a cavallo senza verun ornamento.

Una testa piccola di legno busso, che rappresenta uomo
spirante.

Un corno da caccia d'avorio scolpitovi in basso rilievo diversi
animaletti.

Un piccolo orologio d'avorio, da sole.

Due corni d'avorio, uno lavorato all'antica con figure e altro
e altri lavori diversi.

Altro corno d'avorio liscio con 2. fascie d'argento dorato in cima e in fondo.

Un ventaglio d'avorio con manico lavorato all'antica.

Una mezza figura piccola di Santa Maria Maddalena d'avorio di rilievo, che bacia il Crocifisso con testa di morte, vaso e altro, tutto d'avorio in cornice nera rotonda.

Un S. Sebastiano di rilievo in avorio, legato all'albero con funi minute d'avorio, diversi stromenti da guerra a'piedi. Sopra una gloria d'angeli e cherubini, con altre figurine di basso rilievo tutto in foglia d'avorio sopra piccola tavola di legno.

Due figure in piedi di rilievo d'avorio, una di Davide con testa a'piedi di Golia, l'altra di Giuditta con sciabola in mano e testa d'Oloferne a'piedi.

Due altre figurine in piedi di rilievo sopra piedestalli di corno nero, ornati di varii pezzetti d'avorio; una che rappresenta la gioventù di Nostro Signore con croce nera in spalla e cesto con istromenti da lavoro nella destra, l'altra la Pace con palma in mano, e nella destra, torcia appoggiata ad un elmo.

Una Madonna piccola in piedi di tutto rilievo d'avorio con Bambino nella destra sopra tavolino nero piccolino.

Quattro figurine in piedi di rilievo d'avorio che rappresentano Ercole con l'Idra e mazza, Sansone con mascella, Nettuno con tridente e Marte sopra piedestalli neri ornati di lavori d'avorio.

Due figure, una di donna con Bambino in braccio a sedere sopra terrazzo in atto di chiedere elemosina, con teste, mani e piedi d'avorio, e il resto di legno; l'altra d'uomo a sedere sopra tronco di legno con bastone e corona nella sinistra, testa, petto, mani e piedi d'avorio, e il resto di legno.

Due altre figure ridicole in piedi consimili, in atto d'essere alle mani, con tavola, boccale e mezzo melone di legno, ravani d'avorio, pipa, bicchiero d'avorio, teste, mani, braccia d'avorio, e il resto di legno.

Due altre figure simili in piedi, una di donna che fila, l'altra d'uomo con teste, braccia, petto e piedi d'avorio.

Segue una tavola di marmo nero, con sua cassa nera e piedi 4. con suoi ornati di legno intagliato e dorato e nero, con sopra uno scrittoio d'ebano fatto a tempio, con vari comparti di cristallo contornati con lastre d'ottone dorato, nelle quali sono frammischiate pietre diverse con colonne n.° 24 di tartaruca con varie figurine, mascheroni, vasi e altri ornamenti, nella di cui cima evvi un angelo in piedi con corona in mano.

Un letto pensile brasiliano tessuto di barbe di radiche d'erbe attortigliate di vari colori con suoi cordoni simili, e questo è fatto a rete.

Altro tavolino di pietre connesse alla fiorentina con 4. piedi di legno intagliati e dorati con fondo nero. Sopra di questo vi è un orologio a pendolo di Germania, di legno macchiato a tartaruca, cioè la cassa con 2. cavalli di rame dorato ove corrono a tempo due palle; questo resta tempestato di pietre varie, cioè turchine, granate, topazzi, grisolite etc., fornito pure di fogliami di lastre d'argento con finto smalto ed 8. colonne.

Una guantiera in 12. angoli d'argento dorato con smalto finto, tutta tempestata di pietre diverse, grandi e minute, cioè grisoliti, granate, giacinti, turchine, smeraldi, perle, opale, rubini e zaffiretti etc. sei camagli bianchi; nel mezzo un drago con corpo di perla, altra nel mezzo del corpo e un'altra nella coda, e scudetto con dentro opale. Sopra del medesimo drago una figurina a sedere con un camaglio di granata nella sinistra, tutto d'oro smaltato. Vi mancano due pietre piccole.

Un bacile ottagono d'argento dorato e lavorato a basso rilievo con pezzi d'agata tra grandi e piccoli n.° 73. legati nel medemo bacile.

Un orologio in forma di scudo a pendolo di lastra d'argento dorato con riporti di filagrana d'argento con pomo in cima d'ottone e anello d'argento bianco tempestato di turobine n.º 30., le quali sono contornate di quantità di granate minute.

Un vaso grande di madre perla lavorato a mosaico con ornati, manico, bocchello, coperchio, piede e legature di rame dorato.

Due mezzi busti, uno d'uomo e l'altro di femmina di mezzo rilievo in profilo dentro in cornici di legno rotonde dorate e intagliate con sopra cristallo.

Quattro mezzi busti di femmine vestite alla spagnola di mezzo rilievo entro scatola di legno rotondo con suoi cerchietti di ottone dorato e sopra cristallo.

Altre due scatole di legno rotonde con due mezzi busti, uno d'uomo e l'altro di femmina a mezzo rilievo di composizione gialla, con iscrizione in una di Alessandro Farnese, e nell'altra di Maria di Portogallo sopra fondo nero.

Altre due scatole rotonde di legno con mezzo busto d'uomo e altro di donna di composizione, con sopra cristallo.

Altra scatola rotonda di legno nero, con due cerchietti d'ottone dorato. Un mezzo busto di monaca di composizione, con sopra cristallo.

Altra scatola rotonda di legno nero con mezzo busto di donna con veste rossa ricamata alla spagnola con sopra cerchio d'ottone dorato e suo cristallo.

Altra scatola rotonda di legno con mezzo busto con velo in capo e suo cristallo.

Altre due scatole rotonde di legno, in una un mezzo busto di S. Casimiro re di Polonia vestito di rosso con berretta nera e sopra due angeli che tengono corona sopra del capo al medesimo. Nell'altra mezzo busto di Carlo Emanuele Duca di Savoia con sopra cristallo.

Altra scatola di legno con mezzo busto di femmina con perle minute al collo e in capo, con suo cerchio d'ottone dorato, e sopra cristallo.

Altra scatola rotonda di legno con ritratto a mezzo busto di Paolo 3.º di mezzo rilievo, fatto di foglie sottili d'oro sopra cera in fondo nero sopra cristallo.

Un velo della China con varie figure dipinte alla Chinese in
6. quadretti con carta pecora scritta in carattere turchesco.

Un Cristo in croce con 13. scudetti, ne' quali sono disegnati
li 12 Apostoli e la Madonna; il tutto fatto di lettere minutissime, con altre più grandi stampatelle in carta
pergamina.

Un altro Cristo in croce tutto pure di lettere minutissime in
carta pergamina.

N.º L. A. 1708.

NOTA DEI QUADRI ACQUISTATI DAL MARCH. ANDREA BOSCOLI
IN PARMA

(Comunicato dal cav. Scarabelli).

« Questa Nota fa parte di un atto ricevuto il 18
« agosto 1708 dal notaro Agostino Panella, nell'Archivio
« notarile di Parma, filza d'inserti. Tale atto poi, contiene
« una cessione che fa il marchese Andrea, fu capitano
« Francesco Maria Boscoli, alla di lui moglie Margarita
« di Marc'Aurelio Bettoli, di tutto il mobiliare esistente
« nel suo palazzo posto in Parma nel Borgo Riolo, per
« una somma di 35,000 lire imperiali, e nella quale
« dovevano essere imputate le 453 doppie, importo dei
« quadri sottodescritti, così peritati dal bravo pittore
« *Giac.º M. Giovannini*. Ognun vede che lo stimatore
« qui volle favorire il cedente, e che il *Bresciano*, lo
« *Spolverini* ec., erano li pittori di moda » (*Scarabelli*).

Battaglie n.º 10. fatte per mano di Faustino, (1) e ritoc-
cate dal sig. *Spolverino*, doppie 30.

(1) Faustino *Bocchi* bresciano.

Battaglie n.° 4. del *Bresciano* (1) doppie 40.

Due paesi con figure di mastro *Fiamingo*, dop. 4.

Un quadro copiato dallo *Schedone* in cui v'è S. Gio. Battista nel deserto, dop. 3.

Due quadri del *Pesci*, dop. 5.

Altro quadro grande con il ritratto di Carlo quinto a cavallo copiato da *Tiziano*, dop. 7.

Una B. Vergine col Bambino, due angeli e S. Giuseppe di monsù *La Cretè* (2), dop. 4.

Altro compagno dell'istesso autore, dop. 4.

Due quadretti di *Gio. Fiamingo*, dop. 8.

Un Riposo d'Egitto del *Merani*, quadro piccolo, dop. 3.

Due mezze figure compagne, di *Michele* (3) *Fiamingo*, dop. 4.

Un quadro con la B. Vergine, il Bambino e due angeli, copiato da *Tiziano*, dop. 2.

Un'impresa dipinta chiaro scuro, del *Nicola*, dop. 6.

Un sotto in sù, del *Merani*, dop. 4.

Una testa della B. Vergine con il suo compagno, del *Padre Galetti*, dop. 1. $^2/_4$.

Un S. Gio. Battista nel deserto, di monsù *La Cretè*, dop. 2.

Una Santa Barbara, di *Michele Fiamingo*, dop. 3.

Un disegno dell'*Oddi* e un miracolo di Cristo dipinto, dop. 1.

Una copia di *Paolo* Veronese, con molte figurette, dop. 2.

Una B. Vergine col Bambino, copia del *Correggio*, dop. $^2/_4$.

Una testa di Diana di *Michele Fiamingo*, dop. $^2/_4$.

Un S. Gio. Battista, copia del *suddetto*, dop. $^2/_4$.

Un sotto in sù, del *Merani*, dop. 2.

Un Davide che ha recisa la testa al gigante Golia, di monsù *La Cretè* (4), dop. 1.

Un S. Gio. Battista di *Michele Fiamingo*, ed un altro con la testa di S. Giovanni, dop. 2.

(1) *Monti* Francesco.
(2) *Creeteu* pittore di ritratti e di storie.
(3) *Desubleo*.
(4) Trovasi ora in possesso del sig. Giulio Carmignani in Parma.

Due sopraporte con pesci ed animali, del *Boselli*, dop. 8.

Due quadri compagni istoriati, del *Canissa (?)*, dop. 6.

Una copia di *Paolo* Veronese, dop. 3.

Due quadri picoli cioè una copia chiaro scuro e una Santa del *Merani*, dop. 1.

Undici ritratti, tre in piedi, e sei mezze figure, e quattro teste ; ve ne sono due di *Michele Fiamingo*, dop. 10.

Quattro quadri istoriati, del *Pesci*, dop. 4.

Due altri compagni, una Lucretia e una Cleopatra, del *suddetto*, dop. 3.

Due copie di *Paolo* Veronese, dop. 3.

Un S. Gio. Battista, copia d'*Andrea del Sarto*, dop. 2.

Una mezza figura, copia del *Guerzino*, dop. 1.

Due figure del *Bresciano* le quali sono a cavallo, dop. 1. $\frac{3}{4}$.

Un sotto in sù, del *Merani*, dop. 2.

Un Salvatore, di *Michele Fiamingo* e il ritratto del Padre Bagnoni, dop. 2.

Un'orazione nell'Orto, copia del *Correggio*, dop. 1. $\frac{2}{4}$.

Due marittime, dello *Spolverini*, dop. 3.

Una Santa Cecilia, copia del *Prete genovese*, dop. 3.

Due battaglie dello *Spolverini*, dop. 8.

Compresi li quadri che qui non furono descritti per mancare ogni menzione d'autore sommava il valore complessivo a dop. 453.

Io Giacomo M. *Giovannini* confesso avere stimato li predetti quadri per il valore di doppie quattrocento cinquantatre suddette.

N.º LI. A. 1718.

ESTRATTO DALL'INVENTARIO DELL'EREDITÀ BIANCANI
IN BOLOGNA

*(Da copia presso il sig.ʳ M. A. Gualandi,
tratta dall' originale nell' Arch. Not. di Bologna).*

Un paese con cacciatori e due cani in tela da trenta in circa
con cornice dorata, lo direi di *Dionigi Fiamingo*, L. 75.

Un S. Antonio da Padova in ovato del *Cavedone* con cornice
dorata, L. 25.

Un S. Francesco simile al suddetto del *Cavedone* con cornice
simile, L. 25.

Un quadretto di fiori in tela da dieci in circa con cornice
dorata del *Mezzadri* con un altro più piccolo del suddetto, L. 5.

Una prospettiva dipinta a secco del *Mitelli* in tela da lire
sei in circa con cornice oro e nero, L. 60.

Due paesetti di monsù *Cornelio* in tela da un paolo l'uno
con cornice dorata, L. 20.

Due teste a pastello del sig. *Canuti* coperte col vetro, cornice
dorata, L. 25.

Un Cristo coronato di spine con la testa di S. Maria Maddalena che viene dalla scuola de' *Carazzi* e lo credo di
Pietro *Facini* in tela da un paolo, cornice dorata velata, L. 15.

Una B. Vergine lattante in tela da quaranta in circa con cornice dorata che viene dalla scuola di Flaminio *Torri*, L. 25.

Due paesini del *Munchini* (1) con belle cornici dorate e cassette dorate in tela da otto in circa, L. 30.

Due quadri di fiori bozzati del *Mezzadri* con cornice verde
e dorata, in tela da dodici in circa, L. 6.

---

(1) Antonio *Dal Sole* detto il *Monchino* dai paesi, pittore paesista
bolognese.

Due Amori in rame che vengono uno da *Guido*, l'altro da *Simone da Pesaro* con cornice dorata, L. 20.

Una testa disegnata da Flaminio *Torri* con il suo vetro davanti, cornice verde e dorata, L. 10.

Un transito di S. Giuseppe in tela da ottanta fatto nella scuola dell'*Albani* con cornice dorata, L. 60.

Sei ovati di monsù *Cornelio* con cornice dorata in tela da sedici in circa che rappresentano battaglie, L. 30.

Una mezza figura da settanta in circa con cornice dorata, e viene da Flaminio *Torri*, L. 30.

Un Caino e Abele che viene dalla scuola di Flaminio *Torri* in tela da cinquanta in circa con cornice intagliata e dorata, L. 30.

Un quadro con un Amore in tela da trenta in circa con cornice dorata che viene dalla *Sirana*, L. 15.

Due vasi di fiori ovati in tela da sedici con cornice dorata, sono del *Mezzadri*, L. 30.

Due quadretti a chiaro e oscuro con puttini in tela da otto in circa in cassette dorate e morelle, sono di Francesco *Bassi*, L. 15.

Un S. Paolo in tela da sedici con cornice dorata in cassetta morella, ed è del *Cavedone*, L. 60.

Una Santa Maria Maddalena in tela da otto paoli che viene dalla *Sirani*, con cornice dorata, L. 30.

Una Santa Catterina e un Sant'Antonio di Padova mezze figure in tela da dodici del sig. Giacomo *Bolognini* con cornice dorata e cime d'intaglio, L. 30

Due cestelle di fiori del *Mezzadri*, in ovati in tela da diciotto in circa, con cornice dorata e cima intagliata, L. 25.

Una Santa Maria Madalena e un S. Girolamo della scuola del *Pasinelli* in tela da lire cinque con cornice morella e dorata in cassetta, L. 40.

Tre paesi di *Giosafatte* in tela da sessanta con cassette morelle e dorate, L. 30.

Un paese di *Giosafatte* in tela da settanta, cornice dorata e morella in cassetta, L. 20.

Due quadri del sig. Domenico M.ᵃ *Canuti*, ovati con fiori e frutti attorno in tele da lire dieci l'una con cornici dorate, L. 900.

Un Presepio del *Scarsellino*, in rame con cornice dorata, L. 300.

Un rame parimenti di *Dionigio Fiamengo* con cornice nera e cornicione dorato, L. 300.

Un ovato in rame del sig. Gio. *Viani* con cornicione e cassetta dorata e morella, L. 60.

Un S. Giovannino Battista in tela da dodici della *Sirana*, con cornice dorata, L. 150.

Un puttino, cioè un signorino, della scola del *Cignani* in tela da dodici con cornice dorata, L. 50.

Due quadretti del *Fiumana* (1) in tela da dieci in circa con cornice nera e oro, L. 40.

Un'Annonciata in asse di *Dionigio Fiamengo* con cornice d'intaglio dorato in cassetta velata, L. 150.

Una B. Vergine del sig. Donato *(Creti)*, in rame con cornice dorata e intagliata, L. 60.

Un S. Domenico del *Marescotti*, in tela da sedici, cornice dorata, L. 30.

Quattro teste che sono del *Canuti* a pastello con vetro davanti, cornice dorata e intagliata, L. 60.

Un S. Sebastiano in tela da cinquanta con cornice dorata, del *Bibiena*, L. 100.

Un Isaia profeta ed una Sibilla Cumana del sig. *Genari*, in tela da cinquanta in circa con cornice dorata, L. 200.

Quattro ovadini fatti nella scuola del sig. Giuseppe *Del Sole*, in telette da otto in circa con cornici dorate, L. 120.

Due quadretti del *Milanese* in teletta da otto con cornice dorata, L. 50.

Un quadro rappresentante l'Accidia, del *Garbieri*, in tela da cinquanta, cornice dorata, L. 100.

Una testa a pastello del sig. Marc'Antonio *Franceschini* con cornice dorata, L. 20.

(1) Francesco *Alberti* detto *Fiumana*, pittore veneziano.

Una testa di Flaminio *Torri* in assa con cornice dorata, L. 20.

Un quadro rappresentante il vecchio Simeone del *Bibiena*, cornice dorata, L. 225.

Una B. Vergine di Leonello *Spada*, in tela da ventiquattro con cornicione dorato, L. 200.

Un quadro di Flaminio *Torri* rappresentante una B. Vergine, puttino, S. Anna e S. Giuseppe in tela da sedici, cornice dorata, L. 300.

Una cucina di monsù *Cornelio* in tela da dodici con cassetta morella e cornice dorata, L. 20.

Una Erodiade del *Fiumana* in tela da dodici con cornice nera e dorata, L. 30.

Due teste del *Melloni* in teletta da otto, cornice dorata, L. 10.

Un chiaro e scuro del sig. Giacomo *Bolognini* in tela da dodici, con cornice dorata, L. 40.

Due quadretti in tela da otto di mano di *Francesco da Medicina*, con cornice d'intaglio nera e dorata, L. 10.

Un chiaro e scuro in ovato del sig. Giacomo *Bolognini*, in tela da sedici con cornice dorata, L. 25.

Due baccarini in tela da sedici in circa del sig. Gio. Battista *Bolognini*, con cornici dorate, L. 100.

Un disegno del sig. *Franceschini* con il suo vetro davanti con cornice e cassetta dorata, L. 20.

Quattro teste di paggetti, del sig. Girolamo *Negri*, in ovato in tele da sei in circa con cornice dorata, L. 30.

Una testa in tela da dieci in circa, cioè una testa d'Artemisia, del sig. Felice *Torelli*, con cornice dorata, L. 30.

Una testa della sig.ª Elisabetta *Sirani*, disegnata a pastello della misura di una tela da otto in circa con cornice dorata, L. 15.

Un S. Girolamo del cavaliere *Peruzzino*, in tela da otto con cassetta morella e dorata, cornice dorata, L. 60.

Un quadro d'animali quadrupedi e volatili d'*Arcangelo (Resani)* in tela da sedici con cornice dorata, L. 60.

Una testa del Signore in rame del sig. Lorenzo *Pasinelli* con vetro davanti e cornice dorata, L. 50.

N.º LII. A. 1720 *circa*.

ESTRATTO DELLA NOTA DEI QUADRI
POSSEDUTI DA MONSIGNOR GIAMMARIA LANCISI

(Collezione Campori).

Questa nota dei quadri che fè parte dell'Inventario dei beni mobili appartenenti al celebre archiatro pontificio, fa seguito al Testamento del medesimo di sua mano corretto e postillato, che insieme con altre scritture di lui si conserva tra i nostri mss. È noto che il Lancisi scrisse erede delle sue sostanze l'Ospedale di S. Spirito in Roma, al quale aveva pure legato la sua biblioteca ricca di 20,000 volumi, e a cui, pare probabile, pervenissero i quadri di cui è data qui l'indicazione. Ma è da avvertirsi che nel precitato Testamento il Lancisi disponeva di alcuni di essi per legati particolari a'suoi benefattori, cioè: a Papa Clemente XI, il pastello del *Correggio* rappresentante una Pietà legato del Card. Panfili: al Card. Paolucci il quadretto della Madonna del *Barocci* (così di pugno del Lancisi che lo sostituì al nome del *Dolci*); al Card. Olivieri un altro quadro: a D. M.ª Belardina Albani l'Acquasanta di cristallo di monte con l'imaginetta di G. C. di mano del *Cignani* e a D. Carlo Albani tutti i suoi quadretti e disegni non maggiori di un palmo.

QUADRI CON SUE CORNICI TUTTE DORATE.

Un quadro in tela da Imperatore bislungo, rappresentante la Fortuna, dipinto dal *Massarotti*.

Un quadrato in tela d'Imperatore bislungo, rappresentante la Virtù, dipinto dal *Massarotti*.

Un quadro in tela d'Imperatore bislongo, rappresentante una campagna, dipinto dal cavalier *Lesma.*

Un quadro in tela d'Imperatore rappresentante Giove che fa scorticare il satiro Marzio, del *Cigoli.*

Un quadro in tela d'Imperatore bislungo, rappresentante un Baccanale, copia del *Baciccio.*

Un quadro di cinque palmi, rappresentante l'Assunta, del *Perugino.*

Un quadro di cinque palmi, rappresentante l' *Ecce Homo*, del *Perugino.*

Un quadro di cinque palmi, con la Madonna, il Bambino e San Giovanni Battista, di *Raffaele* d'Urbino, ma ritoccato.

Un quadro di cinque palmi, rappresentante David e Golia, del *Massarotti.*

Un quadro di cinque palmi, rappresentante S. Gio. Battista, del *Massarotti.*

Due quadri di quattro palmi, rappresentanti due donne, una che suona il flauto, l'altra il tamburo, del *Massarotti.*

Un quadro di quattro palmi, rappresentante un paese, del *Montani.*

Due quadri di cinque palmi bislunghi, rappresentanti due battaglie, del *Borgognone.*

Un quadro di tre palmi in tavola rappresentante la Madonna con il Bambino, del *Piombo (sic).*

Un quadro in tela d'Imperatore, ritratto di monsig. Lancisi, fatto dal sig. Felice *Trulli.*

Due quadri di tre palmi, uno rappresenta il sacrificio di Abramo; l'altro Adamo ed Eva scacciati dal Paradiso terrestre, dell'*Albano.*

Un quadro di tre palmi bislungo rappresentante un putto, che si mette una corona di fiori in testa, di Carlo *Cignani.*

Un quadro di tre palmi bislungo compagno al sud.º rappresentante un putto, che tiene una tortorella in mano del cav. *Lesma.*

Un quadro di due palmi bislungo rappresentante un paese con una figurina, di Salvator *Rosa*.

Un quadro di tre palmi con un putto che suona il flauto, della prima maniera del *Cignani*.

Un quadro di due palmi rappresentante il Salvatore, del *Spagnoletto*.

Un quadro di un palmo e mezzo rappresentante S. Pietro, del *Guerzino*.

Un quadro di due palmi e mezzo rappresentante S. Girolamo, del *Tempesta*.

Un quadro di tre palmi con la Madonna, e il Bambino, ed intagli nelle cantonate, del *Masserotti*.

Un quadro lungo sette palmi, alto due e mezzo, rappresentante un paese, dipinto a fresco, del . . . . .

Un quadro di cinque palmi, rappresentante S. Felice cappuccino, del P. *Clemente* da Perugia.

Un quadro di tre palmi, rappresentante S.ª Maria Maddalena del cavaliere *Troppi*.

Tre quadri lunghi cinque palmi, alti uno, per sopra fenestra, del cavalier *Lesma*.

Un quadro di tre palmi rappresentante la Madonna che tiene le mani giunte, del *Sasso Ferrato*.

Un quadro di un palmo con un disegno in carta, rappresentante Gesù Cristo morto, e sostenuto da due angeli, disegno del *Correggio*.

Un quadro di un palmo e mezzo, rappresentante Gesù Cristo morto e la Madonna, del cavalier *Arpino*.

Due quadri di un palmo, uno rappresentante S. Luca, e l'altro S. Matteo, del *Passeri*.

Due quadretti ovati consimili ai suddetti con due ritratti in tela, del *Parmigianino*, cornici intagliate.

Un quadro di tre palmi rappresentante il ritratto di Monsignore dipinto dal *Massarotti* con cornice rossa e oro.

QUADRI CON CORNICE NERA E DORATA.

Un quadro con il ritratto di N. S. Clemente XI dipinto da *Baciccio*, alto palmi tre.

Un quadro di tre palmi con il ritratto di monsignor Lancisi dipinto da *Baciccio*.

Un quadro di due palmi e mezzo bislungo rappresentante il bagno di Diana, dipinto dal *Chiari*.

Un quadro di due palmi, con un disegno originale, del *Cignani*, rappresentante il B. Pelegrino e Gesù Cristo in Croce.

Un quadro di un mezzo palmo con una figura ovata, rappresentante la Madonna SS.ma, del *Proccacino*.

Un quadro di un palmo bislungo rappresentante i ponticelli d'Ostia, fatto dal sig. Ambasc. *Sacchetti*.

Un'acquasanta di cristallo e riporti d'argento filagrana con il Salvatore dipinto in rame, del *Cignani*.

N.° LIII. A. 1721.

CATALOGO DEI QUADRI DEL MARCH. SCOTTI DI PIACENZA

(Comunicato dal cav. Enrico Scarabelli Zunti).

Il marchese Annibale Scotti ricco gentiluomo piacentino accompagnò nel 1714 in qualità di maggiordomo maggiore Elisabetta Farnese che andava in Ispagna sposa al Re Filippo V, e colà pigliò dimora con ufficio d'Inviato del Duca di Parma e morì l'8 febbraio 1752. Formò lo Scotti in Ispagna la pregevole collezione di dipinti notati nel presente Catalogo, la quale trasportata in Italia e pervenuta nelle mani di Fabio figlio primogenito del medesimo, fu da esso lui vergognosamente impiegata a saldare i debiti suoi contratti nelle bische veneziane.

Una lamina di rame, in cui è dipinto da G.^{mo} *Forchondo (sic)* un paese, rappresentante il Paradiso terrestre con Adamo ed Eva sotto un albero in mezzo del quadro, da cui il serpente porge il Pomo, e con diverse specie d'animali terrestri e volatili d'intorno. La misura è di circa quatro palmi di lunghezza traversa, e di due e mezzo d'altezza.

Un'altra simile lamina della medema misura, con paese (pare di diverso autore) in cui è dipinto S. Eustachio, al quale si presenta innanzi un cervo con un Crocifisso sopra la fronte, rimanendo addietro un paggio che tiene il cavallo del Santo.

Due lamine parimente di rame di misura tre palmi per traverso, di due e puoco più d'altezza; nelle parti sono dipinte dal med.^{o} Autore (pare allo stile Fiammingo) due prospettive rappresentanti due Templi d'architettura gotica con varie figurine.

Altre quattro simili lamine della medesima misura (e paiono del med.^{o} Autore) in cui son dipinti li quattro elementi rappresentandosi il Fuoco per Vulcano e Venere nella sua fucina; l'Acqua con una donna che stà seduta, e versa acqua da un'urna, e con pesci, e varie conche marine: l'Aria con una donna con luna e stella sopra la fronte, sedente sopra nuvole, e con putti ed uccelli volanti in parte, e parte posati in terra: la Terra con una battaglia, passaggio d'un ponte, ed incendio d'una città.

Una battaglia in tavola della stessa misura delle ultime lamine dipinta di gusto fiammingo.

Quattro marine di circa due palmi e mezzo di traverso, ed

altro a proporzione, nelle quali si fingono battaglie navali con galee, ed altri bastimenti.

Una tavola di tre palmi per traverso e due d'alto, con Daniele tra leoni, dipinta dal *Rubens.*

Una tela rotonda di circa due palmi di diametro, con S. Anna, e la vergine fanciulla.

Una tavola circa della misura di tre palmi, in cui è finta una donna abbracciata con Cupido, con maschere ed arco per terra, ed incendio di Troia in lontananza, dipinta da *Giulio Romano.*

Una tela della stessa misura, in cui son dipinte le tre Grazie nude per mano dell'*Antolines*, pittore famosissimo Spagnuolo, o come altri crede per mano di *Rubens.*

Otto paesini di circa un palmo di traverso, cinque de' quali sono del med.º autore (forse Fiamminghi) gli altri due sono di diversi autori.

Una marina di circa un palmo e mezzo per traverso, dipinta in tavola con una galea, e figurine nel porto.

Un paese in tavola con molino a vento, del *Monper*, della stessa misura o puoco differente.

Due tondini in tavola di circa un palmo di diametro, in uno dipinta una marina, nell'altro un paese, pare della scuola de' *Caracci*, con un Tobia scortato dall'Angelo.

Una tavola di poco più di due palmi d'altezza, in cui il cavalier d'*Arpino* ha dipinto Diana con le sue Ninfe nel bagno ed Atteone, che giunge a vederle.

Una tavola circa della stessa misura con una Vergine col Putto in braccio di *Luca* d'Olanda.

Altra tavola di circa un palmo e mezzo d'altezza, dipinta per Autore antico e rappresentante la testa d'un Salvatore, con raggi d'oro d'attorno.

Una tela poco più d'un palmo con pastore, capre e vacche nel paese, che v'è dipinto.

Un'Annunziata in un piccolo ovato di pietra agata con cornice d'ebano.

Una tela di tre palmi con una B. V. e Putto in piedi, della scuola di Carlo *Meratti.*

Due paesi in tavola di poco differente misura, con puoco differenti cornici d'ebano.

Un paese in tavola con cornice d'ebano di circa palmo, e mezzo di traverso. Nel mezzo v'è Apollo, e Liparisso che si trasforma.

Un piccolo ritrattino d'un vecchio in tavola con cornice d'ebano, fatto da *Tiziano*.

Due paesi in lamina di rame di circa un palmo, e mezzo di traverso con cornice d'ebano; in uno son dipinte figurine e bestie; nell'altro S. Francesco, che riceve le Sagre Stimmate.

Due altre lamine della med.ª misura di traverso ma di minore altezza, con cornici parimenti d'ebano. Son dipinti in esse due paesi; in uno si rappresenta l'Inverno con neve, nell'altro la Primavera con un cacciatore.

Una tela di quattro palmi, per traverso, e due d'altezza, in cui son dipinte molte nudità d'uomini e donne.

Un paese in tela di tre palmi con un cacciatore a cavallo.

Una tavola di circa tre palmi di lunghezza con Andromeda e Perseo.

Quattro tele di sette, e cinque con i 4. Evangelisti di ABC. DC.

Una tela con una Cleopatra che s'uccide coll'aspide di quattro palmi.

Una tela di tre palmi con un paese

Una tela di tre palmi con una Lucrezia di mezzo busto, ed una donna dietro, opera di *Tiziano*.

Una tela di cinque, e quattro con lo Sposalizio di S. Catterina, per mano del *Tintoretto*.

Una tela circa sei e quattro, in cui è dipinto dal *Romanello*, un Rinaldo con Armida.

Una Natività del Signore d'un palmo e mezzo d'altezza, mano di Lodovico *Caracci*.

Una tela di cinque, e quattro con due donne e due Puttini, ed alcuni frutti.

Due tele con due ritratti antichi, uno di uomo, l'altro di donna.

Una tela misura d'Imperatore con un ritratto di donna vestita
all'antica, mano d'Alonso *Cano*, celebre pittore Spagnuolo.

Una tela di 4. palmi con due fanciulli, un maschio, e l'altra
femina in piedi, vestiti come alla fiaminga.

Una tela di 7. e 9. con un paese pieno di un mercato di
cavalli.

Un paese di misura d'Imperatore, di mano del *Brilli*, col ratto
d'Europa.

Altro compagno della med.ª mano e misura.

Un paese in tavola bislunga, circa 6. palmi con un *Noli me
tangere* con vari frutti e fiori della scuola del *Rubens*.

Due tele bislunghe circa 6. palmi con pesci al naturale, e
cose simili.

Una tela di tre palmi con endivia, ed altri frutti e verdure
al naturale.

Una tela di quattro palmi con un' Artemisia, di *Guido*

Una tavola di 8. e.4., paese del *Brilli*, in cui si vede Apollo
con le muse.

Quattro tele ottagone con frutti, ed altre cose nel naturale, di
mano del *Gobbo* de'Caracci, il diametro delle quali sarà
4. palmi.

Un ritratto di donna in tela di 3. palmi, opera del *Vandich*.

Altro ritratto dello stesso, di misura d'uomo co'suoi móstacci
alla moda del suo tempo.

Una Giuditta in tela d'Imperatore con la sua fantesca e testa
d'Oloferne in mano.

Un ritratto a cavallo in tela di 3. palmi, del *Rubens*, o secondo
alcuni, del *Vandich*.

Due tele da 8. e 5. con dentro due ritratti di grandezza naturale, uno di donna appoggiata con una mano ad una
sedia, e con l'altra tiene un ventaglio, di mano del *Velasquez*; l'altro di giovinetto vestito nobilmente d'abito
merlettato nero. Opra del *Vandich*.

Una tela di cinque palmi d'altezza con un ritratto della figliuola
di Filippo IV. già moglie di Luigi XIV. e nonna di Filippo V., opera di Diego *Velasquez*.

Una tela da 7. e 5. con dentro una Venere, con un Satiro e Cupido, opera del *Rubens*.

Tela di 6. palmi di lunghezza, e quattro di larghezza, rappresenta quantità e concorso di popolo, ed è mano del *Brugolo*.

Tela di 8. e 5. ritratto di Filippo IV., opera del *Velasquez*.

Tela maltrattata di 4. palmi in circa affissa ad una tavola di egual misura con la B. V., Bambino e S. Giovanni, di mano d'Alberto *Duro*.

Tela di 8. e 12. in cui è dipinto un macello, con macellaro, ed altre figure grandi e piccole. Le figure sono di *Tiziano*, le robbe da macello di Giuseppe *Recco* insigne pittore spagnuolo.

Tela d'Imperatore con S. Pietro piangente, opera dello *Spagnoletto*.

Tela di 8. e 5. in cui è dipinto un pollaiuolo con un medico che soffia sopra una pernice per veder s'è grassa con polli ed altri uccellami, opera del *Cararaggio*.

Tutto l'apostolato con Cristo Sig. N.°, meno S. Giovanni, di tela d'Imperatore, del *Spagnoletto*.

Due lamine di rame di circa 4. palmi con ghirlanda di fiori, dentro ciascuna delle quali è dipinta la B. Vergine col Bambino.

Una lamina di rame poco meno d'un palmo e mezzo d'altezza, in cui è dipinto N. S. nudo inginocchiato sopra la croce che ora al divin suo Padre.

Una lamina puoco minore della superiore con un Cristo coi due Discepoli in Emaus.

Un S. Francesco, cioè mezzo busto in tela da testa, di mano di Guido *Reno*.

Una tavoletta minore di un palmo con sua cornice a fogliami forati, e dorata, in cui M.ª de *Reibran* (?) ha dipinto una Giuditta con sua fantesca, testa di Oloferne, e corpo di Oloferne decapitato sotto padiglione lumeggiato d'oro.

Una tela di 7. e 9. in cui dentro un vano rotondo è dipinto di grandezza naturale la B. Vergine, che con una mano

copre d'un velo il suo Divino Figliuolo, con l'altra sostiene S. Gio. Battista, ambidue bambini, ed è mano di
Raffaele d'Urbino.

Un Cristo della moneta, replica di mano di *Tiziano*.

Un interno di tempio gotico, di Peter *Neef*.

N.° LIV. A. 1722.

DESCRIZIONE DEI DISEGNI DELLA GALLERIA GABBURRI

IN FIRENZE

(Bibl. Nazionale di Firenze A. XVIII, N.° 33).

Il Lami nelle sue *Memorabilia Italorum (T. I. p.* 205)
introdusse una notizia del cav. Francesco Maria Nicolò
Gabburri fiorentino, il quale più che mediocremente
ornato di lettere, portò agli studi dell'arte moltissima
inclinazione d'animo e agli artisti giovò con ogni suo
potere nell'uffizio di Luogotenente dell'Accademia fiorentina del disegno di cui era investito, e con denaro proprio
affidando commissioni di disegni e di quadri a provetti
e a giovani artisti per quanto gli veniva consentito dalle
sue condizioni di fortuna. Della dottrina nella storia del-
l'arte lasciò documenti nella sua corrispondenza di cui
recò alquanti saggi il Bottari nella *Raccolta di lettere*,
e meglio ancora in un suo Abbecedario pittorico detto
dal Lami *opus magnae molis* che fu usufruito dall'ab. Zani
per compilare la sua *Enciclopedia*. La consuetudine
con gli artisti, lo studio del disegno a cui lo aveva
addestrato il pittore *Marinori*, e le osservazioni proprie
lo avevano reso peritissimo nella cognizione delle pra-

522

tiche e delle maniere delle scuole pittoriche; per la qual cosa s'indusse a formare una raccolta di quadri, disegni, stampe e libri con preferenza ai disegni, i quali trascurati nel tempo passato, erano allora saliti in voga grazie alle ricerche che ne facevano il Mariette, il Crozat ed altri. E di questa Collezione di disegni, in numero di 1356 si offre quì il Catalogo, incompleto però, come quello che fu compilato dallo stesso possessore nel 1722 mentre egli protrasse la vita fino al 1742, attendendo sempre a raccogliere. Il Mariette amico e corrispondente del Gabburri ci porge nel suo *Abecedario (T. II. 375)* un giudizio poco favorevole ma giusto, di questa raccolta. Obbligato il Gabburri, scrive egli, a limitare le spese e perciò a contentarsi di ciò che trovava in Firenze, nè essendo molto difficile nella scelta, accadde che la sua Collezione riescisse più nella quantità copiosa che eletta nella qualità. Dopo la morte di lui, essa fu comperata da un inglese di nome Kent, il quale alla sua volta la espose in vendita a Londra dove incontrò poco favore, ad onta che gl'inglesi sogliano trovar buono e bello ciò che venga loro portato dall'Italia. Tanto affermava il Mariette nella metà dello scorso secolo. I nomi degli autori dei disegni giustificano le parole dello scrittore francese. Si scorge evidentemente che il Gabburri più che ad antichi maestri mirasse a' moderni, a' viventi, a' fiorentini, ed anche a giovani di belle speranze che poi non hanno lasciato alcuna memoria di se. Con tali principi direttivi nei periodi di decadimento, si ottiene facilmente il titolo di mecenate e il plauso degli artisti; ma non si fanno raccolte che durino e non siano condannate alla dispersione e all'obblio.

Catalogo dei disegni, che sono in adornamento col modine alla Salvadora (sic), e la maggior parte sono grandezze diverse, ma assortite. Inoltre, questa raccolta non si è preteso di ridurla alla distinzione delle scuole; cioè Fiorentina, Romana, Bolognese, Veneziana ed Oltramontana, perchè a far ciò saria bisognato un lunghissimo tempo; onde il padrone del seguente studio si è contentato di disporgli per ora in questa forma, per poter poi aggiungere, e levare, e formare un Gabinetto, unito coi libri di disègni, libri di stampe, e libri trattanti di Scultura, Pittura, ed Architettura, o in altra forma ad esse appartenenti. Si farà dunque la descrizione dei disegni, che sono in cornice al presente, senza riguardo veruno di ordine negli autori e nei tempi, che sono vissuti, ed è la seguente.

1. In cornice di h." disegno a penna e acquerello con 4. figure, di mano di Giorgio *Vasari*.

2. Altro compagno di penna e acquerello colla storia della Presentazione della Vergine al Tempio, di mano di Giovambatista *Naldini*, benissimo conservato, siccome ancora è l'antecedente.

3. Disegno di penna, e acquerello, fatto per un Reliquiario dall'*Algardi*, benissimo conservato.

4. Altro pure compagno a penna, che figura un S. Girolamo, di mano di Luca *Cangiasi*, benissimo conservato.

5. Altro di lapis rosso, rarissimo, di mano di Danielle *Ricciarelli* da Volterra. — Rappresenta la storia di Elia sopra il carro, e in terra Eliseo, benissimo conservato.

6. Altro compagno disegnato di lapis nero, e gesso sopra carta turchina, entrovi due figure per metà, cioè un soldato e donna, di mano di Pietro da *Cortona*, benissimo conservato.

7. Altro compagno di penna e acquerello. Figura un Santo in gloria con angeli, di mano d'Alessandro *Gherardini*, benissimo conservato.

8. Altro compagno di penna e acquerello. Figura un paese con una spelonca, entrovi una Sibilla, di mano di Gaspero *Mola*, bellissimo e ben conservato.

552

9. Altro compagno di penna e acquerello, rappresentante San Tommaso Apostolo, che mette il dito nel Costato del nostro Signore, assieme con gli altri Apostoli, di mano dell'*Empoli*, benissimo conservato.

10. Altro compagno di penna e acquerello, che figura un putto grande appoggiato a uno scudo, bellissimo disegno di Luca *Cangiasi*, benissimo conservato.

11. Altro compagno con un uomo armato sopra un cavallo; opera diligentissimamente fatta da Paolo *Uccelli*, e da esso dipinta nel Duomo di Firenze, disegno rarissimo.

12. Altro compagno di lapis rosso. Rappresenta la SS.ma Nunziata; di mano del *Vanni* di Firenze, benissimo conservato. È di maniera Coreggesca.

13. Altro compagno con quantità di figure di penna e acquerello; rappresentante la Vergine, che siede in alto col bambino Gesù, S. Giovambattista piccolo, S. Francesco e altri Santi. Opera singolarissima del celebre Iacopo da *Pontormo*; ed è lo stesso che si vede in una tavola da altare nella chiesa di S. Michele Bisdomini in Firenze.

14. Altro compagno di lapis nero sopra carta turchina, rappresentante un Cristo morto con molte figure. Di mano dello *Stradano*.

15. Altro compagno, toccato di penna, e acquerello, rappresentante la decollazione di alcuni Martiri con molte figure. Di mano del *Palma* giovine, benissimo conservato.

16. Altro compagno, toccato di penna sopra carta scura: figura due uomini in un antro, dove è una palma. Bellissimo disegno e benissimo conservato, di mano di *Tiziano*.

17. Altro compagno, toccato di penna sopra carta scura, con quantità di figure, servito per modello di qualche tavola in Lombardia. Disegno raro del cav. *Malosso*.

18. Altro compagno, toccato di penna e acquerello, rappresentante un'Adorazione dei Magi, di mano del *Biscaglino*, con quantità di figure, benissimo conservato. Il disegno in sè medesimo è un poco maggiore degli altri.

Seguitano ora alcuni altri disegni in cornice di altra misura, ma tutti compagni; cioè di due terzi di braccio.

19. Disegno a penna e acquerello, di mano di Michelagnolo *Buonarroti*, ed è il primo pensiero da esso fatto per il Giudizio universale da esso dipinto in Roma nella Cappella del Papa, disegno originalissimo e benissimo conservato.

20. Altro compagno. Il cavallo di Campidoglio con Marc' Aurelio, disegnato a penna e acquerello da *Giulio* Romano; originale, e benissimo conservato.

21. Altro compagno, toccato di penna e acquerello, lumeggiato di bianco; figura una Vergine con Gesù in collo; di mano del *Parmigianino*, benissimo conservato.

22. Altro compagno di lapis rosso, assai terminato. Figura un Presepio con quantità di figure, di mano del grazioso valentuomo Simone *Cantarini* da Pesaro; benissimo conservato.

23. Altro compagno di lapis rosso. Rappresenta Dio Padre in gloria con Angeli, di mano di Federigo *Zuccheri*. Questo fu fatto dal medesimo prima di dipingere la Cupola del Duomo di Firenze.

24. Altro compagno di lapis rosso, rappresenta una mezza figura colle mani giunte, del *Passignano*, benissimo conservato.

25. Altro compagno, toccato di penna e acquerello colla storia del lebbroso, di mano dell'*Empoli*, benissimo conservato.

26. Altro compagno, toccato di penna e acquerello, con quantità di figure, disegno fatto da Bernardino *Poccetti* per una lunetta dipinta a fresco in Firenze.

27. Altro compagno toccato in penna, rappresenta la morte di Adone in braccio a Venere, di mano di Enrico *Golzio*, benissimo conservato.

28. Altro compagno, toccato di penna e acquerello turchiniccio; Storietta che rappresenta le Nozze di Cana Galilea; di mano del *Romanelli*.

Seguono adesso altri disegni cogli adornamenti di diversa grandezza.

29-37. Nove quadretti di 11 soldi di b.° tutti compagni, entrovi disegni, veri originali del famosissimo, e rinomatissimo *Leonardo* da Vinci. Queste sono tutte diverse teste disegnate a lapis nero, lumeggiate con gesso, sopra la carta solita prepararsi da lui, e tra questi sonovi alcuni ritratti di uomini illustri in Lettere, benissimo conservati.

38. Altro disegno compagno, che rappresenta una testa di un giovanetto che dorme, disegnato di lapis nero, vero originale del . . . . benissimo conservato.

39. Altro compagno di lapis rosso e nero, in mezza figura, rappresentante S. Bastiano; di mano di Cristofano *Allori*, detto il *Bronzino*, benissimo conservato.

40. Altro compagno di lapis rosso con tre Angeli, di mano del *Pasinelli*.

41. Altro compagno. Battaglia fatta a penna, benissimo terminata, di mano di *Stefano* della Bella.

42. Altro compagno, toccato di penna e acquerello, rappresentante la Vergine Santissima, che adora il bambino Gesù in culla, mentre egli scherza con S. Giovannino, e vi sono S. Paolo e S. Caterina. Storietta ben conservata d'autore incognito.

43. Altro compagno, toccato di penna, e acquerello di filiggine; di mano di Iacopo *Ligozzi*, benissimo conservato.

44. Altro compagno di lapis rosso, rappresenta la figura d'un vecchio, coll'attaccatura solamente delle spalle, benissimo conservato; di mano di Cammillo *Procaccino*.

45-46. Altri due compagni, toccati di penna e acquerello, di mano di Alessandro *Tiarini* Bolognese, fatti per modelli delle 4. Virtù cardinali, dipinte da esso in Bologna, benissimo conservati.

47. Disegno di penna e acquerello; di mano di *Baccicio* Romano. Rappresenta la Maddalena a piedi del Salvatore nella Cena del Fariseo. Semplice pensiero, che non è cosa singolare.

48. Altro compagno di lapis nero ; modello per una lunetta, dipinto a fresco da Bernardino *Poccetti*, e questo ancora quantunque sia bello, è piccola cosa.

49. Altro compagno di lapis rosso ; 'figura un Cristo morto, colle Marie di mano di Giuseppe *Passeri* Romano. Il disegno è assai ordinario.

50. Altro compagno di penna e acquerello, di mano di *Perino* del Vaga, con diverse figure e trofei, benissimo conservato.

51. Altro compagno con diverse figure, al n.º di 11. storiate in piccolo, di mano del *Mola*, benissimo conservato. È bello assai.

52. Altro compagno di lapis nero e acquerello rosso ; rappresenta un santo all'altare colla pianeta, assistito da un Angelo in atto di comunicare due fraticini. Si crede di mano di Lodovico *Cigoli*.

Tornano adesso alcuni disegni in cornice della stessa grandezza dei primi 18; cioè di b.º, e prima.

53. Disegno di penna e acquerello. Paese, fatto a posta per questo studio l'anno 1721 da monsù Teodoro *Werchreas* (Verkruys) Tedesco della Guardia dell'A. R. di Toscana, intagliatore in rame e pittore di paesi.

54. Altro compagno. Un baccanale dove si figura Bacco, e Arianna con Satiri, e Ninfe, ben istoriato, e finito diligentissimamente di lapis nero, di mano del *Ferretti* pittor Fiorentino scolare di Felice *Torelli* Bolognese. Disegno fatto a posta per questo studio.

55. Altro compagno. Paese toccato di penna e acquerello, di mano di Marco *Ricci* Veneziano detto *Marchetto* paesista, nipote di Bastiano *Ricci*, pittore d'istoria. Questo paese pure è fatto apposta per questo studio.

56. Disegno compagno, fatto a penna e acquerello con veduta di Venezia, e quantità di figurette, di mano di monsieur Gio. *Richter* Svezzese, scolare di Luca *Carlevaris*, fatto a posta in Venezia per questo studio.

57. Altro compagno di penna e acquerello; rappresenta la veduta della Chiesa della Salute di Venezia, con parte della veduta del Canal Grande, di mano di Luca *Carlevaris*, fatto apposta per questo studio.

58. Altro compagno di penna e acquerello, di mano di Antonio *Balestra* Veronese, scolare di Carlo *Maratti*, bellissimo e ben terminato, fatto apposta per questo studio. Rappresenta Saul nel padiglione, che dorme e David in atto di opporsi ad un soldato che voleva ucciderlo.

59. Altro compagno di lapis nero, e gesso di mano di Tommaso *Redi* Fiorentino, scolare di Carlo *Maratti*, disegno bellissimo, e terminato coll'alito. Rappresenta un Salvadore col l'agnello sopra le spalle col miotto: *Ego sum Pastor bonus.*

60. Altro compagno di penna e acquerello di mano di Marc'Antonio *Franceschini* Bolognese. Rappresenta San Bastiano con un braccio legato ad un albero col corpo in terra, e una femmina che gli leva le frecce, e due angioletti in alto, con Paese; disegno benissimo conservato.

61. Disegno in cornice di b.ª 1. ⅓. di penna e acquerello, di mano di Benedetto *Luti* Fiorentino, scolare di Carlo *Maratti*, rappresenta l'assunzione di Papà Martino 5.º assunto al soglio di S. Pietro. Disegno terminato, e condotto a perfezione, fatto dallo stesso per lo sfondo della Galleria del Palazzo Colonna in Roma.

62. Altro disegno della stessa grandezza. Paese toccato di penna e acquerello con figurette, di mano di monsù *Orizzonte*, il di cui nome è Giovanfrancesco *Vanblomen*, fatto in Roma apposta per questo studio l'anno 1719.

63. Altro della stessa grandezza, toccato di penna e acquerello con quantità di figure, e rottami di prospettive, fatto maravigliosamente apposta per questo studio da Giovanpaolo *Panini* Piacentino in Roma l'anno 1719.

64. Disegno alto un ⅓. di b.º entro a cornice dorata e cristallo Rappresenta la famosa testa dell'anima dannata, originale schietto e sincero di propria mano di Michelagnolo *Buonarroti*, benissimo conservato.

65. Disegno a chiaro scuro, senza adornamento, alto un braccio, di mano di Gio. Benedetto *Castiglioni* genovese, benissimo conservato. Rappresenta una fuga in Egitto.

66. Altro compagno di b.° scarso a chiaro scuro, di mano di Gio. Giuseppe *Del Sole* bolognese. Rappresenta Giuditta, colla serva in atto di presentarsi a Oloferne. Disegno bellissimo fatto apposta per questo studio dal medesimo l'anno 1715.

67. Altro disegno di due terzi di braccio per traverso entro a cornice di pero nero, e cristallo, di mano di Simone *Cantarini* da Pesaro. Rappresenta la Vergine col Bambino in collo, S. Giuseppe, S. Lisabetta, e S. Gio., disegno a chiaro scuro, terminato diligentemente, e fatto apposta per la stampa di detta Opera.

68. Disegno di mezzo b.° di lapis rosso, entrovi un vecchio con un putto colle braccia aperte, e un altro che dorme sopra un guanciale, di mano del *Guercino* da Cento; uno de' suoi migliori disegni, in cornice dorata e cristallo.

69. Altro compagno della stessa grandezza in cornice dorata e cristallo. Si dice del *Tintoretto*. Certo si è che il disegno è bellissimo, e di pittore veneziano. Rappresenta uno sbarco con quantità di figure, fatto alla piazzetta di Venezia, benissimo conservato.

70. Altro disegno di penna e acquerello, alto mezzo b.° con sua cornice e cristallo, di mano di Gio. *Lanfranco*. Rappresenta un riposo d'Egitto. Benissimo conservato.

71. Altro disegno di penna, e acquerello, con sua cornice e cristallo alto 2. terzi di b.°, di mano di Fra *Bartolommeo di S. Marco* detto il *Frate* pittore fiorentino. Rappresenta la Vergine, che siede col Bambino in collo con due Santi in ginocchioni e due Sante, che tengono ambedue un vaso in mano.

72. Altro disegno di circa due terzi di b.° per alto con cornice dorata, di mano del sopraddetto *Frate*. Disegno a lapis rosso, che rappresenta una figura ideale: benissimo conservato e dell'ultima perfezione.

34

73. Altro disegno di 5. sesti in circa per alto di penna, e acquerello con lumi di biacca sopra carta tinta: di mano del famoso *Parmigianino*. Rappresenta un'adorazione de' Magi con quantità di figure. Uno de' bei disegni di questo studio.

74. Altro disegno lungo 5. sesti, alto due terzi con cornice di pero nero, e cristallo, di mano di *Andrea del Sarto*. Vero e sincero originale della famosa Lunetta dipinta da esso nel 2.º chiostro della SS.ma Nonziata di Firenze.

75. Disegno di mezzo b.º per traverso, toccato di penna e acquerello sopra carta tinta, con lumi di biacca, di mano di *Giulio Romano*. Rappresenta un baccanale di Mostri marini e Ninfe, con cornice dorata, e cristallo. Vero originale.

76. Disegno in adornamento nero con cristallo, fatto di lapis rosso, lumeggiato di bianco, di altezza di un b.º per alto, rappresenta quel pastore, che è nella tavola dipinta dal *Coreggio* nell'Abazia di S. Antonio di Parma. Disegno raro, originale, e sincero di propria mano dell'istesso *Coreggio*.

77. Altro disegno, ovvero nudo, compagno in grandezza, e di lapis rosso di scuola Bolognese, con adornamento nero, e cristallo.

78. Un naturale, ovvero un nudo, ossia Accademia di lapis rosso della stessa altezza d'un b.º di propria mano e originale di Annibale *Caracci*, benissimo conservato, come sono ancora gli antecedenti.

79. Un disegno sopra carta tinta, lumeggiata di bianco, d'altezza d'un mezzo b.º entro un adornamento alla Salvadora, senza dorare, originale di propria mano del *Parmigianino*, che rappresenta due sante in piedi, avanti a un vescovo che siede in alto, tenendo un libro aperto in mano. Disegno bellissimo, e benissimo conservato.

80. Disegno a chiaro scuro, lumeggiato di bianco, sopra carta turchina di braccia uno e mezzo per traverso, con cornice dorata; di mano di Taddeo *Zuccheri*. Rappresenta il Martirio di S. Lorenzo con centinaia di figure, benissimo conservato.

81. Disegno alto mezzo b.° con cornice bianca e cristallo, fatto d'acquerelli coloriti, di mano dello *Spranger*. Rappresenta l'Arcangelo S. Michele in atto di premere il dorso a Lucifero : benissimo conservato.

82. Altro compagno di mano di Carletto *Calliari*; rappresenta un'Assunta, fatta di penna e acquerello.

83. Altro compagno di scuola veneziana a penna.

84. Disegno alto braccio e sesto di lapis rosso, lumeggiato di bianco, sopra carta turchina; di mano di Baldassar *Franceschini* detto il *Volterrano*. Rappresenta l'arme della Casa Reale de'Medici, inquartata colla Casa della Rovere, con armi e trofei, servita per modello per dipingere a fresco dal medesimo *Volterrano* nella casa de'Boni, incontro alla porta da strada in borgo degli Albizzi in Firenze.

85. Disegno di tre quarti di b.° per traverso di lapis rosso, sopra carta tinta, lumeggiato di bianco, di mano del medesimo *Franceschini*, servito per modello nel dipingere l'opera a fresco nella Chiesa di S. Maria Maggiore di Firenze; rappresenta alcuni angeli che suonano diversi strumenti.

86. Altro disegno compagno dello stesso autore, fatto come sopra, figura l'Assunta, dipinta dal medesimo nella Cappella Colloredo nella Chiesa della SS.ma Nonziata di Firenze.

87-90. Quattro disegni compagni del medesimo *Volterrano*, con adornamento dorato e cristalli, e sono i quattro angoli o peducci della cupola predetta. Tutti i sopraddetti disegni del *Volterrano* sono bellissimi e ottimamente conservati, e paiono del *Coreggio*.

91-92. Due battaglie del celebre Pandolfo *Reschi*, a penna e acquerello, lunghe due terzi di braccio con adornamento intagliato e dorato, e cristallo, benissimo conservate.

93-94. Due battaglie di braccio scarso di penna e acquerello sopra carta tinta, di mano del *Simonini* bresciano, pittore vivente, provvisionato dal cardinal Ruffo, Legato di Bologna.

95. Un paese bellissimo, che pare antico, sopra carta tinta di lapis rosso, lumeggiato di bianco, di mano di Aureliano *Milani* Bolognese, di b.° scarso, con cornice dorata e cristallo.

96. Un nudo a giacere di lapis rosso di tre quarti di b.º di mano di Gio. Domenico *Gabbiani* fiorentino, pittore vivente in Firenze, con cornice nera e cristallo, bellissimo e benissimo conservato.

97-98. Due teste di Filosofi, di propria mano di Salvador *Rosa*, fatte d'acquerello sopra un pezzo di asse di mezzo braccio, con cornice e cristallo,

99. Un disegno di b.º per lo lungo, e due terzi per alto toccato di penna e acquerelli, originale di propria mano di Marcantonio *Franceschini* bolognese, fatto nella sua età più florida e del miglior gusto; rappresentante un'adorazione de' Magi, con quantità di figure, disegno bellissimo e benissimo conservato, con cornice dorata.

100. Un disegno di lapis nero e rosso, lungo un braccio e un terzo, alto due terzi, di propria mano originale di Federigo *Zuccheri*. Rappresenta la Vergine SS.ma quando è annonziata dall'Angelo, con alcuni profeti dalle parti, e Dio Padre in gloria, con quantità d'Angeli. Disegno bellissimo e benissimo conservato.

101. Disegno a chiaro scuro senza adornamento, lungo b. 3., alto un e ¼. con quantità di figure la maggior parte femmine nude; di mano del *Zelotti* Veneziano, scolare di *Paolo Veronese*.

102. Un cartone di lapis nero sopra carta turchina alto 4. b.ª, largo uno e due terzi; di mano di Niccolò *Nasini*; rappresenta S. Domenico e S. Francesco.

103. Un paese a penna; di mano di Atanasio *Bimbacci*, pittore fiorentino, entro a cui è figurato Diogene nella botte; con sua cornice.

104. Un chiaro scuro sopra la tela, di mano di Alessandro *Gherardini*, servito per modello per una delle lunette da esso dipinte nel secondo chiostro di S. Marco.

105. Un disegno con cornice dorata, toccato di penna e acquerello, di altezza di due terzi di b.º Originale di Annibale *Caracci*; benissimo conservato, ed è il pensiero concluso della famosa sua tavola del S. Gregorio.

106. Disegno a penna e acquerello, alto due terzi di braccio per alto, di mano di Giovambattista *Naldini;* figura le nozze di Cana Galilea.

107. Disegno a penna e acquerello, lumeggiato di bianco, sopra carta tinta; dl mano del *Petrucci* Fiorentino, bravissimo disegnatore, morto circa il 1719, ed è quello che ha disegnato tutti i quadri della Casa Reale di Toscana per la stampa. Questo disegno rappresenta Mercurio e Argo in guardia degli armenti, alto due terzi di b.° con adornamento nero.

108. Disegno di lapis nero di grandezza circa due terzi di braccio, terminato con tutto amore. Questo è un paese fatto apposta per questo studio in Roma l'anno 1721 da Gio. Samuele *Herendorff* tedesco, pittore provvisionato da mon.r Falconieri, senza adornamento.

Seguitano ora i disegni sciolti e che non sono in cornice.

109-110. Due disegni di prospettive e figure, alti 5. sesti, larghi 11. soldi, fatti di acquerelli apposta per questo studio l'anno 1722. Le prospettive sono di Rinaldo *Botti*, e le figure di Gio. *Casini*, ambidue pittori fiorentini viventi e sono due bellissimi disegni fatti apposta per questo studio.

111. Disegno lungo 5. sesti, alto due terzi, fatto di acquerelli, di propria mano di Francesco *Penni*, detto il fattore di *Raffaello.* Rappresenta un gran congresso, con molte figure a sedere e altre in piedi, con una gran fabbrica indietro. Questo disegno è stato in qualche parte ritoccato, ma perchè è stato ritoccato da un qualche valentuomo, non lascia d'essere un disegno assai raro.

112. Disegno alto mezzo b.°. largo 8. soldi, di lapis nero, terminato diligentemente, di mano propria e originale di Francesco *Solimene* di Napoli. Rappresenta quando S. Pietro esce dalla prigione. Disegno originale e raro.

113. Disegno alto 8. soldi, largo 7. di lapis nero, storietta che rappresenta la Nascita della Madonna con 7. figure. Origi-

nale di mano d'Andrea *Sacchi*, dipinto dal medesimo autore nel quadro a olio del Battisterio di S. Gio. Laterano di Roma.

114. Disegno per traverso 9. soldi, 7. per alto, toccato di penna, di mano di Raimondo *Lafage* francese. Rappresenta una Galatea in mezzo al mare, sopra una conchiglia tirata da due delfini, con ninfe marine, putti, e Proteo in lontananza.

115. Disegno alto 7. soldi, largo 5., disegnato a lapis rosso, diligentissimamente. Originale di Carlo *Maratta*, dal quale se ne è ricavata la stampa. Disegno finito coll'alito, e bello all'ultima perfezione.

116. Disegno toccato di penna e acquerello, lumeggiato con biacca, sopra carta tinta, figura la disputa nel Tempio, con quantità di figure. Il disegno è bellissimo, antico e ben conservato, e quantunque vi sia scritto di mano di Federigo *Zuccheri*, si crede non ostante d'autore molto maggiore: egli è per traverso un b.°, e due terzi per alto.

117. Disegno per alto 16 soldi, largo mezzo b.° Originale di propria mano di *Bramante* da Urbino; figura un disegno d'un cammino, ornato con figure, bassi rilievi, rabeschi e fogliami, molto diligentemente finito e benissimo conservato.

118. Disegno lungo 15 soldi, alto 10, toccato di penna e acquerello, con quantità grande di figure, sopra carta antica; figura la Crocifissione di Nostro Signore: si dice di *Luca* d'Olanda.

119-120. Due paesi compagni lunghi due terzi, alti 11. soldi, toccati d'acquerello di Giulio *Parmigiano (Grimani)*, pittore vivente.

121. Disegno alto 11. soldi, largo 7. di lapis nero, di mano propria e originalissimo di *Vander Verf*. Rappresenta una Santa Maria Maddalena penitente in piedi, appoggiata colle gomita sopra di un masso, che si sostiene la testa, con davanti un libro aperto, una croce e un teschio di morto, toccato e finito diligentissimamente.

122. Disegno alto 18. soldi e ½., largo 14, toccato di penna,

lapis nero, e acquerello, con lumi di biacca, sopra carta tinta, studio originale di propria mano, di Sebastiano *Conca*, scolare di *Solimene*, fatto apposta per questo studio. Rappresenta il sacrificio di una Vergine Vestale con quantità di figure.

123. Disegno di penna e acquerelli coloriti di propria mano di Enrico *Van Lint*, alias *Studio*. Rappresenta un paese con figure e animali colla veduta in lontananza del Tempio della Sibilla Tiburtina, fatto apposta dal medesimo per questo studio. Alto ⅓., largo soldi 14.

124. Disegno di penna e acquerello alto 18 soldi, largo 11. di mano di Gaspero *Diziano* pittore veneziano vivente, fatto apposta per questo studio, e rappresenta il martirio di S. Andrea Apostolo, con quantità di figure.

125. Disegno alto 19 soldi, largo 1¼., di penna e acquerello, lumeggiato di bianco, sopra carta tinta ; di mano di Tommaso *Redi*, pittore fiorentino vivente, scolare di Carlo *Maratta*, fatto apposta per questo studio. Rappresenta San Gio. nel deserto, che predica, con molte figure, e paese bellissimo, e ben terminato.

126. Disegno di chiaro scuro, lumeggiato di biacca, sopra carta tinta, alto 16. soldi, largo 10. ½. per alto ; di mano di *Gionima* pittore bolognese, scolare del *Crespi*, detto lo Spagnolo, bolognese. Rappresenta il martirio di S. Isaia con quantità di figure, e una gloria bellissima. Fatto apposta per questo studio.

127. Un paese alto 18. soldi, largo 14., fatto con acquerelli apposta per questo studio, da *Alessio* napoletano, pittore di paesi in Roma l'anno 1713.

128-129. Due paesi a penna per traverso lunghi 16. soldi, alti 12., di mano di Crescenzio *Onofri* romano, scolare di Gaspero *Possino*, benissimo conservati.

130-133. Quattro battaglie, toccate di penna e acquerello, lumeggiate di biacca, sopra carta tinta per traverso, lunghe un b.°, alte soldi 15., di mano di Francesco *Simonini* detto il Bresciano, pittore dell'eminentissimo cardinal Ruffo,

legato di Bologna, e quivi disegnate dal medesimo apposta
per questo studio l'anno 1722.

134-135. Due disegni di cavalli, e carriaggi con bagaglie di
soldati, come sopra per traverso 15. soldi, alti 11., del
medesimo Simonini.

136. Disegno a penna con quantità di figure, alto soldi 17.,
largo due terzi per alto, rappresenta il martirio d'un
santo, con molte figure; di mano di Giovambattista Tie-
polo, pittore e prete (sic) veneziano vivente, fatto apposta
per questo studio l'anno 1716.

137. Disegno alto 19. soldi di b.°, largo 14., di lapis nero e
rosso; di mano di Antonio Grecolini, pittor romano; rappresenta il Giudizio di Paride, con 4. figure, putti, animali e paese, fatto apposta per questo studio l'anno 1718
in Roma.

138-140. Un'Accademia, ossia nudo di lapis rosso, lumeggiato
di biacca, sopra carta tinta, alto 19. soldi, largo 14.; di
mano di Giovambatista Mariotti veneziano.

Altro disegno, fatto come sopra dallo stesso autore;
rappresenta il martirio d'un santo, con quantità di figure.

Altro disegno compagno, come sopra dello stesso autore; rappresenta le Marie al Sepolcro. Tutti tre questi
disegni furon fatti in Venezia apposta per questo studio,
l'anno 1718.

141. Disegno a chiaro scuro, lumeggiato di biacca sopra carta
tinta, per alto 18 soldi, largo due terzi: di mano di Gio.
Domenico Campiglia scolare di Tommaso Redi, e ora uno
dei migliori giovani della scuola di Roma, fatto quivi apposta per questo studio l'anno 1722. Rappresenta Venere
sopra un carro, fermata in alto, che comanda a Vulcano, con altre figure, e diversi ornamenti. Disegno bellissimo.

142. Disegno di lapis nero, lumeggiato di bianco sopra carta
turchina per traverso, lungo un b.°, alto 16. soldi, figura
un paese con figure, ed animali, di mano di Giuseppe
Rosa romano, fatto apposta per questo studio l'anno 1721.

143. Disegno d'acquerelli per alto 19 soldi, largo 15., di mano di Antonio *Amorosi* fatto in Roma l'anno 1722, apposta per questo studio; figura una bambocciata di cinque figure, con un che vende l'acqua di vite.

144. Disegno di lapis nero, lumeggiato di biacca, sopra carta turchina per traverso, lungo un b.º, alto 16. soldi, di mano di Marco *Benefial*, fatto in Roma apposta per questo studio l'anno 1721. Rappresenta la deificazione d'Ulisse, con molte figure, ed in specie vi sono due femmine nude, che fingono due fiumi, quali sono bellissimi.

145. Disegno d'un paese con diverse figurette, per traverso lungo un b.º, alto soldi 15: di mano di Andrea *Lucatelli* romano, fatto apposta per questo studio l'anno 1721. Di penna e acquerello.

146. Una battaglia di lapis nero e acquerello per traverso, lunga un b.º, alta 15. soldi scarsi, di mano di monsù Leandro *Reder*, fatta in Roma apposta per questo studio l'anno 1721.

147. Disegno di una marina, toccata di penna e acquerelli, per traverso, lunga un braccio e sesto, alta soldi 15. con quantità di navi, e figure: di mano di monsù Adriano *Manglard* di Lione di Francia, fatto in Roma apposta per questo studio l'anno 1722.

148. Disegno di lapis rosso, lumeggiato di biacca, per traverso lungo un braccio e sesto, alto soldi 15., sopra carta tinta. Di mano di Francesco d'*Imperiali*: rappresenta David al pozzo con Rachele, ed altre figure ed animali, fatto in Roma apposta per questo studio, l'anno 1722.

149. Disegno di lapis nero, lumeggiato di bianco, sopra carta turchiniccia per alto b.º e sesto e per traverso 5 sesti scarso: di propria mano, originale vero e sincero di Domenico *Zampieri*, detto il *Dominichino*, ed è uno degli angoli della sua Cupola, con due figure intere, benissimo conservato.

150. Una testa alta $\frac{1}{4}$ b.º, di mano di Cecchino *Salviati*, benissimo conservata, e per contrassegno questa ha una treccia sul collo.

151. Disegno di una lunetta dipinta nei chiostri del Convento d'Ognissanti di Firenze, toccata di penna, lungo soldi 8. $\frac{1}{2}$., di mano di *Gio. da S. Giovanni*. Rappresenta il miracolo di S. Pier martire fatto alla Croce al Trebbio di Firenze.

152. Disegno alto mezzo b.º di lapis rosso e nero, di mano del suddetto. Rappresenta uno di quei soldati ferito, fatto per studio dal naturale per dipingere la sopraddetta lunetta. Disegno bellissimo, che par di carne, e benissimo conservato.

153-157. Cinque disegnetti benissimo terminati, alti soldi 6. di b.º scarsi, tre de' quali fatti con penna e acquerello e due con acquerello, di lapis rosso: di mano dello stesso *Giovanni da S. Giovanni*, pittore fiorentino.

158. Altro disegno di *Gio. da S. Giovanni*, alto 2. terzi, largo 9. soldi di lapis rosso, figurato per un apostolo, tutto vestito, ed eccellentemente panneggiato.

159. Disegno e paese con molte figure fatto a penna e acquerello, lungo 16. soldi scarsi, alto 6., di mano di *Stefano della Bella*.

160. Disegno di lapis rosso alto 15. soldi scarso. Accademia di *Stefano della Bella*, assai rara.

161. Disegno a chiaro scuro d'acquerelli, lumeggiato di biacca sopra carta tinta, alto 15. soldi scarsi, largo 8.; figura vestita, di mano di Lodovico *Cigoli*.

162. Disegno di lapis rosso con acquerelli del medesimo, lumeggiato di biacca sopra carta tinta, alto soldi 7. $\frac{1}{2}$., largo 6. $\frac{1}{2}$. Bellissimo disegno e terminato, di mano di Baldassar *Franceschini* detto il *Volterrano*. Rappresenta una Cleopatra spirante.

163. Un disegno per traverso 9. soldi, alto 8. $\frac{1}{2}$. di lapis nero e gesso, di mano del detto *Volterrano*. Studio per un Angelo dipinto nella Cupola dei SS.ri Marchesi Niccolini in S. Croce di Firenze. Pochi segni, che paiono del *Coreggio*.

164. Disegno 12. soldi per traverso, 8. per alto, di mano dell'istesso, studio per la suddetta Cupola.

165. Disegno alto 8. soldi e 2. terzi, largo 7. scarsi di lapis rosso, con lumi di bianco, sopra carta tinta dello stesso *Volterrano*. Studio assai terminato d'un villano; mezza figura dipinta da esso alla Petraia, villa dell'A. R. del G. Duca di Toscana.

166. Disegno per traverso, lungo mezzo b.º di lapis rosso, come sopra. Rappresenta una santa Agnese, dipinta dal detto nella SS.ᵐᵃ Nonziata di Firenze.

167. Disegno di lapis rosso, acquerellato dell'istesso, alto e largo 9. soldi, del medesimo *Volterrano*, che rappresenta la Purità, col liocorno in collo, con putti; di mano del predetto *Volterrano*, da esso dipinta in un'arcata della Chiesa di S. Maria Maggiore di Firenze, benissimo conservato e bello quanto del *Correggio*.

168. Disegno per alto 15. soldi, largo 10. del medesimo *Volterrano*, figurato per un Ganimede, che sta per aria, colla coppa in mano, di lapis rosso, lumeggiato di bianco, sopra carta tinta.

169. Disegno in penna, toccato d'acquerello, per alto 14. soldi, largo 10. Originale vero, schietto e sincero, ben conservato, di propria mano di Michelagnolo *Buonarroti*; disegno d'architettura, fatto per studio nel dover fare i disegni della Chiesa di S. Gio. de' Fiorentini in Roma: benissimo conservato. Rarissimo.

170. Disegno di lapis nero, lumeggiato di bianco, sopra carta turchiniccia con cinque figure e un cavallo. Originale vero, e sincero di propria mano di *Polidoro*, per traverso lungo 2. terzi, alto 8. soldi e 2. terzi.

171. Disegno a chiaro scuro, lungo e alto come il precedente. Figura l'incoronazione della Vergine SS.ᵐᵃ in mezzo alla SS.ᵐᵃ Trinità. Disegno per un sotto in su perfettamente terminato. Originale del cav. Gio. *Lanfranco*.

172. Disegno a penna e acquerello con due femmine, diversi putti e architettura, fatto per una conclusione di soldi 13. per traverso, e 12. e 2. terzi per alto: di *Pietro da Cortona*.

173. Una figura vestita di lapis nero, lumeggiata di bianco, sopra carta tinta, per alto soldi 13. e $\frac{1}{2}$., larga 9 e un terzo, di mano dello *Spagnuolo*.

174. Un putto di chiaro scuro, alto 5. soldi e 2. terzi, largo 4. di mano di Dionisio *Calvart*, detto il *Fiammingo*.

175. Una storietta per traverso con molte figure, bellissima, di penna e acquerello, lunga 9. soldi, alta 5. e $\frac{1}{2}$., d'autore incerto.

176. Disegno di penna e acquerello, per traverso 10. soldi e un terzo, alto 5. — Storietta assai bella d'autore incerto.

177. Disegno di lapis rosso e nero per traverso lungo 12. soldi, alto 8., disegnato da due bande, sopra carta tinta; da una parte sono due studi originali, di mano d'Andrea *Sacchi*, della testa di S. Zaccaria, padre di S. Gio. Batista, dipinta a olio da detto autore nel Battisterio di S. Gio. Laterano di Roma; dall'altra parte è lo studio originale di mano del detto Andrea *Sacchi* della figura di S. Giovacchino, dipinto da esso nella tavola della Chiesa di S. Carlo dei Catenari in Roma; rappresentante il transito di S. Anna.

178. Disegno di lapis rosso, per alto 8. soldi e 5. e due terzi largo, di mano del *Proccacino*. Rappresentante una femmina in ginocchioni, benissimo conservato.

179. Disegno di lapis nero, acquerellato, e lumeggiato sopra carta turchina per traverso, largo due terzi di braccio, alto 8. soldi. Figura un paese con molti animali, di mano di Monsieur *Rosa* il padre; benissimo fatto e conservato.

180. Disegno d'acquerello e toccato di penna, sopra carta tinta, antichissimo, per traverso lungo due terzi di braccio, alto 8. soldi scarsi. Rappresenta la figura d'un vecchio in piedi tutto intero e vestito, in atto di maraviglia e di spavento nel vedere alcuni morti che resuscitano e a lui si volgono, chi colle mani giunte e chi in altri gesti che dimostrano di domandare aiuto. Vi è scritto il nome di *Mecarino*, ma si crede piuttosto di Baldassar *Peruzzi* da Siena. In effetto è uno dei migliori disegni di questo studio, ed è Raffaellesco. Ha un poco patito da una cantonata, ma però si gode sufficientemente bene.

181. Disegno di penna e acquerello, per traverso lungo 8. soldi, alto 5.; di mano di Giuseppe d'*Arpino*. Figura un Ballo di Villani con 10. in 12. figure. Originale molto bello.

182. Disegno di lapis nero, per alto 6. soldi e un 3.°, largo 4. soldi e 2. terzi. Di mano del suddetto cav. d'*Arpino*, disegnato da due facce; da una parte, dov'è il numero 406. rappresenta un naturale nudo in piedi di una figura, che rimette la spada nel fodero; dall'altra parte si vede un leone, che atterra e sbrana un centauro.

183. Disegno a lapis rosso, alto 4. soldi e un 4.°, largo 3. soldi e 2. terzi Di mano di Francesco *Vanni*: Figura un Salvadore vestito con un globo in mano. Disegno originale e sincero e ben terminato di d.° autore.

184. Disegno a lapis rosso, per traverso lungo 14. soldi e due terzi, alto 10. scarsi: di mano del suddetto Francesco *Vanni*. Figura una parte del Paradiso con quantità di Santi tutti Senesi: disegno ben conservato e finito.

185. Disegno di lapis nero, alto 8. soldi e 2. terzi, largo soldi 6. e un quarto su carta tinta. Figura l'angelo in atto d'annunziare la Vergine Santissima; di maniera veneziana.

186. Disegno di penna e acquerello con lumi di biacca sopra carta tinta, per alto 8. soldi e un 3.°, largo 6, molto terminato. Figura la Vergine Santissima col Bambino in collo, diritto sopra le nubi, con molti angeletti attorno e due serafini vestiti appiè della medesima più grandi in atto di adornare la suddetta Vergine. Di maniera veneziana.

187. Disegno d'acquerello, lumeggiato di biacca, sopra carta turchiniccia, figura un profeta, fatto per un sotto in su, di Giovambattista *Zelotti* veneziano, scolare di *Paolo* Veronese, benissimo conservato e finito.

188. Disegno di lapis nero, lumeggiato sopra carta turchina, per alto soldi 9., largo 6. Figura una femmina vestita a sedere, con una mano appoggiata, dove ella siede, coll'altra tiene uno scudo, che lo posa sopra un fianco, ed ha la testa solamente, toccata un poco di lapis rosso. Disegno originale di *Paolo* Veronese.

189. Disegno di lapis nero, lumeggiato di bianco, quale ha un poco patito; rappresenta una figura in rene, fino a mezze le natiche, molto ben terminata, per alto 15. soldi, largo 10. Di mano di Iacopo *Tintoretto*.

190. Un ovato di penna e acquerello, per alto 8. soldi, largo 6., sopra carta bianca, di mano di Gio: Giuseppe dal *Sole* Bolognese, storietta molto bella e molto ben terminata, quale rappresenta un riposo d'Egitto, colla Vergine SS.^{ma}, Gesù Bambino, S. Giuseppe e due Angeli appiè d'una palma.

191. Un ovato per alto 8. soldi e un terzo e largo 6. e un terzo, di penna e lapis nero, di mano di *Diepenbek* Fiammingo. Figura due Santi Dominicani, uno in ginocchioni colle mani giunte e la corona, e l'altro in piedi con una Croce in mano, molto ben conservato.

192. Disegno per alto soldi 13. e un terzo, largo soldi 8. e un terzo sopra carta tinta di acquerelli coloriti. Rappresenta tre figure ideali, o piuttosto caricature olandesi, di mano di Iacopo *Iordaens* fiammingo. Originale.

193. Disegno di lapis rosso sopra carta bigia, per alto 9 soldi, largo 6. e due terzi; originale vero e sincero, di propria mano di Annibale *Caracci;* rappresenta Venere in seno a Marte, con alcuni pochi rami di albero. Disegno molto finito e raro.

194. Disegno di lapis rosso, lumeggiato di bianco, sopra carta tinta. Figura un'Accademia per alto 10. soldi e un 3.°, largo 4. soldi e 2. terzi. Originale del suddetto Annibale *Caracci*.

195. Disegno di penna sopra carta tinta, per alto 12. soldi, largo 6. Questa è un'Accademia, o sia nudo, veduto in rene ben terminato e conservato; originale schietto e sincero, e delle più belle cose di Annibale *Caracci*.

196. Disegno toccato di penna e acquerello, per traverso 15. soldi e 2. terzi, per alto 12 soldi e un terzo, rappresenta una parte del Paradiso. Di mano del *Cavedone* bolognese, dipinto da esso in Bologna con quantità di figure, fatto

alla prima, con somma bravura e maestria, degno di quel gran valentuomo, e benissimo conservato.

197. Disegno di penna e acquerello, per alto 4. soldi e ½., largo soldi 3. e 2. terzi sopra carta tinta. Rappresenta la Vergine Santissima in atto di baciare il bambino Gesù che tiene ie collo. Disegnetto bellissimo e ben terminato. Originale del suddetto *Cavedone*.

198. Disegno di lapis nero, lumeggiato sopra carta tinta, per alto soldi 8. e mezzo, largo sei. Mezza figura, che rappresenta un S. Giovanni. Originale bello e sincero, di mano del predetto *Cavedone*.

199. Disegno a lapis rosso, per alto 8. soldi, largo 5. scarso. Rappresenta un vescovo in mezza figura. Originale sincero del predetto *Cavedone*, quale ha un poco patito. L'opera è in Bologna.

200. Disegno di lapis nero, lumeggiato sopra carta tinta, per alto 10 soldi e un 3.º, largo soldi 8. e due terzi. Figura un naturale, o Accademia del predetto *Cavedone*.

201. Un nudo di lapis rosso sopra carta tinta, per alto soldi 13. e 2. 3.zi e largo 9. e un 3.zo, bellissimo e ben conservato, del predetto *Cavedone*.

202. Disegno di lapis rosso, sopra carta tinta, di mano di Flaminio *Torri* bolognese, per alto soldi 10., largo soldi 6. e un 3.zo Rappresenta S. Gio: nel deserto, che predica, benissimo, conservato.

203. Disegno di lapis rosso sopra carta tinta, di mano dello stesso Flaminio *Torri*, per alto soldi 10., largo soldi 6. e un terzo. Rappresenta S. Francesco ginocchioni, colle mani al petto in croce, finito e benissimo conservato.

204. Disegno di lapis rosso sopra carta tinta, alto soldi 10., largo soldi 6. e un 3.zo di mano dello stesso Flaminio *Torri*. Rappresenta un santo monaco, col cappuccio in testa, benissimo conservato.

205. Disegno in ottangolo di lapis rosso sopra carta tinta, colla Vergine, che ha il Bambino Gesù in collo, con San Giovannino ed altri angioletti, per alto 8 soldi, largo 7. e un 3.zo Di mano dello stesso Flaminio *Torri*.

206. Disegno di lapis rosso, sopra carta tinta, per alto 9. soldi, largo 7. Figura una Santa Maria Maddalena penitente, che ha appoggiata la testa al braccio destro e sta contemplando un teschio di morto, che tiene nella sinistra, di mano del predetto Flaminio *Torri*, benissimo conservato; siccome sono ancora tutti gli altri antecedenti.

207. Disegno di lapis rosso sopra carta tinta, per alto 8. soldi, largo soldi 5. e due 3.^{zi} Rappresenta S. Bastiano legato ad un albero, con diversi angioletti, di mano di Flaminio *Torri*, benissimo conservato.

208. Disegno di lapis rosso, sopra carta tinta, per alto soldi 9. e due 3.^{zi} largo soldi 6. e un 3.^{zo} Rappresenta S. Antonio in ginocchioni colle mani al petto, in atto di voltarsi a Gesù bambino, che gli è appresso in aria, per posarsigli in collo e altri Angeli in gloria, di mano di Flaminio *Torri*, benissimo conservato. — Alcuni di questi hanno qualche altro segno per di dietro.

209. Disegno di lapis rosso, sopra carta tinta, per traverso soldi 7., alto soldi 6. e un terzo. Pensiero molto bello per un'istoria di Lot, di Simone *Cantarini* da Pesaro.

210. Disegno di lapis nero, toccato in qualche parte di rosso, sopra carta tinta, per alto soldi 7. e 2. 3.^{zi}, largo soldi 6. con due puttine vestite di buona proporzione, e ben terminate, di mano del predetto Simone *Cantarini* da Pesaro. Disegno grazioso e ben conservato.

211. Bellissima testa colla metà del busto di lapis rosso, sopra carta tinta. Figura un putto, che guarda in giù, per alto soldi 7. e un 3.^{zo}, largo 5. e 2. $\frac{1}{4}$., e di dietro vi è |un bellissimo panno: di mano del predetto Simone *Cantarini* da Pesaro, benissimo conservato.

212. Disegno di lapis rosso, sopra carta tinta, per alto soldi 6. e 2. $\frac{1}{4}$., largo 5., figura nostro Signore in mezzo a due Evangelisti. Storietta di figure tutte intere, e bellissimi segni: di mano del predetto Simone *Cantarini* da Pesaro.

213. Una testa di lapis rosso, sopra carta turchina d'un giovanetto, che guarda in giù senza punto di collo, per alto soldi 7. e un $\frac{1}{4}$., largo 5. e $\frac{2}{3}$. di mano del pred.º Simone *Cantarini* da Pesaro; molto ben terminato, e molto ben conservata.

214. Una figuretta che dorme, di lapis rosso, sopra carta bianca, per alto 7. soldi, largo. 6. e un $\frac{1}{4}$. di mano del predetto Simone *Cantarini*.

215. Una testa d'un putto, molto ben terminata di lapis rosso, sopra carta bianca, che volta la testa verso la spalla diritta, per alto 7. soldi, larga 5: di mano del pred.º Simone *Cantarini* da Pesaro.

216. Disegno di una testa con tutta la spalla, e braccio manritto, con panno avvolto intorno alla medesima testa di lapis rosso, sopra carta tinta, per alto soldi 7., larga soldi 5. e $\frac{1}{3}$., di mano del predetto Simone *Cantarini* da Pesaro, un poco macchiata d'olio.

217. Una testa d'un putto, benissimo terminata, e conservata di lapis rosso, sopra carta turchina, per alto soldi 7. e $\frac{2}{3}$., larga soldi 5. e $\frac{1}{2}$. Di dietro vi è un pezzo di panno, di mano del pred.º Simone *Cantarini*.

218. Una testa di lapis rosso e nero in atto, come ad affacciarsi ad un balcone, coi capelli sopra l'orecchio destro, per alto soldi 8. e un terzo, larga 7. con dietro un pezzo di panno, benissimo conservata, di mano del pred. Simone *Cantarini* da Pesaro.

219. Disegno di lapis rosso, sopra carta bianca per alto soldi 6. e $\frac{2}{3}$., largo 4. e un terzo. Figura un vecchio vestito in piedi, tutto intiero, che suona un contrabbasso, e di dietro vi sono alcuni schizzi di penna, di mano del pred.º Simone *Cantarini*.

220. Disegno di lapis rosso sopra carta tinta, per traverso soldi 7. e $\frac{1}{2}$, alto soldi 5. e $\frac{2}{3}$; alcuni segni di una femmina a giacere, con altre figure di mano del predetto Simone *Cantarini*.

221. Disegno di lapis rosso sopra carta bianca, per alto soldi 9. e un $\frac{1}{4}$., largo 7. entrovi diversi pensieri di alcune femmine in alto, e da basso un santo tutto intiero, e più

terminato in atto di dare la benedizione ad un moribondo; di mano del pred.º Simone *Cantarini*. E tutti questi di Simone sono benissimo conservati.

222-223. Due Accademie di lapis nero sopra carta tinta, per alto soldi 13., larghe 8. soldi e ⅔., di mano del *Garbieri* bolognese, benissimo conservate.

224. Disegno di lapis rosso sopra carta bianca, benissimo conservato e terminato. Storietta d'Ercole e Iole, e Amore in alto, per altezza 9. soldi e ⅔., lunghezza soldi 6 e ½. di mano di Elisabetta *Sirani* bolognese, originale schietto e sincero.

225. Disegno di lapis rosso, sopra carta bianca, per traverso soldi 8., alto soldi 8 e ½. Figura una donna con un panno in capo, che colla destra tiene un libro. Mezza figura molto ben terminata e conservata, di mano del *Gennari* scolare del *Guercino* da Cento.

226. Un riposo d'Egitto di figurette fatte a penna sopra carta bianca, terminato quasi del tutto, per alto soldi 7., largo l'istesso, di mano del *Guercino* da Cento. Originale vero.

227. Disegno a penna sopra carta bianca. Figura un paese per traverso, lungo 14. soldi e ½., alto 8. soldi e ⅔., in cui si vede una barchetta con quattro figure, che è in un fiume, che termina col principio del disegno. Vero, e bellissimo originale, di mano del *Guercino* da Cento.

228. Disegno di una figura nuda di lapis rosso, sopra carta bigia, che con amendue le mani tiene un libro, e un panno che posa sopra la spalla destra, e svolazzandogli dietro gli torna poi davanti a cuoprire le vergogne, con un pilastro da una parte, disegno bellissimo originale, di mano del *Guercino* da Cento. Alto 14. soldi e ½., largo 9. e ½.

229. Una mezza figura, che alza le mani al Cielo, di lapis nero, sopra carta tinta, per alto soldi 8. e ⅔., largo 7., di mano del *Domenichino*, con dietro altra ½. figura.

230. Disegno di lapis nero, sopra carta tinta per traverso soldi 10., alto soldi 9 ½. Studio del *Domenichino*, originale di sua mano propria, fatto per il martirio di S. Andrea in Roma.

231. Disegno di lapis rosso, sopra carta tinta, per alto soldi 10., largo soldi 8., benissimo terminato. Figura la SS.ᵐᵃ Vergine a sedere con Gesù in collo, S. Giovannino, S. Francesco e tre altre Sante. Originale del *Cesi*, scolare di Annibale *Caracci*.

232-237. Sei storiette di acquerello nero sopra carta bianca, benissimo terminate e copiose di figure, tutte compagne, per traverso soldi 7., alto soldi 6, di mano del *Canuti* bolognese, colla marca o sigillo statogli improntato dagli eredi dello stesso *Canuti*.

238. Una storietta che rappresenta il transito di S. Romualdo, fatto di penna e acquerello, copiosa di figure e benissimo terminata, per alto 8. soldi e ¾., largo soldi 6. di mano del pred.° *Canuti*, coll'istessa impronta.

239. Una storietta d'acquerello di lapis rosso sopra carta bianca, alta 4. soldi e ½., larga 3. e ½., benissimo conservata, di mano del pred.° *Canuti*.

240. Disegno di una testa di un vecchio in profilo fatto a pastelli, sopra carta turchina, per alto 14. soldi, largo 10, di mano del pred.° *Canuti*, coll'istessa marca.

241. Disegno di uno de'termini, dipinto da Annibale *Caracci*, fatto di lapis rosso sopra carta bianca, da Michelangiolo *Colonna* bolognese, per alto soldi 18: e ½., largo 5., ben conservato.

242. Disegno toccato di penna e acquerellato, sopra carta tinta, benissimo terminato. Figura S. Andrea Apostolo in ginocchioni, che abbraccia e adora la Croce e dietro un Angelo in aria che gli sostiene la corona del martirio. Disegno bellissimo, e originale di mano di Sisto *Badalocchi* bolognese, e quantunque abbia patito in un angolo per la grossezza di un dito, ciò non gli leva niente dell'essenziale, essendo tutto il resto benissimo conservato, per alto 9. soldi, largo 5.

243. Disegno di lapis rosso, alto 8. soldi, e ½., largo 3. e ¾.,

benissimo terminato. Rappresenta una figura vestita, che avendo un panno avvolto sul braccio manco, colla detta mano sostiene una palla: di mano di Lorenzo *Pasinelli* bolognese.

244. Storietta di lapis nero, sopra carta bianca, per traverso 10. soldi e un terzo, alta 7. Rappresenta il miracolo della mula inginocchiata davanti a S. Antonio. Originale di mano di Domenico *Viani* bolognese, non del tutto terminata.

245. Una femmina in piedi di lapis nero su carta tinta, che colla mano destra tiene un olivo e nell'istesso tempo si sostiene la veste, figurata per la Pace; per alto soldi 10., larga soldi 4. e ⅓., di mano di Domenico *Viani* bolognese.

246. Disegno d'acquerello sopra carta bianca, assai terminato, figura una donna, che colla mano destra tiene un putto, che gli cammina del pari, e tiene ancor esso nella mano destra una ciotola, e dietro un vecchio con un poco di paese, figurata forse per una fuga in Egitto; di mano del suddetto Domenico *Viani* bolognese.

247. Una più che mezza figura di lapis rosso sopra carta bianca; figura una femmina a sedere con tutto il braccio, e spalla sinistra e petto nudo, con un manto sopra il braccio sinistro, che tiene in mano un regolo appoggiato sopra il ginocchio destro. Disegno per alto soldi 10., largo soldi 7. con altri schizzi dietro, del sud.º

248. Disegno di lapis rosso sopra carta bianca, perfettamente terminato, figura un Vertunno con le ali in atto di volare. Sotto l'ala destra ha un putto, e col braccio sinistro, che tiene in alto ha imbracciato tre ghirlande, e col destro tiene un bastone e un panno, che gli passa sopra il medesimo braccio; disegno bellissimo e ben terminato, di mano del sud.º Domenico *Viani* bolognese; per alto 12. soldi, largo 7 ½.

249. Disegno di lapis nero sopra carta bianca, per traverso lungo 16. soldi scarso, largo 10., rappresenta il Battesimo al Giordano. Disegno storiato con 14 figure, di mano del

pred.º Domenico *Viani*, bellissimo, che pare di Annibale
Caracci.

250. Disegno storiato d'acquerelli, lumeggiato di biacca sopra
carta tinta, per traverso lungo 18. soldi e $\frac{3}{4}$., alto 10.
Rappresenta S. Filippo Benizzi all'altare, che celebra la
S. Messa, e nell'atto dell'Elevazione si vede l'ostia Sacra
circondata di splendori, con angeli in gloria che suonano
e altre figure al numero di 15. o 16., di mano del predetto Domenico *Viani* bolognese da esso dipinto nel Portico de' Servi in Bologna.

251. Disegno di lapis nero sopra carta tinta, per traverso
lungo 15. soldi., alto 9. Figura, cred' io, la storia del serpente di bronzo, con quantità di figure. Disegno bellissimo e terminato a perfezione, di mano del pred.º Domenico *Viani*, da esso dipinto nella Chiesa de' Servi in
Imola.

252. Disegno di lapis rosso sopra carta tinta, per alto 12. soldi
e $\frac{1}{2}$., largo 8. e $\frac{3}{4}$. Rappresenta S. Bernardo in gloria sostenuto da Angeli, con amendue le mani sopra il petto.
Disegno bellissimo e perfettamente terminato e conservato,
di mano del pred.º Domenico *Viani*.

253. Disegno di lapis rosso sopra carta bianca, molto ben terminato, per alto soldi 6. e $\frac{1}{2}$., largo soldi 4. e $\frac{1}{2}$. Rappresenta Venere nel mare sopra la conchiglia, con ambedue
le braccia alzate e le gambe soprapposte. Disegno originale, schietto, vero e sincero di propria mano di Agostino
Caracci, ed è l'istesso che fu intagliato da lui medesimo.

254. Disegno fatto a penna e acquerello sopra carta tinta,
per alto soldi 7. e $\frac{1}{2}$., largo soldi 6. e due terzi. Rappresenta la Cena del Fariseo colla Maddalena a' piedi del
Salvadore. Disegno storiato con quantità di figure, e ricco
d'architettura, perfettamente terminato e benissimo conservato, molto noto in Bologna, di mano del *Brizio*; originale vero, schietto e sincero.

255. Disegno di lapis rosso, per alto 8. soldi e 2. terzi, largo
soldi 6. e $\frac{1}{2}$. Figura un Angelo, che siede tutto vestito,

550

col braccio sinistro tiene uno scudo, nel destro ha accennato per quanto pare una lancia, di mano del *Domenichino*. Disegno di penna e acquerelli sopra carta tinta per traverso lungo soldi 13., alto 9. e ⅓. Rappresenta S. Gio. nel deserto, che predica alle turbe. Disegno storiato con quantità di figure, benissimo conservato. Originale vero, schietto e sincero di propria mano di Niccolò *Possino*.

256-257. Due paesi toccati di penna, per traverso soldi 8. e 2. terzi, alti soldi 6. e ⅓. Originali veri, schietti e sinceri di *Gio. Francesco* bolognese *(Grimaldi)*, benissimo conservati.

258. Disegno per alto soldi 18. e ⅓., largo 14. e mezzo di lapis nero sopra carta scura, terminato perfettamente. Rappresenta un naturale nudo che sta in ginocchioni, sopra il ginocchio sinistro, avendo il destro sollevato e mostrando le reni, sta col braccio destro appoggiato a un masso, mentre col braccio sinistro tutto disteso, sta in atto di accennare. Originale vero, schietto e sincero di propria mano di Daniel *Crespi*, e quantunque in qualche luogo abbia patito, ciò non ostante si gode perfettamente e si ammira per una perfezione dell'arte.

259. Disegno di penna e acquerello, per alto soldi 17. e ⅓., largo 10. Rappresenta il primo pensiero: di mano del celebre pittore Carlo *Maratta*, fatto per la tavola da altare di S. Francesco Saverio, da lui dipinta nella Chiesa del Gesù in Roma. Disegno molto bello, terminato e ben conservato.

260. Un primo pensiero di lapis rosso sopra carta bianca, per traverso soldi 10., alto soldi 6., vi è una figura che siede e suona un violino, con due figurette in lontananza, di mano di *Gio: da S. Giovanni*.

261-262. Due disegni di lapis nero, che figurano due ritratti; benissimo terminati e conservati, per alto soldi 9. e ⅓., larghi 7., con molti schizzi di figure all'intorno: originali di *Stefano della Bella*.

263. Disegno di penna e acquerello sopra carta bianca, fatto per una lunetta nei Chiostri de' Padri Domenicani di S. M.

Novella di Firenze, per traverso soldi 10., per alto soldi 8. e 2. terzi. Rappresenta il Miracolo di S. Domenico nell'atto di resuscitare un muratore morto nel cadere da una fabbrica, di mano de' *Santi di Tito*.

264. Disegno di penna e acquerello, per alto soldi 19., largo soldi 15., con quantità di figure, toccate ai primi segni, e molto concluso. Rappresenta la SS.^ma Vergine al trono della Santissima Trinità, incoronata dal Figlio. Originale di Baldassar *Franceschini* detto il *Volterrano*.

265. Disegno di lapis rosso acquerellato del medesimo, per alto soldi 18. e un terzo, largo 14. ½., fatto per un assetto di quarantore, nel mezzo si vede una nave, al timone della quale sta S. Pietro, e nei canti laterali in uno si vede Nettuno, sul suo cocchio, tirato da cavalli marini, con molti tritoni all'intorno; dall'altro canto si vede la Dea Teti sul suo carro, tirato da delfini, con molti putti e Dee del mare, e su in alto si vede Dio Padre tra le nuvole, con molti puttini, di propria mano di Baldassar *Franceschini* detto il *Volterrano*.

266. Disegno per l'ornato di una Cappella per la festa di una Santa da solennizzarsi; per alto soldi 18., largo soldi 11. Nel mezzo si vede l'altare, sopra di cui sta in alto la cassa del Corpo della Santa, retta da due puttini, in mezzo ai quali sta una Cartella; più in alto si vede un ovato con ornamento d'un festone intagliato, da cui escono fuori i lumi, con molti putti che lo sostengono, coll'effigie della Santa in ginocchioni. Dietro si vede l'ornato della volta della Tribuna. Dalle parti laterali dell'altare si vedono due bellissime porte, e sopra di esse un angelo, di mano del pred.° Baldassar *Franceschini* detto il *Volterrano*.

267-296. Numero 30. Disegni di diverse grandezze; studi originali di piedi, mani e teste di Baldassar *Franceschini* detto il *Volterrano*, tra i quali ve ne sono molti de' finiti.

297-307. Undici disegni di diverse grandezze, maggior parte piccoli. Studi originali di diverse storiette, di propria mano di Ciro *Ferri*.

308. Disegno di lapis nero e rosso, per traverso soldi 12. e $\frac{1}{2}$., per alto soldi 10., figura la testa di un moro, molto ben fatta e interamente terminata, di mano di *Pietro da Cortona.*

309. Disegno di penna e acquerello, lumeggiato di biacca, fatto per una conclusione, storiato e ben terminato, per alto soldi 10. e 2. terzi, largo soldi 6. e $\frac{1}{2}$., di mano di Pietro de' *Petris*, scolare di Carlo *Maratta.*

310. Disegno di una femmina per un torciere di lapis rosso, sopra carta bianca, per traverso alto soldi 8. e $\frac{1}{2}$., largo soldi 5. e un terzo. Piccola cosa, ma originale di Andrea *Sacchi*, di dietro ve n'è un altro con un putto e un Delfino d'altro autore, che non val nulla.

311. Disegno di lapis rosso, per traverso 12. soldi e $\frac{1}{2}$., alto sei. Questo figura la Vergine Assunta col putto che le è davanti, di mano di Gio. Battista *Vanni*, da esso diligentemente disegnata e terminata, copia dal *Coreggio*, da cui ne è stata fatta la stampa.

312. Paese con figure e animali, toccato di penna e acquerello, per traverso 15. soldi e $\frac{1}{2}$., alto 10., di mano di Gio. Benedetto *Castiglioni* genovese.

313. Un disegno a chiaro scuro. fatto alla prima d'acquerelli. Rappresenta i tre pastori annonziati dall'angelo, per traverso soldi 14., per alto 9. e $\frac{1}{2}$., d'autore incerto, toccato con gran bravura.

314. Un bozzetto toccato di penna e acquerello, per alto soldi 10., largo soldi 7. e $\frac{1}{2}$. Rappresenta la decollazione di San Giovambattista, di mano di Sebastiano *Ricci*, veneziano.

315. Disegno di lapis nero lumeggiato di bianco, sopra carta tinta, per traverso soldi 8. e $\frac{1}{2}$, per alto 7. Rappresenta la SS.ma Vergine Assunta in Cielo, con due Angeli vestiti dai lati e altri puttini all'intorno, si dice del *Tintoretto.*

316. Un angelo di lapis rosso sopra carta bianca, per alto soldi 7. e $\frac{2}{3}$., largo 7., assai buono, si crede copia della Cupola del *Coreggio.*

317. Disegno di penna e acquerello, fatto per l'ornato di una volta, con due Santi a sedere, è in mezzo a un ovato dentro a cui è S. Gio. Evangelista in atto di scrivere; per traverso soldi 12., alto soldi 6. e $\frac{1}{2}$., si dice di Pellegrino *Tibaldi*.

318. Disegno di acquerelli scuri e rossi, per alto 12. soldi e $\frac{3}{4}$., largo soldi 9. e $\frac{3}{4}$. Figura la Vergine Santissima in atto di contemplare il Bambino, posato sopra un piedistallo e da lei coperto col suo proprio manto, e da una parte S. Giuseppe che dorme, si dice di Guido *Reni*.

319. Disegno di lapis nero lumeggiato di bianco sopra carta tinta, per alto soldi 13. scarso, largo soldi 8. $\frac{1}{2}$., figura una Santa in ginocchioni, in deliquio retta da un Angelo, si dice di Guido *Reni*.

320 Disegno di lapis rosso sopra carta tinta, molto bello e terminato. Rappresenta un miracolo di S. Filippo Benizzi, con due frati, alcuni angeli e paese. Originale di Gio. *Viani* padre di Domenico *Viani*, dipinto a fresco sotto il Portico de' Servi in Bologna, per traverso soldi 15., alto soldi 9.

321. Disegno di lapis rosso, sopra carta bianca, benissimo terminato; figura una lotta di 6. putti; per traverso soldi 13., alto 9. e $\frac{1}{2}$., del sud.°

322. Disegno contornato di lapis rosso e acquerello scuro, lumeggiato di bianco, fatto per studio di un piccolo sfondo d'una Camera; figura due putti abbracciati sulle nuvole, con alcuni strumenti musicali e un Amore che vola, voltandosi in dietro si morde il dito, e col braccio sinistro tiene l'arco, di mano del sud.° per traverso soldi 14., alto 10.

323-327. Cinque disegni di lapis rosso, finiti coll'anima e benissimo conservati; fatti da Gio *Viani* bolognese, dalla Galleria de'Caracci, in casa Magnani di Bologna: per traverso 12. soldi e $\frac{1}{2}$., alti 10., fatti per la stampa.

328. La Matta de' *Caracci*, disegnata per la stampa diligentissimamente da Gio: *Viani* pred.° di lapis rosso, per alto soldi 13., e $\frac{3}{4}$., largo 9. benissimo conservato.

329. Altro disegno della Menzogna, copia del pred.º *Viani*, per la stampa; di lapis rosso, finito diligentemente, per alto soldi 14, largo 10. benissimo conservato.

330. Disegno toccato di penna e acquerello, lumeggiato di bianco sopra carta tinta. Figura l'Anime del Purgatorio; un angelo ne piglia una per un braccio, accennando la Vergine Santissima, che siede in alto, col Bambino Gesù in gloria e S. Rocco, che sta in terra in ginocchioni, che da un vaso getta dell'acqua sopra le fiamme del Purgatorio. Disegno storiato, per alto 14. soldi scarso, largo 9. e ¾., del pred.º Gio. *Viani*.

331. Disegno d'acquerello lumeggiato di bianco, sopra carta tinta. Figura un bagno di Diana con 4. femmine nude, e Atteone in lontananza che le osserva. Disegno ben terminato, per traverso soldi 10., alto soldi 6.

332. Il Martirio di S. Bartolommeo, disegno storiato con quantità di figure, benissimo dintornato a lapis rosso su carta bianca, per alto soldi 10. scarsi, largo 7., di mano del suddetto.

333. Una Flora su le nuvole con un gran manto, di lapis rosso e acquerello del medesimo, lumeggiato su carta tinta; per traverso soldi 9. e ⅛., per alto soldi 7. e ¼.

334. Disegno di penna e acquerello storiato. Sansone con la mascella in mano, che perseguita i Filistei, per traverso soldi sei e ¾., alto 5., di mano del sud.º di cui pure è il ritratto di *Domenico* suo figliuolo dalla parte opposta, che lo somiglia divinamente, benissimo conservato.

335. Un paese di lapis rosso senza figure, per traverso soldi 9. e ⅔., alto 7. ¼., di mano del medesimo Gio: *Viani*.

336. Un'arme con due segni diversi a chiaro scuro di acquerelli sopra carta tinta, con figure, per alto soldi 10., largo 6. soldi e un ½., di mano del sud.º

337. Una S. Martire di chiaro scuro a olio, sulla carta, ben terminata, con una palma in mano tutta vestita e in piedi, per alto soldi 6. e ¾, larga 4. e ½., di mano del sud.º

338. Un acquerello; figura un pastore che dorme e un angelo

per aria che vola: per traverso soldi 7. e $\frac{1}{2}$., alto soldi 3. e $\frac{2}{3}$. del sud.°

339. Altro acquerello compagno, dove sono alcuni Venti tra le nuvole, con altri putti, e veduta di mare, del sud.°, per traverso soldi 7. e $\frac{1}{2}$., alto 4.

340. Disegno di lapis rosso, lumeggiato di bianco sopra carta tinta. Figura un vescovo col piviale e mitra, camice e stola, inginocchiato avanti ad un tavolino, sopra di cui sta un libro aperto, posandovi sopra la mano sinistra, con un putto che gli regge il pastorale, e in alto un angelino che gli porta il cappello cardinalizio mentre egli rivolge la testa verso nostro Signore che gli apparisce tra le nuvole, molto ben conservato e terminato, alto soldi 6., largo 4. e $\frac{1}{2}$., di mano del sud.°

341. Disegno d'acquerelli di lapis rosso, molto ben condotto e terminato. Rappresenta la Vergine Santissima sulle nuvole a sedere col Bambino, che tra le braccia sta dritto su la coscia destra della Vergine, e nella mano dritta tiene un giglio, e sotto nel piano si vede in lontananza la città di Bologna, per alto soldi 6. e $\frac{2}{3}$., largo 3. del medesimo.

342. Disegno a penna e acquerello, colla Vergine e Gesù in collo, S. Domenico e S. Francesco nelle nuvole appresso alla medesima e S. Francesco di Paola nel piano. Storietta ben condotta, per alto soldi 5. e $\frac{1}{2}$., larga soldi 3., del med.°

343. Disegno d'acquerello turchino lumeggiato di biacca, toccato di penna, molto ben condotto e storiato. Figura un Santo dottore della Chiesa, che siede con un libro nella mano manca e colla penna nella destra, che intinge nel calamaio portogli da un angiolino che li sta accanto in piedi, con alcuni libri per terra, e veduta di paese, per alto soldi 5. e due terzi, largo 4. e $\frac{2}{3}$, di mano del sud.°

344. Disegno di lapis rosso e acquerelli, del med.°, molto ben condotto e storiato. Rappresenta S. Antonio da Padova e S. Antonio Abate in ginocchioni ambidue all'apparire che fa loro Gesù Bambino sopra le nuvole, per alto soldi 7. e $\frac{1}{5}$. largo soldi 6.

345. Un acquerello lumeggiato sopra carta tinta, molto ben condotto e terminato. Rappresenta S. Paolo, che sedendo scrive davanti a un Crocefisso: per traverso soldi 7. scarso, largo 5. e $\frac{1}{5}$., di mano del med.°

346. Disegno di lapis rosso acquerellato del medesimo. Rappresenta la Vergine SS.ma Assunta, con sotto i piedi il mondo, il drago e la mezza luna, con bel manto attorno, circondate la testa con corona di stelle, e sopra lo Spirito Santo e Dio Padre da una parte con putti, benissimo finito e conservato, per alto soldi 10., largo 6. e $\frac{1}{5}$., di mano del medesimo.

347. Disegno di acquerelli lumeggiati di biacca sopra carta tinta, con un vecchio, che siede in atto di porgere una ciotola a una femmina, che gli mesce da bere e un'altra femmina in terra, che stando in ginocchioni tiene tra le mani un'urna, e tirandosi addietro siede sui proprii piedi. Disegno storiato e ben conservato, di mano del medesimo, per traverso soldi 10., alto soldi 7.

348. Disegno di lapis rosso acquerellato, del medesimo, con lumi di biacca sopra carta tinta, rappresenta la Menzogna colla maschera nella mano diritta, e colla sinistra tiene per la mano un Satiretto che la riguarda e versa un cornocopio, mentre di sopra gli sta un Angelo che colla sinistra ha imbracciato uno scudo e colla destra imbrandisce una clava in atto di percuoterla, con un altro putto in lontano. Disegno ben storiato e condotto, per alto soldi 7. e $\frac{1}{5}$.. largo 5., di mano del med.°

349. Disegno come sopra, con 4. figure. Figura il giudizio di Paride, che tiene con amendue le mani, la mano sinistra di Venere. Molto ben condotto e terminato, di mano del med.°, per traverso soldi 9. e $\frac{3}{4}$., alto 7. e $\frac{1}{5}$.

350. Disegno d'acquerello lumeggiato sopra carta tinta, per alto soldi 10., largo 7. Rappresenta S. Francesco Saverio in ginocchioni, adorando il Padre Eterno col Figlio in

gloria e gli mostra la croce, e sul terreno gli si vede davanti il bordone e il cappello, dietro vi è una mezza accademia, di mano del medesimo molto bene storiato e conservato.

351. Un disegno d'acquerello, come sopra, rappresenta un santo in gloria, tutto intiero, molto ben conservato e condotto, di mano del medesimo. Di dietro vi sta scritto il nome di *Gio. Maria Viani*, scritto di propria mano, per alto soldi 8. e $\frac{1}{2}$. e largo 4. e $\frac{1}{4}$.

352 Disegno d'acquerello, come sopra, rappresenta S. Giovanni nel deserto, che siede coll'agnello da'piedi che lo riguarda e colla mano destra accenna il Salvadore, che passeggia in lontananza, molto ben condotto e conservato, per alto soldi 9. e $\frac{1}{2}$., largo soldi 6. e $\frac{1}{2}$., di mano del medesimo.

353. Disegno d'acquerelli come sopra. Rappresenta S. Francesco Saverio in ginocchioni, colla mano sinistra sopra un libro e colla destra ha la penna in mano, sta volto colla vita e colla testa verso la Vergine Santissima che gli apparisce nella Grotta di Manresa, in atto di dettargli le meditazioni. Disegno ben condotto e conservato, per alto soldi 9. e $\frac{3}{4}$, largo soldi 7., di mano del med.º

354. Disegno di acquerelli come sopra. Rappresenta la Vergine Santissima, Gesù e S. Giuseppe in gloria con S. Bernardo in ginocchioni in terra, molto ben condotto e conservato, per alto soldi 9., largo 6. e $\frac{3}{4}$., di mano del med.º

355. Disegno a penna e acquerelli scuri, lumeggiato su carta tinta. Rappresenta il transito di S. Francesco Saverio, sotto una capanna, disteso sopra la paglia in atto di abbracciare e baciare il Crocifisso, con alcuni putti per aria, benissimo condotto e conservato, per alto soldi 8. e $\frac{3}{4}$., largo soldi 6. e $\frac{1}{2}$., di mano del med.º

356. Disegno d'acquerello sopra carta bianca. Rappresenta S. Bonaventura, che mezzo in ginocchio stende le braccia verso il Bambino Gesù, che ancor esso stende le sue manine, venendogli presentato dalla Vergine che sta sopra

le nuvole, con S. Giuseppe e altri angeli, con un altro angiolino in terra vicino al santo. Disegno ben istoriato, per alto soldi 8. e ¾., largo 6. e ¾, di mano del med.°

357. Disegno storiato, toccato di penna e acquerelli, lumeggiato di biacca sopra carta turchina, benissimo condotto e conservato. Figura S. Andrea apostolo condotto al martirio davanti alla Croce, con manigoldi all'intorno e altre figure, per alto 9. soldi e un terzo, largo 6 e ¼., di mano del med.°

358. Disegno d'acquerelli lumeggiato di biacca sopra carta tinta. Figura un paese con due alberi appiè de' quali siede la Vergine SS ᵐᵃ con in collo il bambino Gesù che colle braccia aperte tiene un nastro, S. Giuseppe che tiene un libro in mano e S. Giovannino, condotto e terminato a perfezione e benissimo conservato, per traverso soldi 10., alto soldi 7., di mano del med.°

359. Disegno a chiaro scuro d'acquerelli con lumi di biacca sopra carta tinta. Rappresenta un Riposo d'Egitto coll'asino in scorto che pasce, e forma il primo scuro, che sbattimenta a meraviglia le figure che sono in dietro. Disegno bellissimo, intieramente condotto e conservato, di mano del med.°, per traverso soldi 11., alto 8.

360. Disegno a chiaro scuro lumeggiato di biacca e acquerelli sopra carta tinta; rappresenta un Presepio con quantità di figure, finito a perfezione e benissimo conservato, per traverso soldi 11., alto soldi 8., di mano del med.°

361. Disegno ovato di lapis rosso sopra carta bianca, per traverso 17. soldi e ¾, per alto 12. soldi e ¾. Rappresenta la parabola del figliuol prodigo, con quantità di figure che sono gli operai della Vigna che dormono. Disegno fatto dal sud.° Gio. *Viani*, copia da Annibale *Caracci*, fatta per la stampa.

362. Disegno di lapis rosso sopra carta bianca, per traverso lungo un b.° e 4. soldi, alto 17. Rappresenta il Martirio di S. Lorenzo, fatto dal famoso Domenico *Viani*, copia da *Paolo* Veronese, fatta per la stampa.

363. Disegno di lapis rosso sopra carta bianca, per traverso
soldi 17., alto soldi 12. e $\frac{2}{3}$. Rappresenta la parabola del
figliuol prodigo, disegno di Domenico *Viani*, copia che
viene da *Paolo*, fatta per la stampa.

364. Disegno di lapis rosso, per alto 18. soldi, largo 12. e $\frac{1}{4}$.
Rappresenta il S. Agostino del *Tintoretto* colla croce,
con angeli, disegnato dal *Viani* per la stampa.

365. Disegno di lapis rosso sopra carta bianca, alto 17. soldi,
largo 9. e $\frac{2}{3}$. Rappresenta l'Ercole che ammazza l'Idra,
copia di Domenico *Viani*, fatta per la stampa, che viene
dal *Guercino*, dipinto in Bologna, dietro il palazzo Tanara,
nella pubblica strada.

366. Disegno di lapis nero, con lumi di gesso, per traverso
5. soldi e $\frac{1}{4}$., alto 4. soldi e $\frac{1}{4}$. Figura due santini non
totalmente finiti, di mano di Domenico *Viani*.

367. Disegno di lapis nero, la Santa Conversazione in mezze
figure, per traverso soldi 7., alto 5. e $\frac{1}{3}$., bellissimo disegno condotto e conservato, di mano di Domenico *Viani*.

368. Disegno di lapis nero sopra carta bianca. Il Cristo della
moneta in mezze figure, per traverso 7. soldi e un terzo,
alto 5. e $\frac{2}{3}$., bellissimo, terminato e ben conservato, con
dietro alcune caricature, di mano di Domenico *Viani*.

369. Disegno di lapis nero. La Santa Conversazione in un
ovato, per traverso soldi 4. e $\frac{1}{4}$., alto soldi 3. e $\frac{1}{4}$., come
sopra del med.º

370. Disegno di lapis nero terminato coll'anima sopra carta
bianca. S. Giuseppe, che siede accarezzando il Bambino
Gesù che gli siede sopra il braccio sinistro, appoggiato a
un piedistallo di una colonna, in ovato per alto soldi 8.
e $\frac{1}{4}$., largo 6. e $\frac{1}{4}$. scarsi.

371. Disegno d'acquerello di lapis rosso, molto ben terminato
e conservato, con alcune piccole macchie d'olio. Figura
un giovane a sedere in atto di scuoprire una delle 4. urne
che ha davanti, di mano di Domenico *Viani*, per alto 7.
soldi e $\frac{1}{4}$., largo 6. scarsi.

372. Disegno di penna e acquerello sopra carta bianca; figura

un santo frate, che va in gloria di sotto in su con angeli, de'quali uno tiene un giglio, per alto soldi 8. e ⅔., largo 6. e ⅔., di mano del suddetto Domenico *Viani*. .

373. Disegno di lapis nero sopra carta bianca con acquerelli. Rappresenta la nascita della Vergine SS.ᵐᵃ Storietta con molte figure e angeli, finita e benissimo conservata, per alto soldi 10. e ⅓., largo 7. e ¼.

374-383. Numero 10. disegni di prospettive e figure, toccati di penna e acquerello, per alto 12. soldi, larghi 8. L'architettura è di mano di Rinaldo *Botti* fiorentino, vivente, gran virtuoso d'architettura a fresco e a tempera, e le figure sono di mano di Gio. *Casini*, pittore fiorentino vivente, buon pittore e bravissimo disegnatore. Questi sono l'ottava parte degli ottanta disegni tutti d'egual grandezza e tutti di differente invenzione, per farne poi un libro apposta per questo studio, composto di 80. disegni simili senza il frontispizio.

384. Disegno di lapis rosso sopra carta bianca, per alto 18. soldi, largo 11. e un terzo, copia dell'Attila, dell'*Algardi* fatta da Agostino *Mitelli* bolognese, per la stampa.

385. Una storia con 8. figure di lapis rosso, sopra carta bianca, per traverso soldi 14. e ⅓., alta 7 e ⅓. Opera bellissima del suddetto *Mitelli*.

386. Disegno di lapis rosso sopra carta bianca, bellissima invenzione, solamente accennata, della disputa fatta da Nostro Signore nel Tempio, per traverso 11. soldi, alto 7. e ¼. del medesimo *Mitelli*.

387. Disegno di lapis rosso sopra carta bianca. Storiettina con 8. figure, per traverso 10. soldi, alta 8., di mano del sud.°

388. Disegno di lapis nero e rosso, di un poveraccio, storpiato dal braccio destro, che siede, col barlotto a cintola e col cappello alla mano sinistra, che chiede la limosina, con una femmina e un putto, accennati in lontano, per alto 10. soldi e ⅔., largo 7. ⅓., di mano del sud.°

389. Disegno di lapis rosso, sopra carta bianca, di 5. figure. Rappresenta un Santo portato in cielo da 4. angeli, per alto 12. soldi., largo 8. e ⅔., di mano del sud.°

390. Disegno di lapis rosso sopra carta bianca, assai terminato e conservato. Rappresenta un presepio con molte figure, per alto soldi 10. e $\frac{1}{3}$., largo 7. e $\frac{2}{3}$., del sud.°

391. Disegno di lapis rosso sopra carta bianca. Rappresenta la Vergine col bambino Gesù, che siede, assai terminato e conservato, per alto soldi 10. e $\frac{2}{3}$., largo 7. e $\frac{1}{3}$., di mano del sud.°

392. Una figura di una femmina a giacere con un'urna da una parte di lapis rosso, sopra carta bianca, per traverso soldi 10. e $\frac{1}{3}$., alto 7., di mano del sud.°

393. Disegno di lapis rosso sopra carta bianca, fatto ai primi segni; rappresenta un Cristo colle Marie e S. Gio., per alto soldi 15., largo 10.

394. Disegno di lapis rosso sopra carta bianca; due figurine ideali molto graziose e terminate, con due urne; per traverso soldi 10 e $\frac{2}{3}$., alto soldi 7. e $\frac{1}{3}$., di mano del sud.°

395. Pane e Siringa. Disegno di lapis rosso sopra carta bianca, per alto soldi 10., largo 7., del sud.°

396. Un disegno d'architettura, tirata in prospettiva, toccata di penna e acquerelli sopra carta tinta, con lumi di biacca, vi è scritto di propria mano, del *Mitelli*; nello spazio superiore una gloria col Padre Eterno, diligentemente terminato, per alto soldi 10 e $\frac{2}{3}$., largo soldi 3. e $\frac{2}{3}$.

397-399. Tre disegni di lapis rosso sopra carta bianca; caricature per tutti gli impieghi della vita umana, in uno di questi al n. 6., vi è Agostino *Mitelli* stesso, che piange colle reti in braccio, una gabbia da uccelli che gli pende dal collo, coi pennelli, matitatoio e carta per terra, dove si vede il suo ritratto, di mano del suddetto *Mitelli*; per traverso soldi 14. e $\frac{2}{3}$., alti 9. e $\frac{1}{3}$., benissimo terminati e conservati, e sono i medesimi che egli ha intagliato.

400-402. Tre disegni di prospettive, toccate di penna e acquerelli coloriti, in uno de' quali vi è il giudizio universale di piccolissime figure, tutti tre sono di egual grandezza: per alto 14. soldi, larghi 10., di mano di Domenico *Santi* bolognese.

403. Disegno toccato di penna e acquerello, fatto per ornamento di un fregio d'una camera. L'architettura è del
Chiarini, pittore di prospettive; le figure sono del *Burini*,
figurista, ambidue bolognesi: per traverso lungo un b.º
e 4. soldi., alto 8. e ½., con più la rivolta.

404. Una Vergine col putto e S. Giovambattista, disegnata di
lapis nero sopra carta tinta, per alto soldi 8., larga 7.,
di mano di un bravo scolare di *Guido*.

405. Disegno fatto a penna, lumeggiato sopra carta tinta. Rappresenta l'istoria di Abramo in ginocchioni davanti a tre
angeli che sono a tavola; *Tres vidit, unum adoravit;* per
traverso soldi 14., per alto 11. scarsi, d'autore incognito.

406. Un solenne convito con quantità immensa di figure, toccate a penna, disegno debole, per alto 12. soldi e ½ ,
largo 10., d'autore incognito.

407. Disegno toccato di penna e acquerello, antico e ben
conservato, si vede in alto S. Cecilia in gloria, con diversi
angeli che suonano e cantano, con diversi santi sul piano,
per alto 13. soldi e ½., largo soldi 9., d'autore incognito.

408-409. Due disegni compagni di lapis rosso; figurano, uno un
vescovo, l'altro un monaco sopra carta turchina, per alto
soldi 9. scarsi., larghi soldi 6. e ½., di scuola veneziana.

410. Un paese toccato di penna con diversi villani che giocano alle carte sotto un albero, per traverso soldi 10., alto
soldi 7. e ½. Vi è scritto, *d'Agostino Caracci*, ma non si crede.

411. Ritratto di mezza figura in ovato del famoso *Bombegli*
ritrattista, fatto dal Padre Cesare Agostino *Bonaccina* della
Compagnia di Gesù; alto soldi 5., largo 4. e ½.

412. Disegno di penna e acquerello sopra carta bianca, figura
S. Girolamo in ginocchioni che adora il Crocifisso; questo si vede in rene, e in alto è una Gloria d'Angeli, ben
terminato e conservato; per alto 9. soldi e ¾., largo 7.
e ½., di mano di Gio. Batta *Gaulli*, detto *Bacicci*, pittore
genovese.

413-414. Due disegni di lapis nero e acquerelli coloriti, figurano Pontemolle, diviso in due pezzi compagni; per tra-

verso lunghi 9. soldi, alti 7. scarsi, fatti in Roma da monsiù *Busciò (?)*.

415. Un paese di lapis rosso e nero su carta bianca, per traverso soldi 8. e $\frac{2}{3}$., alto 6. e $\frac{2}{3}$., di mano di Onorio *Marinari*.

416. Altro paese come sopra, per traverso 8. soldi, alto 5. e $\frac{2}{3}$., di mano del sud.°

417. Disegno a penna, fatto per una mutazione di scena, dove è scritto in spagnuolo: *Segunda mutacion que rapresento la tierra de Valladolid, onde empeco la Comedia de Burlas,* per traverso 8. soldi e $\frac{1}{4}$., alto 6. e $\frac{1}{2}$., benissimo finito e conservato, di mano di Baccio del *Bianco* fiorentino.

418. Disegno toccato di penna e acquerello fatto da Gio. Domenico *Gabbiani*, per lo sfondo dipinto da esso nella chiesa delle Convertite di Firenze, ricco di figure e angeli in quantità: per alto 16. soldi, largo 11.

419. Una caricatura sopra carta tinta, fatta di lapis rosso, per traverso 6. soldi e $\frac{1}{4}$., alto lo stesso, per essere in un tondo : di mano di Salvador *Rosa*.

420. Storietta con paese, fatta di penna e acquerelli sopra carta tinta; rappresenta Adone in braccio a Venere; per alto soldi 9. e $\frac{2}{3}$., larga soldi 6. e $\frac{2}{3}$., originale di Luca *Giordano*.

421. Una testa di un putto, che guarda in giù, di pastelli, per alto soldi 7. e $\frac{2}{3}$., largo soldi 7., di mano di Federigo *Barocci*.

422. Una $\frac{1}{2}$. figura, di cui non si vede altro che dal mezzo in giù per far vedere bellissimo panno, toccato di penna, di mano di Alberto *Duro*; per alto 7. soldi, largo 6. e $\frac{1}{4}$.

423. Disegno di lapis rosso, sopra carta bianca, assai terminato; per traverso soldi 8., alto 8. e $\frac{1}{4}$., di mano del *Dossi* ferrarese.

424. Un Dio Padre, $\frac{1}{4}$. figura di lapis rosso e nero, per traverso 11. soldi e $\frac{1}{4}$., alto sei $\frac{2}{3}$.

425. Disegno di lapis nero, lumeggiato di bianco, sopra carta tinta, con tre figure intiere, cioè due Marie e S. Gio: a

piè della Croce, per alto 11. soldi, largo 8. e ½., del *Lippi* fiorentino.

426. Un naturale tutto vestito e benissimo panneggiato, disegnato di lapis rosso, sopra carta bianca, per alto soldi 12. e ½., largo 9., di mano di Fabrizio *Boschi*.

427. Disegno di lapis nero con tre figure, cioè S. Bastiano, S. Francesco e S. Paolo, per alto soldi 9., largo 8. e ⅓., di mano di Andrea *Del Sarto*.

428. Disegno di penna e acquerello, sopra carta tinta, assai antico, ma ben conservato. Rappresenta la nascita della Vergine Santissima; per alto 11. soldi, largo 9., di mano di Iacopo di *Cappo del Migliore* fiorentino.

429-430. Due disegni di monache, tutte intiere, che stanno in ginocchioni, una colle mani giunte, l'altra in croce, tutta la vita è fatta di lapis rosso, il velo nero e la testa di matita rossa e nera; per alto 14. soldi, larghi 9. e ⅓., belli e ben conservati, di mano di Matteo *Rosselli*.

431. Disegno a penna e acquerello sopra carta bianca. Rappresenta un Presepio con quantità di figure, fatto per un sotto in su. Per alto 12. soldi, largo 9. e ½., di mano dell'*Olivelli*, scolare del *Volterrano*.

432. Disegno di lapis nero, lumeggiato di biacca sopra carta turchina, molto ben finito e conservato. Rappresenta Santa Margherita da Cortona in ginocchioni, colle mani giunte davanti ad un crocifisso, innanzi al quale pende una lampada, con un angelo grande sopra le nuvole, che tiene nella destra una face accesa e altri angioletti. Per traverso soldi 8. e ⅕., per alto soldi 7. di mano del pred.° *Olivelli* pittor fiorentino.

433. Disegno di lapis nero, lumeggiato di biacca sopra carta tinta. Figura S. Michele Arcangelo in aria, armato con lancia nella destra, e rotella nella sinistra, dipinto al pubblico in una lunetta sopra la porta del convento delle RR. Monache delle Murate di Firenze, da Alessandro *Nani* pittor fiorentino, scolare del *Volterrano*. Per traverso soldi 9. e ⅔., alto 7. Disegno di penna e acquerello lu-

meggiato di biacca sopra carta tinta, fatto per ornato di una volta di una camera, con figure, rabeschi e trofei, cartellami, putti e fiori, terminato con tutta diligenza, e ben conservato, solo per metà lungo 15. soldi, alto 10., di mano del sud.° *Nani*.

434. Una carta bianca, per alto soldi 10., larga 7., in cui si vedono 10. pensieri, toccati di penna, assai ben conservati, e tra questi tre pensieri diversi della famosa Pietà e uno del Laocoonte. Originali tutti del divino *Michelagnolo*.

435. Disegno di lapis rosso sopra carta bianca, quale figura un S. Pietro in gloria, in abito pontificale, per un sotto in su in ottangolo. Per traverso soldi 10., alto l'istesso, di mano del *Cigoli*.

436. Una testa di una fanciulletta con nastri in capo di lapis rosso e nero sopra carta bianca, benissimo conservata e intieramente terminata, di mano di *Gio. da S. Giovanni*. Per alto soldi 9., larga soldi 6.

437. Disegno toccato di penna e acquerello sopra carta bianca, ben terminato e conservato. Rappresenta l'Anime del Purgatorio da basso, S. Michelarcangelo a mezz'aria, che tiene le bilance colla sinistra e colla destra accenna a quelle anime la gloria del Paradiso, con un putto che parimente accenna loro il nome di Gesù, che tiene in uno scudo, con molti altri angeli grandi e diverse altre figurette in gloria, per alto soldi 8., largo 6., di mano del *Romanelli*.

438. Disegno toccato di penna e acquerelli sopra carta bianca, storiato. Rappresenta Nostro Signore quando chiama San Pietro dalla barca, ben conservato, con 12. figure. Per traverso soldi 7., alto soldi 8., di mano di Andrea *Boscoli* pittor fiorentino.

439. Un Presepio con molte figure in terra, e una Gloria copiosa e angeletti, con un poco di veduta di paese, toccato di penna e acquerelli sopra carta bianca. Per alto soldi 7. e $\frac{1}{2}$., largo 5. e $\frac{1}{2}$., di mano del *Casolani* senese, terminato e conservato.

440. Disegno di penna e acquerello sopra carta bianca, storiato con molte figure, ragionevolmente conservato. Rappresenta S. Tommaso apostolo quando mette il dito nel costato del Salvadore. Per alto soldi 7. e ½., largo soldi 6. Originale di Giorgio *Vasari.*

441. Disegno di lapis nero, lumeggiato sopra carta bigia, ben terminato e conservato. Rappresenta un Apostolo vestito, con bellissimo panneggiato. Per alto 15. soldi scarsi, largo 8. e ½., di mano dell' *Empoli.*

442. Disegno di penna lumeggiato di bianco sopra carta tinta, di 6. figure; tre delle quali portano un morto sopra una tavola e un altro in atto di sollevare un languente in terra. Per traverso soldi 10. e ¼., alto 6. e ½. Primi segni, ma belli, di Luca *Cangiasi*

443. Disegno di una lunetta, toccato di penna e acquerelli turchini sopra carta bianca, fatto per una lunetta, dipinta dal *Coccapani* nei Chiostri di S. Marco di Firenze. Per traverso soldi 14., alto soldi 7. e ¼., di mano del *Cigoli,* ben conservato. Il disegno lo fece il *Cigoli;* e la pittura il *Coccapani* suo amico.

444. Un S. Francesco di lapis nero, sopra carta turchina in ginocchioni, ben conservato. Per alto soldi 10. e ¾., largo 8 e ½. Si dice del *Baroccio,* ma forse è del *Vanni* di Siena.

445. Un paese toccato di penna e acquerelli, ben terminato e conservato, per traverso soldi 11. e ½., alto soldi 7. e ½., d'autore incognito.

446. Disegno a penna e acquerelli, sopra carta bianca. Figura una Santa Maria Maddalena in gloria, con molti angioli attorno. Per alto 15. soldi, largo 10., di mano di Onorio *Marinari* pittore fiorentino.

447. Disegni per arazzi, fatti di lapis nero e acquerelli, sopra carta bianca. Rappresentano uno la Fede, l'altro la Carità, sopra le sue basi ben ornate e alcuni festoni in alto con cartelle. Per alto soldi 9. e ¾., largo 6., di mano di Bernardino *Poccetti,* ben conservato.

448. Disegno di lapis rosso sopra carta bigia, di un uomo che appoggia la testa sopra la mano destra, per alto soldi 6. e ½., largo 5. e ¾., di mano del *Volterrano.*

449. Alcuni Santi per un sotto in su di lapis rosso e nero. Per alto 8. e ½., largo 7., primi segni del *Volterrano.*

450. Una figura vestita, di lapis rosso sopra carta bigia, figura un uomo che siede, alza la mano destra, con un catino a'piedi, e dietro al medesimo è un nudo che dorme, di lapis rosso. Per alto soldi 15. scarso, largo 11. e ½, di mano del sud.°

451. Studio di braccia, mani e teste, con dietro una ½. figura di lapis nero. Per alto soldi 14. e ½., largo 9. e ¾, di mano del sud.°

452. Disegno di lapis rosso di diverse figure, disegnato da due parti, segnato di n.° 116., per alto soldi 14., largo 8. e ¾., d'autore incognito.

453. Disegno di lapis rosso di una figura che sta in ginocchioni, colla sinistra al petto e la destra in atto di pregare, molto ben conservato e terminato. Per alto soldi 11. e ½., largo soldi 8. e ¾., di mano di Lorenzo *Lippi* fiorentino.

454. Due figure in ginocchioni con un soffietto in mano, fatte di carbonella sopra carta tinta, molto ben conservate, per traverso soldi 12., alto soldi 8. e ½., si dice di mano del *Bassani.*

455. Disegno di penna e acquerello sopra carta bianca. Figura tutto l'ornato per la volta di una stanza d'architettura, putti, rabeschi, fogliami, festoni, cartelle e maschere, e nel mezzo un ottangolo dentro al quale si vede Dio Padre con una copiosa gloria d'angeli, benissimo terminato e conservato. Per traverso soldi 8., alto soldi 8. e ½., di mano di *Gio: da S. Giovanni.*

456. Un'Accademia di lapis rosso, lumeggiata sopra carta bianca, che giace con braccia e gamba destra alzate. Per traverso 11. soldi e ¾., alto 8, di mano del *Melissi* fiorentino, scolare del *Bilivelti.*

457. Un'Accademia, di lapis rosso, che sta in ginocchio, solo col piè destro, e si appoggia in terra sul gomito sinistro, per traverso soldi 12. e ¾., alta 8., di mano del *Passignano*.

458. Disegno per un Reliquiario di lapis nero con due figure di femmine, che posano sopra una adeguata base; una delle quali ha un agnello in collo, e una corona reale, sotto il piè sinistro, e l'altra appoggia la mano destra sopra un giogo, mentre ambidue sostengono il reliquiario circondato da 8. teste d'angeli e sopra il Triregno. Disegno ben terminato e conservato, di mano di Ciro *Ferri*.

459. Un naturale di lapis rosso, lumeggiato sopra carta tinta; per traverso soldi 14., alto 9. e ½., di mano di Tommaso *Redi* fiorentino, scolare di Carlo *Maratta*.

460-463. Quattro paesi e quantità di animali, e figure di lapis nero sopra carta bianca, assai belli, diligentemente terminati e conservati. Per traverso soldi 10. e ¾., alti 7. e ½., di mano del *Pucci* pittor fiorentino, scolare di Gio. Domenico *Gabbiani*, fatto apposta per questo studio.

464. Un baccanale con quantità di figure, fatto di lapis nero, terminato a perfezione. Per traverso soldi 19., alto 12., di mano del *Valle* fiorentino scultore, nipote del *Foggini* scultore, fatto apposta per questo studio.

465. Un paese d'acquerello nero, sopra carta bianca. Per alto 19. soldi e ⅓., largo 14. e ¾., di mano di Girolamo *Cossner (Kostner)* della Guardia a cavallo di S. A. R., fatto in Firenze l'anno 1719 apposta per questo studio.

466. Un'Accademia di lapis rosso, lumeggiata su carta tinta. Per alto 1. b.° e 1. soldo, largo soldi 15., di mano d'Antonio *Pellegrini* veneziano, pittore vivente.

467. Un'Accademia di lapis rosso, sopra carta tinta lumeggiata di bianco. Per alto soldi 19., larga 14. e ¾., di mano di Lorenzo *Bernino*, famoso scultore.

468. Disegno a chiaro scuro, fatto di carbonella, di frutte, erbe selvatiche, dentro una canestra, una sporta rotta con una tavolaccia sopravi pentole e uccellami. Per alto soldi 15. e ¾., largo 11. e ¾., di mano di Nicola *Wan*

Oubrachen fiammingo, dimorante in Livorno, fatto quivi apposta per questo studio l'anno 1718.

469. Disegno a penna terminato, acquerellato e lumeggiato sopra carta bianca. Figura un Catone a sedere sul letto, colla spada in mano, con altre figure, ricco d'architettura. Per alto soldi 18. e ¼., largo 14. scarsi, di mano di Guglielmo *Okent*, inglese fatto apposta per questo studio.

470. Un naturale, o sia accademia di lapis rosso lumeggiato di bianco sopra carta tinta, figurato per Abele ucciso, coll'altare in lontananza: bellissimo disegno, finito e conservato, di mano di Antonio *Balestra* veronese, scolare di Carlo *Maratti*, per traverso soldi 19. e ½., alto 14. e ⅔.

471. Un nudo, o accademia, bellissimo, terminato e conservato. Per alto soldi 19. e ½., largo 13. e ⅔., di mano del sud.º

472-473. Due accademie di lapis nero lumeggiate di bianco sopra carta tinta; una per alto 19, e ½., larga 14. e ⅔., di mano di Sebastiano *Conca*.

474. Disegno di penna e acquerello lumeggiato di biacca sopra carta tinta, figura la caduta de'giganti. Per alto un b.º scarso, largo soldi 15., di mano di Giacomo *Saetta* padovano. Disegno spiritoso, fatto apposta per questo studio.

475. Un naturale o sia accademia di lapis rosso lumeggiata di biacca sopra carta tinta, segnata di dietro col n.º 32., ben terminata e conservata. Per alto soldi 18. e ½., largo 12. e ⅔., di mano del *Romanelli* scolare di Pietro.

476. Disegno di acquerelli a chiaro scuro, con lumi di biacca; rappresenta quando S. Tommaso Apostolo mette il dito nel Costato del Nostro Signore, molto bello storiato e finito, con molte figure intiere, di mano di Gio. *Casini* fiorentino, fatto apposta per questo studio l'anno 1720. Per alto soldi 18. e ½., largo 13 e ½.

477-483. Tutta la Cupola di S. Agnese di Roma, dipinta da Ciro *Ferri*, la quale ora è stata guasta, disegnata a penna e acquerelli in 7. fogli. Per alto un b.º e 6. soldi, larghi 17., sopra carta bianca, benissimo fatta e conservata, di propria mano del *Gimignani*, scolare del medesimo *Ciro*.

484. Disegno di lapis nero, lumeggiato sopra carta tinta. Storietta terminata, di mano di Pier *Dandini*, pittor fiorentino. Figura un re in soglio, che dà udienza ad un soldato, per traverso 14. soldi e $\frac{1}{2}$., alto 8. soldi e $\frac{3}{4}$.

485. Un naturale di lapis rosso, lumeggiato di bianco sopra carta tinta, figura un Ciclope che abbraccia un masso. Per alto 14. soldi e $\frac{3}{4}$., largo $\frac{1}{2}$. b.°, di mano di Tommaso *Redi*.

486. Uno scudo per un'arme con putti, animali, maschere, -cornucopie, nicchi e cartelle, toccato di penna e acquerello, di mano di Baccio del *Bianco*. Per alto 9. soldi, largo 7.

487-497. Undici naturali, cioè 8. sopra carta tinta di lapis nero, lumeggiati di biacca, uno di lapis nero su carta bianca, uno di lapis rosso su carta tinta, con lumi, e l'altro di lapis rosso lumeggiato su carta turchina; tutti per alto un b.° scarsi, larghi soldi 14. e $\frac{3}{4}$., di mano di Agostino *Cornacchini* scultore fiorentino, vivente in Roma, ed è quello, che fa attualmente la grand'opera del Carlo Magno a cavallo in un marmo bianco di un solo pezzo, da collocarsi nel portico di S. Pietro in faccia al Costantino, del *Bernino*.

498. Un naturale, o sia accademia di lapis nero, lumeggiato su carta tinta. Per alto soldi 19. e $\frac{1}{2}$., largo 15., di mano del pittore del Duca di Savoia, quantunque vi sia scritto *Antonio Podevin fiammingo Roma*.

499. Altro naturale di lapis nero, lumeggiato di carta tinta, dell'istessa mano, e di dietro per la metà del foglio. Per traverso si vede la Storia del passaggio del Mar Rosso, toccato di penna e acquerello, lunga soldi 13., alta 9. e $\frac{1}{2}$., benchè sia scritto come sopra.

500. Disegno fatto per una scena, che rappresenta una prigione toccata di penna e acquerello, per alto soldi 10., largo 7. e $\frac{1}{2}$., di mano di Serafino *Brici (Brizzi)*, pittor bolognese vivente.

501-504. Tre pensieri per scene di penna e acquerello su carta bianca, per traverso 8. soldi, alte 6., di mano del

Bibbiena, e disegno di penna e acquerelli, storiato con quantità di figure. Rappresenta Nostro Signore, quando fu preso e legato nell'orto, e si vede S. Pietro quando taglia l'orecchio a Malco. Per alto soldi 14. scarsi, largo 10. scarsi, si dice di mano di Alberto *Duro*.

505. Disegno antico, toccato di penna e acquerelli in ovato, storiato con molte figure, benissimo conservato. Per alto soldi 10. e ⅓., largo 7. Creduto di Cecchino *Salviati*, ha il n.° 162 dietro, per contrassegno.

506. Disegno antico, toccato di penna e acquerelli, sopra carta tinta, bellissima copia antica, fatta dal famoso quadro della SS.ᵐᵃ Nonziata, di *Andrea del Sarto*. Per alto soldi 7. e ⅓., largo 6. e ⅓.

507. Una testa di lapis rosso e nero sopra carta turchina, che guarda in giù, con dietro due studi di panni, col disegno di un capitello, fregio e cornice. Per alto soldi 8., largo 6. e ⅓., di mano di Bernardino *Poccetti*.

508. Disegno di acquerelli sopra carta turchina, storiato e ben conservato. Per traverso soldi 10., largo 7., per contrassegno ha il n.° 4. dietro.

509. Disegno storiato di lapis nero, sopra carta bianca, finito e ben conservato; per alto soldi 6. e ⅔., largo 5. e ⅘. Originale di *Paolo* Veronese. Per contrassegno ha scritto dietro, = di *Paolo* Veronese in Roma 1713, ed è un poco macchiato.

510. Disegno di penna e acquerelli, storiato, ben terminato e conservato. Rappresenta la Santissima Vergine fanciulletta, che si presenta avanti a Simeone, con molte figure, e S. Francesco in ginocchioni da un canto, ricco d'architettura, per alto soldi 10., largo 7. scarso, di mano di Francesco *Vanni* senese.

511. Nostro Signore nel tempio che disputa coi Dottori. Sbozzo d'acquerelli, assai terminato con architettura, di mano di Bernardino *Poccetti*, benchè dietro vi sia scritto *Domenichino*. Per traverso soldi 7., alto 6. e ⅕.

512. Un paese di lapis rosso sopra carta bianca, con due

figurette. Per alto soldi 10. e $\frac{1}{3}$., largo 7. e $\frac{1}{4}$., di mano del *Guercino*.

513. Una figura vestita, di lapis rosso sopra carta bianca. Per alto 14. soldi e $\frac{3}{4}$., larga 8. e $\frac{1}{2}$., di mano di Lodovico *Cigoli*. Per contrassegno ha dietro la pianta di una casa, lo schizzo di due figurette e 2. numeri; cioè n.º 54 e n.º 116.

514. Una testa lumeggiata di bianco sopra carta, di mano del *Volterrano*, dipinta da esso per una Sibilla, in uno degli angoli della Cappella del marchese Niccolini in S. Croce di Firenze. Per alto soldi 14., largo 9.

515. Una figura in piedi vestita, di lapis rosso sopra carta bianca. Per alto soldi 14. e $\frac{1}{3}$, larga 8. e $\frac{3}{4}$., di mano di Lorenzo *Lippi* fiorentino.

516. Una figura di lapis rosso, vestita, che tiene nelle mani una statuetta su la sua base. Per alto soldi 14. e $\frac{1}{3}$, larga 9., di mano del *Passignano* pittor fiorentino, da esso fatta in Roma.

517. Una figura in rene vestita di lapis rosso, sopra carta bianca con bellissimo panno, bellissima e ben conservata. Per alto soldi 14. e $\frac{1}{4}$., larga 9. e $\frac{3}{4}$., di mano di Matteo *Rosselli* fiorentino, dietro ha per contrassegno il n.º 111.

518. Due disegni sopra una stessa carta di lapis rosso. Per traverso lunghi ciascheduno soldi 8. e $\frac{3}{4}$., alti due soldi e $\frac{1}{4}$. Rappresentano fregi, con animali, rabeschi. Originali di mano di Stefano della *Bella*.

519. Disegno storiato di lapis nero e acquerello. Per traverso lungo un b.º e $\frac{1}{2}$., alto soldi 6. e $\frac{3}{4}$., originale di mano di Livio *Meus*, fatto per lo sfondo della cupola da esso dipinta per i padri Fogliauti, francesi, nella Chiesa detta della Pace fuori della Porta Romana di Firenze.

520. Una figura in piedi, veduta in rene, con bellissimo panneggiato di lapis nero. Per alto soldi 9. e $\frac{3}{4}$., largo 4. e $\frac{1}{4}$., di mano dell'*Empoli*.

521. Una figura in piedi, armata col morione tirato giù, figurata per un Saracino, fatta di penna e acquerello. Per alto soldi 5. e $\frac{1}{4}$., larga 7., di mano di Baccio del *Bianco*.

522. La testa di un bue di lapis rosso, bellissima e ben conservata, per traverso soldi 3. e ¾., alta l'istesso, di mano di Pandolfo *Reschi*.

523. Un nudo a giacere, toccato di penna, a cui senza guastare il disegno manca un pezzo di carta. Per traverso soldi 6., alto 4. scarsi, di mano di Baccio *Bandinelli*.

524. Una Pietà, o sia un Cristo morto in braccio alla Vergine, toccato di penna e acquerello sopra carta bianca. Per alto soldi 8., larga 6. e ¾., di mano di Luca *Cangiasi*.

525. Disegno di penna e acquerello sopra carta tinta, assai terminato. Rappresenta una Vergine, che colla sinistra alzata, tiene un ramo, e davanti ha Gesù e S. Giovanni che siedono e si baciano, con dietro una ½. colonna. Per alto soldi 6. e ¾., largo 6., di mano del *Guercino*.

526. Disegno storiato, non totalmente finito, ma di bellissimi segni di lapis rosso sopra carta bianca, rappresenta una Vergine in gloria, coll'Angelo Gabriele da una parte, dall'altra l'Arcangelo S. Michele, con un santo in terra in ginocchioni. Per alto soldi 8., largo 5. e ⅓., di mano di Matteo *Rosselli*.

527. Un naturale o nudo di lapis rosso, sopra carta bianca, ben terminato, per alto 10. soldi, largo 7., di mano di Agostino *Melissi* fiorentino.

528. Una figura vestita, toccata di lapis nero, sopra carta bianca, che posa sopra una base e tiene con amendue le mani un cornucopio, per alto 7. soldi, larga 5., di mano di Bernardino *Poccetti*.

529. Disegno di penna e acquerello. Rappresenta un apostolo vestito. Per alto 4. soldi, e ⅓., largo 2., di mano del *Palma*.

530. Disegno di penna e acquerello, bellissimo posare di una figura vestita. Per alto soldi 7. e ½., largo 6. e ⅓., di mano di Bernardino *Poccetti*.

531. Disegno di penna e acquerelli sopra carta antica, ben conservato, in cui sono tre gruppetti, assai terminati; uno è il Tempo che siede sopra di un mostro, l'altro è

574

Mercurio o Perseo, che tiene due trombe alla bocca, ai piedi ha un'arme e da un lato manco una testa; il 3.º rappresenta una Venere con Cupido. Per alto soldi 5., largo 6. scarso, di mano di *Marco da Faenza.*

532. Un paese toccato di penna, assai terminato. Per traverso soldi 8. scarso, alto 5. e $\frac{3}{4}$., di mano del *Guercino.*

533. Disegno dell'Arcangelo S. Michele colla testa armata di elmo e penne, e colla sinistra tiene le bilance in alto, $\frac{1}{2}$. figura di lapis rosso sopra carta bianca. Per alto soldi 9., largo 7., di mano di Matteo *Rosselli.*

534. Due piccole figurine di lapis nero sopra carta bianca, che figurano due manifattori, che ricerchiano una botte. Per traverso soldi 3., alto 2. e $\frac{1}{2}$., di mano di Stefano della *Bella.*

535. Un caprone che giace di lapis rosso e nero, sopra carta bianca. Per traverso soldi 7. scarsi, alto 5. scarso, di mano di Salvador *Rosa.*

536. Un paese toccato di penna ben terminato. Per alto soldi 8. e $\frac{1}{2}$. scarso, largo 8. e $\frac{3}{4}$., ben conservato, di mano di Salvador *Rosa.*

537-544. Otto disegni di penna e acquerello sopra carta bianca. Rappresentano diverse figurette, alcune per lo ritto, alcune per traverso, di grandezza circa 4. soldi l'una, molto belle e spiritose, fatte colla penna a primi segni, di mano di Salvador *Rosa.*

545. Alcuni tronchi d'albero, disegnati a penna, per traverso soldi 6., alti 3. e $\frac{1}{2}$., di mano di Stefano della *Bella.*

546. Una figura in piedi per maschera, vestita con una pelle in testa; toccata di penna e acquerelli, con in mano una cicogna, a cui tira il collo. Per alto soldi 8., larga 6., ben terminata e conservata, d'autore incognito.

547. Una Vergine con Gesù in collo, che ha nella destra un uccellino, quale sostiene in alto, toccato di penna e acquerello rossiccio, e siede in una tribuna tra due colonne. Per alto soldi 7. e $\frac{3}{4}$., alto 6., d'autore incognito.

548. Disegno di penna, toccato d'acquerelli di lacca chiara.

Rappresenta Daniele coi leoni in atto di ricevere il cibo da Abacuc, che viene sospeso in aria per i capelli, assai terminato. Per traverso soldi 7., per alto soldi 7. scarsi, di mano di Matteo *Rosselli*.

549. Disegno di penna in un tondo sopra carta bianca. Rappresenta la Vergine SS.ᵐᵃ tutta intera col figlio in collo, e sotto la $\frac{1}{2}$. luna e a piedi ha un omaccino vestito, che sta in ginocchioni, colle mani giunte, dentro ad un berrettino. Per alto soldi 6. scarso, largo 5. e $\frac{1}{2}$., di mano di Alberto *Duro*.

550. Disegno di lapis nero, dentro a cui sono 9. figure, alte 2. soldi e $\frac{1}{4}$. l'una. Rappresentano diverse attitudini, per traverso soldi 7. scarso, alto 4. e $\frac{2}{3}$., di mano del *Callotti*.

551. Tre figurine di lapis rosso, sopra carta bianca, per traverso soldi 4. e $\frac{1}{2}$., alto 3., di mano del sud.º

552-567. Sedici disegni di lapis nero, sopra carta bianca, disegnati da amendue le parti del foglio, studii di braccia, mani, teste e gambe, fatti per la tavola dipinta in Santa Croce di Firenze, bellissimi e ben conservati, per alto 5. soldi, larghi 3. e $\frac{2}{3}$., di mano dello *Stradano*.

568. Disegno di lapis rosso in mezza figura. Un Vescovo col pastorale nella destra in atto di leggere un libro che tiene aperto nella sinistra. Per alto soldi 7. e $\frac{1}{2}$., largo 6., di mano del *Fidani*.

569-576. Otto disegni di lapis rosso sopra carta bianca, sono tutti ritratti storiati, con testa e petto solamente d'uomini illustri fiorentini, che due per traverso, uno lungo soldi 6. e $\frac{2}{3}$., alto 3. e $\frac{1}{5}$. in quadro, l'altro per traverso lungo soldi 8., alto soldi 3. e $\frac{1}{2}$., e gli altri 6. per traverso soldi 5. e $\frac{1}{5}$., alti 3. e $\frac{1}{4}$., dipinti nella galleria del Senator Buonarroti da.....

577. Alcuni segni di penna, non terminati: per traverso soldi 9. e $\frac{2}{3}$., alti 7., di mano del *Gennari*, con due figure.

578. Una $\frac{1}{2}$. figura di lapis rosso a sedere. Per alto soldi 5. e $\frac{1}{4}$., larga 5., di mano del *Cavedone*.

579. Un riposo d'Egitto, disegno toccato di penna e acquerelli, storiato, terminato e conservato. Per traverso soldi 10., alto 5. e ⅓., della scuola di *Simone da Pesaro*.

580. Alcuni dintorni a penna di un putto non terminati. Per alto 9. soldi, largo 4., di mano del *Gennari*, o piuttosto del *Guercino*.

581. Disegno di penna e acquerello di un *Noli me tangere*, fatto per un altare di stucchi in Bologna, assieme coll'ornato. Per alto soldi 10., largo 7., di mano di Giuseppe *Mazza* scultore bolognese.

582. Una storietta che rappresenta un assassinamento in una grotta, di lapis nero e acquerelli, con molte figurette. Per traverso soldi 7., alta 6., di mano di *Gio. da San Giovanni*, stracciato da una parte.

583. Una testa a pastelli. Per traverso soldi 6. e ½ , alta soldi 7. scarsa, di mano del *Baroccio*.

584. Disegno di lapis rosso su carta bianca, storiato con molte figure, che rappresentano la flagellazione alla colonna. Per alto soldi 6., largo 4. e ⅓., ben conservato, di mano del *Soiardi (sic)* lombardo.

585. Disegno di un uomo vestito, che siede con una spada nella sinistra, fatto d'acquerelli sopra carta bianca. Per alto soldi 9., largo 7. e ½., bellissimo e ben conservato, di mano di Lodovico *Cigoli*.

586. Disegno a penna e acquerelli di un angelo in piedi vestito colle ali, una palma nella destra e una corona di lauro nella sinistra. Per alto soldi 6., largo 4. e ⅓., ben conservato, di mano di Bernardino *Poccetti*.

587. Una storietta di penna e acquerelli lumeggiata di biacca, sopra carta tinta, si vede un putto che dorme in una culla, con dietro una regina, che lo riguarda a braccia aperte, e 3. damigelle attorno, e sei altre figure in diverse attitudini. Disegno interamente terminato e conservato, di mano di Francesco di Piero *Grossi* fiorentino, fatto nel 1690.

588. Disegno di un paese, toccato di penna e acquerelli su

carta bianca, non interamente terminato. Per traverso soldi 11. e $\frac{1}{2}$., alto 8., di mano di Pandolfo *Reschi*.

589. Disegno di lapis nero lumeggiato sopra carta turchina, di una figura vestita che siede. Per alto soldi 7. e $\frac{1}{2}$, largo 5. e $\frac{3}{4}$., studio della scuola di Simone *Cantarini*.

590. Una testa di un vecchio senza barba, e grasso, che guarda in su, di lapis rosso sopra carta bianca. Per alto soldi 7. e $\frac{1}{2}$., largo 5. e $\frac{1}{2}$., di mano di Agostino *Mitelli*.

591. Disegno toccato di penna e acquerelli, disegnato da tutte a due le parti. Da una si vede una figura vestita, che siede con un'altra a canto, e un putto, e dietro un panno, con sopra alcuni dintorni di gambe, e dietro alcuni disegni, e gambe e teste, e torso. Per alto soldi 9. e $\frac{1}{2}$., largo 6. e $\frac{3}{4}$., si dice di Giulio Cesare *Proccacini*, assai bello.

592-627. Numero trentasei nudini o naturali in carta piccola, alta 7. soldi, larga 5., sei di lapis nero e trenta di lapis rosso. Venti di essi sono di mano di Gio. *Viani* bolognese, e sedici sono di Domenico *Viani* suo figliuolo; tutti ben terminati e ben conservati.

628-640. Tredici Apostoli, fatti a penna, ben terminati. Per traverso soldi 4 e $\frac{1}{2}$., alti 4., di mano di uno scolare del *Crespi*, detto lo Spagnuolo bolognese, benissimo conservati.

Qui finiscono tutti i disegni che fino a questo giorno 5. novembre 1722. si ritrovano sciolti in questo studio, i quali però alla giornata vanno crescendo, e vengono fatti legare in diverse grandezze.

Ora principiano i disegni legati in libri.

Libro primo legato e coperto in vitello rosso di Smirne riccamente dorato di carte n.° 32, che contiene numero cento tre disegni piccoli, tutti di bonissimi professori bolognesi, dei primi e più rinomati autori; cioè a dire Lodovico, Agostino e Annibale *Caracci*, del *Cavedone*, del *Brizio*, di Niccolò dell'*Abate*, di Guido *Reni*, di Pellegrino *Tibaldi* e molti altri, e particolarmente alcuni pensieri, originali di mano di Agostino *Caracci*, fatti per l'istorie del Tasso, tutti benissimo conservati; la grandezza della carta di detto libro è soldi 7. e $\frac{1}{2}$. per alto che è la sua veduta, e qualche cosa di più di 5. soldi per largo.

Secondo libro in carta bianca di misura di foglio alla genovese. Per alto soldi 10. e $\frac{1}{2}$., largo soldi 7. e $\frac{1}{3}$., di numero carte 85., che contengono 138. disegni col frontispizio, di mano di Filippo *Ottani* bolognese, coll'arme del Padrone del presente studio. I disegni sono di diversi autori e di diverse grandezze. Il 1.º è di *Raffaello*.....; nella 2.ª carta vi è un piccolo disegno di *Pietro da Cortona*; nella 3.ª ve ne sono sei piccoli di Stefano della *Bella*; nella quarta ve ne sono quattro dell'istesso; nella 5.ª quattro pure dell'istesso; nella sesta uno di.....; nella settima uno toccato di penna di....., e un altro di Stefano della *Bella*; nell'ottava, nona, decima e undecima sono 4. disegni a penna dell'istesso.....; nella duodecima vi è un disegno di penna per una soffitta d'Agostino *Cornacchini*, e una figura di penna e acquerello di.....; nella 13.ª, 14.ª e 15.ª sono due disegni per carta come sopra, di mano dell'istesso; nella 16.ª un S. Antonio Abate, di mano di.....; nella 17.ª un disegno storiato di Giuditta, e dall'altra parte una Vergine di Cecchin *Salviati*; nella 18.ª una testa d'un pastore, del *Bassano*, e una di donna, di mano di *Cecco Bravo* (1); nella 19.ª un disegno a penna d'uno che suona il flauto, di mano di Donato *Creti* detto il *Ragazzini* di Bologna; nella 20.ª una mano di lapis rosso, che viene dal gesso, di Onorio *Marinari*; nella 21.ª una testa del suddetto, e una mano di Carlin *Dolci*; nella 22.ª un disegno a lapis rosso per un arme, del *Furino*; nella 23.ª un angelo che suona il liuto, del *Boscoli*; nella 24.ª una testa di femmina in profilo a pastelli, di mano del *Baroccio*, o del *Vanni* di Siena; nella 25.ª tre disegni, una testa grande a

(1) Francesco *Montelatici*.

penna, del *Callotti*, una piccola del *Cigoli*; e una figurina che fuma, di Luca d'*Olanda*. Nella 26.ª un ritratto di lapis rosso e nero di..... Nella 27.ª tre disegni a penna di figurette del *Callotti*; Nella 28.ª un paese a penna del med.º Nella 29.ª alcuni segni di galere, di mano di *Pandolfo (Reschi)*. Nella 30.ª altra simile dell'istesso. Nella 31.ª altra simile dell'istesso. Nella 32.ª una testa e una mano di lapis rosso, di Pietro da *Cortona*, e un puttino, di..... Nella 33.ª quattro piccoli disegni o schizzi a penna, di Ciro *Ferri*. Nella 34. 6. simili del suddetto. Nella 35. una testa di lapis nero, del *Bassano*, e due diseguetti di Ciro *(Ferri)*. Nella 36. due disegni di Cecchin *Salviati*, e uno del *Tempesti*. Nella 37. uno del *Baroccio* storiato, e una testa di Agostino *Caracci*. Nella 38. un paese tondo a penna finitissimo, di Remigio *Cantagallina*, e una testa del *Bilivelti*. Nella 39. una testa del *Bilivelti* e un Amore e Venere a penna, di..... Nella 40. una femmina di lapis rosso, del *Furino*, e un Sant'Antonio di *Cecco Bravo*. Nella 41. il p.º pensiero della famosa Nonziata, di mano del *Baroccio*. Nella 42. una testa di Pietro da *Cortona*, e una carta con due teste, di Baccio *Bandinelli*. Nella 43. un paese di Stefano della *Bella*. Nella 44. un cavallo a penna di Stefano della *Bella*. Nella 45. una femmina per grottesche di Cecchino *Salviati*. Nella 46. una Santa Maria Maddalena di lapis rosso del *Furino*. Nella 47. un pensiero storiato di Salomone, che adora gl'Idoli, di mano del sud.º Nella 48. un nudo del *Tintoretto*. Nella 49. una Natività storiata, e finita, di Santi di *Tito*, della quale il Padrone di questo studio ne tiene il quadro originale. Nella 50. una storiettina dei suddetti Santi. Nella 51. un'altra storietta del sud.º e un altro piccolo di lapis rosso di..... Nella 52. una testa di Onorio *Marinari*. Nella 53. una testa di lapis rosso di Diacinto *Brandi*, e due mani di..... Nella 54. una testa, di Pietro da *Cortona*. Nella 55. una Vergine intera, terminata e conservata, del *Mola*. Nella 56. una figurina di un Apostolo del *Perugino*. Nella 57. un Cristo risorgente, della scuola di Santi di *Tito*. Nella 58. una storietta a penna di Santi di *Tito*. Nella 59. la storietta della tavola di S. di *Tito*, del Cristo *in fractione panis* di lapis rosso. Nella 60. altra storietta terminata del sud.° Nella 62. un disegno d'un Evangelista, del *Ligozzi*. Nella 63. un presepio storiato e conservato, di Matteo *Rosselli*. Nella 64. Ercole e Caco, figure intiere di ..... Nella 65. un filosofo in $\frac{1}{4}$. figura, di Salvador *Rosa*. Nella 66. un Cristo morto colle Marie e Angeli, di mano ..... Nella 67. copia di un basso rilievo antico, di ..... Nella 68. due disegni, che uno dove è S. Francesco in estasi, mentre l'Angiolo suona il violino e l'altro colla Vergine e 4. Santi, di mano di ..... Nella 69. una testa, di *Ciro*, e una storia, di Pietro de *Petris*. Nella 70. una testa, di mano di ..... Nella 71. quattro disegni, che uno del Padre *Pozzi*, due di Stefano della *Bella*, e un putto di Simone da *Pesaro*. Nella 72. due disegni, uno di Stefano della *Bella*, l'altro di due figure di lapis rosso, di mano del *Pordenone*. Nella 73. un angelo a penna del *Brizio*. Nella 74. un disegno con due figure, del *Tintoretto*. Nella 75. due disegni, a lapis rosso, che uno del *Guercino*, l'altro di ..... Nella 76. una testa di lapis nero di ..... Nella 77. un paese a penna, ben conservato, della scuola de' *Caracci*. Nella 78. un putto di lapis rosso, $\frac{1}{2}$. figura del *Mola*. Nella 79. due disegni, un San Francesco di lapis rosso del *Cigoli*, e una femmina a penna, di ..... Nella 80. un disegno a penna mal condotto, con San Francesco, e due altri Frati, di mano di *Tiziano*, e un altro a penna, di ..... Nella 81. un angelo di lapis rosso, del *Passeri*. Nella 82. un disegno di lapis rosso con tre frati, di mano del *Pordenone*. Nella 83. una figurina, originale di Andrea del *Sarto*, ed è una di quelle figure da esso dipinte nel Chiostro piccolo della SS.ᵐᵃ Nonziata di Firenze. Nella 84. un disegno con 5. figure, di mano di Sisto *Badalocchi*. Nella 85. una testa di lapis rosso di un vecchio assai terminata, di mano del *Guercino* da Cento.

Terzo libro, legato di vitello di Smirne di color cremisi, tutto dorato riccamente, e legato con tutta lindura di carte n.° 136 in carta reale grande, che contiene 185 disegni di diverse grandezze degli infrascritti autori, benissimo conservati e profilati a penna. Carte n.° 1. Un angeletto toccato a penna e acquerello, con una fascia in mano, in cui sta scritto il motto: *Non sine labore.* N.° 2. L'arme del padrone del libro con putti, quali hanno ciascheduno una corona in mano, che forma l'impresa dell'Accademia del Disegno, posati sopra un piedistallo, e 2. putti in alto sopra la detta arme, quali sostengono ciascheduno diversi strumenti attenenti alla pittura; toccata di penna e acquerelli, di mano di Filippo *Ottani* bolognese; siccome è l'antecedente, fatta apposta per questo libro, il quale contiene per lo più disegni di autori moderni. N.° 3. Disegno storiato di penna e acquerello; alto 14. soldi e $\frac{1}{2}$., largo 10., con S. Margherita e S. Francesco a piè della Vergine SS.ma che siede in alto col Gesù Bambino in collo, sopra un pilastro, di mano di Gaspero *Diziano* veneziano, scolare di Marco *Ricci.* N.° 4. In questa carta vi sono 4. disegni a penna e acquerello, con un Tripode, diversi ornati per camera, e due adornamenti ovati, di mano di Giovacchino *Fortini* scultore fiorentino. N.° 5. Due ovati d'inchiostro della China di due paesi, per alto 7. soldi, larghi 5. e $\frac{1}{2}$. l'uno, di mano del prete Gio. Battista *Magnelli* fiorentino, e un paese, per traverso soldi 12. e $\frac{3}{5}$., alto 6. d'acquerelli coloriti; l'altro d'autore incerto, rappresenta la veduta del Monastero de'Padri Olivetani, fuori di Firenze. N.° 6. Due paesi, uno d'inchiostro della China lungo 9. soldi, e $\frac{3}{4}$., alto 6., l'altro d'azzurro lungo 8. soldi e $\frac{1}{2}$., alto 6, ambidue del sud.° prete *Magnelli,* con figure. N.° 7. Un paese tutto di penna, per traverso lungo 13. soldi e $\frac{2}{3}$., alto 8. del sud.° N.° 8. Un paese d'inchiostro della China, per traverso 8. soldi e $\frac{2}{3}$., alto 3. e $\frac{4}{5}$., del sud.°, e 2. teste di lapis rosso di un putto che ride, delle quali una è il calco dell'altra, per alto 9. soldi e $\frac{1}{2}$., larga 6. e $\frac{1}{4}$., di mano di Gio. Domenico *Siliani,* scolare di Onorio *Marinari.* N.° 9. Una figura nuda sulle nuvole, di lapis rosso, ben terminata; per alto soldi 14. e $\frac{1}{4}$., larga dieci, di mano del sud.° N.° 10. Una testa di lapis rosso che viene dal gesso, per alto 8. soldi, larga 6. e $\frac{1}{3}$., e un'altra $\frac{1}{2}$. figura di lapis rosso e nero non terminata intieramente, che rappresenta un Ganimede col vaso in mano; per alto soldi 7. e $\frac{1}{3}$.. largo 7., di mano del sud.º *Siliani*. N.º 11. Una testa di lapis rosso lumeggiata di carta tinta, che viene dal gesso, per alto 14. e $\frac{1}{3}$., larga soldi 9., di mano di monsieur de *Troy* di Parigi. N.º 12. Disegno colorito per una grotta, per alto soldi 14., largo 12., di mano del *Marcellini* scultore fiorentino. N.º 13. Disegno di lapis rosso, per traverso lungo soldi 9 e $\frac{1}{2}$., alto 6. Rappresenta un villano che dorme, con un altro dall'altra parte, amendue molto ben terminati, di mano di Romolo *Panfi* pittore fiorentino, e una piccola battaglia, assai bella e ben terminata, per traverso soldi 8 , alta soldi 5. e $\frac{3}{4}$., di mano del sud.º N.º 14. Due paesi a penna e acquerello, per traverso uno soldi 9., alto 7., di Remigio *Cantagallina*, molto ben terminato, l'altro lungo soldi 10., alto 5. e $\frac{3}{4}$., di mano del *Guercino*. N.º 15. Tre paesi a penna di Valerio *Spada* fiorentino, il p.º per traverso soldi 7. e $\frac{1}{3}$., alto 4. e $\frac{1}{2}$. Rappresenta la veduta per di dietro della villa detta il Poggio Imperiale della Real Casa di Toscana. N.º 16. Tre paesi a penna, di Remigio *Cantagallina*. N.º 17. Tre paesi a penna. Il più alto, lungo soldi 8. e $\frac{1}{2}$., alto 4. e $\frac{3}{4}$., di Valerio *Spada*, gli altri due del *Cantagallina*. N.º 18. Due paesi a penna del sud.º *Cantagallina*, compagni degli antecedenti in grandezza e altezza, cioè per traverso soldi 8., e per alto 5. e $\frac{1}{3}$. N.º 19. Due paesi a penna di Valerio *Spada*, per traverso soldi 10., alti 6., e questi di *Valerio* sono tutti compagni N.º 20. Disegno di lapis rosso con alcuni diavoli, per alto soldi 10., largo 7., di mano di Federigo *Zuccheri*, da esso dipinto nella Cupola del Duomo di Firenze, e un disegno di lapis rosso, d'acquerello lumeggiato, per alto soldi 10. e $\frac{1}{2}$., largo 3. e $\frac{1}{3}$., di mano del *Volterrano*. N.º 21. Due paesi compagni acquerellati, molto finiti e ben conservati, per traverso lunghi soldi 9., alti 6. e $\frac{1}{4}$., di Alessio *Napoletano* N.º 22. Due paesi compagni del sud.º N.º 23. Due paesi compagni del sud.º N.º 24. Un'Accademia di lapis rosso, di mano del *Redi* fiorentino. N.º 25. Disegno a penna coi contorni solamente, studio del cavallo, ridotto in proporzione, fatto da Agostino *Cornacchini* scultore fiorentino, con gran fatica ed arte, per l'opera grande che egli sta facendo del Carlo Magno a cavallo nel portico di S. Pietro, per traverso soldi 12. e ¼., alto soldi 10. N.° 26. Le Marie a piè della Croce con S. Gio. d'acquerello ben terminato e conservato, alto soldi 15., largo 12. scarso del sud.° N.° 27. Disegno a penna e acquerelli coloriti per un catafalco, per alto 14. e ½., largo 11. scarso, di mano del sud.° N.° 28. La pianta del detto catafalco alta soldi 14. e ½., larga 12., del sud.° Due disegni di lapis rosso, o piuttosto due schizzi, uno d'un Presepio, fatto di marmo all'Ecc.^{mo} card. Fabbroni, l'altro il p.° pensiero del Carlo Magno colla nicchia, per alto 14. e ¾., largo 12.; di mano del sud.° N.° 29. Un disegno d'acquerelli coloriti, fatti per la parte di dietro di un coppe, per traverso soldi 9. e ¾., alto 7. e ½, e due disegni a penna, uno d'un capitello d'una colonna, con alcune maschere, l'altro, fatto per il ciborio o tabernacolo dell'altare di S. Gio. Gualberto in S. Trinita di Firenze con putti, di mano del sud.° N.° 30. Un nudo di lapis nero, non terminato interamente, sopra carta tinta e lumeggiato, per alto soldi 14. e ¾., largo 9. e ¾., del sud.° N.° 31. Disegno di penna e acquerelli coloriti, ben terminato; per alto 11. e ¼., largo 8., figura una Pallade del sud.° N.° 32. Disegno di penna e acquerelli coloriti, alto 16. e ¾., largo 8. ben terminato, rappresenta un Cupido, del sud.° N.° 33. Disegno di penna e acquerelli coloriti, ben terminato, per alto soldi 11., largo 8, rappresenta il Dio Marte, del sud.° N. 34. Disegno di penna e acquerelli coloriti, ben terminato, per alto soldi 11. e ¾., largo 8. Rappresenta una Flora, di mano del sud.° N.° 35. Disegno di penna e acquerelli coloriti, ben terminato, per alto soldi 11. e ¾., largo 8. Rappresenta un Mercurio, di mano del sud.° N. 36. Disegno di penna e acquerelli coloriti, ben terminato, per alto soldi 11., largo 8. Rappresenta la Fama, del sud.° N.° 37. Una figura per saltare il cavalletto, di penna e acquerelli coloriti, terminata, per alto soldi 11., larga 8., del sud.° N.° 38. Disegno toccato solamente di penna per saltare

il cavalletto, per alto soldi 9. e ¾., largo 8., del sud.° N.° 39.
Disegno di penna e acquerelli coloriti, terminato, per alto
soldi 10., largo 7. e ¼., fatto per l'abito di una figura, d'uno
che deve ballare, ad un balletto alla francese. N.° 40. Disegno
per scena storiato, toccato di penna e acquerello, fatto per il
p.° pensiero per un'accademia, che fu fatta dai cavalieri Fiorentini, nel gran teatro di Via della Pergola, per la venuta
del Principe Elettorale di Sassonia l'anno 1712, per cui son
serviti ancora tutti gli altri disegni di deità antecedenti, del
sud.° N.° 41. Disegno a penna e acquerelli coloriti, ben terminato, per alto soldi 14. e ⅛., largo 10, fatto per una maschera, di mano del sud.° N.° 42. Disegno di penna e acquerelli coloriti ben terminato, fatto per una maschera ideale di
una donna, per alto soldi 15., largo 7. e ½ , del sud.° N.° 43.
Disegno di penna e acquerelli coloriti, ben terminato, fatto
per la maschera d'un moro vestito, per alto soldi 14. e ⅓.,
largo 9. e ¼ , del sud.° N.° 44. Disegno di penna e acquerelli
coloriti, terminato, fatto per una maschera ideale, per alto
soldi 11. e ¾., largo 8. e ¼. del sud.° N.° 45. Disegno a penna
e acquerelli coloriti, terminato, fatto per una maschera ideale,
per alto soldi 11. e ¾., largo 8. del sud.° N.° 46. Disegno di
un nudo, o accademia di lapis nero lumeggiato, sopra carta
turchina, per alto soldi 16. scarso, largo 12. e ¼ , del sud.°
N.° 47. Altro compagno non terminata, per alto soldi 16.,
largo 12., del sud.° N.° 48. Due delle prime statue antiche di
Roma di lapis rosso, ben terminato, per alto soldi 13. e ¾., e
per larghezza una soldi 6. e ¾., l'altra 5., di mano del sud.°
N.° 49. Un'accademia di lapis nero, lumeggiata sopra carta
turchina, per alto soldi 14. e ⅓., larga 9., e ¾., del sud.°
N.° 50. Un disegno di grottesca a penna, fatto da tutte due
le parti, per alto 12. soldi, largo 11. e ¾., del sud.° N.° 51.
Un'accademia di lapis nero, sopra carta bianca, per alto
soldi 14., larga 9. e ½., del sud.° N.° 52. Due disegni a penna
e acquerello, uno per traverso soldi 12., alto 8., fatto per
l'ornato di una camera terrena in casa il sig. cav. Gabburri,
l'altro per traverso soldi 9. e ¾., alto 7., fatto per l'or-

nato di certe medaglie, nella Cappella di S. Trinita di Firenze. del sud.° N.° 53. Disegno a penna e acquerello, per traverso soldi 15. scarso, alto 10. e $\frac{1}{2}$., fatto per l'ornato della suddetta Cappella, del sud.° N.° 54. Una $\frac{1}{2}$. figura di lapis nero, lumeggiata sopra carta tinta, ben terminata, per alto soldi 14. e $\frac{3}{4}$., larga 10. scarsi, del sud.° N.° 55. Due disegni, uno di lapis nero sopra carta bianca, veduta di alcune rovine dell'antichità di Roma; per alto 9. e $\frac{1}{2}$., largo 7., del sud.° L'altro di penna e acquerelli, fatto per ornato d'architettura, per traverso soldi 9., alto 4., di mano di Gio. Battista *Foggini* scultore fiorentino, già maestro del sud.° *Cornacchini*. N.° 56. Un Presepio con molte figure, storiato di penna e acquerelli, sopra carta bianca, per alto soldi 12. e $\frac{2}{3}$., largo 10. scarso, di mano del sud.° *Foggini*. N.° 57. Disegno per una tribuna per altare con statue, di cui vi è il pentimento in una cartuccia, per variar l'ordine, per alto soldi 17., largo 10. e $\frac{3}{4}$., del sud.° N.° 58. Disegno d'acquerelli coloriti per maschera, che rappresenta un santone turco, con una gran pelle sulle spalle, molto ben terminato, per alto soldi 14. e $\frac{1}{2}$., largo 9. e $\frac{2}{3}$., di mano del *Soderini* pittore fiorentino. N.° 59. Un nudo o accademia di lapis nero, lumeggiato sopra carta turchina, ben conservato e terminato, per alto soldi 13. e $\frac{2}{3}$., largo 9. e $\frac{1}{2}$, di mano di Pier *Dandini* fiorentino. N.° 60. Disegno di penna e acquerelli coloriti, fatto per un pensiero di una comparsa dell'Arno, per un intermedio per la sud.ª accademia di via della Pergola, storiato e conservato, per traverso soldi 14. e $\frac{1}{2}$., alto 9. e $\frac{2}{3}$., di mano di Giovacchino *Fòrtini* scultore fiorentino. N.° 61. Altro disegno compagno di penna e acquerelli non coloriti, fatto per la comparsa di Giunone e Venere, per la sud.ª accademia, di mano del d.° *Fortini*. N.° 62. Due disegni, uno di prospettive, benissimo terminato a penna e acquerelli coloriti, per traverso 11. e $\frac{3}{4}$., alto 7. e $\frac{3}{4}$., di mano del famoso *Bibbiena*, fatto apposta per questo studio; l'altro un S. Girolamo col corvo in aria, che gli porta il pane, di lapis nero lumeggiato sopra carta tinta, in ovato per alto soldi 7. e $\frac{2}{3}$., largo 5. e $\frac{3}{4}$., di mano del *Terzi* bolognese. N.° 63. Due disegni, uno rappresenta la Natività della Vergine SS.ᵐᵃ, bene storiato e conservato, per alto 9. e $\frac{2}{3}$., largo 6. e $\frac{2}{3}$., di mano di Gio. Domenico *Campiglia* fiorentino, scolare del *Redi*, in oggi uno dei primi giovani della scuola di Roma; l'altro alcuni schizzi di lapis nero, storietta di Rachele, per traverso soldi 7. scarso, alto 6. scarso, di mano del *Dandini* fiorentino. N.° 64. Un nudo o accademia di lapis nero, lumeggiato sopra carta tinta, per alto soldi 14 e $\frac{1}{3}$., largo 12., di mano del sud.° *Campiglia*. N° 65. Due disegni, uno, paese di penna e acquerello sopra carta bianca, per traverso soldi 10, alto 7., di mano di Teodoro *Wercruis*, intagliatore in rame, l'altro di lapis rosso, lumeggiato sopra carta turchina, e dall'altra parte due braccia in croce, per traverso soldi 8. e $\frac{1}{2}$., alto 7., di Antonio *Balestra* veronese, scolare di Carlo *Maratta*. N.° 66. Disegno storiato di penna e acquerelli, ben terminato e conservato, con molte figure, fatto per una conclusione o per qualche sfondo; per alto soldi 17. scarso, largo 10, di mano di Atanasio *Bimbacci* pittor fiorentino. N.° 67. Un disegno con due storiette; cioè un'ancora di dietro di lapis nero, sopra carta tinta; per alto soldi 14., largo 8. e $\frac{1}{2}$., di mano di Antonio *Paglieschi*. N.° 68. Altro compagno storiato da due parti, per alto soldi 14. e $\frac{1}{3}$., largo 9. e $\frac{1}{3}$., di mano del sud.° N. 69. Altro come sopra, per traverso soldi 12., alto 9., del sud.° N.° 70. Un Cristo nell'orto di penna e acquerello, per alto soldi 10. e $\frac{1}{2}$, largo 8. e $\frac{1}{3}$., di mano di Gio. *Casini* fiorentino detto il *Pevera*, e un piccolo diseguino di un Angelo sulle nuvole, per alto soldi 5. e $\frac{2}{3}$., largo 6. e $\frac{1}{3}$., di mano del *Monti* bolognese. N.° 71. Tre disegni, uno di penna, per due armi colla Fama e 2. putti, per alto soldi 9., largo 7., l'altro di una Flora in penna, per alto soldi 7., largo 5., l'altro uno studio di mani di lapis rosso e nero, per traverso soldi 8. e $\frac{1}{3}$., alto soldi 6. e $\frac{2}{3}$., tutti tre di mano di Alessandro *Gherardini*. N.° 72. Una $\frac{1}{2}$ figura di un Satiro contornata solo a penna, per alto soldi 9., largo 6. e $\frac{2}{3}$., e uno studio di mani di lapis rosso e nero, bellissimi e ben terminati, per traverso soldi 9. e $\frac{1}{2}$., alti soldi 7. scarsi, del sud.° N.° 73. Un baccanale

storiato a penna e acquerelli, per traverso soldi 15. e $\frac{1}{2}$., alto 10.
e $\frac{1}{5}$., di mano del sud.º N.º 74. Disegno a penna solamente
contornato, ma terminato e concluso, fatto a fresco in una
camera dell'appartamento terreno del marchese Corsini in Fi-
renze. Per traverso soldi 16 e $\frac{1}{2}$., per alto 12. e $\frac{1}{5}$, del sud.º
Gherardini. N.º 75. Una $\frac{1}{2}$. figura di lapis rosso e nero, alto
14. soldi e $\frac{1}{5}$., largo 9. e $\frac{1}{5}$., del sud.º N.º 76. Due disegni,
uno di lapis rosso, $\frac{1}{2}$. figura per un S. Girolamo, per alto
soldi 9. e $\frac{3}{4}$., largo 7. e $\frac{3}{4}$., del sud.º, e l'altro una storietta di penna, per traverso soldi 8., alta 5. e $\frac{1}{2}$., di mano
di Pier *Dandini*. N.º 77. Disegno storiato d'acquerelli, per
traverso soldi 15, alto 7. e $\frac{3}{4}$., del sud.º *Gherardini*. N.º 78.
Un nudo, o accademia di lapis nero, lumeggiato sopra carta
tinta, per alto soldi 14. e $\frac{1}{5}$., largo 9. e $\frac{1}{5}$., del *Ferretti* fiorentino scolare di Felice *Torelli* bolognese. N.º 79. Una $\frac{1}{2}$ figura
di lapis rosso, per traverso 14. e $\frac{3}{4}$., alta 9. e $\frac{3}{4}$., di mano di
Agostino *Melissi* fiorentino, scolare del *Bilivelti*. N.º 80. Disegno
a penna solamente contornato, si crede fatto per qualche conclusione, con molte figure e architettura, per traverso soldi 18.,
alto 13. e $\frac{1}{5}$., d'Aureliano *Milani* bolognese. N.º 81. Disegno
di penna e acquerello terminato, fatto per l'ornato di stucchi
di qualche quadro, con cornicioni e figure, molto bello e
finito, per alto soldi 19., largo 12. e $\frac{3}{4}$., di mano di Alessandro *Nani* fiorentino, scolare del *Volterrano*. N.º 82. Un paese
d'acquerelli coloriti d'antichità, e rovine di Roma, per traverso 11. soldi, alto 7. e $\frac{3}{4}$., di mano di Marco *Rizzi*, detto
Marchetto veneziano. N.º 83. Disegno di lapis nero, lumeggiato e storiato, sopra carta tinta, fatto a colpi, con molti
Santi, per alto soldi 15, largo 10, di mano di Antonio *Pellegrini* veneziano. N.º 84. Una testa di lapis nero lumeggiata
sopra carta turchina, per alto soldi 14. e $\frac{1}{5}$., larga 9. e $\frac{3}{4}$., di
mano di Tommaso *Redi* fiorentino, da esso fatta per il S. Fi-
lippo Benizzi, dipinto in un quadro a Monte Senario. N.º 85.
Un nudo o accademia di lapis rosso, lumeggiato sopra carta
tinta, terminato e conservato, per traverso soldi 15, alto 10.,
di mano del sud.º N.º 86. Due disegni, uno di lapis nero,

lumeggiato sopra carta tinta, dov'è una figuretta con un cane, per traverso soldi 11., alto 8. e $\frac{1}{2}$, di mano di Sebastiano *Ricci* veneziano; l'altro è un paeso di penna e acquerelli coloriti, terminato e conservato, per traverso soldi 9., alto 7., di mano di Gaspero *Wanvitel* fiammingo, fatto l'anno 1713 in Roma apposta per questo studio. N.º 87. Disegno di penna e acquerelli, lumeggiato sopra carta tinta. Storia del giudizio di Salomone con molte figure, ben conservato, per traverso soldi 14., alto 9. e $\frac{1}{2}$., di Sebastiano *Ricci*. N.º 88. Due disegni, uno di penna e acquerelli, ben terminato e conservato, rappresenta una femmina, che siede, con una zanellina di fiori in mano, e un putto accanto, per alto soldi 9., largo 6. e $\frac{1}{2}$., di pittor bolognese moderno. L'altro una bambocciata a penna, con molte figurine, per traverso soldi 6. e $\frac{3}{4}$., alto 5. e $\frac{1}{2}$. N.º 89. Disegno di penna e acquerello sopra carta bianca in ovato ben conservato. Rappresenta la Carità, per alto soldi 8, largo 6. e $\frac{1}{2}$., di mano di Marcantonio *Franceschini* bolognese, e un altro di lapis nero, lumeggiato sopra carta turchina, colla Vergine, S. Giuseppe e S. Antonio, che riceve Gesù Bambino, posante sopra un libro, per alto soldi 7. e $\frac{1}{2}$., largo 5, di mano di Simone *Pignoni* fiorentino. N.º 90. Due disegni, p.º disegno di un paese a penna, non terminato, per traverso soldi 8. e $\frac{1}{2}$., alto 7. e $\frac{1}{2}$., di mano di Donato *Creti* bolognese detto il *Ragazzini*; l'altro di penna e acquerelli con due putti, che reggono una targa, per alto 8. e $\frac{1}{2}$., largo 7. e $\frac{1}{2}$., di mano di Giuseppe *Mazza* scultore bolognese. N.º 92. Due disegni, uno, paese a penna non terminato, per alto soldi 11., largo 8. e $\frac{1}{2}$., e l'altro due teste a penna, per traverso soldi 6. e $\frac{1}{2}$., alto 4. e $\frac{1}{2}$., amendue di Donato *Creti*. N.º 93. Disegno di lapis nero, lumeggiato sopra carta tinta; un Dio Padre in aria, tutto intero, ben terminato e conservato, per traverso soldi 13. e $\frac{1}{2}$., alto 8., di mano del *Paggi* genovese. N.º 94. Due disegni storiati a penna, mal conservati, uno per una lunetta, con cavalli, per traverso soldi 8., alto 6., l'altro per un quadro con una figura, che preme un'altra che è in terra, e l'uccide con una lancia. Per alto soldi 7., largo 7., di mano dell'*Ulivelli*, scolare del *Volterrano*. N.° 95. Un Bagno di Diana, fatto a primi segni di penna e acquerello, per traverso soldi 13., largo 10., ben conservato, di mano del sud.° N.° 96. Un disegno di lapis rosso, con due lunette storiate, e in mezzo è una finestra, benissimo terminato e conservato, per traverso soldi 13. e ½., alto 9., di mano del sud.° N.° 97. Studio di mani di lapis rosso, lumeggiato sopra carta tinta, per alto soldi 14. e ½., largo 9., di mano di Baldassar *Franceschini*, maestro dell'antedetto *Ulivelli*. N.° 98. Studio di mani di lapis nero, per traverso soldi 14. e ½., largo 9. e ½., del sud.° N.° 99. Studio di mani e piedi di lapis rosso, lumeggiato sopra carta tinta, per traverso soldi 14., largo 9., del sud.° N.° 100. Studio di braccia e panni di lapis rosso, lumeggiato sopra carta tinta, per traverso soldi 14., largo 9., del sud.° N.° 101. Una ½. figura, e un braccio di lapis rosso sopra carta tinta, per traverso soldi 14., largo 9., del sud.° N.° 102. Disegno storiato di lapis rosso, fatto per un assetto di quarantore. Rappresenta la Statua di Nabucodonosor, co'i tre fanciulli nella fornace un poco macchiato e da una parte ha patito, per traverso soldi 15. e ½., alto 12. e ½., del sud.° N.° 103. Un nudo, o accademia di lapis rosso lumeggiato sopra carta tinta, per alto soldi 14. e ½., largo 9. e ½., di mano del sud.° *Volterrano*. N.° 104. Una figura in piedi vestita di lapis rosso, per alto soldi 14. e ½., larga 8. e ¾, di mano di Ventura *Salimbeni*, benchè vi sia scritto di *Gio. da S. Giovanni*. N. 105. Un nudo o accademia di lapis rosso sopra carta bianca, con paese ben terminato e conservato, per traverso soldi 14. e ½., largo 9. e ¾., di mano di Benedetto *Luti* pittor fiorentino. N.° 106. L'Antipatia, disegno storiato di penna e acquerelli, per traverso soldi 19., alto soldi 13., ben conservato, di mano d'*Antonio*...., emulo e contemporaneo di Pietro *Testa*. N.° 107. La Simpatia, disegno storiato, e molto meglio terminato, compagno dell'antecedente, con quantità di figure, per traverso soldi 18., alto 13. e ¾., del sud.° N.° 108. Tre disegni, il primo e maggiore, è un apostolo vestito, di lapis rosso, per alto soldi 9. e ¼., largo 6., dell'*Empoli*; l'altro, toccato di penna e acquerelli, con due figure, e una cartella sotto e sopra, con bassi rilievi, per alto soldi 11. e $\frac{1}{3}$., largo 3., di mano di Francesco, detto Cecchino *Salviati;* il 3.° due teste di acquerello, per traverso soldi 5. e $\frac{3}{4}$., alto 5. e $\frac{1}{4}$., piccola cosa di autore incerto. N.° 109. Un foglio disegnato da tutte due le parti. Un'accademia di lapis nero, lumeggiato sopra carta tinta, per alto soldi 14., largo 8. e $\frac{3}{4}$., di mano di monsieur *Cupy* francese. N.° 110. Altro detto, come sopra del sud.° N.° 111. Una figura vestita, di lapis ·rosso ; per alto soldi 14. e $\frac{1}{2}$., larga 9., di mano di Matteo *Rosselli* fiorentino. N.° 112. Un S. Francesco di lapis nero, lumeggiato sopra carta tinta, per alto soldi 13. e $\frac{3}{4}$., largo 9., di mano del cav. *Curradi* pittor fiorentino. N.° 113. Un Apostolo in piedi, bellissimo panneggiato di lapis nero, lumeggiato sopra carta tinta, per alto soldi 14. scarso, largo 8., di mano di Andrea *Boscoli* fiorentino. N.° 114. Un Cristo *in fractione panis* intero, bellissimo panneggiato di lapis nero, lumeggiato sopra carta tinta, per alto soldi 13. e $\frac{1}{3}$., largo 8. e $\frac{3}{4}$., di mano di Gregorio *Pagani* fiorentino. N.° 115. Un S. Carlo in ginocchioni, figura tutta intera, vestita, di lapis nero lumeggiato, sopra carta turchina, per alto soldi 13., largo 9 , di mano del *Curradi*. N.° 116. Una $\frac{1}{2}$. figura di lapis rosso lumeggiata sopra carta tinta, per alto soldi 13. e $\frac{1}{3}$., larga 8. e $\frac{1}{3}$.; del sud. N.° 117. Due disegni compagni di penna e acquerello, d'autore incerto, per alto soldi 7. e $\frac{1}{3}$., largo 6. e $\frac{1}{4}$. N.° 118. Una figura vestita a sedere di lapis rosso, per alto soldi 13. scarsi, larga 9., di Matteo *Rosselli*. N.° 119. Una S. Cecilia di penna e acquerelli lumeggiato sopra carta tinta, sedente in atto di suonare l'organo, per alto soldi 11. scarsi, larga 8. e $\frac{1}{4}$., di mano di Gregorio *Pagani*. N.° 120. Due disegni compagni, cioè 2. nudi, fatti ai primi segni, per alto soldi 12. e $\frac{1}{3}$., larghi 5. e $\frac{3}{4}$., di mano del *Tintoretto*. N.° 121. Una figura di lapis nero in atto di tirare un dardo, per alto soldi 13. e $\frac{3}{4}$., larga 9., di maniera fiorentina. N.° 122. Un disegno per l'ornato di una volta di una camera di penna e acquerelli, con figure e grottesche, per traverso soldi 17., alto soldi 7.,

di mano di un allievo di *Giovanni da S. Giovanni*. N.º 123.
Disegno di lapis rosso, dove è un braccio, che scrive,
nel mezzo è una ½. figura, e sotto un'altra mano, per alto
soldi 13. e ¾., largo 9., di mano di Carlo, detto Carlin *Dolci*.
N.º 124. Disegno a penna e acquerelli con due angeli che
sostengono un Bambin Gesù, e molti angeli sparsi, fatto per
una lunetta; per traverso soldi 14., alto soldi 7. e ⅓., del *Pomarancio*. N.º 125. Due disegni, il p.º di lapis rosso, Gesù e
S. Gio., due putti che scherzano, per alto soldi 8. e ¼. scarsi,
larghi 7. e ⅓., di Guido *Reni* ; l'altro una Venere con Tritoni,
storietta ben conservata e perfetta, per alto soldi 7. e ⅓., larga 5.
e ½., di Pellegrino *Tibaldi*. N.º 126. Un naturale, o accademia
di lapis rosso, per alto soldi 14. e ⅓., largo 9. e ¾ , si dice di
Pietro da Cortona N.º 127. Disegno di penna e acquerelli, in
parte mancante, rappresenta la caccia del leone, che si vede
nelle stampe, per traverso soldi 14. e ¾ , largo 11. e ¼., d'Antonio *Tempesti*. N.º 128. Una testa di lapis nero, per alto
soldi 14. e ¾., largo 10., dell'*Empoli*. N.º 129. Una testa compagna in tutto dell'altra, del sud.º N.º 130. Due disegni,
uno, copia del Bacco di *Michelangiolo*, mancante di testa e
piedi, per alto soldi 9., largo l'istesso, d'autore incerto, e
un naturale a giacere di lapis rosso, per traverso soldi 11. e ¼.
alto 6. e ½., d'autore incerto. N.º 131. Una figura vestita tutta
intiera in piedi, di lapis rosso, per alto soldi 14. e ⅓., largo 8.
e ⅓., di maniera fiorentina. N.º 132. Un S. Gio. in ginocchioni
nel deserto, che attinge l'acqua da una rupe, terminato e
conservato, per alto soldi 11. scarso, largo 10., della scuola
del *Guercino*. N.º 133. Un nudo o accademia di lapis rosso,
per alto soldi 14. scarso, largo 8. e ¼. Si dice del *Passignano*.
N.º 134. Due disegni, uno storiato di penna e acquerelli,
con molte figure, ben conservato, per traverso soldi 9. e ¾.,
alto 6. e ⅓., d'incerto autore. L'altro rappresenta uno sche-
letro, con a piedi alcuni libri, per alto soldi 7. scarsi, largo 6.
e ¾., del *Volterrano*. N.º 135. Una figura di un pastore di
acquerelli lumeggiati sopra carta tinta, per traverso soldi 13.
e ¼., largo 8., del *Rubeno*, o della sua scuola. N.º 136. Due

disegni, uno a penna con due teste e un orecchio, per traverso soldi 11. e ½., alto 7. e ½., ben conservato e raro, di mano di M. Andrea *Ferrucci* scultore in porfido; e una testa di donna di lapis rosso e nero, cosa ordinaria, per alto soldi 6., largo 4. e ½., d'incerto autore. N.° 137. Disegno antico, ma ben conservato, d'acquerelli di terretta verde, lumeggiati, sopra carta tinta. Rappresenta un S. Bastiano e un San Paolo, vestito con spada nella mano manca, per alto soldi 10., largo 6. e ¾., di mano di Pietro *Perugino* maestro di *Raffaello*.

Si avverta, che in questo sud.° libro, nel quale si sono notate N.° 136 carte, che contengono 185 disegni, deve dirsi carte 137, e disegni 186, perchè, per inavvertenza si era lasciato il frontispizio, che rappresenta la Pittura in piedi, in atto di pensare, per raccorre disegni; disegno storiato fatto apposta per questo libro da Gio. *Casini* fiorentino, alto soldi 18 in circa, largo 12. e va posta alla 3.ª carta.

Quarto libro in carta Real grande, compagno dell'antecedente, alto soldi 16., largo 13., coperto di vitello rosso di Smirne, pieno d'oro, e carte parimente dorate, di carte N.° 61 con disegni, e 63 con quelle che sono scritte. La prima vi sono due putti, o piuttosto due angioletti, che tengono una fascia in cui è scritto il motto *Non sine labore*. La 2.ª carta contiene l'arme del sig. cav. Gabburri, retta da due putti, amendue fatti di penna e acquerelli da Antonio *Ottani* bolognese, apposta per questo libro; la 3.ª carta bianca contiene il seguente scritto: *Cinque disegni originali, di mano di Domenico Viani, figliuolo di Gio. Viani, pittori bolognesi.* Dopo ne seguono i cinque disegni del sud.° Domenico *Viani*, alcuni dei quali sono disegnati dall'altra parte, e sono così belli, oltre all'essere ben conservati, che paiono di Annibale *Caracci*; come in fatti nessun pittore bolognese moderno ha imitato Annibale *Caracci*, più di Domenico *Viani*, il quale ha disegnato meglio di Gio. suo padre, quantunque ancor esso abbia disegnato benissimo; dopo ne segue un'altra carta

bianca, nella quale è scritto così: *Disegni N.º 61. tutti originali di mano di Gio. Viani, padre di Domenico Viani, pittori
bolognesi.* Quindi ne seguono i predetti 61. disegni del sud.º
Gio. *Viani*, e tanto gli uni, quanto gli altri compongono il
presente libro tutto di nudi, o accademie di uomini e di donne.

Libro quinto coperto di pelle rossa, come sopra, tutto
dorato in carta reale maggiore dell'altro ; per alto un braccio scarso, largo 14. soldi e ¾., di carte 140., contenente
disegni 188., e di più l'arme del sig. cav. Gabburri, dietro
alla quale ne seguono due ritratti del predetto Cecco Bravo, il
di cui casato e nome proprio era Francesco *Montelatici* maestro e pittor fiorentino di una grazia straordinaria. Il primo
ritratto di lapis rosso e nero, di mano dell'*Empoli*, è per
alto soldi 8. e ½., largo 6. e ½., ed era del famoso studio di
disegni di Filippo Baldinucci, scrittore delle Vite dei pittori;
l'altro ritratto è stampato in una piccola cartuccia, alta 4.
soldi e ½., larga 3. e ¾., con un berrettone di pelle in testa,
coll'arme e gli anni dell'età sua 64. Questa stampa per sè
medesima e per essere in parte macchiata, merita poca considerazione, ma solo è stimabile per essere quasichè impos-
sibile il trovarla, e per essere il ritratto somigliantissimo. I
disegni sono tutti di sua mano consistenti in paesi, teste,
storiette, mezze figure e Accademie, fatti con un brio e spirito inarrivabile, benissimo conservati, e specialmente le teste
le quali sono meravigliose, e quantunque l'autore, cioè *Cecco
Bravo* non sia nè *Tiziano*, nè *Raffaele*, nè *Caracci*, nè *Guido*
o altri simili; ciò non ostante è stato un pittore di molta stima
in Firenze, e specialmente per i disegni.

Libro sesto in quarto piccolo, coperto di vitello rosso
di Smirne tutto dorato di carte 29., contenente N.º 24., piccoli disegni ; nella prima carta vi è l'arme del sig. cav. Gabburri, la 2.ª contiene il titolo del libretto, ed è il seguente :
Studi d'Ambrogio Figino Milanese ; la terza contiene le lodi date
dal Lomazzo al *Figino*, la 4.ª e 5.ª contengono una lettera,

38

scritta dal Padre Resta al pred.° sig. cav. Gabburri, concernente questo libro. La 6.ª contiene i dintorni di una testa di lapis rosso, ritratto del famoso Padre Panigarola, di mano del *Figino*, sottoscritto col proprio carattere del Padre Resta. La 7.ª carta contiene lo stesso ritratto di lapis nero, sottoscritto dal detto Resta, di mano del *Figino;* l'ottava contiene il profilo di una testa a lapis rosso del *Figino*, sottoscritta dal d.° Resta; la 9. contiene una testa di un frate a lapis rosso e nero, del *Figino*, sottoscritto dal d.° Resta; la 10. contiene una testa di lapis rosso, in piè della quale sta scritto dal medesimo Padre Resta le seguenti parole: *A me pare del sig. Gio. Giacomo Resta, e dicono i pittori, che a me somiglia.* L'11. contiene un uomo a cavallo in abito senatorio di lapis rosso, in piè del quale vi è scritto di carattere proprio del Padre Resta, le seguenti parole: *Si crede che Figino l'abbia preso da Leonardo, l'abito pare senatorio; Presidente del senato de' Guelfi e de' Ghibellini, si fece il Moro, quando venne dall'esilio in figura di tutore di Gio. Galeazzo, et allora pigliò Leonardo al suo servizio e ricevute le chiavi di Genova, cominciò a stabilirsi, e prese moglie Beatrice d'Este. Il punto si è che somigli a Lodovico il Moro.* La 12. disegno di una gamba, a piè di essa vi è scritto dal Padre Resta le seguenti parole: *Dicono i pittori essere di sua invenzione (cioè del Figino), a me pare che venga da Michelangelo.* La 13.ª due figure terminate coll'alito, di lapis nero, del *Figino*, in piedi di esse vi è scritto dal Padre Resta: *Dui figli del Lacoonte in Belvedere.* La 14. un ottangolo di lapis rosso e nero; ¼. figura di una Venere, o Galatea, in piè di esso vi è scritto dal Padre Resta le seguenti parole: *Da Raffaelle. Pare di Raffaelle, e forse è di Raffaelle proprio.* La 15. S. Stefano lapidato di lapis nero, terminato e disegnato a perfezione, del *Figino*, da *Raffaello*, negli arazzi del Vaticano. La 16. l'Aretino. Testa di lapis rosso e nero, fatta diligentemente dal *Figino*. La 17. la testa del Gladiatore di Borghese, di mano del *Figino*. La 18. una piccola testa con barba lunga di lapis rosso e nero, del *Figino*. La 19. una testa d'un vecchio che pare un S. Giuseppe di lapis rosso e nero, in piè di essa vi è scritto dal P. Resta le seguenti parole: *O suo* (cioè del *Figino*) *o del Fontana, cioè Annibale, scultore insigne, suo amico, pure suo pare (sic)*. La 20. Due teste di lapis rosso e nero, un poco toccate di penna, di mano del *Figino*, da esso fatte d'invenzione nell'adorazione de're. La 21. la testa dell'Apollo di Belvedere di lapis rosso e nero, del *Figino*. La 22. ¼. figura da mezzo in giù per far vedere un panno di lapis nero, in piè di essa vi è scritto dal P. Resta: *Da Gio. Bellini, o Gentile, o Scarpanzio, ma più di Gio. Bellini*. La 23. una figura, che siede di lapis nero, del *Figino*, che viene da *Michelangelo*, della Cappella Sistina. La 24. disegno di lapis rosso di una figuretta a sedere del *Figino*, che viene da *Raffaele* nella scuola d'Atene. La 25. 4. figurette in una carta diligentemente finite e disegnate, del *Figino*, da *Raffaele* nella scuola d'Atene. La 26. tre cartuccie, con tre teste di morto, del *Figino*. La 27. una donna pensosa di lapis rosso, in piè di essa vi è scritto dal P. Resta: Da *Raffaelle*. Figura, che va assieme col ritratto di *Raffaelle*. La dicono la Malinconia. *Dicono fusse la donna sua in travaglio*. La 28. una piccola figurina di lapis nero del *Figino*, che viene dalla Colonna Traiana. La 29. una testa di lapis rosso e nero, che viene dall'*Apollo* di Roma.

E qui termina la nota dei disegni, fatta colla maggior diligenza e chiarezza, che è stata possibile, e con tutta l'intiera fedeltà, per ciò che concerne specialmente i·nomi degli autori, perchè il padrone di questo studio in 30. anni di tempo, che ha sempre raccolto disegni, mai si è fidato nè di sè medesimo, nè di un solo pittore, e quelli che son quì notati sono restati approvati dai migliori pittori di Firenze, e una gran parte ancora ne ha mandati per l'approvazione e per il giudizio a Roma, a Bologna e a Venezia. E tanto basti intorno ai sopraddetti disegni.

Reputa bensì necessario il soggiungere, che egli è in trattato di comprare uno studio intiero di altri disegni, ed è uno dei più famosi, e compiti studi di tutta Italia, dove saranno molti pezzi di *Raffaello, Tiziano, Correggio, Paolo,*

Anibale, *Giulio Romano*, fino al numero di 600. pezzi di tutti i migliori autori. Ciò non è per anco seguito fino al presente mese di novembre 1722. Ma si dichiara bene il padrone dei già notati disegni, che succedendo, intende di vender tutto col ricrescimento giusto, cioè di quello, che a lui costeranno. E siccome ne va comprando degli altri alla giornata, così ne farebbe una nota a parte, col ricrescimento del prezzo sopra di questi, per camminare con tutta sincerità e chiarezza.

NOTA DI ALCUNE STATUETTE ANTICHE E MODERNE,
DI MARMO, DI TERRA COTTA E DI LEGNO.

Un Meleagro Greco di marmo alto b.ª 1. e ¾., restaurato eccellentemente da Giovacchino *Fortini*, doppie di Spagna . **40**

Un Paride compagno in tutto all'antecedente, restaurato dal sud.º doppie **40**

Un Bacco di marmo, greco; restaurato dal *Piamontini*, alto b.ª 1. e ¼., doppie **30**

Due putti di legno, alti b.ª 1. e ¾., di mano del famoso M. *Baldassar* scultore in legno, doppie **40**

Due modelli di terra cotta, benissimo conservati, originali schietti e sinceri di propria mano di Michelangelo *Buonarrotti*, e sono il Crepuscolo e l'Aurora, fatti poi di marmo dal med.mo sopra uno dei 2. sepolcri della Real Casa di Toscana nella cappella dove son sepolti presentemente i Principi di d.ª Casa, dop. . . **200**

Un Endimione di bronzo alto on. ¾. e più, la sua base nera ben lavorata, di mano d'Agostino *Cornacchini*, che fa il Carlo Magno nel Portico di S. Pietro di Roma, rincontro al Costantino del *Bernino*, dop. **40**

Due modelli di terra cotta, cioè lo stesso Endimione e Mosè, del med mo, dop. **35**

Un Mercurio di marmo greco mal restaurato. Il torso, le cosce, e parte delle braccia sono antiche, dop. . **70**

Un S. Giovanni coll'agnello aggruppato da tenere sopra un tavolino, con sua base di pero nero, dop. . . . **60**

N.º LV. A. 1750.

NOTA DI ALCUNI QUADRI DELLA CASA BIANCHETTI
IN BOLOGNA

(Da copia comunicata dal sig. Mich.º Gualandi).

Questa nota compilata dal pittore Angelo Michele *Cavazzoni* fu estratta dall'Inventario legale de' beni della famiglia Bianchetti fattosi a cura del Notaro Vincenzo Borghi nel 1740, ed esistente nell'Archivio Notarile di Bologna. Una più copiosa e più eletta serie di pitture esisteva in tempo posteriore presso la detta famiglia e se ne può vedere il Catalogo nella *Guida di Bologna*, di Petronio Bassani, pubblicazione incompleta del 1816 a pag. 231.

Un quadro grande, tre deità, copia di *Raffaele*.
Due quadri, uno S. Gio. Evangelista, l'altro S. Paolo, copia del sud.º
Un quadro grande, un giardino con tavola apparecchiata con figure, ed altra con serventi, scuola di *Nicolino* dell'Abbate *Primatizzi*.
La B. V., S. Giuseppe col Bambino, scuola d'*Innocenzo da Imola*.
S. M. Maddalena, di un *Somachini*.
La B. V. col Bambino, scuola di *Andrea del Sarto*.
Battezzo di Gesù Cristo, mano del *Guercino*.
David colla testa di Golia, mano di *Aug. Torri*,
Un puttino in aria, mano del *Franceschini*, a secco.
La B. V. col Bambino e S. Francesco, copia da *Simone da Pesaro*.
S. Girolamo nel deserto, del *Muziano*.
Il Beato Guglielmo, di *Guido Cagnacci*.
S. Girolamo nel deserto, copia del *Guercino*, di prima maniera.

N.º LVI. A. 1743.

INVENTARIO LEGALE DEI QUADRI DI CASA SAMPIERI

(Da copia presa dall'originale nell'Arch.º notarile di Bologna presso il sig. M. A. Gualandi).

Questo Inventario compilato a rogito del notaio bolognese Pietro Pedini comprende i quadri lasciati dal defunto marchese Francesco Gio. Sampieri. Appena una decina di essi si trova nella descrizione italiana della Galleria Sampieri stampata in Bologna nel 1795. La qual Galleria fu acquistata nel 1811 dal Viceré d'Italia e i migliori dipinti della medesima, fra i quali notavasi il Ballo degli Amori dell'*Albano*, passarono a ornare la Pinacoteca di Brera dove tuttavia si conservano.

Un quadro grande, del *Gennaro*, con tavola d'Apollo e Dafne, largo piedi 8., alto piedi 6. e ½., con cornice di legno schietta, L. 450.

Due quadri del *Pasinelli*, cioè uno con Amore che dorme, e l'altro con Venere, Apollo e Amore, mezze figure, cornici intagliate e dorate, L. 450.

Una copia del *Caravaggio*, con Giuditta ed ancella e testa d'Oloferne, cornice dorata, L. 90.

Due paesi del *Munchini*, L. 40.

Sopr'usci, di M.ª *Cornelio* detto *Battaglia*.

Un'arma del re di Francia e un'altra del granduca di Fiorenza, di *Ercole Graziani*, L. 200.

Due San Girolami della scuola del *Caracci*, cornici intagliate, L. 150.

Due quadri piccoli del *Bibiena*, uno la S. Famiglia, l'altro Giuseppe casto, L. 150.

Due detti, Lot e la Visitazione di S. Elisabetta, copia del *Milanese*, e scuola del *Cignani*, L. 80.

Due quadri, la fuga in Egitto, scuola del *Cignani*, e la B. Vergine e S. Giuseppe, del *Milanese*, cornice dorata, L. 420.

Una battaglia, del *Fiamingo*, L. 60.

Un quadro, S. Margherita, d'*Annibale Caracci*, in paese, L. 3000.

Due detti, la morte di Adone e il trionfo di Bacco, del *Bolognini*, L. 500.

Due quadretti di *Antonio Marini*, un paese e una marina, L. 90.

Una Madonna, del *Francia*, L. 100.

Un rame, la Maddalena, copia del *Correggio*, L. 300.

Una Madonna, mezza figura, di *Flaminio Torri*, L. 70.

Due battaglie, del *Fiamingo*, L. 60.

Un quadro, la Maddalena, di *Lodovico Caracci*, L. 3000.

Due Madonne, della *Sirani*, L. 500.

Un quadro piccolo, del *Bassani*, tre figure al fuoco, L. 100.

Uno in assa, S. Catterina, mezza figura, di *Francesco Parmegiani*, L. 150.

Uno, la S. Famiglia, d'*Innocenzo da Imola*, in tavola alto piedi 3., largo p. 2., cornice con cima, L. 500.

Uno detto, la B. V. cioè la testa, dell'*Albani*, L. 150.

Uno detto, la B. V. con angioli e figure, della scuola di *Raffaello*, alto p. 3. in tavola, L. 250.

Un quadro con una testa d'*Ecce Homo*, di detta scuola, in tavola, L. 150.

Un detto, lo sposalizio di S. Catterina, della scuola del *Parmigiani*, mezze figure, L. 90.

Un detto, la B. V., S. Giuseppe, il Bambino, S. Giovanni, d'*Innocenzo d'Imola*, L. 200.

Un detto in paese, la Samaritana con li Apostoli, figure piccole intere, di *Raffaello d'Urbino* in tavola a. p. 3., l. p. 2., L. 15,000.

Un detto, la B. V. col Bambino, S. Domenico, S. Barbara, mezze figure di *Gio. Bellini*, in tavola, L. 3000.

Un detto, la B. V., S. Anna, S. Giuseppe, della scuola di *Raffaele*, L. 1000.

Un detto, Martirio di S. Tomaso, figure sei, del *Cavedoni*, alto p. 4., largo p. 3., L. 3750.

Un detto, la B. V., S. Francesco e Serafini, figure al naturale di Simon *Cantarini*, L. 2000.

Un detto, il Presepio con pastori, del *Bassani*, L. 750.

Un Cristo in croce, della scuola del *Spagnoletto*, L. 150.

Uno, l'apparizione di Cristo a S. Tomaso, copia del *Correggio*, L. 150.

Un detto, con testa di S. Pietro, del *Spagnoletto*, L. 150.

Un detto, una . Vecchia, di *Guido*. L. 200.

Un detto, Amon e Tamar, del *Guercino*, L. 600.

Un S. Giuseppe, del cav. *Liberi*, col Bambino, L. 100.

Una B. V. col puttino, di *Andrea del Sarto*, L. 1000.

Un ritratto di casa Sampieri, di *Giorgione*, L. 750.

Lo sposalizio di S. Catterina, del *Francia*, in tavola, L. 300.

Un detto, un pastore, di *Flaminio Torri*, L. 150.

Un S. Giuseppe, mezza figura, copia di *Guido*, L. 150.

Un S. Giovanni in paese, del *Sirani*, L. 120.

Una copia, del *Parmegiano*, che sta nella chiesa delle MM. di S. Margarita, L. 200.

Due piccoli, l'Assunta e il Figlio prodigo, d'Annibale *Caracci*, L. 100.

Una Madonna, della scuola del *Francia*, L. 50.

Un S. Ignazio in gloria con angioli, di *Carlo Bagigia* (1) romano, L. 300.

Un rame col Signore portato al sepolcro, del *Garbieri*, L. 750.

Una Madalena, di *Giulio Cesare Milani*, L. 100.

Un detto, la nascita di N. S. con li pastori, sette figure intere del *Cavedoni*, in tavola, L. 750.

Un quadro con un Ercole, mezza figura, del *Guerzino*, L. 450.

Due detti, due Sibille, della scuola di Flaminio *Torri*, L. 225.

Un quadro, l'adultera accusata, scuola dei *Caracci*, L. 150.

Una Beata Vergine, S. . Francesco e la Madalena, in paese, del *Gessi*, L. 180.

Un piccolo, Madonna del *Francia*, L. 13.

Un detto in tavola, Susanna, della scuola di *Raffaelo*, L. 100.

(1) Forse il *Bacciccia*.

Un detto, ritratto del marchese Francesco Sampieri, del *Gatti* in tela. L. 50.

Un quadro, B. V., S. Giuseppe, S. Catterina e S. Giovanni, al naturale in tavola, del *Procaccini*, L. 100.

Una B. V. col Bambino, di *Flaminio (Torri)*, L. 150.

Due piccoli paesi, del *Monchini*, L. 30.

Una Giuditta, scuola di *Guido*, L. 90.

Un quadro tondo, Orfeo che suona la lira ed animali, del *Cervia*, L. 100.

Quattro detti, animali quadrupedi in paese, del *Rosa* romano. L. 180.

Un quadro con tappezzaria e fiori, del *Milanese (Cittadini)*, L. 90.

Una marina, del *Tempesta*, L. 100.

Un ovato, mezza figura del *Diana*, della scuola del *Gennari*, L. 90.

Un quadro, del *Sementi*, S. M. Maddalena al sepolcro con angelo, mezze figure, L. 40.

Due mezze figure, caricature, del *Caccioli* vecchio, L. 90.

Una Maddalena, di *G. C. Milani*, L. 100.

Un quadro di frutta, del *Milanese*, L. 60.

Una B. V. col puttino, della *Sirani*, L. 120.

Due quadri dipinti in agata, della scuola dell' *Albani*, l'Assunta e S. Catterina da Siena, e la B. V. con il Bambino, L. 100.

Un quadro piccolo, le quattro Stagioni, del *Milanese*, L. 150.

Un ritratto di una vecchia, scuola del *Caracci*, L. 50.

Un quadro con S. Girolamo in tela in paese, del *Colonna*, fermato in muro, L. 100.

Un ritratto del granduca di Toscana, in rame intagliato da *Francesco Spier*, L. 4.

Una B. V. e S. Catterina, del *Mastelletta*, L. 80.

Una B. V., copia de' sig. Zani, del *Parmegiano*, L. 100.

Due battaglie, di M.r *Cornelio*, L. 200.

Una prospettiva a secco, del *Monticelli*, L 35.

Un paese, del *Peruccini*, L. 80.

Altri due del *suddetto*, L. 150.

Altri due grandi del *detto*, L. 150.

Una battaglia, di Mr *Cornelio*, con cornice a tartaruga, L. 100.

Due dette più piccole, del *suddetto*, L. 200.

Un paese, del *Monchini*, L. 60.

Due quadri, paesi del *Peruccini*, L. 160.

Cinque ritratti di casa in un quadro, d'un scolare di *Guido*, L. 90.

N.° LVII. A. 1745.

ESTRATTO DELL'INVENTARIO LEGALE DELL'EREDITÀ FAVA IN BOLOGNA

(Copia comunicata dal sig. M. A. Gualandi).

Il Co. Pietro Ercole *Fava* possessore di questa Quadreria, morto nel 1744, fu pittore dilettante più su assai del mediocre, cosicchè lo Zanotti e il Crespi ne diedero il ritratto e i cenni biografici nei loro volumi intorno i pittori bolognesi. Ebbe in protezione fino da giovinetto il pittore Donato *Creti*; gli diede ospitalità nel suo palazzo, e della sua cooperazione e de' suoi consigli si valse nell'esercizio dell'arte. Nessuna meraviglia dunque se questa Raccolta sovrabbonda di quadri coloriti da quell'artefice; ma una grandissima meraviglia deve destare il fatto forse unico che lo stesso *Creti* venisse chiamato a stimare le opere proprie e ad assegnare loro il prezzo che giudicava potessero meritarsi; nel quale incarico a dir vero si condusse con lodevole delicatezza.

NELLA CAMERA DIPINTA DALL'*ALBANI*.

Un quadro rappresentante il re Filippo che fa atto di metter mano alla spada contro Alessandro suo figlio, con cornice dorata, del *Creti*, L. 1500.

Donna con turbante che legge, in mezza figura, con cornice
dorata, del *Creti*, L. 50.

Due teste rappresentanti due soldati, in due quadri con cornici dorate, del *Creti*, L. 30.

Una testa di S. Pietro con cornice dorata, di *Gio. Giuseppe
dal Sole*, L. 25.

Un nudo d'accademia a chiaro scuro, del *Graziani*, con cornice bianca, L. 7. 10.

Altra testa di S. Pietro con cornice dorata, del *Creti*, L. 20.

Cleopatra che beve il veleno, con cornice dorata, del *Creti*, L. 60.

Una donna che siede sopra cuscini ed infilza o pure guarda
un vezzo di perle, con cornice dorata, di Donato
Creti (1), L. 100.

Una testa d'una donna con un putto, con cornice di legno
intagliata, del *Creti*, L. 7. 10.

Un S. Girolamo in ginocchione, dal vero, del *Graziani*, L. 10. 10.

Un quadro di basso rilievo con puttini e satiri di cera, con
cornice dorata, del *Fiamingo*, L. 100.

Una testa in berretta rossa, con cornice, del *Creti*, L. 7. 10.

Due quadri rappresentanti S. Maria Maddalena e S. Marta,
mezze figure dal vero, con cornici nere filettate d'oro,
del *Creti*, L. 150.

Due ritratti al vero che mostrano studiare agrimensura, in
mezze figure, cornice gialla filettata d'oro, del *Tiarini*, L. 150.

Santa Maria Maddalena sedente alla grotta con due angeli,
con cornice intagliata, del *Creti*, L. 100.

S. Maria Maddalena in orazione, con due angeli, con cornice
intagliata, del *Creti*, L. 300.

Una Beata Vergine Assunta con S. Vincenzo Ferrerio e S. Antonio con cornice intagliata, del *Creti*, L. 450.

La B. V. sedente nelle nubi con Bambino in braccio, con
diversi santi, il tutto in una gloria, con cornice intagliata
con cassa scura filettata d'oro, del *Creti*, L. 500.

(1) Ora posseduto dal ch. Michelangelo Gualandi.

Una regina maga con un soldato, mezza figura con cornice dorata, del *Pasinelli*, L. 800.

Due quadri con due teste rappresentanti due vecchi Santi, con cornice dorata, del *Creti*, L. 10. 10.

Due figure a chiaro scuro con cornice dorata, del *Creti*, L. 15.

Un puttino di terra cotta con suo piede di legno per tenere sopra tavolini, del *Mazza*, L. 15.

Un S. Gio. Battista di terra cotta con campana di cristallo, del *Mazza*, L. 8.

Un abbozzo di due figure sedenti con cornici nere filettate d'oro, del *Creti*, L. 20.

Due quadri con due nudi o chiaro scuro con cornice dorata, del *Creti*, L. 20.

NELLA STANZA DEL LETTO.

Una testa di San Giovanni, con cornice intagliata, del *Creti,* L. 10. 10.

Un S. Giovanni nudo, con cornice dorata, del *Creti*, L. 30.

Un abbozzetto, rappresentante una regina sotto il trono e due putti, con cornice dorata, del *Creti*, L. 60.

Una testa in ovato con cornice intagliata, del *Creti*, L. 15.

Tre quadretti in cornice marmorina filettata d'oro, del *Creti*, L. 25.

Due quadri, cioè una testa d'un giovine, e l'altro d'una donna, con cornice marmorina filettata d'oro, del *Creti*, L. 15.

Un nudo d'accademia in piedi a chiaro scuro con cornice dorata, del *Creti*, L. 15.

Una donna con tre putti con cornice dorata, del *Milanese*, L. 25.

Maria Vergine sopra le nubi in gloria con diversi Santi, con cornice intagliata, del *Creti*, L. 180.

Un S. Girolamo che legge, in cornice nera intagliata, del *Creti*.

Una testa con cornice bianca, del *Creti*, L. 20.

Una Maria Vergine di terra cotta, e sua campana di cristallo, del *Mazza*, L. 10.

Una testa di S. Veronica con cornice dorata, del *Graziani*, L. 20.

Due putti dal vero intorno a un vaso di garofali, con cornice dorata, del *Creti*, L. 150.

Mezza figura di Marc'Antonio armato a ferro, dal vero, con cornice dorata, del *Creti*, L. 50.

Ritratto della Beata Vergine, dal vero, in ovato con cornice bianca, del *Creti*, L. 30.

Il Papa avanti alla statua di S. Francesco in atto di fare orazione, con cornice nera filettata d'oro, del *Creti*, L. 60.

Due quadri rappresentanti uno un Vescovo, l'altro un Profeta, a chiaro scuro con cornice bianca, del *Creti*, L. 10. 10.

Un quadro con sonatori, mezze figure dal vero con cornice dorata, del *Creti*, L. 100.

Il transito della Beata Vergine, con cornice intagliata, del *Creti*, 100.

La Beata Vergine con il Bambino e S. Francesco, con cornice dorata, del *Creti*, L. 100.

La Beata Vergine morta su la bara, con cornice intagliata, del *Creti*, L. 60.

Due quadretti con due sacerdoti antichi a chiaro scuro, del *Creti*, L. 20.

Due quadri con due teste di soldati dal vero con cornice bianca, del *Graziani*, L. 15.

NELLA CAMERA DIPINTA DAL *CESI*.

Un quadro con Santa Maria Maddalena, mezza figura dal vero con cornice dorata, del *Pasinelli*, L. 900.

Quadro con Enea che porta Anchise suo padre, dal vero, con cornice marmorina filettata d'oro, di *Guido Reni*, L. 500.

La flagellazione di Nostro Signore alla colonna, dal vero, con cornice marmorina filettata d'oro, di *Giuseppe dal Sole*, L. 100.

S. Francesco di Paola, mezza figura, dal vero, con cornice dorata, del *Pasinelli*, L. 100.

Due quadri con due teste, una di S. Maria Maddalena, e l'altra di un soldato, con cornice dorata, del *Creti*, L. 30.

Sette disegni a penna con i suoi cristalli e cornici bianche, del *Creti*, L. 300.

Due ovati rappresentanti il Paradiso con cornici dorate e casse bianche, del *Creti*, L. 1000.

Due quadri con due teste di fanciulli, con cornici marmorine filettate d'oro, del *Graziani*, L. 20.

Due Felsine in due quadri con cornici dorate, del *Creti*, L. 100.

Un quadretto con figura di Giove sedente, a chiaro scuro, con cornice dorata, del *Creti*, L. 20.

La Sagra Famiglia in un quadretto, con cornice intagliata, mezze figure, del *Creti*, L. 20.

Un nudo d'accademia a chiaro scuro con cornice bianca, del *Creti*, L. 15.

La coronazione di spine di Nostro Signore, figure dal vivo, con cornice marmorina filettata d'oro, di *Gio. Giuseppe dal Sole*, L. 150.

La Beata Vergine Annonciata in due quadri, figure dal vero, con cornice intagliata, del *Creti*, L. 60.

La Sacra Famiglia con S. Giovanni Battista, mezze figure in un quadretto con cornice dorata, del *Creti*, L. 12.

Due paesi con varie figure, con cornici intagliate, del *Milanese*, L. 600.

Una femina che si guarda nello specchio, mezza figura, con cornice intagliata, dal vero, del *Creti*, L. 20.

Due putti, mezza figura dal vero, con cornice dorata, del *Creti*, L. 50.

NELLA GALLERIA GRANDE DIPINTA DAL *CARAZZI*.

Una Santa Maria Maddalena, mezza figura dal vero con cornice e cassa dorata, del sig. *Gio. Giuseppe dal Sole*, L. 500.

L'istoria del Coriolano a chiaro scuro, con cornice e cassa dorata, del *Pasinelli*, L. 150.

Una donna con un arco in mano, mezza figura dal vero, con cornice dorata, del *Pasinelli*, L. 100.

S. Pietro che nega Nostro Signore nel pretorio, con cornice intagliata, del sig. *Gio. Giuseppe dal Sole*, L. 900.

Una donna che suona il cembalo dipinta in legno, mezza figura dal vero, e con cornice e cassa dorata, del *Carazzi*, L. 60.

Orfeo che suona il flauto, dipinto in legno, mezza figura dal vero, con cornice e cassa dorata, del *Carazzi*, L. 60.

Una testa d'un dipintore, con tavolozza in mano, con cornice intagliata, del *Creti*, L. 20.

Un nudo a chiaro scuro d'accademia con sua cornice dorata, del *Creti*, L. 15.

La vergine santa Rosa confortata dagli angeli, mezza figura dal vero con cornice dorata, del *Pasinelli*, L. 180.

Il Salvatore, mezza figura dal vero, con cornice dorata, del *Creti*, L. 60.

S. Francesco che dorme nel deserto, con un angelo che suona il violino, con cornice dorata, del *Creti*, L. 60.

Testa del ritratto di *Carlo Cignani*, con cornice dorata, L. 150.

Quadro con la SS.ma Annunziata, con cornice dorata, di Simone *Cantarini*, L. 180.

Due nudi d'accademia in due quadretti, con cornici dorate, del *Creti*, L. 40.

S. Ignazio in estasi avanti Maria Vergine, con cornice dorata, del *Creti*, L. 50.

La visitazione di Maria Vergine con S. Elisabetta, con sua cornice dorata, del *Creti*, L. 50.

La flagellazione di Nostro Signore alla colonna, a chiaro scuro con cornice bianca, del *Creti*, L. 20.

Un Papa sedente, con cornice bianca, del *Creti*, L. 10.

Una testa d'un putto vestito di verde, del *Creti*, L. 15.

Due sopra usci rappresentanti due paesi, con cornici dorate, del *Pizzoli*, L 100.

Un quadro con Maria Vergine sopra le nubi, con Sant'Andrea e un altro Santo vescovo, figure dal vero, con sua cornice dorata, di Simone *Cantarini*, L. 1800.

Due quadri, uno rappresentante S. Pietro che nega Nostro Signore, e l'altro Rebecca che dà da bere al servo di Abramo, con loro cornici dorate, mezze figure dal vero, del *Pasinelli*, L. 3000.

Due ritratti dal vivo in ovato con cornici dorate, del *Tiziani*, L. 150.

Due battaglie in figura tonda, con cornici dorate, del *Tiziani*, L. 150.

Nostro Signore che porta la croce al Calvario, dipinto in rame, con cornice dorata e cassa filettata d'oro, del *Creti*, L. 100.

Due nudi d'accademia in due quadretti a chiaro scuro, con cornici dorate, del *Creti*, L. 30.

Due teste, una di S. Giacomo, l'altra di S. Sebastiano, con cornici a otto faccie dorate, del *Graziani*, L. 40.

Un ritratto d'un putto con un canestro di peri, con cornice dorata, del *Pasinelli*, L. 60.

Cleopatra che beve il veleno presentatole da un paggio, con cornice dorata, del *Creti*, L. 100.

La Poesia coronata d'alloro, mezza figura dal vero, con cornice dorata e cassa scura filettata d'oro, del *Pasinelli*, L. 180.

Apollo con un'altra dea, dipinto in legno, mezza figura dal vero, con cornice dorata e cassa scura filettata d'oro, del *Carazzi*, L. 60.

La Beata Vergine sedente sotto il trono con il Bambino e altri Santi, con cornice dorata, del *Creti*, L. 50.

Due nudi d'accademia a chiaro scuro in due quadretti con cornice dorata, del *Creti*, L. 30.

Un Santo che adora la Beata Vergine, con cornice intagliata, del *Creti*, L. 50.

Un Pontefice sedente, con cornice bianca, del *Creti*, L. 20.

Un vecchio a chiaro scuro che domanda l'elemosina, del *Creti*, L. 10. 10.

Un sacerdote antico a chiaro scuro con cornice bianca, del *Creti*, L. 10. 10.

Maria Vergine sedente col Bambino in braccio con angeli d'attorno del *Creti*, L. 15.

NELLA GALLERIA DEI DISEGNI.

Statua della Beata Vergine Concezione, di terra cotta con suo piedestallo di legno, del *Mazza*, L. 100.

Statua di Marc'Antonio, mezza figura più che dal vero, con suo piedistallo di legno, del *Mazza*, L. 100.

Ritratto di *Giuseppe Mazza* scultore, mezza figura di terra cotta in ovato, del *Mazza* suddetto, L. 15.

Una femina, mezza figura dal vero di terra cotta, con suo piedistallo di legno, del *Mazza*, L. 30.

Testa di un satiro di terra cotta, del *Mazza*, L. 7. 10.

Altra testa rappresentante una maschera, di terra cotta, del *Mazza*, L. 7. 10.

L'Adultera accusata dai Farisei avanti Nostro Signore, mezze figure dal vero, viene dal *Pasinelli*, L. 50.

Un fatto di Alessandro, figure dal vero, del sig. co. *Fava*, L. 50.

Giove, Marte, Giunone e Pallade, figure dal vero dipinte in tela, otto faccie, del sig. co. *Fava*, L. 100.

Una Felsina, figura dal vero, del conte *Fava*, L. 40.

Plutone coronato di ferro con tre cani, del sig. co. *Fava*, L 40.

Sei nudi d'accademia dipinti dal vero, del sig. co. *Fava*, L. 90.

Il re Alessandro che visita la madre e la famiglia di Dario, figure dal vero a chiaro scuro con cornice bianca, del *Creti*, L. 120.

Una Beata Vergine, mezza figura dal vero, con cornice nera filettata d'oro, del *Creti*, L. 30.

La Beata Vergine sedente nelle nubi col Bambino e altri Santi, con cornice dorata, del *Creti*, L. 25.

Due putti nudi dal vero che si abbracciano, del *Creti*, L. 30.

Il Pontefice d'avanti la statua di San Francesco in atto di fare orazione, con cornice bianca, del *Creti*, fatto da *Graziani*, L. 60.

S. Carlo Borromeo che fa l'elemosina, con cornice bianca, del *Creti*, L. 400.

Una femina sedente con libro in mano, del *Creti*, fatta da *Graziani*, L. 30.

Un ovato con verdura e altre figure con cornice marmorina filettata d'oro, del *Milanese*, L. 180.

Un piccolo ritratto del cavaliere *Donato Creti*, dipinto in rame con cornice dorata, del *Creti*, L. 30.

Alessandro che taglia il nodo Gordiano, dipinto in ovato, del
Creti, L. 60.

Una figura della Memoria del Sbaraglia, con cornice intagliata,
del Creti, fatta da Graziani, L. 15.

Una femina che fila nella naspa, mezza figura dal vero, con
cornice intagliata, del Creti, L. 20.

Quattro putti, mezze figure dal vero in quattro quadri, con
cornici bianche, del Creti, fatti da Graziani, L. 28.

Un'altra femina che fila nella naspa, mezza figura dal vero,
con cornice intagliata, del Creti, L. 25.

La predicazione di S. Gio. Battista nel deserto, con cornice
dorata, del Creti, L. 150.

La Martire Santa Catterina, sposata dal Bambino, dipinta a
chiaro scuro, con cornice e cassa intagliata, del Creti, L. 60.

Vent'otto disegni fatti a penna con cornici dorate co'suoi
cristalli, del Creti, L. 2000 (?)

L'Istoria di Enea disegnata in otto pezzi con lapis rosso,
con suoi cristalli e cornici dorate, di Flaminio Torri, e
otto Termini parimente disegnati con lapis rosso, con
suoi cristalli e cornici dorate, L. 1800 (?)

Due nudi e la Sacra Famiglia, disegnati con lapis rosso in
tre quadretti, con cristalli e cornici dorate, del Pesarese, L. 20.

Nove testine disegnate a penna ed altre con acquerello, con
cristalli e sue cornici dorate, del Guercino, L. 30.

Giove, Marte, Giunone e Pallade, disegnate a penna, con suo
cristallo e cornice dorata, della figlia Creti (Ersilia).

Due teste disegnate con lapis nero, dal vero con cristalli e
cornici bianche, del Creti, L. 30.

Molte teste disegnate a penna, con cristallo e cornice intagliata, del Creti, L. 15.

Disegni N.º 49., sette disegnati a penna, gli altri con lapis
nero e rosso, co'suoi cristalli con cornici bianche, del
Creti, L. 400.

Un quadro con due teste dipinte dal vero, del Creti, L. 10. 10.

Una Conclusione che viene dal Pasinelli, disegnata dalla figlia
Creti, L. 60.

Una testa d'una femina disegnata con lapis nero, con suo cristallo e cornice dorata, del *Creti*, L. 10.

NELLA SALA GRANDE DE' CARRAZZI.

L'adorazione de' Re Magi, quadro grande con cornice marmorina filettata d'oro, del sig. conte *Fava*, L. 100.

Il martirio di Sant'Agnese, con cornice marmorina filettata d'oro, del *Creti*, L. 50.

Quadro grande di Santa Maria Maddalena, con cornice marmorina filettata d'oro, del sig. conte *Pietro Fava*, L. 60.

Quadro grande che rappresenta il Papa che fa l'incoronazione di un re di Francia, del sig. conte *Pietro Fava*, L. 150.

Un ritratto del cav. *Donato Creti*, mezza figura in cornice nera filettata d'oro, del detto *Creti*, L. 30.

Il martirio di S. Lorenzo, con cornice bianca, del *Creti*, L. 25.

S. Gregorio Papa che fa fare elemosina, con cornice scura, del *Creti*, L. 30.

Due ritratti, uno di Carlo *Cignani*, e l'altro d'un altro pittore, mezze figure dal vero, con cornici nere filettate d'oro, L. 21.

NELLA CAMERA DIPINTA DAL CRETI.

Nostro Signore con uno che gli presenta una moneta, mezze figure dal vero con cornice bianca, del *Creti*, L. 25.

Due quadri con la Beata Vergine, il Signorino e S. Giuseppe, mezze figure dal vero con cornici intagliate, del *Creti*, L. 30.

Due ovati, uno che rappresenta S. Gio. Battista avanti il re Erode, l'altro S. Maria Maddalena alla predica del Redentore, con cornici dorate, del *Creti*, L. 30

Due quadretti, uno con la Sacra Famiglia, del *Creti*, l'altro Sant'Antonio che ha il Signorino in braccio, del *Bassi*, con cornici dorate, L. 22. 10.

Ritratto d'un religioso, mezza figura con cornice dorata, di *Gio. Giuseppe dal Sole*, L. 15.

Un ritratto d'una femina con cornice intagliata, del *Creti*, L. 10 10.

Un disegno a penna rappresentante Erodiade con la testa di S. Gio. Battista, con cristallo e cornice intagliata, del *Fratta*, L. 60.

Un disegno rappresentante una femina che discorre con un putto, con cristallo e cornice intagliata, del *Fratta*, L. 60.

Disegni N.º 44., disegnati a penna, ad acquarello, con lapis nero e rosso, con suoi cristalli e cornici bianche, del *Creti*, L. 500.

NELLA CAMERA DIPINTA DAL *CARRACCI*.

Due paesi con figure e con cornici dorate, del *Mastelletta*, L. 160.

Una Santa Maria Maddalena disegnata a penna, mezza figura con cristallo e cornice intagliata, del *Fratta*, L. 50.

Due nudi d'accademia disegnati con lapis nero, con cristalli e cornici bianche, del *Creti*, L. 20.

Un S. Antonio, del *Creti*, L. 20.

Disegni N.º 10., disegnati con lapis nero, rosso e a penna, con suoi cristalli e cornici bianche, detrattane una che ha la cornice dorata, del *Creti*, L. 60.

S. Maria Maddalena in ovato, con cornice intagliata, del *Creti*, L. 30.

Un S. Girolamo, mezza figura dal vero, con cornice bianca, del *Creti*, L. 10. 10.

Una femina che si guarda nello specchio, con cornice bianca, del *Creti*, L. 10. 10.

La Beata Vergine col Bambino adorata da un Santo, con cornice bianca, del *Creti*, L. 10. 10.

La Beata Vergine col Bambino ed altri Santi, del *Creti*, L. 15.

Una donna che piange dipinta a chiaro scuro, con cornice bianca, del *Creti*, L. 10. 10.

S. Pietro, mezza figura dal vero, con cornice nera filettata d'oro, del *Creti*, L. 15.

Il martirio d'un Santo, con cornice scura messa a oro, del *Creti*, L. 15.

Un quadretto rappresentante l'Ascensione di Nostro Signore,
dipinto a chiaro scuro, con cornice gialla filettata d'oro,
del *Creti*, L. 20.

S. Cristina vergine e martire, mezza figura, del *Creti*, L. 10.

NELLA LOGGIA.

Ercole, figura dal vero in atto di sostenere il globo terrestre,
con cornice gialla filettata d'oro, del sig. conte *Fava*, L. 30.

Un satiro, figura dal vero, con cornice bianca, del sig. conte
Fava, L. 15.

Figura d'Ercole che ha reciso le teste dell'idra, figura dal
vero, con cornice bianca, del sig. conte *Fava*, L. 30.

Quattro sacerdoti antichi in quattro quadri dipinti ad olio,
del sig. conte *Fava*, L. 60.

Un Salvatore nelle nubi dal vero, del sig. conte *Fava*, L. 25.

Quattro nudi dal vero, dipinti d'accademia, del signor conte
Fava, L. 80.

Una donna con scettro e corona in mano, dipinta dal vero,
del sig. conte *Fava*, L. 25.

Il Padre San Francesco, figura dal vero, del signor conte
Fava, L. 25.

Una Beata Vergine e S. Antonio, di terra cotta, d'uno scolaro del *Mazza*, L. 60.

NELLA GALLERIA DETTA DEL PORTONZELLO.

Una Beata Vergine sulla bara con S. Giovanni e due angioli
con figure, dal vero, del sig. conte Pietro *Fava*, L. 80.

La predicazione di S. Giovanni nel deserto, del *Creti*, L. 20.

La Beata Vergine sedente nelle nubi con S. Filippo ed altri
Santi, del *Creti*, L. 15.

Il Padre S. Francesco ginocchione avanti la Beata Vergine,
con cornice bianca, del *Creti*, L. 60.

La Beata Vergine col Signorino in braccio attorniato da altri
Santi, del *Creti*, L. 35.

Cleopatra che beve il veleno che le presenta una damigella, figure dal vero, del sig. conte Pietro *Fava*, L. 50.

La Beata Vergine sedente col Signorino in braccio, del *Graziani*, L. 15.

NELLA CAMERA DEL LETTO.

Due Santi dell'ordine Francescano, figure dal vero, del *Graziani*, L. 30.

Mezza figura d'una femina con un putto, dipinti a fresco, del *Creti*, L. 7. 10.

Martirio d'una Santa, del *Creti*, fatto da uno scolaro, L. 15.

Un quadro con varii Santi, del *Creti*, L. 15.

Una regina sotto il trono con corona in mano, viene dal *Creti*, fatta dal *Graziani*, L. 14.

Martirio d'un Santo, dal *Creti*, fatto dal *Graziani*, L. 25.

S. Anna che insegna a leggere alla Beata Vergine, del *Graziani*, L. 9.

Un ritratto che dipinge, del *Creti*, L. 6.

Ritratto del Padre Certani, mezza figura dal vero, del *Graziani*, L. 5.

Quattro nudi d'accademia, di *Chiarelli*, L. 15.

NELLA CAMERA DEL FUOCO.

Due quadri con dentro molti disegni a penna ed acquerello, del *Creti*, L. 80.

Disegni N.º 7. a penna, del *Creti*, L. 40.

NELL'APPARTAMENTO DA BASSO.

Un quadro che rappresenta Enea che fugge con la famiglia dall'incendio di Troia, del conte *Pietro Fava*, L. 15.

S. Diego che guarisce un putto con l'oglio della lampada del SS. Sacramento, del sig. conte *Pietro Fava*, L. 30.

Li Santi Padri che scrivono le lodi della Beata Vergine, del
conte suddetto, L. 20.

S. Bruno in estasi, del detto sig. Conte, L. 15.

La Beata Vergine col puttino e tre Santi, del detto signor
Conte, L. 20.

S. Bruno che discorre con i suoi monaci, del detto signor
Conte, L. 15.

Due quadri rappresentanti l'istoria de Gessone (?) con cornici
bianche, del *Creti*, L. 80.

Varii putti che fanno alla lotta, con cornice dorata, del *Graziani*, L. 15.

Due quadri, uno con Marc'Antonio, l'altro con Cleopatra,
mezze figure dal vero, del *Creti*, L. 60.

La Beata Vergine, mezza figura dal vero, in cornice nera filettata d'oro, del *Graziani*, L. 7. 10.

S. Filippo Neri dipinto in alabastro con cornice nera, dal sig.
Gio. Giuseppe dal Sole, L. 15.

Due Santi soldati in due quadri, del *Graziani*, L. 12.

Il transito di S. Giuseppe, viene dal sig. *Gio. Giuseppe dal
Sole*, L. 15.

Ritratto del conte Alessandro Fava, disegnato con lapis rosso
in cornice dorata con cristallo, di *Gio. Giuseppe dal
Sole*, L. 10. 10.

Un S. Giovanni nel deserto, figura dal vero, del sig. conte
Pietro Fava, L. 10. 10.

Una Santa Maria Maddalena, figura dal vero, del sig. conte
Pietro Fava, L. 15.

Quadri N.º 46. di piegature tra grandi e piccoli, del *Creti*, L. 230.

DONATO CRETI *affermo.*

N.° LVIII. A. 1757.

CATALOGO DEI QUADRI DELLA GALLERIA BONFIGLIOLI IN BOLOGNA

(Comunicato del sig. M. A. Gualandi).

Fra le primarie collezioni di cose d'arte che ammiravansi un tempo nella città di Bologna, notavasi quella dei Bonfiglioli, di cui diedero conto il Richardson, il Malvasia e i compilatori delle Guide. Vi erano quadri, disegni, medaglie, libri e cose rare in buon dato. I disegni negati alle insistenti sollecitazioni del Crozat furono poi venduti nel 1727 al Nobile Veneto Sagredo per 3000 zecchini. Una sottrazione non meno rilevante si avverò nel 1736, allorchè una parte del patrimonio passò in proprietà alle monache di S. Maria Maddalena d'Imola, e con essa sessantatrè quadri e la biblioteca, avendosi il catalogo de' libri e dei dipinti stampato in Faenza senza data, per servire alla vendita degli uni e degli altri. La miglior parte però dei dipinti rimase, come ne fa fede l'elenco che qui si produce desunto dall'Inventario legale compilato nel 1757 a rogito del Notaio bolognese Francesco Fabri, e a cura per la parte artistica, del pittore G. B. *Grati*, uno dei fondatori dell'Accademia Clementina. Estintasi la famiglia Bonfiglioli, l'eredità fu devoluta a un ramo della famiglia Malvezzi che tuttavia conserva la maggior parte dei dipinti qui menzionati.

Quattro quadri grandi, la nascita di S. Gio. Battista, la B. V. Assunta, la coronazione della B. V., e la Presentazione al tempio, del *Pisanelli*

Quadro grande, B., V., S. Pietro, S. Brunone, S. Giacomo e
S. Agostino con quattro angeli, scuola del *Lombardi*.

Sopra porta, Cristo morto, di Lucio *Massari*.

Due detti, frutti ed animali, del *Candi*.

La Maddalena che compra il balsamo, del *Tiarini*.

Sansone e Dalila, di Leonello *Spada*.

Otto quadretti, vita di S. Catterina V. e M., del *Tiarini*.

B. V., S. Giuseppe, due barcaroli, di Lodovico *Carazzi*.

Lot colle figlie, di Leonello *Spada*.

Caino che vende Abele, del *Milanesi*.

Susanna e i due vecchi, mezze figure, del *Cavedoni*.

B. V., S. Giuseppe e S. Catterina, del *Brizzi*.

Tre sopraporte, B. V. del *Pisanelli*, e due profeti.

Un paese con figura, del *Mastelletta*.

Sopraporta con Tobia che guarisce il padre, di Lucio *Massari*.

Due quadri, la Flagellazione e la Crocifissione, del *Somachini*.

Cleopatra, mezza figura, del *Guercino*.

Ritratto del *Carazzi*.

Due Sibille, del *Caravaggio*.

Due quadri, Mosè trovato e Giuseppe venduto, del *Tiarini*.

Ecce-Homo, B. V. e le Marie, di Antonio *Carazzi*.

S. Girolamo, del *Cavedoni*.

La Carità romana, del *Canuti*.

S. Andrea Apostolo, del *Caredoni*.

Quadretto a otto faccie, giudizio di Salomone, del *Pisanelli*.

S. Antonio, di Flaminio *Torri*.

Cristo che appare alla B. V., di *Dionisio* fiamengo.

La Maddalena, scuola di Emilio *Taruffi*.

Martirio di un Santo, di Paolo *Veronese*.

Quattro sopraporte, sposalizio della B. V., Visita di S. Elisabetta; Presentazione al tempio, ed il transito della B. V.,
del *Pisanelli*.

Due filosofi, scuola del *Guercino*.

Sposalizio di S. Catterina colla B. V., d'*Innocenzo da Imola* da
giovine.

S. Antonio e S. Brunone, scuola del *Carazzi*.

B. V., S. Giovanni ed altro santo, del *Somachini*.

Due quadri, S. Lorenzo e S. Catterina V. e M., scuola di *Guido*.

La Contessa di Maggio, del *Lonardini*.

Gesù Cristo e la Maddalena, del *Pisanelli*.

Due paesi, del *Milanese* vecchio.

Due quadri, Noè e le figlie, e Rachele, del *Brizzi*.

La Musica, Pittura e Scultura, del suddetto.

Lot e figlie, di Lucio *Massari*.

Due sopraporte del suddetto, la Madonna e S. Gio. Evangelista.

Due quadri, S. Gio. Battista, e S. Gio. Evangelista, del *Tiarini*.

Tre sopraporte, S. Luigi re, S. Anna e S. Elisabetta, S. Domenico e S. Francesco, del *Pisanelli*.

Cristo deposto, del *Tiarini*.

Nascita di M. V., di L. *Massari*.

Le vergini saggie e le stolte, del *Brizzi*.

Nascita di S. Gio. Battista, di Lodovico *Carazzi*.

S. Pietro, scuola del *Carazzi*.

Tre ovalini, la Fama e la Musica, di *Guido* da giovane.

B. V., S. Francesco e S. Girolamo, del *Scarsellini*.

Barattori da gioco, del *Calotta*, piccolo.

Simile, del *Brugoli*.

B. V., S. Girolamo e S. Francesco, scuola del *Carazzi*.

Gesù Cristo che risuscita il figlio della vedova, di L. *Massari*.

Gesù Cristo, S. Girolamo e S. Domenico, del *Passarotti*.

B. V., S. Giuseppe, d'*Innocenzo da Imola*, da giovine.

Il Presepio, del *Mantegna*.

Cristo che scaccia i venditori dal tempio, di L. *Massari*.

Abramo, Isacco e Noè, di L. *Carazzi*.

Quadro a otto faccie, B. V., di Leonello *Spada*.

Bacco e Diana, bozzo del *Cignani*.

La Maddalena, del *Viani*.

Strage degli Innocenti, di L. *Massari*.

Bersabea nel bagno, del *Brizzi*.

La Nunziata, del *Pisanelli*.

Un paese, del *Peruzzini*.

B. V., scuola del *Somachini*.
Presepio, del *Pisanelli*, e Lot, scuola del *Carazzi*.
Una Gloria, del *Rolli*, e una Sauta.
L'adorazione dei Re Magi, del *Pisanelli*.
Storia dei vignaiuoli, del suddetto.
Angelo custode, del suddetto.
Il figliuol prodigo con femine e paese, del *Mastelletta*.
S. Francesca Romana, del *Tiarini*.
David e Golia, del *Gessi*.
Agar e l'Angelo, del *Brizzi*.
Sisara, di L. *Massari*.
S. Carlo in orazione, del *Tiarini*.
Sansone e Dalila, del suddetto.
B. V., S. Giuseppe e S. Giovannino, del *Palma*.
Quadro grande, una Sibilla e un puttino, di *Guido*.
Cristo che caccia dal tempio i venditori, di Lav. *Fontana*.
Lot e le figlie, di L. *Massari*.
S. Michele e il demonio, del *Tiarini*.
Tentazioni di S. Antonio Abbate, del suddetto.
Due quadri, Assalonne e una donna colle Parche, della *Sirani*.
Cristo e i Farisei, del *Cavedoni*.
La Maddalena, del *Spagnolo*, e altri due del detto.
Sopra porta a sei faccie, S. Pietro crocifisso, del *Tiarini*.
Simeone, S. Paolo decollato, del *Cavedoni*.
Nascita di S. Gio. Battista, del *Gessi*
Un cav. di Malta, del *Carazzi*.
Quadro grande a otto faccie, Cristo preso nell'orto, del *Cavedoni*.
S. Girolamo, del *Spagnoletto*.
B. V., S. Giuseppe ed altra santa, scuola di Pellegrino *Tibaldi*.
Due teste piccole, l'angelo Gabriele e la B. V., del *Franceschini*.
Giacobbe e i suoi figli, del *Bonone*.
S. Pietro, de' *Carazzi*.
B. V., S. Anna, S Gio. Battista, S. Catterina, S. Giuseppe ed Angeli, di *Dionisio* fiamengo.

S. Antonio col Bambino, in rame, del *Gessi*.

B. V., S. Catterina, S Gio. Battista ed altri Santi, di Lodovico *Carazzi*.

David colla cetra, del *Guercino*.

Nascita di S. Gio. Battista, del *Caravaggi*.

Giacobbe, di Annibale *Carazzi*.

Due quadretti con puttini, uno che dorme, scuola di *Guido*, e l'altro, due puttini, della *Sirani*.

Adorazione de' Re Magi, di *Benvenuto da Garofalo*.

Presentazione al tempio, in rame, di *Dionisio* fiamengo.

Nascita di N S., la B. V. e pastori, del *Gessi*.

Giacobbe, del *Cavedoni*.

La Carità e tre puttini, di Francesco *Albani*.

Giuditta colla testa di Oloferne, del *Cavedoni*.

B. V. gravida, dello *Scarsellini*.

Un giovine con musica in mano, de' *Carazzi*.

Fiori, frutti ed animali, di Candido *Vitali*.

N.° LIX. A. 1757.

INVENTARIO DEI QUADRI DI MAURO DALAY

(Archivio Costantiniano di Parma).

Mauro Dalay o Dallay parmigiano fu celebre suonatore di violino ommesso a torto nella Bibliografia del Fetis. Nell'anno 1714 egli accompagnò in Ispagna Elisabetta Farnese, e fu colà addetto alla Cappella reale; nè ritornò in Italia che nel 1731 allorquando Carlo di Borbone figlio di essa Elisabetta venne al possesso del Ducato di Parma. In Ispagna formò una Collezione di dipinti ch'egli portò con se in patria e aumentò finchè visse,

e venuto a morte li 11 febbraio 1757, fu da lui lasciata
in legato all'Ordine Costantiniano di S. Giorgio al quale
era stato ascritto come Cavaliere. Questa Collezione che
fu stimata allora lire parmigiane 71,997,8 pari ad italiane
L. 17,125 circa, ebbe a subire sottrazioni nel 1760 per
opera di tal persona che credeva averne il diritto, e
queste si rinnovarono più volte a tal segno che nel
1776 se ne lamentava il quasi completo sperperamento.
I pochi quadri che sopravvanzarono furono, per quanto
si crede, asportati dai Francesi nei primi anni del cor-
rente secolo, non rimanendo altra memoria di tal Raccolta se non il Catalogo che qui si produce e che insieme alle sovraccennate notizie ci fu gentilmente tra-
smesso dal cav. Enrico Scarabelli Zunti.

INVENTARIO DE' QUADRI DI PITTURA RITROVATI NELL'EREDITÀ DEL FU
CAVALIERE COSTANTINIANO DI SAN GIORGIO MAURO DALLAY DI
PARMA L'ANNO 1757, TRASCRITTO DA UN VOLUME INTITOLATO:
ORDINE COSTANTINIANO — ROGITI, 1757 — CONTENENTE LE
ORDINAZIONI ED ATTI STESI DAL CANCELLIERE DELLA CONGREGA-
ZIONE DELLA B. V. DELLA STECCATA, ODOARDO ZALLI NOTAIO
PARMIGIANO, IL QUAL VOLUME ESISTE NEL PARTICOLARE ARCHIVIO
DI QUELL'ORDINE.

Due quadri, o sia lamine grandi in rame, che rappresentano
    due Miracoli di Sant'Antonio di Padova, e così uno di
    essi quando risorse un morto a difesa del proprio padre,
    e l'altro la carità, che il detto Santo faceva del pane,
    ambidue con cornice velata, di mano di Pietro *Rubens*
    fiamingo, comprate per il prezzo di doppie di Spagna
    trecento, lire parmigiane 22815.
Altri due quadri, o sia lamine di simile grandezza, che rap-
    presentano l'una il Miracolo di San Francesco di Paola
    quando liberò dalla peste la Calabria, e l'altro la Cena

622

del Re Baldassare, di mano di Abramo *Diepembech*, scolaro di detto *Rubens*, comprati per il prezzo di dobble sessanta, lire parmigiane 4563.

Altro piccolo quadro in lamina, che rappresenta un Cristo morto ed Angioli che piangono, di mano di Andrea *Camassei*, comprato per dobble venti, lire parmigiane 1521.

Altro quadro in lamina che rappresenta il Martirio di Santa Margarita, di mano del *Domenichino*, comprato per dob. quaranta, con cornice velata, lire parmigiane 3042.

Un piccolo ovato in rame con cornice e cimasa intagliata e velata, rappresentante un *Ecce-Homo*, di mano ignota, lire parmigiane 440.

Un altro piccolo quadretto sul rame con cornice velata che rappresenta la Madonna col Bambino e San Giuseppe, d'incerto, ma buon autore, lire parmigiane 152. 2.

Un quadro bislongo in legno, che rappresenta Pastori e bestie in una campagna, di mano del *Berghem*, comprato per dob. quarantacinque, lire parmigiane 3422. 5.

Altro piccolo quadro in rame con cornice velata, che rappresenta Santa Maria Maddalena, di mano del *Tiarini*, comprato per dob. quattro, lire parmigiane 304. 4.

Altro quadro in tela con cornice velata, piccolo, che rappresenta un Bacco che dorme con una tigre, di mano di *Houasse*, comprato per dob. quattro, lire parmigiane 304. 4.

Altro quadro piccolo in tela con cornice velata, che rappresenta la Madonna col Bambino in atto di prendere un pannolino, con una testa d'Angiolo sotto i piedi, di mano di Sisto *Badalocchio*, comprato per dob. sei, lire parmigiane 456. 6.

Altro quadro bislongo sul legno con cornice velata, rappresentante Diana, un satiro, un cane ed altre figure e selvatici, di mano di Pietro *Sneyder*, comprato in prezzo di dob. quarantadue, lire parmigiane 3194. 2.

Altro piccolo quadro in tela con cornice velata, che rappresenta la Madonna, il Bambino e San Giuseppe, d'autore incerto, lire parmigiane 352.

Un ovato in tela con cornice velata, che rappresenta Santa Maria Maddalena, della scuola di *Tiziano*, comprato per dob. cinque, lire parmigiane 380. 5.

Altro quadro con cornice velata che rappresenta paese con cavalli e figure, di autore incerto, lire parmigiane 228. 3.

Due piccoli quadri uniformi con cornice velata sul legno che rappresentano paesi con pastori e bestiami, di mano del *Berghem*, comprati per dob. ventiquattro, lire parmigiane 1825. 4.

Un quadro bislongo grande in tela, con cornice velata che rappresenta la Storia di Lot dormiente presso la figlia, di mano del *Palma* giovine, comprato per dob. quindici, lire parmigiane 1140. 15.

Un quadro grande in tela con cornice velata, che rappresenta Santa Cecilia, di mano di *Polidoro* da Caravaggio, comprato per dob. quattro, lire parmigiane 304. 4.

Due piccoli quadri bislonghi, uniformi in tela, con cornice velata, che rappresentano due battaglie, di mano del *Borgognone*, lire parmigiane 176.

Altro quadro con cornice velata in tela con piccola guscia in cima, che rappresenta due facchini con tavola imbandita, di mano del *Velasquez*, comprato in prezzo di dob. trenta, lire parmigiane 2281. 10.

Altro quadro con cornice velata in tela, che rappresenta una Sibilla, di mano del *Spagnoletto*, comprato per dob. sei, lire parmigiane 456. 6.

Altro quadro in tela con cornice velata, che rappresenta Susanna al bagno, con due vecchioni, di mano di Martino *De Vos*, comprato per dob. quindici, lire parmigiane 1140. 15.

Due piccoli quadri con cornice velata sul legno : uno che rappresenta la Santissima V. Annunziata, d'autore incerto; e l'altro il Giudizio di Paride con Mercurio, e questo di Nicolò *Poussin*, comprato per dob. otto, in tutto doppie dieci, lire parmigiane 760. 10.

Un ovato in tela con cornice velata, con un San Girolamo, di mano del *Spagnoletto*, comprato per dob. otto, lire parmigiane 680. 8.

Altro quadro in tela con cornice velata, che rappresenta Tobia e l'Angelo, di mano di Carlo *Poth* (forse *Loth*), comprato per dob. dieci, lire parmigiane 760. 10.

Un piccolo quadro in tela con cornice velata, che rappresenta San Sebastiano, di mano del *Palma*, comprato per dob. cinque, lire parmigiane 380. 5.

Un quadro in tela bislongo con cornice velata, che rappresenta architettura, con un carro tirato da due cavalli con sopra una donna ed altre figure, di mano di Sisto *Badalocchio*, comprato per dob. quattro, lire parmigiane 304. 4.

Un quadro in tela con cornice velata, che rappresenta la figura di una donna, di mano della *Sirana*, lire parmigiane 88.

Un quadro grande in tela con cornice velata, che rappresenta la Religione Cattolica in forma di donna coronata dal Tempo, di mano del cav. Massimo *Stanzioni*, comprato per dob. dieci, lire parmigiane 760. 10.

Altro quadro grande con cornice velata, che rappresenta Santa Maria Maddalena che si spoglia delle gemme, d'incerto, comprato per dob. cinque, lire parmigiane 380 5.

Altro quadro in tela con cornice velata, che rappresenta la Madonna, il Bambino, San Giuseppe con S. Giovanni, di mano di *Simone* da Pesaro, lire parmigiane 456. 6.

Altro quadro in tela con cornice velata, bislungo, che rappresenta una tavola apparecchiata con diverse figure una delle quali si mette il cucchiaro alla bocca, di mano di Sebastiano *Ricci*, comprato per doble sei, lire parmigiane, 456. 6.

Altro piccolo quadro bislongo in tela, con cornice velata, che rappresenta un paese con una mula bardata, d'autore incerto, lire parmigiane 132.

Un quadro grande con cornice velata, in tela rappresentante la flagellazione di N. S., di mano del *Garbieri*, comprato per dob. quaranta, lire parmigiane 3042.

Altro quadro in tela con cornice velata, che rappresenta San Brunone, di mano di Claudio *Coello*, comprato per dob. cinque, lire parmigiane 380. 5.

- Un piccolo quadrettino sul legno con cornice velata che rappresenta una testa d'uomo, d'autore ignoto, lire parmigiane 76. 1.

Altro piccolo quadro in tela con cornice velata, che rappresenta giocatore di carte, di mano di David *Tenier*, lire parmigiane 76. 1.

Altro quadro in tela con cornice velata, che rappresenta la Madonna col Bambino e San Giuseppe, di mano di *Michel Angelo* Senese, stimato zecchini due, lire parmigiane 88.

Altro piccolo quadro bislongo in tela con cornice velata, che rappresenta un bambino con una pecora, ossia S. Giovannino, d'autore incerto, lire parmigiane 76. 1.

Altro quadro in tela con cornice velata che rappresenta Archimede, di mano di Sebastiano *Ricci*, comprato per dob. cinque, lire parmigiane 380.

Altro quadro grande in tela con cornice velata, che rappresenta la Nascita del Bambino Gesù, di mano del *Spagnoletto*, comprato per dob. venticinque, lire parmigiane 1901. 5.

Altro quadro grande bislongo in tela con cornice velata, che rappresenta un porto di mare, lanterna, pecore ec., d'autore Fiammingo incerto, comprato per dob. cinque, lire parmigiane 380. 5.

Due quadri in tela con cornice velata, ambidue uniformi, che rappresentano paese ed animali diversi, di mano del *Castiglioni*, comprati per dob. quattro, lire parmigiane 304. 4.

Un quadro d'ordinaria grandezza in tela con cornice velata che rappresenta una Madonna, che dicesi del *Correggio*, lire parmigiane 1140. 15.

Altro piccolo quadro in tela, con cornice velata, che rappresenta la favola di Dafne, comprato per dob. tre, lire parmigiane 228. 3.

Un piccolo quadro in tela con cornice velata, schizzetto del *Tiziano*, che rappresenta l'Orazione di Cristo nell'Orto, lire parmigiane 456. 6.

Altro piccolo quadro in tela con cornice velata, che rappre-

40

senta un moro con altra figura, di mano di Sebastiano
Ricci, comprato per doble quattro, lire parmigiane 304. 4.

Due piccoli quadri uniformi in tela, con cornice velata che
tirano al bislungo, rappresentanti due piccole battaglie,
di mano del *Borgognone*, lire parmigiane 228. 3.

Due piccoli quadretti di disegni, in carta con cornice velata,
del cav. Filippo *Iuvara*, lire parmigiane 76. 1.

Altro piccolo quadro in tela con cornice velata, che rappresenta una favola, d'autore incerto, lire parmigiane 152. 2.

Un quadro piccolo in tela con cornice intagliata e dorata,
con sua cimasa e fiorami, che rappresenta donna al bagno, comprato per dob. cinque, d' incerto, lire parmigiane 380. 5.

Un quadro piccolo in tela con cornice velata, che rappresenta
la Madonna, il Bambino, S. Giuseppe e S. Giovannino, di
mano dello *Schedone*, comprato per doble sette, lire parmigiane 532. 7.

Altro piccolo quadro in tela, con cornice velata, che rappresenta un pittore col suo ritratto, d' incerto autore, lire
parmigiane 228. 3.

Altro quadro piccolo in tela, con cornice velata, che rappresenta una figura, di mano del *Parmigianino*, lire parmigiane 304. 4.

Altro piccolo quadretto in rame con cornice velata, che rappresenta la Madonna col Bambino e Sant'Antonio, di mano
d'Alonso *Cano*, comprato per doppie due, lire parmigiane 152. 2.

Un quadro che tira al bislongo in tela, con cornice di legno
e filetti adorati, che rappresenta la B. V. della Steccata
con due Santi, d' autore incerto, lire parmigiane 10.

Un quadro piccolo con cornice nera sul rame, rappresentante
un Santo religioso vestito di bianco, di mano di Alberto
Duro, lire parmigiane 88.

Un quadro piccolo in legno con cornice nera ed architettura
gotica con una Madonna in piedi in mezzo ad una
chiesa con il Bambino in braccio ed altre due figure, di

autore incerto, comprato per dop. cinque, lire parmigiane 380. 5.

Un quadro in tela che tira al bislungo con cornice intagliata e velata, che rappresenta la Madonna, il Bambino e San Giovannino, di mano del *Bresciano*, lire parmigiane 152. 2.

Due piccoli quadri uniformi con cornice velata, che rappresentano due teste, di mano del *Pasinelli*, comprati per doppie quattro, lire parmigiane 304. 4.

Altri due quadri piccoli, che tirano al bislungo con cornice velata, uno de' quali rappresenta la Madonna col Bambino e San Giuseppe coll'asinello, ossia la Fuga in Egitto, comprato per doppie due, e l'altro il tradimento di Giuda, d'incerto autore, che si stima doppie due, e in tutto dop. quattro, lire parmigiane 304. 4.

Sei pezzi di quadri grandi, tutti uniformi, con cornice velata e marmorizzata, che rappresentano paesi, boscareccie ed animali, di mano del *Bresciano*, stimati dop. ventiquattro, lire parmigiane 1827. 4.

Altri due quadri uniformi con cornice velata, che rappresentano battaglie, di mano dell'istesso *Bresciano*, stimati dop. dodici, lire parmigiane 913. 14.

Altri due quadri uniformi in rame, con cornice velata, uno rappresenta il Trionfo della Fede, e l'altro il Trionfo del SS.mo Sacramento, di mano di Erasmo *Quellino* copiati da originale del *Rubens*, e comprati per dop. venti, lire parmigiane 1521.

Sei quadri tutti d'eguale grandezza con cornice velata, due de' quali rappresentano frutti e fiori, e gli altri quattro, pesci, frutti e massericcie da cucina, di mano del *Moriglio (Murillo)*, comprati per dop. ventiquattro, lire parmigiane 1827. 4.

Altri due quadri uniformi, con cornice velata e marmorizzata che rappresentano boscareccie, animali e figure, del *Bresciani*, lire parmigiane, 304. 4.

Quattro ovati con cornice velata e intagliata, rappresentanti favole, di mano del *Bresciani*, lire parmigiane 1521.

656

Un piccolo quadro con cornice velata, rappresentante la figura di un uomo con asta in mano, di mano d'Ilario *Spolverini*, comprato per una doppia, lire parmigiane 76. 1.

Un altro piccolo quadro, del *Mazzola*, rappresentante San Nicola da Tolentino, comprato per dop. tre, lire parmigiane 228. 3.

Un altro piccolo quadro con cornice velata, rappresentante la Madonna a sedere ed il Bambino, di mano di Alonso *Cano*, comprato per dop. tre, lire parmigiane 228. 3.

Altro piccolo quadro sull'asse con cornice velata, che rappresenta la Madonna ed il Bambino, di mano del *Tiziano*, stimato dop. due, lire parmigiane 152. 2.

Un quadro in tela senza cornice, rappresentante un Baccanale, di mano del *Bambozzi*, stimato.... lire parmigiane 160. 2.

Altro piccolo quadro con cornice velata, rappresentante una Venere nel bagno, d'autore incerto, comprato per dop. tre, lire parmigiane 228. 3.

Un quadro con cornice velata, che rappresenta San Carlo, e dicesi del *Procaccini*, stimato lire parmigiane 132.

Un quadro con cornice velata, che rappresenta un San Girolamo con testa di morto, d'incerto, stimato lire parmigiane 228. 3.

Il ritratto di Sua Maestà la Regina vedova di Spagna, con cornice velata, d'incerto, stimato zecchini due, lire parmigiane 88.

Un quadro con cornice velata, che rappresenta Cleopatra con l'aspide al seno, originale di Guido *Reni*, comprato per dop. trenta, lire parmigiane 2281. 10.

Altro quadro con cornice velata, che rappresenta Lucrezia Romana, d'autore incerto, comprato per dop. sei, lire parmigiane 456. 6.

Altro quadro bislongo rappresentante una notte con Cristo morto, la Beata Vergine ed altre figure, di mano del *Bassani*, comprato per dop. due, lire parmigiane 152. 2.

Altro quadro con cornice velata, rappresentante San Girolamo, d'autore incerto, stimato lire parmigiane 60.

Altro quadro rappresentante il bacio di Giuda, d'Annibale *Carazza*, stimato lire parmigiane 22 *(sic)*.

Un quadro che tira al longo, che rappresenta la favola di Andromeda legata allo scoglio, con cornice velata, d'autore fiammingo, stimato lire parmigiane 152. 2.

Altro quadro alto che tira al longo, con cornice velata, che rappresenta S. Pietro che fa orazione, che fu comprato per dop. otto, di mano del *Moriglio*, lire parmigiane 608. 8.

Un quadro piuttosto bislongo, con cornice velata, che rappresenta Venere, un Satiro e Giove in forma d'aquila, di mano di Cornelio *Scudè* (?) fiammingo, comprato per dop. venti, lire parmigiane 1521.

Tre quadri uniformi con cornice velata, rappresentanti l'uno Pandora, l'altro Giunone e l'altro Venere, di mano di Martino *De Vos*, comprati per dop. diciotto, lire parmigiane 1368. 18.

Altro quadro grande con cornice velata, rappresentante Paride, con tre Dee, di mano d'autore fiammingo incerto, comprato per dop. cinque, lire parmigiane 380. 5.

Altro quadro che rappresenta la Madonna col Bambino, copia del *Campi*, lire parmigiane 44.

Un quadro con cornice e guscia velata, rappresentante un Cristo morto con la Maddalena e due discepoli, di mano del *Velasquez*, comprato per dop. quattro, lire parmigiane 304. 4.

N.º LX. A. 1777.

INVENTARIO LEGALE DELLA QUADRERIA BOSCHI IN BOLOGNA

(Dall' originale nell'Archivio Notarile di Bologna.
Comunicazione del sig. M. A. Gualandi).

La stima di queste pitture in appresso vendute, fu fatta da Giuseppe *Becchetti* pittore bolognese.

Bambozzata, maniera di *Leonardino* (1), L. 80.

Sant'Antonio Abbate e San Paolo eremita, in rame, di M.ᵣ
  Lans (?), L. 150.

Due prospettive, del *Monticelli*, L. 18.

Fauno con una ninfa, scuola del *Cignani*, L. 80.

Venere ed Amore con Vulcano, scuola di *Guido*, L. 150.

La B. V. col Bambino, S. Francesco di Paola e S. Catterina
  da Bologna, di monsù *Lans*, L. 150.

Cristo morto, la Beata Vergine e la Maddalena, del *Bolognini*, L. 160.

Due quadri di animali vivi e morti, del *Milanese*, L. 120.

S. Anna, bozzo del *Graziani*, L. 25.

La S. Famiglia con S. Giovannino, copia del *Sirani*, L. 40.

Miracolo di G. C., bozzo di Aureliano *Milani*, L. 60.

Cani grandi, opera assai bella, del *Sonders (Snayders)* fiammingo, L. 1500.

G. C. servito a mensa dagli angeli, copia di Lodovico *Caracci*, L. 150.

La deposizione di G. C., L. 1000.

La B. V., il Bambino e San Giovannino, in rame, della
  Sirani, L. 500.

Una Leda con puttini, in pietra di paragone, di *Tiziano*, L. 1200.

Una testa di un Santo Cappuccino, di Monsù *Lans*, L. 60.

La S. Famiglia, del *Tiarini*, L. 200.

La fuga in Egitto, del *Milanese*, L. 180.

Due battaglie, del *Calza*, L. 160.

Un paese disegnato, di Agostino *Caracci*, L. 20.

Una Bambozzata, del *Spagnolo (Crespi)*, L. 80.

Due quadretti, del *Milanese*, L. 60.

La B. V., scuola di *Raffaello*, L. 60.

Due quadri, bambozzate, del *Bigadelli (Beccarelli)*, L. 160.

Orfeo, del *Gessi*, L. 60.

Un pastorello col flauto, del *Gennari*, L. 120.

Mezza figura, del suddetto, L. 60.

(1) *Ferrari* Leonardo.

Due puttini, del *Villafontana* (1), L. 250.

La B. V. e S. Antonio, di *Gio. Giuseppe dal Sole*, L. 600.

Lot e le sue figlie, patito, di Flaminio *Torri*, L. 500.

Una Circe, della *Sirani*, L. 600.

La visita di S. Elisabetta, del *Garofalo*, L. 700.

Due quadri di fiori, del *Milanese*, L. 70.

Due paesi, del suddetto, L. 75.

Due paesi, del *Nunzio* (2), L. 40,

Due detti, di Carlo *Lodi*, L. 160.

Quattro detti, del *Minozzi*, L. 120.

Elemosina di Cappuccini, del *Bigadelli*, L. 160.

Due quadretti, favolette, pastorelle ed amorini, del *Spagnolo*, L. 400.

Due quadri, di fiori, di Candido *Vitali*, L. 40.

Una prospettiva, del *Monticelli*, L. 10.

Un quadrettino, S. Pietro Martire, del *Spinelli*, L. 60.

Due teste di un Angelo e la B. V., di *Gio. dal Sole* L. 60.

La incoronazione della B. V. del Rosario nella piazza di Bologna, della scuola de' *Caracci*, L. 500.

La Nunziata, di Carlo *Cignani*, L. 8000.

Figure istoriate, di Francesco *Mazzuola*, detto il *Parmegianino*, L. 5000.

La S. Famiglia, dell' *Albani*, L. 600.

Una Bambozzata, del vecchio *Caccioli*, L. 1500.

La vecchia con un fiasco, del suddetto, L. 180.

La Beata Vergine col Bambino ed altri Santi, d' *Innocenzo* da Imola L. 900.

S. Francesco da Siena, di Francesco *Vanni* da Siena, L. 500.

Il Presepio, del *Milanese*, L. 300.

La fuga in Egitto, del suddetto, L. 160.

G. C. e S. Veronica, del detto vecchio (*Caccioli*), L. 500.

Una Bambozzata, del *Cignani*, L. 5000.

Una vecchia che fila, del vecchio *Caccioli*, L. 180.

(1) Pittore ignoto.
(2) Forse il *Muzzi*.

Apollo e Mercurio, del *Guercino* da Cento, della prima forte
    maniera, L. 500.

La B. V., S. Francesco, l'Angelo ed il Bambino, del *Mastel-*
    letta, L. 500.

B. V. col Bambino, S. Giuseppe e S. Giovannino, del *Guercino*,
    della seconda maniera, bellissimo, L. 1400.

L'andata in Egitto, del *Milanese*, L. 160.

Il riposo in Egitto, in rame, di *Simone* da Pesaro, L. 350.

La S. Famiglia, del *Scarsellini* di Ferrara, L. 180.

Il Padre Eterno, di Francesco *Albani*, L. 150.

Il Bacio di Giuda, ovato del *Milanese*, L. 800.

Una Flora, del *Brizzi*, L. 600.

Un ritratto, di Bartolomeo *Passarotti*, L. 200.

Tre teste di tre giovani, di Annibale *Caracci* (1), L. 1000.

Vulcano, Marte e Venere con amorino, del *Guercino*, della
    prima maniera, L. 1000.

Due ritratti, di *Tiziano*, L. 1200.

Il ritratto di Domenico Lanzoni medico, con altro giovine, di
    Annibale *Caracci*, L. 4000.

Tre teste, del *Passarotti*, L. 400.

Una B. V. e il Bambino che dorme, di *Guido Reni*, gusto Ca-
    racesco, L. 4000.

Lot colle figlie, di *Simone* da Pesaro, L. 5000.

San Stefano e San Francesco d'Assisi, di Giacomo *Cave-*
    doni, L. 1200.

Gesù Cristo davanti a Pilato, del *Tintoretto*, L. 1000.

G. C. che scaccia i profanatori dal tempio, del *Milanese*,
    bello, L. 1200.

Un paese, di Annibale *Caracci*, L. 400.

Il Martirio di S. Lorenzo, scuola di *Paolo* Veronese, L. 600.

Adorazione de' Magi, di Annibale *Caracci*, sul gusto vene-
    ziano, L. 3000.

N. S. e la Samaritana, del *suddetto*, del buon gusto, L. 3500.

David con la testa di Golia, di Leonello *Spada*, L. 1800.

(1) Cioè i ritratti dei tre *Carracci*. Nota marginale.

Un Santo Diacono e la B. V. col Bambino, di Federico *Barocci*, L. 5000.

Susanna e i vecchi, scuola di *Tiziano*, L. 600.

Cleopatra che scioglie la perla nell'aceto, di *Simone* da Pesaro, L. 2000.

S. Giovanni nel deserto, del *suddetto*, L. 2000.

Una femina ferita, del *Franceschini*, L. 400.

Due uomini e una donna musici, di Michelagnolo *Caravaggio*, L. 2000.

Lucrezia romana, di Guido *Cagnacci*, L. 2500.

Una donna al naturale, di Carletto *Caliari*, scolaro di Paolo *Caliari* veronese, L. 1200.

Gesù Cristo e un manigoldo, di Alessandro *Tiarini*, L. 1300.

Un romito ed un angelo, di Lodovico *Caracci* da vecchio, L. 1000.

Bambino Gesù con gli emblemi della passione, di *Guido*, L. 3000.

S. Girolamo, di Benedetto *Gennari*, L. 800.

Venere ed Amore, dell'*Albani*, L. 1200.

Il riposo in Egitto, non terminato, di *Tiziano*, L. 1000.

S. Sebastiano, del *Sementi*, scolaro di *Guido*, L. 800.

La Nunziata, dell'*Albani*, L. 800.

La B. V. col Bambino, di Gio. *Bellino*, L. 1000.

Simile, del *Dossi* di Ferrara, L. 500.

Ritratti del padre e figlia *Sirani*, da loro stessi, L. 800.

Simile di una donna, scuola di *Guido*. L. 500.

S. M. Maddalena con Crocifisso, patito, di Agostino *Caracci*, L. 400.

Una Sibilla, del *Genari*, scuola del *Guercino*, L. 400.

Una testa della B. V., di Andrea *Sirani*, L. 450.

La S. Famiglia, di Francesco *Parmegiani* (*Mazzola*), L. 1500.

La Samaritana, di *Gius. dal Sole*, L. 300.

Due teste del Nazareno, e S. Gio. Battista, scuola di *Guido*, L. 350.

La fucina di Vulcano, di *Polemburgh* fiamingo, molto bello, L. 1500.

Due paesini, di Paolo *Bril* fiamingo, L. 400.

Gesù Cristo baciato da Giuda, di Lodovico *Caracci*, L. 250.

S. Rocco, di Francesco *Parmegiani*, L. 200.

Ritratto suo di Francesco *Francia*, cosa rara, L. 800.

B. V. col Bambino, S. M. Maddalena ed altro Santo, di Giacomo *Francia*, L. 800.

Una Bambozzata, del *Milanese*, L. 500.

Un giovine che beve, di Annibale *Caracci*, L. 600.

Il Redentore, di Andrea *Sirani*, L. 350.

Un uomo e una donna, si crede del *Tiziano*, L. 3000.

Un'Addolorata, di Annibale *Caracci*, L. 1000.

S. Francesco, di Federico *Barocci*, L. 1500.

S. Pietro in vinculis, di Domenico *Viani*, L. 600.

Due ovati, il Parnaso ed un Baccanale, in rame, della *Panzacchi*, L. 1000.

B. V. col Bambino e un Angelo, di Carlo *Cignani*, L. 2000.

S. Francesco, di *Gabrielle dalli Occhiali (Ferrantini)*, L. 200.

B. V. col Bambino e Santi, in rame, di Pietro *Facini*, L. 500.

S. Elena, bellissima, ben conservata e cosa rara, di Leonardo da *Vinci*, L. 2500.

Gesù Cristo levato dal sepolcro, del *Milanese*, L. 600.

Rachele al pozzo, del *Franceschini*, molto bello, L. 1500.

Un ovato, la B. V., S. Giuseppe ed il Bambino nel presepio, in rame, opera molto pregevole, del *Cignani*, L. 10,000.

L'Addolorata ai piè della Croce, del *Tiarini*, patito, L. 600.

Ss. Pietro e Paolo, di Andrea *Sirani*, L. 600.

S. Orsola, di Guido *Cagnazzi*, L. 600.

S. Francesco, di Lodovico *Caracci*, molto bello, L. 1200.

B. V. col Bambino e S. Giovannino, del *Sirani*, L. 450.

Detta, di *Guido*, quand'era giovine, L. 500.

Due teste di donne, del *Borrini*, L. 400.

Battezzo di N. S., di Paolo *Veronese*, molto bello e ben conservato, L. 2500.

Una testa, del *Somacchini*, L. 1200.

Simile, del *Cavedoni*, L. 120.

Flora con un puttino, dell'*Albani*, L. 350.

Copia della famosa Cingarella del *Correggio*, L. 500.

La Nunziata, dell'*Albani*, L. 780.

Ritratto di una donna, del *Pasinelli*, L. 200.

S. Giovanni, del *Tiarini*, L. 1000.

La B. V., il Bambino e S. Giovanni, del *detto*, L. 1000.

La B. V., il Bambino che sposa S. Catterina, S. Giovannino e S. Giuseppe, d'*Innocenzo* da Imola, L. 2400.

S. Girolamo, del *Cavedoni*, L. 400.

B. V. e S. Giovannino, scuola del *Parmegiano*, L. 180.

Una testa di un giovane, di Guido *Cagnazzi*, L. 200.

Una bella testa di un vecchio, di Michelangelo da *Caravaggio*, L. 400.

Una Madonna in ovato, scuola di *Guido*, L. 150.

Una testa di S. Giuseppe, scuola di *Simone* da Pesaro, L. 90.

S. Agnese, scuola di *Guido*, L. 160.

B. V. col Bambino che dorme, di Flaminio *Torri*, L. 350.

B. V., il Bambino e S. Romualdo, del *Tiarini*, L. 500.

S. Giacinto e la B. V., scuola del *Viani (Vanni)* di Siena, L. 80.

Due paesi piccoli, del *Milanese*, L. 700.

Una testa o ritratto, scuola de'*Caracci*, L. 300.

Venere con amorini, scuola di *Guido*, L. 180.

S. Lorenzo e la B. V., in rame, del *Milanese*, L. 300.

S. Catterina V. e M., e la B. V., di *Guido*, L. 400.

Un Baccanale, del *Milanese*, L. 180.

B. V. di Reggio, una delle prime cose dell'*Albani*, L. 30.

Due femmine, di Donato *Creti*, L. 180.

Venere con amorini, bozzo dell'*Albani*, L. 50.

Due paesi, del *Monticelli*, L. 400.

Due altri, del *Nunzio*, con figure di Francesco *Monti*, L. 800.

Due detti, di Carlo *Lodi*, L. 200.

Una cantina con cappuccini e donne, del *Gamberini*.

L'adorazione de'pastori, del *Caccioli* vecchio, L. 800.

Due allegorie, di Donato *Creti*, L. 600.

Figure in paese, del *Milanese*, L. 600.

Giuseppe e Beniamino co'fratelli, di Giuseppe *Pedretti*, L. 300.

Fatto di Scrittura, del *suddetto*, L. 300.

N.º LXI. A. 17....

CINQUE CATALOGHI

DE'QUADRI E DISEGNI DELLA CASA GONZAGA DI NOVELLARA

(Collez. Campori e Arch.º Palatino).

La Contea di Novellara piccolo territorio situato nella parte inferiore della provincia di Reggio nell'Emilia, fu sottoposta dal decimoquarto secolo infino al 1728 a un ramo della famiglia Gonzaga che vi esercitò i diritti della sovranità. Quando invalse l'usanza del raccogliere pitture, statue, anticaglie per ornamento de' palazzi, dei giardini e delle villeggiature dei principi, i Conti di Novellara non rimasero indietro dagli altri nella nobile impresa, nè furono dei meno fervidi promotori delle buone arti. Il celebre Lelio *Orsi* visse mantenuto da essi nella stessa qualità di *Giulio* Romano appresso i duchi di Mantova, e molto fu adoperato in materia di pitture e di architettura, per abbellire la borgata in cui avevano residenza. Fino da quel tempo si trova memoria di pitture e di statue nella rocca di Novellara. Così Pietro Maria *Bagnadore*, valente pittore bresciano che molti anni stette al servizio loro, recava da Roma quadri suoi e d'altri e statue per ornamento del giardino, e più tardi vendeva al conte Camillo una collezione di cose d'arte formata da lui. Alfonso I, come vedemmo, allogò quadri all'*Orsi* e al *Bagnadore*, Camillo successore di lui ne commise al *Procaccino* e al *Palma;* ma chi più attivamente e più splendidamente si adoperò nel raccogliere statue e pitture e nell'impiegare in suo servizio l'opera di molti artefici, fu il Conte Alfonso II.

Disgraziatamente egli visse in tempi poco felici per le arti, nè fu troppo avveduto nella scelta degli uomini, salvo alcune eccezioni, e non potè preservarsi da quella legione di caracceschi e di quadraturisti che da Bologna diffondeva la sua azione per tutta l'Italia. Operarono per lui lo *Scaramuccia*, il *Peruzzini*, il *Cairo*, il *Panfilo*, i *Gennari*, il *Guercino*, il *Pasinelli*, Gio. Andrea ed Elisabetta *Sirani*, per tacere dei minori, *Burrini*, *Aldrovandini*, *Caccioli* e altri bolognesi. Alla morte di Filippo ultimo di quella linea, accaduta nel 1728, si contarono 1006 quadri compartiti fra la rocca e le due villeggiature denominate il Casino di sopra ed il Casino di sotto, oltre una preziosa raccolta di disegni incorniciati e un magnifico vasellame in argento lavorato, del peso di 30,000 oncie. La Contea siccome feudo imperiale fu dall'Imperatore Carlo VI rinunciata a Rinaldo Duca di Modena l'anno 1737 in compenso di grossa somma che gli doveva, ma i quadri insieme coi beni allodiali furono devoluti alla sorella del co. Filippo, Maria Ricciarda moglie di Alderano Cibo Duca di Massa. Fino d'allora quelle insigni raccolte incominciarono a patire qualche sottrazione, e altre più se ne avverarono nel 1770 allorquando vendutasi dal duca Francesco III la rocca al Comune si dovettero trasportar fuori i quadri che vi si custodivano, e se ne fece regolare perizia dal Bianconi architetto e letterato bolognese. La maggior parte però si conservava ancora in Novellara quando sopravvenne l'invasione francese. Mentre i predatori di alto fusto azzannavano il fiore delle Gallerie e dei Musei delle grandi città e più noti nel mondo, uno sciame di tosatori di seconda mano e di manutengoli degni del remo e del laccio si gettava voracemente sulle Collezioni meno conosciute o per la minore importanza loro o per la qualità de' luoghi in cui esse erano collocate. Nessun viaggiatore aveva dato ragguaglio della Galleria di Novellara, la quale anche nella stessa Italia era poco meno che ignota e però adescava i ladroni nella' speranza di poter meglio occultare le loro ruberie. I quali vennero infatti e fecero quel mal governo che poterono e in modo degno di essi; lasciando poi che i quadri non trafugati andassero venduti all'asta per quella vile moneta a cui peritavansi allora le opere d'arte.

A questi quadri e disegni novellaresi si riferiscono i cinque inventarii che si riportano sotto la data dell'anno in cui furono compilati. Il primo che tien dietro immediatamente a queste parole, fu fatto dopo la morte del co. Filippo ad istanza del Ministro plenipotenziario Cesareo; ma non comprende che i principali dipinti e disegni coi prezzi loro attribuiti dal Canonico G. B. Quattrini e dal Padre Giacinto Stacari servita, intendenti di pittura. Più esattamente furono fatti gli altri due inventarii che seguono dal Bianconi bolognese dopo la morte della Duchessa Ricciarda, nel 1770. Apparisce dai medesimi che il valore dei quadri, dei marmi e altre cose d'arte fu giudicato essere zecchini gigliati 5185 e paoli 2 corrispondenti circa a italiane lire 59,657. I quadri collocati nel Casino di sotto che erano i più pregiati furono valutati zecchini 5610, i disegni posti nello stesso luogo simili 406 e paoli 3 e ¹/₂, e le statue di metallo e di marmo con alquanti preziosi mobili, zecchini 781 e ¹/₂. I quadri allogati nel Casino di sopra di assai minor pregio degli altri e mancanti dell'indicazione degli autori, furono stimati zecchini 317, paoli 5; i marmi e gli scrigni pure in detto Casino, zecchini 43 e ³/₄. Nel quarto indice sono notati pochi dipinti a cui è assegnato l'autore. Viene ultima una nota di quadri acquistati da una società d'industrianti, Biagio *Manfredi* pittore, Panelli e Levi in quel triennio di disordini e di confusione che fu dal 1796 al 1799. Nel quale anno la reggenza austriaca istituitasi in Modena intese rivendicare allo Stato quei dipinti come roba male e indebitamente acquistata, e li fece sequestrare; ma il ritorno dei francesi fece tornare i quadri nelle mani di chi li aveva comperati per pochi denari.

NOTA DE' QUADRI E DISEGNI DELLA GALLERIA DI NOVELLARA.

Due puttini, uno che dorme, l'altro che accenna con una mano, largo oncie 24., alto 12., di *Raffaello* d'Urbino . . . . Doble 600

Un Mercurio sedente con Amore appresso in piedi con una carta in mano mostrando di leggere e Venere in piedi, alto br. 3, largo 3., del *Parmegianino* dob. 500

Un Crocefisso in tavola con una testa, alto on. 24., largo 18., di *Leonardo* da Vinci . . . . dob. 40

Una Madonna col Bambino in braccio, della suddetta altezza e larghezza, del *Leonardo* stesso . . dob. 30

Due quadri, ciascheduno alto on. 30., largo 20., in uno evvi un *Ecce Homo*, nell'altro una M.ª Addolorata, di *Palma* vecchio . . . . dob. 50

Una Venere a sedere con Amore che la bacia, alto br. 2. on. 6., largo b. 2. on. 6., del *Correggio* . . dob. 300

Un S. Giovanni in piedi, alto br. 2. on. 6., largo br. 1., dello stesso *Correggio*. . . . . dob. 100

Una S. Maria Maddalena con un Crocifisso in mano, alto on. 24., largo 18., dello stesso *Correggio* . . dob. 100

Un S. Cristoforo con Gesù Cristo sulle spalle, alto on. 24., largo on. 18., pure dello stesso *Correggio* . . dob. 80

Una Madonna col Bambino in braccio, con S. Giuseppe e S. Gio. appresso, dello stesso *Correggio* . . . dob. 150

Un Cristo nell'orto con Angelo, tenendo in mano il Calice, alto on. 12., largo 6. anche del *Correggio* . . . . dob.   20

Una Venere che dorme con Amore in braccio, alto on. 12., largo on. 8., pure del *Correggio* . . . . . dob.   15

Una Maddalena in casa del Fariseo a' piedi di Cristo con diverse altre figure, tavola alta on. 14., larga 10., di *Paolo* Veronese . . . . dob.   740

Due quadretti con due teste di donne, alti e larghi on. 4., del *suddetto* . . . . dob.   30

Due altri quadretti con due figure mezze di donne, alti tutti due on. 14., larghi 9., del *suddetto* . . dob.   40

Due figurine ed un cavallo, alto on. 8., e largo on. 5, di *Giorgione* da Castelfranco . . . . . . dob.   40

Un presepio, alto on. 36. e largo 28., del *Bassano* . dob.   80

Un Cristo nell'orto con li 3. Discepoli che dormono, alto on. 30., largo 40., del *suddetto*. . . . dob.   30

Quattro teste piccole in 4. quadretti, alti on. 5. e larghi tre per cadauno, anche del *Bassano*, . . . dob.   20

Una mezza figura di S. Bartolomeo, alto on. 30., largo 24., del *Tiziano* . . . . dob.   40

Un paese con diverse bellissime figure, alto on. 8., largo 30., del *Tiziano* . . . . dob.   100

Un Tobia ed una Madonna col Bambino in braccio, alto on. 12. e largo on. 18., del *suddetto* . . . dob.   50

Due piccoli paesini con figurine, alti on. 6., larghi 12., del *suddetto* . . . . dob.   30

Una Madonna col Bambino in braccio, ed un altra figura vestita da frate, alta on. 6., e larga 12., del *suddetto* . . . . dob.   25

Un presepio alto on. 24., largo 12., di Lelio *Orsi* di Novellara . . . . dob.   100

Un Cristo in croce con una gloria di Angeli, alto on. 3., e largo 2., dello stesso Lelio *Orsi* . . . . dob.   120

Un ritratto in rame di forma sferica piccola, del *Parmigianino* . . . . dob.   50

Un altro ritratto in rame della stessa forma e grandezza, del *Tiziano* . . . . dob. 30

Un altro ritratto alto on. 20., largo 12., del *Coti-gnola* . . . . dob. 20

Un altro ritratto della stessa grandezza, d' un bravissimo autore . . . . dob. 20

Un Cristo che porta la croce al Calvario, alto on. 7. e largo 5., di Alberto *Duro* . . . . dob. 10

Un Mercurio, alto b. 2., largo 1., del *Tintoretto* . dob. 30

Due puttini in due quadretti, alti ciascheduno on. 12., e larghi 18., del *Tintoretto* . . . . dob. 10

Un quadretto con 4. puttini in piedi ed uno in terra esprimenti il trionfo d'Amore, alto on. 6., largo 6., del *Parmigianino* . . . . dob. 50

Una visitazione di S. Elisabetta con altre diverse figure, alta on. 17., larga 10., del *suddetto* . . . dob. 130

Una S. Maria Maddalena con un Angelo, alto on. 24., largo 11., del *Parmigianino* . . . . dob. 50

Una S. Catterina Vergine e Martire, alto on. 24., largo 11., del *Parmigianino* . . . . dob. 15

Una testa della Madonna, alto on. 12., largo on. 8., ignoto autore . . . . dob. 10

Una Madonna, alta on. 14., larga 8., del *Dossi* di Fer-rara . . . . dob. 15

Una S. Maria Maddalena in piedi, Cristo in casa di Si-mone, alto on. 14., largo 10., mezzo tondo di sopra, del *Benvenuto* da Garofalo . . . . dob. 40

Una Madonna con S. Giuseppe e S. Gio. e diversi Angeli, alto on. 14., largo 10., del *suddetto*. . . . dob. 20

Un quadro con tre figure, alto on. 20., e largo 12., del *Tiziano* . . . . dob. 50

Un ritratto alto on. 12., largo 10., di *Andrea* del Sarto . . . . dob. 6

Una pietà in rame, in forma ovata, del *Tiarino* . dob. 8

Un quadretto con una Santa, alto on. 7., largo 4., del *Parmigianino*. . . . . dob. 10

Un quadro con tre puttini con le ali, alto un braccio e largo uno e un quarto, similmente del *suddetto* dob.	100
Un ritratto alto on. 8., largo 8., del *Tiziano* . . dob.	20
Lucrezia Romana, in tavola, alta on. 14., larga 12., del *Franza* . . . . dob.	10
Un ritratto alto on. 5., largo 4., di *Nicolò* dell'Abate dob.	3
Una Madonna con il Bambino in braccio e S. Giuseppe e un Angelo, alto on. 15., largo 11., dello *Schedone* . . . . dob.	10
Un'altra Madonna col Bambino e S. Giuseppe, alto on. 9., e largo 7., del *Caracci* . . . . dob.	25
Due teste alte on. 8., larghe 5., per cadauna, del *Bassano* . . . . dob.	6
Due donne, una vecchia ed una giovane con una lettera in mano, alte on. 14., larghe 18., del *Tiziano* . . . . dob.	15
Il Petrarca con Madonna Laura, alto on. 12., e largo 14., di un bravo pittore antico *Orsi (sic)* . . . dob.	6
Una Madonna col Bambino, alto on. 12., largo 8., del *Franza* . . . . dob.	10
Un ritratto di un uomo, alto on. 10., largo 8., del *Tiziano* . . . . dob.	40
Un altro ritratto, alto on. 10., largo 7., di Michel Angelo *Caravaggio* . . . . dob.	14
Un'Annunziata, alto on. 11., largo 7., di Federico *Barozzi* . . . . dob.	14
Un puttino vestito, alto on. 20., largo 10., del *Mantegna* . . . . dob.	4
Uu presepio, alto on. 24., largo 16., del *Barozzi* . dob.	10
Una testa antica, assai bella, alta on. 8., e larga on. 6., di autore molto bravo . . . . dob.	2
Una Madonna con S. Anna, S. Giuseppe, S. Gio., due Angeli con nostro Signore in un bel paese, alto on. 40., e largo 30., di buonissima mano antica . . dob.	15
Un Cristo legato alla colonna, alto on. 16., largo 17., del *Palma* . . . . dob.	10

Due Eremiti e li Ss. Pietro e Paolo Apostoli con S. Antonio di Padova, alto on. 40., e largo 30., del cavaliere Giuseppe d'*Arpino* . . . . dob.   20

Un David, alto br. 3., largo 2. on. 6., di Guido *Reni*, dob.   150

Un quadro con tre figure grandi dal vero, cioè Limco Silvia e Dorinda, alto br. 4., largo 5., del *Guercino* da Cento . . . . dob.   400

Una Madonna col Bambino in braccio, S. Giuseppe, San Gio. ed Angeli, alto on. 40., largo 30., del *Procaccini* . . . . dob.   85

Una battaglia a tempra, d'altezza d'un braccio on. 6., e largo br. 2. on. 6., di Lelio *Orsi* . . . . dob.   20

Somma totale di doble N.° 4341

NOTA DI ALTRE PITTURE BELLISSIME CHE SI TROVANO NELLA DETTA GALLERIA.

Scuola dell'Amore, di Bernardo *Campi* . . . . . dob. 275

Una Venere, scuola del *Correggio* . . . . . » 200

Un Crocefisso con angeli, di Lelio *Orsi* . . . . » 300

Quattro quadri con le 4. Stagioni, di Franc. d.° il *Vivarese* . . . . » 360

Un ortolano con frutti bellissimi, ma non si sa l'autore » 905

Una Sacra famiglia, scuola di *Raffaele* . . . . . » 300

Una Carità e una Pietà, prima mano del *Guercino* . » 250

Un Ercole, ultima maniera del *Guercino* . . . . » 150

Un paese con molte figure, di Paolo *Brilli* . . . » 200

Un S. Antonio e S. Paolo primo eremita, di mano incognita . . . . » 200

Una Beata Vergine col Bambino, e Tobia che le offerisce un pesce, in tavola, del *Tiziano* . . » 250

Una Beata Vergine col Bambino, S. Giuseppe e S. Gio., dello *Schedoni* . . . . » 150

Un presepio, di Lelio *Orsi* . . . . » 180

Ovato in rame, del *Tiarini* . . . . » 150

Un vecchio che suona la lira, con un giovinetto in
    atto di scrivere, del cavaliere *Calabrese* . . . dob. 300

La Pace, del *Guercino* da Cento . . . . » 200

Un Sogno, del *Correggio* . . . . » 500

Un Ercole, del *Guercino* . . . . » 275

Un paesino, di Paolo *Brilli* . . . . » 200

Una Madonna col Bambino, del *Tiziano* . . . . » 250

La morte di Adone, alto br. 3., largo 2., di Carlo *Bonone* di
    Ferrara.

Quadro con una fiera, del *Calotta.*

Un'altra fiera, dello stesso *Calotta.*

Un paese, del *Calotta* sud.°

Ritratto di Galeazzo Bovi, dei *Dossi* di Ferrara.

Diverse figurine di donne nude, del *Fiamingo.*

Un bagno, del sud.° *Fiamingo.*

Un piccolo paesino dipinto sul rame, del *Brilli.*

NOTA DEI DISEGNI DEI MIGLIORI PITTORI ANTICHI CHE SI TROVANO NELLA GALLERIA DI NOVELLARA.

Un Teatro con li comici sulla scena, alto on. 8.,
    largo 12., di Annibale *Caracci* . . . . . . dob. 30

Un tondo con dentro Sileno, bellissimo, largo per
    ogni verso on. 5., del *suddetto* . . . . . . » 15

Quattro disegni di teste diverse di vecchie e gio-
    vani a penna, alti on. 5., larghi tre, di autore
    incerto . . . . » 20

50. pezzi di disegni in lapis rosso con 4. Madonnine
    bellissime, con una Santissima Trinità, ed altre
    cose assai belle, e tutta la cupola fatta in Parma
    dal *Correggio* . . . . » 150

100. pezzi di disegno in grande, in foglio di carta
    reale fatti la maggior parte all'acquerello ed
    altri a penna, tutti figuranti diverse storie, di
    Lelio da Novellara . . . . » 300

Un bellissimo disegno di Cristo in Croce, alto on. 8. e largo 6., di *Michel-Angelo* da Caravaggio	dob.	12
S. Pietro Martire, alto on. 9., largo 6., del *Tiziano*	»	7
Amorini che fabbricano delle freccie ed altre figure in un foglio grande reale, di *Raffael* d'Urbino	»	20
Un Sacrifizio con diverse figure, dello stesso autore	»	4
Un trionfo in acquerello, alto on. 14. e largo 8., del *Mantegna*	»	5
Due disegni della scuola d'Atene, alti on. 12. e larghi 16., copiati da *Raffaele*, dal *Parmigianino*	»	20
Due figure nude, alto on. 12., largo 8., di Pietro *Vacini*	»	2
Una battaglia alta on. 11., larga 5., di *Giulio* Romano	»	8
Un carro tirato da bovi con diverse figurine in trionfo, di Agostino *Caracci*	»	8
Un disegno di Giulio *Romano*.	»	7
Danae con Giove, del *Correggio*	»	20
Cristo in croce, di Michel-Angelo *Buonarotta* . .	»	30
Un Profeta, dello stesso Michel-Angelo *Buonarotta*	»	15
		673

NOTA CON STIMA RISPETTIVA DI TUTTI LI QUADRI DI PITTURA, E DI CADAUNO DE' MEDESIMI, ESISTENTI NEL COSÌ DETTO *CASINO DI SOTTO* IN VILLA DI S. MICHELE TERRITORIO DI NOVELLARA, RAGIONE DI S. A. SERENISSIMA LA SIGNORA DUCHESSA DI MASSA E PRINCIPESSA EREDITARIA DI MODENA EC. MARIA TERESA CYBO D'ESTE, COSÌ RISPETTIVAMENTE STIMATI, ED APPREZZATI DAL SIGNOR CARLO BIANCONI BOLOGNESE, COME SEGUE QUI SOTTO, CIOÈ:

NELLA PRIMA CAMERA DELL'APPARTAMENTO SUPERIORE DETTO LA GALLERIA.

Benedetto *Gennari*. Quadro grande rappresentante Santa Teresa che riceve una Collana dalla Beata Vergine con S. Giuseppe — in alcuni piccoli luoghi è scrostato, zecchini 80 (1).

(1) Il valore de' quadri è fissato in tanti zecchini da paoli 20. l'uno.

Copia di *Paolo* Veronese. Piccolo quadretto che rappresenta lo Sposalizio di Santa Catterina, scrostato, zecchini 3.

Antonio *Tempesta*. Suprafinestra, che rappresenta una caccia con uomini e bestie, zecchini 30.

Copia. Cena del Fariseo, zecchini 1. ½.

Copie. Due piccoli quadretti in asse, zecchini 1.

Cavaliere Iacopo *Peruzzini* di Ancona. Quadro grande, rappresenta Alessandro Magno portatosi a ritrovar Diogene nella botte, zecchini 50.

Sembrano copie del *Bonone*. Due quadri senza cornice, uno rappresenta il Genio della guerra, l'altro il riposo dopo la guerra, in tutto zecchini 6.

Autore Fiamengo antico. Quattro quadri compagni con cornici dorate, rappresentano paesi, in tutto zecchini 6.

Autore Fiamengo antico mediocre. Quattro rotondi in asse con cornici dorate, in tutto zecchini 1. ½.

Quadro bislungo con cornice dorata, rappresenta un paese grande con la caduta di S. Paolo, zecchini 5.

Quadrettino piccolo in rame, rappresenta la SS.ma Annonziata, zecchini 1. ½.

Copie in gran parte di monsieur *Rigaud*. Due quadri, uno rappresenta Giuditta, l'altro Erodiade, zecchini 3.

La veduta del Campidoglio di Roma, zecchini 1. ¼.

Una Beata Vergine col puttino che dorme, zecchini 2.

Piccolo quadrettino, rappresenta S. Gio., dipinto in alabastro con cornice d'ebano, zecchini 1.

Quadro bislungo, rappresenta paese grande col ritrovamento del bambino Mosè nel Nilo, zecchini 10.

Due prospettive compagne dipinte in asse, e piccole con cornice dorata, zecchini 2.

Scola Veneta antica. Beata Vergine con S. Giuseppe e S. Catterina, quadretto piccolo con cornice nera, zecchini 2. ½.

Scuola del *Vanni* Senese. Beata Vergine che allatta il Bambino, quadretto piccolo senza cornice, zecchini 3.

Due marine compagne con cornici dorate, zecchini 3.

Due paesi compagni con Satiri e Ninfe, senza cornice, zecchini 3.

Autore Fiamengo. Altri due paesi compagni con cornici dorate, zecchini 4.

Tintoretto. Un sopraporta, rappresenta Mercurio che vola, quadro pel traverso con cornice dorata, zecchini 5.

Sei ovatini compagni, in tutto zecchini 2.

Un quadrettino in asse, rappresenta la Madonna col Bambino e S. Giovannino, zecchini 1.

Stile fiamengo antico. Due paesi, quadretti piccoli senza cornice, zecchini 3.

S. Giacinto colla Beata Vergine, quadretto piccolo, zecchini 1.

Due quadri senza cornice, uno rappresenta Tancredi che battezza Clorinda ferita a morte — guasto in varii luoghi; l'altro il Ratto di Proserpina, zecchini 4.

Due soprafinestre che rappresentano fiori, e quattro ovatini piccoli che rappresentano paesi, in tutto zecchini 1.

Due paesi senza cornice, zecchini 1. $\frac{1}{2}$.

Assunta con Angioli in alabastro venato, con cornice d'ebano, zecchini 1. $\frac{1}{2}$.

Abbozzetto del *Tintoretto.* Le Nozze di Cana Galilea, senza cornice, zecchini 12.

Varie Deità marine, quadro grande pel traverso con cornice dorata, zecchini 6.

Le quattro Stagioni dell'anno, che offeriscono i loro simboli al Tempo, quadro senza cornice, e guasto in varii luoghi, zecchini 3.

Romanelli abbozzetto. Quadretto piccolo in alabastro venato con cornice d'ebano, rappresenta Sant'Antonio Abbate con San Paolo primo Eremita morto, zecchini 1.

NELLA SECONDA CAMERA
DI DETTA GALLERIA, CHE HA LA PORTA D'INGRESSO NELLA MEDESIMA.

Giuditta con la testa d'Oloferne in mano, quadro senza cornice, zecchini 2. $\frac{1}{2}$.

Sasso Ferrato. Una Beata Vergine appassionata, quadro senza cornice, zecchini 4.

Autor antico. La Beata Vergine con S. Giuseppe, il Bambino e Santa Catterina, quadro con cornice dorata ed intagliata, zecchini 8.

Autor bravo antico tedesco. Riposo in Egitto, quadro in asse senza cornice, zecchini 15.

Una Madonna col Bambino in braccio, piccolo quadretto con cornice, zecchini 0. $\frac{1}{4}$.

Quattro sopraporte senza cornici, rappresentano paesi, in tutto zecchini 6.

Quadro che rappresenta la Madonna col Bambino in braccio, e due Angioli di dietro, mezza figura, senza cornice e guasto, zecchini 1.

Un *Ecce-Homo* in asse, mezza figura, zecchini 0. $\frac{1}{2}$.

Due quadri compagni con cornice dorata, uno rappresenta il Sacrifizio di Noè, e l'altro il Diluvio universale, in tutto zecchini 50.

Beata Vergine col Bambino e S. Giovannino, quadro in tela senza cornice, zecchini 2.

Achille, che vuol sacrificare una donzella, quadretto in asse senza cornice, zecchini 1.

San Girolamo in tela senza cornice, zecchini 1. $\frac{1}{4}$.

Copia di Giacomo Da *Ponte* detto il *Bassano*. Quadro pel traverso con cornice dorata, rappresenta l'Orazione di Nostro Signore nell'orto, zecchini 5.

Copia di Francesco *Vanni* senese. La Madonna che dà la pappa al Puttino, quadro in tela con cornice dorata, zecchini 3.

Copia di Lionello *Spada*. S. Girolamo sedente che legge un libro, quadro in tela con cornice dorata, zecchini 3.

Vengono da Gio. *Miele*. Due quadretti rotondi in tela con cornici dorate, rappresentano due bambocciate, zecchini 12.

Sammacchini bolognese. La Beata Vergine, S. Giuseppe, San Giovannino e Santa Catterina, quadro in tela senza cornice, zecchini 20.

Dosso ferrarese. Il Signore che porta la Croce con un manigoldo per di dietro, quadro in asse con cornice dorata, zecchini 30.

Pietro della *Vecchia*. Una vecchia che fila, quadro in tela senza cornice, zecchini 20.

Una giovane che legge, mezza figura, quadro in tela senza cornice, zecchini 2.

Scarsellini ferrarese. Un quadro all'impiedi con cornice dorata, rappresenta il ritratto d'una giovane, zecchini 30.

Autor antico. Beata Vergine. Una posata, quadro in tela senza cornice, zecchini 3.

Copia del *Vandich*. Un Crocifisso con cornice dorata, zecchini 5.

Benvenuto da Garofalo. S. Girolamo nel deserto, quadro in asse con cornice dorata, zecchini 12.

La Beata Vergine che va in Egitto con S. Giuseppe, ed Angioli, quadro in asse senza cornice, zecchini 3.

Un vecchio col bastone in mano, quadro in tela senza cornice, zecchini 2.

S. Maria Maddalena, quadro in tela senza cornice, zecchini 0. $\frac{1}{4}$.

Un *Ecce-Homo* in asse senza cornice, zecchini 0. $\frac{1}{4}$.

Spisanelli bolognese. La Sagra Famiglia con Angioli, quadro in tela con cornice dorata, zecchini 30.

Di **Livio** *Meus*. Piccolo quadrettino in rame, rappresenta Santa Maria Maddalena, zecchini 8.

Scuola Fiorentina antica. Beata Vergine col Bambino in braccio, quadro in asse con cornice intagliata e dorata, zecchini 5.

Copia di *Guido* fatta dal *Sirani*. Un signorino che dorme sopra della Croce, zecchini 3.

Cavaliere *Pomarancio*. Quadro in tela con cornice dorata, rappresenta il Simbolo del cristiano, il quale abbracciando la Croce scaccia l'Amor profano, e l'Amor divino gli mostra il Paradiso, zecchini 40.

Copia del *Barocci*. Quadretto piccolo in tela colla cornice nera, rappresenta la Santissima Annunziata, zecchini 1.

NELLA TERZA CAMERA DI DETTA GALLERIA.

Scuola di *Paolo* Veronese. Due quadri compagni, mezza figura, rappresentano il sig. Marchese del Vasto, e la sig.ª sua Consorte, in tutto, zecchini 6.

Benvenuto *Garofalo* da giovine. Il Signore a cena in Casa del Fariseo con la Maddalena appiedi del Signore, quadro con cornice randata al disopra, zecchini 10.

Gasparo *Pussino*. Quattro quadri pel traverso, che rappresentano paesi, in tutto zecchini 40.

Salvator *Rosa*. Due soprusci con cornice dorata, rappresentano due paesi, in tutto zecchini 30.

Ritratto d'una signora mezza figura, con cornice dorata, zecchini 1.

Altro ritratto di signora, mezza figura, senza cornice, zecchini 1.

Ritratto d'una signora con velo in capo, con cornice dorata, zecchini 5.

Santa Maria Maddalena con un Angelo che le dà un vasetto, senza cornice, zecchini 1. ½.

Girolamo *Carpi* ferrarese. La Visitazione di S. Elisabetta, quadro con cornice randata al disopra, zecchini 10.

Copie del *Cignani*. Due quadri compagni con cornici intagliate e dorate: uno rappresenta Agar con Ismaello, l'altro il casto Giuseppe con la moglie di Putifarre, in tutto zecchini 40.

Scuola tedesca antica. Ratto di Proserpina, quadretto pel traverso, con cornice dorata, zecchini 1. ½.

Due paesi mezzani indicanti temporali con figure, in tutto zecchini 30.

Due sottoquadri in forma tonda con cornice dorata, rappresentano paesi con figure, zecchini 7.

Francesco *Saveri*. Veduta di mare con bastimenti e figure, zecchini 8.

Gianandrea *Sirani* bolognese. Quadro grande pel traverso con cornice dorata, rappresenta un fanciullo in braccio d'una donna che si mette in bocca un carbone acceso alla presenza d'un re, zecchini 60.

Scuola Veneta. Ritratto d'un Signore con collana d'oro, quadro in tela con cornice dorata, zecchini 3.

Sagra Famiglia in asse con cornice nera e filetto dorato, zecchini 1. ½.

Monsieur *Giusto (Suttermann)*. Il ritratto di Donna Vittoria di Capua contessa di Novellara ec., zecchini 10.

Testa d'una giovine, con l'abito dipinto da altra mano, zecchini 3.

Un principe con armatura e collaro, zecchini 4.

Ritratto d'una giovine con perle al collo, zecchini 1. $\frac{1}{2}$.

Ritratto d'un cardinale con cornice dorata, zecchini 3.

Scuola lombarda antica. Sposalizio di Santa Catterina, di pinto in asse con cornice di legno randata al di sopra, zecchini 3.

Venere fuori dal bagno che si asciuga, ed un Amorino collo specchio.

Altra Venere con Marte ed Amore che cantano, in tutto zecchini 3.

Un *Ecce-Homo* in asse con cornice velata, zecchini 1. $\frac{1}{2}$.

Un ritratto di signora con velo in capo, cornice dorata, zecchini 1. $\frac{1}{2}$.

Pietro *Perugino*. Lucrezia Romana che si uccide, quadro in asse con cornice dorata, zecchini 10.

Autor Fiamengo. Piccolo paesino, quadretto bislungo con cornice dorata, zecchini 3.

Scuola di *Pietro* da Cortona. Sileno con Fauni, Satiri e Baccanti, quadro grande pel traverso con cornice intagliata e dorata, zecchini 45.

Copia del ritratto di Donna Vittoria di Capua contessa di Novellara ec. con cornice dorata, zecchini 1.

Fauni con Baccante, con cornice dorata, zecchini 6.

Il Signore nell'Orto con li Discepoli che dormono, quadro in asse con cornice dorata, zecchini 2.

Autor incerto. Un uomo vestito di rosso, mezza figura in tela con cornice dorata, zecchini 3.

Una testa d'un vecchio in carta con cornice dorata, zecchini 0. $\frac{1}{4}$.

NELLA QUARTA CAMERA DI DETTA GALLERIA.

Un quadro in tela con cornice dorata, rappresenta tre puttini, uno cava vino da una botte, e gli altri due bevono, zecchini 2.

Scuola di Enrico *Golzio*. Quadretto in tela con cornice dorata, rappresenta vari fatti d'Ercole, zecchini 2.

Del *Saveri*. Quattro puttini compagni in asse con cornice dorata, in tutto zecchini 20.

Prospero *Fontana* bolognese. Il Centurione appiedi di Nostro Signore, quadro in asse con cornice dorata, e piuttosto piccolo, zecchini 7.

Scuola del *Correggio*. Una Santa Catterina, quadretto in asse con cornice dorata, zecchini 3.

Paese di Paolo *Bril*, le figure di Giuseppe d'*Arpino*. Aci e Galatea in paese con Polifemo addietro, quadro sopruscio in tela con cornice dorata, zecchini 18.

Girolamino *Carpi* ferrarese. Quadro all'impiedi con cornice dorata, rappresenta l'adorazione dei tre Re Magi, zecchini 20.

Abbozzetto originale del *Barocci*. La Sagra Famiglia, quadro non molto grande con cornice dorata, zecchini 30.

Copia d'*Ostaden* (*Van Ostade*). Bambocciata, quadro in tela con cornice dorata, zecchini 1.

Autor antico. Adorazione dei Re Magi, piccolo quadretto con cornice dorata, zecchini 1.

Guercino da Cento. Ercole colla clava in mano in atto minaccioso, mezza figura quasi al ginocchio, con cornice grande intagliata e dorata, zecchini 200.

Incendio di Troia con Enea che porta Anchise.

   Altr'incendio per compagno: due quadretti pel traverso in tela con cornice dorata, in tutto zecchini 3.

Salvator *Rosa* Napolitano. Quattro quadri pel traverso in tela di grandezza ordinaria, con cornici intagliate e dorate, rappresentano quattro paesi con figure, in tutto zecchini 60.

Due ovati compagni con cornici quadrate dorate, uno rappresenta Santa Maria Maddalena, e l'altro un S. Girolamo, in tutto zecchini 4.

Davide colla testa in mano del gigante Golia, quadro grande all'impiedi con cornice dorata, zecchini 15.

Elisabetta *Sirani*, fatto da lei in età d'anni 20. Iole con Amore che la corona, quadro grande all'impiedi con cornice dorata, zecchini 220.

Autor antico. San Girolamo, quadretto in asse, mezza figura, con cornice e filetti dorati, zecchini 3.

Ritratto d'un vecchio con pelliccia, con cornice dorata, zecchini 3.

Una Flora, mezza figura; ed un altro giovane : due quadretti con cornice dorata, ma differente, in tutto zecchini 1. ½.

Scuola Veneta antica. Sopruscio in tavola con cornice dorata, rappresenta la Beata Vergine, l'Angelo Raffaello, Tobia ed un pesce, zecchini 12.

Due Angioletti, quadri compagni in tela con cornice dorata, in tutto zecchini 6.

Copia di Lelio *Orsi* da Novellara. Una Risurrezione del Signore con cornice dorata, zecchini 1. ½.

Paolo Veronese. Testa d'un vecchio con collaro e catenella, con cornice dorata, zecchini 10.

Erodiade con un manigoldo che le porge la testa di S. Gio. Battista, quadro soprafinestra in tela senza cornice, zecchini 4.

Quattro ovatini piccoli in asse con cornici dorate, rappresentano paesini, in tutto zecchini 0. ¼.

Scuola di Paolo *Brillo*. Due paesi in rame con cornici dorate, in uno evvi S. Benedetto tra le spine, e nell'altro San Girolamo, in tutto zecchini 6.

Due paesi in legno con cornici dorate, zecchini 3.

Autor Fiamengo. Santa Maria Maddalena in paese dipinto in legno con cornice dorata, zecchini 2. ½.

Bambocciata Fiamenga. Quadretto pel traverso con cornice dorata, zecchini 15.

Quadro all'impiedi in tela con cornice dorata, rappresenta uva e frutta, zecchini 20.

Scuola Fiamenga. Paesetto in asse con cornice dorata, zecchini 1.

Un Amorino sedente con arco e faretra, quadro sopra finestra senza cornice, zecchini 3.

NELLA QUINTA CAMERA, DETTA IL CAMERONE,
IN DETTA GALLERIA.

Copie di monsieur *Boulanger*. Dodici quadri in tela compagni con cornici intagliate e dorate, rappresentano varii fatti di Bacco, incominciando dall'esser estratto da Giove dal corpo di Semele sino al suo trionfo, in tutto zecchini 60.

Due quadretti all'impiedi in tela con cornici dorate, rappresentano due vasi di fiori, in tutto zecchini 2. ½.

Quattro quadretti in tela senza cornice, rappresentano le quattro Sibille, zecchini 5.

Scuola tedesca. Quattro paesetti in asse con cornici dorate, zecchini 6.

Due soprusci in tela con cornice dorata, uno rappresenta veduta di paese, l'altro veduta di marina, zecchini 18.

Salvator *Rosa*. Quattro quadri mezzani all'impiedi in tela con cornici intagliate e dorate, rappresentano boscareccie, e paesi con varie figurine, zecchini 44.

Scuola di *Tiziano*. Due teste di ritratto, quadretti piccoli in tela con cornici dorate — in cattivo stato, zecchini 2.

Gio. *Cantarini*. Un soprafinestra in tela con cornice dorata, rappresenta un Davide, mezza figura al naturale, col teschio del gigante Golia in mano ed un soldato per di dietro, zecchini 25.

Due paesini con cornici dorate, uno in rame, e l'altro in tavola, zecchini 2.

Un soprafinestra in tela con cornice dorata, rappresenta due donne, una tiene in mano una lettera, e l'altra ha sulle spalle un fazzoletto bianco, zecchini 2.

Scuola Genovese. Due quadri in tela con cornice dorata, uno rappresenta Diogene colla lanterna in mano, l'altro Tizio divorato da un avoltoio, in tutto zecchini 7.

Quadro in carta con cornice dorata, rappresenta la testa d'una vecchia con panno bianco in capo, zecchini 2. ½.

Copia di Michelangelo *Buonarota*. Satiro con moglie e figlio che dormono, mentre un giovine porta via un altro Satiretto, quadro in tela pel traverso con cornice dorata, zecchini 6.

Scuola Veneziana. Testa d'uomo calvo con barba, piccolo quadretto in tela con cornice dorata, zecchini 1. $\frac{1}{2}$.

Scuola del *Parmigiano*. Testa d'una Santa Vergine, quadretto piccolo in tela con cornice dorata, zecchini 0. $\frac{1}{2}$.

Quadretto in tela pel traverso con cornice dorata, rappresenta due teste, una di donna, e l'altra d'uomo con berretta, zecchini 0. $\frac{1}{2}$.

Ritratto d'uomo vestito di nero con collaro, quadretto in rame con cornice dorata, zecchini 1. $\frac{1}{2}$.

NELLA SESTA ED ULTIMA CAMERA DI DETTA GALLERIA.

Autor incerto. Il Salvatore che chiama S. Pietro dalle reti all'Apostolato, quadro in tela con cornice intagliata e dorata — rotto in un sito, zecchini 12.

Il ritratto d'uomo con berretta in testa e pelliccione in dosso, piccolo quadretto in tela con cornice dorata, zecchini 4.

L'Orazione di Nostro Signore nell'Orto con l'Angelo che gli presenta il calice, e la croce, piccolo quadretto in tavola con cornice dorata, zecchini 10.

Cavaliere *Liberi*. Due quadri grandi compagni con cornice intagliata e dorata, uno reppresenta Ercole e Iole che fila con Amore al di sopra, l'altro Marte e Venere con Amore, zecchini 70.

Sembra del *Correggio* da giovane. Tre puttini, quadretto in tavola con cornice intagliata e dorata, zecchini 80.

Scuola Caraccesca. Testa di giovine con poca barba al mento, berrettone in testa, ed una fistola in mano, zecchini 25.

Tiziano. Testa d'uomo con barba, berretta nera in capo, e vestito di nero, quadretto in asse con cornice dorata, zecchini 30.

Copia di Gio. *Miele*. Bambocciata con persone che ballano vicino ad un'osteria, quadro sopruscio in tela con cornice intagliata e dorata, zecchini 2. $\frac{1}{2}$.

Scuola Correggesca. Due puttini, uno dorme e l'altro veglia, quadretto pel traverso in asse con cornice dorata, zecchini 45.

Giorgione da Castelfranco. Ritratto d'uomo con barba nera e berretta in capo, quadro in asse piuttosto piccolo con cornice dorata, zecchini 20.

Tiziano. Ritratto d'uomo con ramo d'ulivo in mano, quadro mezzano in tela con cornice dorata, zecchini 35.

Copia di Lodovico *Caracci* fatta dallo *Spisanelli*. S. Gio. Battista dietro il Giordano che predica alle turbe, quadro in tela con cornice intagliata e dorata, zecchini 10.

Cavaliere *Calabrese*. Testa d'un Apostolo in carta, quadro piuttosto piccolo con cornice dorata, zecchini 2. $\frac{1}{2}$.

Feti Mantovano. Il Cristo della moneta, quadretto piccolo in tela con cornice dorata, zecchini 15.

Stile Correggesco. Quadro grande all'impiedi con cornice intagliata e dorata, rappresenta una donna che dorme a cui appare in sogno l'ombra del marito defonto in atto di abbracciarla, zecchini 400.

Autor antico incerto. Testa d'uomo senza barba e senza capelli, quadretto in asse con cornice dorata, zecchini 3.

S. Francesco di Paola fatto di seta pesta con cristallo davanti e cornice dorata, zecchini 4.

Gio. *Bellino*. Piccolo quadretto in asse, rappresenta il ritratto d'uomo senza barba con piccolo berretto in testa, e vestito di nero, zecchini 5.

Uno del *Tintoretto* e l'altro di bravo pittore veneziano. Due piccoli ritratti rotondi in legno con cornice dorata, in tutto zecchini 10.

Cesare *Gennari* nipote del *Guercino* da Cento. Due quadri grandi in tela compagni con cornici intagliate e dorate, uno rappresenta Seneca svenato, l'altro S. Sebastiano legato ad un albero, in tutto zecchini 50.

Scuola Correggesca. Quadretto in asse con cornice dorata, rappresenta la Madonna col Bambino e S. Giovannino, zecchini, 15.

Autore oltramontano. S. Girolamo nella grotta con paese addietro, piccolo quadretto in rame con cornice dorata, zecchini 1. ½.

Dicesi di Lelio *Orsi* Novellarese. Un Crocifisso spirante con Angioli attorno piangenti, quadro grande all'impiedi con cornice intagliata e dorata, zecchini 90.

Abbozzetto d'Antonio *Campi*. Piccolo abbozzetto per una tavola da altare dipinto in carta, ed incolato sopra d'un'asse con cornice dorata, entrovi la Beata Vergine che riceve il Bambino da San Cristoforo, Sant'Agostino, Santa Monica, San Domenico, San Sebastiano, e San Rocco, zecchini 10.

Tiziano da giovine. La Beata Vergine col Bambino, ed un Santo Francescano, quadretto piccolo pel traverso in asse con cornice dorata, zecchini 10.

Sembra di Lelio *Orsi*. Visitazione di S. Elisabetta con varie figure, ed angiolini, quadretto in asse con cornice dorata, zecchini 10.

Paolo *Brillo*. Veduta di Campo Vaccino di Roma con animali, ec., quadretto pel traverso in rame con cornice dorata, zecchini 12.

Autor antico incognito. La Madonna col Bambino in piedi, quadro mezzano in asse con cornice dorata, zecchini 15.

Copia d'Annibale *Caracci*. Testa d'un Salvatore, quadretto piccolo in tela con cornice dorata, zecchini 2.

Scuola Lombarda antica. Santa Maria Maddalena penitente, quadro grande all'impiedi in asse con cornice intagliata e dorata, zecchini 18.

Autor incerto. S. Francesco d'Assisi dipinto in carta pecora, quadretto mezzano con cornice dorata, zecchini 3.

Scuola di *Paolo* Veronese. Soldato con un cavallo vicino ad un cannone, quadretto in carta con cornice dorata, zecchini 1. ½.

Autor antico. Sposalizio di Santa Catterina, e S. Giovannino, quadretto piccolo in rame con cornice profilata d'oro, zecchini 2.

658

Copia di Federico *Barocci*. La Sepoltura di Nostro Signore, quadretto in rame randato al disopra con cornice d'ebano, zecchini 8.

Santa Margherita sopra il dragone, quadretto in rame con cornice nera, zecchini 1.

Quattro teste in tela, piccoli quadrettini con cornice dorata, zecchini 2.

Autor incerto. Il Figliuol Prodigo abbracciato dal Padre; Agar consolata dall'Angelo con Ismaello indietro, due quadri compagni in tela con cornice grande intagliata e dorata, in tutto zecchini 70.

Domenico *Feti* Mantovano. S. Bruno in paese, quadro in tela con cornice dorata, che non è la sua, zecchini 35.

Antonio *Tempesta* Fiorentino. Due ovatini per il lungo in lapislazuli con cornice intagliata e dorata, uno rappresenta il bambino Mosè ritrovato nel Nilo dalla figlia di Faraone; l'altro, un altro fatto di Mosè, in tutto zecchini 22.

Copia di Federico *Barocci*. Beata Vergine dalla Scudella, piccolo quadretto in rame con cornice dorata, zecchini 8.

Alessandro *Tiarini* bolognese. Una Pietà in rame, ovato con cornice dorata, zecchini 18.

Abbozzetto d'Annibale *Caracci*. La Madonna col Bambino e S. Giuseppe, piccolo quadretto in rame con cornice dorata, zecchini 20.

Francesco *Cittadini* detto il *Milanese*. Quadro grande pel traverso in tela con cornice grande intagliata e dorata, rappresenta un ortolano che ride, con varie sorta di frutti, zecchini 60.

Viene da Martino *De Vos*. Una Pietà con attorno simboli della Passione, quadro in tela con cornice intagliata e dorata, zecchini 15.

San Francesco in pietra con lume da olio acceso, mezza figura, con cornice nera, zecchini 3.

Scuola Tedesca. Due piccoli quadretti in rame, uno rappresenta una Pietà con S. Gio., Giuseppe da Arimatea, Nicodemo ec., con cornice d'ebano; l'altro la Beata Vergine col Signore morto in braccio, con cornice profilata d'oro, in tutto zecchini 2.

Testa d'un S. Francesco in asse, quadretto piccolo con cornice dorata, zecchini 0. ½.

Ritratto di donna con sopra cuffia nera in testa, quadro mezzano in tela con cornice intagliata e dorata, zecchini 2. ½.

Copia del *Parmigiano*. Testa della Madonna che è nel quadro di Santa Margherita di Bologna, quadretto in tela incolata su d'un'asse con cornice dorata, zecchini 1.

Donato *Creti* bolognese da giovine. Due teste di ragazzine, quadretti in tela incolata sopra l'asse con cornici dorate, zecchini 3.

Dello *Schidone* modenese. Beata Vergine col Bambino, S. Geminiano e S. Giovannino per di dietro, quadro in asse con cornice dorata, zecchini 25.

Autor incerto. Sposalizio della Beata Vergine con S. Giuseppe, e varie altre figure, piccolo quadretto in asse con cornice dorata, zecchini 8.

Santa Maria Maddalena, e S. Antonio Abbate tentato dal Diavolo, due piccioli quadretti in rame con cornici dorate, zecchini 2.

Autor incerto. Due quadri compagni in tela, mezza figura, con cornici intagliate e dorate, uno rappresenta Penelope che scrive ad Ulisse ;| l'altro Cleopatra addolorata per la morte di Marcantonio, zecchini 50.

Gianantonio *Pordenone*. Testa del Signore addolorato, piccolo quadretto dipinto a guazzo in tela con cornice dorata, zecchini 4.

Scuola del *Parmigiano*. Mercurio che insegna a leggere ad Amore, presente Venere, quadro grande all'impiedi in tela con cornice dorata, zecchini 150.

Scuola del *Parmigiano*. Amore portato da tre puttini, quadretto in asse con cornice dorata, zecchini 8.

Benvenuto da *Garofalo*. Quadro mezzano dipinto in asse, randato al di sopra, con cornice intagliata e dorata ; rappresenta la Madonna ed il Bambino, con S. Giovannino e Santa Elisabetta, zecchini 30.

Ritratto d'uomo, mezza figura, quadro sopra finestra in tela con cornice intagliata e dorata, rotto, zecchini 2.

Due quadretti con cornice dorata, uno in carta rappresenta la testa d'una vecchia, l'altro in asse rappresenta la testa d'un vecchio, in tutto zecchini 2.

FUORI DI DETTA GALLERIA, E NEL PRIMO CAMERINO SUPERIORE, CHE HA UNA SOLA FINESTRA VERSO MEZZOGIORNO.

Copia di *Tiziano* assai bella. Un quadro bislungo in tela senza cornice, rappresenta una Venere nuda, giacente in letto, zecchini 90.

Replica dell'autore stesso (?). Due quadri compagni in tela con cornice velata, rappresentano fiori, e frutta, in tutto zecchini 3. $\frac{1}{2}$.

Polifemo che suona vedendo Galatea in mare, quadro mezzano in tela senza cornice, zecchini 1.

Copia di *Raffaele* d'Urbino. Quadro in tela senza cornice, rappresenta la Sagra Famiglia, zecchini 10.

Il Martirio di S. Catterina, quadro mezzano in tela senza cornice, zecchini 4.

Il Ratto di Proserpina, con veduta del palazzo di Pluto e spettri, quadro in tela senza cornice, zecchini 2.

Due quadri in tela di differente grandezza, senza cornice, rappresentano paesi, zecchini 2. $\frac{1}{2}$.

Un piccolo quadretto in tela senza cornice, rappresenta frutta, uva e cardellini, zecchini 0. $\frac{1}{2}$.

Ritratto d'una signora vestita alla spagnuola, senza cornice.

Una testa di donna in piccolo ovato con cornice di legno.

Tre ovatini in legno che rappresentano paesini con cornici dorate, in tutto zecchini 0. $\frac{1}{2}$.

Una Madonna dipinta in cristallo con cornice di legno.

Un disegno in carta rappresentante una prospettiva con cornice dorata, un *Ecce Homo* miniato entro d'un'anconetta dorata.

Una testa di S. Francesco di Paola fatta a punta di
penna, in tutto zecchini 0 ½.

Un Santuario, o sia custodia d'ebano che si chiude e si apre
in due parti, con entro N.º 32. santini miniati in carta
pecora, col suo vetro davanti a cadaun santino, zecchini 2.

Un quadretto d'ebano che si apre in due parti, entro del
quale sonovi li simboli del tempo, e della morte miniati
in carta pecora e vari arabeschi di lametta piccola d'argento, zecchini 1. ¼.

Una Beata Vergine miniata in carta pecora, piccolo quadretto
con cornice d'ebano, e vari arabeschi di piccola lametta
d'argento, zecchini 0. ¼.

Una Santa Teresa miniata in carta pecora, piccolo quadretto
con cornice di legno: una SS.ma Annunziata in alabastro
venato, piccolo quadretto con cornice d'ebano: un piccolo Crocefisso d'avorio entro d'un'anconetta d'ebano, in
tutto zecchini 1.

Li dodici Segni del Zodiaco con varie cose allegoriche stampati in carta, con cornice rotonda turchina con filetti dorati: un S. Luigi di cera entro d'un'anconetta d'ebano,
in tutto zecchini 0. ¼.

NEL CONTIGUO SECONDO CAMERINO SUPERIORE.

Tre medaglie ovate di marmo bianco con cornice di bardiglio,
una rappresenta Luigi 14.º Re di Francia, e l'altre due
Madonne, in tutto zecchini 4.

Due statuette di terra cotta, rappresentano due Angioli, uno
con le ali e l'altro senza, in tutto zecchini 1. ½.

Tre ritratti, due di signori, e l'altro d'una signora, con cornici di legno intagliate senza doratura, zecchini 9.

Quadro grande all'impiedi con cornice dorata, rappresenta il
ritratto d'un signore vestito alla spagnuola, ed un cane
dai piedi, zecchini 4.

Otto ritratti di Pontefici senza cornice, in tutto zecchini 6.

Quattro quadri in tela, rappresentano frutti di varie sorte,
due hanno la cornice dorata, e gli altri due sono senza
cornice, zecchini 16.

Copie del *Correggio*. Due quadri grandi pel traverso in tela, uno
con cornice dorata nei filetti, rappresenta una Pietà, l'altro senza cornice rappresenta il martirio di S. Placido,
in tutto zecchini 3.

Due quadri grandi in tela pel traverso senza cornice, rappresentano fiori, frutta e puttini, zecchini 10.

Due quadri di fiori senza cornice, zecchini 1. ¼.

Copie d'autore Fiamingo. Due paesi con feste di campagna,
quadri in tela pel traverso senza cornice, zecchini 2. ½.

Due paesi in tela senza cornice, in uno de' quali sonovi Satiri e Ninfe, zecchini 1.

Due quadri pel traverso in tela senza cornice, uno rappresenta Sansone in mezzo de' Filistei, l'altro Davide trionfante col teschio di Golia, zecchini 1.

Una battaglia, quadro grande pel traverso in tela senza cornice, zecchini 1. ½.

Ganimede a cavallo con un cane, quadro mezzano con cornice intagliata senza dorature, zecchini 2.

Venere con un Amorino, che piangono la morte d'Adone,
quadro grande all'impiedi con cornice dorata, zecchini 2.

Autor antico mediocre. La Madonna col Bambino in braccio,
S. Giovannino, S. Giuseppe e S. Sebastiano, quadro in asse
senza cornice, zecchini 2.

Due ritratti grandi con cornice dorata, uno rappresenta un
signore secolare, e l'altro un ecclesiastico, zecchini 3.

S. Francesco d'Assisi, una testa di Santa Maria Maddalena,
testa d'un Salvatore, una Pietà in rame, in tutto zecchini 1. ½.

S. Benedetto; il ritratto del Petrarca, e di Madonna Laura,
in tutto zecchini 2. ½.

La Madonna di Reggio in rame, piccolo quadretto con cornice
d'ebano in rame che rappresenta le Armi Gonzaga e Cybo,
ed una Santa Rosa da Viterbo, in tutto zecchini 1.

Autore fiamengo. Le Marie che vanno al Sepolcro del Signore in paese, quadretto in legno senza cornice, zecchini 1. $\frac{1}{2}$.

N.º 11. paesi di varie grandezze, in tutto zecchini 1. $\frac{1}{2}$.

Una Santa Maria Maddalena in rame piccola. Il Signore nell'orto in legno.

Una Sagra Famiglia in legno, una Madonna in rame, un Presepio in rame con cornice d'ebano, in tutto zecchini 1. $\frac{1}{2}$.

Un signorino ed una signorina della Ducal Casa Gonzaga di Mantova, due quadri all'impiedi senza cornice, zecchini 1.

Una signora vestita di nero con goniglia alla Spagnuola, un signore, una signora, due quadri senza cornice, in tutto zecchini 2.

Santa Maria Maddalena, San Francesco di Sales e S. Sebastiano, zecchini 0. $\frac{1}{2}$.

Un paese in tela sopra l'uscio, rappresenta le Baccanti che s'infuriano contro Orfeo, senza cornice, zecchini 2. $\frac{1}{2}$.

Una battaglia, quattro quadretti piccoli rappresentanti teste, ed una testa di ritratto d'una signora, in tutto zecchini 2.

DESCRIZIONE, O SIA NOTA CON STIMA RISPETTIVA DI TUTTI LI DISEGNI E DI CADAUNO DE' MEDESIMI, ESISTENTI NEL COSÌ DETTO *CASINO DI SOTTO* POSTO IN VILLA DI S. MICHELE TERRITORIO DI NOVELLARA RAGIONE DI S. A. SERENISSIMA LA SIGNORA DUCHESSA DI MASSA E PRINCIPESSA EREDITARIA DI MODENA EC., COSÌ STIMATI ED APPREZZATI DAL SIGNOR CARLO BIANCONI BOLOGNESE, COME QUI SOTTO, CIOÈ:

NEL CAMERINO DI MEZZO CHE SERVE DI SORTITA
ALL'APPARTAMENTO DELLE STUCCATURE NEL D'ABBASSO,
QUAL CAMERINO HA IL CAMINO DA FUOCO E DUE FINESTRE
VERSO MEZZOGIORNO.

Ciro *Ferri* romano, o *Pietro* da Cortona. Dipinto di Nostro Signore con i dottori: disegno acquerellato e lumeggiato, con cornice dorata, zecchini 8.

Scuola di *Golzio*. Giove che fulmina i Giganti, e Diana con Calisto: disegno acquerellato e lumeggiato, con cornice dorata, zecchini 3.

Viene da Lelio *Orsi* Novellarese. La SS.^ma Trinità con gli Angioli, li differenti Cieli e gli uomini: disegno a penna con cornice dorata, zecchini 5.

Scuola del *Parmigiano*. Enea con la Sibilla, che vanno ai Campi Elisi: disegno acquerellato, e lumeggiato con cornice dorata, zecchini 2.

Scuola di *Giulio* Romano. Amore con i differenti casi successi negli antichi per esso: disegno assai lungo acquerellato, con cornice dorata, zecchini 10.

Copia di Guido *Reni*. L'Arcangelo Michele de' Cappuccini di Roma: disegno a lapis rosso spumato, con cornice dorata, zecchini 1.

Copia di *Lelio* da Novellara. Varie persone di differente età sedenti, ed alcune dormono: disegno a penna, con cornice dorata, zecchini 1. ½.

Del *Palma* giovane. S. Paolo Eremita: disegno acquerellato con foligine, e con cornice dorata, zecchini 1. ½.

Francesco *Villamena*. Una comedia con li differenti attori: disegno a penna, con cornice dorata, zecchini 10.

Campi di Cremona. Un'idea di cappella con architettura e figure ec.: disegno a penna, ed acquerellato, zecchini 2. ½.

Lelio da Novellara. S. Girolamo nel deserto in una grotta col leone: disegno acquerellato, zecchini 3.

Viene dal *Sirani* scolaro di *Guido*. Altro S. Girolamo nel deserto con un Angelo: disegno più grande a lapis nero e rosso, zecchini 1. ½.

Copia di *Lelio* da Novellara. Uomini a cavallo, ed altri sedenti in terra, figure allegoriche, disegno a penna, zecchini 1.

Sembra di *Lelio*. Lioni assaltano uomini a piedi ed a cavallo: disegno a penna, zecchini 3.

Viene da *Michelangelo*. Profeta in piedi: disegno a penna acquerellato e lumeggiato, zecchini 1.

Gennari. Pastore dormiente: disegno a carbone unto, zecchini 1. ½.

Copia di *Raffaele*. Una battaglia: disegno acquerellato e lumeggiato, zecchini 1.

Scuola di *Raffaele*. Caccie di diversi animali: disegno acquerellato e lumeggiato, assai bislungo, zecchini 6.

Fiori dentro un canestro: miniatura in carta pecora con cornice assai bella dorata.

Annibale *Caracci*. Sileno, a cui due satiri porgono da bere, e puttini sopra arbori d'uva: disegno a penna ed acquerellato, zecchini 8.

Due piatti fatti co'disegni di *Raffaele*, con cornice grandiosa, zecchini 7.

Tre altri fatti con disegni d'altro autore, e senza cornice, zecchini 3.

Lelio da Novellara. Quattro disegni di grandezza eguale con cornici d'ebano e cristalli davanti, uno rappresenta la Natività del Signore, l'altro la Crocefissione del med.mo, il terzo la sua andata al Limbo, e l'ultimo il Signore che fa orazione nell'Orto in mezzo ad infinite Croci, zecchini 48.

Scuola del *Proccacini*. L'Armata Francese in camino, con Francesco primo suo re davanti: disegno acquerellato, zecchini 5.

Scuola di *Giulio* Romano. Venere, Vulcano, Giove, ed altri Dei, con fabriche in paese: disegno a penna ed acquerellato, zecchini 4.

Copia di *Raffaele*. Lo Spirito Santo sopra gli Apostoli, disegno acquerellato, zecchini 1.

Copia d'Annibale *Caracci*. Una Pietà: disegno a lapis rosso, zecchini 1. $\frac{1}{4}$.

Autor antico Romano. Baccanale: disegno acquerellato, zecchini 1. $\frac{1}{2}$.

Antonio *Tempesta*. La Crocefissione di S. Pietro dipinta sopra lapislazuli, con cornice dorata, zecchini 25.

Lelio da Novellara. La Crocefissione di Nostro Signore con moltissime figure: disegno a penna con cornice dorata, zecchini 6.

Autor incerto. Martirio di S. Sebastiano : disegno a lapis rosso, zecchini 1. ½.

Giulio Romano. Consesso di Senatori : disegno acquerellato, zecchini 5.

Copia di *Raffaele.* Giuseppe ebreo venduto dalli fratelli : disegno acquerellato, zecchini 2.

Copia di *Giulio* Romano. Carro di Plutone con le Furie infernali ; pezzo d'una stanza del Te di Mantova : disegno a penna ed acquerellato, zecchini 1.

Copia di *Raffaele.* Pezzo della Scuola d'Atene, che è a Roma in Vaticano : disegno acquerellato, zecchini 1. ½.

Pezzo della Colonna Traiana di Roma : disegno fatto a penna, zecchini 2.

Copia di Pellegrino *Tibaldi.* Nudo, che è nel salotto Poggi a Bologna : disegno acquerellato, zecchini 1.

Antonio *Tempesta.* Trionfo d'un Imperadore Romano : disegno acquerellato e lumeggiato, zecchini 10.

Lelio di Novellara. Una stregaria : disegno a penna, zecchini 5.

Dello stesso. Vari cavalli che si morsicano assieme : disegno a penna, zecchini 2. ¼.

NELL' ALTRO CAMERINO, O SIA GABINETTO VERSO SERA,
CONTIGUO A QUELLO DELLE STUCCATURE.

Bartolomeo *Spranger.* Tre soldati, più che mezza figura : disegno acquerellato, zecchini 0. ¾.

Autor incerto. Sileno con Fauni, Ninfe e Satiro : disegno acquerellato e lumeggiato, zecchini 3.

Pietro Perugino. Beata Vergine con Bambino, S. Giovanni e S. Elisabetta, disegno a lapis nero, zecchini 1. ½.

Autor incerto. Testa d'un Satiro : disegno a lapis rosso e nero, zecchini 2.

Copia d'una Statua rappresentante un soldato antico, con cristallo davanti e cornice d'ebano, zecchini 1.

Altro soldato antico con cornice d'ebano, senza cristallo, zecchini 0. ¼.

Copia di *Lelio* da Novellara. La Samaritana al pozzo, fatta a lapis nero con cristallo davanti e cornice d'ebano, zecchini 1.

Dionisio *Calvart* detto il Fiamengo. Una testa di donna, fatta a lapis nero, zecchini 0. $\frac{1}{2}$.

Una donna sedente vestita all'amazone con libro: disegno acquerellato, zecchini, 0. $\frac{1}{4}$.

Lelio da Novellara. L'Arcangelo Michele, che scaccia Lucifero: disegno acquerellato, zecchini 2.

Del sudetto. Donna con serpe in mano: disegno acquerellato, zecchini 1. $\frac{1}{2}$.

Dello stesso. Donna in piedi che guarda il Cielo: disegno acquerellato, zecchini 1. $\frac{1}{2}$.

Antonio *Allegri* da Correggio, originale. Una Cingara con putto in braccio, ed altre figure: disegno a lapis rosso, zecchini 5.

Del *Sirani*. L'Arcangelo Michele che scaccia Lucifero: disegno a lapis rosso, zecchini 0. $\frac{1}{4}$.

Scuola Romana. Santa Maria Maddalena portata in gloria da due Angioli, dipinta in pietra, ovato per traverso con cornice d'ebano, zecchini 6.

Il Signore che corona la Beata Vergine con gloria d'Angioli: disegno acquerellato e lumeggiato, zecchini 0. $\frac{1}{2}$.

Copia di *Michelangelo*. Cristo in croce in mezzo a due Angioli: disegno a lapis nero con cristallo davanti e cornice d'ebano, zecchini 1. $\frac{1}{4}$.

Lelio da Novellara. Un vecchio in piedi figurante l'Inverno: disegno acquerellato, zecchini 1.

Copia del *Parmigiano*. Diogene cinico: disegno a penna, zecchini 1. $\frac{1}{4}$.

Scuola di *Guido*. Testa d'una Maddalena a pastello, zecchini 0. $\frac{1}{4}$.

La Madonna in gloria: disegno acquerellato con cornice d'ebano, zecchini, 0. $\frac{1}{4}$.

Scuola Veneta. Giovine con lira tutto rotto: disegno a penna, zecchini 0. $\frac{1}{4}$.

Copia di *Lelio*. La Madonna che va incontro al Signore: disegno a lapis nero con cornice d'ebano, zecchini 1.

Copia d'una statua antica, zecchini, 0. ¼.

Giuseppe d'Arpino. San Paolo : disegno acquerellato e lumeggiato con cristallo davanti e cornice d'ebano, zecchini 1. ½.

Copia del *Correggio*. Beata Vergine sedente con puttino in braccio: disegno a lapis rosso, zecchini 0. ¼.

Ignudi che combattono : disegno a penna, zecchini 0. ¼.

Lelio da Novellara. Una donna in piedi : disegno acquerellato perduto, zecchini 0. ¼.

Copia di *Raffaele* d'Urbino. Giacobbe con le mogli e figli ritorna a casa: disegno acquerellato, zecchini 0. ¼.

Un Profeta sedente con libro in mano : disegno a penna ed acquerellato, zecchini 0. ¼.

Scuola Veneta. La Maestà, donna sedente : disegno acquerellato e lumeggiato, zecchini 0. ½.

Correggio sotto il *Mantegna*. Testa d'una Beata Vergine a vari lapis, zecchini 3.

Raffaello da giovine. Il Signore morto in braccio alla SS.ma Vergine con S. Gio. ed un Santo vescovo, disegno acquerellato e lumeggiato, zecchini 5.

Scuola Tedesca. Idea d'un altare con la Crocefissione del Signore, disegno a penna ed acquerello, zecchini 1.

Alcuni nudi riportati sopra un'altra carta, disegno a penna, zecchini 0. ½.

Altro simile, zecchini 0. ¼.

Copie di *Raffaele*. Disegni a due lapis. Uno rappresenta un pezzo d'incendio di Borgo ; l'altro una delle tre Grazie nella Loggia Ghigi, in tutto zecchini 1.

Sembra di *Lelio* da Novellara. Posata in Egitto, disegno acquerellato, zecchini 1. ½.

Scuola di *Guido*. Testa e busto con mani d'uomo grande del vero, zecchini 2.

Scuola di Nicolò dell'*Abbate*. Fregio di puttini fatto con acquerello di varii colori, zecchini 4.

Copia di Giuseppe d'*Arpino*. Amore che atterra un Satiro, a lapis rosso, zecchini 0. ¼.

Scuola di *Tiziano*. Ercole e Caco, a lapis rosso, zecchini 2.

Copia di *Dionisio* Fiamengo. Il Signore che moltiplica il vino, a lapis rosso, zecchini 0. ¼.

Copia de' *Zuccari*. Due soldati che combattono, e due morti in terra: disegno a lapis rosso, zecchini 0. ½.

Copia di *Raffaele* nel Palazzino Ghigi. Tre Deità a [lapis rosso, zecchini 0. ¼.

Copia d'una statua: disegno acquerellato, zecchini 0· ¼.

Copia di *Michelangelo*. Alcuni diavoli del Giudizio in Vaticano, a lapis rosso, zecchini 0. ¼.

S. Gio. Evangelista in atto di scrivere, disegno acquerellato e lumeggiato, zecchini 0. ¼.

Autore Tedesco. Il Signore in Croce con due Sante, e due giovanette dai piedi, contorno solo a penna, zecchini 0. ½.

Sembrano di *Lelio* da Novellara. Due dottori antichi, cadauno entro d'una nicchia: disegni acquerellati, zecchini 2.

Copia di *Raffaele*. Un Angelo che conduce un lione, ed un cavallo marino, a due lapis, zecchini 0. ½.

Copie di *Raffaele*. Il Profeta in S. Agostino di Roma, e le tre Dee al Farnesino, a due lapis, in tutto zecchini 0. ¼.

Copia del *Correggio*. Un Apostolo della Cupola di San Giovanni di Parma, a lapis rosso, zecchini 0. ¼.

Viene da *Lelio* da Novellara. La SS.ma ˙Annonziata: disegno acquerellato, zecchini 0. ¼.

Stile Baroccesco. Testa d'un Salvatore, a più lapis, zecchini 1.

Gennari. Due che lottano, a lapis rosso, zecchini 3.

Giacomo da *Ponte* detto il Bassano. Studio d'alcuni pastori per un Presepio, a lapis nero, zecchini 2. ½.

S. Francesco di Paola: ricamo tra due cristalli, zecchini 1. ¼.

Scuola Romana. Pastori e pastorelle, studio per un Presepio, a lapis nero in carta tinta, zecchini 2.

Satiro che dà da bere ad un Fauno: disegno acquerellato, zecchini 2.

Lelio da Novellara. Ganimede a cavallo rapito dall'aquila, disegno acquerellato, zecchini 2.

Priscilla Romana, che spreme il sangue de' Martiri in un vaso, disegno acquerellato e lumeggiato, zecchini 0. $\frac{1}{2}$.

Scuola Veneziana. Donna sedente sopra una carega: disegno a penna, zecchini 0. $\frac{1}{4}$.

Lelio *Orsi* da Novellara. Il Padre eterno, Gloria d'Angioli, S. Giovanni e S. Girolamo, contorno per una imagine della Beata Vergine, a penna acquerellato, zecchini 6.

Copia di *Raffaele*. Uomo che porta un vecchio, va nell'incendio di Borgo in Vaticano, a lapis rosso, zecchini 0. $\frac{1}{4}$.

Alberto *Durero*. Due teste con busto: disegni a penna, zecchini 6.

Narciso con Eco: disegno acquerellato e lumeggiato, ed altra testa assai mediocre, in tutto zecchini 0. $\frac{1}{4}$.

Copia di *Michelangelo*. Uno de' dannati del Giudizio in Vaticano: disegno acquerellato, zecchini 0. $\frac{1}{4}$.

Lelio da Novellara. Tre disegni che rappresentano una figura per ciascheduno: sembrano Stagioni dell'anno, acquerellato, in tutto zecchini 3.

Viene da *Tiziano*. Il famoso quadro di S. Pietro martire in S. Giovanni e Paolo di Venezia, disegno a lapis nero e lumeggiato, zecchini 1.

Michelangelo. Testa con un pezzo di busto: disegno a lapis rosso, zecchini 4.

Alberto *Durero*. Un puttino, mezza figura a penna, zecchini 4.

Copia del *Correggio*. La Madonna in gloria: disegno a lapis rosso, zecchini 0. $\frac{1}{2}$

Soggetto incognito. Giove che fulmina due che raccolgono fiori con serpenti a piedi, zecchini 0. $\frac{1}{4}$.

Lelio da Novellara. La Beata Vergine col Bambino e S. Giuseppe sotto una palma: disegno acquerellato e lumeggiato, zecchini 1. $\frac{1}{2}$.

Scarsellino da Ferrara. Una Virtù sedente con un libro in una mano: disegno acquerellato, zecchini 2.

Guercino da Cento. Testa d'un vecchio con busto, zecchini 1. $\frac{1}{2}$.

Copia del *Parmigiano*. Tisbe che si uccide: disegno a lapis rosso, zecchini 0. $\frac{1}{4}$.

Scuola del *Barocci* da Urbino. Una donna con due putti:
disegno a lapis nero, zecchini 0. ½.

Scuola del *Correggio*. S. Antonio e San Paolo primo Eremita:
disegno a lapis nero, e lumeggiato, zecchini 2.

Raffaele da Urbino. Un Sagrifizio con varie figure acquerellate e lumeggiate, zecchini 6.

Scuola d'Alberto *Durero*. Uomo a cavallo: disegno a penna
ed acquerellato, zecchini 0. ½.

Scuola Veneziana. Adorazione dei tre Re Magi: disegno acquerellato e lumeggiato, zecchini 0. ¾.

Copia del *Correggio*. Beata Vergine col Bambino in braccio:
disegno a lapis rosso, zecchini 0. ½.

Due carte stampate, dentro cornice dorate, paoli 3. ½.

NEL CAMERINO, O SIA GABINETTO,
CONTIGUO ALL'ALTRO DELL'ARCHITETTURA E PITTURA VERSO MATTINA.

Caracci. L'ingresso in Bologna del Carroccio in contrassegno
di vittoria tirato da bovi con soldati: disegno a penna
ed acquerello, zecchini 3. ½.

Alcuni pezzi della Cappella Sistina in Vaticano, acquerellati,
zecchini 1. ½.

Scuola del *Parmegiano*. Varii Santi e Sante; fra gli altri un
Vescovo in piedi: disegno acquerellato e lumeggiato, zecchini 1. ½.

Scuola Cremonese. Santa Maria Maddalena con due Santi Vescovi, uno de' quali ha il demonio sotto li piedi: disegno
acquerellato e lumeggiato, zecchini 0. ¾.

Scuola d'Orazio *Samacchini*. Una Santa Vergine in piedi: disegno acquerellato, zecchini 0. ½.

Daniele da Volterra. Visitazione di S. Elisabetta con molte
figure: disegno acquerellato, zecchini 10.

Sembra di *Lelio*. La Beata Vergine, S. Giuseppe, Angioli,
S. Elisabetta, S. Zaccaria ec., disegno a penna, zecchini 6.

Cesare *Gennari*. Un Filosofo sedente, che mostra ad un uomo
una tavola scritta a lapis rosso, zecchini 4.

Il **Profeta** di *Raffaele* in Sant' Agostino di Roma copiato eccellentemente, ma rovinato: disegno acquerellato, zecchini 0. ¼.

Michelangelo *Bonarotta*. La Prudenza sedente: disegno a lapis rosso, zecchini 3.

Viene da *Raffaellino* da Reggio. Angelo con un bacile in mano: disegno a più lapis, zecchini 1. ½.

Sembra di *Lelio*. Tritoni e Deità marine: disegno a penna, zecchini 1. ½.

Viene da Pietro *Facino* da Bologna. Due che si pigliano per i capelli, disegno a penna, zecchini 0. ¼.

Maestro antico Veneziano. Un San Girolamo: disegno acquerellato, zecchini 0. ¼.

Scolaro del *Mantegna*. Il Signore che dà le chiavi a S. Pietro: disegno acquerellato e lumeggiato, zecchini 1. ½.

Eva cavata da Adamo dal Padre Eterno: disegno acquerellato, zecchini 0. ½.

Venere con Amore: disegno acquerellato, zecchini 0. ¼.

Lelio di Novellara. S. Francesco che riceve le Stigmate, veduta di fabriche antiche, acquerellato e lumeggiato, zecchini 2. ¼.

Un nudo in schiena: disegno a lapis rosso, zecchini 0. ¼.

Pezzo d'Architettura veduta di sotto in su: disegno a lapis rosso, zecchini 0. ¼.

Copia del *Correggio*. Santa Maria Maddalena, parte contornata e parte finita a lapis rosso, zecchini 0. ¼.

Una cornice dorata con entro una miniatura cattiva, zecchini 0. ¼.

Donna in piedi appoggiata ad un tavolino: disegno a penna, zecchini 0. ¼.

Guercino da Cento. Beata Vergine con un puttino sopra d'un tavolino, ed un panno da una parte, a lapis rosso, zecchini 6.

Santa Lucia in piedi in gloria, e la Beata Vergine con due Angioli: disegno acquerellato, zecchini 0. ¼.

Copia di *Guido*. Una testa: disegno a lapis rosso, zecchini 0. ¼.

Mathan scolaro del *Golzio*. Un filosofo con una tabella in mano e libri sotto i piedi: disegno acquerellato e lumeggiato, zecchini 1.

Altare con ancona: disegno acquerellato, zecchini 0. ½.

Flaminio *Torri* bolognese. Testa d'un ragazzo: disegno a due lapis, zecchini 1. ½.

Rosso fiorentino. Pandora, che porge il vaso dei mali all'aquila, con serpenti: disegno acquerellato, zecchini 2.

Andrea *Mantegna* mantovano. Signore sedente in trono, con persone dai lati che lo corteggiano: disegno acquerellato e lumeggiato, zecchini 8.

Copia del *Guercino* da Cento. Martirio di due Santi: disegno a lapis rosso, zecchini 1.

Cesare *Gennari*. Un giovane medicato da un vecchio in una gamba; disegno a lapis rosso, zecchini 4.

Tedesco scolare del *Parmigiano*. Amore incatenato, e Ninfe che bruciano le sue ali: disegno acquerellato e lumeggiato, zecchini 2.

Federico *Barocci* da Urbino. Testa d'un giovine con collaro al collo: disegno a vari lapis, zecchini 5.

Copia. Puttino giacente: disegno a lapis rosso, zecchini 0. ¼.

Scuola Romana antica. Sileno con Satiri e Fauni: disegno a penna, zecchini 0. ¾.

Flaminio *Torri*. Testa di un Angelo: disegno a due lapis, zecchini 1.

Guercino da Cento. S. Matteo Evangelista sedente, con l'Angelo, in atto di scrivere: disegno a lapis rosso, zecchini 3.

Passignani. Il Centurione nanti il Signore con Apostoli e soldati: disegno acquerellato e lumeggiato, zecchini 5.

Lelio da Novellara. Una Prospettiva tutta rovinata: disegno acquerellato, zecchini 1.

CARLO BIANCONI.

~Estratto delle Descrizione dei quadri
esistenti nel *Casino di sopra* fatta dal Bianconi.

Lot con le figlie in quadro grande con altro compagno, scuola del *Liberi*, zecchini 10.

Ritratto d'una signora fino al ginocchio che prende fiori, di Bened. *Gennari*, zecchini 6.

Ritratto del co. Camillo di Novellara da giovine, vestito alla guerriera, del *medesimo*, zecchini 4.

Ritratto di Galeazzo Bovio bolognese, di Francesco *Cavazzoni*, zecchini 4.

Due ritratti mezzani di Cromwell e di un Principino con cappello in mano, di Bened. *Gennari*.

Due quadri compagni di un *Ecce Homo*, e della Madonna addolorata, scuola del *Tintoretto*, zecchini 1 ⅓.

Quattro ritratti de' Sig.ri Conti Gonzaga di Novellara tra' quali quello di Camillo I e del sig. conte Alfonso, in parte rovinati, di Benedetto *Gennari*, zecchini 12.

Due quadri grandi pel traverso senza cornice, uno rappresenta Erminia accolta dal pastore e l'altro Erminia che piange Argante *(sic)* ucciso da Tancredi, del *medesimo*, zecchini 50.

Quadro all'impiedi senza cornice, rappresenta l'Ecc.ma Sig.ra contessa donna Ricciarda Cybo Gonzaga, del *medesimo*, zecchini 5.

Ritratto d'un signore con collaro alla spagnuola, scuola del *Passarotti*, zecchini 1 ⅓.

Nota de' Quadri, che dal pittore Biagio Manfredi possono assicurarsi di provenienza della Galleria di Novellara tra quelli già acquistati da lui in compagnia dei soci Panelli e Levi, e poi rassegnati al Governo.

Una Caccia con uomini e bestie, di Ant.º *Tempesta*.

Quadro grande, Alessandro e Diogene nella botte, del cav. *Perugino*.

Le nozze di **Cana** Galilea, del *Tintoretto*.

Uno il sacrifizio di Noè, l' altro il Diluvio universale, dello *Spagnoletto*.

Ritratto di una Giovine all' impiedi, inventore *Tiziano*, dello *Scarsellini* bolognese.

Due sopra usci rappresentanti due paesi, di Salvator *Rosa*.

Uno Agar ed Ismaele, l' altro Giuseppe il casto, copia del *Cignani*.

Quadro grande, un fanciullo in grembo a donna, che si mette in bocca un carbone, di Gio. Andrea *Sirani*.

Sileno, Fauni, Satiri, e Baccanti, di *Pietro* da Cortona.

Aci e Galatea con Polifemo, sopra uscio in tela, di Paolo *Bril* e sig. cav. *D' Arpino*.

Ercole con clava, del *Guerzino*.

Quattro Paesi con figure, due per traverso e due pel lungo, di Salvator *Rosa*.

Davide con la testa del gigante in mano, di Leonello *Spada*.

Jole ed Amore che l' incorona, di Elisabetta *Sirani*.

Uva e frutti in tela, di *Bettini* detto il *Milanese*.

Uno Ercole e Jole, l' altro Marte e Venere, del cav. *Liberi*.

Mezza figura, ritratto di un uomo con barba e vestito nero, creduto del *Tiziano*.

Testa di un giovine con fistola in mano, di Annibale *Caracci*.

Ritratto di un uomo con ramo di ulivo in mano, del *Tiziano*.

Sogno di una donna che abbraccia un' ombra, creduto del *Correggio*

Uno Seneca svenato, l' altro S. Sebastiano, di Benedetto *Gennari*.

Un Ortolano ridente con vari frutti, di *Bettini* d.º *Milanese*.

Mercurio che insegna a leggere ad Amore, del *Parmigianino*.

Quadro grande, S. Maria Maddalena, di Guido *Cagnacci*.

Due quadri grandi, uno Crocifisso con gloria d'angeli, l' altro una Pietà, di Lelio *Orsi*.

Orazione di Cristo nell' orto, del *Bassano*.

S. Bruno, di Domenico *Feti*.

Contadino con bestie, del *Castiglione*.

Una pietà con attorno gli emblemi della Passione, di Martino
    De Vos.

Sei paesi pel lungo con macchiette, del *Brughel.*

Quattro paesi per traverso, di Paolo *Brill.*

Storia di Bacco, viene da *Boulanger.*

Due quadri, uno rappresenta Penelope che scrive ad Ulisse,
    l' altro Cleopatra, di *Solimene.*

Tre ritratti de' Principi di Novellara, del *Guerzino.*

Il ratto di Proserpina colla Regia di Pluto, detto del *Callotta.*

N.º LXII. A. 17....

NOTA DEI QUADRI
ESISTENTI NEL PALAZZO SENATORIO MALVEZZI (LUPARI)
IN BOLOGNA

(Presso il cav. G. Giordani).

S. Pietro in carcere visitato dall' angelo, di Ercole *Graziani,*
    figure quanto il vero, ma fatto da vecchio.

S. Brunone, pensiere del quadro alla Certosa di Roma del detto
    Graziani, quadro mezzano.

Europa, quadro grande per traverso.

Il ricco Epulone a mensa, quadro mezzano.

Apelle dipinge Cleopatra e Marco Antonio, quadri mezzani
    del *Mola.*

Li Pellegrini con il Salvatore, *cognoverunt eum in fractione
    panis,* di Domenico *Viani,* figure quanto il vero.

S. Girolamo, mezza figura come il vero, di *Simone* da Pesaro,
    o di Flaminio *Torri.*

Un quadro mezzano con un mezzo porco, altro con tacchini
    e carne, sono del *Boselli* di Parma.

Un' Agar con Ismaele, quadrino piccolo di Stefano *Legnani.*

Una Maddalena, mezza figura come il vero, di mano di Ercole *Graziani*.

Una Sibilla, forma simile, dello stesso.

Una Maddalena, mezza figura come sopra, scuola di *Tiziano*.

Gioseffo giusto tentato dalla padrona, figure quanto il vero, di Carlo *Cignani*, stupendo.

La Carità, figure come sopra, del *Franceschini* bolognese sul fare del *Cignani*.

Un S.º Vecchio, testa e busto solo, del *Tiarini*, al naturale.

Un *Ecce Homo*, testa sola al naturale.

Il Giudizio di Salomone, quadretto mezzano, con veduta di fabriche, creduto del *Briccio*.

B. V., Bambino, S. Giovanni evangelista, S. Francesco d'Assisi, mezze figure quanto il vero, di mano di Francesco *Francia*.

La Madonna col bambino d.ª della Rosa, bellissima copia dal *Parmesanino*.

Cristo porta la Croce e mezze figure come il vero, di incerto autore.

Tizio divorato dall'avoltoio, mezza figura quanto il vero, bellissima.

S.ª M.ª Maddalena, mezza figura come il vero, del *Guercino* da Cento, ma li hanno aggiunti capegli per coprire le mammelle.

Lo Sposalizio di S.ª Catterina, S. Giuseppe e S. Francesco d'Assisi, mezze figure come il vero, di Francesco *Francia*.

Un Santo, mezza figura di vecchio al naturale, del *Spagnoletto* di Napoli.

S.ª Lucia, mezza figura come il vero, del *Tiarini*.

Una Sibilla, mezza figura del vero, di Giovanni Gioseffo *del Sole*.

La Madonna, il Bambino, mezze figure al naturale sostenuto da una santa e San Gioseffo, di Pellegrino *Tibaldi*, sull'assa.

Andromeda, mezza figura sino a mezza gamba di Gio. Gioseppe *del Sole*.

Una Sibilla o ritratto con un angiolino, in atto di scrivere, d'incerto autore.

La B. V., Bambino, S.ª Barbara, S. Procolo, mezze figure col
1571 (MDLXXI), scuola del *Samacchino*.

La Madonna, Bambino, S. Francesco d' Assisi, mezze figure
minori del vero, del *Francia*.

Il Ratto delle Sabine, quadro grande, figure come il vero.

La Flagellazione di N. S., l' Orazione nell' Orto, due piccole
lunette, scuola del *Samacchino*.

Un ovale grande con li Orazii; figura in piedi, altra sotto li
piedi. Tempio come il Panteon, sopra l' architrave AVRE-
LIANO MILANI 1608 (MDCVIII), bellissima pittura ovale.

Tavolina d' altare, la Madonna in alto, due angioli nel basso,
S. Giuseppe, S. Lorenzo e Santa Elena, figure al naturale,
del *Caluart*.

Molte copie della Sala Magnani in pezzi di pitture fatte da
quelle de *Caracci*, dal *Cavazzoni*.

Varii quadri sopra porte con fiori, del *Mezzadri*.

Venere, Vulcano alla fucina co' Ciclopi di *Dom.º Viani*.

La Resurrezione di N. S. quadretto piccolo credesi del *Cambi*.

La Madonna, la B. V., Bambino che accarezza S. Giovannino,
S. Anna credo, e S. Gioseffo, figure quanto il vero credo
del *Bagnacavallo* copia da *Raffaele* d' Urbino.

Due paesi mezzani famosi, del *Tempesta*.

Una magnifica prospettiva dipinta ad oglio, credo del *Santi*.

Due rare battaglie quadri mezzani, del *Calza*.

La Pittura, la Scultura, mezze figure quanto il vero.

Due quadri grandi con animali e frutti, di Arcangelo *Resani*.

Il vecchio Simeone col Bambino Gesù, mezza figura come il
vero, del *Gessi*, copia di quello di Guido *Reni* nel Duomo
di Modena.

FINE.

INDICE

DEI CATALOGHI ED INVENTARII

INDICE DEGLI ARTISTI

A

204, 205, 207, 209, 213, 215, 242, 244, 261. 268. 269. 272, 280, 281, 284, 321, 325, 330, 349, 378, 400, 404, 421, 422, 429, 440, 447, 452, 460, 461. 466, 467, 468, 471, 508, 517, 553, 580, 593, 598, 600, 601, 607, 608, 611, 612, 617, 618, 619. 620, 631. 635, 642, 671, 678.

Carracci Agostino, 143, 145, 154, 157. 158, 218, 219, 220, 221, 222, 229, 230, 231, 263, 400, 411, 430, 463, 471, 549, 562, 577, 578, 579, 630, 633, 645.

Carracci Annibale, 56, 57, 107, 112, 113, 124, 145, 147, 148, 149, 150, 152, 155, 156, 157, 160, 164, 167, 171, 189, 205, 208, 209, 211, 212, 213, 214, 215, 216, 217, 218, 219, 220, 221, 222, 223, 225, 231, 232, 235, 238, 243, 267, 306, 308, 314, 315, 317, 340, 346, 354, 355, 427, 429, 430, 438, 449, 450, 453, 455, 463, 466, 467, 480, 489, 530, 532, 542, 547, 549, 558, 577, 592, 596, 599, 609, 632, 634, 644, 657, 658, 665, 675.

Carracci (de') Gobbo, 519.

Carracci Lodovico, 57, 114, 152, 155, 158, 165, 166, 208, 216, 302, 309, 310, 313, 314, 317, 326, 430, 431, 447, 455, 456, 462, 467, 518, 577, 599, 617, 618, 620, 630, 633, 656.

Carraccino, V. Molineri.

Cartofola, V. Cantofoli.

Casalino Andrea, 48.

Cascar Enrico, 327, 328.

Casini Giovanni, 538, 560, 569, 586, 592.

Casolani Alessandro, 565.

Cassana Francesco, 146.

Cassissa Gio. Battista, 387.

Castelli, 403.

Castiglione, 675.

Castiglione Gio. Benedetto, 204. 245, 246, 248. 249, 250. 257, 357, 410, 529, 552, 625.

Catena Vincenzo, 433.

Cavazzoni Angelo Michele, 597.

Cavazzoni Francesco, 674, 678.

Cavedone Iacopo, 57, 153, 155, 257, 304. 308. 311, 314, 379. 383 398, 399, 429, 431, 452, 508, 509, 542. 543. 575, 577, 599, 600. 617, 619, 620, 632, 634, 635.

Dienigio fiamingo, V. Calvart.

Diziano Gasparo, 535, 581.

Dolce Gio. Angelo, 79.

Dolci Carlo, 512, 578, 591.

Domenichino, V. Zampieri Domenico.

Donducci Angelo, 203, 308, 321, 418, 450, 601, 602, 612, 617, 619, 639.

Dossi, 59, 61, 62, 107, 108, 109, 141, 147, 151, 161, 162, 163, 165, 209, 303, 310, 312, 315, 317, 318, 321, 322, 323, 325, 330, 332, 333, 354, 385, 390, 399, 417, 426, 457, 478, 563, 633, 641, 644, 648.

Dumoustier Pietro. 74.

Duro Alberto, 64, 66, 73, 78, 127, 130, 153, 157, 158, 159, 188, 189, 191, 196, 207, 225, 230, 260, 333, 434, 448, 463, 470, 475, 520, 563, 571, 575, 626, 641, 670, 671.

Duval Filippo, 378, 380, 394, 395.

E

Empoli (da) Iacopo, pag. 524, 525, 566, 572, 589, 591, 593.

F

Facini Pietro, pag. 143, 150, 217, 417, 508, 634, 672.

Faenza (da) Stefano, 574.

Falcieri Biagio, 195.

Farina Pietro, 431.

Farinato Paolo, 159, 182, 199, 434.

Fattore, V. Penni Francesco.

Fava Giuseppe, 272, 273.

Fava conte Pietro, 602, 609, 611, 613, 614, 615.

Felice Monsù, 281.

Fenzoni Ferraù, 171.

Ferabosco, 431, 432, 433.

Ferau, V. Fenzoni.

Ferdinando, 426.

Ferrantini Gabriele, 634.

Franco Sebastiano, 180, 188.
Frate, V. Porta (della) Bartolomeo.
Fratta Domenico M.ª, 612.
Freminet, 74, 91, 93. 98.
Friso (dal) Alvise, 456.
Friso (dal) Martino, 458.
Fuligno (da) Gio. Antonio, 36.
Furino, 450, 578, 579.

G

Gabbiani Gio. Domenico, pag. 532, 563, 568.
Gaetano Scipione, 220, 221, 227, 228, 235, 238, 268. 276. 469.
Galletti P. Filippo. 327, 401, 506.
Gamberini, 635.
Garbieri Lorenzo, 417, 510, 546, 600.
Garofolo (da) Benvenuto, 63, 106, 108, 109, 110. 111. 114. 115, 120,
    143, 162, 185, 213, 308, 311, 315, 316, 317, 413. 439, 442, 452,
    620, 631, 641, 649, 650, 659.
Garzi Luigi, 423.
Gatti, 224, 245, 257, 259, 260, 265, 278. 285, 291, 292. 294. 296, 601.
Gatti Antonio. 396.
Gatti Bernardino, detto il *Soiaro*. 576.
Gatti Federico, 243.
Gatti Fortunato. 221. 256.
Gatti Girolamo, 410.
Gatti Oliviero, 242.
Gaudenzio, V. Ferrari.
Gaulli Gio. Battista, 318, 325, 513. 515. 526. 562.
Gavassetti, 145, 152, 153.
Gennari, 411, 429, 475, 510, 546, 575, 576, 598. 637. 664. 669.
Gennari Benedetto, 601, 630, 633, 645, 674, 675.
Gennari Cesare, 412, 415, 656. 671, 672.
Genova (da), V. Cambiaso.
Genovese, 209, 425. 426.
Gentile, 203, 595.

Matsys Quintino, 200.

Maubeuge (da) Giovanni, 448.

Maubuys Giovanni, V. Maubeuge.

Mayno, V. Maino.

Mazza, 604, 608.

Mazza Giuseppe, 576, 587, 588, 609, 613.

Mazzola, 220, 227, 228, 261, 286, 396, 401, 403, 464, 466, 472, 479, 628, 629.

Mazzola Alessandro, 208, 210, 211, 241, 252, 254, 261, 263, 265, 266, 268, 274, 289, 290, 296, 300, 301, 302, 304.

Mazzola Filippo, 463.

Mazzola Francesco detto il *Parmigianino*, 52, 53, 56, 57, 62, 65, 68, 72, 77, 90, 99, 102, 107, 109, 122, 126, 127, 141, 151, 155, 156, 167, 183, 186, 188, 189, 191, 192, 199, 206, 208, 212, 214, 215, 218, 224, 228, 229, 230, 232, 233, 234, 236, 257, 260, 289, 296, 304, 305, 306, 313, 321, 342, 346, 370, 381, 384, 390, 394, 398, 403, 404, 409, 461, 462, 470, 477, 514, 525, 530, 599, 600, 601, 626, 631, 633, 635, 639, 640, 641, 645, 655, 659, 664, 667, 670, 671, 675, 677.

Mazzola Girolamo, 146, 147, 148, 152, 206, 219, 231, 232, 233, 235, 236, 238, 243, 244, 247, 256, 258, 259, 260, 266, 295, 297, 305, 384, 393, 404, 462.

Mazzolino Lodovico, 37, 38, 106, 114, 125, 158, 443.

Mazzucchelli Pier Francesco, 76, 139, 455.

Mazzuola Francesco, V. Mazzola.

Mazzuoli Giuseppe, 127.

Mecarino, V. Beccafumi.

Medicina (da) Francesco, 511.

Melissi Agostino, 573.

Meloni, 511.

Mera (Meert) Pietro, 199, 458.

Merani, 386, 391, 396, 398, 401, 405, 506, 507.

Messina (da) Antonello, 112, 457.

Messonero, 79.

Meus Livio, 204, 424, 572, 649.

Mezzadri Antonio, 415, 416, 417, 418, 508, 509, 678.

Michelangelo delle battaglie, V. Cerquozzi M. A.

Michelangelo di Roma. 325, 332.

Michelangelo Senese. V. Anselmi M. A.

Michele Fiamingo, V. Desubleo Michele.

Michele pittor Mantovano. 326.

Miele Giovanni. 439, 648, 655.

Migliore (Iacopo del Miglio), 564.

Milanese. V. Cittadini Francesco.

Milanese vecchio, V. Cittadini Carlo.

Milanesi Carlo. V. Cittadini Carlo.

Milanesi Francesco. V. Cittadini Francesco.

Milani Aureliano, 531. 587. 630, 678.

Milani Giulio Cesare, 600, 601.

Minozzi, 631.

Mirola, V. Miruoli.

Miruoli Girolamo, 54. 210, 249, 465. 470.

Mitelli, 508.

Mitelli Agostino, 307, 309, 560, 561. 577.

Mitelli Giuseppe Maria, 307. 308.

Mola Gaspero, 358, 373. 523, 527, 579, 580, 676.

Molineri Gio. Antonio, 79.

Moncalvo, V. Caccia Guglielmo.

Monper Giuseppe, 517.

Montagna, V. Plattenberg Nicolò.

Montani Giuseppe, 513.

Montelatici Francesco, 578, 579, 593.

Monti Francesco, 382, 383, 384, 386, 388, 393, 395, 408, 451, 505, 506. 586. 627. 635.

Monti Innocenzo, 107, 108, 125, 412, 429, 430, 597, 599, 617, 618, 631, 635.

Monticelli, 601, 631, 635.

Morandi cav. Gio. Battista, 424.

Morandini Francesco, detto il *Poppi*, 169.

Morando Paolo, 199.

Morazzone, V. Mazzuchelli.

Moretto di Brescia, 186, 358.

Moro (dal) Battista, 147, 196. 356.

Morone, 452.

Orizzonte Monsù. V. Blommen Francesco.
Orlandini Giulio, 222.
Orsi Lelio, 62, 64, 124, 125, 145, 149, 154, 157, 640, 642, 643, 644,
653, 657, 664, 665, 666, 667, 668, 669, 670, 671, 672, 673.
Ottani Filippo, 578, 581, 592.

P

Paderni Antonio, pag. 410.
Padovano, V. Varotari Alessandro.
Pagani Gregorio, 590.
Paggi Gio. Battista, 78, 588.
Paglieschi Antonio, 586.
Paieur, 81, 95.
Palma Giacomo, 37, 38, 147, 148, 149, 150, 153, 157, 164, 243, 347,
354, 432, 434, 452, 469, 573, 619, 623, 624, 642.
Palma Giacomo, il giovane, 117, 200, 524, 664.
Palma Giacomo, il vecchio, 115, 121, 169, 200, 311, 340, 341, 435,
436, 445, 446, 639.
Panfi Romolo, 582.
Panfilo, V. Nuvolone.
Panicciato Iacopo, 37, 38.
Pannini Giovanpaolo, 528.
Panzacchi Elena, 634.
Paolo Veronese, V. Caliari Paolo.
Parcellis Iean, 402.
Parentani Antonio, 96.
Parmegiani Francesco, V. Mazzola Francesco.
Parmegianino, V. Mazzola Francesco.
Parrasio Battista, 78.
Pasinelli Lorenzo, 410, 412, 509, 511, 526, 548, 598, 604, 605, 606,
607, 608, 609, 610, 627, 634, 637.
Passarotto, 58, 73, 146, 151, 155, 618, 632.
Passeri Giuseppe, 514, 525, 530.
Passignani, V. Cresti Domenico.
Patenier Gioachino, 239, 241.

Podevin Antonio. 570.

Poelemburgh Cornelio, 633.

Polidoro, V. Caravaggio (da) Polidoro.

Pomarancio, 200, 591, 649.

Ponte (da), 116, 168, 205, 216, 240, 255, 325, 326, 346, 354, 356, 357, 421, 430, 432, 433, 434, 437, 441, 452, 456, 465, 468, 578, 579, 599, 600, 628, 640, 642, 675.

Ponte (da) Francesco, 53, 69, 82, 84, 86, 88, 89, 94, 95, 120, 198, 446.

Ponte (da) Giacomo, 116, 118, 119, 122, 123, 183, 185, 198, 344, 345, 427, 446, 450, 454, 648, 669.

Ponte (da) Leandro, 166, 509.

Pontorno (da) Iacopo, 524.

Poppi, V. Morandini.

Pordenone, V. Licinio Antonio.

Porta (della) F. Bartolomeo, 155, 539.

Porta Giuseppe, detto *Salviali*, 124, 369.

Possenti Pietro, 309, 419.

Possino Nicolò, V. Poussin Nicolò.

Poth Carlo, V. Loth.

Pousino, V. Poussin Nicolò.

Poussin Gaspare, 650.

Poussin Nicolò, 335, 356, 383, 394, 452, 535, 580, 623.

Pozzi P. Antonio, 580.

Prete Genovese, V. Strozzi.

Preti Mattia, 374, 644, 656.

Primaticcio Francesco, 125, 126, 158, 477, 597.

Procaccini, 61, 74, 85.

Procaccini Camillo, 148, 149, 151, 314, 385, 403, 404, 429, 432, 433, 449, 450, 455, 515, 526, 540, 601, 628, 64 3, 665.

Procaccini Giulio Cesare, 139, 149, 577.

Puligo Domenico, 169.

Purbis o Purbus Francesco, 150, 444.

Purgo (del), V. Orlandini Giulio.

Pusino, V. Poussin.

Pusselles, V. Parcellis.

Q

Quattro Case Francesco. pag. 272. 273, 280, 281.

Quintino da Lovanio, V. Matsys.

Quellin Erasmo, 627.

R

Raffaello d' Urbino. V. Sanzio Raffaello.

Ragazzini, V Creti Donato.

Raibolini, V. Francia.

Rainieri, pag. 204, 267, 274, 281, 432.

Rainieri Michele, 264, 272, 273, 280.

Ramenghi Bartolomeo, 106, 108, 124, 125, 415.

Rauletti, 426.

Rauther, V. Reyter.

Recco Giuseppe, 520.

Reder Leonardo (Leandro), 537.

Redi Tommaso, 528, 535, 536, 570, 582, 586, 587.

Reggio (da) Raffaelino, V. Motta Raffaele.

Reinbran, V. Rembrandt.

Rembrandt, 432.

Reni Guido, 59, 62, 119, 154, 155, 158, 160, 162, 163, 164, 165, 166.
  170, 189, 191, 198, 205, 217, 308, 313, 317, 340, 344, 349, 358,
  369, 373, 382, 389, 397, 398, 410, 411, 415, 419, 431, 435, 437.
  448, 449, 450, 451, 452, 453, 455, 456, 457, 464, 471, 477, 509,
  519, 553, 562, 577, 592, 593, 600, 601, 605, 618, 619, 620, 628,
  630, 632, 633, 635, 649, 664, 667, 672, 678.

Renier, V. Rainieri.

Resani Arcangelo, 511, 678.

Reschi Pandolfo, 531, 573, 577, 579.

Retti damigella, 265.

Retti Francesco Maria. 244. 246. 250, 260, 261, 267, 271, 286. 238.
  290, 293, 303, 305.

Reuhter Guglielmo. 124, 425.

Reyter, 426.

Rezzo (da) Luca, V. Ferrari Luca.

Ribera Giuseppe, detto lo *Spagnoletto*, 83, 139, 147, 162, 163, 216, 231, 258, 349, 366, 374, 379, 381, 392, 393, 409, 410, 431, 435, 453, 520, 600, 619, 623, 625, 675, 677.

Ricci Domenico, detto *Brusazorsi*, 193, 197.

Ricci Marco, 527, 581, 587.

Ricci Sebastiano, 410, 413, 414, 416, 418, 427, 552, 588, 621, 625, 626.

Ricciarelli Daniele, detto *da Volterra*, 385, 393, 523, 671.

Richter Giovanni, 527.

Ridolfi Claudio, 382, 395.

Rigaud, 646.

Riviera Giuseppe, V. Ribera.

Roberto (Robert), 79, 87, 89.

Robusti Domenico, 456.

Robusti Giacomo, detto il *Tintoretto*, 114, 117, 120, 126, 127, 141, 145, 150, 152, 170, 185, 187, 202, 204, 321, 328, 343, 347, 352, 353, 354, 372, 380, 385, 390, 394, 399, 420, 432, 435, 441, 444, 445, 450, 454, 456, 518, 529, 542, 552, 559, 579, 590, 632, 641, 647, 656, 674, 675.

Rolli (Roli), 619.

Romanelli Gio. Francesco, 426, 525, 565, 569, 647.

Romanino Girolamo, 200.

Romano, 429.

Rondini (Rondani) Francesco M.ª 151, 258, 384, 397.

Roos Filippo, 540.

Roos Giuseppe, 536.

Rosa (il padre), V. Roos Filippo.

Rosa Giuseppe, V. Roos Giuseppe.

Rosa Salvatore, 392, 514, 532, 563, 574, 580, 650, 652, 654, 675.

Rosa romano, 601.

Rosaccio, 69.

Rosignuoli Giacomo, 96, 97, 98.

Rosselli Matteo, 564, 572, 573, 574, 575, 580, 590.

Rossi, 70.

Rosso Fiorentino, 61, 127, 200, 673.

Rothenhammer Giovanni, 144, 179, 182, 191, 200.

Rovertore, 378, 466.

Sirani Gio. Andrea, 449, 600, 630, 633, 634, 637, 649, 650, 664, 667, 675.

Sirena, 473.

Sneyder (Snyders) Francesco, 622, 630.

Soavi, 147, 152.

Soderini, 585.

Sojardi, V. Gatti.

Sojaro, V. Gatti.

Sole (dal) Antonio, 508, 598, 601, 602.

Sole (dal) Giuseppe, 414, 416, 417, 510, 529, 542, 603, 605, 606, 611, 615, 631, 633, 677, 678.

Solfarino e Solfarolo, V. Gruemboech.

Solimene Francesco, 533, 535, 676.

Somachini, V. Sammacchini.

Sonders, V. Sneyder.

Sons (Soens) Giovanni, 53, 143, 147, 167, 223, 239, 240, 246, 250, 251, 278, 380, 390, 407, 451, 474, 475, 506.

Sonsis Giovanni, V. Sons.

Spada Lionello, 59, 61, 62, 63, 67, 68, 69, 70, 71, 72, 145, 146, 150, 152, 158, 219, 223, 273, 277, 303, 304, 389, 409, 422, 451, 452, 617, 618, 632, 648, 675.

Spada Valerio, 582.

Spagnoletto, V. Riviera Giuseppe.

Spagnolo, V. Ribera, V. Crespi Gius. M.*

Spier (Spierne) Francesco, 601.

Spinelli, 631.

Spisanelli, 649.

Spolverini Ilario, 505, 507, 628.

Spranger Bart., 155, 201, 531, 666.

Stanzioni Massimo, 624.

Steinch Giovanni, 180.

Storer Cristoforo, 423.

Stradano, 524, 575.

Stringa Agostino, 318.

Stringa Francesco, 310, 318, 322, 325, 332, 436, 437.

Strozzi Bernardo, 378, 382, 393, 407, 416, 452, 458, 464, 507.

Studio, V. Van Lint.

Sutterman Giusto, 254, 258, 265, 418, 437, 651.

T

Prezzo Lire 8

SD - #0002 - 170323 - C0 - 229/152/42 - PB - 9780461196108 - Gloss Lamination